中央编译局文库出版工作领导小组（编委会）

主　　任：贾高建

副 主 任：俞可平　魏海生　陈和平　柴方国　杨金海

委　　员：崔友平　沈红文　杨雪冬　季正聚　陈家刚
　　　　　赖海榕　郗卫东　张文成　刘明清

中央编译局文库出版工作领导小组办公室

主　　任：薛晓源

成　　员：徐向梅　苗永姝

中央编译出版社文库编辑中心编辑小组

刘明清　薛晓源　谭　洁　董　巍　贾宇琰
冯　章　曲建文　苗永姝　邓　彤　杜永明
盛菊艳　李媛媛　薛迎春　董　妍

国家"十二五"重点图书

国际共产主义运动历史文献

第58卷

主　编　王学东
副主编　戴隆斌（常务）童建挺

共产国际第七次代表大会文献(2)

本卷主编　王学东

中央编译出版社
Central Compilation & Translation Press

《国际共产主义运动历史文献》顾问委员会

贾高建　俞可平　顾锦屏　高　放　张中云　胡文建
宋洪训　顾家庆　洪肇龙　沈志华　杨光远

《国际共产主义运动历史文献》编辑委员会

主　　编：王学东
副 主 编：戴隆斌（常务）　童建挺
编　　委：（以姓氏笔画为序）
　　　　　王　瑾　吕瑞林　邢艳琦　许宝友　张文成　张文红
　　　　　陈新明　林德山　胡振良　姚　颖　彭萍萍　薛晓源

参加本卷译校工作的有
王学东　张志超　张贤佳

参加本卷编辑出版工作的有
苗永姝　李天枢　董　巍

丛书编辑统筹
苗永姝　李媛媛　董　妍

总 序

国际共产主义运动，是由以马克思主义为指导的无产阶级政党领导的国际性的无产阶级革命运动，其宗旨是推翻资产阶级统治和一切剥削制度，建立和发展社会主义制度，进而最终实现人的彻底解放，建立共产主义社会。

国际共产主义运动迄今已有一百六十多年的历史。19世纪40年代，马克思、恩格斯在创立科学社会主义理论的同时，努力把它与当时西欧无产阶级的革命实践相结合，于1847年6月创建了第一个国际性的无产阶级政党——共产主义者同盟，亲自拟定并于1848年2月公开发表了同盟纲领《共产党宣言》。这标志着国际共产主义运动的兴起。

自从共产主义者同盟建立以来，历经第一国际（国际工人协会）、第二国际、第三国际（共产国际），国际共产主义运动由小到大、由弱到强，从西方推进到东方、从欧洲扩展到全球，终于突破资本主义链条上一个又一个薄弱环节，取得了社会主义由一国到多国的胜利。二战后社会主义阵营的建立、民族解放运动的胜利进军、社会主义国家革命与建设的重大成就，为国际共产主义运动史书写了辉煌的篇章。20世纪末，由于东欧剧变、苏联解体，国际共产主义运动遭遇了严重挫折。但是，历史并没有因此而终结。由《共产党宣言》奠基的国际共产主义运动仍在曲折中前进。各资本主义国家中的共产党、工人党仍在不断探索无产阶级取得解放的道路；中国等社会主义国家仍继续高举社会主义伟大旗帜，为完善社会主义、最终实现共产主义而不懈奋斗。

国际共产主义运动一百六十多年跌宕起伏的发展历程，积累了卷帙浩繁的文献档案，留下了丰富的历史遗产。深入发掘和充分利用这些文献档案，对于我们准确地了解和把握国际共产主义运动的发展进程及各个时期的特点，科学地研究和总结国际共产主义运动丰富且宝贵的经验教训，具有极其重要的意义。特别是无产阶级国际组织，作为国际共产主义运动的重要载体，其文献档案对于国际共产主义运动史研究更是具有特殊的重要意义。

早在1984年春，中国国际共产主义运动史学会就发起编辑出版《国际共产主义运动史文献》。当时由中共中央编译局、中国社会科学院马列主义毛泽东思想研究所和近代史研究所、中共中央党校和中国人民大学等单位共同组建了编辑委员会。编委会商定：这套文献主要收编共产主义者同盟、第一国际、第二国际、第三国际、共产党和工人党情报局这五个国际组织已发表的全部文献档案，包括历次代表大会、代表会议和其他重要会议的记录、决议和有关文件；收编材料力求齐全；凡外国有选编完整的版本者，根据外国版本翻译；凡文件散见于外国不同出版物者，尽力搜集完整，组织力量统一编译；文件完全按照原件翻译，译文力求准确，不作修改删节，以便读者根据完整、准确的第一手材料了解这些国际组织的历史。在当时代管全国哲学社会科学基金的中国社会科学院科研局的资助下，经过编辑委员会、编译工作者和中国人民大学出版社的共同努力，这套文献于1986年开始陆续出版，截至1997年共出版了21卷。

到上世纪末，文献的编辑出版工作遇到了巨大困难。首先是编委会发生了重大变故，主编林基洲、副主编王颖和校纪英相继谢世；其次是出版经费难以为继。为继续出版这套文集，中国国际共产主义运动史学会多方努力，组成以会长顾锦屏为主编的新编委会，从全国哲学社会科学规划办公室争取到一笔资助，于1999—2001年又出版了两卷。此后，因缺乏经费，编辑出版工作完全陷于停顿。

2010年，在中共中央编译局和中国国际共产主义运动史学会的鼎力支持下，中央编译出版社以这套文献申报国家出版基金项目，获得立项资助。中共中央编译局对此项目高度重视，在国家出版基金资助的基础上，给予了相应的资金支持，组建了新编委会，成立了专门机构负责文献整理和编辑工作，并将这套文献纳入"中央编译局文库"出版规划。

经新编委会研究决定，这套文献定名为《国际共产主义运动历史文献》，在其前身《国际共产主义运动史文献》的基础上重新编辑出版。通过进一步广泛搜集资料和适当改变编辑方式，新《文献》的资料更详尽、收文更齐全。例如，在原《文献》的某些卷次中，对已出版的马克思主义经典著作中译本只列目录，不收正文，而新《文献》则全部依据最新的中译本收录，以方便读者查阅。此外，《国际共产主义运动历史文献》扩大了文献资料的搜集和选材范围，采用开放式结构，规模暂定60卷，约2500万字。

中共中央编译局和中国国际共产主义运动史学会对这套文献的编辑出版工作给予了强有力的支持，中央编译出版社为这套文献的立项和出版做了大量艰苦细致的工作，文献的前两任编委会和编译工作者在十分困难的条件下为这套文献奠定了良好的基础，中国人民大学出版社为这套文献的重新编辑出版提供了帮助，在此一并表示衷心感谢。

《国际共产主义运动历史文献》
编辑委员会
2011年12月20日

编辑说明

共产国际第七次代表大会于1935年7月25日—8月20日在莫斯科举行。62个国家的65个共产党和国际组织的513名代表出席会议。大会议程包括：（1）共产国际执行委员会工作报告；（2）共产国际监察委员会工作报告；（3）法西斯主义的进攻和共产国际在争取工人阶级统一、反对法西斯主义斗争中的任务；（4）帝国主义的战争准备和共产国际的任务；（5）苏联社会主义建设的成就；（6）选举共产国际领导机构。出席大会的中国代表团成员有王明、康生、李立三、吴玉章、林育英、周和生、滕代远、孔原等人，其中王明、康生、周和生被选入大会主席团。

面对法西斯主义的威胁，大会确立了新的战略和策略路线。季米特洛夫所作的《法西斯主义的进攻和共产国际在争取工人阶级统一、反对法西斯主义斗争中的任务》的报告及大会据此通过的决议，揭露了法西斯主义的阶级本质和特点，要求各国共产党同社会民主党采取联合行动，共同反对法西斯主义，反对资本进攻和战争危险，建立工人阶级统一战线，并在此基础上建立由广泛阶层参加的反法西斯人民阵线，在殖民地半殖民地国家则建立最广泛的反帝统一战线。大会决定改变共产国际对各国共产党实行领导的原则和方式、方法，要求执委会从各国的具体情况和特殊条件出发，为国际工人运动制定基本的政治路线和策略路线，一般不直接干涉各国党内部组织的事务。大会选举了共产国际新的领导机构，格·季米特洛夫当选执委会书记处总书记。

《共产国际第七次代表大会文献》分两卷出版，收录的内容包括共产国际第七次代表大会会议记录和共产国际第七次代表大会决议。《共产国际第七次代表大会文献（1）》是根据联邦德国斯图加特新路出版社1976年出版的德文两卷本（Protokoll des VII. Weltkongresses der Kommunistischen Internationale, Moskau 25. Juli – 20. August 1935 [Ungekürzte Ausgabe], Band I und II , Verlag Neuer Weg, Stuttgart, 1976）编译的；《共产国际第七次代表大会文献（2）》是根据德国埃朗根卡尔·李卜克内西出版社1974年出版的德文两卷本（Protokoll des VII. Weltkongresses der Kommunistischen Internationale, Moskau 25. Juli – 20. August 1935 [Ungekürzte Ausgabe], Band I und II, Karl Liebknecht Verlag, Erlangen, April 1974）编译的，书中的议程标题是编译者加的。

本卷主编依据中共中央编译局编译马克思主义经典著作的标准重新统一了人名、地名、组织机构名、报刊名等专用名，并增加了对原书中一些名词和引语的注释。书中的译者注为译者所加，编者注为本卷主编所加，未标明者为原书注释。书中引用的马克思、恩格斯的论述均采用中共中央编译局编译的最新版本。

本卷内容为共产国际第七次代表大会1935年8月5日至8月20日会议记录和共产国际第七次代表大会决议。卷末附录"代表大会发言人索引"为本书第57卷和第58卷的总索引。

目 录

共产国际第七次代表大会会议记录

（1935年7月25日至8月20日）……………………… 1

第二十二次会议（1935年8月5日）……………………… 3

　曼努伊尔斯基为恩格斯逝世四十周年致纪念词：

　　为革命的马克思主义而斗争的恩格斯……………………… 3

　向代表大会致贺词 ……………………… 34

第二十三次会议（1935年8月7日）……………………… 43

　继续讨论季米特洛夫的报告 ……………………… 43

第二十四次会议（1935年8月7日）……………………… 88

　继续讨论季米特洛夫的报告 ……………………… 88

第二十五次会议（1935年8月8日）……………………… 91

　继续讨论季米特洛夫的报告 ……………………… 91

第二十六次会议（1935年8月8日）……………………… 126

　继续讨论季米特洛夫的报告 ……………………… 126

第二十七次会议（1935年8月9日）……………………… 147

　继续讨论季米特洛夫的报告 ……………………… 147

第二十八次会议（1935年8月9日）……………………… 186
　继续讨论季米特洛夫的报告……………………………… 186
第二十九次会议（1935年8月10日）…………………… 221
　继续讨论季米特洛夫的报告……………………………… 221
第三十次会议（1935年8月10日）……………………… 245
　继续讨论季米特洛夫的报告……………………………… 245
第三十一次会议（1935年8月11日）…………………… 268
　继续讨论季米特洛夫的报告……………………………… 268
第三十二次会议（1935年8月11日）…………………… 285
　继续讨论季米特洛夫的报告……………………………… 285
第三十三次会议（1935年8月13日）…………………… 303
　争取反法西斯主义的工人阶级统一（季米特洛夫对就他的
　　报告所进行的讨论作总结）…………………………… 303
第三十四次会议（1935年8月13日）…………………… 334
　陶里亚蒂关于《帝国主义者准备新的世界大战情况下共产
　　国际的任务》的报告…………………………………… 334
第三十五次会议（1935年8月14日）…………………… 382
　陶里亚蒂继续作报告……………………………………… 382
　讨论陶里亚蒂的报告……………………………………… 404
第三十六次会议（1935年8月14日）…………………… 430
　继续讨论陶里亚蒂的报告………………………………… 430
第三十七次会议（1935年8月15日）…………………… 448
　继续讨论陶里亚蒂的报告………………………………… 448
第三十八次会议（1935年8月15日）…………………… 469
　继续讨论陶里亚蒂的报告………………………………… 469
第三十九次会议（1935年8月16日）…………………… 487

继续讨论陶里亚蒂的报告 ………………………………… 487
　第四十次会议（1935年8月16日）………………………… 511
　　继续讨论陶里亚蒂的报告 ………………………………… 511
　第四十一次会议（1935年8月17日）……………………… 528
　　继续讨论陶里亚蒂的报告 ………………………………… 528
　　陶里亚蒂的总结发言 ……………………………………… 546
　第四十二次会议（1935年8月17日）……………………… 555
　　曼努伊尔斯基关于《苏联社会主义建设的成就》的报告 …… 555
　第四十三次会议（1935年8月20日）……………………… 603
　　季米特洛夫在共产国际第七次代表大会闭幕会议上的讲话：
　　　资本主义世界现在的统治者只是暂时的统治者，世界真
　　　正的主人是无产阶级 …………………………………… 603

共产国际第七次代表大会决议 ………………………………… 615
　关于共产国际执行委员会工作报告的决议——关于皮克同志
　　报告的决议（1935年8月1日通过）…………………… 617
　法西斯主义的进攻和共产国际在争取工人阶级统一、反对
　　法西斯主义斗争中的任务——关于季米特洛夫同志报告
　　的决议（1935年8月20日通过）………………………… 620
　　一、法西斯主义和工人阶级 ……………………………… 620
　　二、工人阶级反法西斯主义的统一战线 ………………… 624
　　三、工会运动的统一 ……………………………………… 629
　　四、共产党人在反法西斯运动各条战线上的任务 ……… 630
　　五、殖民地国家的反帝人民阵线 ………………………… 632
　　六、巩固共产党并为工人阶级的政治统一而斗争 ……… 633
　　七、为了苏维埃政权！…………………………………… 635

帝国主义者准备新的世界大战情况下共产国际的任务——关于
陶里亚蒂同志报告的决议（1935年8月20日通过）………… 636
 一、为重新瓜分世界而进行的战争准备…………………… 636
 二、苏联在争取和平的斗争中的作用…………………… 638
 三、共产国际在争取和平、反对帝国主义战争的
   斗争中的任务…………………………………………… 639
 四、从争取和平的斗争到争取革命的斗争……………… 642
苏联社会主义的胜利及其世界历史意义——关于曼努伊尔斯基
同志报告的决议（1935年8月20日通过）………………… 644

附　录 ………………………………………………………… 651
 代表大会发言人索引 ……………………………………… 653

共产国际第七次代表大会会议记录

(1935年7月25日至8月20日)

第二十二次会议

(1935 年 8 月 5 日)

8月5日晚间的会议由**皮克**同志主持。他在会议开始时宣布：今天是弗里德里希·恩格斯逝世四十周年纪念日，我们在这里开会缅怀他的生平和事业。

（暴风雨般的掌声持续了几分钟之久。代表们纷纷从座位上起立。曼努伊尔斯基好几次想开始讲话，但总是被来自会场各个角落的代表们的喝彩声和欢呼声打断。在齐唱《国际歌》之后，曼努伊尔斯基开始讲话。）

曼努伊尔斯基为恩格斯逝世四十周年致纪念词： 为革命的马克思主义而斗争的恩格斯

一、恩格斯及其为创立科学社会主义发挥的作用

四十年前，马克思最亲密的战友、人类杰出的革命思想家、无产阶级革命的卓越导师**恩格斯**去世了。作为两位伟大的天才、科学社会主义的创立者和国际共产主义运动的组织者，马克思和恩格斯的英名将永远铭记在各国人民的心中。

恩格斯的革命工作与马克思的生活和工作不可分割地紧密联系在一

起。恩格斯去世后，弗拉基米尔·伊里奇·**列宁**体现了真正具有创造性的马克思主义的理论和实践，并与斯大林一起，领导无产阶级在占地球六分之一的土地上取得了胜利。他曾写道：

"古老传说中有各种非常动人的友谊故事。欧洲无产阶级可以说，它的科学是由这两位学者和战士创造的，他们的关系超过了古人关于人类友谊的一切最动人的传说。"①

今天，我们在这里纪念恩格斯逝世四十周年。此时此刻，国际工人运动正在发生剧变。社会主义在苏联取得了胜利，资本主义的危机空前严重，在其影响下，社会民主党和无党派的最广大工人群众转向了共产主义，第二国际的瓦解正在加速。

无产阶级在苏联的胜利，全世界共产主义运动的蓬勃发展，是列宁和斯大林领导下的布尔什维克党和国际党始终忠于马克思和恩格斯的学说的结果。而第二国际的瓦解及其成员党的惨败和破产，则是其背叛马克思和恩格斯、庸俗化和歪曲马克思主义所不可避免的历史后果。今天千百万劳动人民因此而遭殃，遭受危机的煎熬，落入法西斯主义的绞刑架和监狱，身陷烽火连天的帝国主义战争的堑壕。

第二国际中形形色色的机会主义者——伯恩施坦、库诺、考茨基、王德威尔得等人——完全从他们自己的需要出发，极力指责恩格斯犯下了种种弥天大罪，包括将科学社会主义"简单化"、对理论真谛无知、"天真的唯物主义"等等，虚构马克思和恩格斯之间的对立，借助其中的一位去反对另一位，而这归根结底是为了清除马克思主义的革命精神。迫不及待地公开反对恩格斯的**第二国际修正主义**，在理论和实践的一切基本问题上转向了与资产阶级合作的立场，跌进了反动的泥潭，这

---

① 《列宁全集》中文第2版第2卷第10页。——译者注

决不是偶然的，而是完全符合规律的和不可避免的。

自从投身革命活动以来，恩格斯就同马克思并肩战斗，为在经济学和社会科学领域、哲学和自然科学领域创立科学社会主义并使其不断丰富发展而斗争，为使革命的马克思主义在革命群众的意识中越来越根深叶茂而斗争。

1848—1849年革命前后，在反对"**真正的社会主义者**"，即那些在资本主义社会中鼓吹"阶级和平"和"各民族永久和平"的敏感爱哭的预言家、虚假的和平主义者和懦弱的人道主义者的斗争中，恩格斯曾教导无产阶级群众对敌人要怀有无情的阶级仇恨，要求无产阶级群众与敌人及其意识形态走狗——教士、律师和议员彻底决裂。他严厉谴责了这些"人类正义和公平的高级祭司"的继承人和追随者，这些舔俾斯麦马靴的"普鲁士王国的社会主义者"。

为了反对拉萨尔派，反对他们对资产阶级国家权威的卑躬屈膝，反对"他们对国家的迷信"，反对他们的唯心主义偏见及其关于全人类的法、关于法律制度不可侵犯的空话，反对拉萨尔派否定独立的经济斗争和独立的工会组织的"铁的工资规律"，恩格斯进行了激烈的斗争。恩格斯使马克思的政治经济学大众化，强调无产阶级的经济斗争和政治斗争具有不可分割的联系，指出拉萨尔派的全部危害就是迎合容克—资产阶级国家，放弃组织无产阶级革命。

为了反对**蒲鲁东主义**和**无政府主义**这两股工人运动中的小资产阶级的、反动的、半空想半反叛的逆流，反对它们用"友好合作的互助"、"阶级平等"和"反对一切独裁和暴政"等夸夸其谈的空话取代革命的群众斗争，恩格斯坚决主张无产阶级必须开展独立的运动和建立独立的政党。

在反对一切假社会主义和假革命理论的斗争中，马克思和恩格斯根据对经济关系的分析指出，资本主义在暴力冲击下崩溃是不可避免的，无产阶级的世界历史作用，就是充当资本主义的掘墓人和新的社会主义社会制度的创造者。根据马克思的最重大的发现，马克思和恩格斯证明了阶级斗争将导致无产阶级专政，无产阶级专政是资本主义转变为共产主义的过渡时期。马克思和恩格斯还研究了无产阶级革命的发展条件和为革命做准备的方法，以及共产党在无产阶级革命中的作用。

在恩格斯身上，探究历史现象以及经济和政治过程最深刻"根源"的真正科学的分析，与号召工人群众进行革命斗争的无产阶级领袖和导师的火热激情结合在一起。科学社会主义向工人阶级揭示了人类社会过去、现在和将来的整个发展过程，向无产阶级指明了，哪些阶级是剥削和奴役它的阶级，无产阶级自身的状况如何，以及它将会怎样发展。因此，无产者才会在革命理论的指导下行动，才会为无产阶级专政而斗争——你们的解放将是全人类的解放，将是一切剥削、压迫和强权的消亡！

必须将革命理论与革命行动结合起来，必须使合乎规律的、受经济发展和阶级斗争条件制约的历史发展进程变为群众的革命斗争，这一思想就像一根红线，贯穿了恩格斯的所有科学著作、论战文章和对党的纲领性的指示。

在**政治经济学**领域，恩格斯论证了如下命题，这个命题不仅适用于研究资本主义经济，而且也适用于研究资本主义以前的全部剥削形式，它将剥削者社会的无可辩驳的规律表述为：

"生产的每一进步，同时也就是被压迫阶级即大多数人的生活状况的一个退步。对一些人是好事，对另一些人必然是坏事，一个阶级的任何新的解放，必然是对另一个阶级的新的压迫。"①

---

① 《马克思恩格斯文集》第4卷第197页。——译者注

剥削者社会的这一内在矛盾在资本主义中表现得最为明显。这一矛盾的活的承担者就是无产阶级。他们是被剥夺了一切生产资料的阶级，从而也是历史上已知的所有被剥削阶级中最具革命性的阶级。恩格斯指出：

"资本主义生产方式日益把大多数居民变为无产者，从而就造成一种在死亡的威胁下不得不去完成这个变革的力量。"①

恩格斯在他最早的一部著作中极为忠实地记述了资本主义下工人阶级状况的令人震惊的特征。从那时以来已经过去九十年了。现在把这些特征读给资本主义国家的任何一个工人听，他都会像在一面镜子中那样，在其中看到自己当下的状况：

"如果一个人伤害了另一个人的身体，而且这种伤害引起了被害人的死亡，我们就把这叫做杀人；如果加害者事先知道这种伤害会致人以死命，那么我们就把他的行为叫做谋杀。但是，如果社会把成百的无产者置于这样一种境地，使他们不可避免地遭到过早的、非自然的死亡，遭到如同被刀剑或枪弹所杀害一样的横死，如果社会剥夺了成千上万人的必要的生活条件，把他们置于不能生存的境地，如果社会利用法律的铁腕强迫他们处在这种条件之下，直到不可避免的结局——死亡来临为止，如果社会知道，而且十分清楚地知道，这成千上万的人一定会成为这些条件的牺牲品，而社会还让这些条件存在下去，那么，这也是一种谋杀，和个人所进行的谋杀是一样的，只不过是一种隐蔽的、阴险的谋杀，这种谋杀没有人能够防御，表面上看起来不像是谋杀，因为谁也看不到谋杀者，因为谋杀者是所有的人，同时又谁也不是，因为被杀的人似乎是自然死亡的……"②

---

① 《马克思恩格斯文集》第3卷第561页。——译者注
② 《马克思恩格斯文集》第1卷第408—409页。——译者注

因此,生产资料的资本主义特性,是作为异己的、敌视工人的力量与工人相对立。这种对抗的最高表现形式就是周期性的危机,这些危机不仅从根本上动摇了剥削制度,而且使统治阶级暴露出他们完全没有能力驾驭那些像作用于全人类的盲目的自然力那样,蹂躏繁荣的国家、城市和乡村,致使千百万人毁灭和堕落的力量。

马克思和恩格斯指出,一方面是其生活状况驱使其走向社会革命的阶级,即无产阶级的发展,另一方面是已经突破了资本主义社会框架的生产力的发展,必将不可避免地炸毁这个框架,导致社会革命。

与此相联系,他们还提出了"最近的最终目的"问题,即推翻资产阶级政权,建立无产阶级专政的问题。这是马克思主义的基本问题,它根据**列宁**和**斯大林**对20世纪三次革命的经验总结而得到了发展。

在为革命的马克思主义而进行的斗争中,恩格斯极其透彻地阐明了在社会发展的整个历史中经济与政治的相互作用问题,并以此为基础阐明了剥削阶级国家的本质问题。在一份天才的手稿中,恩格斯甚至勾画了建设社会主义的大致蓝图。

恩格斯通过对整个所谓的"文明",即剥削阶级及其国家的历史的透彻分析得出结论,阶级和国家的消失,正如它们迄今为止的产生和发展一样,是历史的必然。

"现在我们正在以迅速的步伐走向这样的生产发展阶段,在这个阶段上,这些阶级的存在不仅不再必要,而且成了生产的真正障碍。"①

众所周知,这个关于国家必然消亡的马克思主义的命题,在所有主张"资产阶级法制、家庭和私有制神圣不可侵犯"的、发过誓的、领薪水的卫道士那里,过去和现在引起了怎样的怒号、咆哮和愤慨啊;所

---

① 《马克思恩格斯文集》第4卷第193页。——译者注

有"社会"国家的崇拜者对这个命题一窍不通，其中伯恩施坦和考茨基就曾把这种国家看做人类进步的最高成就，今天也还是这样。

正如恩格斯曾强调过的那样，马克思和恩格斯在其反对社会民主党内的机会主义者以及反对无政府主义者的斗争中，都把无产阶级专政问题，尤其是剥削者的国家与无产阶级的国家之间的根本区别问题置于**中心地位**。革命的马克思主义关于国家和革命的学说，以及恩格斯论述**无产阶级民主**与资产阶级民主对立问题的值得注意的手稿，都在列宁和斯大林的著作中得到了天才的发展。

正是现在，在资本主义国家的反动派和法西斯主义发动进攻的条件下，马克思列宁主义关于国家是剥削阶级用来镇压被剥削阶级的机构的学说，获得了怎样不可辩驳的证明啊！社会民主党的庸人说国家是"人民普遍利益的代表者"，说它调和了敌对阶级的利益并凌驾于这些利益之上，这些骗人的鬼话多么可耻地销声匿迹了啊！今天特别是在法西斯国家里，恩格斯的话"国家机构就是武装的人、警察、军队、监狱和法庭等"①，得到了多么确切的证明啊！金融资本的法西斯雇佣军、盖世太保、希特勒和戈林的党卫军、法西斯的刑讯室、集中营和绞刑架——所有这一切暴露了剥削者国家的本质，它抛弃了资产阶级民主的装饰物，践踏劳动者在多年的流血斗争中争取到的民主权利和自由的最后残余。卡芬雅克、梯也尔和加利费，这些"旧世界的狗、狼和猪"，今天已被法西斯的刽子手所超越。面对这些无情的事实，那些庸俗化和歪曲马克思主义，否认无产阶级革命道路，并与诺斯克和泽韦林一起保卫资产阶级国家不受革命群众冲击的人，今天又该怎么说呢！

---

① 恩格斯的原话是："构成这种权力的，不仅有武装的人，而且还有物质的附属物，如监狱和各种强制设施，这些东西都是以前的氏族社会所没有的。"参见《马克思恩格斯文集》第4卷第190页。——编者注

马克思和恩格斯以无产阶级专政来对抗资产阶级专政。他们为创建一个能够领导群众夺取政权和建立无产阶级专政的党奋斗了一生。巴黎公社之后,恩格斯关于无产阶级在社会主义革命中的根本任务问题所做的一切指示,都集中到了一点,即利用巴黎公社的经验,使这些经验成为新的无产阶级群众性政党纲领的基础。恩格斯在纪念巴黎公社二十周年时说:

"近来,社会民主党的庸人又是一听到无产阶级专政这个词就吓出一身冷汗。好吧,先生们,你们想知道无产阶级专政是什么样子吗?请看巴黎公社。这就是无产阶级专政。"①

只有布尔什维克党把"恩格斯和马克思"关于巴黎公社的"意见"作为指南牢记在心。1903 年它把无产阶级专政的要求纳入了自己的纲领,并在十月革命向前推进时具体地阐释了这一要求。列宁曾在《国家与革命》中写道:

"在修改我们的党纲时,绝对必须考虑恩格斯和马克思的意见,以便更接近真理,以便清除对马克思主义的歪曲而恢复马克思主义,以便更正确地指导工人阶级争取自身解放的斗争。"②

布尔什维克把创立一个**充实了苏维埃和两次革命经验的**"公社式"的国家作为无产阶级革命的最近目标,只有他们能在列宁和斯大林的领导下,带领千百万无产阶级和贫苦农民推翻资产阶级国家,以苏维埃的形式建立无产阶级专政。

马克思和恩格斯曾经说过,只有当无产阶级夺取了政权,并依靠自

---

① 《马克思恩格斯文集》第 3 卷第 111—112 页。——译者注
② 《列宁全集》中文第 2 版第 31 卷第 62 页。——译者注

己的专政对经济连同其全部生产关系进行彻底的变革，对社会的整个物质生活和精神生活进行变革，无产阶级的阶级斗争才能达到其真实的、划时代的水平。

我们所能够向我们最伟大的导师马克思和恩格斯表达的最高敬意，就是向全世界无产阶级证明，在地球六分之一的土地上，在毫不妥协的革命斗争中，在社会主义劳动和社会主义思想的伟大实验室中，在列宁和斯大林的领导下，创造性的马克思主义是怎样已经获得并且每天都在获得具有世界历史意义的发展的，胜利的无产阶级是怎样像恩格斯所说的那样创造时代的。

恩格斯曾就无产阶级革命写道：

"……无产阶级将取得公共权力，并且利用这个权力把脱离资产阶级掌握的社会化生产资料变为公共财产。通过这个行动，无产阶级使生产资料摆脱了它们迄今具有的资本属性，使它们的社会性质有充分的自由得以实现。从此按照预定计划进行的社会生产就成为可能的了。"①

布尔什维克正是这样做的。他们剥夺了资本家和地主，把物质生产力和最伟大的历史创造力量——无产阶级——从资本的束缚中解放出来，并以经济和社会组织的社会主义计划取代了资本主义的无政府状态。

恩格斯说：

"生产资料由社会占有，不仅会消除生产的现存的人为障碍，而且还会消除生产力和产品的有形的浪费和破坏，这种浪费和破坏在目前是生产的无法摆脱的伴侣，并且在危机时期达到顶点。此外，这种占有还由于消除了现在的统治

---

① 《马克思恩格斯文集》第 3 卷第 566 页。——译者注

阶级及其政治代表的穷奢极欲的挥霍而为全社会节省出大量的生产资料和产品。"①

布尔什维克正是这样做的。在无产阶级取得胜利的国家里,危机和失业永远被消除了,剥削阶级和寄生虫阶级被消灭了,作为对国民经济进行社会主义改造的结果,社会主义经济形式在国内占据了绝对的统治地位。

恩格斯曾谈到过这样一种生产组织,在这种组织中,任何人都不能把自己在生产劳动中应承担的部分推给别人;另一方面,生产劳动不再是奴役人的手段,而成了解放人的手段。(恩格斯《反杜林论》论生产的那一章。)②

布尔什维克正是这样做的。劳动不再像资本主义下的劳动那样是一种惩罚;在社会主义国家,它变成了一件光荣、荣耀和英雄主义的事情。在社会主义劳动竞赛中,在突击队中,产生了集体劳动的新形式。

布尔什维克实现了恩格斯关于必须克服城乡对立、关于在全国范围内有计划地配置生产力、关于为人的精神和肉体的全面发展创造前提条件的天才构想。马克思列宁主义已经并将继续把恩格斯的这些极富远见的构想具体地、历史地转化为现实,在它以当代最天才的头脑、无产阶级专政及其无数胜利的组织者列宁和斯大林的创造性的思想丰富这些构想之后,又以无产阶级革命和群众革命斗争的鲜活经验充实它们。

---

① 《马克思恩格斯文集》第3卷第563页。——译者注
② 参见《马克思恩格斯文集》第9卷第310—311页。原文是:"旧的生产方式必须彻底变革,特别是旧的分工必须消灭。代替它们的应该是这样的生产组织:在这样的组织中,一方面,任何个人都不能把自己在生产劳动这个人类生存的必要条件中所应承担的部分推给别人;另一方面,生产劳动给每一个人提供全面发展和表现自己的全部能力即体能和智能的机会,这样,生产劳动就不再是奴役人的手段,而成了解放人的手段,因此,生产劳动就从一种负担变成一种快乐。"——译者注

恩格斯曾谈到过肩负无产阶级革命的使命、要彻底消灭剥削者社会的基础、建设无阶级社会崭新大厦的人，谈到过他们杰出的理论预见力和强大的意志力。恩格斯以其洞穿未来数十年帷幕的天才眼光所看到的，正是我们的党，由列宁和斯大林领导的布尔什维克党！恩格斯所谈到的，正是在无产阶级专政国家中建成了社会主义的千百万人。他们现在不再是资本的雇佣奴隶，不再是资本主义机器的附属物，不再是被其小私有制奴役的小农，而是自由国度的儿女，是全部土地和全部工业、一切生产资料和一切生活必需品的主人。

这些人将与今天仍生活在资本主义国家中的数以亿计的被压迫者和被剥削者一起，在地球上实现由马克思和恩格斯最先拟定的伟大目标。

二、恩格斯：领袖、组织者、战士

恩格斯不仅是伟大的无产阶级理论家，同马克思一样，他首先是**革命家**。正像在马克思那里一样，在恩格斯那里，本真的要素也首先是**斗争**，为共产主义而进行坚定、彻底、热情的斗争。

40 年代前半期。青年恩格斯雏鹰展翅。他与基督教—普鲁士的庸人圈子决裂，走上了无产阶级的社会主义道路。他与马克思会晤，结成了斗争同盟，开始了无产阶级的共产主义的两位天才人物的伟大友谊。他们共同组织和领导了共产主义者同盟，共同起草了著名的《共产党宣言》——国际共产主义的第一份纲领性文献。

1848 年革命。恩格斯在《新莱茵报》编辑部工作，与马克思一起支持民主派的极左翼，无情地揭露它的动摇，捍卫无产阶级在资产阶级革命中的特殊利益。

60 年代。出现了第一个国际无产阶级政党——**第一国际**。恩格斯与马克思一起参与了第一国际的工作，并在其中发挥了举足轻重的作用。在第一国际中，马克思和恩格斯的学说取得了对巴枯宁及其追随者的决定性胜利。

巴黎公社开启了人类历史的新时代，同时也提出了新的任务：转而在各个国家建立无产阶级的群众性政党。恩格斯对这些党的发展施加了决定性的影响。

早在1846年，26岁的恩格斯就已经极其明确地拟定了共产党人的任务：

"（1）实现同资产者利益相反的无产者的利益；（2）用消灭私有制而代之以财产共有的手段来实现这一点；（3）除了进行暴力的民主的革命以外，不承认有实现这些目的的其他手段。"①

多年之后恩格斯宣布：

"我们要消灭阶级。用什么手段才能达到这个目的呢？这就是无产阶级的政治统治。而当大家都承认这一点的时候，竟有人要我们不干预政治！所有放弃派都自诩为革命家，甚至是杰出的革命家。但是，革命是政治的最高行动；谁要想革命，谁就要有准备革命和教育工人进行革命的手段，即政治行动，没有政治行动，工人总是在战斗后的第二天就会受到法夫尔和皮阿之流的愚弄。……工人的政党不应当成为某一个资产阶级政党的尾巴，而应当成为一个独立的政党，它有自己的目的和自己的政治。"②

恩格斯整整持续了半个世纪的斗争，就是为了完成这些任务。

列宁清楚地说明了恩格斯作为工人阶级政治家的鲜明特征。这就是：

---

① 《马克思恩格斯全集》中文第2版第47卷第423页。——译者注
② 《马克思恩格斯文集》第3卷第224—225页。——译者注

"对无产阶级变革的根本目的有非常深刻的理解,并且从这些革命目的出发异常灵活地规定了相当的策略任务,对机会主义或革命空谈则寸步不让。"①

接下来,我想详细地谈一谈作为**无产阶级策略大师**的恩格斯。我们党、我们各个支部的领导层,都要学习伟大无产阶级统帅的策略艺术的光辉典范。

恩格斯在其实践活动中拟定和运用了许多策略原则,从这个策略原则的巨大宝库中,我仅拣选几个与第七次代表大会的中心任务紧密相关、与准备和组织工人阶级及一切劳动者进行决战紧密相关的问题谈一谈。

在恩格斯的时代,有不少人不是辩证地而是机械地看待无产阶级革命,今天也有不少人是这样的。在他们看来:在一个阵营中是自觉的、坚定的、"纯洁的"革命者,而在另一个阵营中则只有反动的一帮;阶级力量对比关系不发生任何变化,因为所有阶级都一成不变地采取革命公式为他们设定的立场;没有任何游移不定的中间阶层,因为他们事先都已被归入了反动的类别;没有什么先锋队和后备军,因为他们都是一样的革命群众;没有什么刚刚接触革命的群众,因为他们事先就被归入革命先锋队的营垒中了;没有什么革命斗争发展的各个阶段,因为群众已经被鲁莽地引入了最高级别的"最后决战";没有什么革命党启发和准备群众进行斗争的日常工作,因为群众只是在等待时机,随时准备在最革命的领导人的领导下投入战斗;没有什么加速运动发展的组织准备工作,因为这个运动的自发力量会替我们工作。当恩格斯嘲笑如下的革命发展模式时,他所批评的就是这一类人。

"这里是所有的正式党派纠合在一起,那里是我们社会主义者组成严整的队

---

① 《列宁全集》中文第 2 版第 24 卷第 276 页。——译者注

伍；一场大决战，一下子就会全线胜利。实际上事情并不那么简单。刚刚相反，实际上……革命是在绝大多数人民以及正式党派联合起来反对因此而被孤立了的政府、并要推翻它的时候开始的；而且只有在那些还能继续存在下来的正式党派在相互斗争中一个促使一个和一个接着一个地垮台以后，只有在这以后，才会出现福尔马尔所谈的彻底分裂，与此同时，我们取得统治权的时机也就来临了。假如我们和福尔马尔一起立刻从革命的最后一举开始革命，那对我们将是非常不利的。"①

三十多年后，列宁将恩格斯阐述革命进程和发展的这些精辟论断，阐发得更加犀利和全面：

"……如果认为没有殖民地和欧洲弱小民族的起义，没有带着种种偏见的一部分小资产阶级的革命爆发，没有那些不自觉的无产阶级或半无产阶级群众反对地主、教会、君主和民族等等压迫的运动，社会革命也是可以设想的，——如果这样认为，那就意味着放弃社会革命。一定要有一支队伍在这一边排好队，喊道：'我们赞成社会主义'，而另一支队伍在那一边排好队，喊道：'我们赞成帝国主义'，这才会是社会革命！……

谁要是等待'纯粹的'社会革命，谁就一辈子也等不到，谁就是不懂得真正革命的口头革命家。"②

他接着说：

"欧洲的社会主义革命，不可能是别的什么，而只能是所有一切被压迫者和不满者的群众性斗争的爆发。一部分小资产阶级和落后的工人，必然会参加这种斗争，——没有他们的参加就不可能有群众性的斗争，就不可能有任何革命——他们同样必然地会把自己的偏见、反动的幻想、弱点和错误带到运动中

---

① 《马克思恩格斯全集》中文第 1 版第 35 卷第 378—379 页。——译者注
② 《列宁全集》中文第 2 版第 28 卷第 52—53 页。——译者注

来。可是客观上他们将向资本进攻,所以觉悟的革命先锋队,先进的无产阶级,只要体现出各式各样的、五光十色的、复杂的、表面上分散的群众性斗争的这一客观真理,就能统一和指导这个斗争,夺取政权,夺取银行,剥夺大家所憎恨的(虽然憎恨的原因各不相同!)托拉斯并实现其他的专政措施,这些措施加在一起就能最后推翻资产阶级和取得社会主义的胜利,而社会主义的胜利决不是一下子就会'清除掉'小资产阶级的渣滓的。"①

在这些话语中,在恩格斯和列宁的这些伟大教导的深处,蕴含着一些基本原理,可以回答我们今天怎样才能成功地开展反对资本进攻、反对法西斯主义和战争危险的斗争的问题。这里已经包含了无产阶级政党必须对本阶级的群众和盟友实行正确的政策,以及建立广泛的人民斗争阵线的任务和为加强无产阶级的地位而灵活地利用国际矛盾。我们的全部经验多次证实,一个对革命持简单化的、幼稚的看法的党,是**不能发挥其组织者和领导者的作用的**。对于一个充满活力的、战斗的党来说,没有什么比预先准备好的、以抽象推论的方式得出的僵死的公式更危险的了,因为它掩盖了全部生机勃勃、丰富多彩、多种多样的斗争条件和斗争形式。

认为革命就像离弦之箭一样是直线发展的,认为在日益成熟的革命过程中没有停顿、中断和后退,以便之后更有力地向前跳跃,这是不正确的;认为革命政党的策略不应当建立在既定的阶级力量对比关系上,而应当建立在我们所喜欢的阶级力量对比关系上,这是不正确的;认为对于无产阶级政党来说,无论在革命的准备过程中,还是在革命的发展过程中,仅仅依靠先锋队的力量就足够了,而无须依靠工人阶级的多数,这是不正确的;认为无产阶级政党通过无视其他阶级力量,不试着把那些摇摆不定的阶级争取到革命一边——哪怕是暂时地争取过来也

---

① 《列宁全集》中文第2版第28卷第53页。——译者注

好——就可以创造一种"阶级反对阶级"的明朗局面,这是不正确的;认为我们无须利用敌人阵营中的矛盾,无须与其他正在革命化的阶级、群体及其政治组织达成暂时的、部分的妥协,就能准备和完成**革命**,这是不正确的。

1889年,恩格斯在给丹麦社会主义者特利尔的信中写道,要为了工人阶级的利益利用其他政党,"暂时支持其他政党去实施或是直接有利于无产阶级的、或是朝着经济发展或政治自由方向前进一步的措施"①。

但是,恩格斯又补充道:

"我只是在下列情况下才赞成这样做:对我们的直接的好处或对国家朝着经济革命和政治革命的方向前进的历史发展的好处是无可争辩的、值得争取的。而所有这一切又必须以党的无产阶级性质不致因此发生问题为前提。对我来说,这是绝对的界限。"②

巩固党的阶级特性,提高无产阶级的阶级觉悟和战斗能力,加强无产阶级的阵地,削弱阶级敌人的阵地——这就是恩格斯认为在决定是否容许这种或那种妥协的问题时必须坚持的标准。

与这一策略完全敌对的是国际社会民主党奉行的无产阶级与资产阶级合作的思想,因为社会民主党的政策剥夺了党的阶级特性,加强了资产阶级的阵地,削弱了无产阶级并打击了他们的士气。这一革命策略与"较小的祸害"的政策、与投票支持兴登堡、与同布吕宁结成联盟毫无共同之处,因为社会民主党用"较小的祸害"的政策把无产阶级的阵地一个接一个地转交给了资产阶级,为法西斯主义铺平了道路,为无产阶级的失败做好了准备。

---

① 《马克思恩格斯文集》第10卷第578页。——译者注
② 《马克思恩格斯文集》第10卷第578页。——译者注

三十年后，列宁根据三次俄国革命的经验进一步发展了恩格斯的这些思想，向年轻的各国共产党传授了一种极富灵活性和机动性的策略，这一策略有助于它们克服激进主义的幼稚病，以真正布尔什维克的方式开展推翻资产阶级的斗争。

"为了推翻国际资产阶级而进行的战争，比国家之间通常进行的最顽强的战争还要困难百倍，费时百倍，复杂百倍；进行这样的战争而事先拒绝采用机动办法，拒绝利用敌人之间利益上的矛盾（哪怕是暂时的矛盾），拒绝同各种可能的同盟者（哪怕是暂时的、不稳定的、动摇的、有条件的同盟者）通融和妥协，这岂不是可笑到了极点吗？……要战胜更强大的敌人，就必须尽最大的努力，同时必须极仔细、极留心、极谨慎、极巧妙地一方面利用敌人之间的一切'裂痕'，哪怕是最小的'裂痕'，利用各国资产阶级之间以及各个国家内资产阶级各个集团或各种类别之间利益上的一切对立，另一方面要利用一切机会，哪怕是极小的机会，来获得大量的同盟者，尽管这些同盟者可能是暂时的、动摇的、不稳定的、不可靠的、有条件的。谁不懂得这一点，谁就是丝毫不懂得马克思主义，丝毫不懂得现代的科学社会主义。"①

同志们，如果你们设身处地地思考恩格斯和列宁的这些论述，将其运用于我们所处的时代、运用于我们的代表大会目前正在为下一个阶段拟定的政策的话，那么你们就会理解，在长达几十年的时间里经受了整个国际工人运动的经验考验的这一策略，现在在共产国际及其各个支部面前展现了最可观的前景，使我们能够走出成长的宣传鼓动阶段，不仅在各个国家中，而且在全世界成为当前整个政治生活中有重要影响力的要素。但是，正是因为我们现在走上了伟大的群众政治的康庄大道，因为我们准备依靠的人不是数以十万计，而是数以百万计，因为那些昨天

---

① 《列宁全集》中文第2版第39卷第49—50页。——译者注

还在社会民主党队伍中的阶层或者根本不关心政治的阶层,在我们的影响下开始支持我们了,所以共产国际的各个支部必须特别警惕对我们的群众政治可能出现的各种右的和机会主义的歪曲,警惕那些妨碍我们在群众中的影响力扩大和无产阶级的战斗力增强,从而阻碍无产阶级革命的前提条件逐渐成熟的歪曲。在这方面我们必须再次求助我们的导师恩格斯,再次回忆他反对机会主义的斗争,一场无情的、毫不妥协的斗争,在他作为政治战士的一生中,这场斗争进行了半个世纪。

小资产者以数十种不同的伪装企图在工人运动中站稳脚跟,以便削弱它、瓦解它。恩格斯看透了这些人。他以鞭辟入里的分析和嬉笑怒骂的嘲讽,撕下了这些庸人的面具,揭穿了隐藏在他们自然表露的善良敦厚背后的各种市侩的卑劣行径和嘴脸。这些庸人们之所以允许自己卑鄙,是因为他们认为自己是"出于正直"才卑鄙的。

"愚蠢本身变成了优点,因为愚蠢是信念坚定的确实证据。它的每一个隐秘思想都靠内心是坦诚的这一信念来支撑,诚实的意识越是想进行某种欺骗,干下流的勾当,它就越能够表现得纯朴和可信。小市民的一切卑劣行径……一条把哲学中,民主中,总之,空话中的一切矛盾奇妙地混合在一起的阴沟。"①

恩格斯捍卫革命的马克思主义,抨击德国的改良主义者、法国的可能派和英国的费边派,斥责像莫斯特这样的极左派以及"年轻的"纽文胡斯。但与此同时,恩格斯也极其坚定和耐心地批评和纠正无产阶级政党领导人,如威廉·李卜克内西、倍倍尔、拉法格和盖得等人的机会主义错误。

恩格斯反对机会主义,特别是反对与机会主义和解的行径的这种斗争,是长期不懈的,这一斗争使他在一些受过其抨击的领导人中间获得

---

① 《马克思恩格斯全集》中文第2版第11卷第328页。——译者注

了"欧洲最大的粗鲁汉"的绰号。我们都要向恩格斯学习,成为一个维护党的事业和革命事业的"粗鲁汉"。

没有谁像恩格斯那样如此迫切地希望工人阶级先锋队在工人政党中团结起来。他期待这种团结,就像我们今天期待这种团结一样。但是他意识到并且看到,无原则基础上的团结将削弱工人阶级。无产阶级拥有一个群众性政党有什么好处呢,如果这个党被牵着鼻子与资产阶级合作的话?1882年,他欢迎法国工人政党与马隆和布鲁斯决裂,因为他们放弃了阶级斗争,牺牲了运动的无产阶级阶级特性,从而使决裂无法避免。他说:

"这也好。……**在可能团结一致的时候,团结一致是很好的,但还有高于团结一致的东西。**"①

我们认为现在回忆恩格斯的这些话是必要的,因为我们在这里,在这个代表大会上,高举的是国际工人阶级政治团结的旗帜。

通过季米特洛夫同志的报告,代表大会特别明确地强调了它的意愿,即争取每个国家都有一个统一的工人政党,争取全世界有一个统一的工人政党。但是这个政党只能建立在原则统一的基础上,而不能建立在一个由小资产阶级成分和无产阶级成分以第二国际为模型和样板组成的腐朽联盟的基础上。我们提醒数千、数万乃至数十万自认为是马克思和恩格斯的追随者和学生的社会民主党工人,如果我们想重建那种臆想的统一,那种导致8月4日的灾难,导致一部分工人阶级和资产阶级结成联盟,并最终为法西斯的胜利铺平了道路的统一,那么我们将同他们一起对我们的阶级犯罪。工人阶级不需要这样的统一。我们想要的统一是我们的导师弗里德里希·恩格斯毕生为之奋斗的那种统一,我们将全

---

① 《马克思恩格斯文集》第10卷第486页。——译者注

力以赴争取这种统一并将实现它。但是，只有这样的党才能实现这种统一，它通过提高自己的积极性赢得了群众的信任，它清除了开展群众运动时的一切公式化和一切幼稚病。恩格斯争取的正是这样的党。他无情地抨击消极懈怠和无所作为，认为这是机会主义最为有害的形式之一。在与工人领袖们的通信中，他不知疲倦地重申：党在任何情况下都必须**行动**，必须参与国家的**全部**政治生活，利用内政和外交的每一个事态采取有力的行动，必须时时处处始终与群众在一起，及时提出来自群众自身的**真正的斗争口号**，并随着运动水平的提升代之以新的口号——这就是恩格斯所坚持的无产阶级政党的基本策略准则。

一个政党如果只在志同道合者的狭隘封闭的圈子中活动，与人民的生活**没有**任何联系，不懂得从当时能够激发群众的事情入手，不懂得把人民的疾苦和人民的希望概括为准确的、易于理解的口号，那么这个政党也就不懂得如何领导群众运动。

恩格斯特别尖锐地抨击了那些在斗争的决定性关头背弃群众的人。他就此直截了当地指出：不消说，凡是错过这种决定性关头的政党，迟早会走向灭亡。

在实践中，一些人的消极懈怠和无所作为经常隐藏在"左的"套话中，由于地下组织的密谋和自我封闭而孤注一掷，堕落为一种与工人政党的精神格格不入的烧炭党主义①。另一方面，议会迷不惜一切代价适应资产阶级的合法性，否定地下组织形式的作用，害怕采用暴力，也削弱了工人阶级的战斗能力。恩格斯与这两种消极懈怠的表现展开了斗争。他教导各国无产阶级政党，为了聚集工人阶级的力量为争取无产阶级专政的斗争做好准备，应当以各种方式**利用资产阶级的合法性**，以便

---

① 烧炭党是19世纪后期活跃在意大利各国的秘密民族主义政党，追求意大利的统一，其组织仿照共济会的秘密形式。——译者注

以这种方式把资产阶级的合法性**转变**为反对资产阶级的斗争武器。他揭露了被国际警察**利用**来反对工人组织的巴枯宁主义—布朗基主义的密谋活动,建议工人组织要特别**警惕**渗透进来的密探和奸细。同时,他也经常抨击那些为了获取在俾斯麦统治下的合法地位而宣布工人政党不是革命暴力政党的社会民主党人。恩格斯写道:

"他激烈攻击暴力,把它说成是某种根本不能接受的东西,可是我们都知道,归根到底,没有暴力是什么也达不到的!"①

恩格斯坚持认为,无产阶级革命家善于利用一切斗争形式反对阶级敌人。布尔什维克党在列宁和斯大林的领导之下,有25年将合法工作形式与非法工作形式相结合的丰富经验,从而实践了恩格斯的指示。众所周知,共产国际第二次代表大会关于组织问题的决议正是以这一经验为基础的。

那么,我们的各个支部尽可能充分地利用了这些指示和这些经验吗?没有,它们没有充分利用这些指示和这些经验。许多同志认为,在法西斯恐怖的情况下,不存在"合法的"工作机会,工人运动不能公开活动,无法开展广泛的群众斗争。但是,法西斯主义毕竟**不得不**打造群众基础,**不得不**建立自己的群众组织并乞灵于对社会问题的蛊惑宣传。因此,共产党人的任务就是打入法西斯的群众组织,将法西斯主义对社会问题的蛊惑宣传及其锋芒对准法西斯独裁,用这种办法来削弱法西斯主义的群众基础。在这方面,如果没有在法西斯的群众组织中开展日常的、系统的工作,没有将合法工作方法与非法工作方法相结合,是不可能在群众工作上取得突破的。同时,认为在工人运动合法的国家,我们就根本不需要建立任何非法的组织了,这也是错误的。所有国家的

---

① 《马克思恩格斯全集》中文第1版第33卷第620—621页。——译者注

企业主恐怖统治都迫使我们不得不非法地在企业中建立支部。法西斯主义危险的增强，迫使各国"合法的"共产党采取一切措施预防落入非法状态，以避免重蹈意大利共产党和德国共产党的覆辙。要记住，统一战线运动将使那些遭受最多追捕和迫害的共产党自身"合法化"，群众斗争将使那些以最秘密的方式隐蔽起来的组织得以在明面上开展活动。

恩格斯所反对的那种公式化和幼稚病的变种之一，就是不顾各自国家的国情特点，机械地运用基本的策略观点。我们是一个无产阶级的世界政党，是一个在真正的政治统一和组织统一的基础上建立起来的党，是一个总结和概括了国际工人运动的全部经验的党，是一个采取以国际无产阶级的共同利益为基础的真正的国际策略的党。然而，这个国际策略并不排除以各自国家发展的特殊性为前提的各种差别。将国际工人运动的经验国际化，决不意味着制作一个对各国工人运动同样适用的样板。那种认为掌握了一些现成的公式就足以对国际工人运动一刀切的人，不是使工人运动国际化，而是使它僵化并阻碍它的发展。恩格斯是真正国际领袖的典范，他完美地掌握了把我们共产主义运动的国际性与考虑其民族特殊性正确结合起来的秘密。

他曾与**德国**工人运动保持紧密的联系，也透彻地了解**法国**工人运动各方面的详情；他从 1844 年起就致力于深入研究**英国**无产阶级的处境和斗争，并非常积极地参与了**美国**的工人运动（甚至在大洋彼岸逗留过一段时间）；他是对**意大利**和**比利牛斯半岛**各国无产阶级斗争的形势和进程了如指掌的行家；他对**西斯拉夫**和**南斯拉夫**各国社会主义运动的各种事务也非常熟悉。

正是凭着这种对各个国家状况的深刻认识，恩格斯才能够正确地领导这些国家的工人政党，才能成为无产阶级国际名副其实的领袖和组织者。

恩格斯在给博维奥的信中写道：

"意大利农民的解放不会经过英国工厂工人将要实现的那种解放形式，但是，两者对本身的、符合本国条件的形式理解得越深刻，他们对这种解放的实质的理解的分歧就会越小。"①

就我们伟大的时代而言，就我们的代表大会所面临的那些任务而言，这段话可以说是恩格斯在策略问题上最为重要的指示。恩格斯教导我们：在为各民族生活中生气勃勃的革命进程确定我们的策略的时候，不应当依据事先定好的模式和从一开始就确定的标准，而应当根据对每一既定时刻各个国家当时的阶级力量状况的深入研究，根据对各个阶级及其各个群体的状况的考察，根据对各种阶级矛盾的总体状况以及无产阶级利用这些矛盾的方法的研究，同时还必须从总体上考虑国际形势。

恩格斯教导我们，要成为一个战斗的党、一个有活力的党，要善于在运动趋向高潮的时刻以及暂时退潮的时刻，找到特殊的办法去接近群众，使党能够扩大和巩固它同工人阶级和劳动者的联系，使党不仅能在运动开始之后推进运动，而且能预先准备运动和组织运动，并通过赢得群众的信任来领导运动；使党能够对每一个激发群众的事件作出反应，使他们能由于最微不足道的诱因而组织起来，开展强大的运动，将运动提升为决战，并由此使党变成一支使所有劳动者敬佩并使他们增强对自身力量的信心的力量。

恩格斯教导我们：在胜利的时候不要骄傲自满，在暂时失败的时候不要垂头丧气；一旦失败不要害怕从头再来，而要抱着我们第二次必将获胜的坚定信念重新开始。

恩格斯教导我们，要采取这样的群众政策，这一政策符合最广大劳动群众最迫切的利益，促进农民群众和城市劳动者团结在无产阶级周

---

① 《马克思恩格斯全集》中文第1版第33卷第444页。——译者注

围。在当前的形势下，这首先意味着在资本主义国家中建立反对法西斯主义的人民阵线和在国际舞台上建立反对战争的人民阵线。

恩格斯教导我们，要冷静地估计形势，只要广大群众还没有参与到运动中来，就不要急着往前冲，但也不要被群众拖着走，不能以最落后的那部分群众为基准制定自己的策略，要善于通过坚决而迅速的行动吸引群众并推动其前进，巩固运动的每一个成就，并使其成为取得新成就的起点。

恩格斯教导我们，要为工人阶级夺取的每一寸阵地而斗争，利用敌人阵营中的每一个矛盾，决不牺牲党的阶级特性，决不放弃增强无产阶级的利益，参加一切以工人阶级为成员的组织，运用非法的和合法的斗争形式，在当前的形势下，这就意味着通过扩大非法组织在群众中的合法影响来加强非法组织，并通过加强非法组织来扩大这种影响。

我们生活和战斗的环境，比恩格斯当年所处的环境复杂得多。但是在这种新的环境下，恩格斯在策略问题上的丰富遗产对我们仍然有意义。共产党人还将长久地从这一遗产中汲取养分，并**以布尔什维克的方式把恩格斯的教导付诸实践**。

这意味着这些指示就足够确定我们的策略了吗？这些指示当然是不够的。由于历史条件的限制，恩格斯同马克思一样，**还不能创立**并且也没有创立革命无产阶级战略和策略的完备的科学。然而，由**列宁**和**斯大林**的天才所创立的这一科学，是以由伟大的共产主义奠基人提出并全力付诸实践的关于战略和策略的杰出思想为基础的。

三、我们继续推进恩格斯的事业

我们共产党人，是恩格斯事业的继承者。

由他和马克思创立的革命学说，其伟大而不可战胜的力量就在于，这一学说与战斗着的无产阶级一起**存活着和继续发展着**，不断被新的经验所**丰富**，并在与其敌人的斗争中**经受着磨炼**。

第二国际的那些人证明自己没有能力继续发展马克思主义。他们**不是**把马克思和恩格斯的学说理解为无产阶级革命行动的指南，**不是**将其看做为群众准备暴力推翻资产阶级统治和彻底消灭阶级的必要性提供论证的学说。在第二国际的领袖中，一些人修正了马克思主义，以便为他们与资产阶级合作的政策辩护，并且宣称资本主义的发展不是导致阶级矛盾的激化，而是相反，导致其减轻与缓和，以此来"补充"马克思主义。他们中的另一些人虽然口头上承认马克思主义基本原则的正确性，但却把这些原则变成了为安于资本主义现实和支持改良主义实践辩护的教条。这些人预告说，在遥远的将来，当全世界只存在所谓由"纯粹的"资产者和"纯粹的"无产者组成的社会时，资本主义将会自行灭亡。这些人自称马克思主义者，但他们根本不懂得也不信奉马克思主义。他们歪曲、肢解和庸俗化马克思主义，侵蚀了马克思主义的革命本质。整个庸俗的小资产阶级的歪门邪道就是这样通过第二国际的理论和实践滋生蔓延的，而恩格斯一生都在反对这种歪门邪道。第二国际的领袖和思想家们**不是恩格斯的事业的继承人，而是他的敌人的事业**的继承人。

恩格斯在90年代中期离开了我们。而正是在这个年代，列宁开始了他的革命活动，如今，他的名字已经成了全世界无产阶级的指路明灯。

马克思和恩格斯生活、工作和斗争的时代是垄断前的资本主义时代，那时资产阶级社会的发展总体上还处于上升期；那是民族国家间战争和西欧完成资产阶级革命的时代；在那个时代，英国在世界贸易和工业中还占据着优先地位，德国无产阶级还是世界无产阶级的先锋；在那个时代，工人运动形成为一个独立的政治运动，无产阶级政党刚刚建立。那个时代给马克思和恩格斯提供了一切必要的条件，使他们能够用强大的革命理论武器武装无产阶级。但是马克思和恩格斯从来没有要求事先规定无产阶级革命的精确的进军路线，事先确定详尽的策略细则，也从来没有要求回答在那个时代的条件下无法解决的问题。

恩格斯曾用一些精彩的篇章阐述了社会主义从空想到科学的发展，他不止一次地嘲笑那些离开科学的基础去冥思苦想"未来社会结构"的人。他多次满意地写道，他毫不担心"未来社会的人们，那些人无论如何也不会比我们笨"①。关于马克思对资本主义的批判，他写道：

"他的批判工作的结果总是包含有一些现今一般可能实现的所谓解决办法的萌芽。"②

这当然也完全适用于恩格斯本人的著作。这些天才的思想、手稿、萌芽，第二国际的学究和庸人们视而不见，却由伟大的布尔什维克**列宁**和**斯大林**进一步发展，扩充成一个统一的学说。

对列宁来说，马克思主义不是教条，而是革命行动的指南。还在上个世纪末的时候，列宁就结合围绕党纲的斗争，写下了这样的话：

"我们决不把马克思的理论看做某种一成不变的和神圣不可侵犯的东西；恰恰相反，我们深信：它只是给一种科学奠定了基础，社会党人如果不愿落后于实际生活，就应当在各方面把这门科学推向前进。"③

---

① 参见《马克思恩格斯全集》中文第 1 版第 35 卷第 145—146 页。原文是："共产主义社会中的人们自己会决定，是否应当为此采取某种措施，在什么时候，用什么办法，以及究竟是什么样的措施。我不认为自己有向他们提出这方面的建议和劝导的使命。那些人无论如何也不会比我和您笨。"——译者注

② 《马克思恩格斯文集》第 3 卷第 333 页。——译者注

③ 《列宁全集》中文第 2 版第 4 卷第 161 页。——译者注

《资本论》已经预言了资本主义垄断的大发展。在恩格斯生前最后的著作里（例如在论述交易所的手稿中），已经含有阐述资本主义经济中一系列新现象的特征的手稿。但是，恩格斯没来得及阐明90年代业已出现的资本主义的帝国主义阶段的特点就逝世了。

垄断的、腐朽的资本主义，资本主义各种矛盾前所未有的尖锐化，以1914—1918年世界大战和开创人类历史新纪元的十月革命胜利为开端的资本主义总危机，苏联的社会主义建设和社会主义的胜利——这些**新现象**必须由马克思主义者作出理论概括，以便武装革命无产阶级继续进行斗争。

在与美国工人的那篇谈话中，斯大林以短短几页的篇幅说明了列宁为丰富马克思主义理论宝库所作的贡献的简要特征。我们一定要读并且要反复读这短短的几页，其中的内容极其丰富。斯大林在谈话中总结了**马克思主义发展史中的列宁阶段**的内容：分析了作为资本主义最后阶段的帝国主义；进一步发展了马克思主义的首要内容——无产阶级专政学说；解决了无产阶级专政时期社会主义建设的形式和方法问题；创立了无产阶级政权的完整的体系；解决了作为无产阶级革命后备军问题的民族和殖民地问题；提出了关于党的学说。

确定共产党人在帝国主义战争中的态度是列宁的功劳，这体现在他提出的口号"**变帝国主义战争为国内战争**"上。之所以要反复强调这一点，是因为有人企图捏造事实，说恩格斯是提出这个口号的人。这是不正确的，同志们。如果我们把不是恩格斯说过的话记在他的名下，那就把他对国际工人阶级的功绩说过头了。恩格斯不是生活在帝国主义时代，他当时主要是确定了国际社会主义对民族国家间战争的态度。如果布尔什维克以教条主义的方式对待恩格斯90年代的著作，那么他们在帝国主义战争问题上就无法像列宁所做的那样继续发展马克思主义的看法了。列宁，并且只有列宁，不仅在帝国主义战争的问题上，而且在无产阶级政党对待帝国主义战争的态度问题上,采取了全新的、唯一正确的看法。之所以讲这些,是因为我们尊敬我们伟大导师恩格斯的思想,我们反对把他奉若神明,也反对隐瞒和掩饰历史真相。

列宁的工作把马克思主义提升到了一个新阶段,这一工作将由**斯大林**全面地继续推进。在斯大林的著作、讲话和行动,以及由他领导的布尔什维主义的国际政党中,**马克思列宁主义的理论存活着、成长着和丰富着**,而恩格斯就是它的奠基人之一。

斯大林在我们时代的一个核心问题,即**在一个国家内建设社会主义**问题上发展了马克思主义。布尔什维克没有囿于恩格斯的旧公式,因为这些旧公式只适用于另一个早已过去的阶段。在斯大林的领导下,布尔什维克迎头痛击了企图利用这些公式来反对无产阶级革命的托洛茨基派和季诺维也夫派。列宁指出,在帝国主义条件下资本主义的发展是不平衡的、跳跃式的,因而社会主义在一个国家内取得胜利是可能的。斯大**林**发展和**捍卫**了这个理论,并**将其付诸实践**。

斯大林在联共(布)第十五次代表大会上说:

"在19世纪40年代,在垄断前的资本主义的条件下,恩格斯认为在一个国家内无法实现的和不可能的事情,在帝国主义的条件下,在我国已经变成能够实现的和可能的事情了。

假如恩格斯还活着的话,当然,他决不会墨守旧公式,相反地,他会尽情地祝贺我们的革命说:'让一切旧公式见鬼去吧,苏联胜利的革命万岁!'"①

无论是在《哥达纲领批判》中,还是在恩格斯的著作中,抑或在列宁的《国家与革命》中,都没有详细讨论共产主义第一阶段的具体问题。斯大林详细探讨了这些问题,并以极大的勇气彻底解决了这些

---

① 《斯大林全集》第8卷第271页。——译者注

问题。

我们是在一个赤贫的、破败的国家中，在一个资产阶级遗留下来的技术和经济水平都很低下的国家中，在一个被资本主义国家包围的国家中，开始建设社会主义的。我们就是在这样的条件下，**在人类历史上第一次**开始建设社会主义。

斯大林进一步发展了马克思、恩格斯和列宁的学说，并以创造性的方式赋予了这一学说以血肉，**第一次**具体制定了在我国发动社会主义进攻的统一的、深思熟虑的计划；提出了作为社会主义在苏联取得胜利的前提的社会主义工业化问题；提出了作为在无产阶级领导下对农民进行社会主义改造的道路的集体经济体制问题；提出了消灭资本主义成分的步骤和方法问题（从限制这些成分的政策到消灭富农阶级的政策）；提出了在社会主义建设的条件下组织劳动，反对小资产阶级平均主义问题；提出了消除人们意识中的资本主义残余的条件和道路问题，以及创造新的社会主义文化问题。斯大林指出，建设社会主义首先意味着巩固无产阶级专政，而无产阶级专政的巩固和社会主义建设的成就，则会带来无产阶级民主的昌盛。布尔什维克已经在斯大林的领导下，将他的所有这些理论学说付诸实践。

斯大林的这些著作和讲话，他在党的代表大会上的报告，他在马克思主义农艺学家大会上的讲话，他著名的六点指导意见，斯大林集体经济章程，由他确定的苏维埃宪法修正案，以及他关于精通技术的新人的讲话——简而言之，斯大林的每一篇讲话，不仅是苏联社会主义建设道路上的一个里程碑，同时也是马克思列宁主义理论丰富和深化的一个里程碑。世界各国的先进工人正在学习这些著作，将来仍要学习这些著作。

斯大林树立了在资本主义包围中建立无阶级的社会主义社会的无产阶级国家的政策典范。斯大林制定了在资本主义总危机和资本主义与社会主义两种制度斗争的形势下无产阶级的世界政党——共产国际政策的基本原则。斯大林根据中国革命的经验解决了把民族革命运动推进到苏维埃革命的具体道路问题。**斯大林把马克思、恩格斯、列宁关于由资本主义到社会主义的过渡阶段的学说提升到了一个新阶段。**

列宁和斯大林没有把自己局限在马克思和恩格斯对**战略**与**策略**问题的个别论述上。全世界无产阶级革命者人人案头都有一部斯大林的《列宁主义基础》，他在这本书中写道：

"无产阶级公开发动的时期，无产阶级革命的时期，当推翻资产阶级的问题已经成为直接的实践问题的时候，当无产阶级的后备军问题（战略）已经成为一个最迫切的问题的时候，当一切斗争形式和组织形式——议会形式和议会外形式（策略）已经十分明显地表现出来的时候，——只有在这个时期，才能制定无产阶级斗争的完整的战略和周密的策略。"①

列宁和斯大林的功绩在于，他们没有把自己局限在复述马克思和恩格斯关于策略问题的个别原理上，而是继续发展了这些原理，从而创造了列宁主义的战略和策略——指导无产阶级革命的扎实的科学。

弗里德里希·恩格斯逝世四十年了。在这些年里，国际工人运动和全人类走过了一条多么非同寻常的路啊！取代旧沙皇专制制度的是正在成长着的社会主义的伟大国家。历经上千年历史的中国万里长城倒塌了，四亿中国人民行动起来了，苏维埃革命的旗帜飘扬在拥有约一亿人口的逾六个省份。在苏联社会主义成就的影响下，整个资本主义世界有越来越多的劳动者日益热切地向往着社会主义。资本主义国家的资产阶级像阿提拉②一样毁灭了一个个国家和城镇，重新使用中世纪的刑讯室

---

① 《斯大林全集》第 6 卷第 132 页。——译者注
② 阿提拉（Attila，406—453 年）是欧亚大陆匈人部落的首领，曾多次率领大军入侵罗马帝国，建立起了东起咸海、西至大西洋海岸、南起多瑙河、北至波罗的海的庞大帝国，当时的欧洲各国普遍视其为威胁。——译者注

来对付被压迫民族，在所有被压迫者中间激起了仇恨和反抗的风暴。马克思和恩格斯的第一国际已不复存在。第二国际又像腐朽的破房子一样土崩瓦解了，而劳动人民则围绕着第三国际即共产国际，马克思、恩格斯、列宁、斯大林的国际，在苏联取得胜利的社会主义的国际，全世界无产阶级革命的国际，日益紧密地团结起来。

恩格斯在1874年写道：

"我相信，下一个国际——在马克思的著作产生了多年的影响以后——**将是纯粹共产主义的国际，而且将直截了当地树立起我们的原则。**"①

这个共产国际就在这个大厅里。它覆盖六十多个国家，在全世界各个民族和种族中拥有千百万追随者，尽管有些追随者没有加入它的支部。马克思和恩格斯的学说在地球六分之一的土地上占据着绝对统治地位，支持这一学说的是一个强大的国家、一个拥有亿万财富的社会主义经济，一个拥有一亿七千万人口的国度。这一学说将在一切国家中打碎奴隶的枷锁，最终占领全世界。

有了这一学说的武装，共产党人将不顾一切恐怖、一切折磨和迫害，把无产者、劳动者和殖民地受奴役的人们组织起来、联合起来，使他们奋起斗争，并领导他们取得胜利。在苦难、法西斯主义和战争面前，共产国际成了人类的指路明灯和获救的希望。

共产国际这个马克思和恩格斯、列宁和斯大林的伟大的不可战胜的党万岁！

（极其热烈的欢呼声，与《国际歌》和《卡马尼奥拉之歌》的歌声汇合在一起。）

---

① 《马克思恩格斯全集》中文第1版第33卷第644页。——译者注

向代表大会致贺词

报告之后是短暂的休息。休息过后,皮克同志宣布会议重新开始,并告知四个代表团将向代表大会致贺词。

(跳伞运动员代表团步入大厅。全体起立以经久不息的掌声欢迎代表团。德国代表团开始高唱飞行员进行曲。整个大厅一起合唱。掌声再次响起。)

马什科夫斯基(苏联):

我以苏联第一届跳伞运动会和中央飞行员俱乐部"科萨列夫"指挥部的名义,欢迎共产国际第七次代表大会的所有与会人员。

在我们这里,跳伞运动已经成了我们光荣祖国的青年无产阶级群众性体育运动。这项运动锻造了坚定勇敢的空军战士,他们随时准备保卫祖国,抵御法西斯的入侵。

我们拥有举世闻名的、杰出的跳伞运动员。我们每天都在取得新的进步,每天都在提高技术水平。

五年以前,我们对跳伞运动还一无所知。如今,全世界都在学习我国的跳伞运动,因为这项运动乃至航空领域的一切记录都是在我国创造的,而且我们还将获取我们迄今尚未取得的那些记录。(掌声)

只有在我们国家,在我们光荣的共产党及其钢铁般的领袖斯大林同志的领导下,青年和一切劳动者才得到了无限的工作和学习机会。

(掌声,唱《国际歌》)

在管弦乐队的乐曲声中,代表团离开了大厅。与会者报以热烈的掌声。

在进行曲的乐曲声中,运动员代表团步入大厅。

(大会代表对他们报以暴风雨般的欢呼声。全体代表高喊"乌拉"向他们致敬。)

皮克：

请创造过一项**世界纪录**的塔玛拉·贝科娃同志致贺词。(热烈的掌声)

塔玛拉·贝科娃（苏联）：

我以苏联第二届工会运动会参加者的名义,以成千上万快乐、自由、勇敢,愿为列宁—斯大林的事业献出最后一滴血的运动员—工会会员、全世界最幸福的人民的儿女的名义,向你们,无产阶级世界革命的领导人,转达我们热切的、兄弟般的敬礼。(暴风雨般的掌声)

我们要和你们一起,并通过你们,向一切身陷资本主义牢狱的囚犯,向法西斯刑讯室中的殉难者,尤其是德国共产党的领导人、代表大会名誉主席**台尔曼**同志,转达我们勇敢的敬礼。(掌声,"乌拉"的呼喊声)

作为社会主义事业的突击队员,作为苏联的运动员,我们要为保卫我们伟大的苏联,为争取无产阶级世界革命的胜利,磨炼自己的意志,锻炼自己的体魄,加强自己的力量。(掌声)

只有共产党和苏维埃政权,才使我们能以自由人的身份愉快地劳动和休息,而在资本主义国家,千百万劳动者却不得不忍受失业、饥饿和衰退的折磨。

我们可以自豪地向你们报告,苏联第二届工会运动会的参加者们为向第七次代表大会致敬,创造了许多新的世界纪录和苏联纪录。(掌声)

在运动会上,你们看到了许多我国最著名的运动员。你们看到了众多年轻运动员全力以赴攻克更高的体育技术难关并创造世界纪录。我们绝不会满足于现有的成绩。同志们,我们在运动场上的战斗口号是:"更高、更远、更快!"我们将竭尽全力,让体育运动的所有世界纪录都变成苏联的纪录。(掌声)我们必将实现这一目标。(掌声)

各位代表同志,请告诉你们的阶级姐妹和阶级兄弟,我们苏联运动员全心全意地欢迎反对战争和法西斯主义的人民阵线,我们坚定地支持建立工人阶级统一战线。(掌声)在全世界千百万被剥削者和被压迫者正满怀希望地注视着你们,期望为他们锻造争取社会解放和政治解放的战斗武器的这一时刻,我们向共产国际第七次代表大会发誓:我们将为保卫苏联,争取共产主义在全世界的最终胜利而投入自己的全部力量、全部意志和全部生命。(掌声)

在马克思、恩格斯、列宁、斯大林的旗帜下领导劳动群众争取解放的无产阶级世界革命的司令部——第三国际、共产国际万岁!(掌声)

我们尊敬的、深受爱戴的朋友和导师,全世界劳动者的伟大领袖斯大林同志万岁!

(掌声。乐队奏起了《国际歌》,代表们齐声合唱。暴风雨般的掌声。运动员代表团向共产国际代表大会主席团和与会者们献花。)

在代表们暴风雨般的掌声中,一小队奥地利工人自卫队员步入大厅。

海因茨·罗舍尔(奥地利):

同志们!我承担了一项令人愉快的光荣任务,那就是以所有生活在苏联的工人自卫队员——他们在这里找到了一份生计,并获得了进一步的发展——的名义,以三呼"红色阵线"的方式,向你们致以无产阶级的敬礼。(暴风雨般的、经久不息的掌声)几个月前,我们还是第二国际的追随者,那时大部分属于改良主义阵营的奥地利工人阶级忧心忡忡地看到，法西斯主义正在准备镇压工人阶级。工人阶级中的不满情绪大大增强，然而社会民主党却不打算制止法西斯主义的准备活动。相反，它企图与试图不惜代价参加资产阶级政府的右派做交易。这清楚地表明，社会民主党的领导机构没有夺取政权的意愿。而我们的革命意愿却更为强烈。我们的革命斗争意愿驱使我们走上了街垒，因为我们无法忍受观望。早在二月斗争之前，改良主义就已经不是夺取政权和争取无产阶级专政的最适合的道路，奥地利成千上万的无产者已经认识到了这一点。只是当时他们还不能解脱出来，因为有人会指责他们想破坏奥地利工人阶级的统一，实际上这只是一种表面的统一。同志们，对改良主义的信任、对选票的信任，当时还是根深蒂固的，但在二月斗争的火光中，在街垒上，我们终于认识到了通向无产阶级胜利的道路。（掌声）我们找到了从第二国际转向第三国际，从改良主义转向共产主义的道路。（掌声）

现在，我们将按照代表大会的精神，竭尽全力使从前那种在二月斗争前存在的表面的统一，在反对资本主义和法西斯主义的斗争中转变为真正的统一，转变为统一战线和人民阵线。

国际无产阶级团结，尤其是俄国无产阶级团结的光辉榜样，驱散了改良主义蛊惑宣传的迷雾。我们学会了认清改良主义与布尔什维主义之间的区别，它犹如白天与黑夜的区别，为了无产阶级最终取得彻底胜利，值得为此区别而斗争。

同志们，不仅是我们，还有成千上万的兄弟获得了和我们同样的认识。我们将去争取大量袖手旁观的人。我们必须去争取大量袖手旁观的人。全力以赴争取每一个无产者，在奥地利建立统一战线，为反法西斯主义的阵线做准备！

一年零三个月之前，我们穿越了无产阶级祖国的边境线。而在这一年零三个月里，我们发生了什么变化呢？同志们！我可以向你们报告：

譬如，工人自卫队员在街垒上战斗，他们参加了红色建设阵线，他们为实现无阶级社会而斗争！（暴风雨般的掌声）

我们坚持不懈地为争取奥地利必将爆发的无产阶级革命的胜利做准备。

同志们，我们知道，奥地利、法国和其他各国在扩大统一战线和人民阵线方面都取得了重大进步。我们知道，今天在奥地利尽管改良主义者企图搞分裂，但是已经形成了统一的工人自卫队和统一的工会。

同志们，我们工人自卫队员向你们承诺，将尽自己的最大努力。我们向你们承诺，继续参加红色建设阵线的工作，以便在争取社会主义胜利的斗争中，在争取无产阶级专政的斗争中，使劳动的象征锤子和镰刀、解放的象征苏维埃红星照耀着奥地利群众前进。

这次代表大会表明，全世界范围的、强大的、坚强统一紧密团结的千百万劳动者大军，准备按照列宁的思想与法西斯主义和资本主义作斗争。

同志们！在这个意义上，我以工人自卫队的名义向您表达对这次值得纪念的代表大会的祝贺，并表达一个合理的心愿，希望在列宁的旗帜下社会主义尽快取得胜利！

共产国际万岁！世界革命万岁！世界无产阶级的领袖斯大林同志万岁！

一切权力归全世界苏维埃！（经久不息的、暴风雨般的掌声）

皮克（德国）：

现在请参加过十月起义的西班牙社会主义者的代表团向代表大会致贺词。（暴风雨般的掌声，唱《卡马尼奥拉之歌》，高呼"乌拉"等等。）

多洛雷斯高呼：西班牙革命万岁！所有代表共同高呼这一口号。

皮克（德国）：

同志们，这是一个由社会党人和共产党人组成的代表团，首先由社会党的同志向大会致贺词，然后由共产党的同志向大会致贺词。

首先发言的是社会党的**安东尼奥**。

安东尼奥（西班牙）：

我们西班牙社会党人有幸来到苏联，在这里度过我们被迫流亡的日子。一旦西班牙发生革命的群众运动，我们就将离开这里返回西班牙。我们把向第七次代表大会表达我们热烈的祝贺，以及表达我们将追随你们为社会主义在全世界的胜利而斗争的愿望，看做我们的光荣义务。

我们所关注的唯一目标，就是希望结束无产阶级政党之间的阋墙之争。尽管面临着种种巨大的困难，我们还是决定在我国首先进行争取社会主义共和国的斗争，继而进行争取全世界共产主义共和国的斗争。

我想利用大会给我们的这个机会，以在莫斯科的社会党人的名义，向你们讲述我们对两个根本问题的看法。

自从国际无产阶级分裂以来，在共产国际的历史上，这是社会党人第一次以这种方式来到你们中间，并在你们的代表大会的讲台上讲话。这是具有重大政治意义的。

如果站在这里的是另一位执行第二国际指令的权限更大的同志的话，那意义就更加重大了。但即便如此，这也是我们两个国际相互接近的开端。如果我们此后能彼此接近，最终统一成**一个**意志和**一个**愿望——社会主义的胜利、无产阶级专政的胜利，那么尤其对于西班牙来说，这意味着一个高潮。（掌声）

我刚才说我想谈两个根本问题：工人阶级的工会统一和政治统一，以及法西斯主义引起的战争危险。我认为，在第一个问题中包含着避免第二个问题的可能性。为什么呢？我想依据自己作为西班牙社会主义工人党干部的一段亲身经历来跟你们谈一谈。

在阿斯图里亚斯的十月事件中,工人们已经开始了反对反动派和法西斯主义、夺取政权的武装斗争。所有同志的脸上都洋溢着发自内心的喜悦,显露出必胜的信念。工人们摆脱阴谋诡计、阋墙之争,从过去身不由己的狂热中解脱出来的时刻到来了。他们发现,每一个扛枪的工人都是为革命而斗争的工人,都是被夺取胜利这同一个愿望所鼓舞的同志、阶级兄弟。

没有人问参加战斗的工人是共产党人、无政府主义者还是社会党人。只要他出现在街垒上,就最清楚不过地证明了他是为共同事业而斗争的。

但是一如既往,在革命暂时失败的时候,党派斗争又重新开始了。在统一战线内共同战斗的日子被遗忘了。

我们对政治因素和社会因素估计不足。为了互相攻讦,为了肆无忌惮地指责对方,我们低估了统一的力量。

如果我们想实现马克思、恩格斯和列宁的伟大学说,如果我们想开展反对帝国主义和法西斯主义的斗争并推翻资本主义,那么我们无论如何必须避免这种情况发生。

下面谈谈法西斯主义挑起的战争。工人的统一能够防止战争。但是,万一爆发战争,我们就必须将其转变成内战,即转变成争取革命胜利的公开的战斗。

在这里我大胆地宣布,没有一个觉悟的无产者,没有一个工人政党不反对战争。对苏联这个国际革命运动中心的任何进攻,不管是哪一个国家发动的,都将被看做是对以苏联为代表的社会主义事业的进攻,都将被看做是对世界无产阶级的进攻。(掌声)

所有的工人、所有的社会党人都会挺身而出,用手中的枪奋起反击这样一个威胁俄国无产阶级和世界无产阶级的宏伟事业的国家,保卫世界上第一个能够坚定地高举社会主义红旗、永远消灭阶级的国家。

我们要站在你们一边,以便能在不远的将来竖立起国际苏维埃共和国的红旗。(掌声)

同志们!请将我们的祝愿转达给你们国家的无产阶级。请将我们的祝愿转达给全世界牺牲于我们的阶级敌人的暴力措施之下的人们。请将我们的祝愿转达给台尔曼、拉科西、葛兰西和卡瓦列罗诸位同志。(经久不息的掌声)

苏联万岁!

全体无产者的统一万岁!

世界革命万岁!(经久不息的掌声。代表们起立长时间地为西班牙代表团喝彩。)

卢克(西班牙):

我们以在苏联的西班牙共产党人的名义,向第七次代表大会转达我们的祝贺。

我们知道在这次大会上将讨论具有根本意义的问题:所有工人和反法西斯主义者的统一战线问题,为争取实现日常要求、为捍卫民主而斗争的问题。

资产阶级以其战争和法西斯主义对工人构成了致命的威胁。我们将通过在城市和农村实行反法西斯主义政策,在社会党人和共产党人的联合行动中,迅速地实现统一战线。

决不能忘记,共产党人、社会党人、无政府主义者和无党派人士,是怎样为推翻法西斯主义而并肩战斗的。我们必须学习这个榜样,必须帮助我们的各个组织,使它们从这一经验中吸取为即将来临的斗争指明方向所必不可少的教训。

我们希望社会党的和共产党的工人和农民能在一个稳固的统一战线

中共同奋斗，并希望这个统一战线能为即将来临的斗争做好准备和组织工作。(经久不息的掌声)

8月6日是代表大会的休会日，代表们前往位于莫斯科城郊**图希诺**的中央航空俱乐部的停机坪，观看跳伞运动员的联盟运动会。最优秀的男女跳伞运动员们展示了自己在这个一切体育项目中最勇敢大胆的项目上的高超技艺。这天最精彩的项目是跳伞，跳伞运动员先是像一块石头一样坠落数百米甚至上千米，几秒钟之后才打开降落伞；还有壮观的团体跳伞等，其中包括约80名跳伞运动员从三架飞机上同时向下跳。在观众中还有切柳斯金号的救援者、苏联英雄**利亚皮杰夫斯基**，代表大会的代表们与他进行了愉快的交谈。

第二十三次会议

(1935年8月7日)

继续讨论季米特洛夫的报告

8月7日上午的会议由**克勒**同志(捷克斯洛伐克)主持。在热烈的掌声中,第一位发言人开始讲话。

瓦尔特(德国):

在我的发言中,我想首先具体地说明季米特洛夫同志在谈到德国时所阐述的关于推翻法西斯独裁的道路问题。德国工人运动目前状况的特征可以描述为,德国工人阶级和劳动者中越来越多的人根据新的条件采取了新的、尽管还很简陋的抵抗形式和方法。自工会委员会选举以来的新现象是,出现了集结和复苏工人运动的意愿。正在形成这样的认识,即如果工人群众团结起来,就能够抵抗法西斯对工资的进攻,并争取到更多的运动自由和更多的权利。抵抗运动正在兴起,不过采取的还是很简陋的形式,运用得最多的斗争方法是消极抵抗。

最近你们一定从报刊上了解了抵抗运动,目前这些运动还是反对降低工资、反对条件苛刻的计件工资、反对提高生产定额和反对加班加点的防御性斗争。只有在熟练技术工人那里,有时才能看到为争取更高的工资而斗争的事例。从这些多种形式的抵抗运动中我们发现,最微小的经济上的部分要求与争取更多的运动机会和争取工人权利的斗争之间，有着紧密的联系。

所有这一切仅仅是一个开始，但它表明了斗争有很大的余地。能以何种速度在更大的范围内开展抵抗运动并进行争取民主自由的斗争，取决于德国共产党能否在群众工作中实行转变，能否坚决克服关门主义。

在德国劳动阵线中，这种新的发展趋势表现为，工会会员、工会代表和一些工会委员会正致力于使这个组织成为工人、职员和青年的工会利益的代表。工人们不断加大对工会委员会的压力，要求它们积极地代表工人的利益，这显然是与工人运动的增强相联系的。个别工会委员会已经开始像企业职工委员会一样行事了。

德国劳动阵线的领导人企图以严厉的恐怖手段实施垄断资本的越来越具有攻击性的政策，而同时又企图通过更多的蛊惑宣传来掩饰这一政策，对付工人的积极行动。他们想通过"提高工资"、"实行'公平的工资'"的口号，通过"降低垄断价格"、"废除交租义务"的要求，阻止工人的直接反抗和斗争要求。但新现象在于，在这样的情况下，工人们开始要求纳粹领导人信守诺言。他们回应道：是的，提高工资吧，让我们检查自己的工资状况，看看究竟提高了没有。是的，让我们在企业大会上讨论"公平的工资"并约定工资究竟能提高多少吧。工人们说，是的，我们赞成在德国劳动阵线中实行"自治"，因此我们希望我们的工会代表、我们的工会干部共同协商，自行决定并公布怎样使用我们的会费。劳动者就是这样通过自己的努力越来越多地把纳粹的蛊惑宣传转变成它的对立面，利用它来进行斗争动员。

在劳动者越来越不满的条件下，法西斯反动派企图摧毁合法组织、天主教组织、钢盔团等等的残余。但是，尤其是在天主教徒的队伍中，保卫自己的组织的抵抗活动不断增强，与此同时，越来越多的劳动者转而利用在一体化组织①中进行合法斗争的可能性，从内部开展争取自身利益和反对法西斯主义的斗争。

在这些由法西斯掌控的组织中开展的这种反法西斯工作，支持了纳粹党内部的反对派。劳动者中的纳粹追随者要求兑现"社会主义"诺言的呼声越来越强烈。1934年6月30日，当希特勒把枪口指向劳动者中的纳粹追随者的社会要求时，工人们曾袖手旁观，部分工人对于发生在冲锋队领导人队伍中的血腥残杀甚至持某种幸灾乐祸的态度，而现在由于工人运动的复兴，纳粹党内部的反对派却获得了特别的分量。

法西斯统治之所以面临各种困难，其经济根源在于这一事实，即法西斯主义没有能力刺激经济复苏并使其走向繁荣。尽管它还拥有很多实施经济花招的机会，但它现在却不得不尽最大的努力，才能维持目前的就业状况，才能通过对人民的残酷掠夺来榨取日益增长的军备开支和倾销成本。因此可以预见，资本的进攻将更加猛烈，它将采用最狡猾的办法来降低工资、推行合理化措施以及无偿加班。法西斯分子将把越来越多的军备开支转嫁到中间等级和农民身上。中间等级将更多地承受群众消费停滞甚至间或下降以及大量捐税的重压。农民将由于战时统制经济的费用而被压低农产品价格。法西斯主义打算这样来完成其最大限度地加重剥削的任务。

那么德国的处境如何？下一步的前景如何？

1. 工人运动开始活跃，其表现是在各个企业中和在法西斯群众组织的反对派中抵抗运动日益增强。越来越多的工人阶级和劳动群众开始利用合法的机会进行抵抗。

---

① 法西斯实施的一体化政策，是指强行将各种社会组织整合成一个高度一致的组织，以便对其进行严密的控制。本书把这种政策的产物称为一体化组织。——译者注

2. 在工人运动活跃的基础上，纳粹阵营本身出现了分歧和对立。这给法西斯独裁同其追随者群众中的反对派作斗争造成了更大的困难。

3. 资产阶级在经济困难的驱使下，准备发起一场新的合理化运动，准备对各阶层劳动人民发动一场新的更为猛烈的进攻。

代表大会的各位发言人都合理地提出了中心问题：为什么尽管存在着广泛的不满，反法西斯主义的有组织的群众抵抗却没有得到相应的增强呢？原因要到我们党的宗派主义传统中去找，这一传统尤其是自1929年以来开始出现。季米特洛夫同志特别强调了代表群众最微小的、日常的、经济的和自由的利益的任务。我们必须向群众提出符合他们的生活需要、符合既定发展阶段的斗争能力水平的口号和斗争形式。

我们党的宗派主义传统的主要特征恰恰在于，我们没有遵循建立统一战线的基本条件。在我们党内蔓延的自满情绪妨碍了对这些错误的纠正。

当法国共产党模范地转向在变化了的条件下以新的方式运用统一战线策略时，德国共产党的一些领导干部却公然否定这些经验。这表明自负的宗派主义还在继续发挥作用。通过一月决议，这些错误得到了纠正。党开始在其群众工作中实行转变。

以前，统一战线协议大多具有很强的宣传的性质。在审查最近的一些统一战线协议时，我们不得不断定其中存在着严重的错误：在这些协议中，大都缺少在法西斯掌控的组织中共同工作的内容，这意味着合法斗争的可能性被低估了。这一经验告诉我们，只有通过在做好非法斗争准备的同时，在群众组织内合法地代表工人和职员的利益，组织罢工和抵抗运动才是可能的。

以最近几个月的共同行动为例，在这些行动中，共产党人和社会民主党人之间的坦诚合作经受住了考验，据此我们向所有社会民主党人、他们的组织以及布拉格执行委员会建议，为在反法西斯主义的斗争中即将采取的行动建立统一战线：

为了共同援助希特勒恐怖政策的受害者和锄奸防特。

为了在德国劳动阵线中共同工作，以实现在维护和改善劳动条件意义上的"提高工资"的要求。

为了在一切法西斯掌控的群众组织中共同开展反法西斯主义的工作。

我们呼吁所有共产党人、社会民主党人和自由工会会员，竭尽全力争取在各个企业、各个地方和各个地区乃至全德国建立这种统一战线。我们向德国社会民主党的布拉格执行委员会建议举行会谈，就在全国采取这样的共同行动达成协议。

布拉格的社会民主党左派领导人在现实问题上，例如在工会委员会选举问题上，支持了布拉格执行委员会的错误立场，尽管所持的理由有所不同，他们过去几个月里在统一战线问题上没有向前迈进一步。国内的左派工人和干部已经在许多地方开启了行动统一战线，与他们相反，左派领导人却倒退了一步。他们一年前就承诺要采取行动，但结果仅仅是把书面的檄文寄给第二国际而已。

这种行为严重地阻碍了社会民主党中真正想建立行动统一战线的力量的发展。

德国工人阶级深切地渴望统一。

一些社会民主党"左派"领导人企图利用工人的这种渴望创建一个新的"社会党"，这实际上意味着继续和加深工人阶级的分裂。

与这种表态相联系的是竭力否认社会民主党对德国工人阶级失败的历史罪责。其他左派领导人则宣称自己支持"社会党人和共产党人在转变了的第三国际中联合起来"。那么好吧，共产国际第七次代表大会已由季米特洛夫同志亲自采取了主动，并把建立一个工人阶级唯一的革命政党的问题提上了日程。季米特洛夫同志已经列出了能使这样的统一得以建立的那些前提条件。

我们确信，许多社会民主党工人的观点与季米特洛夫同志的论点是一致的。我们要问：左派社会民主党人准备在这样的前提条件下在社会民主党内支持建立一个德国工人阶级的统一政党吗？他们准备与我们共产党人一起推动在此问题上采取共同行动吗？那么下一步就是实现行动统一了。

对于反法西斯主义斗争具有最重大意义的是实现工会统一。我们向法国在争取工会统一的斗争中所取得的进步表示祝贺，并完全赞成法国共产党的策略以及法国统一总工会为实现工会统一而开展的生气勃勃的、目标明确的工作。（掌声）

在我们的印象中，红色工会国际在各国争取工会统一的斗争中没有始终发挥足够的主动性，也没有采取足够的措施推动将红色工会反对派的方法转变为工会中支持阶级斗争政策的广泛行动。我们也同意吉东同志的看法，即阿姆斯特丹工会国际理事会中的分歧起初没有受到足够的重视。

我已经强调过，要在统一战线的基础上建立最广泛的反法西斯人民阵线。毫无疑问，希特勒法西斯主义政权的催眠术对德国劳动群众还有支配性的作用。但与此同时，大部分劳动者对反动的独裁统治、对法西斯统治的野蛮兽行的仇恨越来越深，法西斯统治玷污了我们的国家，使这个诞生了席勒和歌德、诞生了莱辛和黑格尔、诞生了卡尔·马克思和弗里德里希·恩格斯的国家变成了蒙昧主义的策源地。德国法西斯主义用它的蛊惑宣传从政治上唤醒了过去对政治不感兴趣的广大人民阶层，以便利用他们充当资本利益的马前卒。面对上层社会、百万富翁、发战争财的人、容克将军和纳粹官僚最专横的统治，欺骗性地强化反资本主义舆论现在给了我们绝佳的机会，使我们能够建立千百万人民的最广泛的阵线。

季米特洛夫同志强调，法西斯主义的致命弱点在于，纳粹领导人漫天许愿要满足的群众社会利益与纳粹政策为大资本服务的内容之间存在着矛盾，这使我们有可能把纳粹追随者中的劳动群众争取过来。

我阐述这些基本问题旨在说明，人民阵线的任务就是召集、动员和开展一场由一切反对反动派、反对法西斯的力量参加的，反对希特勒独裁、争取面包和人民权利、争取和平和进步的广泛的人民运动。就此而言，我们也想把纳粹追随者中那些反对某些敌视人民的法西斯主义措施的人士争取到人民阵线这边来。为了扩大人民阵线，我们必须用一个能团结整个人民阵线的响亮而凝练的口号去引导各个劳动阶层的各种不同的要求，而目前在德国，这个口号就是"自由"。

在一场反对希特勒的伟大人民运动的发展进程中，争取各项民主自由的斗争是当前的中心任务。这项任务把局部的运动联成一体，并使其发展到一个更高的阶段。我们进行这场斗争的下一个目标是，召开没有企业主的工会委员会，并按照企业职工委员会的活动内容扩大它的权利。我们现在要为共同救援被囚禁者而斗争，要为释放我们的领导人恩斯特·台尔曼、释放米伦多夫和一切政治犯而斗争。我们要在德国和全世界发动一场广泛的人民运动来争取大赦，迫使释放一切囚犯。与此同时，我们还要为资本主义国家中流亡国外的劳动者争取避难权。

为了动员群众集结起来推翻希特勒法西斯主义，我们反对法西斯的选举骗局，争取在享有充分提名权的情况下，根据自由、秘密的选举权，通过普选实现全民公决。

在这场抵御法西斯主义恐怖统治的斗争中，共产党人与天主教的劳动者肩并肩地站在了一起。当"民族观察员"恼怒地谈到共产党人讨好天主教徒的企图时，我们是这样回答的：我们共产党人将在一切能捍卫和争取言论自由、良心自由和结社自由的场合出现并在那里战斗。我们现在和将来都会在一切涉及劳动人民的自由利益的场合履行我们的反法西斯义务。当福尔哈贝尔红衣主教的秘书处在这种严峻的形势下通过反布尔什维克的煽动讨纳粹领导人的欢心时，我们知道天主教的广大劳动群众并不同意这样做，因为这只会有利于希特勒。我们向所有天主教的劳动者提出建议：让我们互相帮助，一起救援被囚禁者，抵抗纳粹特务，阻止逮捕行动，捍卫我们的组织，保护我们的青年免受艰难和军训之苦吧。

面对纳粹的组织禁令，我们向你们呼吁团结起来。在这个意义上，我们欢迎8.5万天主教徒在上西里西亚的安娜贝格举行的宗教游行，并以如下郑重声明来回应其"我们要自由！"的抗议呼声：我们准备搁置一切世界观方面的分歧，同你们一起为良心自由而斗争。因为我们大家都面对着同一个敌人——希特勒法西斯主义！（更加热烈的掌声）

法西斯主义想压制一切进步的东西。它以"鲜血和土地的神话"取代科学。它想压制艺术方面的真理、研究方面的真理乃至每一种精神自由。

我们希望在共同斗争中与一切正直的科学家、艺术家和知识分子结成人民阵线。我们是席勒的最优秀传统的继承人，他曾在《强盗》和《退尔》中呼吁开展反抗暴政争取自由的斗争；我们是歌德的最优秀传统的继承人，他曾大声疾呼："坚持不畏一切强权。"四十年前去世的社会主义的伟大导师弗里德里希·恩格斯说：

"而我们德国社会主义者却以我们不仅继承了圣西门、傅立叶和欧文，而且继承了康德、费希特和黑格尔而感到骄傲。"①

因此在反对法西斯主义的中世纪愚昧、争取启蒙和进步、捍卫文明的斗争中，我们也是康德、费希特和黑格尔的继承人。（掌声）

---

① 《马克思恩格斯文集》第3卷第496页。——译者注

为了领导这个和平、自由和进步的人民阵线，正确的方法是，这个人民阵线的机构要从最优秀的反法西斯战士中、从工人和其他劳动人民阶层的队伍中产生，至于这些机构将以何种形式出现，则必须根据斗争经验来确定。法西斯群众组织，尤其是德国劳动阵线的反法西斯干部中的工人代表的积极合作，将具有重要的意义。

为了有组织地领导千百万人的人民阵线，必须推动建立一个广泛的反法西斯干部群体。让我们回想一下在卡普政变期间劳动群众是如何共同与反动派作斗争的吧。斯巴达克联盟、社会民主党、天主教徒、民主派都在一个阵线中反对反动派，争取人民自由。在这个意义上，我们向德国劳动人民发出呼吁：在反对希特勒法西斯主义的斗争中团结、团结、再团结！（掌声）

统一战线斗争乃至人民阵线斗争的决定性意义，就在于赢得劳动青年群众的支持。

我们希望借助这个转变着手说服所有共青团员和所有青年反法西斯主义者，在希特勒青年团、各个体育组织、各天主教青年联合会、快乐健身社以及德国劳动阵线中开展系统的工作，以便把一切拥护和平、自由和进步的力量集合起来。我们开展了反对军事训练的斗争，并利用青年集会的机会提出了粉碎民族共同体思想和沙文主义、教育青年开展阶级斗争的问题。

我们愿意为集结除反动派之外的一切青年力量、为开展广泛而自由的青年运动而努力。（掌声）我们希望在争取自由和社会主义的斗争中发挥青年的满腔热情。我们举出在幸福青年的国家苏联实现社会主义理想的例子，是想向青年证明，争取自由和社会主义的斗争必将如何进行。

社会民主党的领导人也宣称他们想要一个反对希特勒的人民阵线。但实际上他们却采取一种观望政策，阻碍劳动群众投入推翻希特勒的斗争。按照他们的联盟政策，他们想通过与旧保守派和中央党领导人的上层联合来取代只会导致推翻希特勒的群众斗争。由于这一政策，希特勒政府才得以未被推翻。

我们的政治目标是建立苏维埃德国。最近的任务是为推翻希特勒法西斯主义而斗争。正如季米特洛夫同志所说，在争取苏维埃政权的斗争中，在政治危机的条件下，如果阶级力量对比关系还不允许建立苏维埃政权，那么可以建立一个反法西斯人民阵线的政府。在这样的条件下，我们致力于在德国建立一个这样的政府，以便通过它为建立苏维埃政权创造更有利的条件，为争取无产阶级专政的斗争做更充分的准备。一个这样的反法西斯人民政府只能是群众斗争的结果，并且必须依靠斗争统一战线和人民阵线的机构。在这样的条件下，才能成功地进行反对法西斯主义和反动势力、捍卫工人阶级自身利益的最无情的斗争。

在这些条件下，正如季米特洛夫同志所说，当统治阶级已经不再有能力对付蓬勃发展的群众运动的时候，必须开展解除法西斯分子的武装、建立民兵组织、把法西斯分子和反动派逐出国家机器的斗争。一旦建立了反法西斯人民政府，就必须为扩大企业职工委员会的权利、为扩大统一战线和人民阵线机构的权利、为监督生产而斗争。必须确立结社自由、罢工自由和新闻出版自由，应当废除强迫劳动，通过工人在工会的帮助下自行缔结劳资协议来提高工资，满足劳动者的住房要求，勾销税款欠额和抵押债务，以及满足农民的土地需求。如果我们这样开展革命的群众斗争，那么我们就是真正按照我们党的领袖、德国伟大劳动人民的领袖、我们的恩斯特·**台尔曼**同志的思想行事了。（掌声）

我讲最后一点。如果我们认真地、自觉地和勇敢地转变我们的群众政策，在德国就会更早地推翻法西斯独裁，进而建立苏维埃政权。当我们在共产国际第三次代表大会上聆听我们敬爱的领袖、世界无产阶级的天才领袖**列宁**讲话时，他告诉我们：

"如果你们各国共产党的代表们学会了开展布尔什维克式的群众工作,学会了把俄国革命的伟大经验运用于本国的条件,那么无产阶级革命的前途是非常美好的。"①

(暴风雨般的掌声。"乌拉"和"红色阵线"的呼喊声)

继**瓦尔特**同志之后,代表大会的中国代表团领导人**王明**同志走上讲台,甚至在本次代表大会上也很少听到的表示国际战斗团结的热烈掌声和欢呼声响彻大厅。人们以各种语言高呼"苏维埃中国万岁!"对王明表示欢迎。在人们高唱《国际歌》之后,他开始了长达数小时的长篇演说。

王明(中国):

同志们!有些人认为,在中国由于苏维埃革命已经在很大一片国土上取得了胜利并且阶级斗争急剧尖锐化,所以反帝国主义人民阵线的问题就不再有意义了。这是一个极为错误的看法。事实恰恰相反。事实已经清楚地证明并且仍在证明,在目前的中国,反帝国主义人民阵线问题不仅具有头等重要的意义,而且可以说是具有决定性的意义。

为什么呢?因为中国**正经历着一场空前的民族危机**。这一空前的民族危机,主要是由于日本帝国主义在军事、政治和经济上的不断扩张以

---

① 在列宁在共产国际第三次代表大会上的讲话中没有找到这句话。列宁在共产国际第四次代表大会上的报告中有意思相近的内容:"我坚信我们在这方面不但要向俄国同志说,而且也要向外国同志说:目前这个时期,最重要的是学习。我们的学习是一般的学习。他们的学习则应当是特殊的学习,是要真正理解革命工作的组织、结构、方法和内容。如果这一点做到了,我深信,世界革命的前途不但是美好的,而且是非常美好的。"参见《列宁全集》中文第2版第43卷第288页。——编者注

及国民党史无前例的、可耻的卖国行为造成的。自1931年满洲事变开始，也就是说，在不到四年的时间里，有将近一半中国领土或被日本帝国主义所占领，或正在遭受日本军国主义铁蹄的蹂躏。

继满洲之后，热河被占领；继热河之后，长城周边地区和山海关被占领；继山海关和长城各战略要点之后，所谓的"滦东非军事区"被占领。之后，河北、察哈尔、绥远诸省也被日本的军事力量实际占领了。正如田中奏折中所写的那样，使作为国家的中国彻底灭亡的计划，正在系统地付诸行动。

蒋介石、汪精卫、张学良和其他卖国贼——黄郛、杨永泰、王揖唐、张群等人，通过实行"不抵抗"政策和接受日本的一个又一个要求，最近几年出卖了我们的一个又一个省份。与此同时，他们还进行反对本国人民的血腥战争，镇压一切抗日救国的群众运动。他们蛊惑人心地躲在"攘外必先安内"的幌子后面从事这些勾当。最近，这些卖国贼们在"中日合作"的口号下，实行公开的、无耻的、被收买的投降政策，这一政策无论在中国历史上还是世界历史上都是前所未闻的。

日本帝国主义者要求于学忠、宋哲元等人的部队撤出华北，于是所有这些部队便立即被调到南方和西部去进行反对本国人民的战争了。日本帝国主义者要求罢免中国的许多政治和军事领导人，于是所有这些人便立即被免职了。日本帝国主义者要求河北省政府离开天津，于是整个机关便立即前往保定了。日本帝国主义者要求逮捕和惩处中国报章杂志的各位编辑和记者，于是所有被点名的人便立即被逮捕并被投入了监狱。日本帝国主义者要求在中国的中小学和大学推行奴化的亲日教育，于是所有的中文进步书刊便立即被焚毁，一大批不愿意做亡国奴的正直的男女青年被逮捕，许多人甚至被枪杀。日本帝国主义者要求中国所有的国家机关都要聘请日本人作顾问，于是日本特务便立即出现在南京政府的各个军事、政治和财政机关之中。日本帝国主义者甚至要求解散国民党的组织，于是国民党在华北和厦门的地方组织便立即被解散了。日本帝国主义者要求解散"蓝衣社"，于是它的首领曾扩情和蒋孝先便立即逃离了华北。

如果这种事态一如既往地继续下去，那么显而易见，我们在长江沿岸和珠江流域等地的其余省份也要逐渐被日本帝国主义强盗所占领。这样下去，我们拥有人类历史上最古老的五千年悠久文明的国家将最终变成殖民地，我们四亿五千万伟大的人民、地球上最大的民族将被打压成受奴役的民族。

同志们！伟大的中国人民能继续忍受这样的处境吗？不能，绝对不能。

问题极其尖锐地摆在我们面前：**要么抵抗日本帝国主义的进攻，救亡图存；要么放弃抵抗外部的进攻，坐以待毙。在民族危机不断加深的形势下，除了对我们伟大的全体人民进行总动员以开展坚决的、无情的反帝斗争之外，没有别的救国办法。与此同时，共产党除了采取统一的反帝人民阵线的策略之外，没有别的办法对全体中国人民进行总动员以开展神圣的反帝民族革命斗争。**

最近几年，中国共产党运用了反帝统一战线策略，而且现在仍在运用。

中国共产党把这一策略运用于红军的斗争。这一策略借助以下建议多次被运用于所有的部队，这一建议是，只要符合如下基本的、极其客观的条件，便可在此基础上缔结开展反对帝国主义共同斗争的协议：停止进攻苏区，赋予人民民主权利（新闻出版自由、言论自由、工会自由、示威自由、罢工自由等等）。在1932年初英勇的淞沪抗战期间，中国共产党就运用了这一策略：当时，共产党人与十九路军的战士和上海居民在第一线并肩作战；当时，为支援十九路军共产党人组织上海所有日本纺织厂的工人举行了总罢工；当时，我们上海的党组织组建了武装的工人和学生队伍参加前线的战斗,组建运输队、通信队、侦察队、后勤补给队和红十字医疗队来支援前线和保障后方;当时,中华苏维埃中央政府尽管财政状况十分困难,仍寄来了数万美元支持英勇的抗日工人罢工。

然而,必须明确指出,中国共产党至今未能**真正坚定不移地和准确无误地执行这一策略**。

例如在英勇的淞沪抗战期间,中国共产党本该与所有支持十九路军对日本占领者开展武装斗争的人结成最广泛的反帝国主义战线,但是由于我们党的个别领导人持错误的观点,认为"工农兵商学联盟"的口号是不能允许的,所以事实上没有建立起一个广泛的抗日人民阵线。中国共产党本该在上海组织总罢工,并以在一切红色工会、改良主义工会和国民党工会的广泛统一战线基础上武装工人反对日本帝国主义为目标。然而,由于我们的工会干部右倾机会主义的阻挠和左倾关门主义的错误,总罢工的口号没有实现,武装工人派往前线只在较小范围内得以实行。

再举一个例子。苏维埃政府和革命军事委员会曾号召全体人民和所有军队缔结反对日本帝国主义的共同斗争协议(所有的中外文报纸都被迫刊登了这一号召)。正在江西北部战线与红军作战的国民党军队总指挥陈诚将军与他的指挥官们一起要求蒋介石停止与红军作战,并与红军结成反对日本占领者的战斗同盟。作为对此要求的答复,蒋介石一方面公开宣布"凡是再提抗日的人都将受到严惩",并且撤销了陈诚将军的职务;另一方面又被迫对红军发表了一份呼吁书,在这份呼吁书中他企图为自己拒绝参加共同的抗日斗争辩护,并用最无耻的指控污蔑红军(说他们缺乏最基本的人性等等)。在这种情况下,中国共产党本该向陈诚将军及其部属以及其他一切愿意为反对日本帝国主义而战的部队提出更具体的建议。我们本该继续与蒋介石辩论,以便在军队和人民面前彻底揭穿他是一个卖国贼。然而，中国共产党未能坚定不移地贯彻自己的政策，满足于仅以空洞的言辞来回答蒋介石，以为由此就揭穿了他的真面目。

福建事变期间，共产党本该以这次事变是红军向国民党部队提议就反对日本帝国主义及其代理人蒋介石的共同斗争达成谅解的直接成果，因此应当像对待自己的盟友那样郑重其事地对待十九路军和福建政府作为出发点。但是，由于在同"走第三条道路，即既非苏维埃的亦非国民党的中国发展道路的企图"作斗争问题上，我们党的个别领导人采取了机械的态度，致使中国共产党低估了福建事变的政治意义。由此也造成了我们的军事失误，因为中国红军的军事领导层决定，不是与十九路军一起在最重要的江西和福建的东北战线进行反对蒋介石的武装斗争，而是把自己的部队从战线的这一正面地段撤出，调到南面和西面从背后袭击蒋介石的部队。这样一来，红军就无法为十九路军的战斗提供及时而切实的援助。

现在每一个人都已经明白，如果中国共产党在所有这些事件期间真正严肃认真地、坚定不移地、正确无误地执行反帝国主义的统一战线策略，中国的政治局势本该变得更加有利于最广大的人民群众开展反对帝国主义及其代理人的革命斗争。

之所以会出现这些错误，主要是因为我们的许多同志过去和现在都还没有理解中国最近几年形成的新局面。他们不懂得应怎样**以新的方式**提出中国的反帝国主义统一战线问题。

这些新因素主要包括以下几点：

1. 由于日本的扩张和南京国民党的出卖而引起的空前的民族危机，导致全体人民对外国帝国主义者及其代理人的公愤。与此相联系，最广大群众中的民族革命情绪高涨。甚至许多军阀的部队都声言支持中国人民反对帝国主义的神圣的民族自卫战。

2. 最近几年，红军已经**变成了一支在全中国范围内活动的强大军事力量**。只有红军公开在"武装人民开展民族革命斗争，反对日本帝国主义，捍卫中国的统一、独立和团结"的口号下行动。在所有同蒋介石作战的军事力量中，只有红军能够成功地击退蒋介石不断的围剿，进行反对这个中国人民的主要叛卖者的战争。因此，一切抗日的和反对蒋介石的政治和军事团体，无论是出于真正的爱国信念和民族自由意愿，还是仅仅由于军阀和帝国主义之间的矛盾，都必定会认为，在反对日本和蒋介石的武装斗争中，红军是最重要的军事力量。

3. 为了组织和有效地领导武装起来的人民反对日本帝国主义者的民族革命斗争，参与其中的不仅要有工农红军，不仅要有一切拥护革命的、有觉悟的劳动者，而且也要有各种不同的政治和军事力量，哪怕它们是暂时的、不坚定的和动摇的盟友，这是不可避免的和绝对必要的。

我相信，考虑到我们迄今正反两方面的经验，考虑到我国当前的局势，我国人民的民族生存正受到威胁，我们党现在必须继续推行其反帝国主义人民阵线的策略，直至把运动提升到最大胆、最广泛、最强有力的水平，以便使中国人民能够在这个基础上尽快地团结起来，实际地投入到反对帝国主义、拯救自己祖国的共同斗争中去。

中国共产党的这一策略随后应该如何推进呢？根据我的看法，也根据整个中国共产党中央委员会的看法，这一策略必须包括以下内容：中国**共产党与中华苏维埃政府共同向全体人民，向一切党派、团体、军队、群众组织，向一切知名政治家和社会名流提议，与我们共同组织一个全中国的联合的国防人民政府**。（掌声）

与此密切相联，中国共产党必须坚定地向全体人民公开宣布，它欢迎所有那些不愿做殖民地奴隶的人，所有准备拿起武器保卫自己的人民和自己的家乡的士兵和军官，所有愿意参加神圣的民族解放斗争的党派、团体和组织，国民党员中和"蓝衣社"中真正爱自己的人民和自己的国家的全体正直的青年，所有愿意拯救自己祖国的海外华侨，以及所有遭受帝国主义者及其代理人中国军阀奴役的少数民族兄弟们，同苏维埃政府的代表一起参加这个联合的国防人民政府。

有些人认为，中国共产党的这个提议主要只是宣传鼓动性的，不会产生实际的效果。这是完全不正确的，同志们！

我们党的这个提议是以十分现实的客观和主观因素为基础的。中国的客观形势令人信服地证明了实现我们党的这个提议的可能性。对此我也可以列举出很多事实作为证据，这些事实将把中国目前真实形势的全景图清晰地呈现在你们眼前。在这幅全景图中，中国力量对比关系的那些转移和变化展示得清清楚楚，从而证明，必须拯救祖国的思想不仅已经得到了最广大人民群众的认同，而且也得到了一些重要的国民党军队及其指挥官乃至中国许多政治家和社会名流的认同。

作为证据，我想向你们讲述如下的真人真事。

1. 1932年1月、2月和3月十九路军英勇抗日的淞沪抗战。十九路军是由几部分国民党部队组成的。在两三年的时间里，他们听从蒋介石的命令与我们红军作战，并且也遭受了不少失败。然而在1931年9月18日的满洲事变之后，特别是在日本进犯上海后抗日的人民起义空前高涨的情况下，这同一个十九路军在其指挥官蔡廷锴、蒋光鼐、翁将军（翁照桓）等人的率领下，违抗南京政府的命令，调转枪口抗击日本帝国主义，以这种方式谱写了中国人民解放斗争历史上最光辉的篇章之一。

2. 1933年末和1934年初的福建事变。十九路军在同一批指挥官的率领下，根据自己的惨痛经验确信南京政府和国民党可耻地卖国（例如在淞沪抗战期间，蒋介石派自己的部队去解除十九路军的武装；只是由于这些被派去的部队擅自转到了十九路军一边共同进行抗击日本帝国主义的斗争，才使他的计划失败了），并对反对自己的人民，即反对红军的战争感到气愤。因此，十九路军与红军订立了一份协议，旨在共同开展反对日本帝国主义及其代理人蒋介石的斗争。它不仅调转枪口对准人民公敌蒋介石，而且还公开宣布退出国民党，并决定组建一个独立于南京的福建人民政府。甚至像陈铭枢、李济深这样的著名的大军阀都参加了福建事变。

3. 1934年在吉鸿昌、方振武、孙殿英等将军率领下华北国民党军队一些军团抗日反蒋的武装行动。吉鸿昌将军的态度是这些军团及其一部分指挥官激进化过程的最佳证明。吉鸿昌将军在任国民党军第30师师长期间，曾按照蒋介石的命令在河南、湖北和安徽前线与红四军作战达两年之久。由于受红军和红色游击队英勇精神的激励，由于对南京政府为了日本的利益而不断叛卖感到愤慨，吉鸿昌将军开始懂得必须转向人民一边。

蒋介石在得悉吉鸿昌将军转变了看法之后，急忙以派他到欧洲学习军事为借口，解除了他的职务。

吉鸿昌回国后，多次请求中共中央接纳他加入党的队伍。我们的党中央接纳他入党。从此以后，他就作为共产党员开展工作，执行党的一切命令和指示。他把自己的金钱和财产都献给了革命和人民的事业。当他团结军队和人民的力量为拯救祖国而积极行动，使整个华北受到巨大震动的时候，蒋介石在日本帝国主义的支持下首先组织了对他的暗杀行动。吉鸿昌在暗杀中受了重伤，躺在天津法租界的医院里疗伤。他在那里被逮捕并根据蒋介石的命令在北平被处决。根据所有中外报刊的报道，吉鸿昌同志及其部属任应歧尽管身负重伤，身体状况极度虚弱，但在国民党的法庭前和刑场上，举止都像坚定不屈、忠贞不渝的民族英雄和人民战士一样。两人都在法庭前慷慨激昂、满腔愤怒地历数国民党对人民和国家犯下的无数罪行，并在临刑前高呼："中国共产党万岁！打倒日本帝国主义及其国民党代理人！"（掌声）

蒋介石、汪精卫及其他卖国贼不仅利用吉鸿昌同志加入我们党来为其将吉鸿昌同志作为"赤匪"处决的命令辩护，而且还利用这件事蛊惑人心地向全体人民宣布，在中国共产党的队伍中也有将军和军阀。

是的，中国共产党按其战略和策略的性质，按其纲领和目标，首先是工人阶级的政党。但与此同时，中国共产党也是全中国人民为争取民族解放和社会解放而斗争的政党。（掌声）中国共产党不仅不为自己的队伍中有一些像吉鸿昌同志这样的著名将领而感到羞愧，反而因此而感到自豪。它之所以因此而感到自豪，是因为它是唯一寄托了全体中国人民的民族希望和民族荣誉的党。只有在我们党内，中国人民的最优秀的儿女，一切不愿意继续忍受自己的祖国变成帝国主义的殖民地、自己的人民受人奴役、千百万劳动者死于饥饿的正直的革命的儿女，才能联合起来。

中国共产党之所以因此而感到自豪，是因为它的威望和影响是如此之大，以至甚至连国民党军队的将军和高级军官们一旦懂得必须拯救自己的祖国和人民，都会将中国共产党视为唯一的出路和唯一的希望。

最后，我们党之所以因此而感到自豪，是因为马克思主义和列宁主义的力量和影响、共产党对其党员进行教育和影响的力量是如此之大，以至甚至连从前的将军和党的队伍中的新兵吉鸿昌同志，都能通过自己的革命行为和自己的英勇就义，成为一个无愧于自己的党、自己的阶级和自己的人民信任的真正的共产党员的行为楷模。（掌声）

4. 1933年发表的关于组织中国人民反对日本帝国主义的民族战争的基本纲领，它征集了成千上万的签名，其中居于首位的是宋庆龄的签名。

这份纲领的国内外发起者和拥护者的签名显示了这份文件的全民性，也表明了中国人民拿起武器同日本压迫者作斗争的热切愿望。

与民族危机、社会危机继续加深和南京政府继续可耻地向日本帝国主义投降相联系，中国社会中最优秀和最正直的人们将奋起斗争，争取把自己的人民和自己的祖国从帝国主义及其代理人的压迫下拯救出来，对此难道还能怀疑吗！

在国民党军队的士兵和指挥官中，在黄埔军校和其他军校从前的和现在的学员中——尽管许多同志完全错误地把他们归为一类，都视为蒋介石的追随者——过去、现在和将来都有不少勇敢的青年人，越来越强烈地表现出愿意并已准备好与人民及其苏维埃政权和红军合作，开展反对帝国主义的斗争。

中国共产党的提议的现实性，不仅立足于国内的客观形势，而且也立足于主观因素，即红军和苏维埃力量的增强。

在共产国际执委会第十三次全会之后的一年半时间里，中国红军又取得了一个新的伟大胜利。江西、福建前中央苏区的红军主力在中共中央和中华苏维埃中央政府的领导下，不仅突破了蒋介石近百万军队的战略包围，而且红军还粉碎了南线和西线敌人的包围圈，完成了从江西到中国西北的英勇长征。中国红军主力穿过9个省份的领土，征服了许多崇山峻岭、崎岖小道、大江大河（乌江、扬子江、金沙江、大渡河等），在长期艰苦卓绝的战斗中行程达3000公里以上，（曼努伊尔斯基同志高呼："英勇的中国红军万岁！"接着是暴风雨般的掌声）表现了内战史上空前的英雄主义和卓越的战争艺术。红军及时地执行了转战四川的总计划，与红色武装的另一支主力部队（第四军）会师于成都附近，并与它一起在贵州、四川、西康、云南、甘肃和陕西等省的一部分领土上建立了一个前所未有的既广阔又稳固的新中央苏区。

在各个苏区，经过近年来的艰苦战役，红军的有生力量不仅没有减少，而且甚至还大大增强了。根据敌对的中外报刊的报道，红军正规部队的人数目前已经接近50万。

此外，红军原来的各大军团（第一军团到第六军团以及其他军团）

分散了，除第一、三、五军团外，彼此都没有联系。而现在他们要么是在地域上联成一片，要么是通过游击战或其他方式建立了联系。从前红军主力驻扎在江西省、福建省一带，这些地方由于多年的战争和敌人持续不断的全面封锁经济严重凋敝。而现在各支红军主力已经占据了四川、西康、贵州、甘肃等省的广阔领土，在这些地方，供应红军和补充其基干队伍的源泉无比地丰富，组织军事防御更加容易，敌人实行其进攻计划更困难得多，更不用说实行军事包围了。

红军最近一个时期所取得的重大胜利也证明了这一事实，即中共中央提出的**扩大红军正规军到100万人，以及扩大苏区范围使其居民达到1亿人**的口号，**很快就能得到彻底实现**。（掌声）

中国红军和中华苏维埃的这一具有历史意义的新胜利，无疑使他们能以更高的标准和更大得多的力量，成为全体中国人民在拯救祖国的斗争中的领导者和统一中心。

为主观因素的增强提供证明的，不仅有中国红军和中华苏维埃力量增强的事实，而且还有中国共产党力量增强的事实。中国共产党已经成为一个拥有近50万党员的政党，在苏区不仅赢得了多数工人的支持，而且也赢得了多数人民群众的支持。

中国共产党在艰难的局势中出色地领导着工农红军和苏维埃政权的斗争。共产党不顾重重困难，付出最大的牺牲，在满洲、热河、华北和国统区英勇地担当了革命群众运动的唯一领导者和组织者，从其简单的和消极的形式（请愿、怠工等等）直到其最激烈的形式（政治性的群众罢工和总罢工，武装反抗帝国主义及其代理人——所谓的"满洲国"傀儡政府和蒋介石—黄郛政府，以实现最广大人民群众的共同利益和局部利益）。

中国共产党能够根据**共产国际**的列宁斯大林主义路线，在民族斗争和阶级斗争的严酷的学校中，锻炼和塑造成千上万忠于革命事业的战士。它能够造就有真才实学、能征善战的干部,他们不怕困难,迎难而上,攻坚克难。在这些战士中有这样一些杰出的党和国家领导人,如毛泽东(经久不息的掌声)、张国焘、项英、周恩来、博古、张闻天、林祖涵、王稼祥等同志;在这些战士中有这样一些传奇式的将领,如朱德(经久不息的掌声)、彭德怀、徐向前、贺龙、董振堂、陈昌浩、萧克、林彪、罗炳辉、刘伯承等同志;在这些战士中有这样一些民族英雄和阶级战士,如澎湃、杨殷、瞿秋白、罗登贤、蔡和森(中共中央政治局委员)、邓中夏(中共中央委员)、恽代英(中共中央委员和中国共产主义青年团领导人)、陈原道、何子述(反李立三集团斗争中的著名领导人)、莫平兰等同志,这些同志有的曾遭受严刑拷打和监禁折磨,有的已经英勇就义,他们对此表现出的布尔什维克的坚毅成为每一个共产党人的斗争楷模,并唤起了全中国舆论的热切关注;在这些战士中有这样一些无所畏惧的英勇战士,如黄公略(中共中央委员、红五军指挥员)、沈泽民(中共中央委员)、鲁易(红二军政委)、寻淮洲(红七军团军团长)等同志,他们为苏维埃和红军的事业一直战斗到流尽最后一滴血。在我们的干部中有这样一些著名的民族英雄,如在英勇的淞沪抗战的决定性战斗中担任工人义勇军指挥员而牺牲的孙小宝、傅维钰等同志,在反对满洲的日本占领军的斗争中英勇牺牲的童长荣、伯阳等同志。此外,在我们的干部中还有著名的中国工农红军先遣队的这样一些值得注意的指挥员和政工干部,如方志敏、刘畴西、王如痴等同志,他们在敌人的法庭前高举红军和共产党的光荣旗帜,赢得了最正直的中国人的同情和尊敬。(暴风雨般的掌声,全体起立喝彩)

中国共产党在思想上、政治上和组织上成长壮大的原因在于,它是受列宁主义的共产国际领导的,它充分利用了共产国际各个支部的经验,尤其是共产国际的领导支部——联共(布)的无比丰富的经验。我们党忠实于一个伟人的学说,他在弗拉基米尔·伊里奇逝世后进一步发展了马克思列宁主义的一般理论、策略以及殖民地革命的特殊理论和策略,从理论上为中国革命制定了战略和策略的基础,这就是伟大的斯大林的学说。(经久不息的、暴风雨般的掌声,"乌拉"声和口哨声,各个代表团的喝彩声)

中国共产党是在同反革命的托洛茨基主义和取消主义的陈独秀主义、同半托洛茨基主义的李立三路线和反革命的罗章龙集团作不调和的斗争的基础上发展壮大起来的。它是在最积极地参加并领导各种形式的反帝国主义革命和土地革命的群众斗争的基础上成长壮大起来的。正是中国共产党力量的增长,使它能够勇敢而坚定地以新的方式提出了反帝国主义统一战线问题。

有些人认为,中国共产党的这个提议是一种惯常的诡计,而不是实际的政策。这同样是完全错误的,同志们。

为什么呢?因为这些人不了解真相:**共产党除了人民的利益之外没有任何其他的利益**。武装抵抗帝国主义和拯救祖国的事业难道不符合中国人民的利益吗?当然是符合的!中国,这是我们的祖国!中华民族,这是共产党人、红军和我们祖国的全体儿女。(掌声)

拯救祖国的事业,就是拯救我们的全体人民免受殖民奴役、免遭不幸灭种的事业。这些人不懂得,共产党的力量恰恰在于它是言行一致的,不同于国民党、社会民主党以及一切资产阶级和小资产阶级的政党。

中国革命需要支援,首先是一切帝国主义大国的工人的支援。说到这里,请允许我以全体中国人民的名义,感谢季米特洛夫同志以代表大会的名义保证共产国际将坚定不移地支援中国人民为将自己从一切帝国主义强盗及其中国代理人手中解放出来而进行的斗争。(掌声)同志们,你们作为全世界无产阶级和被压迫民族的代表,以你们暴风雨般的掌声和喝彩声表达了完全彻底地赞同季米特洛夫同志的这一保证。而据此中国人民就有权利期待你们支援他们的解放运动的实际行动。

说到这里,我必须向你们报告一件体现真正革命的国际团结的、感人的历史事实。这件事发生在两个月前,是一位英勇的日本同志做的。今年6月23日,一名日军司机开着一辆载有6万发机关枪和步枪子弹、手榴弹和炸弹的卡车行驶在在吉林东部宁安县的一个偏僻山区里,那里是中国抗日游击队惯常的藏身之地。尽管找了很长时间,他还是未能找到游击队。此时,附近已经响起了进攻的日军的枪声。于是这位日本司机便决定自杀了。

中国游击队员打退了日军的进攻。6月24日清晨,他们在山路上发现了这辆卡车和已经死去的司机。在他的口袋中发现了一封写给游击队员的告别信。日本司机在这封信中写道:

"抗日人民军队及一切抗日游击队的忠诚的同志们!我送给你们一份小小的礼物——6万发子弹以及一些手榴弹和炸弹。我本想亲自与你们谈谈日本共产党和日本劳动人民对你们这些民族英雄,对我们亲近的、可爱的中国人民以及与我们一起反对日本帝国主义强盗的光荣的兄弟般的中国共产党所怀有的无限的友爱、团结和尊敬。我已经等了你们很久,但我不能再等了。我已经听到附近的日本军队的枪声。在这样的处境中我能做什么呢?我不想也决不能再回到日本军队去。我决定结束我的生命并留给你们这份小小的礼物。但我不知道你们是否能收到这份礼物。我希望你们能收到。

紧紧握住你们的手!

致以同志式的敬礼!

你们的一位日本共产党同志
1935年6月23日"

(暴风雨般的掌声。全体代表起立。所有代表团都高呼向英雄致敬。捷克代表团高呼:"中国共产党万岁!日本共产党万岁!"喝彩声经久不息。在代表大会暴风雨般的掌声中,代表们高唱《国际歌》!)

这件事情的发生不是偶然的。这是一件具有历史意义的事情。这件事情反映了远东两个伟大民族彼此友爱、尊重和团结。是的，同志们，我们反对日本帝国主义，但是我们热爱日本人民。（掌声）我们之所以反对日本帝国主义，是因为它压迫、剥削和屠杀我们中国人民。而我们之所以热爱日本人民，是因为就其文化和历史而言，日本人民是与我们中国人最接近的，确实是我们的兄弟民族。我们之所以热爱日本人民，也是因为他们同我们中国人一样，是一个勤劳、健全和理性的民族。我们之所以热爱日本人民，归根结蒂是因为他们和我们一起开展斗争反对共同的敌人——日本帝国主义。

是的，同志们，这只是我们英勇的日本共产党同志中的一位。这样的革命国际主义的英雄在日本共产党和其他国家共产党中必定还有很多。每一个这样的英雄都会得到全世界革命者和最优秀的有识之士的崇高感激和敬重。我请求代表大会的所有与会者从座位上起立，以表达我们对这位不会被忘却的、可爱的和可敬的、不朽的英雄，这位不知名的日本同志的怀念。（全体起立，高唱："弟兄们，向着太阳，向着自由。"①）

永恒的光荣属于我们这位不朽的英雄！

光荣属于我们英勇的日本共产党，正是它在自己的队伍中培养出了这样一位具有革命国际主义精神的英勇战士！

光荣属于英勇的日本工人阶级和日本劳动人民，正是他们哺育了这样一个能让全世界都为之骄傲的伟大儿子！

光荣属于我们列宁斯大林的共产国际，只有从它的队伍中才能培养和锤炼出这种不怕为世界革命的伟大事业牺牲自己生命的真正伟大的英雄。（掌声）

---

① 出自《工人之歌》（*Arbeiterlied*）。——译者注

同志们，我已经说过，并非所有的共产党人都恰当地评价和理解殖民地革命的作用和意义。这可以由如下事实得到证明，即一些在资本主义国家工作的共产党人，习惯性地把殖民地革命看做无关紧要的事情，充其量不过是世界革命的无足轻重的辅助力量而已。这是对新时代，即无产阶级世界革命时代殖民地革命的作用和意义的全然无知。根据列宁和斯大林的估计，殖民地革命是无产阶级世界革命的主要组成部分。

共产党员和社会民主党工人同志们！殖民地革命事业之所以重要，不仅是因为殖民地和附属国的人民构成了人类的绝大多数；这一事业之所以重要，不仅是因为大多数殖民地人民实际上都是劳动者；这一事业之所以重要，也不仅是因为有部分我们自己的工人阶级及其共产党在那里存在和斗争着，而且也是因为那里实际上是同一伙人民公敌在统治，你们在自己的家乡也在反对这伙人民公敌并为推翻他们而斗争。对殖民地革命的低估态度表明，共产党员和进步工人中间还存在着某种社会民主主义倾向的残余，对此我们必须坚决予以清除。

在当前阶级斗争的国际条件下，我们必须不惜一切代价使资本主义国家的无产阶级与殖民地国家的被压迫民族结成真正的、统一的、革命的斗争战线，为在世界范围内反对帝国主义及其代理人的反革命统一战线而斗争。（掌声）

对此我们已经具备了全部最重要的前提条件：我们有共同的敌人——帝国主义；我们有为苏维埃政权和社会主义而斗争的统一的纲领和斗争目标；我们有世界革命的战略和策略；我们有革命斗争的共同堡垒——苏联；我们有一个统一的世界政党——共产国际；我们有一位领袖——伟大的斯大林！（全体与会者起立鼓掌）

同志们，我们必须始终牢记弗拉基米尔·伊里奇的最后一篇文章、他的临终遗言。在这篇文章中，他清醒地估计了战后资本主义的发展前景以及资本主义和社会主义斗争的前景，同时也估计了殖民地革命在社会主义世界与资本主义世界的决战中的作用和意义。在这篇文章的末尾，列宁写道：

> "斗争的结局归根到底取决于如下这一点：俄国、印度、中国等等构成世界人口的绝大多数。正是这个人口的大多数，最近几年来非常迅速地卷入了争取自身解放的斗争，所以在这个意义上说，世界斗争的最终解决将会如何，是不可能有丝毫怀疑的。在这个意义上说，社会主义的最终胜利是完全和绝对有保证的。"①

是的，社会主义的最终胜利是完全和绝对有保证的，特别是在今天，不仅先进的帝国主义国家的工人阶级，而且殖民地世界的被压迫民族也都奋起开展反对法西斯主义、资本主义和帝国主义战争的共同斗争，奋起开展争取苏维埃政权和社会主义的共同斗争了。

同志们！让我们高举马克思、恩格斯、列宁、斯大林的旗帜，高举共产国际的旗帜前进吧！让我们向着社会主义世界革命的胜利前进吧！（暴风雨般的掌声，各个代表团的欢呼声。中国代表团在整个代表大会的共鸣下高唱《国际歌》和《中国红军进行曲》。意大利代表团唱起了《红旗》。）

下午的会议由布龙科夫斯基同志主持，他请发言人讲话。

亨利科夫斯基（波兰）：
争取建立统一战线的斗争使国际范围和全国范围的工会统一问题成为全部工人政策的核心。

凡是工人阶级统一战线的真正拥护者，就不能不支持工会运动的统

---

① 《列宁全集》中文第 2 版第 43 卷第 391 页。——译者注

一。在实现工人阶级政治统一的道路上,工会统一是一个最重要的环节。

在各个资本主义国家中,几乎到处都出现了大量群众加入工会的新潮流。与渴望结成统一战线相类似,渴望组织工会也表达了广大群众共同捍卫自己受到威胁的经济、社会和政治利益的愿望。

例如在我们波兰,正是在发生最重大的经济斗争,波兰资产阶级使用越来越严酷的法西斯统治手段对付劳动者的时候,出现了参加改良主义工会的最汹涌的潮流。这些工会的会员人数1932年为19万人,去年增加到了25万人。

在大多数国家,人们或者是对改良主义工会变强的实际意义缺乏认识,或者是认识得太晚了。这种变强经常被理解为工人群众中改良主义幻想的增强。不言而喻,幻想在这里也发挥了重要作用。但是关键还是在于开展反对资本主义进攻和日益加深的法西斯主义危险的斗争的愿望。

在像德国这样的国家,有时也包括波兰,我们太晚才认识到大量群众脱离改良主义组织的现象在1930、1931和1932年就已经停止了。最近几年,一些同志仍在谈论群众脱离改良主义工会,他们是陷入了错觉。他们经常把我们的拥护者脱离改良主义工会及其不愿意为官僚经济解困的行为,与群众的所谓流失混为一谈。由于这种错觉,我们的许多党组织难以认识到工会在经济斗争中的新作用。

在自由工会中,一个新的干部骨干队伍逐渐成长起来了,它对工会组织的全部活动发挥着越来越大的影响。在这个干部骨干队伍的影响下,自由工会的下层会员,随后还有中层会员,越来越积极地参与到反对资本主义进攻的斗争中来。

我们许多党组织早年极少花力气深入研究工会内部情况的变化,往往满足于把改良主义组织参加经济斗争说成只是玩弄花招。不言而喻,改良主义的领导人是**被迫**参加斗争的，但迫使他们参加斗争的，不仅有广大群众的呼声，而且还有他们自己的绝大多数干部的意见。斗争的范围越广，成为工会会员的群众越多，这些群众不仅对地方的和地区的工会机关，而且对工会领导机关的影响就越大。在我们波兰，最近三年被开除的工会会员和组织比前一个时期少得多，注意到这一点不是无关紧要的。召开全体会员大会和工会代表大会的次数则比前一个时期多得多。

还有一点：改良主义领导人在任何情况下都不敢贸然从事反对罢工的活动，否则最广大群众立刻就会把他们视为资产阶级的盟友。

在我们波兰，我们不止一次地提出过这个问题：在1931—1932年乃至1933年上半年，也就是开展大规模的经济斗争的那些年，共产党曾发挥了重大作用，但是我们在自由工会中的阵地不但没有扩大，反而在很多地方缩小了，这一情况怎么解释呢？这里必须注意，党的领导层从未放弃坚定地强调在这些工会中开展最积极的工作的必要性。

最重要的原因就在于对自由工会内部的变化过程估计不足。

就拿我们的罢工策略来说吧。它的优点在于，我们在企业中独立地动员群众参加斗争，我们提出的经济要求得到了这些群众的赞同，我们让职工选出了民主的罢工领导机关，参加这些机关的有共产党的、社会民主党的、基督教的和无组织的工人。

尽管我们党取得了各种成就，我们的罢工策略是有缺点的，这种缺点就在于，在1931—1932年间，即在自由工会组织已经开始在经济斗争中发挥重要作用之后，我们还经常让由职工选出来的罢工委员会反对工会。

这就妨碍了广大工会会员群众向我们党靠拢。

红色工会国际第五次代表大会关于建立红色工会反对派组织的各项决议得到了错误的贯彻，我们罢工策略的这些缺点——我要再次强调，无论我们党在这方面取得了什么成就——与此有着最密切的关系。在建立红色工会反对派时，我们不是把重心放在争取有组织的工人上，而是放在吸收没有加入工会的成员上。因此红色工会反对派无法在自由工会内部发挥更大的作用。这种情况下，它难以对加速自由工会内部的激进化进程施加更大的影响。

因此，我们没能使大罢工期间党在无产阶级群众中赢得的政治影响在组织上充分地固定下来。

尽管如此，我们与改良主义工会的关系并没有像某些其他国家那样被削弱了，这要归功于三个因素：第一，我们多年来一直在同那种把改良主义工会与法西斯主义工会等同看待的机会主义—宗派主义观点作斗争；第二，党的领导层系统地对我们的党内同志施加压力，要求他们积极参加一切工会代表大会和一切工会集会；第三，事实上，我们的大部分追随者都在改良主义工会中发挥了积极作用。

我想重点强调的是，我们批评有些人不理解有组织的工人在最近几年的罢工斗争中所起的新作用，决不能被理解为我们低估无组织工人的重要性。而我们在无组织工人中的工作所必须遵循的明确目标，就是把无组织工人吸收到斗争中来，并使他们成为工会会员。

在本次代表大会上，我们对自己的工会政策进行了彻底的批判性分析。我们这样做，是为了推动共产党人在自由工会内部开展活动。只有自由工会采取坚定的革命立场，才能保证阶级斗争的开展，才能防止出现类似德国那样的右翼改良主义领导人向法西斯主义投降的情况。

去年，波兰运用了新的统一战线和工会政策，从而提供了一个很有启发的例子，证明采取适应具体条件的正确的革命政策能够做成多少事情。

在共产国际执委会第十三次全会召开之前，我们召开了中央委员会的第二次全会，会后我们就把全党的注意力转向了自由工会内部的工作。当我们以新的方式开始统一战线工作的时候，这一转变取得了真正的飞跃。党的统一战线政策加快了自由工会内部的分化过程，并争取到广大工会会员群众支持我们的政策。

在第二次全会结束之后几个月，自由工会受到了法西斯一体化的威胁，这时我们工会政策转变的意义就更大了。我们从一开始就把反对法西斯的统一企图的斗争同工会的阶级统一的口号最紧密地联系在一起。我们提出的口号是：保卫工会、反对法西斯主义并防止其变强的最佳办法就是提升工会的战斗力。我们在去年开展的反对一体化的斗争能够向每一个社会民主党工人和无组织的工人证明，统一战线和工会统一不是波兰共产党的诡计，共产党才是争取使工会独立于法西斯国家的最积极的斗士。

我们实现了使我们在改良主义工会中的工作不取决于工会领导人对我们的建议的态度。当波兰工会中央委员会同波兰社会党的代表茹瓦夫斯基一起，在领导层面与法西斯主义工会组织就联合问题进行谈判的时候，改良主义工会组织内部的左派工人在同一时间里做了大量工作，以加强工会和提升工会的战斗力。

1925年在华沙举行的第三次工会代表大会通过的改良主义工会与波兰共产党断绝关系的可耻决议必须立即废除。我们完全同意季米特洛夫同志的意见，工会运动的统一只以两个条件为基础：一是开展反对资本和法西斯主义的斗争，二是在工会内部实行民主。为了实现这一统一，我们准备做出最大的让步。

工会一体化的危险丝毫没有减弱，与此同时，政府还准备与加强资本主义对无产阶级的一切经济和社会成果的进攻实现一体化。

法西斯工会组织的危害没有减弱。

我们可以凭借一切反法西斯组织的共同力量来阻止法西斯工会的进

一步扩张。这里涉及的不仅有工会联合会的法西斯主义政府组织,而且还有形形色色军事的和半军事的群众组织的庞大网络,居于统治地位的法西斯主义正是企图借助这个网络来笼络企业中的工人阶级。在反对法西斯工会的斗争中,我们不仅要吸收自由工会组织,而且还要吸收基督教的和民族工人党的工会组织。

要成功开展反对法西斯工会的斗争,其前提条件是要转变在法西斯工会内部和一切法西斯群众组织内部的工作。这关系到对下层法西斯群众组织运用大胆的统一战线政策。

这次代表大会具有历史性的意义。它向无产阶级和最广大劳动人民群众指明了通向自由、面包和和平的道路。

我们离开这次代表大会时深信,正在千百万劳动人民群众中发生的伟大转变,在此次代表大会之后将发展成为一切资本主义国家的历史性巨变。(热烈的掌声)

下一个发言人是哥特瓦尔德。代表大会的代表们起立鼓掌向他表示欢迎。中国代表团、捷克代表团等呼喊战斗口号。

克·哥特瓦尔德(捷克斯洛伐克):

第七次代表大会提出,要把在国内和国际范围建立无产阶级的行动统一和人民阵线以反对资本的进攻、反对法西斯主义、争取和平及反对帝国主义战争的任务,置于各国共产党政策的中心。

共产国际第七次代表大会的整个工作,特别是季米特洛夫同志的讲话清楚地表明,从我们这方面看,立即在每个国家和全世界建立工人阶级的行动统一不仅没有任何障碍,而且相反,我们共产党人正在竭尽全力清除既有的障碍。

世界上有这样一些人——季米特洛夫同志恰当地称之为"政治小

鸡"——自以为共产党人放弃了或是削弱了自己的原则。这是多么荒谬可笑啊！看看这个国际，它的起领导作用的党正在世界六分之一的土地上建设社会主义，而资本主义世界却处于无望的混乱之中，倒退到中世纪的野蛮状态；看看这个国际，它的指导原则经受住了历史的能力检验，而与此同时，敌人的一切制度、理论和策略最终都失败了。一个这样的国际的确不需要对它的原则做任何改变。如果我们要改变什么，那也是方法和形式，借助这些方法和形式，我们就能够**在变化了的形势下使我们的基本原则更加深入群众，从而建立起工人阶级的行动统一来抵御和打击阶级敌人**。但愿诸位很快就会亲身经历这一切。

共产国际第七次代表大会也在**捷克斯洛伐克**引起了很大的注意。这是有理由的。因为同其他资本主义国家一样，捷克斯洛伐克也同样紧迫地面临着建立工人阶级的行动统一以反对资本的进攻、反对法西斯主义、争取和平和反对帝国主义战争的问题。

资本对劳动群众生活水平的进攻愈演愈烈。在捷克斯洛伐克有80万失业者。他们得到的救助微不足道，很大一部分失业者根本没有得到任何救助。在业工人的收入非常低，而物价却在上涨。劳动农民和手工业者由于税收、债务、租金，以及由于大资本的竞争而破产。在捷克斯洛伐克，被饥饿所笼罩的还有德意志人聚居区、喀尔巴阡乌克兰和斯洛伐克的大片地区。经济危机的所有负担都转嫁到了劳动者的肩上。因此，还有什么事情比建立工人阶级的强大的统一战线，为把经济危机的负担推给资本家而共同斗争更迫切呢？

在捷克斯洛伐克，法西斯主义的危险也在不断增长。在今年5月的议会选举中，捷克斯洛伐克的希特勒代理人，即所谓的苏台德德意志家乡阵线，变成了捷克斯洛伐克最强大的政党。确实，与德国法西斯主义不同，**捷克**法西斯主义在选举中远未取得它所期望的巨大成功。然而，低估法西斯主义的危险是错误的。更何况在国家机器中充斥着公开或半公开的法西斯分子,而且在参加政党联盟的资产阶级党派中还存在着颇具影响力的反动的一翼,他们与法西斯分子相差无几。因此,还有什么事情比把一切反法西斯力量团结在一个阵营中,以防止德国的事变在捷克斯洛伐克重演更紧迫呢?

德国帝国主义的威胁迫近了。首当其冲的就是捷克斯洛伐克。捷克人民面临着丧失民族独立的危险。捷克斯洛伐克的德意志人、斯洛伐克人、匈牙利人、乌克兰人和波兰人面临着被德国、匈牙利和波兰法西斯主义铁蹄践踏的危险。对捷克斯洛伐克所有民族的劳动人民来说,维护和平并与苏联结成最紧密的联盟符合他们的切身利益。然而,黑暗的反动势力却施展阴谋诡计,企图阻止捷克斯洛伐克与苏联结盟,把它引入法西斯德国战争政策的航道。因此,还有什么事情比把所有和平的朋友和所有帝国主义战争的反对者团结在一条战线中,为反对上述危险而共同斗争更重要呢?

是的,决不能再浪费宝贵的时间了。无论是希特勒还是捷克反动派都没闲着。希特勒部署了力量,企图在他的捷克斯洛伐克代理人即法西斯主义家乡阵线的帮助下,与捷克、斯洛伐克和匈牙利资产阶级的最反动的势力接近。它的第一个目标是改变捷克斯洛伐克外交政策的走向,把布拉格变成法西斯主义的柏林的一个分店。捷克的法西斯分子普赖斯和斯特日布尔尼,捷克农民党和教会党中的反动分子斯陶帕尔、基约夫斯基和斯塔谢克之流,斯洛伐克和匈牙利的反动派克林卡和艾什泰哈齐之流——对所有这些人来说,捷克斯洛伐克与苏联的友好关系是他们的眼中钉。对一切社会主义的、无产阶级的和进步的事物的共同仇恨,促使所有这些黑暗的力量结成了一个反动的联盟,这个联盟企图通过法西斯独裁彻底奴役捷克斯洛伐克劳动人民。因此,问题在于:**如果不想让捷克斯洛伐克被推入法西斯的野蛮之中,如果不想让它任由法西斯德国**

的军靴践踏，如果不想让它被卷入血腥的战争冒险，如果不想让捷克人民再遭受一次新的白山战役①，不想让捷克斯洛伐克其余的民族被驱赶到希特勒、霍尔蒂和波兰法西斯分子的屠刀之下——那么就必须全力以赴地加速工作，在捷克斯洛伐克实现工人阶级的行动统一并结成一个包括所有反法西斯人士、所有民主派和所有进步分子在内的广泛的人民阵线。这个人民阵线将不问民族和党派归属，是一个劳动、自由与和平的**人民阵线**。

捷克斯洛伐克共产党过去和现在都在不懈地斗争，争取实现这样的行动统一，并建立一个所有反法西斯人士和反战人士的统一的人民阵线，以便以这种方式为捷克斯洛伐克劳动人民创造不仅能够卓有成效地防御，而且还能够反击的前提条件。

在捷克斯洛伐克，参加政府的各派社会党的反动领袖与资产阶级之间有着极为紧密的合作，他们过去和现在都是工人事业的障碍，是反对与共产党人结成斗争同盟的人。他们根本没有从德国的悲惨事例中吸取教训。然而，各派社会党的普通党员群众与他们不同。一方面是希特勒获胜的教训，而另一方面是奥地利、西班牙和法国统一的反法西斯斗争的榜样，对捷克斯洛伐克的社会党工人群众产生了巨大影响，增强了他们追求统一战线的愿望。如果说捷克的法西斯主义在上次议会选举中不像自己所期待的那样强大，那么这首先要归功于捷克的社会党工人与共产党人在选举期间开展了统一的反法西斯斗争。我们首先高兴地看到，**社会党青年**作为一个整体开始接近革命的青年工人并帮助建立无产阶级

---

① 白山战役是 1620 年三十年战争开始时在布拉格附近发生的一场决定性战役，当时巴伐利亚公爵马克西米连一世的天主教军团击败了波西米亚国王腓特烈五世的新教军团。战败后，波西米亚失去了独立地位，而新教也一直被禁止到 1648 年。——译者注

的统一战线。假如各派社会党领导层中的反动领袖们不这样强硬地、顽固地反对自己的工人，反对他们争取统一战线的努力，那么捷克斯洛伐克劳动人民在反对阶级敌人、捍卫自己利益方面所取得的成就就会多得多，建立最广泛的行动统一就会实现得快得多、容易得多。

然而在捷克斯洛伐克，统一战线的敌人们感到他们反对统一战线的"论据"底气不足。这表明我们的代表大会的讨论在他们那里引起了震动。他们真切地感受到我们第七次代表大会的决议有力地推动了在国内和国际范围加速建立无产阶级的行动统一和反法西斯人民阵线。因此，他们吃力地在这些新现象中挖掘一切能用来对革命先锋队与捷克斯洛伐克劳动人民，尤其是捷克劳动人民的其他群众之间迄今为止的亲密关系设置障碍的东西。一篇文章接着一篇文章，一篇社论接着一篇社论。

在捷克斯洛伐克社会民主党的中央机关报《红色权利报》上，有一篇对皮克同志在我们的代表大会上的开幕词的评论，其中写道：

> "莫斯科终于使社会民主党人和共产党人联合行动的一种新的、更好的形式成为可能。这消除了我们在建立工人阶级的行动统一以反对法西斯主义、捍卫民主与和平时视为主要障碍的那个障碍。"

《红色权利报》上大体都是些诸如此类的文章。当然真实情况是，捷克斯洛伐克共产党人既没有对统一战线设置主要障碍，也没有设置次要障碍，因此根本就不需要消除什么——但是我们不想对此展开争论。我们也不必理会同一份《红色权利报》在同一篇评论——其中断言"消除了主要障碍"——中又臆想了新的、可能是次要障碍的东西。让我们撇开这些保留条件，关注这份报纸所表达的积极的东西。你们说统一战线的主要障碍已经消除了。那么，我们在这个讲台上再次向你们提出建议：让我们立即协商吧。我们再次向你们提出的这个建议是毫无保留的。我们准备立即就此问题开始协商。我们准备商讨你们提出的建议。

你们在今年 7 月 30 日的《红色权利报》上以"不应一味反对，而应也有支持"为题，指责我们只是不断地表示所谓的"反对"，从未表示过所谓的"支持"，这是不符合事实的。首先我们希望各派社会党与我们结成斗争同盟，**支持**把经济危机的负担转移到资本家的肩上。例如，我们**支持**没收齐富诺银行的那 15 亿，因为这些钱是完全非法地通过给毫无价值的奥地利钞票盖章而赚取的。①

我们**支持**向那些欠税几十亿的资本家立即征收这几十亿税款。

我们**支持**与此相对将劳动农民和手工业者的欠税一笔勾销。

我们**支持**对银行和股份公司采取有力措施，让它们为数十亿迄今未被征税的稳定基金纳税。

我们**支持**扣押那些企图通过关闭企业和解雇工人来逃避纳税的资本家的财产和企业。

我们**支持**对富人征收重税，把由此获得的资金用于为失业者创造就业机会，为饥饿的德意志人民提供及时的特别援助，以及其他有利于劳动人民的用途。

我们**支持**免除贫苦农民和小工商业者的债务，由大地主和银行承担费用。那么不言而喻，我们**反对**降低工人的工资、削减失业者的救济金，反对派遣法院执行官去农民和工商业者那里，反对利用生活必需品进行重利盘剥。

其次我们希望各派社会党与我们结成斗争同盟，**支持**堵死法西斯主义的道路。只要我们一起为把经济危机的负担转移到富人肩上而斗争，从而让工人、农民、小工商业者、劳动知识分子、青年和非捷克族的劳动居民看到社会主义的斗争同盟**事实上**是在捍卫他们的社会利益，那么

---

① 奥匈帝国解体后，从中独立出来的国家就在原帝国钞票克朗上印制某些符号，从而把克朗的流通范围限制在自己的国家内。——译者注

法西斯主义蛊惑的根基就会不复存在。这样，不管是亨莱因分子还是斯特日布尔尼之流、盖达之流或其他法西斯分子，就无法再成功地欺骗下去了。进一步地，我们还**支持**把法西斯的高级官员和高级军官从国家机器和军队中清除出去，并赋予士兵各项公民权。我们**支持**共同努力不让法西斯分子夺取索科尔体育协会、射击联合会、农民骑术协会和其他组织。我们**支持**共同捍卫劳动人民的各项民主权利并共同为扩大这些民主权利而斗争。当然，我们**反对**解散工人组织，反对监禁共产党人和为法西斯分子开脱。

最后，我们希望各派社会党与我们结成斗争同盟，**支持**维护和平，不让捷克斯洛伐克成为希特勒的牺牲品。我们**支持**捷克斯洛伐克与苏联结成最紧密的联盟。我们支持坚决拥护苏联的和平政策。我们**支持**共同压制一切想把布拉格变成法西斯主义柏林的分店的意图。不言而喻，我们**反对**判处那些呼喊"苏联万岁"的人刑罚，以及宣布那些同希特勒的代理人谈判并去拜访戈贝尔之流的捷克法西斯分子无罪。

请看，我们与各派社会党结成统一战线的纲领事实上是非常积极的，其中不仅有"反对"，而且也有"支持"。这方面的情况是，选举前以这种或那种形式向人民承诺这个纲领的大部分内容的不仅有各派社会党，而且还有地主的代表。那么究竟是什么阻碍了我们一起为贯彻这个或那个符合劳动人民利益的"支持"而斗争呢？显然，无非是因为顾及资本家的利益。

不言而喻，我们不同意社会民主党的观点，即所谓社会民主党领导人参加资产阶级联合政府（正如现在捷克斯洛伐克发生的事情一样）是在构筑反法西斯主义的屏障。在这件事情上，我们有其他国家的经验可以借鉴。但是我们并没有把各派社会党退出政府作为与他们结成统一战线的条件，尽管他们参加了政府，我们还是愿意与它们结成统一战线以落实工人和人民的重要要求。尽管我们对于与资产阶级阶级合作的政策以及对于参加资产阶级联合政府的原则立场不会有丝毫改变,尽管我们不会哪怕片刻不努力使多数劳动者赞同这一立场,我们还是要向那些真心相信社会民主党领导人参加资产阶级政府是有益的人说:你们知道,我们不同意你们关于采取这一步骤与目标相符的观点。但是既然事情已经这样了。现在政府中有你们的部长。根据他们自己的许诺,他们参加政府是为了在那里捍卫人民的利益。我们共产党人也在捍卫人民的利益。既然如此,让我们一起捍卫这些利益吧。

但愿政府中的社会民主党部长们提出措施,旨在至少把经济危机的一部分负担转移到资本家的肩上。但愿政府中的社会民主党部长们努力做到,不使劳动人民丧失他们的一丁点民主权利。但愿政府中的社会民主党部长们提出并贯彻这样的主张,即决不能容忍法西斯分子这些金融资本最反动集团的代理人的活动。但愿政府中的社会民主党部长们尤其坚持主张,必须把法西斯的高级官员和高级军官清除出包括军队在内的国家机器,并赋予士兵们一切公民权。我们无论在议会内还是议会外,都将支持朝着这个方向迈出的哪怕最小的一步。

这里可能有人会说:"政府中的社会民主党人以及议会中的社会民主党人和共产党人都是少数。政府中和议会中的资产阶级政党将会反对这样的和类似的措施,而我们将无法实行这些措施。"对此我们的答复是:"在这种情况下,就更有必要在议会外,在每一个企业、每一个地方以及在全国范围,自下而上地建立无产阶级的统一战线。在这种情况下,就更有必要促使群众行动起来,以便能更有效地使那些与阶级敌人谈判的人看到,广大群众事实上是支持他们所转述的那些要求的。因为只有劳动者统一的群众性的行动,才能对阶级敌人施加这样的压力,迫使其满足人民的这一个或那一个要求,而无论议会议席和政府部长的数量对比关系如何。"

捷克社会主义者党,即外交部长贝奈斯的党的主席团,通过了一项关于工人阶级行动统一问题的特别决议，这在某种程度上可以说是对我们共产国际第七次代表大会的讨论的回应。他们在决议中说，希望共产党人首先说明一下"他们与民主的关系"。好吧，这种关系其实早就很清楚了！

全世界都知道，我们共产党人是**苏维埃**民主的拥护者，这是**无产阶级的**民主，只要阶级还存在，这就是**最广泛的**民主，是**最符合劳动人民利益的**民主。

我们为这种民主而斗争。然而，既然资产阶级民主及其给予劳动人民的——也是劳动人民不得不经过艰苦斗争才争取到的——各项民主权利遭到了法西斯主义的进攻，那么我们当然支持**捍卫**这些民主权利。如果你们希望我们把这种做法称作"捍卫民主"的话，那么请便！关于这一点，正如我们已经指出的那样，我们不想争论。

"请首先说明你们与共和国的关系"，统一战线的反对者继续对我们说道，并且以给互相接近的社会党工人和共产党工人再次制造新的麻烦来投机。而这件事情也是很清楚的！

我们希望，这个今天由资产阶级统治的共和国变成**苏维埃**共和国，即由劳动人民统治的**社会主义**共和国。这是我们的目标。我们为此而斗争。但是，如果这个**资产阶级民主**共和国受到了血腥的法西斯主义的威胁，那么我们将保卫这个共和国，抵抗法西斯主义，并号召一切真正的社会主义者、民主主义者和共和主义者加入统一战线共同斗争，以使这个共和国免于遭受最大的耻辱，使劳动人民免于遭受最大的灾难——血腥的法西斯独裁。如果说我们坚决反对把这个共和国交给**捷克**的希特勒分子的团伙，那么我们也同样坚决反对把它置于**德国**的希特勒分子的暴力统治之下。我们要与所有人联合起来反对上述两种势力，反对国内外的法西斯分子，保卫共和国。可是现在，各位先生们，共和国必须使我们有这样做的**可能性**。它必须赋予劳动者的组织充分的自由，必须赋予各个民族自由。它决不能迫害工人。它决不能把共产党人和革命工人投入监狱。如果像它现在这样做——它迄今为止一直这样做，那它甚至**不可能保卫自己**。

捷克劳动人民群众对自己民族独立的命运充满忧虑。我们捷克共产党人也有这种忧虑。正因为如此，我们要对捷克工人、农民、手工业者和劳动知识分子说：请你们回想一下自己民族的历史吧！捷克人民什么时候处于其声誉的顶点呢？**胡斯派的时代，当时捷克人民掀起了革命，以平民的方式同捷克统治者算账！**（掌声）那时捷克人民是不可战胜的，令整个欧洲的统治者恐惧不已。反之，捷克人民何时遭受白山战役的耻辱呢？反革命获胜之后，捷克人民重新被捷克统治者套上导致民族奴役的枷锁之后。正因为如此，为了不重蹈历史覆辙，必须走共产党人指引的道路。不要相信那些蛊惑你们的鬼话，说什么共产党人对捷克人民的民族独立漠不关心，或者说什么共产党人的政策会损害民族独立。真相恰恰相反。**正是捷克资产阶级的政策，捷克的统治者普赖斯、霍达奇和斯特日布尔尼的政策，把人民引向新的白山战役。**

正是捷克资产阶级中的法西斯一翼，出于顽固的仇恨策划了反对一切社会党人的阴谋诡计，破坏捷克斯洛伐克与苏联之间目前的友好关系，尽管很明显，苏联是和平的卫士和捷克斯洛伐克抵抗希特勒帝国主义扩张的依靠。正是捷克资产阶级中的法西斯势力，要求以柏林为指向改变捷克斯洛伐克现行的外交政策，尽管很明显，这将是捷克斯洛伐克丧失独立的开端。正是捷克资产阶级中的法西斯势力，企图驱使捷克斯洛伐克去为希特勒效劳，参加反对苏联的十字军东征，尽管很明显，这对于捷克斯洛伐克各族劳动人民将意味着巨大的灾难和痛苦。因此，捷克劳动人民不是有上千条理由给这个法西斯团伙打上卖国贼的印记吗？

他们企图使你们相信，共产党人由于反对压迫捷克斯洛伐克的其他民族，威胁到了捷克人民的所谓民族独立。这真是彻头彻尾的谎言！是谁给了希特勒、霍尔蒂和波兰法西斯分子最多的帮助？是那些压榨德意志、斯洛伐克、匈牙利、乌克兰和波兰劳动人民的人。是那些维护不平等、不自由状态的人！这就是捷克资产阶级，尤其是其中最反动的分子。共产党人宣布过一百遍，他们反对哪怕只是与希特勒第三帝国的一个村庄建立任何联系，反对与霍尔蒂的匈牙利或与法西斯波兰建立任何联系。反对这种联系的最有力的保障就是消除社会压迫和民族压迫。给捷克斯洛伐克的德意志、斯洛伐克、匈牙利、乌克兰和波兰人民以工作、面包、土地和自由——这意味着建造抵抗希特勒、霍尔蒂和波兰法西斯分子的最坚固的堤坝。捷克人民对创造这样一种状态有极大的兴趣，这难道不是很明显吗？与此相反，捷克资产阶级由于维护社会压迫和民族压迫，也背叛了捷克人民的民族利益，这难道不是很明显吗？是的，这是显而易见的。

因此，从这些方面我们也要不断地强调：一切理由都说明了在捷克斯洛伐克建立工人阶级行动统一的必要性和可能性。**没有任何理由能为统一战线的反对者的政策辩护**，他们为了与资产阶级结盟和合作而坚持分裂工人阶级。

在捷克斯洛伐克，共产党人和社会党人的斗争同盟将会**一举**提升工人阶级政治上的重要性和吸引力。这将在总数大约八百万选民中争取到近三百万张选票。其中有一百万参加工会的有组织的工人、一百万有组织的工人消费者，还有数十万其他工人组织的成员。如果像共产党人所建议的那样，上述所有党派采取工会、合作社和其他群众组织迅速统一的方针，那么对于所有无组织的工人以及那些出于这样或那样的原因身陷企业主组织或法西斯组织的人们来说，这些组织就会成为吸引他们的中心。

这种工人阶级的行动统一将会对农民、小工商业者和劳动知识分子的队伍，对农民党、人民党和工商业党目前单一的党员队伍产生强烈的影响。它将会成为建立**广泛的人民阵线**的基础。

因为事实上，有房无地的村民或劳动农民，以及农民之家的成员，与现在农民党领导层的政策，特别是与斯陶帕尔、基约夫斯基等人为代表的反动集团的政策，有何共同之处呢？加入农民党的有房无地的村民和劳动农民的利益在于，把这些大地主、军火商、酒商和糖业巨头从本党领导层中驱逐出去，并与工人及其组织结盟来捍卫共同利益，这一点难道不是很清楚吗？

加入工商业党的小工商业者、手工业者的利益在于，让小工商业者的真正代表掌握领导权，与工人和工人组织联合起来反对共同的敌人，反对大资本，反对普赖斯之流，这一点难道不是很清楚吗？

谁说捷克和斯洛伐克人民党的一般追随者群众必须一直忍受斯塔谢克和赫林卡的反动政策，必须被人唆使反对自己的工人兄弟？绝非如此！

所有这些党派中都有真正民主的、反法西斯的人士。我们共产党人向这些人呼吁。我们向这些人提议建立一个反对资本进攻、反对法西斯主义、维护和平和反对帝国主义战争的广泛的人民阵线，一个劳动、自由与和平的人民阵线。

像往常一样，如果社会党工人和正直的民主人士特别强烈地要求建立统一战线，那么捷克斯洛伐克各派社会党领导层中的统一战线反对者这一次也会再次端出他们的陈旧看法：那么就请"共产党人参加执政联盟"吧。怎么可能接受这样一种建议呢？他们"邀请"我们参加政府，同时又关押我们，发布针对我们的通缉令，判处我们长期监禁！不，事实显而易见！但是，如果认真地讨论政府问题，我们也决不会回避。

是的，共产党人之所以致力于无产阶级的行动统一，致力于一切反法西斯人士和拥护和平人士的人民阵线，**不仅**是为了能在阶级敌人的进攻面前保护劳动人民，而且也是为了集中劳动人民的力量发动有力的**反**

攻。如果在反攻的过程中,资产阶级的地位发生了动摇,无产阶级的地位相应地得到了加强,以致资产阶级无法控制处于运动之中的群众,那就会产生**建立统一战线政府或人民阵线政府**的问题,关于这个政府的性质、纲领及其与共产党人的关系,季米特洛夫同志已经说得非常清楚了。

是的,我们支持的是**这样的**政府,这个政府将依靠与劳动农民、小工商业者及劳动知识分子群众结成广泛人民阵线的强大的工人阶级统一战线;这个政府将切实地与法西斯分子作斗争,把法西斯分子从国家机器和军队中清除出去,解除法西斯组织的武装并予以遣散,给予士兵一切公民权,给予一切反法西斯组织充分的自由,并把反法西斯人士武装起来。我们支持的政府将真正击中资本家、银行家和大地主的要害,对他们征收重税,并在他们的企业中对生产实行工人监督;这个政府将无情地从富人那里征集资金,从而使人民能够获得工作和面包。我们支持的政府将让大资本家和大地主出资来帮助劳动农民和小工商业者;这个政府将赋予德意志、斯洛伐克、匈牙利、乌克兰和波兰的劳动人民工作、面包、公平和自由,从而使这些族群真正把捷克斯洛伐克当成自己的家;这个政府将无情地清算那些想与法西斯德国串通一气,将捷克斯洛伐克置于法西斯柏林的监护权之下并为其掠夺性的战争政策服务的人;这个政府将同苏联结成最紧密的联盟,并同它一起在国际舞台上坚定不移地为维护和平而斗争——是的,我们支持的正是**这样的**政府。我们将竭尽全力支持**这样的**政府。

同志们,我就要结束我的发言。我们捷克斯洛伐克共产党人意识到我们的国际责任。处在法西斯国家的包围中,我们将竭尽全力避免法西斯主义的浪潮吞没捷克斯洛伐克,使捷克斯洛伐克成为中欧反法西斯斗争和反战斗争的堡垒。我们感到自己与德国、奥地利、匈牙利和波兰的无产阶级,尤其是与我们英勇的德国兄弟党及其领导人、我们的台尔曼紧密地联系在一起。(暴风雨般的掌声) **他们的**事业就是**我们的**事业，**他们的**斗争就是**我们的**斗争。在与德国、奥地利、匈牙利和波兰兄弟党休戚相关的共同斗争中，我们不仅要为保卫布拉格免遭法西斯主义毒害而斗争，而且还要协助柏林、维也纳、布达佩斯和华沙从法西斯的野蛮统治中解放出来。(暴风雨般的掌声。以各种语言高呼"红色阵线"、"乌拉"和战斗口号。)

第二十四次会议

（1935年8月7日）

继续讨论季米特洛夫的报告

共产国际第七次代表大会抗议克劳斯和凯泽被判处死刑

波立特（英国）：

同志们！我们不得不把第七次代表大会的注意力放在对德国两位英勇无畏的、杰出的反法西斯战士的死刑判决上。世上第一次有一个法庭——甚至包括希勒特法西斯主义的血腥法庭——仅仅因为我们同志的政治观点就判了他们死刑。就说说我们的鲁道夫·克劳斯同志吧，他是国际红色互济会德国分会的出纳，是给我们被囚禁的反法西斯战士的家属提供帮助的最积极的工人之一。再说说我们的阿尔贝特·凯泽同志吧，他在希特勒独裁政权建立时，就是共产党国会党团成员、柏林公交公司的企业职工委员会主席。1932年10月，当巴本政府企图削减工资的时候，他领导了公交工人的大罢工。

这两位同志被长期关押在希特勒的集中营里，受到残酷的虐待和折磨，身上还有遭希特勒的监狱看守鞭打留下的伤痕。当监狱看守以为我们这两位同志精神已被摧垮，再也不可能参加反法西斯行动的时候，就把他们从集中营里放了出来。不料,我们的两位同志怀着真正革命者强大的、不可战胜的精神,从集中营获释的第一天就重新站在了反法西斯战线的最前沿。(掌声)

一切折磨都未能战胜他们对法西斯主义的仇恨,对此,这些死刑判决无非是盲目的、嗜杀成性的报复行为。这些判决是为我们的台尔曼同志准备的最后的警告信号。他之所以在监狱中受了两年零八个月的折磨,只是因为他是德国共产党的领导人,完全献身于为工人阶级服务,因为他为直接改善工人阶级的生活状况、把他们从德国资本主义的奴役下解放出来而斗争。

我们以出席共产国际第七次代表大会的各国劳动群众的代表的名义,以一切支持民主与和平的人士的名义,以千百万对德国法西斯主义的残暴兽行感到气愤的进步人士的名义,对克劳斯同志和凯泽同志受到的死刑判决提出最强烈的抗议。为了抗议法西斯希特勒走狗的一切血腥罪行,我们要求:第一,撤销这些死刑判决;第二,立即把克劳斯同志和凯泽同志从死牢中释放出来;第三,立即释放一切被囚禁的反法西斯战士;第四,释放恩斯特·台尔曼同志。

同志们!我们的革命荣誉处于危险之中。死神在希特勒法西斯主义的监狱走廊中和集中营中游荡。我们现在必须以前所未有的方式开展工作,以便世界各国最优秀的人士的这些合理要求获得一切正直的人们的支持,他们的支持将确保立即满足这些要求。

同志们!德国法西斯主义持续不断的血腥罪行,他们对反法西斯战士惨绝人寰的折磨,数不清的谋杀和处决,屠杀犹太人的暴行沉渣泛起——这一切全都强烈地呼唤复仇,呼唤立即复仇。扼杀人的一切自由,贬低科学、文学和艺术,需要我们在全世界各国人民中唤起对一切赞同德国法西斯主义的言行的强烈仇恨和不满。德国法西斯主义亵渎了伟大的德意志民族,建立了血腥的政权,使德国脱离了文明国家的行列。而这个德国本来是学者和思想家的国度,是战士和诗人的国度;这个德国曾是过去在多次英勇战斗中取得了胜利的国际工人运动蓬勃发展的代表。

在共产国际这个世界性的讲台上,我们严正警告德国法西斯分子:我们将向世界上爱好自由的人们,尤其是向法国、英国和美国人民呼吁,现在用一个钢圈把这个法西斯地狱包围起来,以便帮助德国人民,一劳永逸地把这个威胁从地球表面清除干净,使他们获得彻底的解放。

但愿法西斯刽子手们明白,英国、法国和美国人民是决不会允许他们谋杀克劳斯和凯泽同志的计划得逞的。(掌声)但愿他们明白,折磨和杀害我们的同志不会不受到惩罚。共产国际将组织一场世界范围的强有力的运动,把克劳斯、凯泽和台尔曼同志以及一切反法西斯人士从法西斯刽子手的魔爪下解救出来。我们已经把季米特洛夫同志解救出来了。我们能够而且一定会把现在仍在法西斯的监狱中受苦的一切反法西斯战士解救出来!(掌声)

我们将竭尽自己的全部热情,号召以这样的方式、这样的坚定性和这样的信念来组织这场国际运动,以便能在三四天后,让好消息传遍德国的每一个角落,使每一个反法西斯战士都能听到。别忘了即将开始的对台尔曼同志的审判!假如克劳斯同志、凯泽同志和台尔曼同志牺牲了,因为我们没有能力发动全世界的劳动群众和各国人民营救他们,那么我们就要在将来无产阶级的历史讲坛前承担重大责任。我们坚信,共产国际有能力确保新的胜利。我们在这个讲台上呼吁:

打倒德国法西斯主义的血腥政权!

克劳斯同志万岁!

凯泽同志万岁!

台尔曼同志和一切光荣的革命战士万岁!在我们的帮助和支持下,他们一定能在未来几个月成功地推翻德国的法西斯政权,向全世界革命发展的广阔前景迈进。(经久不息的掌声)

第二十五次会议

（1935年8月8日）

继续讨论季米特洛夫的报告

8月8日上午的会议由**加西亚**同志（西班牙）主持，他请发言人讲话。

本图拉（西班牙）：

季米特洛夫同志的报告和论点的正确性，在阿斯图里亚斯的十月斗争中得到了最好的证明。在那里，斗争统一已成为事实，我们党的力量和影响确保了革命的领导权。

阿斯图里亚斯的十月事件是一场人民群众反对法西斯主义、争取建立自己的人民政权的起义，这场斗争的动力是无产阶级统一战线。我们因此能够获得胜利。这是我们的骄傲，因为除了共产党人之外，没有人指明这条道路是通向胜利的唯一可能的道路。

有时我们甚至能通过敌人表述的观点来验证我们政策的正确性。希尔·罗布莱斯在对有些人指责他有意识地挑起了十月事件作出回应时曾解释道："我当然知道，让我的党内同志参加政府担任部长意味着挑起内战。但是我们不想幼稚行事。等待两三个月就等于自杀，因为那时整个西班牙将变成一个放大了的阿斯图里亚斯，而今天西班牙就会出现苏维埃。"

鉴于局势的变化,我们多次向社会党人提出统一战线的建议。然而,迄今为止我们一直没有收到答复。

巴塞罗那早在一年前就已经成立了一个工人联盟。它被叛徒毛林当做一个砝码,用来抵制我们党提出的统一战线口号的传播。社会党以这个联盟为典范,在西班牙其他地区建立组织,并赋予这些组织如下特征:联盟不是为了组织群众的日常斗争、为了解决整体的阶级斗争问题和革命运动问题而建立的群众性的统一战线机关,而是像社会党领袖所说的那样,是在与日常行动毫无关联并且不参加日常行动的条件下,为起义做准备的机关。因此,这些联盟没有独立性,纯粹是社会党的附属组织,任何时候都必须服从社会党,而不顾及共同组成联盟的其余组织的愿望和意见。我还想顺便说明,在十月斗争的前夜,在这些联盟中既没有改良主义的工会,也没有红色的和自治的工人联合会,没有无政府主义的和共产党的工人,没有农民,没有失业者,没有穿军装的劳动者。因此,我们党在这些联盟成立的最初阶段曾与之斗争。社会党群众虽然努力与共产党人结成统一战线,但在党的纪律和工会纪律的压力下,不得不加入这些组织。在这样的情况下,十月事件临近了。尽管我们党做出了种种努力,无产阶级还是不仅在政治上,而且也在组织上继续处于分裂状态。这是一个很大的危险。我们党认识到了这一点,因为它明白,尽管同地方组织缔结了大量的协议和协定,但这不足以使我们在这种形势下占据优势。此时产生了建立整体的统一战线的迫切要求,也形成了各种各样的、彼此还没有联系起来的实现组织统一的形式。所以9月份召开的我党中央委员会特别全会作出了参加工人联盟的决议。十月斗争的结果和阿斯图里亚斯的范例也在某种程度上证明了我们的估计是正确的。

我们党通过这个决议在群众中激起了强烈的反响。统一战线开始采取越来越有组织的、越来越集中的形式。工人联盟在我国各地迅速涌现。我们同社会党的联系越来越紧密。党的影响力快速提升，在十月斗争前的两周内，党的中央机关报《工人世界》的发行量从35000份增加到了55000份。然而，统一战线的这一组织进程才刚刚开始，我们紧接着就面临十月斗争了。反动派和法西斯主义向我们挑战，我们不得不应战。

在同反革命将军奥乔亚的军队作战的过程中，在阿斯图里亚斯工农政权的最后一批保卫者的枪声还没有停息时，我们党就已经向社会党、向无政府主义工人、向改良主义的和自治的工会以及一切无产阶级组织发出了呼吁，并在呼吁书中探讨了革命不可战胜的原因。我们宣布：

"我们已经共同战斗了，如果统一起来的话，我们会比以往任何时候都更加强大。让我们同志式地坐在一起，谈谈以往斗争的成就和失误吧。没有任何东西能够破坏共产党工人和社会党工人的行动统一和斗争统一。我们要继续工作，争取使无政府主义工人和社会党工人加入我们的战线。"

接着，我们提出的当前口号是：

"为了组建全国范围的工农联盟，让我们联合起来建立一个反法西斯的统一联盟吧。"

因此，我们党在十月斗争之后马上就高高举起了联盟和人民阵线的旗帜。由于我们党英勇地参加了战斗，共产党的威望不仅在社会党工人中，而且也在西班牙的最广大群众中得到了强有力的提升。十月战斗结束后，群众立即清楚地看到了法西斯主义恐怖独裁的前景黯淡，并为我们党所领导的伟大的统一战线运动所鼓舞，他们的声音传到了我国最偏远的角落，宣布："让我们消除一切使我们分裂的因素，把握一切使我们联合的因素。"从这时起，我们的口号就深入到了群众的血肉之中。

在群众的压力下,我们与社会党左翼的关系有了显著的改善。但我们不能满足于这些成绩。

人们在这里谈到了总结,这是光荣的奥利地共产党首先阐述的。如果把这个总结同我们的总结加以比较,我们立刻就感到自己的工作有很大欠缺。

对我们党在十月斗争之后的呼吁,社会党和改良主义工会联合会的领袖作出了回应,同意让它的全国性组织和我们党的以及红色工会的组织建立一个联合委员会。这个委员会采取下列的共同斗争纲领:

1. 争取为那些因参加十月运动而遭逮捕或受迫害的同志提供经济方面和政治方面的援助。
2. 开展要求释放被捕者和实行大赦的运动。
3. 争取重新开放所有仍被关闭的人民之家和工人俱乐部。
4. 争取夺回劳动人民的民主权利。
5. 争取解散法西斯主义的工会和组织。

不过,在动员群众实现这个计划方面还有一些障碍。

尽管法西斯主义的和反动的企业主已经开始进攻了,但我们的社会党同志还不懂得发动群众为实现最为急迫的经济要求和贯彻我们共同纲领的条款而斗争的必要性。他们认为,每一次公开行动都会招致敌人更为猛烈的镇压。他们不懂得向参加联合委员会的各个组织发出号召的必要性。每当我们为争取行动统一、为建立联合委员会和工人联盟开展全面运动的时候,单是这样的号召就能提供强大的推动力,然而,这在十月事件后九个月才得以实现,此时我们终于成功地说服了社会党人,使他们确信共同签署一份号召开展反对死刑的运动的宣言是必要的。至于组织工人联盟,在所有讨论这个问题的会议上,社会党的同志虽然同意在地方和省的范围内建立这样的组织,但是不同意在全国范围内建立这样的组织。然而,由于向基层组织发布的指示不够准确,所以引起了社会党地方领导人的反对和动摇。尽管如此,从十月事件至今,我们还是在全国建立了200多个联盟,并由此为其进一步发展开辟了广阔的前景。有些联盟已经领导了一些政治斗争和经济斗争并达成了建立工人联盟支部的协议。

我们过去不懂得以正确的方式让群众了解我们党的作用,不仅在十月斗争前而且在十月斗争后,我们在无政府主义营垒中的工作证明了这一点。毫无疑问,我们的口号影响到了那里,我们的威望与日俱增,我们在无政府主义目前正在经历的意识形态危机和组织危机中对无政府主义的方法和意识形态展开的批评发挥了重大作用。已经有数以万计的群众离开了无政府主义的领袖及其组织。但是这些群众到哪里去了呢?没有到我们这里。加入我们队伍的无政府主义工人所占的比例微不足道。他们中的大多数人也没有加入社会党的队伍。所以,他们现在没有参加任何组织。迄今为止,虽然我们已经懂得向群众证明自己是杰出的鼓动家,能够开展伟大的运动并把全体西班牙人民发动起来,但是我们在组织和领导日常斗争的过程中还不能令人信服地证明,我们不仅是工人事业和革命的优秀的辩护士,而且也是工人斗争的优秀的组织者和最好的领导者。

迄今为止,我们在宣传鼓动工作中没有恰当地运用一种具有说服力的、不会伤害社会党群众和无政府主义群众感情的语言,这一事实不是无关紧要的。我们在处理与社会党的关系方面,还不善于向群众明确地说明,我们对右派的进攻和对左派的批评之间区别何在,这一事实同样也不是无关紧要的。

而我们工作中的主要缺点无疑是,我们在贯彻统一战线策略时,未能根据当前的形势保持灵活性。现在我们充分认识到,在1933年的大选中,当反动派为了对革命的民主力量发动决定性打击而结成一个统一联盟时,为了能提出一个社会党人、共产党人和反法西斯人士的统一的候选人名单,我们必须采取更为灵活的策略。不幸的是,我们策略上的狭隘性导致我们只能在马拉加向整个无产阶级证明,尽管存在着腐败、贿选、残暴的恐怖政策和挖空心思的选举法,联合斗争仍然是取得胜利的前提条件。在马拉加,由共产党人、社会党人和左翼反法西斯人士组成的反法西斯候选人名单,取得了超过反动派候选人的压倒多数。这是我们在西班牙赢得议会席位的唯一地方。然而不可否认的是,我们本该在更大的范围更加果敢地贯彻统一战线政策。

但是,我们共产党人不仅要解释历史,而且还要创造历史。因此,我们不能只局限于确定事实,而不提出怎样才能找到摆脱困境的出路的问题。现在我不禁要问:难道我们能长久地等待,直到千百万劳动者自己决定申请加入我们党吗?不能!同志们,我们不能等待,因为阶级敌人可没有打瞌睡。威胁着西班牙的法西斯主义没有留给我们多少时间。诚然,十月斗争阻碍了法西斯独裁的巩固。可是,如果认为这一事实已使危险不再紧迫,则是一个严重的错误。情况恰恰相反,这一危险正与日俱增,而且出现了新的法西斯组织,肆无忌惮地向群众发起进攻以巩固法西斯独裁。我们工人阶级强大的英雄主义及其战斗意志没有减弱,反而在不断地增长,希尔·罗布莱斯发表的讲话就证明了这一点。他说:

"工人群众中在10月6日之前就已存在的革命倾向,以及用高举着的拳头致意的习惯,都保留了下来。10月6日运动的发起者和倡导者没有放弃他们的革命思想。每一天都在证明,他们的立场变得越来越坚定,越来越顽强。最近,他们的行动达到了这样的程度,以致政府因担忧自己的威信,已经无法再容忍下去了。在上周,这场激进分子和工人的运动(指的是我们党开展的争取大赦的运动)引发了真正的暴动行为。"

希尔·罗布莱斯的代理人之一、现任部长卢西亚,对一个想从他那里打听当前形势更详细特征的记者作了如下解释：

"您还想让我对您说些什么呢？革命组织像往常一样精神抖擞地、大规模地开展行动，就好像十月革命根本没发生过一样。"

显然，这一总体形势以及群众斗争阻碍了反革命分子执行他们的计划，并且加剧了他们阵营中的内部矛盾，这些矛盾反映在组成政府集团的各个党派为争取各自所代表的不同经济利益而进行的斗争中。

我们可以这样来描述西班牙各种力量的分布状况。一方面，我们看到，统治阶级围绕着小团体的经济利益展开内斗，在扼杀革命和巩固法西斯独裁应使用的策略问题上存在着巨大的意见分歧。君主主义者和公开的法西斯分子鼓吹发动政变的必要性，而希尔·罗布莱斯派的代表人物则害怕群众的回应，推荐走德国的道路。这些意见分歧以及群众斗争，迄今为止阻碍了他们建立极权主义政党实行法西斯独裁。然而，忽视各反动阶层为集结起来迅速组织自己的力量所作的努力，则是完全错误的。另一方面，我们看到，经过五年革命烈火锤炼的无产阶级，尽管有着丰富的革命经验，在各种形式的阶级斗争——从议会斗争到总罢工，从局部斗争到武装起义——中经受了训练，但他们仍然是分裂的、不统一的。

这是西班牙革命的主要弱点，也是法西斯主义汲取能量的源泉。因此，现在西班牙取决于速度问题，取决于谁能更早地把自己的力量统一起来，是资产阶级和地主呢，还是工人和农民。速度决定一切，决定下一个阶段劳动人民的命运。

我们必须同作为主要危险的一切右倾错误作斗争，同时对在决定性关头束缚我们手脚的主要障碍宗派主义给予无情的打击。

要解决建立统一战线政府或反法西斯人民阵线政府问题，需具备季米特洛夫同志阐述过的各种前提条件。西班牙群众在经历了存在五年之久的共和国之后，决不想让4月14日事件再来一次了，这是完全可以理解的。所有人都明白这一点，甚至社会党领导人和共和派领导人也很清楚。群众参加共和派召集的各种集会，但是他们却在那里用高举着的拳头向演讲者致意，并高呼："阿斯图里亚斯万岁！培尼亚、曼索、拉尔戈·卡瓦列罗万岁！"这在政治上影响了大部分左翼共和派的立场，他们原则上已经接受了我们党5月份提出的建立反法西斯人民阵线的口号，同样也接受了解散反革命的议会、建立革命的人民政府——这个政府在工人联盟和人民阵线的支持下，能够解决我们的革命面临的一些最紧迫的任务，特别是农民问题——的口号。不幸的是，社会党迄今为止的拒绝态度妨碍了我们大范围地组织这个联盟。不过我们毫不怀疑，我们能够说服社会党的同志确信实现这种反法西斯力量集结的极端重要性。全西班牙将立即开始组织共和派、社会党人和共产党人的群众集会，这一事实即已证明，上述建议得到了很好的反响。例如在加泰罗尼亚，党很快就与全体左翼共和派政党和无产阶级组织建立了联系，一起签署了共同呼吁书，号召为加泰罗尼亚人民的民主权利而斗争。在发出这个呼吁书之后，我们党立即与所有这些民主政党一起参加了争取大赦的斗争委员会，这绝不是偶然的。

我们切不可忘记，完成我们任务的基本条件是建立无产阶级统一战线，首先是与社会党左翼建立无产阶级统一战线。

社会党中有一个由贝斯泰罗领导的反动派，他们坚决谴责十月运动，反对左翼分子，躲避左翼阵线，害怕它就像害怕瘟疫一样。幸运的是这些反动分子只占少数，但是他们造成的危险却越来越大，之所以出现这种情况，不是由于左翼不主动，而是由于他们自身的力量。但是，拉尔戈·卡瓦列罗领导的左翼更为强大。可以说，社会党和社会主义工人青年团所拥有的一切健康力量和革命力量都支持拉尔戈·卡瓦列罗。拉尔戈·卡瓦列罗是这样一个人，他在斗争展开的过程中就已经开始修改社会民主党的传统政策和行为路线中的某些主张和立场了。

不过,这些传统的重压,还是使他产生了一些顾虑,怀疑广泛组织统一战线、行动统一和工会统一,开展局部斗争,将工人运动与农民运动紧密结合的紧迫的必要性,以及立即对自己党内的右翼分子开火的必要性。然而,随着时间的推移,他越来越接近这条道路。因此,我们希望,反映绝大多数社会党工人愿望的社会党左翼领导人不断克服自己的顾虑和动摇;我们希望,西班牙左翼社会党人和共产党人能够实现行动统一。

受我党的委托,我要在共产国际七大的讲台上向拉尔戈·卡瓦列罗及其朋友们声明,我们准备与他们合作建立统一战线,争取实现工会的统一,着手建立一个统一的无产阶级革命政党,在西班牙推翻资产阶级政权并建立工农政权。我声明,为了实现共同的革命目标,为了使我们的无产阶级免遭法西斯主义的毒手,免受集中营和断头台的羞辱,我们愿意向一切社会党工人和一切工人阶级的工会组织伸出我们的兄弟之手。我们也要向我们的同志无政府主义者说同样的话。他们的道路,就是他们自己的同志在阿斯图里亚斯所走的道路,这些同志毫不犹豫地拿起了武器,同自己的社会党同志和共产党同志在街垒上并肩反对法西斯危险,为工农政权而斗争。我们声明,我们准备与所有愿意在西班牙同法西斯主义作斗争的人士共同起草一份行动统一协议,这份协议将把从下层到上层、从中心城市到最偏远乡村的一切人,一切被压迫的部族,一切工人运动的支部都包括进来;我们准备依靠这个广泛的无产阶级统一战线,把最广大群众吸收进反法西斯阵线中来,努力与一切左翼共和派人士联合起来。当前这个时期尤其责任重大。法国反法西斯人民阵线取得胜利的伟大经历及其在我国全体劳动阶层中引起的强烈反应,为我们指明了这条道路。因此,我们在今天这个会议上得出了充分符合我国斗争要求的如下结论:

1. **把组织工农联盟作为我们党全部政治行动的轴心**；赋予这些联盟以革命的斗争纲领，使其实际上成为工人、农民和广大受剥削群众的整个统一战线运动的动脉，把我们的无政府主义同志吸收进这些联盟，把这些联盟变成为劳动群众的日常要求和为准备夺取政权而斗争的有活力的机关。

2. 在这一基础上实现无产阶级的统一战线和一切反法西斯人士的统一，同时组建和巩固反法西斯人民阵线，它依据共同目标，例如没收大地主的财产、把地产分给农民、民主自由、解放被压迫的部族、大赦、解散法西斯组织并解除其武装等，**能够作为建立反法西斯人民政府的基础**。这个依靠工农联盟的政府将粉碎法西斯主义的抵抗和资本的进攻，从而为革命的继续发展开辟新的机会和前景。

3. 在工会工作方面，我们要果断地克服宗派主义，**着手合并各地方的平行工会，建立各个生产部门的统一的工会，并建立以阶级斗争为基础的统一的工会中央**。同时，在消除了勇敢的社会党工人和十月斗争战士最后的疑虑、争取实现组织统一、使革命原则有必要的保障的条件下，我们必须明确地**提出建立一个统一的无产阶级革命政党**的问题。至于我们的青年和社会党青年，我们必须尽快使他们合为一体，争取建立一个包括所有反法西斯青年的青年团组织。

我们的革命在历史上第一次显示了法西斯独裁是怎样被推翻的，这一事实给我们西班牙共产党人注入了新的能量。我是说，在1930年和1931年，当资本主义的相对稳定接近结束的时候，西班牙革命就推翻了普里莫·德里韦拉的独裁统治。现在反革命势力想发起反扑，重建独裁统治；但是，西班牙无产阶级和我们党将懂得根据这次代表大会丰富的经验教训来纠正自己的错误，将一劳永逸地推翻法西斯主义和资产阶地主阶级的政权，夺取工农革命的胜利。我们怀着必胜的信念向苏联主义不可逆转的伟大胜利致敬；我们在列宁和斯大林的旗帜下昂首

走向胜利。（暴风雨般的掌声）

切莫达诺夫（青年共产国际）：

季米特洛夫同志在他的报告中**以新的方式**向各国共产党和青年共产国际提出了在资本主义国家争取青年的任务。

在他的报告中向我们提出的任务是，**在最广泛的统一战线基础上团结**一切非法西斯的青年组织，建立各种各样的**联合组织**，反对青年令人愤慨的无权状态和军事化，为年轻一代劳动者争取切身利益。

季米特洛夫同志的批评、他提出的任务以及青年在阶级斗争中越来越大的作用，要求青年共产国际**从根本上**改变自己的工作内容、形式和办法，全面改善它在青年中的群众工作。

我们必须着手同**自高自大的**宗派主义展开最坚决的**实际**斗争，宗派主义目前仍在我们的队伍中滋长蔓延，妨碍团结和动员青年。

共产主义的青年组织忘记了，它们按其特性和成分必须比党更广泛。它们把自己包在宗派主义的硬壳里了。

认为共青团**只**应关心政治的观点是错误的，它导致忽视青年劳动者在经济、文化和其他方面的具体要求。

要想争取无产阶级青年，其前提是要在工会中开展工作，因为那里有千百万组织起来的青年工人。

如果改良主义工会中的青年在争取自身权利的斗争中与工会的领导层发生了矛盾，想要联合起来，他们得到的建议通常是立即退出改良主义工会，加入**红色**工会的青年支部，或是像在德国的情况那样，加入红色工会反对派的青年团。这些反对派团体常常把自己的任务简化为通过宣传"揭露"工会领导人，而不是去团结和组织工会**内部**的青年为争取自身的经济和文化利益而斗争。因此，现在绝大多数共青团实际上都脱离了组织在工会中的青年，这不是偶然的。

对于社会党青年和联合在各种资产阶级青年**群众**组织中的青年的看法以及相应的实践,就**更加宗派主义**了。

党为自己提出的任务是实行阶级反对阶级的策略,同时揭露与资产阶级**合作**的社会民主党领袖。共青团机械地对社会党青年应用了同样的政策。结果,追求社会主义但政治上还不成熟,因此轻信自己的领袖把自己引上了正确道路的社会党青年,也被算做了敌人。

德国共青团长期以来宣传的口号"只要遇见小策吉贝尔就予以打击!"就是典型的宗派主义表现。这个口号没有留下与社会党青年建立统一战线的余地。在青年共产国际第五次代表大会上,加入资产阶级建立的文化协会和体育协会、加入宗教团体和其他群众组织的其余的青年,都已经被视为敌人了。

这就意味着**自愿**把自己与广大青年群众隔离开来,放弃在这些拥有数十万甚至数百万劳动青年的青年组织**内部**开展工作。

在这方面特别值得注意的是各国党和各国共青团之间的关系,以及各国党和各国共青团与青年共产国际执委会之间的关系。许多国家的共产党还没有学会把青年工作视为自己最重要的任务之一。它们在青年中的工作只局限于领导共青团。众所周知,对共青团的这种领导以及与共青团的联系,又仅限于中央委员会与其他领导机关的联系;而在地方的基层组织中则几乎完全没有这种联系。

在1928年的第五次代表大会上,共产国际领导层要求青年共产国际把工作转向青年群众。

1929年,曼努伊尔斯基同志代表共产国际领导层检查了转向群众的政策的执行情况,并要求青年共产国际开展反对**宗派主义**的斗争。

后来,也就是在去年,当青年共产国际执委会已经开始部分地清除宗派主义观点时,在青年中又发生了新的宗派主义倾向,这尤其表现为不能及时理解法国共产党的策略,从而滑向宗派主义、官僚主义的立场。对此，共产国际执委会领导层进行了最强有力的干预，纠正了青年共产国际的路线。

1933年，当德国的法西斯危险迫在眉睫之时，青年共产国际执委会向社会主义工人青年团执委会提出建议，希望建立保卫德国青年的统一战线，并要求青年共产国际的各国支部向各国社会党青年组织的领导层提出这样的建议。

同样在1933年，青年共产国际执委会毫不犹豫地主动参加了反对法西斯主义和战争的国际青年代表大会。这样一来，与资产阶级青年群众组织中的有组织的劳动青年的关系也开始发生转变。

最重要的是，这种转变在各个国家实际上已经开始了。

在这方面，法国共青团堪为带头人，值得赞扬。它在共产党的领导下，善于这样开展工作，通过这样的工作，我们青年共产国际的其他支部也同样能取得成就。

法国共青团中央委员会向社会主义青年团领导层提出的建立统一战线的建议是绝对正确的和**及时的**。

在法国缔结在共产党青年和社会党青年的统一战线基础上开展共同斗争的协议，推动了其他国家共产党青年和社会党青年的共同斗争。

我们还远未能做到在所有地方充分运用法国共青团和社会主义青年团的统一战线经验。但是毫无疑问，许多其他国家的青年团已经开始效仿法国共青团的榜样，打破与社会党青年关系中的宗派主义传统了。最近一段时间，一些国家如西班牙、奥地利、英国、拉脱维亚、瑞士、阿根廷、波兰、德国和捷克斯洛伐克的共青团的行动，就是在**接近社会党青年**的氛围中开展的。

尽管与社会党青年的这种接近才刚刚**开始**，而且就其内容和形式来看各地还不一致，但是它还是向我们表明，考虑到社会党青年自身的革命化过程，青年共产国际已经走上了而且是**坚定地**走上了建立统一战线的道路。

法国共产党给自己提出了一项极为重要的政治任务,即建立反法西斯**人民**阵线的任务。法国共青团善于找到接近广大青年群众的道路,善于把广大青年群众吸收进人民阵线。

法国共产党和共青团成功地把新的数以万计的青年吸收进了反法西斯阵线。他们成功地使很大一部分青年确信,共青团是青年争取自身最基本权利的斗争的组织者。这方面的有力证据是,在短短一年半的时间里有 15000 名青年参加了共青团。

美国的共青团也取得了显著的成绩,他们采取了诸如必须接近青年群众这样的正确的方式方法。

法国和美国在群众工作方面的这种进步,两国共青团在青年共产国际执委会的帮助下突破宗派主义的观点,帮助各国共青团提出了在力所能及的范围内与非法西斯青年开展**国际**合作的问题。

我们认为,对于英国和捷克斯洛伐克的共青团来说,也到了与法国和美国共青团的同志们并驾齐驱的时候了。我们认为,在西班牙和奥地利,存在着在阶级斗争的基础上与社会党青年共同组建革命的青年统一组织的特别有利的条件。

对此我们要说明的是,完成这些任务是不容易的,在共产党和青年团以非法状态开展工作的地方,完成这些任务的困难更大。为了动员青年在统一战线的基础上为反对法西斯主义和战争而斗争,为争取其切身利益而斗争,我们必须在包括法西斯青年组织在内的一切青年群众组织**内部**开展工作。

如果不在青年群众组织内部开展工作,在意大利、德国和南斯拉夫**打破非法状态的局限是不可想象的**;如果不在青年群众组织内部开展工作,共青团组织就不可能在波兰卓有成效地发展。

建立广泛的青年统一战线和在群众组织内部开展工作的任务,要求我们改变共青团自身的工作内容、形式和方法，改进整个领导**体制**，以新的方式提出干部及其理论培训、学习列宁主义基础等问题。

青年团必须与共产党紧密地结合在一起，但是按其特性和成分必须比党更广泛，并且要适应其所在国家的条件，在满足劳动青年自身的经济、政治和文化要求的基础上开展行动。

在美国大约有 200 万人参加了青年代表大会运动，而共青团只有 1 万名团员；法国共青团尽管迅猛发展，但其成员数仍比共产党少得多。这些事实都向我们表明，我们开展的**团内工作**还没有达到其应有的水平。

显然，即使在法国和美国，团内工作的内容、组织形式和方法等方面的转变，也仍然落后于我们工作的政治广度。

我们必须改进我们的组织结构。

这一切都要求各国党在青年中系统地、日复一日地开展工作，并委托最优秀的、最久经考验的干部去从事这项工作。

如果没有有经验的领导人和干部，共青团在争取青年的斗争和反对资产阶级的斗争中就不可能取得成就。资产阶级利用了家庭、宗教、学校、文学、电影、广播和艺术，现在又建立青年义务劳动营对青年进行**彻底**的军事化，并竭力将一切青年组织置于国家的或法西斯的统一领导和控制下。

青年共产国际是作为一个在意识形态上和组织上都紧密团结的组织出现在代表大会上的。青年共产国际已经迈着坚定的步伐，走上了争取与社会党青年结成统一战线、争取联合全体非法西斯青年的力量开展反法西斯斗争的道路。

我们看到了自己的弱点，我们看到了自己的不足。但是，如果说除了这些弱点和不足以外，青年共产国际还有一些值得自豪的东西，那也并不过分。青年共产国际现在是唯一遍及全世界的革命青年组织，青年反法西斯力量正越来越多地聚集和团结在它的周围。在青年共产国际中，苏联列宁共产主义青年团占据着光荣的位置，它的团员在建立无阶级的社会主义社会中赢得了荣誉。（掌声）

在青年共产国际中占据着光荣位置的还有英勇的中国红军中威名远扬的青年战士，他们正舍生忘死地保卫自由，为建立工农政权而斗争。（掌声）

在青年共产国际中占据着光荣位置的还有西班牙、奥地利、德国、波兰、意大利、南斯拉夫和保加利亚共青团的同志们，他们不顾恐怖统治和可怕的折磨，为争取工人阶级的利益而进行英勇的斗争。

正是因为青年共产国际坚定地站在毫不妥协的阶级斗争立场上，它才能作为一个浑然**一体**的团结的组织出现在共产国际代表大会上。

今天，社会主义青年国际无法这样标榜自己。在社会主义青年国际中，青年已经太久没有受到革命斗争精神的教育，而是受到等待资产阶级的恩赐、等待资本主义和平过渡到社会主义思想的教育。

社会主义青年国际很长时间甚至太长时间满足于对社会主义的宗派主义宣传，这等于放弃参加阶级斗争。甚至当社会党青年本身，当其最革命的部分明白了法西斯主义的危险同新的帝国主义战争的危险一样在日益增长时，当他们开始接近共产党青年并响应共产党青年的统一战线建议时，社会主义青年国际的领导层在很长一段时间内仍对统一战线采取一种公开的敌对态度。后来，也就是去年，社会主义青年国际的领导层在社会党青年的革命部分的冲击下，才被迫作出让步，不再对争取统一战线的斗争采取公开敌对的态度，而是采取中立的态度。

其结果是，今天在社会主义青年国际的代表大会上出现了一场深刻的意识形态和组织危机。结果，社会主义青年国际中最优秀、最强大的支部德国支部，由于对法西斯的危险毫无抵抗能力而土崩瓦解。结果，奥地利社会党青年中最优秀、最正直、最革命的部分参加了共青团，而另一个部分则建立了一个新的革命的社会主义青年团,在与共产党青年保持紧密联系的情况下努力开展工作。结果,西班牙的革命社会党人、青年社会党人投票决定退出社会主义青年国际的队伍。结果,在社会主义青年国际内部形成了两个阵营:一个是由法国、比利时、意大利和瑞士青年社会党人组成的左翼阵营,它现在要求与青年共产国际建立统一战线;另一个是由瑞典社会党青年领导的反动阵营,它宣称,如果与共产党人建立统一战线,它就立刻离开国际。

今天我们还不能说我们领导着青年的大多数。社会党人也不能这样说。正因为如此,我们青年共产党人和青年社会党人必须团结起来,反对我们共同的阶级敌人,为青年一代劳动者的共同利益而斗争。

因此,如果我们谈论清除宗派主义态度的必要性,那么我们是作为同盟者、作为战友、作为阶级兄弟在谈话。

我们建议社会党青年认真考虑季米特洛夫同志在共产国际代表大会的讲台上所说的话。我们建议他们听从他发出的与共产党青年联合开展反对法西斯主义的斗争的号召。

我们以青年的名义宣布,我们将竭尽全力,投入我们的全部精力和首创精神,争取在最短时间内使全体反法西斯青年的力量联合起来。

我们准备与任意一个地方的社会党青年及其领导人会谈,我们准备讨论他们的建议,并采纳一切符合反法西斯斗争利益的、符合劳动青年利益的建议。我们希望从社会主义青年国际代表大会得到一个无产阶级的答复。

斯大林同志的英明领导,他对青年的持久关注,他对青年的关怀,苏联**列宁**共产主义青年团丰富的、取之不尽用之不竭的群众工作经验,中国共产党青年的堪为典范的英勇斗争,以及各法西斯国家的共青团同志们开展的英勇斗争,使我们有权宣布:青年共产国际在共产国际的坚定支持和领导下,必将克服宗派主义的残余,团结千百万群众为反对法西斯主义而斗争。(暴风雨般的、经久不息的掌声,全体起立欢呼,法国代表团唱起了《青年近卫军之歌》,所有代表一起合唱。)

切莫达诺夫同志讲话之后,代表们报以热烈的掌声。

科普莱尼格(奥地利):

1934年二月事件本该是奥地利法西斯主义同工人算账。它要扫除作为一支政治力量的激进化的工人并粉碎其阶级组织。同时,它要对由于有利于意大利的保安团法西斯主义的胜利而在争夺奥地利的帝国主义权力斗争中日益加剧的紧张关系作出抉择。

二月斗争以战斗的工人的军事失败而告终。这些工人被社会民主党所遗弃,同时又缺少共产党的领导。不过,法西斯主义也没有达到其真正粉碎工人运动的主要目标。二月斗争表明了奥地利的政治危机。随着工人自卫队的军事失败和工人在斗争中日益成熟,政治危机的因素没有消除,反而更严重了。即使在今天,奥地利及其法西斯制度也是处于政治危机的状态。

奥地利政治危机的最重要的因素,是无产阶级中起决定作用的阶层对法西斯主义不断增强的坚决抵抗,正是这种抵抗阻碍了法西斯制度的巩固。

这一事实也体现了奥地利二月斗争的重大国际意义。这些斗争在工人群众的意识中打破了改良主义所散布的法西斯主义的胜利不可避免的观点。奥地利在2月之后的发展是一个国际榜样,证明了法西斯主义无法战胜在武装斗争中与其对抗的工人阶级。工人阶级对奥地利法西斯主义一体化企图的成功抵抗,尽管是一次浴血的胜利,但还是进一步证明了法西斯制度为粉碎工人运动所作的努力是徒劳的。

奥地利无产阶级进行反对法西斯主义斗争的特殊条件之一,是外交和内政问题的紧密交织影响着奥地利法西斯主义的形成及其策略。各帝国主义国家争夺奥地利的斗争，特别是法西斯意大利和法西斯德国之间的斗争，是奥地利法西斯主义反对和争取无产阶级的斗争中的一个决定性的因素。在争夺奥地利的斗争中，帝国主义列强之间的这种矛盾使奥地利资产阶级分裂成了两个阵营，从而削弱了奥地利法西斯主义。这一分裂是政治危机的另一个非常重要的因素，它阻碍了法西斯主义克服二月危机。尽管在奥地利和德国之间的调和之路上，两个阵营之间也暂时出现了强烈的调和倾向，但是法西斯主义还是未能借此消除这一矛盾。相反，分裂仍然存在，在奥地利没有形成法西斯主义的统一战线。两个法西斯主义阵营的关系随时都可能再度公然引发危机，导致公开的冲突。

法西斯主义经济上的弱点和分裂，极大地限制了统治制度的群众基础。

法西斯主义在二月事件之后被迫公开转向对工人阶级的社会权利发起全面进攻，就此而言，它争取工人的企图已经失败。法西斯主义的分裂也使得受法西斯主义影响的小资产阶级和农民的各阶层分裂成了两个阵营，这首先阻碍了小资产阶级集结为法西斯主义的群众运动，同时也阻碍了在奥地利建立法西斯主义的统一政党。

德国法西斯主义利用二月事件之后奥地利法西斯主义的弱点，发动了7月25日的政变。

7月25日政变的组织者指望得到工人阶级的支持。对于他们来说，7月25日政变之所以失败，正是因为工人阶级始终拒绝给他们以支持。由此也产生了这样的结果，如果不能争取到工人阶级的起决定作用的部分，那么就没有哪一个帝国主义大国和法西斯组织能在奥地利最终地和较长时间地击退乃至战胜其他的帝国主义大国和法西斯组织。

正是由于法西斯主义在工人阶级面前碰了壁，所以只要它企图以内部一体化的方式行事，帝国主义争夺奥地利的斗争就是公开的和悬而未决的，各法西斯主义阵营之间的矛盾也同样如此。这就阻碍了法西斯主义的奥地利在各个方面的统一和稳定，成为政治危机的一切因素不断继续发展的起点。

与德国法西斯主义相反，奥地利法西斯主义从一开始就把清除革命残留物宣布为自己的任务，按照它的理解，其中也包括清除一切社会成就。奥地利法西斯主义的主要意识形态，一方面是基于对奥地利国家独立必要性的证明，另一方面是把建立君主主义—教权主义式的法西斯制度作为目标。然而，宣传君主主义必定会被广大人民群众视为公开的反动和倒退。奥地利法西斯主义越是公开地鼓吹其君主主义的目标和准备复辟哈布斯堡王朝的统治，它就越是可能冒把那些在国家社会主义和它自己之间摇摆不定的阶层推到国家社会主义那边去的危险。尽管君主派开始进行支持民主主义—立宪主义的君主制的宣传，并且说工人运动在这种君主制中是不受阻碍的，但是迄今为止奥地利法西斯主义还是未能争取到更多的阶层支持君主制。

奥地利法西斯主义的这些困难，加剧并激化了政府自己阵营中的矛盾和派系斗争。奥地利法西斯主义中的保安团和教会力量联合起来共同反对工人阶级和国家社会主义，为争夺自己阵营的领导地位而斗争。最近一段时间，这两派之间的争斗导致保安团的地位在整个体系中得到明显加强。在实行普遍兵役制问题上以及处理与此相联系的未来将军队建制转变为一支普遍兵役制的军队的难题的问题上，在通过建立一个国家的青年组织来控制青年群众的问题上，特别是在与工人群众的关系问题上，政府阵营中一直存在着严重的分歧。保安团组织与国家社会主义的界限在很多情况下是很模糊的，这又加剧了与从前的基督教社会党人之间的矛盾。保安团对基督教青年团、基督教的工会和群众组织的进攻，有时带有以德国为榜样的反对天主教徒的法西斯主义运动的特征。这可能会在将来引起更为激烈的对抗，在这种对抗中发挥极为重要的作用的将主要是基督教组织中的无产阶级和劳动群众。

那么，这个确实只有少数居民支持、与工人阶级为敌、其背后还有作为敌对力量的国家社会主义在行动的如此虚弱的法西斯制度怎么能够维持呢？这个制度怎么能够维持这么久呢？我认为，如下这些因素共同发挥了决定性的作用。

1. 奥地利法西斯主义善于巧妙地利用中欧帝国主义的矛盾。它不仅依靠意大利刺刀的支持，而且确保自己得到法国、英国的支持和小协约国善意的容忍。

2. 在奥地利，反法西斯统一战线还没有得到广泛的发展，工人阶级内部的分裂还没有被克服。

3. 工人反对法西斯主义经济进攻的斗争还未能在更为广泛的基础上组织和发展起来。

4. 无产阶级统一战线对心怀不满的小资产阶级中间阶层和劳动农民群众还缺乏吸引力。

奥地利法西斯主义争取工人的努力明显地不同于希特勒法西斯主义。它主要试图利用工人运动的传统、改良主义的传统为其目的服务，并设法将广大群众对社会民主党瓦解的失望情绪引向法西斯主义的航道。例如，一个利用改良主义传统的这种尝试是，维也纳的副市长温特试图在法西斯制度的框架内创立一个独立的工人运动。在做这件事时，温特延续了奥地利社会民主党的建设性的、维护国家的旧传统。1934年4月，他本人谈及自己从陶尔斐斯那里承接的使命时说道：

"我要成为奥地利50年工人运动的受托管理人，为奥地利拯救三代奥利地工人所思所想的一切东西。"

这一尝试失败了。工人们善于利用温特的这个组织为其革命工作服务。在工人的压力下，温特被迫超越他提出的框架，提出一些令保安团分子恼火的要求，最终政府不得不解散了这个组织。在改良主义变节者的帮助下，把自由工会和其他群众组织并入新成立的国家控制的法西斯组织——例如所谓的统一工会——的努力，在工人的坚决抵抗下也失败了。即使在一部分工人在企业主的压力下被迫加入这些组织的地方，法西斯主义迄今也未能从意识形态上争取到这些工人。甚至连统一工会现在也很难说是政府掌控的一个可靠工具，这可以由施塔尔亨贝格的一次讲话得到证明。他在讲话中宣称，统一工会也应该被消灭。法西斯制度在争取工人的斗争中徒劳无功，是与导致法西斯阵营内部矛盾激化的原因之一，即保安团派和一部分基督教社会党人之间的矛盾分不开的，前者认定争取工人的所有这些尝试都是徒劳的，因此急于走向极权，而后者则一再试图寻找一条与改良主义者达成谅解的新道路。

  改良主义在奥地利二月事件中遭受了一次沉重的打击。它现在不掌握任何固定的组织。它与资产阶级进行阶级合作的意识形态今天已被广大工人群众所抛弃。但是尽管如此，认为改良主义在奥地利已不再具有任何影响力的看法也是不对的。我们必须看到，老社会民主党的传统、人际关系等等，如今在工人群众中还继续发挥着作用。主要是渴望合法活动，其原因在于，工人至今还对改良主义抱有希望，改良主义善于在工人阶级内部唤起对于和平废除独裁统治和与资产阶级达成某种可能的谅解的幻想。大部分从前的社会民主党工人，尤其是老一代工人，今天对形势的发展采取观望态度。而较小一部分工人则在脱胎于老社会民主党的革命社会党人组织中联合起来了。

  革命社会党人立足于统一战线，拥护无产阶级专政。他们拒绝了改良主义与法西斯主义达成谅解的尝试，但是他们还没有与第二国际彻底决裂。他们在组织上是弱小的，但他们的意识形态影响力远远超出了他们在组织上的局限。他们把自己的行动主要局限在宣传鼓动上，他们的宣传鼓动反映了工人中，尤其是同情社会党的工人中的各种模糊认识。

国家社会主义为了获得对工人的影响力，也付出了巨大的努力。2月之后它立刻成功地迷惑住了部分工人，但在七月政变后它的影响力下降了。尽管如此，现在国家社会主义在奥地利仍是一个非常严重的危险。如果我们党哪怕只是片刻忽视这一危险，那么在黑绿法西斯主义迄今还未能侵蚀工人群众的情况下，国家社会主义则可能通过其民族的和社会的蛊惑取得更大的成就。

我们党在实现无产阶级统一战线和争取社会民主党工人的斗争中无疑取得了显著的成绩。党从一个小党变成了一个**今天有群众影响**的大党。由于我们的统一战线政策，一些最重要的群众组织、工人自卫队、自由工会，在革命的阶级斗争基础上重新建立起来。我们成功地实现了工会统一。奥地利无产阶级统一战线决定性的政治成果是这一事实，即它使法西斯主义不可能在工人阶级中建立基础并借此巩固它的独裁统治。

二月斗争的经验为我们党最广泛地建立与社会民主党工人的统一战线和党的发展壮大创造了前提条件。奥地利社会民主党如果不是长期地唤起人们的幻想，以为除了共产党指明的道路之外，阻止法西斯主义和实现社会主义还有另外一条道路，那么它本来是能取得更大成绩的。工人在二月事件中的亲身经历导致了向共产主义的伟大转变。但是这种转变并不是自发的，不是不靠党的帮助就发生的。毋宁说，这一进步完全取决于党，取决于党的政策，取决于党的策略及其实际工作。

如果共产党人不是早在2月之前，尤其是在决定性的二月事件本身之前，就已经与工人自卫队员肩并肩地结成反对法西斯主义的战线，那么党在2月之后就不可能使大部分社会民主党工人聚集在它的旗帜下。共产党人指明了胜利斗争的道路，广大社会民主党工人群众根据2月的经历承认这一道路是正确的。在二月事件中，有些地方的共产党人宗派主义地自我孤立，这样的个别情况是存在的，在这些地方，需要很长的时间才能消除工人对党的不信任。

2月之后，共产党成为了工人组织、自由工会和工人自卫队的唯一坚定的捍卫者。奥地利工人阶级的力量意识主要源于其组织的强大。在2月之前，如果共产党人胆敢批评这些组织的领袖，那么他们就会被清除出这些组织。而当绝大多数社会民主党领袖都背弃了这些组织的时候，共产党接过了保卫这些组织的主动权。在这方面，党依靠的是那些不想让自己的组织瓦解的中下层干部和广大成员的意愿和积极性。在这一关头，一个重大的障碍正是我们在自己的队伍中必须克服的宗派主义倾向。不是致力于把工人自卫队建设成一个独立的组织，而是争取让工人自卫队员直接入党。不是致力于重建老自由工会，而是建立革命声誉尽可能响亮的新工会。由于这种倾向，我们耽误了很多时间，而克服这种倾向则需要更长的时间。面对政府为法西斯组织争取工人的企图，党支持群众自己提出的抵制这些组织的口号。党领导了这场抵制运动。但是后来，当尽管有抵制运动，法西斯分子和企业主仍成功地在企业中迫使较大部分工人加入了统一工会时，我们把抵制的口号与在法西斯组织中开展工作的任务结合起来了。共产党人在与社会民主党工人的统一战线中，为保卫和重建工人组织，组织抵抗法西斯组织所开展的工作，使法西斯主义无法利用工人运动的组织传统来为自己的目的服务。正是党所组织的这些抵抗活动和保卫工人组织的斗争，决定了2月之后群众对党产生了很大的好感，党也赢得了大部分社会民主党工人群众的信任。由此也一劳永逸地粉碎了改良主义者所谓共产党人是工人运动的分裂者的论据。

更何况，共产党还成了无产阶级统一的旗手。在2月之后，它体现了工人的意志，即主张防止一切分散行为，克服分裂，在更高的水平上和革命的基础上重建工人运动的统一。在这方面，党重视社会民主党工人的感受，他们多年来对本党政策的正确性、对自己从前走过的道路的正确性坚信不疑，而如今却经历了巨大的失望。尽管这些工人不自觉地已经很长时间不再是社会民主党人了，但是他们过去是作为社会民主党人而斗争的。在批评社会民主党的政策方面，我们不作任何妥协，由此我们就为社会民主党工人和干部在他们的过去和他们转向共产党之间建立了某种连续性。我们延续了奥利地工人运动最优秀的斗争传统和组织传统，树立了在共产党内继续发扬这些斗争传统的思想意识。这样一来，我们就成功地激发了数以百计从前的社会民主党工人及其整个组织的积极性。他们虽然还不是共产党人，但是已经在为发展工人组织的斗争和反对法西斯主义的斗争效力了。在这段时间，我们还学会了用简单易懂的工人语言同社会民主党工人讲话，从而使他们更容易接近共产党。季米特洛夫同志在他的报告中谈到了无党派的布尔什维克。同志们，这种无党派的布尔什维克今天在奥地利大量存在。党在建立统一战线上的成就，很大程度上要归功于他们。其中首先包括工人自卫队员，他们在二月斗争中就已经确信，为实现目标必须走布尔什维克的道路。（掌声）

在奥地利，工会统一问题对于发展统一战线起着特殊的作用。我们的经验证明，工会统一问题不能脱离总的统一战线政策。长期以来，我们为了实现统一而一再提出的所有建议都没有奏效。但是在二月斗争的周年纪念日，共产党人、革命社会党人和工人自卫队之间的联合统一战线，却能够在维也纳的许多企业里组织群众集会和短时间的罢工，这对于工会统一的进一步发展具有决定性的意义。由阿姆斯特丹工会国际任命的、二月斗争之后自视为工会的当然代表的七人委员会拒绝参加这次统一战线行动，因此变得更加孤立了。这也最终迫使它准备宣布与我们为了重建自由工会而倡议成立的中央委员会建立工会统一。

一些同志担心我们在工会统一问题上对阿姆斯特丹工会国际作出过

多的让步。他们认为，我们让阿姆斯特丹工会国际在领导层发挥了太多的影响。我认为这种担心是不正确的。我们不是把工会统一视为一道简单的算术题，而是首先从如下的视角出发：工会统一是否有助于我们扩大地下工会的群众基础，工会统一是否会给整个运动以新的推动，并由此提高在企业中反对法西斯主义的斗争能力。

目前党和统一战线的一个最大的弱点在于，我们迄今只能小范围地在企业中组织反对法西斯主义进攻、争取满足工人日常要求的斗争。因此，我们现在是把使企业中的自由工会成为工人争取切身利益的真正的斗争中心视为自己最重要的任务；我们认为，实现工会统一将使我们向前迈进一大步。只有这样，我们才能扩大工会的群众基础。如果我们成功地做到了这一点——这主要取决于在工会中开展工作的共产党人——那么我们就不必害怕改良主义分子可能会巩固他们在工会中的影响力了。不过，实现自由工会的统一也向党明确提出了在法西斯主义的统一工会中开展工作的问题。

对于奥地利法西斯主义来说，统一工会是其所谓的工人政策的弱点之一。不过根据它自己的报告，它已成功地将25万工人纳入了这些工会。这并不意味着他们也在意识形态上争取到了这些工人。不过很明显，我们必须在这些工会中开展工作，而且能够卓有成效地开展工作。这样就产生了如下问题：我们应当满足于利用这些工会，以达到最终瓦解和消灭它们的目的吗？我认为，我们可以更进一步，不仅要提出选举干部的要求，而且在某些情况下，也要提出使这些统一工会摆脱政府和企业主的束缚以及对它们的依赖的要求。我认为，根据奥地利的具体条件，这种可能性是存在的。如果政府将其宣布的事情付诸实施，企图解散这些工会，那么我们就号召工人维护他们的组织统一，这样一来，我们就能使统一工会的基层组织同自由工会联合起来。

奥地利统一战线的决定性的、最重要的问题是与革命社会党人的关系问题。这同时也是合并为一个革命的群众性政党的问题。2月之后的特殊条件导致行动统一问题从一开始就与组织联合问题紧密地联系在一起。革命社会党人承认统一战线的必要性，但实际上在实行统一战线时，其领导层部分受改良主义分子影响、部分受托洛茨基分子影响发生的动摇，也在他们身上表现出来。一部分革命社会党人反对统一战线的思潮，直到1935年2月才被有效地击退。此时不仅在基层组织中，而且也在中央的统一战线委员会中，形成了一种同志式的关系，甚至产生了友好的合作。1935年2月之后，当革命社会党人的领导层开始对已经统一的工人自卫队发起进攻并发起仇视共产国际和苏联的运动时，这一切都改变了。由于这一次动摇，革命社会党人不仅给整个运动，而且首先是给自身造成了损害。

我们不清楚他们转变态度的所有原因，但我们认为，他们是害怕我们把统一战线仅仅当做夺取他们的成员的借口，并且想并吞他们。他们本该相信相反的情况。我们中央委员会的上一次全会曾正确地指出，当革命社会党人巩固了与我们的统一战线时，他们就会取得最大的成就；当他们放松了与我们的统一战线时，他们就会遭受挫折。我们并不想夺取革命社会党人的成员，我们关心的是通过统一战线增强工人阶级的斗争力量，为组织上的合并做好准备。

今天我们可以说，奥地利的统一战线是不可动摇的。革命社会党人的成员和干部绝大多数都支持统一战线。群众的统一意愿必将扫除一切胆敢严重损害统一战线的人。

但是，我们把今天这种形式的统一战线仅仅看做通向组织统一道路上的一个阶段。我们要着重强调季米特洛夫同志的这句话：我们反对阶级敌人的斗争需要统一的政治领导、统一的革命政党。奥地利的政治局势要求革命社会党人和共产党人联合起来，而奥地利的政治条件也有助于这种联合。大约一年以前，奥托·鲍威尔宣布了统一口号："为新海恩费尔德"。那时浮现在他眼前的还是老社会民主党的重建。他当时玩弄组织统一的口号,并确信共产党人将拒绝这一口号。他的期望是,二月斗争之后成为共产党人的原社会民主党工人能够再次从共产党分裂出去。党是怎么回应的呢?在社会党人讨论口号"新海恩费尔德"的一次会议(奥托·鲍威尔出席了这次会议)上,一位共产党人以党的名义宣布道:"我们准备同革命社会党人在马克思列宁主义基本原则的基础上联合为一个革命政党。"自那时以来,奥托·鲍威尔和革命社会党人就不再提"新海恩费尔德"了。自那时以来,他们放弃了这个口号。

我们仍继续主张在马克思列宁主义的基础上实现组织上的联合。季米特洛夫同志在他的讲话中说明了实现这样的联合的条件。革命社会党人能对此提出什么顾虑,什么异议呢?他们承认不妥协的阶级斗争,他们承认无产阶级专政,他们承认革命的马克思主义。他们为什么反对联合成一个革命的群众性政党呢,尽管奥地利工人强烈地要求统一,尽管奥地利工人追求统一的想法比世界上任何地方都更有活力?

他们担心扯断与老社会民主党干部的联系,这些人现在仍部分地持有改良主义思想。我认为,革命的统一政党将会把一切与工人阶级保持联系的、有能力并且愿意从经验中学习的原社会民主党人争取过来。只有那些不打算放弃与资产阶级搞阶级合作的想法的人,才会不走统一的道路。革命社会党人也不会关心把这些分子吸收进革命的群众性党。

革命社会党人宣称,与共产党人联合将扯断与西方国家工人关系的纽带。历史的发展驳斥了这种说法。当革命社会党人谈到西方国家工人时,他们首先是指法国和英国的工人。奥地利的联合难道会使法国工人反感吗?恰恰相反,我们确信,法国的工人、共产党人和社会党人将会热烈欢迎奥地利共产党人和革命社会党人的联合。他们自己也在追求统一,因而会从奥地利工人的联合中看到榜样。有人认为英国工人会对奥地利的联合不理解,这种看法正确吗?这也是不正确的。英国工人中无疑还有许多改良主义幻想在作祟，但是英国工人也不会无声无息地错过世界无产阶级的革命化进程。而加快这种革命化也稍稍取决于奥地利革命社会党人。

然而，当革命社会党人谈到西方国家工人时，他们指的是第二国际。不过他们拥护第二国际不是像我们拥护第三国际这样，怀着自豪和喜悦。他们宣称，只是由于第二国际符合自己的目的才隶属于它的。但是这个国际是什么呢？这个国际是不同政党的一个松散的、正在瓦解的混杂物，它没有表现出任何统一的意志。在这个国际中，关于工人阶级的道路的两种观点的对立越来越尖锐。依靠苏联的第三国际越来越成为一切反法西斯力量的中心，成为反对法西斯主义和帝国主义战争的群众斗争的组织者。第二国际越来越清楚地显现出自己的软弱无力，显现出没有能力为工人和人民群众指明道路和目标。在这样的情况下，为了一个组织的幻觉而隶属于这个国际，怎么会是符合自己目的的呢？如果革命社会党人死抱着腐朽的第二国际的话，他们就会延误必要的净化过程。如果他们加快这一过程并进行联合，他们就会为国际工人运动作出重大贡献。

革命社会党人对联合还有一种反对意见。他们的一些干部断言，第三国际的各国党接受苏联的指令，接受苏联外交政策的指令。同志们，鉴于本次代表大会所取得的成果，大概已经没有必要回应这种说法了。难道今天还有必要指出，伟大的工农国家的利益与国际无产阶级的利益是一致的，苏联社会主义建设的伟大榜样及其和平政策是世界各国无产阶级革命斗争的最强有力的杠杆吗？同志们，我认为在季米特洛夫同志作了报告之后，在我们这次代表大会作了说明之后，这种反对意见必定会自行消失的。

现在，同志们，**谈谈奥托·鲍威尔**吧。奥托·鲍威尔最近无疑在某些问题上接近共产主义的立场了。在苏联繁荣发展的影响下，在法国统一战线的影响下，在奥地利发生的事件的影响下，他承认了无产阶级专政，尽管还没有承认它的经过历史考验的形式——苏维埃。他承认苏联的历史性胜利和社会主义性质，承认苏联在捍卫世界和平的斗争中的领导作用。他是统一战线的拥护者。我们要严肃地对待奥托·鲍威尔的这些表白。但是正因为如此我们要问：当他恰好在这方面谈论苏联和共产国际"向右转"时，他想表达什么意思呢？他这是想说我们转向了改良主义的立场吗？在这次代表大会之后，社会党工人很快就会看到这种转变是怎么一回事。共产国际正在转向广大工人群众，转向本身正在革命化的社会民主党工人，转向准备为反对法西斯主义和帝国主义战争而斗争的各个劳动者阶层。（掌声）

共产党人在决定性事件的前夜朝着群众作出这种转变，是为了给群众以力量，能够应付这些事件并保证无产阶级革命取得胜利。奥托·鲍威尔过于谨慎了，所以看不到这一点。如果他也能从自己的表白中得出教训，如果他不落后于群众、不脱离群众，而是帮助群众更快地走上正确的道路，那么他本来是能加速工人阶级的革命化和联合的进程的。

我们希望奥地利革命社会党人也会走上我们的代表大会向工人指明的道路。但是，许多事情都取决于他们走上这条道路的速度有多快，态度有多坚定。我们党将竭尽全力使他们确信，除了在共产国际的旗帜下联合起来的道路之外，他们不可能有别的出路。我们将竭尽全力使他们更容易走上这条道路。（掌声）

同志们，我们党的主要弱点是，我们还不能突破无产阶级统一战线的框架，把心怀不满的小资产阶级中间阶层和劳动农民也吸收进反法西斯主义的斗争阵线。我们向我们的法国党所取得的成绩致敬，它通过自己的人民阵线政策为各国党树立了榜样。我们认为，必须把我们法国同志的经验也用于法西斯独裁国家。但是，我在这里看到了某种危险：一些同志可能认为，我们现在只需简单地以其各种美好前景来号召结成人民阵线，他们从中看到了成功的钥匙。

我们切不可忘记，法国的人民阵线是在无产阶级统一战线的强大压力下才实现的。这首先向我们证明了无产阶级统一战线对中间阶层和劳动农民能产生多么大的吸引力。这正好驳斥了改良主义者所宣称的与共产党人的统一战线使小资产者和中间等级反感的说法。我们也切不可忘记，法国之所以能实现人民阵线，恰恰是因为无产阶级统一战线也成了农民和中间阶层切身利益的代表，恰恰是因为，正如多列士同志在这里的精彩发言中所说的，法国共产党人成了捍卫各劳动者阶层的切身利益的辩护士。

我们必须坦率地承认，我们长期以来低估了奥地利纳粹运动的重要性，我们疏忽了及时反对纳粹的蛊惑，开展争取农民和小资产者群众的斗争。

我们迄今为止没有拿出必要的精力系统地处理农民问题。只有当我们在农民最基本的要求方面支持他们时，只有当我们去领导这场斗争时，我们才能赢得他们的信任，才能把他们从纳粹的手中夺回。农民和小资产者阶层广大群众一定会把共产党人视为他们的经济利益的坚定捍卫者，同时也视为反对法西斯主义的灾难性政策、保卫他们的生命和安全的唯一坚定的捍卫者，视为反对法西斯的战争计划、保卫和平的唯一坚定的捍卫者。只有这样，我们才能与农民和城市小资产者的广大阶层结成联盟。我们必须向他们证明，争取和平的斗争与争取工人和劳动者自由权利的斗争是一致的，只有自由的人民才能保卫和平。因此，我们必须参加农民和中间阶层目前所处的所有组织，必须在所有这些组织中充当劳动者自由意愿和和平意愿的先锋。

在奥地利，农民和小资产者阶层广大群众反对黑绿法西斯主义的统治。不过他们中的大部分人现在还寄希望于国家社会主义。保安团法西斯主义以反对希特勒法西斯主义保卫奥地利的名义，依靠血腥的暴力镇压劳动者一切追求自由的努力。奥地利法西斯主义这样做只是在给纳粹帮忙，使他们得以进行蛊惑，利用广大人民群众对现行制度的憎恶为希特勒法西斯主义的事业服务。

因此，奥地利的纳粹也能提出人民阵线的口号。他们现在正在奥地利鼓吹对恢复旧宪政举行一次全民公投。为什么德国法西斯主义在奥地利的代理人竟变成了争取全民公投和自由权利的斗士了呢？

纳粹的人民阵线要把劳动者从黑绿法西斯主义引向棕色法西斯主义。要利用人民的自由意愿来建立纳粹法西斯主义的统治以取代保安团的统治。他们提出的重建宪政的口号是对全体人民的自由意愿的肆意滥用，是为了将其引向希特勒的奴役，是为了把奥地利人民拖入帝国主义的战线，是为了使奥地利与国家社会主义一体化。奥地利纳粹的人民阵线就是战争的阵线。

奥地利的劳动者需要什么样的阵线呢？共产党的任务是组织什么样的人民阵线呢？奥地利劳动者的斗争首先是争取自由的斗争。这场斗争同时也是一场维护受到法西斯主义威胁的和平的斗争。谁对奥地利的和平威胁最大呢？是觊觎奥地利的德国希特勒法西斯主义。但是，奥地利法西斯主义也通过镇压劳动人民，压制了能独力抵抗德国战争贩子的进攻保卫奥地利和平的力量，所以它也是对和平的一个威胁。通过提出哈布斯堡问题，奥地利法西斯主义不仅在奥地利助长了纳粹的鼓动，而且还削弱了支持奥地利反对希特勒帝国主义的欧洲和平阵线的力量。

奥托·鲍威尔曾一度在奥地利工人中鼓吹一种幻想，说有可能同从前的大德意志派和乡村联盟盟员——现在他们大部分变成了纳粹——结成联盟去推翻政府。现在他已经改变了立场，因为他可能断定，这样的幻想无异于给纳粹帮忙。在奥地利，反对法西斯主义争取自由的阵线，无论什么时候都绝对不可能通过与奥地利纳粹欺骗人民的人民阵线的某种合作、某种妥协建立起来。奥地利人民的和平与自由阵线，必须最坚决地反对国家社会主义及其在奥地利保安团法西斯主义阵营中的马前卒。

奥地利无产阶级的统一战线，还必须通过主动投身于争取劳动者的自由权利、反对保安团法西斯主义和反对哈布斯堡危险的斗争，承担起争取目前倾向于国家社会主义的劳动者，防止纳粹以蛊惑手段装扮成与奥地利法西斯主义对立的人民自由的斗士的任务。

联合更多的人民群众反对战争和法西斯主义，其首要的前提和基础是巩固无产阶级统一战线，是通过自由工会动员那些袖手旁观的社会民主党工人。我们所追求的与革命社会党人的联合，将使统一的革命群众性政党成为奥地利的一切不满、一切反抗、一切自由意愿的强大的力量中心，将显著地提高工人阶级对各个人民阶层的吸引力。另一个前提是我们同时还要打入法西斯工会，打入一切基督教的工人组织和农民组织。这些组织，尤其是农民联盟，是奥地利形式上的民主制的最后残余。农民联盟目前正在激烈地抵抗保安团的极权企图和纳粹的渗透。在这场抵抗中，基督教的农民领袖们经常使用民主的空话。我们正是要由此着手：我们必须通过在农民联盟及其他基督教组织中开展出色的群众工作，把抵抗保安团和抵抗纳粹提升为反对法西斯主义的斗争。只有通过在这些组织中开展这样出色的群众工作，我们才能为更多的人民阶层反对保安团法西斯主义和希特勒法西斯主义的共同斗争创造前提条件。

今天，我们已经使基督教工人组织和农民组织注意到了保安团的一种越来越强烈的倾向：要么消灭这些组织，要么把这些组织置于保安团的领导之下。保安团正处于希特勒法西斯主义的强大压力之下。保安团的首领目前还是意大利帝国主义在奥地利的支持者，但是保安团的大部分成员和下层领导人现在已公然同情希特勒法西斯主义。这样一来，保安团和教会的政府就越来越没有能力认真地反对希特勒法西斯主义、捍卫奥地利的独立了。极权的保安团体制将会加剧与希特勒法西斯主义一体化的危险。在这一发展进程中，无产阶级统一战线可以争取一切反对保安团法西斯主义的极权企图的力量、一切反对使奥地利与希特勒法西斯主义一体化的力量，作为工人阶级在争取自由、和平与独立的斗争中的盟友。在这一基础上，奥地利也能形成一个人民阵线。

在这种情况下，奥地利反法西斯人民阵线将成为自由与和平阵线，成为反对希特勒法西斯主义及其在奥地利法西斯主义阵营中的马前卒、维护奥地利和平与独立的捍卫者。建立广泛的和平阵线是奥地利特殊的人民阵线政策。

同志们! 奥地利的整个局势瞬息万变。我们党可能很快就要面临重大抉择，可能很快就会陷入各种它必须果断采取行动、果断向前推进的处境。从这种认识出发，我们必须使党能够胜任其更加重大的历史义务和责任，胜任其更加繁重的任务。然而我们必须同时看到，党在思想上的成长没有跟上其政治影响力扩大的步伐，从而可能出现严重的危险。因此，我们要采取一切措施使每一个党员都能把最强的原则坚定性和策略灵活性结合起来，把最清晰的政治鉴别力和最高的政治行动主动性结合起来。我们党已经成长起来。它正在成为最广大人民群众的代表。因此，每一个共产党人都充分认识并体现党的作用，我们党以光荣的苏联共产党的经验和马克思列宁主义的理论与实践武装自己，是十分必要的。奥地利的政治危机如何发展，将取决于我们，取决于我们的干部的远见、成熟和内在力量。斯大林同志的这句话也适用于资本主义国家：干部决定一切。我们的干部以最强的献身精神忘我地工作，但是鉴于奥地利的复杂局势，鉴于迅速成熟的政治抉择，他们必须比以往更多地用知识、用布尔什维主义的政治坚定性来充实自己。党必须尽快地培养和造就新干部，以便全面地深入群众，以便到所有群众组织中开展工作并领导它们。

我们党在1934年2月之后承担起了对整个奥地利工人阶级的责

任。这种责任意识是我们党取得成绩的前提。但是我们并未满足于这些成绩。拿这些成绩与我们的任务相比,我们必须承认:并非一切正常。我们还有很严重的弱点,我们必须竭尽全力迅速克服这些弱点。今天我们不仅肩负着对奥地利工人阶级的责任,而且还肩负着对欧洲和平的很大一部分责任。带着这种责任意识,我们向第七次代表大会承诺:我们将竭尽全力在奥地利前线击退阶级敌人,使奥地利变成一个自由与和平的堡垒。我们将竭尽全力不仅取得新的成绩,而且还要赢得胜利。(掌声)

第二十六次会议

(1935 年 8 月 8 日)

继续讨论季米特洛夫的报告

8月8日晚间会议的主席是**拉塞尔达**同志(巴西)。第一位发言人讲话。

戈尔基奇(南斯拉夫):

季米特洛夫同志的报告是一个历史性的事件,它回答并说明了国际运动的一系列重大问题,其中也包括我国革命运动的重大问题。

南斯拉夫当前的形势对共产国际各个支部的意义在于,南斯拉夫法西斯主义统治形式的瓦解比其他法西斯独裁国家更为剧烈,以及革命危机的前提条件正在迅速成熟。

南斯拉夫法西斯独裁的危机首先表现在法西斯军事独裁企图的彻底失败,占统治地位的拥护君主制的大塞尔维亚资产阶级的地位得到了加强。大塞尔维亚资产阶级阵营中的分歧急剧尖锐化。通过群众基础自下而上地建立赤裸裸的法西斯独裁的企图又一次遭到了彻底失败。法西斯独裁政党瓦解了,法西斯军事独裁被迫偏离了**极权主义**原则;目前他们甚至被迫放弃了再次尝试建立法西斯政党的企图。法西斯主义的方法激化了国内的各种基本矛盾,特别是民族矛盾尤为尖锐。

法西斯军事独裁把经济危机的全部负担转嫁到工人阶级、劳动农民和被压迫人民的广大阶层肩上。有保障的工人，其平均日工资从1930年的26.56第纳尔降到了1935年的21.16第纳尔。平均月工资1934年与1930年相比下降了27.7%。尽管出现了某种程度的工业复苏，但是失业并没有减少。除了50万在企业中工作的有保障的工人以外，在南斯拉夫还有50多万失业者，他们几乎得不到任何救济。在南斯拉夫没有失业保险。

由于已持续十年之久的农业危机，农民的处境变得极其恶劣。根据诺沃萨德商会的报告，农民每摩尔根耕地每年遭受的损失，种小麦是248第纳尔，种玉米是181第纳尔。全部收成的价值从1928年的151.37亿降到了1934年的87亿。在1928年到1935年期间，国民收入减少了50%，而同一时期的税负只减少了6.4%。

所以，法西斯军事独裁使人民群众陷入了最深重的苦难，这必将导致最广大的劳动人民群众，尤其是各被压迫民族开展抵抗斗争。

群众变得更积极了。农民走进了城市，参加工人的斗争和罢工，支持工人。农民，特别是克罗地亚和达尔马提亚的农民，越来越多地抛弃了"冷静观望"的立场，变成了反对大塞尔维亚独裁的斗争行动的积极参与者。尽管还有许多农民的斗争行动是自行爆发的，并且是由农民运动和民族解放运动的激进首领领导的，但是群众已经越来越多地走上了我们党倡导的道路。

群众的斗争和冲击还没有战胜法西斯主义。但是它阻碍了独裁的巩固，迫使它作出让步，实际上消除了资产阶级的法西斯统治形式。

这些开启了某些安全阀的措施与让步，追求的目标是维护大塞尔维亚的霸权和君主制的基础，建立一道防止群众继续革命化的堤坝。

南斯拉夫是一个多民族国家。从建国的第一天起，南斯拉夫的主要政治问题就是民族问题，首先是克罗地亚问题。因此，各被压迫民族，尤其是克罗地亚人民的斗争，对法西斯主义危机的发展具有重大的意义。

我们党必须使最广大劳动群众牢记反对大塞尔维亚压迫者和剥削者的 17 年斗争的历史教训。主要教训在于，大塞尔维亚资产阶级迄今为止总是成功地将其对手各个击破。1920 年，工人阶级遭到了打击，他们的革命组织被迫转入了地下。那时候，共产党还没有认识到民族解放运动和农民运动的革命性质。1925 年，克罗地亚共和派的民族解放运动瓦解了。那时候，拉迪奇的党的领导层在某种程度向左转（参加农民国际）之后，没有与工人阶级结盟，而是转向与大塞尔维亚资产阶级达成协议。拉迪齐的党的这一妥协政策没有改善克罗地亚人民的处境，没有减轻民族压迫，反而最终使拉迪奇和克罗地亚农民党的其他领袖在贝尔格莱德议会遇害，并导致宣布公开的法西斯军事独裁。我们党必须按照季米特洛夫同志的报告，批判性地总结自己反对法西斯军事独裁 7 年斗争的得失。我们要与党内长期存在的宗派主义观点彻底决裂，这些宗派主义观点阻碍了我们党与群众运动建立联系，阻碍了我们党走上反对法西斯主义和大塞尔维亚资产阶级霸权的人民斗争的康庄大道，阻碍了我们党为无产阶级争取在这一斗争中的领导地位。

尽管我们党早在 1925 年就已经在纲领中对民族问题采取了正确的立场，但是必须承认，党实际上直到最近都未能克服对民族解放运动的内在潜力的低估。因此，直到 1935 年，民族解放运动与农民运动中的绝大部分行动都是在没有我们党参与的情况下进行的。

我们必须彻底消除党的实践中的下列错误：
1. 没有认识到向群众学习的必要性。
2. 未能从受民族压迫的群众的日常要求出发。
3. 低估农民群众和受民族压迫的群众中的分化过程。
4. 致力于建立狭隘的宗派主义的民族革命团体，等等。

最近，各被压迫民族尤其是克罗地亚族的最广大群众，确信共产党支持他们的民族要求和他们的斗争，确信他们在工人阶级中有最忠实的盟友。这是我们党取得的一个重大成就。

我们不善于通过一系列局部斗争把群众引向革命立场，1929年我们以武装起义的错误口号作为行动口号，就清楚地表明了这一点。在法西斯军事独裁上台的时刻，党不是调整自己的队伍，使自己适应新的斗争条件，而是信赖群众的自发性，提出武装起义的口号作为行动口号，这样一来，它就超前于形势的发展，使自己越来越脱离群众。

共产党人不善于在困难的情况下与工人群众建立联系，1929—1931年拒绝在改良主义工会和其他群众组织中开展工作，局限于建立孤立的地下小工会组织，都表明了这一点。这是与低估开展合法的和半合法的工作的可能性相联系的；这种低估直到今天还在阻碍党与工人阶级和劳动群众的广大阶层建立牢固的联系。

低估法西斯主义玩弄阴谋诡计的能力，也是这种错误态度的一种。因此，我们党不善于利用法西斯主义的各种阴谋来动员群众进行反法西斯斗争。例如，在1933年的农村乡镇选举中，尽管当时存在着通过积极参加选举从而利用选举为反法西斯斗争服务的可能性，但是党却提出了积极抵制选举的口号。

这一切都是宗派主义的表现形式。在当前这个阶段，宗派主义流毒甚远，是贯彻我们党所面临的任务的最大障碍。只有彻底克服这种宗派主义，我们党才能战胜季米特洛夫同志谈到的那些右倾错误，才能随着反法西斯运动的高涨成长壮大。

直到不久前，在我们党内还根本没有使用过统一战线策略。统一战线实际上是在大多数罢工中实现的，而它与其说是我们的各个组织有意推动的结果，不如说是基层群众自发追求的结果。

妨碍广泛运用这一策略的主要障碍如下：

1. 低估改良主义领袖的影响和改良主义组织的重要性。

2. 错误地认为这一策略对我国的意义不像对其他国家那样大，因为在我们这里，有组织的工人只占很小的比重。这种错误观点没有考虑到，正是实行共同行动对无组织的、暂时还未参与斗争的工人产生了强有力的影响。

3. 错误地反对无产阶级建立统一战线的任务和建立反法西斯人民阵线的任务。

恰恰是实现工人阶级的行动统一有助于执行无产阶级的任务，即争取无产阶级在民族解放运动和农民运动中的领导权。只有在工人阶级行动统一的基础上，我们才能建立和巩固反法西斯人民阵线。

除了这些障碍之外，运用统一战线策略还受到我们所犯的一系列错误的阻碍，其中最严重的错误是：

1. 在倡议建立统一战线方面行动迟缓。

2. 高层的谈判活动缺乏基层工作的配合。

3. 没有在企业、工会等组织中建立统一战线的基层常设机关。

4. 未能充分利用我们在改良主义工会中的地位争取实现统一战线。

5. 局限于提出一般的统一战线建议，而不是根据各个不同场合的迫切要求提出统一战线建议。

6. 在今年的工厂委员会主任选举中，疏忽了在所有选举点提出统一战线名单。

7. 在工会中没有对那些在萨拉热窝工会代表大会上对统一战线采取敌对态度的改良主义领袖开展严肃的斗争。

8. 在工会方面实现行动统一的尝试有时不是公开进行，而是采取与改良主义领袖秘密谈判的方式，既不在群众中做相应的准备工作，也不公布这些谈判的过程和结果。

南斯拉夫红色工会被禁止后，它的绝大部分成员加入了改良主义工会。然而，这并不意味着在南斯拉夫争取工会联合的斗争就不再具有现实意义了。争取工会**完全统一**的斗争必须继续进行下去，因为改良主义领袖中最反动的首领开除了个别的反对派分子乃至整个团体和支部；因为除了决定性的改良主义工会组织之外，还有 7 个不隶属于改良主义工会中央的重要的工会联盟和工会；因为在克罗地亚，民族改良主义分子企图重建克罗地亚工人的单独的工会组织。

工人们怀着极大的兴趣密切关注法国及其他国家统一战线的前进步伐。我们成功地在工人中，尤其是在改良主义组织的成员中，开展了有利于统一战线的大规模运动。统一的愿望是如此强烈，以致改良主义领袖们已经不再敢公开地以文字和语言宣布他们反对统一战线了。现在，工人的这些意见已经转化为了积极的力量，在我们的斗争中实际上已经实现了统一战线。

在建立反法西斯人民阵线方面，我们党也取得了一些成就。党已经懂得在争取赦免政治犯的斗争中在青年和学生中开展统一的反法西斯群众行动。在我们党的推动下，达尔马提亚、黑山、克罗地亚和斯洛文尼亚举行了工人和农民共同参加的群众示威游行。斯洛文尼亚工人体育联盟"自由"的一次集会（有 12000 人参加），变成了一场声势浩大的反法西斯示威活动。

在南斯拉夫，目前除了斯托亚迪诺维奇领导的政府集团之外，还有一个不久前被迫让出国家领导权的顽固的赤裸裸的极端法西斯组织，这个组织是南斯拉夫 1 月 6 日政权的最令人憎恨的承担者。与这个阵营相对立的，是暂时还处于分裂状态的**两支**反法西斯力量。一支是在共产党的推动和领导下形成的反法西斯人民运动，另一支是克罗地亚农民党和所有其余的反对党、塞尔维亚农村联盟和塞尔维亚各个资产阶级反对党的阵营。马切克的这个阵营需要与工人阶级和共产党结成公开的斗争同盟。只有这些联合起来的力量才能战胜法西斯主义。在党反对各种使工人运动做民族解放运动的尾巴的倾向时，党必须把反法西斯运动的这两个部分联合起来，使其融合为一个整体。共产党人的任务是设法使共产党领导的工人阶级不受其天然盟友即农民和被压迫民族的强大运动的排挤。在这个阵营中也有大塞尔维亚霸权的拥护者以及克罗地亚的法西斯分子，而且这个阵营的领导人是动摇的民族改良主义分子，我们切不可把这种情况看做妨碍建立统一的反法西斯人民阵线的不可逾越的障碍。共产党人的任务是参加这一运动，以便在这个运动内部开展工作，建立工人阶级、农民阶级和被压迫民族的同盟，争取实现无产阶级的领导作用。

如果无产阶级不能成功地促成反法西斯统一战线运动，那么南斯拉夫正在兴起的反对法西斯主义的斗争就会半途而废，就无法取得对大塞尔维亚法西斯主义的彻底胜利。

我们面临的重大任务是，在省一级建立领导反法西斯运动的专门机关。我们必须建立这样的机关，无论我们争取与农民党、民族改良主义政党和组织的领导人达成谅解的一切可能的尝试结果如何。这些机关对于统一领导群众的反法西斯斗争是必要的。

政治危机的加速成熟向我们党，向所有共产党人提出了重大的任务。我们南斯拉夫党必须考虑到，随着反法西斯人民运动的进一步发展，在一定的情况下**提出反法西斯人民阵线政府的口号**作为行动口号。

一个这样的政府必须立即采取一系列满足工人、农民和一切被压迫民族的直接经济和政治要求的措施，并采取一系列突破资产阶级民主制框框的激进措施。共产党人将支持这样的政府并积极参与它的建立。共产党人宣布，他们甚至将支持马切克政府，**只要**它实现用这么多反法西斯战士的鲜血书写在反法西斯人民运动旗帜上的那些人民群众的措施和要求。

我们认识到自己的弱点和不足，但是我们同样坚信，南斯拉夫共产

党在共产国际执委会的领导下，一定能够胜任它在今天的形势下所面临的任务。（掌声）

柯拉罗夫（保加利亚）：

（受到热烈掌声的欢迎）

没有什么比资本主义的腐朽，比千百万小农生产者的大规模破产和贫困化，比他们对企图将经济危机和农业危机的所有负担转嫁到劳动者肩上的统治阶级的无比愤慨，更能表明资本主义社会基础的动摇了。

危机使各国农民所遭受的一切形式的剥削、掠夺和奴役加重了，使无产阶级革命的农民后备军的千百万群众投入了运动。对诸如红军队伍中的中国农民保卫苏维埃政权的英勇斗争、印度的大规模农民起义，拉丁美洲种植园中的工人和农民的革命罢工和武装行动、欧洲农业国和日本的农民的大规模骚乱和起义这样的事件，人们无论怎么评价都不高。对于资本主义的总危机而言，极具代表性的情况是，在最繁荣和最先进的资本主义国家，比如美国和法国，也有千百万农场主和农民带着自己的要求走上街头，反对资产阶级法制和资产阶级秩序，使国家机器暂时陷入瘫痪。

在许多还存在着封建主义残余的国家，农民直接感兴趣的是推翻地主政权。但是在资产阶级革命使农民摆脱了封建依附性的地方，新剥削阶级取代了旧剥削阶级，农民落入了大银行、托拉斯和卡特尔的魔爪之中。农民十分坚决地反对这些新剥削者，因此，他们客观上支持无产阶级反对资本主义的斗争。

在从前的资产阶级民主革命中，农民充当了资产阶级的盟友和后备军。近年来农民运动的经验，鲜明地向共产党人提出了一项极为重要的任务，这就是为了贫苦的和饥饿的、不满的和抗议的、叛逆的和暴动的农民，为了让他们转变为无产阶级的积极盟友而斗争。反对法西斯主义和资本主义斗争的成果、无产阶级革命的加速，都在很大程度上取决于这项任务的解决。

尽管我们的各个支部已经在理论上克服了从第二国际时期继承下来的对农民的低估和半敌视态度，尽管它们已经开始做发动农民的实际工作，为平原地区制定了行动纲领并发布了农民的口号，但是他们做这些事时总是过于迟缓。甚至在那些最先进的共产国际支部中，在农民中的群众工作都仍然是其最薄弱之处。

我们必须公开承认，近几年的农民群众运动，绝大多数都具有自发性质，而且大都处于敌对的法西斯分子的影响之下。

尽管法西斯主义是农民劳动的最凶恶的剥削者和掠夺者的工具，但是在许多国家中，它在农民反对使自己陷入破产和饿死境地的统治阶级的反抗和起义浪潮中，仍然占据了优势，成为一支巨大的政治力量。不过我坚信，通过共产党人在农村更好地开展布尔什维主义的工作，就一定能够挫败法西斯主义对农民的渗透，从而有效地阻止其上台。

然而，有些人却认为法西斯主义在农村取得闪电般的成就是完全合乎规律的现象。他们传播这样的"理论"，即所谓法西斯主义体现了小资产阶级特别是农民的利益和愿望。因此，他们不认为农民追随法西斯分子有什么奇怪和反常。

但是，下此断言的恰恰是法西斯分子自己。当他们进行卑鄙无耻的蛊惑时，总是把自己说成"劳动人民"的特别是农民的党或运动，并且以他们的名义出现。法西斯主义关于农民核心的理论，第一时间就在共产党人队伍中得到了某些人的赞同，而这是一个极其有害的、反革命的、法西斯主义的理论，实际上导致对工农联盟的否定和破坏。它将无产阶级与其最大的盟友隔绝开来，以此为无产阶级革命的失败做好了准备。

季米特洛夫同志已经极为清晰而详尽地刻画了法西斯主义的社会内

涵的特征，即金融资本最反动、最沙文主义和最帝国主义的成分的公开的恐怖独裁。

法西斯主义是最凶残和最肆无忌惮地剥削劳动农民的工具，是最野蛮地奴役和压迫劳动农民的工具。

由于小农经济的无助，以及劳动农民群众的分散和受到恐吓，法西斯分子在农村比较容易取得成功。

考虑到农民对私有制的依恋，德国的法西斯分子信口开河地向农民许诺将无偿地分配土地。

希特勒上台之后当然没有给少地和无地的农民分配土地，而且他也不想这样做。尽管如此，土地问题仍然被法西斯分子用做蛊惑的话题。现在这个问题已经成了沙文主义用以反对苏联的挑唆工具。希特勒同波兰的和日本的帝国主义者一样，宣称瓜分苏联和占领中国将会满足农民对土地的渴求，企图以这样的诺言和希望来麻痹农民。

西班牙的法西斯分子也不甘落后。

鉴于即将来临的土地革命，他们"揭露"从前的资产阶级和社会党人联盟的土地改革的失败，并根据他们的"农业社会学说"，承诺给农民土地和工作。

法西斯分子也不吝于向农业工人许下一切可能的诺言。法西斯分子以各种方式使农业工人产生幻想，好像法西斯政权会改善他们的处境，给他们土地似的。法西斯分子甚至厚着脸皮，多次"领导"雇工罢工。

同志们，无论法西斯的蛊惑如何诱骗和迷惑农民，如果社会民主党没有以其同资产阶级合作、破坏无产阶级同农民合作的政策，以其分裂无产阶级的政策削弱无产阶级的影响力，没有为法西斯主义铺平道路的话，法西斯的蛊惑是不可能把农民拉到资本巨头和大地主那边去的。

许多国家的农民落入了法西斯蛊惑的魔爪，对此社会民主党负有重大责任。

事实上，有社会民主党参加的德国的和奥地利的大联合政府，既没有解决土地问题，也没有打碎地主凌驾于农民之上的权力。在德国，国家把从前的王公贵族被没收的财产又还给了他们，对此德国社会民主党负有责任。西班牙大联合政府的农业改革被严重缩减，最终遭到失败，没有解决任何农民的生活问题，没有触动整个封建的、天主教的中世纪糟粕，对此西班牙社会党人负有责任。在农民面前，德国社会民主党要对大资本和地主把经济危机的负担转嫁到劳动者肩上的各种措施负责，尤其要对大规模拍卖不偿付税款和债务的农民的家产负责，要对血腥镇压反抗的农民负责。

改良主义的领袖有计划地压制农业工人通过罢工争取提高其难以糊口的工资的一切努力。社会民主党提出的危机时期罢工斗争不可能和无意义的理论，导致早在希特勒上台之前，农业工人群众就已经离开改良主义工会，转入了钢盔团和纳粹党等组织。

我们在谈论社会民主党顽固地推行分裂工人阶级的破坏性政策时，对于这一政策在法西斯主义占领农村过程中发挥的巨大作用强调得还不够。

由于法西斯分子用各种手段使农民相信**法西斯上台是不可避免的**，所以社会民主党分裂政策的影响就更加具有破坏性。法西斯政权是必然出现的和不可避免的这种幻想，正是法西斯分子对农民施加影响的最强有力的手段之一。据说他们将取得政权，如果不是今天那就是明天；他们将信守自己的诺言；他们将帮助自己的朋友，而他们的敌人将会在他们面前颤抖。

这种精神恐吓的手段曾在德国、奥地利等国运用过，我们看到，它现在也被运用于法国和其他国家。法国法西斯主义的领袖德拉罗克和巴伊不厌其烦地保证他们很快就会取得政权。

法西斯主义察觉到工农联盟的威胁。1917年俄国十月革命的教训向一小撮金融巨头证明，如果无产阶级成功地把劳动农民拉到自己一边，资产阶级的统治就完蛋了。因此，世界各国的金融资本都不遗余力地阻碍工农联盟的形成。由于这个联盟中较弱的成员是农民，所以法西斯主义就竭尽全力争夺农民，拼命把他们拉到自己一边。

法西斯主义在农村取得的成功，正如我们在德国的例子中所看到的那样，是无产阶级失败的一个阶段，必将成为共产党人在平原地区加强群众工作的障碍。

如果我们研究农业危机的前景，那么我们就会得出结论，在可预见的时间内，不能指望劳动农民的处境有任何值得一提的、能明显减少农民的不满情绪的改善。进一步说，特别是与疯狂的战争准备和军备竞赛相关联，劳动农民除了破产、贫困和奴役之外，没有任何可期待的。

资本主义国家的劳动农民眼前有两个革命范例：一个是俄国在无产阶级领导下的**真正的工农革命**，它**把全部土地无偿地转交给农民，把他们从一切交租义务和一切镇压之下解放出来，为农民开辟了走向幸福、走向自由文明生活的道路**；另一个是德国法西斯分子虚假的、骗人的"革命"，它把劳动农民置于地主和资本家的无限权力之下，剥夺了农民的一切民主自由，使他们陷入破产、贫困和饥饿，遭受肉体上的堕落和野蛮。与德国法西斯"拯救"农民的可耻失败相对照的是苏联集体经济制度的伟大胜利。我们要充分利用苏联工人和农民在社会主义建设一切战线上的胜利的革命性影响，要以此为例来揭露法西斯的"社会主义"的虚假面目。

各国共产党低估了法西斯分子在农民中尤其是在青年农民中进行的军国主义和沙文主义煽动的危险。大多数国家都忽视了在农村开展反对军国主义的工作。农民很少被吸收参加反战的代表大会。因此，农村中特别是农村妇女和青年中的反战工作，是一项很值得去做的工作。

但是，光是揭露法西斯的骗局是不够的。**无产阶级只有真正帮助正**

在斗争的农民，才能把农民争取到自己一边。

在农民为争取自身利益而斗争问题上，共产党人必须彻底消除自己队伍中的宗派主义的动摇和保留态度。

我们必须以自我批评的精神公开承认，宗派主义的残余阻碍了各国共产党及时了解农民的疾苦，在劳动农民争取满足自身迫切的日常需要的斗争中与他们接近。这些宗派主义残余迄今仍在阻碍着许多国家的党在农村开展真正布尔什维主义的群众工作。

当因危机而破产的农民提出延期偿付债务和税款、降低租金、低息贷款等要求时，共产党人出于教条主义的考虑，把此类要求视为机会主义，不支持农民的斗争。在耽误了很长时间之后，他们才采取了正确的立场。

尤其是，各国共产党对于是否应该支持正在迅猛发展的、反对农产品价格暴跌的大规模农民运动，动摇了很长时间。我们必须以自我批评的精神承认，各国共产党既没有预见到会在美国，也没有预见到会在法国、波兰或者其他任何一个国家发生这场运动。它们犹豫不决，被强大的农民运动拖着走。因此，它们错过了与劳动农民建立紧密联系、阻断法西斯主义蛊惑对农民的影响的最有利的时机。

共产党人一直不是在任何场合都确信，农民的斗争是反对那些贱价收购农民辛苦劳动的产品以便在国内市场上以垄断高价出售的托拉斯和投机商，这场斗争的矛头是反对垄断资本、反对无产阶级穷凶极恶的敌人、反对法西斯恐怖独裁的发起者和组织者，因此共产党人必须全力支持这场斗争，积极推动、组织和领导这场斗争。

共产党人在农民中开展群众工作和在农村发动反法西斯斗争的一个障碍是农民的部分要求。宗派主义导致共产党人常常对现实的农民运动视而不见，对它持蔑视的态度，从而使农民成为法西斯主义蛊惑的牺牲品。他们不明白，在布尔什维主义的领导下，农民即便是为满足温和的要求而开展的斗争也具有革命的意义。他们经常忘记列宁的话：巩固无产阶级领导权的唯一途径是通过坚持不懈的工作、通过实际的帮助和牺牲，在实践中赢得劳动农民的信任和同情。

争取农民加入具有重大的决定性意义的反法西斯人民阵线的工作，暂时还严重滞后，之所以如此，正是由于对农民的部分要求采取了错误的态度。而这项工作是法国共产党人建立反对法西斯主义和战争的强大的人民阵线时的最敏感之处，甚至可以说是一项了不起的工作。只有在提出和维护农民最基本、最迫切的经济和政治要求的基础上，才有可能在农村建立反法西斯统一战线。这里所说的是这样一些要求，只有争取满足这些要求，我们才能使绝大多数受剥削、受压迫的贫困的农村居民群众联合起来。如果共产党人不想脱离群众，那么他们在不放弃推广农业集体化、苏维埃政权和其他类似口号的同时，必须放弃以自己的主张作为反对法西斯主义的战斗口号。

在部分要求的基础上，有时会跳过一些中间阶段，如果提出的"部分要求"不符合农民斗争准备的成熟程度，如果在既定的环境中它们不是使农民联合起来而是使他们分裂，那么动员农民群众就会因此而变得困难。鉴于革命的先锋队脱离农民群众就会受惩罚，我们必须提防"左"倾。关键是要找到这样的口号，使得在既定环境中的农民愿意为实现这个口号而斗争。统一战线策略要求共产党密切关注农村发生的一切变化，看清敌人的一切阴谋诡计，注意农民的情绪和斗争准备方面的一切变化。

在农村的反法西斯主义斗争中，我们必须仔细地辨别农民中谁是法西斯主义的支持者。

可惜在这方面存在着极其有害的糊涂认识。长期以来，许多国家的共产党把本国的农民群众组织看做法西斯的或法西斯化了的组织，说它们是法西斯主义在农村的社会支柱，并由此得出一切政治上和策略上的结论。

然而，我们不能把像波兰人民党、捷克农民党、罗马尼亚农民党、拉迪奇的农民党、保加利亚农民同盟等等这样的农民群众组织称做法西斯主义的。从历史上看，它们往往是在农民反对地主和民族压迫的长期斗争中形成的。许多农民群众组织具有革命的传统，而所有这些组织都同最广大的农村居民阶层保持着紧密的联系。尽管它们的富农领袖为银行和托拉斯服务，是法西斯主义的代理人，但是按其社会成分，这些组织不可能无保留地为垄断大资本的利益服务。同样，它们也不适合充当反对农民群众的恐怖工具。

只要这些农民组织深深地扎根于群众，那么如果不对它们采取正确的态度，无论是对法西斯主义进行的严肃斗争，还是开展有力的工作把农民争取到无产阶级一边，都是不可能的。

由于这些组织被说成是法西斯主义的，所以共产党人不愿意在这些组织中工作，而且实际上共产党人也确实没有在这些组织中做什么工作。然而，农民把"瓦解"农民组织的口号理解为共产党人敌视农民的表现，这又引起了共产党人的反感，从而使农民更坚定地依靠他们的组织。

保加利亚共产党为我们提供了这种对农民群众组织的宗派主义态度的危害性的最鲜明的例子。这个例子告诉我们，我们不该怎样建立统一战线以及**不该怎样同法西斯主义斗争**。

在保加利亚共产党领导层中，公开的宗派主义分子曾一度占上风，他们把**农民同盟**——其领导人曾参加被 1934 年 5 月 15 日的法西斯军事政变推翻的人民联盟的政府——的群众组织视为法西斯主义的主要支持者和金融资本的法西斯独裁的主要支柱。在这方面，他们把农民同盟与社会民主党相提并论。因此，他们集中党和群众的主要火力反对这两个组织，认为反对真正的法西斯组织的斗争只具有从属的、次要的意义，从而事实上瓦解了群众自发形成的反对面临的法西斯危险的统一战线。共产党领导层的这种态度，方便了法西斯组织进行颠覆活动和建立公开的法西斯军事独裁。同时，这种态度也导致领导层脱离群众。党的宗派主义的领导层证实自己无法克服把整个资产阶级阵营、一切资产阶级的和小资产阶级的党派，都当做法西斯主义的混为一谈的左倾平均主义。

他们不以对现实阶级力量的具体分析为基础，企图给农村发展硬套上某种抽象而狭隘的公式：一方面说无非是法西斯主义的统治，另一方面说革命进程不断走向成熟，即将爆发革命。

虽然党的领导层口头上承认建立反法西斯统一战线的必要性，但是他们既不从德国发生的事情中，也不从法国共产党的经验中吸取相应的教训。季米特洛夫同志在莱比锡审判案中为运用统一战线策略作出了典范，而他们却以宗派主义的态度低估这一典范的意义。

在党的领导层重组之后，党已经在正确运用统一战线策略方面迈出了**第一步**。以一个争取满足工农迫切的经济和政治要求，其中也包括满足民主自由的要求的纲领为基础，我们与农民同盟缔结了一份统一战线协议。社会民主党原则上也对统一战线表示赞成。城市和农村的劳动青年团体之间也缔结了统一战线协议。自5月1日以来，许多集会是在统一战线的旗号下举行的。

一系列事实证明，工农统一战线在群众中受到广泛欢迎，共同斗争增强了群众的热情和斗志。

反法西斯统一战线受到群众广泛欢迎，他们自发组建了人民阵线委员会，这些事例表明，法西斯独裁的社会基础是多么的狭小啊！实际上，在不到一年时间里，三个独裁政府相继下台，其中的每一个政府都曾拥有无限的权力。没有任何一个政府能为公开的法西斯独裁奠定稳固的基础。建立大规模经济垄断的计划遭到失败。按照等级制原则重组国家的企图也落空了。托舍夫政府面临着制订新宪法的任务。

与此同时，法西斯阵营中的分裂加深了。曾于 1934 年发动政变的军官团中的一部分人，提出了建立共和国的纲领。

老的资产阶级政党虽然承认，为了准备战争和防止革命运动，必须建立一个强大的政权，但是它们仍然支持资产阶级民主的残余。

保加利亚共产党同意以反法西斯人民阵线的共同名单参加大选，而且如果由人民阵线各政党组成的政府实行它的纲领，它就支持这个政府。

反法西斯人民阵线的前途如何，它能取得何种成就，这些完全取决于共产党是否以及在多大程度上，能与城市和农村的其他工人和劳动者组织，首先是与保加利亚最大的群众组织农民同盟保持紧密联系和行动统一。如果这些组织的领导人准备与资产阶级政党结成联盟，那么保加利亚共产党就只能依靠农民同盟的群众来巩固反法西斯人民阵线。而这需要完全彻底地克服一切宗派主义的曲解。

对农民的群众性政党和农民同盟的宗派主义态度，实际上在其他一些国家的共产党内也还没有被克服，例如罗马尼亚共产党。我们不能说，波兰共产党、捷克斯洛伐克共产党、西班牙共产党和其他一些共产党对这些国家的农民群众组织执行正确的路线已经是有保障的了。在一切存在着农民的群众团体和政党的国家中，如果共产党的领导层不坚定地坚持正确的态度，都会有重犯保加利亚的错误的危险，并且会同样遭受重创。

为了卓有成效地开展反对法西斯主义的斗争，必须实事求是地对待农民以及仍受到农民信任的农民组织和领导人。在农村开展反对法西斯主义和战争的斗争，要求共产党人与那种把一切非共产主义的党派和组织同法西斯主义混为一谈的宗派主义态度坚决决裂，并在为农民自己提出的那些最迫切的经济和政治要求而斗争的纲领的基础上，坚定地争取与农村中一切农民的群众性政党、团体和组织缔结反法西斯人民阵线协

议。(掌声)

布埃诺（古巴）：

组织反帝国主义的人民统一战线是具有决定性意义的。低估这一任务或在执行这一任务时有最微小的不足，都会给我们党造成灾难性的后果，并会导致党脱离群众。

这方面最好的例子是古巴。由于没有及时地提出这个任务作为古巴革命的主要问题，由于我们没有果断地实行策略转变，导致帝国主义的追随者取得了暂时的胜利，使他们能给予古巴革命一系列沉重的打击。去年举行拉丁美洲共产党代表会议之后，古巴共产党开始运用新的策略。

今年2月，我们向民族革命组织"古巴青年"的领导人吉特拉斯提出了一些建议，我们在这些建议中所提的某些条件妨碍了统一战线的建立。不过，这些错误在同我们的代表的最初谈判中就得到了纠正。

这些最初的谈判尚未导致统一战线的建立，在此期间，今年3月爆发了声势浩大的总罢工，这是群众对门迭塔－巴蒂斯塔－卡费里残暴反动独裁不断增长的仇恨的有力爆发。无论是在总罢工的准备期间，还是在罢工进行期间，党都为建立作为反帝人民阵线第一阶段的统一战线而倾尽全力。

部分是由于我们的缺点，而在更大程度上是由于一部分改良主义领袖的态度，当时未能实现统一战线；在没有提出一个明确的目标的情况下，人民群众被动员投入一场大规模的行动，分散在各个派别中的70万人参加了这次行动。这次罢工导致群众遭受惨重失败，使他们感受到极为野蛮的恐怖，甚至连古巴最恶劣最无耻的马查多暴政时期都无法与之相比。

我们党从这场惨烈的斗争中吸取了教训，但是它还不善于向群众解释他们暂时遭受局部失败的主要原因，尤其是它还不明白，在这次罢工后出现的新形势下，建立统一战线已经刻不容缓了。

在此期间，党走上了最终清除党内宗派主义残余的道路，并且已经懂得，为了正确执行这个如此重要的任务，它还有一些弱点必须克服。

当门迭塔-巴蒂斯塔政府宣布，将选举时间定在12月的时候，我们取得了最大的成功。这种在残暴的恐怖统治和缺乏基本民主权利的情况下举行的选举，是对群众赤裸裸的欺骗，是对古巴人民渴望自由的嘲弄，是对民主的嘲弄。为了准备选举，我们积极联系一切反帝国主义的政党，向它们提议采取共同的选举策略。我们建议它们参加组建统一战线并推举共同的候选人。

为了商讨这些建议，我们与6个最重要的党派——它们已经联合为反帝国主义斗争的共同阵营——的代表们举行了一次预备协商。在巴蒂斯塔及其帮凶的命令下关闭的国立大学的学生代表也应邀参加了协商。在会议上做出了以下几项非常重要的决议：

"1. 会议认为，为确定对选举的共同态度，组建统一战线是必要的和不可避免的。

2. 我们承诺，在遵守本党纪律的前提下尽一切力所能及的努力，使上述立场被本党中央委员会采纳。

3. 一周之后再召开一次会议，就这些问题作出最终决定。"

这些建议给了我们一个争取建立统一战线的有力工具。它们将有助于动员"长枪党"的追随者和吉特拉斯的追随者群众广泛支持我们的统一战线建议，而且今天已经在发挥作用了。其结果是，其他政党领导层中的某些人现在也和我们一起为统一战线和行动统一的思想而斗争了。

在目前形势下，通过讨论建立为实现上述要求而斗争的反帝人民阵线问题，作为大规模群众斗争发展结果的反帝人民政府问题也被提上了议程。

殖民地和半殖民地的反帝人民阵线问题，不仅不能脱离与建立**无产阶级的统一**，使无产阶级在一个工会组织内联合起来的任务之间的联系，反而必须与这一任务紧密地结合在一起。尤其是改良主义者不太愿意与地下工会结成统一战线。但是，如果共产党人善于在群众中开展工作，特别是善于明确地向群众提出他们的问题的话，那么这并不是什么无法克服的障碍。

现在我要指出一些非常重要的问题，这些问题关系到反帝人民阵线乃至党的整个任务。首先我想指出，必须使最广大青年群众与统一的反帝运动保持牢固的联系，并在反对帝国主义、法西斯主义和战争的斗争中建立青年自身的统一。虽然我们正在帮助古巴共青团与青年组织结成统一战线，但是我认为，我们必须更加突出地强调本次代表大会在建立青年的这种行动统一方面所得出的教训，这种行动统一必须包括一切非法西斯青年组织。可以说，为在古巴建立一个包括所有大学生在内的学生统一联合会，我们已经迈出了第一步，这是在整个青年团结方面的一大进步，必将终结青年分属于各个不同组织的局面。

古巴还存在着建立一个广泛的青年民族体育和教育组织的问题，其途径是把追求这一目的的众多青年组织统一起来。

黑人在古巴是被压迫的族群。由于这个族群构成了人民中受帝国主义剥削和压迫最重、受古巴法西斯反动分子暴徒迫害最深的部分，所以**黑人**问题在这场斗争中具有头等重要的意义。我们党必须与这些组织结成统一战线，而且是要通过提出确定其经济、社会和政治权利的，明确的、具体的和有说服力的要求来与它们结成统一战线。在这方面，党必须利用在统一战线基础上成立的保卫黑人权利委员会的（正面的和反面的）经验。

至于本次代表大会突出强调的**妇女工作**的意义，我们必须说，由于妇女积极参与国家的政治生活和革命的发展进程，由于妇女在古巴第一次获得了选举权，所以妇女工作在我国具有特别的意义。吸收真正的妇女先锋队和其他妇女组织参加统一战线，投入反对帝国主义、法西斯主义和战争的斗争，是我们最重要的任务之一，我们必须把它作为我们关注的重点。

古巴是一个小国，但是它的局势受到千百万拉丁美洲被剥削群众的关注，他们将古巴革命视为本国革命。我们为整个大洲的群众的革命化作出了贡献。

我们党将善于组建反帝人民阵线，团结全体人民反对帝国主义的压迫和剥削，保卫受奴役的家园。

第二十七次会议

(1935年8月9日)

继续讨论季米特洛夫的报告

8月9日上午的会议由**多列士**同志(法国)主持。他请发言人讲话。

拉姆西(阿拉伯国家):

我们的最终目标是社会主义。但是,在领导群众直接为社会主义而斗争之前,我们还必须成功地走过其他几个阶段。目前我们正处于斗争的第一阶段,即反对国际帝国主义这一各阿拉伯民族最为憎恨的主要敌人的斗争阶段。

这个强大的敌人日益加重它的压迫。为了战胜它,我们必须运用正确的策略。

群众必定会根据自己的经验确信,我们是他们哪怕最微不足道的民族和经济利益的代表。各个被压迫的居民阶层必定会看到、感到和认识到,我们共产党人是人民最优秀的儿女。我们必须帮助工人阶级在阿拉伯国家的民族解放运动中掌握领导权。

叙利亚数千名工人的罢工斗争、埃及铁路工人的街垒战、巴勒斯坦石油工人的罢工等等,向最广大的阿拉伯群众证明,反对帝国主义的斗争是能够取得成果的，阿拉伯无产阶级有能力掌握民族革命和土地革命的领导权。如果无产阶级在这场日益高涨的运动中没有掌握领导权，那么这无非是证明，我们在执行这一任务时没有支持我们的阶级，我们没有发挥我们的领导作用。

我们必须每天都积极地、实际地为组织阿拉伯的无产阶级、加强他们的工会组织而工作，以此巩固和扩大我们共产党在广大工人群众中的基础。我们的工会运动必须不仅是最先进工人的运动，而且是最广大群众甚至包括工人阶级中最落后阶层的运动。

我们必须找到能动员广大农民群众支持反帝斗争的具体组织形式和斗争方式。

土地革命是阿拉伯国家即将来临的资产阶级民主革命的轴心。但无可争辩的是，对外国奴役及其代理人的民族仇恨使阿拉伯农民将其反抗主要集中在反对帝国主义的统治上。一些同志忘记了这一基本事实，沉溺于一种托洛茨基式的悲观思想，只是根据农民对没收土地这一口号的态度来判断农民中发生革命的可能性有多大。

阿拉伯国家的共产党通过与这种有害的理论进行坚决斗争，必将找到无产阶级和这些群众共同开展反对帝国主义及其代理人的斗争的联合形式。

对民族革命人士、知识分子和城市小资产者采取正确的态度具有极其重要的意义。阿拉伯国家共产党的任务就在于把这些阶层置于自己的影响之下。

我们必须帮助这些人士，使他们组织起来，同时必须用一切方法与他们的恐怖或政变倾向作斗争。之所以必须使他们组织起来，是因为分散有助于将这些群众置于资产阶级的影响之下。

一些同志认为，民族改良主义已经变成了一种纯粹的帝国主义伎俩，资产阶级的发展意味着向帝国主义彻底投降。这种看法是错误的。

共产党人必须支持民族改良主义提出的反帝国主义的要求，推动争取实现和扩展这些要求的人民运动。

由此可见，阿拉伯国家的共产党必须考虑甚至同民族改良主义资产阶级的各个党派达成谅解和采取联合行动的可能性，因为这些党派对群众还有很大的影响。

当然，我们也必须准备好应对民族改良主义资产阶级可能在与帝国主义达成某种谅解的基础上掌握政权。

如果发生这样的情况，我们也必须考虑到，民族资产阶级和帝国主义之间的矛盾将会持续下去。此外，我们必须动员最广大的群众，要求民族资产阶级的政府兑现自己的承诺。

总计超过6000万人口的阿拉伯国家被人为地划分成了12个以上受帝国主义者统治的国家。它们是伊拉克、叙利亚、巴勒斯坦、外约旦、埃及、的黎波里、阿尔及尔、突尼斯、摩洛哥等。尽管如此，这些国家还是由于民族的纽带，共同的传统、语言和历史发展，以及它们的地理位置而紧密地联系在一起。

季米特洛夫同志说，无产阶级统一战线必须成为人民阵线的基础。这也就是说，共产党是统一战线的推动力和灵魂。

阿拉伯国家的共产党面临的任务是：把工人阶级组织成一支有战斗力的大军，使其能在即将到来的革命会战中领导一切被压迫者。对于阿拉伯国家的共产党来说，最重要的任务之一就是在组织上、政治上和思想上健全和加强我们的队伍。目前我们在叙利亚已经成功地彻底清除了沙文主义的错误倾向（"高等种族"），尤其是犹太复国主义的错误倾向。

巴勒斯坦在这方面也有所进步。

我们信赖这12个阿拉伯国家的千百万工人的革命力量，信赖作为这些群众的先锋队的阿拉伯无产阶级的力量，信赖它在民族解放斗争中的领导权。

克勒（捷克斯洛伐克）：

（掌声欢迎）

我在这里只想谈谈捷克斯洛伐克反对希特勒法西斯主义的斗争问题。

鉴于家乡阵线在群众中的影响很大，首先提个问题：为什么家乡阵线对广大群众有这么大的吸引力呢？

首先是**民族问题**。德国国家社会主义者在民族解放者这个骗人的假面具下，利用民族问题为其掠夺性战争目的服务。

16年来，苏台德的德意志劳动者受到捷克资产阶级的民族压迫。广大人民群众陷入可怕的贫困。工业萧条，失业者人数是该国捷克部分的3倍，在许多地区人们遭受饥饿的煎熬。德意志居民的民族权利不断被剥夺，群众的民族感情被捷克当权者无数次伤害。16年的民族压迫为今天法西斯主义的滋生创造了条件。

"苏台德德意志家乡阵线"联合捷克压迫者中一切反对德国工人阶级的反动分子，通过肆无忌惮的民族主义煽动，利用群众对压迫者的强烈愤慨为其法西斯主义目的服务。它在人民群众中广泛开展反对捷克人和要求与第三帝国合并的宣传鼓动。

"苏台德德意志家乡阵线"用来动员广大群众的另一个问题，是肆无忌惮的**社会煽动**。他们的宣传员用热烈的言辞向群众解释说，你们所遭受的一切苦难和奴役，应该由那些旧政党，尤其是主张阶级斗争和马克思主义的政党承担罪责。与此同时，他们向人民的各个阶层许诺，将会从根本上改善他们的境况。

如果一切反法西斯的、进步的民主力量联合起来的话，"苏台德德意志家乡阵线"的社会煽动和民族煽动原本决不可能产生这样大的影响。然而，社会民主党领袖的政策阻碍了这种联合，他们拒绝了我们提出的关于统一反法西斯力量的所有建议；农民联盟和基督教社会联盟领袖的政策也阻碍了这种联合，他们不顾自己的支持者群众的意愿，与家乡阵线搞秘密交易。

我们最大的错误是，在反对法西斯主义的家乡阵线的斗争中，对群众的民族情感和社会法西斯主义的煽动没有给予充分的重视，并且由于受宗派主义的阻碍，没有用我们争取社会解放和民族解放的现实斗争来反对亨莱因的沙文主义和社会蛊惑。因此，我们也就无法团结广大农民群众和城市中产阶层，在我们领导下建立一个广泛的人民阵线。

现在，在"苏台德德意志家乡阵线"在大选中取得重大胜利，从而使捷克斯洛伐克德语区的形势明显地变得十分严峻的情况下，社会民主党的领袖们宣称，亨莱因的党不可能危害人民群众，它的社会煽动和民族煽动必将失败，家乡阵线本身必将破产，因为亨莱因由于不是占统治地位的资产阶级的代表，所以他大选获胜后未能像希特勒那样接管国家政权，因为他在目前的外交政策环境下也很难被捷克资产阶级拉入政府。对此种言论，季米特洛夫同志向全世界无产阶级发出了警告。这是对法西斯主义危险的不可原谅的低估，是对法西斯主义持消极态度的理论，正如德国社会民主党领导人目前实际上所推行的那样。不管是有意还是无意，这实际上是在为法西斯主义帮忙。

法西斯主义不会自行破产，它只会被反法西斯主义的斗争斗破产，即被消灭。

苏台德德意志资产阶级的法西斯群众运动，无论在内政还是外交方面，都极其严重地威胁着人民群众的切身利益，威胁着民主、自由、和平，也威胁着苏联。一定要设法不让法西斯主义的苏台德德意志资产阶级战胜人民群众，而让人民群众战胜法西斯主义的资产阶级。只有当广大群众结成一个强大的人民阵线，开展反对战争和法西斯主义、争取自身的社会解放和民族解放的斗争时，这样的胜利才有可能。

我们已经在实践中向人民群众指明了，谁是民族压迫者，谁是出自德国人阵营而与这些压迫者勾结在一起的人，谁是德国人民群众社会的和民族的切身利益的捍卫者。

压迫苏台德地区德意志人民的是捷克的资本家，而不是捷克的劳动人民。捷克劳动人民在共产党人、在哥特瓦尔德同志的领导下，是我们的压迫者的敌人，是德意志人民群众真正的、最真诚的朋友。在哥特瓦尔德的领导下，我们与捷克劳动人民一起，为反对捷克当权者、争取德意志人民的民族权利和自由而斗争。我们与捷克劳动人民共同斗争，争取立即救助饥饿的失业者；争取在德语区通过大规模投资和失业救济工程，通过在国有企业和私营企业中按民族分配比例雇用德意志工人、职员和公职人员来创造就业岗位；争取便宜的生活资料；争取对简直处于绝望境地的德意志青年实行特别救助。我们与捷克劳动人民共同斗争，争取实现德意志农民和小工商业者的要求；支持德意志人的教育事业，反对反动的语言法；反对民族歧视，争取苏台德德意志人的自决权。

许多在上次大选时还投票支持"苏台德德意志家乡阵线"的人，现在已经和我们共同斗争了，因为他们认为我们的斗争是正确的，并对只会对他们说民族主义的空话却对反对民族压迫无所作为的亨莱因感到愤慨。

我们共产党人是为德意志人民争取自由的先锋战士。正因为我们是国际主义者，所以我们反对压迫任何一个民族。我们希望我们的苏台德德意志故乡走向幸福和社会主义的富裕生活。在捍卫全体苏台德德意志人民利益的借口下，亨莱因用苏台德德意志人民做交易。对于亨莱因和资本家们来说，民族利益实际上无非是德意志资本家进行剥削和获取利润的利益。

我们共产党人不用各族人民做交易，也不用苏台德德意志人做交易。因此我们反对捷克资产阶级的民族压迫。但是，我们同样也坚决反对法西斯分子为了资本家的利润把我们出卖给第三帝国。我们坚决反对与第三帝国合并，这种合并意味着更加深重的社会和政治奴役与战争。我们将用一切手段反对把劳动人民拖入战争，反对把我们的苏台德德意志故乡变成战场。这种被罪恶的法西斯冒险家煽动起来的战争，将把德意志人民引向比上一个凡尔赛和约更糟糕的又一个凡尔赛和约。我们不想要新的凡尔赛和约，因此我们要用一切手段反对战争犯罪，防止希特勒法西斯分子和亨莱因法西斯分子把人民群众引入这场战争。

我们捷克斯洛伐克共产党人感到自己同德国的德意志人民是休戚相关的。但是，我们从内心深处憎恨伟大的德国人民中的那些堕落者、破坏者和刽子手，憎恨那些毁灭伟大的德意志文明的人，憎恨那些使德国人民与一切爱好和平的国家尤其是与伟大的苏维埃国家为敌的暴虐的棕色匪帮。我们热爱歌德、席勒、海涅、马克思和恩格斯的德国并为之感到骄傲！我们与恩斯特·台尔曼的伟大的德国人民，与德国英勇的反法西斯战士保持着深情厚谊。

我们在争取和平的斗争中，尤其集中火力打击亨莱因党内那些促使其反对苏联的和平政策的反动的首恶分子，打击把捷克斯洛伐克拉入希特勒的反苏战争集团的企图。苏联是我们的光辉榜样，它告诉我们，怎样才能消除使苏台德德意志居民困苦不堪的失业现象；怎样使人民群众摆脱赤贫走向繁荣富裕的新生活；怎样使各民族得到解放，自决权得到实现，劳动者不再受剥削。看看伏尔加德意志人的榜样吧。作为苏联唯一的德意志族群，他们在与其他各民族的联盟中保障了自己的民族自由和社会主义的富裕生活。

我们能多快地粉碎亨莱因党的内部一体化计划、沙文主义蛊惑和战争目标，能多快地争取使被法西斯分子吸引的群众投入反法西斯斗争，很大程度上取决于我们能多快地在共和国的德语区实现无产阶级统一战线，能多快地联合苏台德德意志人民中的所有民主进步人士建立反法西斯人民阵线。

特别是在亨莱因取得大选胜利之后，社会民主党工人和青年都渴望建立统一战线。社会民主党工人越来越坚信，他们的党参加政府和用民主来限制法西斯主义，根本无法阻止法西斯的进攻。在反对法西斯主义的斗争中，实际上已经在无数场合以各种不同的方式，因地制宜地实现了统一战线。但是，在日益严峻的形势下，仅仅因地制宜地、局部地实现统一战线是不足以战胜法西斯主义的。统一战线必须在全国范围内自下而上地实现。我们必须达成一个稳固的统一战线协议并实现工会统一。为此我们要协商一致，至少在反法西斯斗争的一些最紧迫的问题上采取共同行动，例如争取立即救助苏台德德意志劳动人民问题，捍卫无产阶级的工会、合作社和其他群众组织问题，对付亨莱因阵线的企业恐怖和集会恐怖问题，反对沙文主义与保卫和平和保卫苏联的斗争问题等。

我们共产党人愿意缔结这样的协议，并再次呼吁社会民主党领袖放弃对无产阶级统一战线和恢复工会统一的抵制。我们向社会民主党工人群众和青年们呼吁，仿效法国的光辉榜样，同共产党人结成反法西斯统一战线。

建立无产阶级统一战线是应对苏台德局势的关键。如果我们，即社会民主党工人和共产党工人采取一致行动反对法西斯主义和捍卫工人的切身利益，那么争取城市中间阶层和贫苦农民群众支持我们的斗争就容易多了，甚至法西斯主义的家乡阵线中的劳动群众也会迅速靠近我们。"农民联盟"中的小农，工商业党派的成员，天主教的劳动群众，憎恶在第三帝国中违心行事的人，文化、社会和其他群众组织中的劳动者，所有持反法西斯主义民主观点的苏台德德意志人，必须同反法西斯的工人联合起来，才能击退法西斯主义的进攻，解决自己的生存问题。

正像在法国已经实现的那样，在苏台德地区也必须实现反对战争和法西斯主义、捍卫群众切身利益的强大的人民阵线。

同捷克劳动人民结成联盟，同英勇的德意志工人阶级结成联盟，我们将在捷克斯洛伐克消灭法西斯主义的家乡阵线，打击挑起新战争的罪魁祸首和国际反动势力的突击队希特勒法西斯主义，争取实现德意志人民的自由！（掌声）

克拉克（加拿大）：

去年，争取建立共产党工人和社会改良主义工人的统一战线的斗争达到了一个新的阶段。在去年风起云涌的罢工运动和失业者运动中，共产党工人和社会改良主义工人已经把统一战线发展成了全加拿大工人运动中最强大的力量。在这种情况下，共产党和农工党的省级领导机关利用各种机会建立联合的统一战线委员会。以此为契机，为实现工会运动的统一采取了最初的决定性步骤。在这一不断高涨的统一战线运动中可以明显地看出，农工党中支持统一战线的广大党员、追随者和许多领导集团，与领导层中的反动集团之间的鸿沟变得越来越宽。

在必要的场合，我们党对本党代表在统一战线运动中的宗派主义行为进行了公开的批评。与此同时，我们党也没有忽视揭发那些反动分子，例如，他们参加了温哥华罢工的统一行动委员会，唯一的目的是扼杀这场斗争，他们在危急关头试图同反动的法西斯帮派一起要求逮捕罢工领袖。这些统一战线的破坏者在工人中遭受了可耻的失败，被迫继续支持罢工运动。

工人统一战线运动的发展，使我们党能够提出为加拿大即将来临的大选在最广泛的基础上建立统一战线的建议。在许多选区都缔结了协议，农工党的加拿大法语区支部率先公开宣布了在竞选运动中和共产党一起为建立统一战线而斗争的形式和方法。

党之所以能够取得这样的成就，是因为它能根据不断发展的形势因地制宜地扩展统一战线。但是我们也看到，在我们党的工作中还存在着严重的弱点和缺陷，必须尽快予以克服。

我们党必须采取坚决措施，加强争取加拿大工会运动统一的斗争。共产党人在改良主义工会和天主教工会中的工作以及革命工会与其他工会之间的关系，必须发生彻底的转变。在争取工会统一的斗争中，我们必须团结农工党的工人和进步领袖开展共同斗争。这些任务对于整个争取统一战线的斗争具有决定性的意义。

党必须清除仍在妨碍共产党的革命工人与追随农工党的广大群众建立统一战线的障碍。

地区的和省级的统一战线协议的体系，必须尽快扩展为一个全国范围的全面的网络。

法西斯主义在加拿大的发展表现在贝内特政府残酷的镇压措施上，表现在宣布共产党非法和现在又宣布失业者组织非法上，表现在政府未经诉讼程序就将某些组织宣布为非法的恣意妄为上，表现在残酷的警察恐怖和大规模逮捕上——仅在前三四周内就逮捕了400人。与此同时，政府还将警察集中化和军事化；议会法案授予联邦和各省当局不受限制的绝对权力；由于省议会和市议会被普遍缩减，以及劳动营中的工人们和其他居民阶层被剥夺了参加选举的权利，所以选举权被严重削弱。市政当局的权力受到限制，在许多情况下甚至被完全剥夺了，尤其是在市政当局由共产党人领导或是在群众的压力下采取符合工人利益的措施的地方。同时，资产阶级的政党制度崩溃了，出现了一个公开的法西斯组织网络，例如公民协会、法西斯同盟、国民党等，与之平行，资产阶级还建立了一些法西斯性质被伪装起来的新的资产阶级群众性政党，例如争取社会信贷党和复兴党等。资产阶级的宣传转向主要宣传强化和集中国家权力，取消政党政治，建立所谓专家部长的政府，用所谓"国民"

政府取代"政党"政府。

为了捍卫民主自由的最后一点残余，为了迫使占统治地位的资产阶级减轻压在工人头上的经济危机的沉重负担，我们党必须号召建立一个全体劳动人民的有组织的长期的统一战线。

在当前形势下，我们必须扩展我们在选举斗争中的统一战线策略。我们必须号召加拿大工人、农民和中间阶层的群众打败政府、自由党和史蒂文斯党的候选人，让拥护为争取和平、防止法西斯主义在加拿大获胜、争取直接改善群众境况而斗争的统一战线的共产党和农工党候选人获得多数票。

我们党的这种真正革命的群众政策，将使已同旧的资本主义政党决裂和受农工党影响的广大群众，能够找到执行统一斗争路线的途径。作为必要的前提，这样一种政策要求在组织和领导群众的日常斗争、警惕会助长群众的改良主义幻想的右倾机会主义错误方面，决定性地加强我们党的独立的领导作用。

我们反对披着伪装的法西斯政党的宣传鼓动，常常仅限于把它们称做法西斯政党，就好像这些政党正在向法西斯政党演变，对于群众来说是不言自明的。

对于加拿大的反法西斯斗争具有决定性意义的是，我们对我们党在农民群众中的工作实行了一个转变。迄今为止，我们党只是轻轻地开了一个头，提出了像延期还债、提高价格、降低运费、旱灾救助等农民们紧迫的现实要求，并发起了争取实现这些要求的广泛的统一战线运动。农民中的革命分子不在大的农民群众组织中开展工作，而在农民统一协会中陷入孤立，这种情况妨碍了我们争取小农和中农群众的斗争。

对于小商人、教师和自由职业者这些最容易受新的资本主义蛊惑影响的人，我们党内仍然存在着一种根深蒂固的宗派主义态度。为了有效地同法西斯主义日益增长的危险作斗争，在这方面必须坚决地实行转变。党必须着手在捍卫城市下层中间等级广大阶层的经济利益方面主动开展工作。

披着伪装的法西斯主义煽动者尤其力图拉拢青年，因此必须首先在我们的青年工作中克服宗派主义。不久前召开了青年代表大会，参加这次大会的有教会、体育和其他青年组织的16万青年的代表。在争取满足青年的经济、文化和社会需要，反对反动势力和战争的斗争中，必须利用这次大会作为真正的加拿大青年群众运动的开端。

我们迄今为止为未来的反法西斯斗争所做的工作的最重要的教训之一，就是为我们党争取合法性的运动。

党必须开展反对宗派主义的斗争，这种宗派主义把维护民主自由的斗争与争取无产阶级革命和苏维埃政权的斗争对立起来。自我们党成立以来，我们对于无产阶级革命和苏维埃政权的宣传就具有严重的宗派主义性质。我们没有充分注意到，不仅在加拿大农民和中间阶层中，而且也在加拿大工人中，绝大多数人都抱有根深蒂固的民主幻想。当前，在反对法西斯主义和加拿大资产阶级的战争计划的斗争中，我们切不可忽视的情况是，15年来的资本主义宣传已经在广大群众的头脑中造成了关于共产主义和苏维埃政权的完全错误的看法，即苏维埃政权就意味着消灭"民主"。

如果我们把最持久地开展捍卫群众的民主自由的斗争同最详细地向群众说明和解释我们的工农政府的口号结合起来，向他们具体地指明，这是摆脱资本主义的饥馑、压迫的出路和避免战争的救星，这样的政府正如列宁所说的，比曾经有过的最民主的资产阶级共和国要民主百万倍①，我们党就能够动员广大群众参加反对法西斯主义的斗争。组织群

---

① 原文是"苏维埃政权比最民主的资产阶级共和国要民主百万倍"。参见《列宁全集》中文第2版第35卷第249页。——编者注

众为捍卫资产阶级民主的最后残余、反对法西斯主义和战争而进行最坚决的斗争，必将帮助我们赢得群众，为争取实现更民主百万倍的、将建设社会主义的工农政府而斗争。（掌声）

罗歇（法国）：

争取广大农民群众的工作是我们运动中的薄弱环节。

为了使我们清楚地认识这个问题的全部重要性，我们必须注意到如下的特殊形势。

尽管相对于战前来说，农业在国民经济中的份额下降了，但它还是占大约27％，而农业人口也仍占总人口的37％。

在法国有数量众多的小中农庄和持有小块土地的小地主。

由于这种由法国大革命造成的小农经济，所以法国农民极为依赖民主传统。

法国农民具有丰富的斗争传统。

最后一个最最重要的因素是，农业的所有部门都遭受了一场长达4年之久的深重危机。农产品价格自危机爆发以来平均下降了60％；农业工人的工资下降了40％—50％。农村的失业现象在增加。与此相反，农民购买的产品，同他们必须承受的各种负担一样，很少或根本没有降价。危机使农民贫困和负债，失望的和走投无路的农民群众被迫进行斗争，寻找一条出路。

在1934—1935年，数十万农民参加了抗议集会和示威游行。

农民的所有阶层都参加了这一极为广泛的运动，其中也包括富农。

不过，尽管运动取得了一些显著的成绩，但是农民群众仍然没有参加人民阵线。

毫无疑问，在农村得到领导着强大的农业组织的大地主支持的法西斯分子，也未能把这些群众争取到自己一边，但是他们已经取得了某些值得我们密切注意的成绩,并开展了积极的行动,企图利用这一强大的农民运动为自己的目的服务。

为了实现这一目标,他们使用了一些煽动性的口号。

我们必须非常认真地研究,我们面临着怎样的处境,我们有哪些缺点,以及我们还需要做什么,因为在农村打败法西斯主义,主要取决于反法西斯人士为捍卫农民群众的直接需要和切身利益而正在开展并将继续开展的行动。

我们党所取得的成绩表明,只要我们实际地组织捍卫农民的直接要求的斗争,我们就能够阻止法西斯主义站稳脚跟,甚至能够打败它。

例如,在科雷兹省和洛特省,在共产党人的积极支持下组织了多次大规模的农民示威游行,取得了取消集市和年市的摊位税等成果,这对于加强党在农民中的影响,可能比几百场演说更有效。

同样,我们还有计划地组织了阻止强制出售的斗争。

在讨论葡萄酒法、谷物法和租约修订法时,我们党和劳动农民中央联合会在议会中和在全国范围内开展斗争;我们的议会党团提出了明确的建议,维护小谷物生产者、中小葡萄农和小农场主的利益。这些斗争和建议在农民群众中获得了广泛的反响。

1934年5月,在巴黎组织了一次全国农民代表大会,参加大会的有将近200名代表,其中大多数是无党派人士。

在组织农业工人斗争方面,南方的各葡萄生产省取得了出色的成绩,那里实现了工会统一,同时还在统一的工会中进行了强有力的宣传工作。总的来说,我们党现在更加具体地提出了农民斗争问题。散发了大量宣传材料(通俗读物、农民传单、海报)。

尽管取得了一些成果,我们在农村的群众工作还不能令人满意,根本无法适应农民群众运动的要求,无法对付地主的恣意妄为。

对农民直接要求的忽视还表现为,我们的农村基层组织大多数并不是真正的农村基层组织,因为它们不是致力于捍卫农民的要求,而是追求一些抽象的"大政策"。我们注意到,许多共产党人缺乏随时随地发现农民的要求并提出行动口号的能力,而只有具备这种能力,才取得受资产阶级领导的农民组织的领导权。毫无疑问,接近群众的唯一正确的办法在于支持农民的要求,即使这些要求是由资产阶级的农业组织提出来的,只要它们符合小农和中农群众的利益并能作为共同斗争的基础,就应当予以支持。

在确定农民的要求方面,我们几乎从不面对葡萄酒销售税的问题,也不考虑种植甜菜、蔬菜和其他特产的农民的问题。我们只是在一些我们已经很有影响的省从省级层面帮助农民提出要求。

在组织农业工人方面,我们除了帮助南方的葡萄工人、中部的伐木工人和布里地区的一些村庄提出要求之外,在其余的农村地区还没有同农业工人群众建立联系,而法国的农业工人大约有30万人。

我们认为,我们必须重视的一个共同的口号是农产品的**价格调整**问题。

这个由所有农业组织发布和采用的口号在法国特别受欢迎。毫无疑问,这个口号得到了为市场生产产品的小农和中农群众的赞同。

大地主和法西斯分子将这一口号用于煽动的目的。他们想利用可以制定与此有关的政府措施的有利条件,为农业资本主义谋求超额利润。

因此,在法国农民运动的现阶段,为了粉碎法西斯分子和地主的阴谋,我们必须参加以这样的口号为基础的农民运动,必须果断地宣布,我们**支持**对农业劳动的产品**重新估价**。我们要宣布,唯一现实的重新估价,一方面要缩小农民购买产品和销售产品之间的价格差,降低农民的负担,另一方面要提高群众的购买力。

在粮食市场上,大磨坊几乎是绝对的主人。大磨坊托拉斯生产的面粉,超过了法国面粉消费总量的四分之一,因而它可以任意抬高和降低价格，从中获取高额的投机利润。

在巴黎及其郊区每天消费的120万升牛奶中，80万升是由一家公司提供的，20万升是来自另一家公司。显然，这两家为了向巴黎消费者销售牛奶而从农民那里收购牛奶的公司，善于协调生产者的费用和消费者的费用。例如，生产者以0.40法郎的价格卖出的牛奶，又以1.20法郎甚至更高的价格卖给消费者。

在食糖生产方面，法国现有的约100家制糖厂都控制在两三个与银行有密切关系的实业家手中，他们既为消费者定价，也为甜菜农定价。

集中化在这里正以极快的速度进行着。

1885年生产的285吨精制白糖来自413家糖厂。

1928年生产的815861吨精制白糖只来自110家糖厂。目前糖厂的数量仅剩102家。

农民作为卖者被偷窃，作为买者仍然被偷窃。偷窃他们的有肥料托拉斯、农业机械厂老板、电力公司和其他资本主义奸商。

至于组织形式，我们犯了一个错误，我们的行动过分局限于建立或加强劳动农民中央联合会的联合组织了。

劳动农民中央联合会是一个农民阶级的工会组织。它受共产党人的影响，因此农民群众将其视为共产党的组织。参加这个组织的有大约9000个农民，而那些大的农业联合会则有200多万会员。

鉴于这种形势，如果我们想联系这几百万农民并把他们争取到我们这边来，我们就不能把最强的力量用在使劳动农民中央联合会的联合组织增加一些成员上，而是必须主要在那些成员为农民的受资产阶级和法西斯分子领导的农业组织中工作。劳动农民中央联合会现有的联合组织的任务，是组织与其他组织和团体的联合斗争。劳动农民中央联合会的追随者和成员必须在其他农民组织中开展工作：总之，他们必须遵循从前的前线士兵革命联盟（ARAC）在做前线士兵工作时所采用的方法。

我们切不可忽视，农民依恋自己的组织，无论这个组织有多糟糕，哪怕是受资产阶级分子和反动分子领导，都是如此。农民依恋自己的组织，是因为它能为农民提供服务和少量物质利益。

除了一般的利益共同体、救济基金和其他的行业组织之外，还有一个完整的农业合作社网络，例如销售合作社（干酪坊、牛奶加工厂等）、为葡萄酒生产和销售服务的葡萄农合作社、仓储和脱粒合作社，等等。

无论就其追随者的数量来说，还是就其经济上、政治上和意识形态上的重要性来说，这些合作社在农村都发挥着巨大的作用。

因此，共产党人绝对有必要在这些资产阶级领导的组织、合作社和联合会中开展工作，以便在那里捍卫农业工人群众、小农和中农群众的利益并赢得他们的信任。

现在，这些农业联合会和农民联合会就是战场，在这个战场上，一方是支持法西斯主义的大地主，另一方是我们所称的反法西斯人士，双方必然相互对立并争夺对农民群众的影响力。法西斯主义的大地主想利用农民的工会组织和行业组织将农民投入法西斯主义的地狱。而我们则希望农民组织致力于捍卫劳动农民的需要和利益。我们为此目的在这些组织中开展工作，哪怕这些组织是受法西斯分子领导的。

当农民已经行动起来，并且意识到需要开展统一的群众行动来争取实现自己的要求时，共产党人必须参与其中，努力使各支农民力量联合起来，为实现农业工人群众以及小农和中农的要求而斗争。为此目的，他们必须努力使各个组织达成协议并着手建立农民的合作和保卫委员会，争取在最广大群众的参与下开展具体行动。

在为了领导争取实现得到详细阐述和农民群众认同的要求的斗争而建立了这样的委员会的地方，只要参加运动的共产党人善于发挥自己通情达理、无私奉献的促进作用，都取得了重大成就并扩大了我们党的影响力。

简而言之，在经济方面，我们必须首先**在农民群众组织中工作，推动建立为实现农民的直接要求而斗争的委员会**。

在政治方面，我们必须动员农民开展反对法西斯主义和维护和平的斗争。由于前面已经提到的原因，法国存在着强大的民主传统，所以我们在这方面大有可为。法国农民对共和制的这种忠诚表现在他们投票支持左翼政党，尤其是支持在农村有很大影响的激进党。

在上一次乡镇选举中出现了明显向左转的趋势，而且这一趋势不仅出现在城镇，也出现在农村。这一事实表明，法国农民是反对法西斯主义的。

他们同样也是拥护和平、憎恶战争的。

在农村有将近1000个为反对战争和法西斯主义而斗争的阿姆斯特丹—普莱耶尔委员会，这一事实表明，我们能够动员农民反对帝国主义战争。

我们的人民阵线政策现在已经打动了激进党人，借助于这一政策，我们能够在农村实现广泛的农民的人民阵线，以这一阵线为基础，捍卫劳动农民的要求和权利，捍卫共和国的自由与和平。

我们党已经采取措施建立这种农民的人民阵线，它应该将农民组织和左派团体都包容在委员会运动中。

农民组织和左派政党必须在一个最低纲领的基础上团结起来，**这个最低纲领使所有那些要求保护农民、捍卫人民的自由与和平的人能够达成一致**。

这个共同纲领在经济方面必须符合农民群众的基本要求，它将完全融入总的人民阵线纲领。

毫无疑问，实现这一农民的人民阵线是我们党在最近这段时间的基本任务之一。

这条工农联盟的道路是在法国战胜法西斯主义和取得无产阶级革命胜利的前提条件。

如果说当前的基本任务是组织农民为实现其直接要求、为争取和平和自由而斗争，那么我们就必须在我们的宣传鼓动中讲清楚，工农政府将给农民带来什么好处。

我们必须说明，共产党人要给农民土地，把农民从资本主义的奴役下解放出来。地主和法西斯分子散布谣言和诽谤，说什么共产党人要没收小私有者的财产，而为了有效地反驳这些谣言和诽谤，我们必须牢记，共产党的主张与列宁和共产国际第二次代表大会的指示完全一致，即不得没收农民及其家庭靠自己劳动赚得的私有财产，小私有者一直持有的或是继承下来的对自己耕种的土地的用益权是受保障的。我们还必须强调，即使是富农，只要他们自己亲身参加劳动，通常情况下也不会没收他们的财产，除非是在例外情况下，如他们反对工人和被剥削者的政权，以及与他们的部分土地相关的例外情况，如这些土地被以小块方式出租给周围的小农，而这小块土地对后者维持生计又是必不可少的。

我们还必须牢记，在对银行、保险基金和其他信用机构实行没收和国有化的情况下，无产阶级政权不会损害不剥削他人劳动的小农和中农对他们的所有存款和储金所享有的权利。

最后，我们必须消除在我们的农村地区广泛流传的针对土地集体化的反苏偏见，我们要向法国农民群众讲解苏联的农民政策和苏维埃农业的成果。

总而言之，这就是我们在农村的基本政治任务，为了粉碎法西斯主义，通过工农联盟夺取法兰西苏维埃共和国的胜利，我们必须完成这些任务。（掌声）

纳吉（匈牙利）：

我想用匈牙利的个例来说明匈牙利法西斯主义的特殊性。匈牙利法西斯主义是作为"民主的"反革命势力，在被扼杀的无产阶级专政的废墟上产生的。这一反革命势力在农村的小资产阶级中间有着相当广泛的群众基础。随着反革命势力的巩固，无产阶级不再被视为直接威胁。因此，匈牙利法西斯主义迄今一直保持着一个特征：**政党制度和政党间的联合**。当时，资产阶级能轻而易举地承受这种奢侈的东西。此外，匈牙利资产阶级是分裂的，比如，存在着哈布斯堡王朝的支持者与所谓正统派的支持者之间的对立，后者包括"自由的国王选民"、霍尔蒂、根伯什等人。

政党制度如果能与法西斯独裁相配合的话，是一个有效的避雷针。匈牙利的经济危机、政治混乱和外交方面的因素，在很大程度上使匈牙利法西斯主义的群众基础发生了动摇和萎缩。

匈牙利的另一个特殊性是保存了社会民主党。社会民主党本来是共产党在无产阶级专政中的联盟伙伴，资产阶级将扼杀无产阶级专政的最大功劳记在了它的名下。因此，这个党得以继续保持合法地位。

因此对于社会民主党来说，合法性受到两方面的限制。一部分社会民主党群众对此非常清楚。相反，领袖们现在仍拒绝我们提出的建立无产阶级统一战线和缔结一份协议的一切建议。目前整肃工会，或者更确切地说，工会一体化成了工作重点，因为这些工会的群众或多或少有些脱离其领袖的影响。

我们必须准确地把握匈牙利的这些特殊性，以便不仅了解匈牙利资产阶级目前的政策，而且还能与之对抗。这是一场为保持群众基础而进行的殊死的斗争。

资产阶级的修正煽动非常强大。匈牙利是战败国，未能成功地阻止资产阶级的这种修正煽动，是我们党的一个弱点。

匈牙利法西斯主义最关注的是农村。

他们试图在国家的支持下，通过煽动性的移民政策，不是实行新的土地改革，而是在农村中培植一个广泛的富农阶层，这个富农阶层将在资产阶级的带领下控制民怨沸腾的农村。

工人阶级面临着自己的群众组织被消灭的危险。同时，法西斯主义还鼓吹所谓的八小时工作日和最低工资，企图使一部分匈牙利工人阶级解除武装，更强烈地抵制阶级组织。

在法西斯主义的土壤中，资产阶级民主的腐朽根须还没有被彻底清除。普遍的秘密的选举权还有很大的吸引力。残缺不全的民主宪法仍然被用作某种武器。

我们党之所以争取普遍的秘密的选举权，不仅是因为它体现了一种民主的进步，而且也因为我们想挫败法西斯的阴谋诡计，使工人和农民在共同斗争中彼此接近。

很明显，我们现在正在迎接匈牙利即将发生的重大事件。匈牙利阶级关系的变化，尤其是革命运动的高涨，是理解这种形势的关键。

匈牙利社会民主党内部的分化比别的国家进行得慢一些，因为无产阶级专政在我们之间划了一条原则性的界限。社会民主党的改良主义群众内部向左转的趋势不会停止，但是当我们共产党人放弃改良主义工会和社会民主党群众的时候，它被延缓了。

不过，只要我们把改良主义工会内部的工作作为我们的主要任务，工会中的社会民主党群众内部向左转的步伐就会大大加快。我们通过这一策略实现了什么目标呢？我们提出"进入工会"的口号，以此作为我们全部工作的中心，而改良主义工会数量上的增加多半是我们的功劳。

在我们所处的特定环境下，我们为争取工会统一而不懈斗争，终于使绝大多数工会重新接纳了所有被开除的工会会员。这种情况要归功于我们党的转变，党在共产国际第六次代表大会至第七次代表大会期间，曾患上了极其严重的疾病，如今它变成了一个健康的、有战斗力的党。在我们的全体党员中，绝大多数都是当选的工会干部和当选的工人代表。

当我们还是一个封闭的宗派组织的时候，很少发生右倾错误。但是，自从我们有了种种地位之后，右倾错误就出现了。有人想保住自己的地位，准备在警察的压力下按照法西斯的合法性要求从事合法的工作。在我们反对法西斯主义的斗争中还有一个障碍，这就是社会民主党领导人和工会领导人的态度。他们不同我们达成协议。但是尽管如此，我们的统一战线运动还是在向前发展。我们在许多组织中能持续地产生影响。但是社会民主党一直拒绝我们。

在我们党内还存在着一种反对社会民主党的宗派主义看法。尽管某些社会民主党的追随者对统一战线运动还有隔阂，我们仍然在自己的道路上继续前进，而且我们的工作有了一个相当不错的开端。凭借着这个开端，我们实现了回归我们的优良传统——作为共产国际最优秀支部之一的传统。

梁朴①（中国）：

近几年，中国共产党在组织和领导群众的罢工斗争中取得了不少成绩。特别值得强调的是1932年纺纱厂的反日大罢工和上海纺丝厂女工的总罢工。1933—1934年的一系列斗争，如天津一个纺纱厂的大罢工、上海美亚公司10个纺丝厂的总罢工、全中国轮船水手的斗争、上海2000多名失业者拒付房租的斗争等，都是在党和红色工会的领导下进行的。

---

① 梁朴是饶漱石的曾用名。——译者注

开滦煤矿5万多名矿工著名的三次罢工，也是在我们党的直接领导下进行的。

在帝国主义者和国民党的白色恐怖嚣张肆虐的时候，我们是怎样领导这些斗争的呢？

我们及时提出了符合工人普遍需要的最紧迫的要求，并号召各个工人组织团结起来，开展反对资本进攻的联合斗争。

我们利用吸纳了广大工人群众的罢工委员会作为统一战线的领导机关。

我们缔结了联合罢工的协议。党通过我们有党组织的工厂车间乃至整个工厂，向其他工厂车间乃至整个工厂提出缔结声援罢工协议的建议。在淞沪抗战期间，所有纺纱厂的总罢工就是以这种方式组织起来的。在美亚公司各纺纱厂罢工期间，成立了一个上海丝织行业所有工厂总罢工的领导机关，组织了所有这些工厂的总罢工。

最后，我们利用独立的同业公会和其他旧式的半封建性的合法群众组织，以及利用黄色工会中的左派干部的不满情绪，把工人们团结起来开展反对国民党的命令和规定的斗争。

这些例子证明，只要我们在组织工人群众的经济斗争时具体地贯彻统一战线政策，我们就能取得胜利。但是，如果认为我们已经广泛地运用了统一战线政策，那就犯了一个大错。

我们还有不少组织有强烈的宗派主义倾向，它们认为，与参加黄色工会的工人一起组织罢工会削弱我们的独立的领导作用。

尽管我们在罢工时建立了临时的统一战线机关，但是我们还不善于把这些临时机关转变为工人群众的常设的统一战线组织。相反，一些地方党组织认为，在建立吸纳广大工人群众的组织时利用合法的途径作掩护，就是合法主义和机会主义。

我们当前的任务是彻底克服宗派主义倾向，将来不再建立封闭的、由少数人组成的社团，而是要利用一切合法的和半合法的机会，把我们工作的重心放在那些真正具有广泛群众性的组织上。

不可否认，我们党在黄色工会中的工作取得了一些成绩，我们在这一工作中也发生了一定的转变。

之所以取得这些成绩，主要是因为我们在这些方面已经真正渗透到黄色工会的工人群众中开展工作，并且根据工人们最迫切的需要和要求，正确地运用了统一战线策略。

然而必须强调的是，我们在国民党黄色工会中的工作暂时只刚刚迈出了第一步，还有一些严重的缺点需要克服。

在争取黄色工会的会员群众并与他们一起实际建立统一战线的斗争中，宗派主义还有很大的影响。

这些严重的缺点和错误是阻碍我们的工作发生决定性转变的原因，它们同时也向我们解释了，为什么国民党黄色工会瓦解和垮台的浪潮、驱逐国民党黄色工会头头的群众斗争的浪潮，迄今还没有导致组织一个由我们自己的真正群众性工会组成的具有多个分支的网络。

因此，我们在当前阶段的主要任务就是与这些错误展开坚决的斗争，勇敢地渗透到现有的国民党黄色工会中开展工作，把这些黄色工会转变为阶级斗争的机关。

自从第六次代表大会以来，我们党一直在为扩大反帝统一战线、加强无产阶级在反帝统一战线中的领导权而进行坚决的斗争，并取得了一系列成绩。这里特别值得一提的是，当日本帝国主义在1932年1月23日武装进攻上海时，我们党提出了"武装人民，保卫上海"的口号，在上海的工人和居民中组织抗日救国联合会，领导了有数万上海市民参加的抗日示威游行，领导了上海工人的抗日罢工，组织了武装工人纠察队和义勇军，推动和激励十九路军的士兵与上海的工人和全体市民一起进行了长达8个月之久的英勇战斗。十九路军撤退后，6万上海工人在我们党的领导下，继续进行了持续两个月之久的罢工。我们党以此充分证明了，无产阶级是唯一真正坚定不移的反帝先锋队，中国共产党是中国民族革命解放斗争的唯一领导者。

当日本帝国主义的武装部队包围北平和天津时，我们党提出了"武装人民，保卫平津"的口号，号召北平所有企业的工人和黄色工会的会员召开一次广泛的代表会议，讨论召集一次各阶层民众代表的特别代表会议协商卫国救国问题以及具体的卫国措施问题。国民党黄色工会的头头提出了与我们的口号相反的建议，号召组织工人纠察队"彻底消灭共产主义"，阻止"赤匪"的颠覆活动。群众一致拥护"团结一切反帝革命力量卫国救国"的口号，坚决拒绝了国民党的反革命建议。

同志们！为什么我们能在反帝统一战线方面取得这些成绩呢？为什么我们能成功地实现无产阶级在这个统一战线中的领导权呢？

第一，因为我们善于正确地估计当时的具体形势，提出建立群众的统一战线的具体口号。

第二，因为我们以关键性的企业作为奠定抗日统一战线的坚实基础的中心。

第三，因为我们勇敢地、广泛地采用了群众路线，与一切抗日爱国的工人和人民群众建立了统一战线。因此，我们成功地在很短的时间里争取到了广大群众并将其吸收进统一战线。

然而我们必须强调，在建立统一战线的工作中，宗派主义仍然还有很大的影响。

最后，我想谈谈苏区的工会是怎样与国统区的工人联合起来并领导他们的。不可否认的是，苏区的工会由于不断加强在政治、经济和其他方面对国统区工人的支持，其影响力和领导作用有了显著的提升。例如，在上海抗日大罢工、中国矿工的罢工和美亚公司的罢工中，苏区的工会发布了呼吁书，给工人们发去了慰问电向他们阐明我们的方针，开展了大规模的募款运动救济白区的罢工者。现在，苏区的工会正在从事为白区的工人筹措罢工基金等工作。另一方面，白区的工人响应红军的斗争并加强了对这一斗争的直接支持。例如，为表示抗议进攻苏区，重庆弹药厂的工人故意生产出打不响的弹药；赤水城内弹药厂的工人领导了该城劳动群众的起义，等等。

然而我们必须强调，苏区的工会还不善于利用一切机会发展和领导白区工人的斗争，以便把工人群众的这一斗争提升到一个更高的水平。

完成这些任务必须具备的条件是：党要加强自己在企业中的工作，争取新的力量并认真地对待他们；我们要加强干部培养工作；我们要从根本上改变我们的群众工作的方法；我们要彻底克服宗派主义。

同志们，我们坚信，我们毫无疑问将克服一切困难和缺点，胜利地完成我们的伟大历史使命。（掌声）

马莎·斯通（美国）：

在美国我们看到，由许多支部和地区所达成的地方协议对社会党的高层领导施加了压力，使它难以回避统一问题。一个地方的行动很快就引起其他地方的工人效仿，不顾社会党反动领袖的威胁，这样的行动越来越多。这些地方的行动也成了那些支持统一的社会党人手中的武器，因为在任何情况下这种地方的统一战线都加强了工人的斗争。

我们在地方获取的经验，使我们得到了许多运用统一战线的基本教训：首先要选择适当的口号，这些口号能在某个地方的社会党人和其他工人的队伍中得到反响。如果我们向社会党的这个地方组织提出的口号是关于许多其他问题的，那么我们就得不到同样的反响。我们选取一个对所有社会党人都至关重要的问题，我们的建议就会立刻被采纳。

我们不能指望，仅仅发一封信给社会党的地方组织，统一战线就实现了。当我们问一些同志采取了哪些行动去争取社会党工人时，他们经常报告说："我们尝试了最好的办法，我们以信件的方式提出了统一战线建议，但是从来没有收到答复。"我们必须明白，尤其是在同基层组织打交道时，这种形式主义的方法不能带来我们想要的结果。

我想谈谈统一战线行动对党组织的工作产生的影响。党的基层组织重获生机。统一战线强化了党员的纪律，加强了宣传工作，增强了政治主动性，清除了党的下级机关不发挥自己的主动性只会执行上级组织决定的积习。党的基层组织开始感到，它们是一支具有自主性的政治力量。**我们必须使我们的每一个党员发挥主动性，相信能够贯彻党代表大会的决议，并且能够使全体党员提高对党贯彻我们所通过的决议的责任感。**

勒夫林（挪威）：

如果社会民主党工人及其受托人从希特勒德国的法西斯主义暴行中吸取教训，拥护这样的口号：**北欧不要法西斯主义**！我们挪威共产党人就与他们完全一致。

如果劳动群众允许斯堪的纳维亚半岛的各社会民主党政府在外交政策方面继续充当希特勒的仆从，或是在经济方面继续执行危机政策，把新的负担转嫁到工人群众的肩上，由此把城乡劳动群众推入最反动的政党和公开的法西斯运动的怀抱，那么"北欧不要法西斯主义"的口号就不可能实现。前几天在法西斯领导下举行的丹麦农民游行，表明斯堪的纳维亚半岛也在继续向法西斯主义的方向发展，而在劳动人民的群众运动的推动下，各社会民主党政府仍然没有提出满足劳动人民直接物质利益和政治要求的新方针。

挪威工人阶级对德国的纳粹暴行非常愤慨。

1934年11月的工会联盟代表大会要求反对纳粹政权。在挪威首都奥斯陆，拥有5万名会员的工会联合会决定，如果纳粹指挥部有人胆敢踏上奥斯陆的大街，就举行一次共同的抗议罢工。全挪威的工人运动都参加了争取释放季米特洛夫同志的运动。有10万人参加了争取释放台尔曼的运动，其中包括几个最大的工会联合会召开的多次大会。

在挪威，哪些口号和要求特别适合于促进统一战线的建立，并在地方和国家层面加速统一战线的突破呢？什么样的组织形式最适合于扩大和巩固同挪威工党的党员和追随者的联系呢？

经验表明，在这样一些问题上特别容易建立统一战线：反对对工会及其权利的进攻；与德国、西班牙和奥地利的工人阶级团结一致反对法西斯主义；开展经济斗争和争取国际工会统一的运动；五一节游行和地方自治政策等。

对于进一步推进统一战线政策来说，至关重要的是提出一份与尼高斯沃尔政府相对立的积极的纲领，作为这份纲领基础的是挪威工党的选举承诺和就业计划。

在我们的策略和宣传鼓动中，我们有时想跳过群众政治发展过程的必经阶段。例如，在工人阶级在挪威议会中争取多数这个问题上就是如此。只是指出议会多数不可能实行社会主义是不够的。我们必须向城乡劳动群众说明，议会多数依靠议会外群众力量要素的支持，能够对工人群众的处境实施一系列的改善。

在挪威，我们在统一战线政府的口号问题上，已经有了一定的实践经验。我们在今年2月清除莫温克尔反动政府的运动中提出了类似的口号。

当时不存在政治危机，但是在工人群众中普遍存在着对莫温克尔反动政府的强烈愤恨情绪，这个政府实行了反对工会的新监狱法，并将法西斯主义的军事组织"民兵团"合法化。因此，工人们很自然地提出了用什么样的政府来替换莫温克尔反动政府的问题。在这样的形势下，我们还不能提出苏维埃政府的口号。因此，我们提出的口号是建立一个反对资本进攻、反动势力和法西斯主义的斗争政府,一个能领导群众运动和群众斗争、争取实现群众最重要的日常要求的政府。我们的口号不是一个直接的行动口号,因为我们的统一战线建议遭到了挪威工党的拒绝,而我们党的力量尚不足以在我们前面提到的纲领的基础上,自下而上地组织一场广泛的群众运动。不过,尽管我们在政府问题上的口号主要是一个宣传性的口号,它仍具有积极意义,因为它为我们提供了一个较好的纲领,使我们能够联合挪威工党的党员和广大劳动阶层反对资本进攻和资产阶级反动势力,同时反对社会民主党领袖同资产阶级的联盟政策。我们通过这一口号向挪威工党的党员表明,只要工党政府能领导争取实现工人和劳动者日常要求的斗争,我们就准备支持这个政府。

针对一部分目前起主导作用的挪威工党领导人的右倾路线,存在着一种不断增强的反对意见,这种反对意见不仅存在于挪威工党的党员群众中,而且也存在于地方党组织、工会的很大一部分**干部**中,并存在于社会民主主义青年团的干部中。例如,在多个社会民主党青年组织的决议中,社会民主党中央机关报在基洛夫谋杀案问题上的反苏立场受到了尖锐的批评;挪威工党的领导成员也对政府的外交政策和沙文主义意识形态提出了抗议。不过迄今为止,工会运动中的反对派力量尤其强大。

我们必须首先集中精力在工会中开展建立统一战线的工作。挪威工党的党员绝大多数是工会会员,他们通过自己的工会组织集体加入社会民主党。采取通过工会向挪威工党的领导层施加群众压力的方法,这是使挪威共产党和挪威工党达成统一协议的前提条件。通过强大的群众工作和达成地方性统一协议的坚定方针,我们必将比从前更好地为向挪威工党领导层提出适合具体形势的统一建议做好准备。

动员工会群众反对法西斯主义,争取实现自身经济和政治要求的前提条件是组织工会左翼的广泛的反对派运动。红色工会反对派的小宗派主义团体必须根据工人的基本阶级要求,由以工会运动的正式机构为基础的左翼的广泛运动所取代。

只有在工会运动中同志式地与一切反对派工人和干部进行合作，共产党人才能增强工会的阶级力量和斗争准备。

挪威法西斯主义最重要的宣传鼓动中心是"民族统一党"和"祖国协会"。法西斯分子狂热地鼓吹民族主义，冒充穷人的保护者，自称是"新挪威社会主义"思想的代言人。我们必须揭露这种蛊惑，首先要反对法西斯分子的领袖吉斯林（曾于1931—1933年担任农民党政府的国防部长）敌视工人、敌视人民的反动行径，他的口号和许诺都是反对挪威劳动人民的，他是挪威劳动人民最凶恶的敌人。

挪威劳动者热烈支持苏联，热烈支持西班牙、德国和奥地利反法西斯人士进行的英勇斗争。在国际团结问题上，挪威工人阶级有着令人自豪的传统，他们曾开展过反对干涉和封锁苏联的总罢工、1926年支持英国罢工矿工的声援行动，以及阻止向中国的反革命军队运送武器的行动。我们把继承和发扬这些传统视为我们的光荣义务。援助那些战斗在反对法西斯主义血腥统治最前线的战士是我们最神圣的义务。我们要学习季米特洛夫同志向我们指出的布尔什维克顽强、智慧和热情的光辉榜样，努力履行好我们的这一革命义务。

格特纳（德国）：

（受到热烈掌声的欢迎）

季米特洛夫同志在他的报告中着重强调，只有共产党人和革命工人在履行其无产阶级的主要义务。他们是群众性工会的会员；他们在法西斯组织中开展工作，并在这些组织中为重建自由工会和为组织群众斗争而奋斗。

对于所有的兄弟支部来说，我们自希特勒独裁以来的工会策略史就是一个富有教育意义的实例，它告诉我们，宗派主义的态度怎样阻碍了群众工作和组织工人的斗争。

1933年7月,我们提出了建立**独立的阶级工会**的口号,但是明确强调,必须以红色工会反对派和红色工会作为这些工会的支柱,必须反对劳动阵线。这两个错误导致的后果是,自由工会的追随者抱着不信任的态度与独立的阶级工会相对立,将其视为红色工会反对派政策的继续;此外,我们始终被排除在劳动阵线之外。

1934年7月,中央委员会才提出了在劳动阵线内部重建自由工会的口号。不过开展自由工会运动的道路并没有因此而开通。直到1935年初党最终转向解散红色工会反对派时,这条道路才开通,用来建立被从前的自由工会会员视为自己的组织的真正的自由工会。

在反对党内宗派主义障碍的斗争中,在争取社会民主党工人和自由工会工人的信任的斗争中,党终于下决心实行目前这种正确的群众政策。由于党领导层的顾虑和抗拒,这一进程受到了阻碍。他们不是把党员从宗派主义的旧传统中解放出来,而是对重建自由工会的这一正确口号或者根本闭口不提,或者犹犹豫豫地在《红旗》和《国际工会新闻通讯》上以含糊不清的措词表述。而最大的障碍则是我们的同志常常极强烈地反感同以前的自由工会干部、工会的地方委员会和地区委员会成员接近,并与他们就共同重建自由工会达成谅解。一段时间以来我们党内有一种观点,认为首先必须为争取实现工人的某些要求而在共产党人和社会民主党人之间实现行动统一,然后才能实现工会统一,即着手实际建立工会。我们过去的全部经验证明,只有在建立统一战线的道路上,才能建立真正的自由工会组织;此外,只有保持工会内部的最充分的民主,才能建立真正的自由工会组织。

我想用一个例子来说明在劳动阵线内部建立工会的方法。涉及的问题是工会委员会选举和我们推荐工人候选人的斗争。今年德国的形势还不可能让我们提出自己的名单。唯一可行的办法就是把值得信任的工人列入企业主和纳粹头头提出的名单,就是说,要在劳动阵线的内部争取获得提名。我们的分区领导机构成员和社会民主党的专区领导机构成员一致认为,全盘拒绝内定的名单是徒劳无益的,相反,我们必须尝试采用一切可能的手段——通过组织各部门的意见和压力,通过影响那些提交本部门对名单的建议的工长,甚至通过舞弊——将可靠的工人列入名单。

我们的同志越是在劳动阵线的群众中扎下根来,越是在劳动阵线中担任工会委员会委员、出纳员和管理员等职务,就越是能够更好地掩护党和自由工会的艰苦的地下工作。

我们要清除妨害我们在法西斯组织中开展群众工作的一切障碍,因此也必须废除我们党的一份文件中的一个规定。这个规定就是:

"为了不给投入法西斯阵营的叛徒用党的指示作挡箭牌的机会,我们应该放弃主张接受这种非选举的基层职务的一般性宣传。"

这样的指示有可能被所有的宗派主义者用作拒绝在法西斯组织中开展工作的借口。工人们知道如何区分哪些人是代表他们利益的劳动阵线干部,哪些人是代表企业主利益的叛徒。

与我们的秘密群众工作最紧密地联系在一起的是改变我们的话语和论证。由于我们今天还不能公开地以共产主义的话语讲话,甚至话语会"委婉地"向敌人出卖共产党人,所以我们不得不借用法西斯分子煽动性的、社会激进主义的套话。

也就是说,我们支持莱博士的"缩小工资差距"、"争取公平工资"等口号,自然是按照我们的意思。

我们还不善于迅速地适应失业救济金发放处、青年义务劳动营、义务工、高速公路等处的新条件,探索我们工作的新形式和新办法,在这些场合,合法时期的旧办法已经不再适用了。这里也适用同一个原则:我们只能以合法的形式为掩护,在失业者的有关团体中和在群众组织中——特别是在国家社会主义人民福利协会这样的组织中——开展工作。

我们也终止了关于群众工会还是干部工会的徒劳无益的讨论。我们对提出这一问题的社会民主党人和自由工会会员说：那好，让我们着手建立一个自由工会的代表机关吧，然后我们再来看会怎么样。但是，如果有人在干部工会的口号下通过任用改良主义的干部试图自上而下地进行指挥，那么我们也会竭尽全力争取工会内部的民主，实现会员们的决定权。

我们也放弃了过于狭隘的建立工会青年支部的口号，转而建议青年反法西斯人士在"快乐健身社"、企业体育协会等团体的广泛基础上，在这些组织内部团结起来。与建立工会紧密相关并且对我们与社会民主党人和自由工会工人的关系至关重要的，是秘密保护我们的工会组织的问题。我们必须找到适当的形式，使敌人无法破坏这些工会组织。

我们主张工会统一，要求在每一个企业内建立一个统一的工会。我们不愿看到在一个企业中有两个并列的工会组织。因此，在与社会民主党干部和领导人达成谅解时，以及在缔结统一协议时，我们首先建议在工会内部民主的基础上共同建立一个统一的自由工会。在改良主义领导人已经建立起工会团体的地方，我们的同志应该设法让它们与我们的团体合并，或者更确切地说，进到这些团体中去。在阿姆斯特丹工会国际书记处的支持下，德国的自由工会干部建立了自由工会组织。我们也向阿姆斯特丹工会国际书记处表达了合作的意愿。因此，红色工会国际主动向阿姆斯特丹工会国际提议共同建立自由工会是对我们的最大帮助。我们坚信，季米特洛夫同志以本次伟大的代表大会的名义向全世界一切革命工人发出的统一战线号召，也必将促使我们目前的工会工作更快地向前推进！

拉森（丹麦）：

社会民主党方面断言，在丹麦开展反对法西斯主义的斗争不现实。社会民主党的刊物《理论家》编造了一种"理论"，根据这种理论，"土生土长的"北欧民主与希特勒在德国获胜后被抬出来的"北欧社会主义"相结合，很容易就能驱除一切法西斯主义的危险。社会民主党政府是抵抗法西斯主义的一道不倒的壁垒。按照《理论家》的说法，法西斯主义只有在那些民主制度还很年轻、还没有形成习惯、还没有扎下根来的国家才有可能获胜。

第一个论据已经被以下事实驳倒了：社会民主党政府或者大联合政府在德国以及在奥地利和西班牙都曾长期存在，但是法西斯主义仍然能够在这些国家建立恐怖统治。至于第二个论据，人们立刻就会注意到，正是上述这些国家的社会民主党构成了第二国际右翼集团的核心，它们是统一战线的最凶恶的敌人。

在有强大的社会民主党和社会民主党政府的丹麦，法西斯主义的威胁也越来越大，法西斯主义的力量在不断增强。在丹麦，城市中也有法西斯组织。不过，法西斯主义的发源地是在农村，法西斯主义主要是在农民中寻找自己的社会基础。众多农民为了摆脱自己的困境，沉迷于农民联盟——它在有些方面与芬兰的拉波运动相似——的法西斯主义蛊惑。这个运动在小农、中农和有房无地的农民中也有不少追随者。这个运动的意识形态及其要求和术语，与纳粹分子的没有什么不同，并在农村产生了很大的影响。自从法西斯在德国上台之后，丹麦的希特勒分店——丹麦国家社会主义工人党迅速发展，以至于它在北石勒苏益格已经能被视为一个群众党了，它在其他省也有众多的追随者。

除了希特勒德国的影响和支持外，法西斯主义能在劳动农民中站稳脚跟的主要原因是社会民主党政府的政策，它在劳动农民的心目中败坏了工人运动的声誉。劳动农民想得到援助来抵挡农业危机的打击，想开展反对剥削的斗争。而社会民主党政府的政策和措施却满足不了这些要求或者期望。因此，法西斯分子现在唆使农民反对"工人政府"，反对工人组织和反对"马克思主义"比较容易得逞。

与这一政策密切相关，社会民主党疯狂地反对统一战线，肆无忌惮地攻击共产党人，在无耻地诽谤苏联方面创造了真正的纪录。

对此，我们必须明白，不仅绝大多数劳动者，而且多数人民群众都是法西斯主义和反动势力的敌人。但是他们是一盘散沙，相反，反动的和法西斯主义的党派和团体却基本上是统一的。因此，当务之急是组建一切反法西斯人士的统一战线，也就是说，组建一切劳动者、一切崇尚民主和热爱自由的人的统一战线。没有这样的统一战线，法西斯分子就会获胜。

我们必须看到并且明白，对于丹麦来说，法西斯主义已经成了最严重的威胁，现在必须立即着手组织反法西斯主义的斗争，必须立即坚定地、全力以赴地进行反法西斯主义的斗争。

丹麦的法西斯分子，这些希特勒的学生和二等兵，声称他们开展的是争取实现丹麦的"民族大业"的斗争。他们是德国帝国主义的代理人，他们的目标是放弃丹麦的民族独立并将其并入第三帝国。在当前形势下，建立反对法西斯主义的统一战线和人民阵线是我们共产党人的首要任务，为完成这一任务，我们必须竭尽全力。

我们坦率地承认：迄今为止，在建立统一战线和组织反对法西斯主义的统一斗争方面，我们的工作还有很多不足和缺点。我们努力争取使我们的工作和我们的方法来一个真正的转变。我们必须根据符合劳动者要求的现实纲领，着手实际组织工人阶级和劳动群众的统一斗争。

我们可以从自己的工作中列举出一些开展这种行动的范例。工会的十月运动证明，只要采用切合实际的、现实的口号并开展积极的工作，我们就能以工会组织为基础建立和组织真正广泛的反对派，就能把广大社会民主党工人和无党派工人联合起来，使他们和共产党人一起开展兄弟般的联合斗争。

不仅工人阶级从总体上讲几乎全部被组织起来了，而且有房无地的农民、小农、渔民、小工商业者也在工会中或者行业协会中被组织起来了。在这种形势下，组织统一战线首先必须考虑那些能够对其成员施加最大影响，一般来说能够成为最佳的跨党派统一战线机关，或是能够构成这种统一战线机关的自然基础的组织。广泛的工会反对派运动，即十月运动，之所以能够取得成绩，并不是因为它采取了工会运动之外的某种新奇的组织形式，而是因为它是以现有的地方工会组织为基础的。进入无产阶级和劳动者的群众组织，这是我们的基本组织路线，它不仅在对共产国际执委会报告的决议中，而且在季米特洛夫同志的决议中被反复强调。

我们党在6月份的中央委员会全会上通过了一份宣言，这份宣言同时包含着这样一些要求，我们共产党人支持这些要求并号召群众为实现这些要求而开展统一的斗争。我们将沿着这条路线继续前进，不受社会民主党领袖的反对态度和破坏活动的迷惑，不使自己偏离这条道路。我们向社会民主党人、资产阶级民主人士、全体劳动者、野蛮法西斯主义的一切敌人宣布，我们愿意与他们合作，不存在妨碍这种合作的无法克服的障碍，只有这种统一战线才能保证劳动者和反法西斯人士取得胜利。

在存在着社会民主党政府的国家、在社会民主党属于第二国际右翼的国家，我们共产党人在建立统一战线的斗争中必须克服极大的阻力。我们意识到，我们不仅要对本国的无产阶级负责，而且要对全世界无产阶级负责。我们明白，在丹麦成功地建立统一战线，不仅是对本国剥削阶级及其法西斯走狗的最沉重的打击，同时也是对法西斯恐怖统治国家中我们的阶级兄弟的最有效的援助。在哥本哈根建立反对法西斯主义和战争的人民阵线,就意味着有效地挫败柏林的战争策划者的计划。

梅基宁(芬兰):

如果说德国法西斯主义上台给欧洲工人敲响了警钟,使千百万人看清了法西斯恐怖统治的全部暴行,那么,奥地利和西班牙对法西斯主义的积极武装抵抗,则鼓舞、振奋和激励了世界各国工人阶级的斗争。甚至在那些曾把法西斯主义夺权的前景当做不可避免的命运的人中,**抵抗的意念**也苏醒了并且越来越强大了。

1918年芬兰的工人革命以失败及失败后极为残酷的恐怖统治而告终。

但是,我们在1918年并非不战而降,这一事实在我们的工作中给我们以如此大的力量、勇气、能量和毅力,使我们很快就能重新建立无产阶级的强大阶级组织了。

而我们在1930年放弃抵抗则导致了与此相反的结果,使我们党无法组织群众抵抗资产阶级的法西斯主义进攻。放弃抵抗甚至在工人阶级最先进的分子中都引起了压抑、消沉和悲观主义。

我们决不能放弃抵抗法西斯主义,哪怕是最微不足道的法西斯主义进攻。劳动者决不能不加抵抗地放弃哪怕是一丁点他们还享有的民主权利和自由。

当然,我们的工作即使在这一时期也不是没有一点儿成绩。尽管党耗尽了自己的全部力量,尽管党员们舍生忘死地承受着警察殴打和重刑监禁的危险,但是我们用这些办法仍未能开展广泛的群众运动,其原因就是宗派主义的残余使我们这个先锋队脱离了广大工人群众。我们的经验再一次证明,为了让整个**阶级**参加到运动中来,必须彻底清除宗派主义在共产党内的最后残余。

在法西斯政变后的头三年中,我们只是在口头上推行**统一战线政**

策，后来通过真正实行**统一战线政策**，我们才成功地开展了群众斗争。统一行动首先是致力于解决工人**的日常经济问题**。受共产党人和社会民主党人共同组成的罢工委员会领导的罢工工人通过自己的经验认识到，与社会民主党所散布的观点相反，通过共同斗争，他们即使在经济危机的形势下也能改善自己的处境。一些卓有成效的罢工通过其榜样作用，使其他工人组织也加入进来。广泛的罢工运动正在展开。

只有执行正确的**工会中的统一战线政策**，才有可能取得这些成绩。1933年我们党决定，所有共产党人和革命工人都必须加入社会民主党人在法西斯政变时建立的新工会。接着，小的非法工会组织全部解散了。尤其值得一提的是，我们放弃建立封闭的红色工会反对派组织。我们号召工人加入工会，旨在使他们从工人斗争的破坏者变为工人斗争的组织者，并使反对派转变为工会运动的左翼。

同志们，你们看，我们在芬兰已经开始实行在季米特洛夫同志的报告中和这些论点中所要求的那种转变。我们能根据自己的经验证明**这条路线的正确性**。

同时，我们在工会中的统一战线政策也有力地促进了社会民主党内部的**分化**。以此为基础，我们就能进一步提出在政治领域建立统一战线的问题了。

我们党在这一领域还做得很不够。尤其是组织反对战争和法西斯主义的政治性的统一行动，还完全处于起步阶段。另一方面，我们在实际落实统一战线政策的过程中有时还会犯右倾错误：统一战线有时被理解为与社会民主党和平共处和互相妥协。开展反对这种右倾危险的斗争是必要的，但是切不可误入歧途，偏离我们的主要任务，即建立、扩大和加强统一战线。

必须特别强调反对沙文主义斗争的极端重要性，沙文主义是法西斯主义吸引人民群众的最有效的武器之一。

这个问题对于苏联的各个邻国来说尤为重要。沙皇政府的民族压迫在这些国家的人民中激起了对一切俄国人的仇恨。资产阶级仍在有效地利用这种对俄国人的仇恨来反对苏联和共产党人。

我们必须使群众了解事实真相，明白共产党人不是民族虚无主义者。

在芬兰，我们共产党人是唯一真正为芬兰独立而斗争的人，包括争取使芬兰摆脱英国帝国主义或德国帝国主义实现独立，而芬兰的大资产阶级却把自己的国土一块接一块地出卖给这些帝国主义国家。我们芬兰共产党人代表人民，是人民的儿子，开展反对人民的资本主义压迫者的斗争。我们热爱芬兰劳动人民。拉波恶棍们居然想扮演芬兰农民战争起义者的继承人，这真是彻头彻尾的无耻谎言。在斗争中被领主处决的农民领袖伊尔克和波图的斗争的继承人不是银行家、将军、工厂主和大地主的朋友和代理人。刽子手想要其头颅的今天的伊尔克，不是科索拉或者斯温胡武德，而是我们的安蒂凯宁同志。

不仅在德国、保加利亚，而且也在芬兰，反法西斯斗争中的一个重大错误是，我们未能具体地了解敌人及其计划，以及敌人进攻的方向和速度。

现在我们党不会再犯同样的错误了。尽管芬兰1930年实行了法西斯政变，但是仍然能够发生深刻的变化，而且这些变化现在事实上正在酝酿之中。法西斯的紧急法令一个接一个地发布。1930年还几乎未受打扰的社会民主党组织现在也遭到了攻击，甚至资产阶级的记者们也由于紧急法令而被判入狱。拉波暴徒们的暴力行动越来越多。

然而，在芬兰日益增长的不只是法西斯主义的力量。反抗的意愿也在日益高涨。群众中反击的念头越来越强烈。工人们已经开始抵抗资本的进攻。已经举行了多次反法西斯统一战线的群众集会。建立人民阵线迈出了第一步。

第二十八次会议

(1935年8月9日)

继续讨论季米特洛夫的报告

8月9日晚间的会议由**富里尼**同志(意大利)担任主席。第一位发言人开始讲话。

拉塞尔达(巴西)：

在巴西，目前强大的反帝人民阵线已经占据了中心位置。人民阵线正在加紧开展决定性的群众行动，力图夺取政权，建立民族革命政府。

1934年8—9月，我们开始为建立统一的反帝人民阵线采取一些还相当无把握、不坚定的最初步骤。去年10月拉美国家共产党第三次代表会议之后，我们终于完成了决定性的转向，勇敢地提出了组建民族解放同盟的倡议。

与1925年的中国国民党一样，巴西民族解放同盟也是一个多阶级的联盟，这些阶级由相应的组织代表，组成一个反对帝国主义、大庄园制度和法西斯主义的联合阵线。不同之处在于，在1925年的中国国民党中，民族阵线的主要力量是民族资产阶级，而在巴西，建立民族解放同盟则是由工人运动推动的。

正是由于这种情况，民族解放同盟能够深深地扎根于群众之中，它的威望特别迅速地与日俱增，更何况我们的卢诺·卡洛斯·**普雷斯特斯**同志是它的创建者和领导人，他被公认为整个拉美地区最拔尖、最优秀的反帝战士。

民族解放同盟组织了多次大规模的群众示威游行和群众集会，每次都至少有 3000—5000 人参加。尤其是在里约热内卢、圣保罗、北部各省，以及在彼得罗波利斯、南里奥格兰德州、米纳斯吉拉斯州等法西斯主义一体化影响集中的地方，参加者常常多达 3 万人。

反帝人民阵线吸收了所谓的"劳工"党，这个党隶属于社会帝国主义的第二国际，与英国工党类似。反帝阵线导致托派同盟瓦解，从而促成了圣保罗最优秀的工会领导人和大约 1000 名社会党工人加入革命的工人运动和共产党的队伍。

多亏有了民族阵线，我们在今年 5 月成功地组织了一次工会统一代表大会，这对于扩大无产阶级在民族阵线中的影响，以及在组织上巩固党对工人群众的影响，具有极其重大的意义。参加这次大会的有大约 300 个工会和 7 个联合会，代表着全国近 50 万有组织的工人。尽管大会存在一些缺点并且我们犯了一些错误，这次大会还是提出了为实现工人群众生活方面最重要的要求而开展联合斗争的问题，以及把这一斗争与民族阵线的斗争结合起来的问题。工会统一代表大会从劳工部手中夺走了它的主要力量，例如，拥有 20 多万码头工人和河运工人的海员工会联合会，拥有 1 万多名会员的全国铁路职工联合会等等。我们在新的工会中央——巴西工会总同盟中的影响力不断增强，它已经同民族解放同盟一起领导了多次反对反动派的抗议罢工和争取实现群众要求的斗争。

这个民族阵线最有效地促成了反动派的主要支柱——法西斯主义一体化组织的动摇和瓦解，这些组织不得不通过最肆无忌惮的反帝国主义和反资本主义的蛊惑宣传来重建自己的群众基础。工人们，甚至小资产阶级和小工商业者——一体化的主要群众基础——转而加入了民族解放同盟的队伍，因为他们认识到，法西斯主义不能满足巴西青年的需要，不会建立一个摆脱帝国主义奴役和巴西寡头的自由祖国。

民族解放同盟已经不再仅限于开展宣传鼓动工作，而是开始组织具体的群众行动。它和我们工会的领导层一起领导了反对彼得罗波利斯的警察和一体化分子血腥屠杀民众的抗议罢工。参加这次罢工的有1.6万名纺织工人、知识分子、小工商业者、面包师和铁路工人。参加圣保罗反对帝国主义分子的大规模示威游行的有20多个工会组织和小资产阶级组织，其中也包括社会党。一体化分子原打算举行一次本组织1万名成员的游行，但是后来放弃了这一计划，因为他们害怕反法西斯阵线可能会组织总罢工。

在水手和铁路工人的示威活动中，海员工会联合会（它拥有数十万有组织的水手）提出了这样的口号："打倒帝国主义的财政计划！""要求巴西全部商船队国有化！"民族解放同盟也参加了米纳斯吉拉斯州农民反对一体化分子和大地主强迫他们迁居的示威活动。同样，民族解放同盟还参加了两万多名银行职员在全国范围内进行的要求规定最低工资的运动。同盟本身也开展了一场为全国所有工薪群众争取实现这一要求的运动。它还在里约热内卢和累西腓举行了要求黑人权利平等的示威活动。它为捍卫人民的利益反对捐税和物价上涨而斗争。最后，当盛传政府准备发动独裁政变的时候，民族解放同盟号召群众举行了总罢工。

我们党把组织人民阵线掌握在自己手里。

起初，我们不懂得统一的民族阵线的作用，不懂得它是发动群众起来革命的一个阶段，不懂得它有助于我们以这种方式接近群众，更容易深入到农民中去，巩固我们的党，使我们党能够根据群众自己的经验取得革命的领导权。我们提出的行动口号是我们为宣传工农革命和苏维埃政府而提出的战斗口号，而人民群众还不理解这些口号，因此数百万人聚集在民族解放同盟的旗下。

根据在日常实践过程中积累起来的经验,我们及时地纠正了这一错误。今年5月我们党的中央全会使我们的态度更加明确了。今天大家可以看到,我们的态度有了多么大的改善。我们已经勇敢地提出了这样的口号:"一切权力归民族解放同盟!"

普雷斯特斯同志在他的呼吁书中指出:

"要么支持民族解放同盟,要么支持人民和民族独立事业的叛徒瓦尔加斯政府。第三条道路、中间道路是不存在的。"

党已经学会了利用敌人阵营中的矛盾。这首先表现在普雷斯特斯同志对不愿意被高级教士——帝国主义和封建领主的盟友、人民和祖国解放的敌人——牵着鼻子走的天主教群众和穷困教士的号召上。这还表现在,我们以各种方式提出了外国资本家和本国大庄园主的各个不同群体之间的关系问题。我们认为,在目前这个时刻,国有化应主要适用于那些"不愿意服从革命的人民政府的法律"的帝国主义者的企业和地产,以及"最反动的大庄园主和那些企图反对解放巴西及其人民的极端反动的教士"。

我们面临的任务首先是促进人民群众的斗争,进一步扩大人民阵线,并在斗争进程中掌握革命的领导权。

为争取实现最生死攸关的经济要求(最低工资、社会保险等),我们必须加强群众罢工的准备工作和组织工作,加强人民群众维护自己的民主权利和反击反动派进攻的斗争。

建立和扩大民族阵线的第二重要的任务主要是把最广大的农民群众吸收到斗争中来。

否则我们就无法在巴西发动一场大规模的民族革命,更谈不上将其提升到土地革命的水平并进而过渡到社会主义阶段了。在这一方面,我们党在实际工作中还存在许多缺点。事实上,我们党在农村地区的工作几乎没有什么进展。

这样一来，就存在着农民运动落后于城市中的民族运动的巨大危险，到一定的时候就会阻碍革命的进展。

布尔什维克的自我批评精神使我们党能够部分地消除这些缺点。目前我们已经掌握了我国东北部的一些稳固的农民组织，并通过由我们党领导的声势浩大的反对封建主义的斗争，掌握了里约和圣保罗等省的有组织的农民委员会，这些农民委员会与民族解放同盟保持着密切的联系。

依靠南里奥格兰德、巴伊亚、圣保罗、米纳斯和里约政府的支持，瓦尔加斯暗中策划对我们发动一场恐怖的"白色政变"。他指派一名因对人民群众残暴和作为公开的一体化分子而臭名昭著的将军担任陆军总参谋长。他同阿根廷总统签署了一份反革命协定。他要求我们的敌人组建一个反对我们的"神圣同盟"。教会和一体化分子一起站在他那一边，声称组织所谓"善良和上帝的力量"来反对"邪恶和魔鬼的力量"。

在发出最后通牒之后，政府开始了进攻。在里约热内卢、米纳斯、塞阿拉、里奥格兰德和圣保罗，禁止民族解放同盟的集会、搜查工会会员的住所并进行大搜捕，禁止青年代表大会的集会，逗留在这些场所中的或者在各处散发民族解放同盟和我们党的传单的工人、学生和人民阵线的支持者被逮捕并遭受虐待。7月14日，政府最终宣布民族解放同盟为非法组织；警察发动了对该组织的突然袭击，破坏和查封了它在全国各地的办事处。

不过群众奋起反击。全国各地都展开了反对政府的这些野蛮措施的抗议活动。民族解放同盟和共产党号召举行抗议罢工。铁路职工联合会宣布，它将以总罢工来回应白色恐怖。群众纷纷参加集会，在这些集会上，同盟的演讲者不顾警察的禁令和威胁，勇敢地向成千上万的群众发表演说。

在圣保罗,2000多名工人和民族阵线的支持者举行了反对警察暴行的示威游行,英勇地面对警察的催泪瓦斯弹和警用子弹。在北部,马拉尼昂州的人民群众无视政府的法令,坚决捍卫民族解放同盟的合法存在。所有这些事实都表明,严酷的斗争目前正在巴西展开。

巴西的人民群众、统一的民族阵线、革命的无产阶级及其政党巴西共产党,将善于开始反击。他们不顾种种镇压措施,开始进行争取面包、土地和自由,争取建立民族解放同盟政权的决定性的斗争。

在长时间的掌声之后,红色工会国际共产党党团的代表讲话。

沃索夫斯基(红色工会国际):

整个国际工人运动的利益的核心是统一战线问题以及国际工人运动的政治统一和工会统一问题。如果考虑到我们当前开展斗争所面临的形势的话,那么这是不言而喻的。这一思想贯穿着季米特洛夫同志深深地打动了我们的精彩报告,并指导着本次代表大会的全部工作。

共产国际第六次代表大会向我们共产党人和工会会员发出了这样的指示:**共产党人无论如何不能丧失在国内和国际层面为争取工会运动统一而斗争的主动权。**

在这个问题上,过去的情况怎样,今天的现状如何?过去的7年可以划分为两个时期:从1928年到1933年中期为第一个时期,从1933年中期至今为第二个时期。在第一个时期,各国共产党和红色工会国际主要是根据从基层建立统一战线的策略进行争取工会统一的斗争。从1933年中期开始,鉴于希特勒攫取政权后广大群众中发生了巨大转变,革命工会向社会党领导机关和改良主义工会提出了联合行动的建议;红色工会国际也于1935年初向阿姆斯特丹工会国际建议开展联合行动,并召开一次代表会议商讨重建国际工会运动统一的形式和方法问题。

为什么1935年初红色工会国际才向阿姆斯特丹工会国际提出建议呢？这是有很重要的原因的。需要强调的是，红色工会国际从1921年起就多次向阿姆斯特丹工会国际提出联合行动的建议，但得到的答复总是否定的。这表明，阿姆斯特丹工会国际的领导人推行与资产阶级合作的政策，根本不想听到有关统一战线和工人运动统一的任何声音。由于全德工会联合会瓦解和法西斯主义在德国获胜，阿姆斯特丹工会国际的旧政策和旧策略引起了群众的普遍愤慨，与此相应，对统一战线和工会统一的需要开始迅速地增强。

1933年中期，红色工会国际要求它的所有支部同相应的改良主义工会组织建立联系，在反对法西斯主义的斗争中开展联合行动。

在1934年8月底于韦茅斯召开的阿姆斯特丹工会国际总委员会会议上，就统一战线和统一问题通过了一个决议，再次指责红色工会国际分裂工会运动。红色工会国际反驳了这一指责。它可以援引数据证明，全德工会联合会之所以把数十万无产者和许多工会组织排除在外，是因为他们反对阶级合作。依据无可争辩的事实可以证明，在法国是改良主义者分裂了工会。是谁分裂了南斯拉夫的工会呢？是谁在芬兰的工会解散之后占有了工会的资金呢？是谁将1923年罗马尼亚代表会议的大多数代表拒之门外的呢？这是在阿姆斯特丹工会国际书记扎森巴赫的领导下发生的。在采取这一令人愤慨的行动之后发布的号召书中，留下来的改良主义少数派声称："我们是被迫**分裂工会**的，目的是不让左派争取到罗马尼亚的工人。"

不容置疑的是，由于排斥群众和阿姆斯特丹工会国际领导层有计划地进行分裂活动，一些缺乏耐性的人轻信挑拨离间，脱离了工会，从而在客观上对工人阶级犯了大罪。

阿姆斯特丹工会国际的领导人认为，工会统一只能在阿姆斯特丹工会国际的框架之内进行。但是，为了成为"工会统一的唯一基础"，它为国际工人运动做出了什么样的历史功绩呢？"唯一基础"究竟是什么意思呢？它的意思是，阿姆斯特丹工会国际的领导人想强迫整个世界工会运动接受他们的政策、策略和他们的组织原则。可是，假如阿姆斯特丹工会国际的政策和策略是正确的话，那么为什么在15年的时间里，阿姆斯特丹工会国际的成员人数会从2400万下降到900万呢？为什么在德国、奥地利、拉脱维亚乃至以前在意大利，那些加入了阿姆斯特丹工会国际的强大的工会都被毁灭了呢？这些事实难道不值得每一个真正的无产者、每一个珍视工人阶级命运的无产者深思吗？

最后，阿姆斯特丹工会国际的领导人还坚持要求共产党工会和红色工会国际解散。这是出于什么目的呢？是为了证明阿姆斯特丹工会国际的政策和策略的正确性吗？那么取消革命的工会运动究竟意味着什么呢？怎么才能取消这些拥有法国25万有组织的工人、捷克斯洛伐克10万工人和其他国家数以千计工人的工会呢？人们可以将它们与平行的工会合并，但是解散工会组织，这真是对资产阶级再好不过的效劳了。

再者说，苏联1960万有组织的工人、中国苏区数十万有组织的工人、中国国统区的地下工会、加拿大的革命工会、拥有国内大多数有组织工人的希腊革命总工会，应该"回归"到哪里去呢？智利的革命工会、巴西的统一工会运动等等，应该"回归"到哪里去呢？

韦茅斯决议断言，统一战线是"一个阴谋，并且缺乏任何诚意"。这就是改良主义者的通常看法。但是我们必须要问，这个阴谋是反对谁呢？法国统一总工会向法国总工会建议于1934年2月12日联合举行罢工。其中的阴谋在哪里呢？这个阴谋是反对谁呢？红色工会国际敦促阿姆斯特丹工会国际与它共同斗争，反对资本的进攻，反对法西斯主义和战争。为什么这就成了阴谋呢？这个阴谋是反对谁呢？1926年2—3月召开的共产国际执委会第六次全会以如下声明回应了这种指责：

> "统一战线和争取统一的斗争不是一个反对工人阶级或哪一部分工人的策略,而是一个反对资产阶级的策略。"①

当红色工会国际在其 3 月 7 日致阿姆斯特丹工会国际的信中对联合行动提出具体建议时,阿姆斯特丹工会国际领导人的这一立场的荒谬性就表现得特别明显了。我想重温一下这些建议:

1. 红色工会国际与阿姆斯特丹工会国际所属的工会于 5 月 1 日开展联合行动反对法西斯主义、资本进攻和战争。
2. 支持法国和西班牙的工会联合起来。
3. 支持重建德国自由工会。

同时我们还认为,在有关的会议上商讨那些对于全世界工人阶级具有最重大意义的问题,即重建国际范围内工会运动统一的形式、方法和条件等问题,是非常重要的。

在回信中,阿姆斯特丹工会国际的领导人不敢说这是一个阴谋,而是以"召开代表会议商讨你们信中的三点建议不会取得实际成果"为借口,拒绝了我们的建议。

为什么法国统一总工会和法国总工会 7 月 14 日的联合行动能够取得良好的成效,而 5 月 1 日世界各国反对资本进攻、法西斯主义和战争的联合行动则毫无结果呢?为什么德国工人的一致支持仍然无法使自由工会的重建工作取得成果呢?为什么我们提出的通过两个国际的合作在法国和西班牙重新实现工会统一的要求得不到阿姆斯特丹工会国际领导人的回应呢?

红色工会国际过去和现在一再声明——季米特洛夫同志在报告中也对此作了精彩的论述:在阶级斗争的基础上,**我们支持每一个行业的统**

---

① 参见《国际共产主义运动历史文献》中央编译出版社 2013 年版第 42 卷第 93—94 页。引文有出入。——编者注

一的工会，我们支持每一个国家的统一的工会运动，我们支持统一的行业工会国际，我们支持一个统一的工会国际。要实现稳固的统一，需要具备两个条件：第一，在每一个统一的工会中都要实现工会民主，让每一个工会会员都有表达自己观点的权利，与此同时，在反对资本的斗争中当然也要服从工会的纪律。第二，统一的工会必然会因阶级合作而分裂。**因此，统一的工会运动必须强化工人阶级在反对资产阶级斗争中的立场，统一工会和统一的工会运动必须进行阶级斗争。**

如果阿姆斯特丹工会国际的领导人不是抗拒，而是接受红色工会国际关于召开一次由所有工会——不仅包括加入阿姆斯特丹工会国际和红色工会国际的工会，而且包括两个国际之外的工会——的代表参加的国际代表大会的建议，包括世界五大洲所有国家大约 3500 万会员的真正的工会统一马上就能实现。联合在这个统一国际中的将有资本主义国家的工会、苏联的工会、苏维埃中国和所有殖民地半殖民地国家的工会。

工会的这种世界大联合将会发挥巨大的作用。

一个统一的工会国际将会成为一支反对资本进攻、法西斯主义和战争的强大力量。如果一个在世界各地都拥有基地和组织的国际号召人们起来斗争，如果我们宣布反对德国法西斯主义，那么不是就能加速这个可憎的野蛮政权的覆灭吗？如果一个这样的国际真正致力于反对削减工资，要求广泛的社会保险，要求法西斯反动国家中的工人享有罢工自由、出版工人报刊和组织工会的自由，那么不是就能取得重大的成就吗？

尽管阿姆斯特丹工会国际的领导人不愿意实现工会统一，但是工会统一仍然取得了进步，当然是在克服种种困难的情况下取得的进步。让我们来看一看目前工会统一的进展情况吧。

今年 6 月，**奥地利**两个在非法状态下工作的地下工会中央完成了事实上的合并：一个是重建自由工会中央委员会，另一个是**七人委员会**。

共产党人和红色工会国际的支持者掌握了重建自由工会的主动权。目前在非法状态下工作的自由工会同覆灭前的那个自由工会是一样的吗？不一样。关键并不在于数量上的差别，也不在于工会从前是合法的，现在是非法的，而在于自由工会在阿姆斯特丹工会国际追随者的旧的改良主义领导下主张阶级合作，而现在则相反，**奥地利的统一工会运动是以阶级斗争为基础的**。这正是共产党人和红色工会国际支持者的功绩。

工会运动统一进展相当大的第二个国家是**法国**。虽然改良主义的法国总工会的会员人数比法国统一总工会多得多，但是统一工会在群众中的威望很高，即使在改良主义工人中，其威望也在不断上升，因为统一工会在大部分罢工运动中都发挥了领导作用，并且坚定不移地为统一而斗争。

早在几年以前，法国统一总工会就已经提出了工会统一的问题。1931年，统一总工会已经在一份公开发表的文件中宣布，它准备建立一个统一的联合会，并为这一联合草拟了一份基本纲领。当时，改良主义的总工会的领导人拒绝任何谈判。希特勒上台之后，法国本身的法西斯组织越来越多，群众对统一战线和统一的渴望如此强烈，以致改良主义工会的领导人不得不倾听群众的呼声。正如这里的法国同志所说，现在法国有700多个联合的工会，这些工会体现了群众要求统一的愿望。

统一总工会和总工会之间的谈判集中在两个问题上：一个是工会运动独立于政党的问题，一个是工会中的党团问题。我们的同志理直气壮地提出问题：独立于谁？对我们的同志来说，问题的关键是独立于资产阶级。我们的同志都同意这个独立的标准，也都是按此行事的。

由于总工会的领导人声称，他们之所以拒绝接受统一总工会关于工会统一的建议，最重要的理由是在工会中有共产党的党团，所以为了加快工会统一的步伐，我们的同志在这方面也作了让步。今天，总工会的领导层不得不承认，在法国，一切妨碍实现工会统一的主要障碍都已经被清除了。

以下事实表明了我们党和统一总工会的口号对改良主义工会的影响有多深：在今年8月召开的法国教师全国联合会的大会上，这个有8万会员的组织的总书记德尔马斯宣布：

"我们赞成共产党人提出的出色的公式，即积极地和坚持不懈地为每天的面包、为和平和自由而斗争。"

巴西在统一方面也取得了一些成就。在那里，共产党和红色工会国际的支持者成功地将四分之三有组织的工人联合起来，组建了一个拥有50多万工人的**统一的工会联合会**。由于成功地把专门为反对革命工人运动而建立的政府的联合会也吸收进了统一的组织，这一功绩就更大了。多亏红色工会国际的支持者在这些工会内部开展工作，这些工会才转到了阶级斗争的轨道上，与革命工会联合成一个统一的工会组织。

希腊的工会运动正在开始联合。在希腊，大多数有组织的工人都参加了统一总工会。由于党在改良主义工会中的出色工作，在改良主义总工会的上一次代表会议上，总工会的领导层终于同意联合。在阶级斗争基础上实现的这一联合，将大大增强和巩固希腊工人阶级的力量。

西班牙无产阶级的十月斗争，为统一的工会运动奠定了基础，而且这将是以阶级斗争为基础的工会统一。假如西班牙无产阶级能将包括无政府工团主义工会在内的所有工会融合成一个紧密团结、实力强大的唯一的组织，在一个统一的、强有力的、将为反对共同阶级敌人而斗争的工会中央领导下团结起来的时候，他们将会强大得多，这难道还需要证明吗？

在许多国家，红色工会国际的支持者还没有立足于为争取实现工会统一开展坚持不懈的斗争。属于这些国家之列的首先是**捷克斯洛伐克**。在那里，由于社会民主党人和改良主义工会的领导人都参加了联合政府，因此对与共产党人和革命工会结成统一战线根本不感兴趣，所以红色工会还有更多的困难需要克服。捷克斯洛伐克的工人群众已经开始越来越多地认识到统一战线的意义了。

季米特洛夫同志在他的报告中指出：在较小的革命工会与改良主义的群众性工会并存的地方，革命工会应该加入相应的改良主义群众性工会；在革命的群众性工会与改良主义的群众性工会并存的地方，我们应该力争召开统一代表大会。

统一纲领只需包括两点：一是要进行反对资本的斗争，二是工人要有在工会内部发表意见的权利，即要有工会民主。

我们的任务是，支持改良主义工会中拥护工会统一的人开展争取统一的斗争，与他们结成统一战线并与他们开展共同行动，从而在各国造成这样一种局面：甚至工人阶级力量联合的最凶恶的敌人，也会遭到会员群众的孤立。

国际工人运动正在走向统一并将实现统一。阿姆斯特丹工会国际的领导人可以加快或者延缓这一进程，但是，终止这一进程，把群众要求统一的愿望转变成继续分裂工会运动，这是任何人都办不到的。

在各国共产党和红色工会国际各支部的全部活动中，最薄弱的环节无疑是在改良主义的群众性工会中的工作。

明显落后的是德国，在那里，改良主义工会的领导人成功地将群众引上了不战而降的道路。这是怎么发生的呢？我认为主要原因是宗派主义，是自从鲁特·费舍以来在德国共产党内一直存在着的敌视工会的观点。在德国的例子中我们看到，左派的领导有可能遭受打击或清算，而一部分党和工会的干部却仍然能在某些问题上固守旧的看法。

普遍落后的原因在哪里呢？我认为，原因在于各国共产党迄今为止还没有组织所有的共产党员到工会中去，在于成千上万的共产党员仍然认为加入改良主义工会或者其他什么工会与他们的共产党员身份不相容。这并非都能归咎于"左倾激进"。常常是体现庸人本性的右倾机会主义在作祟：在工会中开展工作太难了；最好还是尽可能地远离工会。

我们的工会工作软弱无力的原因之一，无疑是在我们党内流行着许多错误的观点和看法，例如对待工会基层干部的错误态度（著名的小策吉贝尔理论），以及经常在共产党报刊和工会报刊上出现的破坏工会的口号，尽管共产国际和红色工会国际从其建立之日起始终反对破坏工会。

与此相联系，我想列举一个错误的公式，这一公式我在共产国际六大上也使用过，那就是，改良主义工会是一个资本主义的学校。那些寻找一切借口不去从事工会工作的人，当然会紧紧抓住这个错误的公式，为他们拒绝做群众工作的消极态度辩解。

红色工会国际费了很大的气力——尽管还不是百分之百的气力——克服了许多缺点和错误，要求我们的一切组织都要在改良主义工会中开展工作。在这一方面，例如在英国、波兰、南斯拉夫、罗马尼亚、希腊、巴西等国，红色工会国际确实也能够取得一些很显著的成绩。但是要谨防过分高估这些成绩。**我们这才刚刚迈出了第一步，而且还远远不是最困难的一步。**如果党对这项工作的注意力稍微有点儿松懈，那就可能再次使红色工会国际的支持者和改良主义工会的成员之间产生隔阂；而在当前形势下，这将造成比从前更加消极的后果。

一个特别重大的问题是在法西斯工会中开展工作的问题。

在共产国际六大召开的时候，法西斯工会主要存在于意大利。除了意大利的法西斯工会之外，在中国有黄色工会和国民党的工会。这几乎就是当时的全部法西斯工会。

今天，法西斯工会的数目增加了。在德国、奥地利、保加利亚和拉脱维亚都建立了法西斯工会。在波兰，法西斯群众组织日益增多，这些法西斯群众组织——主要是在军工企业中——现在已经有十万多名成员。因此我们认识到，在法西斯工会中开展工作的问题具有国际意义。为了克服许多国家共产党对在法西斯工会中开展工作的抗拒态度，将不得不花费几年的时间。这种抗拒态度的意识形态根据如下：

1. 加入法西斯工会的共产党人因此在一定程度上为法西斯组织效力，并在工人面前为法西斯组织承担责任。2. 加入法西斯工会的共产党人可能会被工人视为因自私自利而牺牲自己的观点的叛徒。3. 加入法西斯工会的共产党人会成为社会民主党人攻击的对象，从而在共产党工人和社会民主党工人之间造成隔阂。4. 在法西斯工会中接受一个当选的职位，意味着执行镇压工人和打击工人士气的法西斯政策。

这些"理论"实质上是企图逃避困难的工作，同时又装扮成坚守原则的样子。不在法西斯的群众性工会中开展工作，我们就不能天天为工人的切身利益辩护，就无法揭露法西斯工会首领们的全部卑鄙行径和蛊惑伎俩，就不能引导会员群众反对法西斯政党和法西斯工会机器。

在越来越广泛的群众基础之上开展工会工作，相应地也产生了一系列问题，我在这里简要地谈谈这些问题。

各国共产党和革命工会运动近几年在经济斗争领域已经积累了丰富的经验。独立领导经济斗争的口号有助于各国共产党将注意力转向经济斗争以及经济斗争向革命工人组织提出的各种问题。在当前形势下特别重要的是，群众性工会要领导经济斗争。如果我们在所有工会中坚持不懈地有计划地开展工作，如果共产党人始终站在为工人的基本要求而斗争的战士的最前列，这一目标就能够实现。在当前的新形势下，尤为危险的是旧观点的残余，即认为进行经济斗争可以不要工会甚至反对工会，不深入到改良主义的和其他的群众性工会中去，我们也能取得重大的成果。必须摒弃我们从前的决议中的错误公式。**工人的现实斗争和这些斗争的成功进展比一打旧公式更重要。**

在所有国家，改良主义工会都以自己拯救和更新资本主义的计划而著称——德曼计划、法国改良主义的工会中央（总工会）的计划、瑞士工会联合会的计划、英国工联总委员会的计划、阿姆斯特丹工会国际布鲁塞尔代表大会的观点等。所有这些计划为自己规定的任务是，在资本主义社会制度的框架内实行所谓的计划经济并"更新"资本主义。

不考虑苏联的经验，怎么能谈论计划经济呢？苏联上亿人的经验证明，只有在剥夺了剥夺者之后，才有可能实行计划。我不能也不想立即在这里逐点反驳这些包含着绝对错误的、已被经验所驳倒的东西的计划。这些计划中的每一个都含有一些真正旨在维护工人利益的条款。我们当然会全力支持每一个这样的条款，因为对我们来说，工人境况的丝毫改善都是非常重要的。但是我们却不能维护、支持和捍卫更新资本主义的计划、康复资本主义的计划，因为这些计划的任务是为了在群众中散布幻想，似乎资本主义能够通过工人和企业主之间的谅解而得到更新。

争取工会统一的斗争越是加强，就会有越多的人企图用一切手段破坏这一斗争。这里需要保持最大限度的沉着冷静。但是另一方面，如果对搞分裂的阴谋活动不给予最坚决的回击，那就太荒谬了。

经验使我们确信，德国的红色工会反对派对当时的德国而言是具有积极意义的，但是对于今天在改良主义工会内部组织我们的力量来说，这种模式已经不能作为榜样了。在几乎所有国家，红色工会反对派的旧形式都已经消亡了，而以什么形式和方法来凝聚我们的力量的问题，却仍然是悬而未决的。

各国党都必须考虑，能将工会的所有左派力量之间的联系组织起来的最灵活、最适用于各个行业和各个国家的形式是什么。

正如我刚才已经说过的，目前在许多国家已经实现了联合。我认为，红色工会国际的支持者在工会联合时切不可低估工会领导的意义。我们想要的是稳固的统一，而统一是为了更好地捍卫工人利益，这只有通过积极参与工会的领导工作才能实现。当我们在会员中占少数时，我们当然不可能要求在领导层中占多数，而当改良主义者在会员中占少数时，我们不能而且不可将多数让给改良主义者。解决这个问题的最佳方案就是比例代表制。我们必须在改良主义工会的群众中和干部中争取实行这种制度，并向他们指出，这就是联合的民主形式。

法西斯国家的阶级工会应该是一个干部组织还是一个群众组织呢？这个问题出现在德国，也出现在其他法西斯国家。当然，社会民主党人和布兰德勒分子宣称，地下工会只能由干部成员的紧密的小圈子组成。相反我们认为，它们可以是也必须是群众工会。这并不是说，一个地下工会可以有数十万会员。在地下工会中也许只有几百名或几千名会员。但是这些会员必须是有影响的企业工人，并且善于争取群众。

我们想在开展地下工会运动的国家重建自由工会，但是我们不想让这些自由工会推行与资产阶级合作的旧政策。

法西斯国家的地下工会应该在法西斯工会之内还是之外活动呢？在我看来，许多德国同志提出的这个问题，在一定程度上还缺乏现实性。如果绝大部分工人群众都被迫加入了法西斯工会，那么我们的主要任务就是设法使他们能在各种情况下充分利用各个法西斯工会所提供的合法的或者半合法的条件开展活动。

优秀干部当然不是在实验室里培养出来的，而是在战斗中成长起来的。我们党越是注意提拔和重用那些在领导罢工、组织统一战线、争取建立统一工会等斗争中崭露头角的群众干部，他们就成长得越快，在数量上和质量上就提升得越多。

革命的工会运动和改良主义的工会运动的前景如何呢？如果不考虑即将发生大动荡和社会爆炸的整个国际形势，我们就无法谈论革命的工会运动和改良主义的工会运动的发展前景。群众日益革命化，要求统一战线和工会统一的意愿更加强烈。正在许多国家中进行的工会联合，为赢得工人阶级多数创造了一个特别有利的新环境。

所有迹象都证明，我们在群众中和工会中的影响越来越大。**但是，这种影响不可能自发产生，而主要是共产党人在改良主义工会和其他工会中有计划地开展工作和不断增强主动性的结果。**红色工会国际变得更加强大了，除了六七个已经走上联合之路的国家外，现在又有十几个国家走上了联合之路。争取工会运动统一的斗争开展得越广泛，在阶级斗争基础上实现统一的国家越多，我们争取到的国际无产阶级就越多。

切不可忘记，苏联工会是红色工会国际的最大支部，紧随苏联工会的第二大工会组织是中国工会。我们把——这是红色工会国际的骄傲——世界上唯一的无产阶级专政国家的工会运动同开辟了苏区、建立了无产阶级和农民的民主专政的最大的殖民地国家的工会运动联合起来，这不是偶然的。战后这些年在殖民地和半殖民地国家重新兴起的年轻的工会运动从一开始就倾向于红色工会国际，这也不是偶然的。我们可以这样来回答那些想要消灭红色工会国际的敌人：他们迄今为止既没有搞清红色工会国际建立的意义，也没有搞清它作为革命工会运动的国际中心的作用和重要性。

建立红色工会国际是为了开展反对与资产阶级合作的斗争，作为把一切决心反对资产阶级而不是与其合作的工会会员联合在一起的中心。一切工人，不管是隶属于改良主义工会、基督教工会还是法西斯工会，只要反对资本、反对奴役和暴力，事实上都是红色工会国际理念的维护者和支持者。众所周知，随着这些工人的人数越来越多，红色工会国际的意义和作用也越来越大。我们需要工会国际。之所以谈到这些工人的人数越来越多，是希望通过他们使资本主义国家的工人不走全德工会联合会的失败之路；我们希望工人走苏联共产党和苏联工会的胜利之路。我们希望，为争取工人阶级最迫切的利益和实现其最终目标，在工会民主的基础上统一起来。

我们希望统一，因为这将使工人阶级联合起来，加强自己的地位，更加坚定地开展反对一切敌人的斗争，并使工人阶级能够反击资本的进攻，粉碎法西斯主义和它所由产生的资本主义。为了能够实现统一，我们决不会提什么特别的要求，决不会下最后通牒，决不会提先决条件。红色工会国际的支持者过去和现在都建议，在如下无可争辩的、每一个无产阶者都能接受的基础上实现工会运动的统一：

1. 反对降低工资，要求提高工资。

2. 要求设立可靠的失业保险，其费用由企业主和国家承担。

3. 反对法西斯主义。要求重建被法西斯主义解散的自由工会，并反对工会的一体化，支持在那些法西斯主义还没有上台的国家解散一切法西斯组织。

4. 各国的平行工会在反对资本和实行广泛的工会民主的基础上联合起来。

5. 召开两个国际所属工会的代表参加的国际代表大会，建立**统一的工会国际**。

6. 在国际代表大会召开之前，应当设立一个由两个国际人数相等的代表组成的委员会，以便协调各国的工会斗争并为统一代表大会做准备。

对于工会统一和建立统一的国际，有什么理由反对呢？

我们没有把自己关于无产阶级专政和苏维埃制度的观点强加于人。我们没有要求阿姆斯特丹工会国际的领导人成为共产党人和革命者。我们对他们说：你们在你们国际的决议中曾多次宣布要反对法西斯主义，你们曾宣布你们要反对战争、反对资本进攻，**那就让我们一起战斗吧**。难道我们共同战斗比各自为战更难实现目标吗？

全世界工会运动自其产生之日起的基本口号是："团结就是力量！"难道世界上真的有哪个工人认为不团结就是力量吗？

阿姆斯特丹工会国际的领导人目前还不想实现两个国际组织上的联合。那么统一问题是否能无限期地拖延呢？不能！工人希望统一。列宁斯大林的国际党——共产国际在为工会统一而斗争。如果各国共产党在广阔的战线上坚定、灵活地为争取工会运动的统一而斗争，如果它们把在这里作出的决议和季米特洛夫同志在这里发出的指示传达到群众中去，如果红色工会国际的支持者以更大的热情投身于建立以阶级斗争为基础的统一工会，那么不管谁阻碍工人运动的统一，工人阶级的伟大运动都会扫除工会统一道路上的一切障碍，工会统一将成为事实，成为工人阶级争取自身社会和民族解放斗争中的有力杠杆。

同志们，我相信，我在这里所表达的不仅是全体与会者的一致意见，而且也是支持共产国际和红色工会国际的千百万工人的一致意见。我用以下口号结束我的发言：

以阶级斗争为基础的国际工会运动的统一万岁！

统一的、世界范围的工会国际万岁！（热烈的掌声）

加兰迪（意大利）：

同志们，意大利代表团毫无保留地赞成季米特洛夫同志的报告。

季米特洛夫同志使我们想起了一切真正革命斗争的基本原则：必须**讲政治**；如果做不到这一点，对于工人阶级的先锋队、对于工人阶级、对于全体人民群众来说，就无任何经验可言。

同样，季米特洛夫同志——他是全世界为共产主义事业而奋斗的最英勇战士的榜样——提醒我们，如果没有最广大群众的同时行动，如果没有最坚决、最灵活的政治斗争，**单凭**先锋队的英雄主义是无法战胜法西斯主义和推翻资本主义制度的。

法国同志的经验给我们的重要启示，正是要广泛运用这一列宁主义的指示。

法国同志并非仅限于断言法西斯主义的胜利不是不可避免的，他们还努力寻找并且找到了在政治斗争中阻止法西斯主义的办法。

在对我们意大利人的最后一次讲话中，列宁要求我们多学习。可惜我们当时没有完全领会这些话的意思，没有正确贯彻这一伟大指示。

意大利不像德国，法西斯主义上台后并没有一下子就实现极权主义。法西斯主义上台引起的政治危机不是通过"向罗马进军"而消除的，而是在法西斯主义向极权政体发展的斗争过程中得到克服的。在这一进程中，国家的政治生活发生了剧烈的动荡，这在"马泰奥蒂危机"中表现得最为明显。法西斯主义利用1922年末—1926年末这段时间重组了垄断资本统治的领导层。法西斯主义克服"马泰奥蒂危机"是它的第二个胜利，也是最重要的胜利，它使法西斯主义得到了巩固，并加快了向**极权主义**的过渡。

非极权的法西斯主义并非必然会不可避免地走向极权主义。只要我们能发动有效的群众行动，促使社会民主党工人打破社会民主党与资产阶级之间的联盟并加入工人阶级的战线，我们就能阻止极权主义。

过去，我们没有能力领导政治斗争。因此，我们完全同意连斯基同志所阐述的波兰共产党的路线，它以阻止波兰法西斯主义向极权主义发展的目标作为当前的任务。

极权政权的主要目标是为了摧毁无产阶级的先锋队而对其进行最残酷的斗争，以及反对任何形式的反对派。

法西斯主义极权政权把利用国家机器和蛊惑宣传结合起来。

极权主义、社团主义和国家军事化，是有组织地奴役工人、任意剥削工人和准备战争的三个方面。

但是，这种组织没有消灭也不可能消灭阶级斗争，它也不可能消除资本主义制度的矛盾。在极权体制下，这些矛盾日益增多和激化。但是，只有当群众斗争达到足以使其爆发的程度，这些矛盾才会爆发，群众斗争正以全新的和独特的方式为自己开辟道路。

我们在极权体制下工作的经验使我们得出了一些结论，这些结论适用于极权体制的国家：

1. 必须把每一个人都放到正确的位置上，使他能够从事群众工作，同时在这一工作中并通过自己的工作来保护自己。因此，我们必须采取各种各样的方法接近企业，具体来说，我们可以通过工会、业余组织、救济基金、自由社团或者以其他途径接近企业。

2. 我们必须把自己的几乎全部力量投入法西斯的群众组织中去，并且在有其他群众组织的地方，也投入其他群众组织中去（如天主教组织等）。

3. 必须在研究具体形势的基础上确定工人阶级及其先锋队与其他劳动人民阶层的组织联系，我们的任务是在所有法西斯组织中保持这些联系。我们的每一个基层组织、每一个独立工作的同志都必须从组织和领导群众斗争的考虑出发，与其他工人建立各种形式的直接联系。

这是很久以来就已经在我们的决议中确定的看法。我们在这方面迄今仍然没有多大进步。为什么呢？因为我们忽视了研究以什么方式来建立党和工人阶级之间的组织联系，以及我们必须怎样根据自己的处境和考虑形势的变化来组织群众工作。

4. 领导群众的个性特点必须主要通过我们与群众建立的直接的个人联系来确定，除了通过传单和非法报纸之外，更多地是通过**口述的**语言。

我们在经济领域曾有过合法的群众运动，取得过重大的胜利，增强了工人对自己力量的信心。由此可以证明，如果同志们善于以这种方式开展工作，就能保护我们的组织，扩大与群众的联系，将人民的各个阶层吸引到斗争中来。

在共产国际执委会第十三次全会上，陶里亚蒂同志曾说过，德国还没有出现意大利式的前景,也就是说,还没有出现法西斯长期统治的前景。

现在,我们同意陶里亚蒂同志关于他在共产国际执委会第十三次全会上对德国形势的估计必须加以补充的观点。我们都知道,对于任何展望来说,党和群众的斗争都是重要的因素。我们今天必须指出,德国同志只有不重蹈我们的覆辙,不失时机地在德国的形势中发现新的因素,勇敢地使党的工作适应这些新的因素,并以适当的形式明智地使用我们伟大的兄弟党的力量,才能确保德国不出现意大利式的前景。

我们必须使所有的社会党领导人确信,他们必须放弃拒绝在法西斯的群众组织中开展直接的经济斗争和争取民主的斗争的政策,我们的经验证明,开展这样的斗争是可能的;他们必须支持我们的这一政策,不是只空泛地支持,而是持续地和具体地支持。这是继续开展争取实现进步要求和民主自由的斗争的道路。

我们意大利共产党人、我国英勇的工人阶级的儿子,对法西斯分子说,加里波第、皮萨科内、班迪耶拉等人的革命遗产是属于意大利人民的。

正因为我们是加里波第这样的伟大爱国者的继承人,所以我们反对一切帝国主义战争、反对一切压迫其他民族的行为。正因为我们热爱祖国,所以我们要让它避免战争劫难和摆脱法西斯压迫。

加里波第的民族决不能压迫其他民族。

季米特洛夫同志正确地指出:"我们必须学会在阶级斗争的惊涛骇浪中游泳,而不能满足于观察员的角色,记录滚滚浪潮并等待风平浪静。"这就是说,我们必须大大提高自己的思想水平,我们必须对妨碍实现这一伟大政策的一切障碍提高警惕并加强两条战线的斗争。(经久不息的掌声)

居约（法国共青团）：

在那些法西斯独裁统治的国家，首先是在德国，法西斯分子能为他们的反革命事业争取到众多的青年群众，这真是一个残酷的事实。

同样大家知道，在我国，法西斯组织1934年2月6日得到了一部分青年，主要是大学生、商人子弟、职员和青年失业者的支持。尽管我们取得了很大成就，法西斯组织今天在青年中仍有重要影响。仅在"火十字团"领导下的国民志愿军组织中，就聚集了4万名追随者。

青年的敌人能把青年引入歧途，这些敌人迫使青年只从事强迫劳动，把青年大量地从生产中排挤出去，逼迫他们服从毁灭文明的军国主义，使年轻姑娘受奴役，把自由思想的人送进集中营——这一切是怎么发生的？

青年一代陷入乞讨、无知、体格退化的境地。他们生活窘困，对未来充满了恐惧。

法西斯分子利用了青年缺乏经验，并借助巧妙的蛊惑利用了青年一代的沮丧感，这种沮丧感在每一个声称"不论在哪儿干什么都行"的失业者身上清晰地表现出来。

法西斯分子还努力装出一副"反资本主义的"、爱国的和共和派的模样，俨然成了深受青年信任的人。

为了打击法西斯主义，我们把意识形态斗争与争取实现青年的经济、政治和文化利益的实际斗争结合起来。这是我们取得成绩的第一个原因。

为了打击法西斯主义，我们既重视统一战线策略，又重视与人民阵线合作的青年阵线策略。这是我们取得成绩的第二个原因。

为了打击法西斯主义，我们反对孤军奋战的宗派主义倾向。我们号召群众自卫，争取那些误入法西斯组织的青年工人。这是我们取得成绩的第三个原因。

同志们，法西斯组织的蛊惑当然经不起事实的检验，它肯定会被事实驳倒。

陆军上校德拉罗克伯爵的祖先是科布伦茨的军官，曾与中欧的封建势力一起密谋反对法国，他"对法国的爱"有什么价值呢？他的兄弟是法国王位争夺者的副官，他对共和国的爱有什么价值呢？他的朋友斯卡皮尼、让·古瓦和莫尼耶到柏林就毁灭法国和苏联与希特勒取得了一致，他对法国人民的爱有什么价值呢？通过公开谴责这些人，我们向我国青年表明，只有我们才是真正热爱我们的国家的，只有我们决心把它从那些想使它遭受不幸、想把它推入深渊的人手中解放出来。通过今天真正反对金融寡头统治，我们证明了，只有我们继承了大革命的光荣传统。

对于所谓反资本主义的蛊惑，我们的回答也是一样的。

陆军上校德拉罗克伯爵被电力托拉斯的梅西耶和重工业大王德文德尔所收买，他所谓的反资本主义有什么价值呢？这两个剥削者本身都是"火十字团"的成员。

这些事实被揭露出来，并在我们党出版的报纸上被公之于众，这是对法西斯分子的沉重打击。如今，许多"国民志愿军"组织的青年提出了摆脱"梅西耶和德文德尔的监护"的问题。

只有以这一方式，才能把青年一代最广泛地集合在一条战线上，才能孤立法西斯主义。

从这一立场来看，《青年一代权利宣言》具有历史的、国际的意义。去年秋天，反战和反法西斯主义青年委员会发布了这份宣言，宣言的文字即使对缺乏政治经验的青年来说也是容易理解的。

这份准确估计我国青年的精神状态精心撰写的纲领，表达了青年工人、农民、大学生、士兵、少女和少年最热切、最普遍的愿望。

今天，争取实现已宣布的权利的斗争在继续进行。我们联合会的中央委员会动员自己的一切力量为实现青年的这些已提出的权利而斗争。在法国，有大约600个统一的青年委员会。不久前，参加7月14日示威游行的32个全国性的青年组织，其中包括社会主义青年联合会、自由信仰教义团（世俗派）、共和主义青年团和激进社会主义青年团，接受《青年一代权利宣言》作为自己未来行动的基础。

出现了某些困难，阻碍着我们无法尽可能快地迅速前进，无法尽可能快地在青年中最终战胜法西斯主义。

这些困难是宗派主义造成的，主要出现在社会主义青年联合会的队伍中。

首先，人民阵线本身的必要性，在社会主义青年团的队伍中是有争议的。

此外，社会主义青年团的领袖一直拒绝与我们共同开展必要工作，去争取基督教组织的数十万青年。

社会主义青年团的领导人断言，"基督教青年团"是反动的和法西斯主义的。无可争辩的是，天主教会的领袖中确有一些人是支持法西斯主义的，对这些人我们要进行无情的斗争。

但是，我们切不可把数十万基督教青年工人和青年农民与这些反动的法西斯主义的领袖等同看待。这些青年不是法西斯分子。在许多情况下，他们甚至表明了反法西斯主义的信念。

尽管社会主义青年团和共产主义青年团的两个联合会有一个为捍卫青年的经济利益而缔结的协议，社会主义青年团塞纳联合会的许多过于注意倾听反革命托洛茨基分子的建议的同志，却反对采取有利于实现直接要求和部分要求的行动。按照这些同志的说法，为实现这些要求而斗争的阶段已经过去了；他们还补充说，在目前的政体下，根本不可能实现我们的要求。这一说法乍看似乎是激进的，但是其背后隐藏着什么呢？在"左"的套话下面隐藏着危险的惰性。它导致放弃动员广大青年群众去反对资本,放弃以阶级斗争的精神来教育他们。

贯彻季米特洛夫同志的路线,意味着到处建立统一委员会,两个组织要系统性地而非只是偶尔地开展联合行动。这就是说,两个组织之间的联席会议要系统地而非只是偶尔地举行。

采取这种方式,把我们联结在一起的革命纽带就会系得越来越牢固。我们希望我们两个组织不久就能实现组织合并。我们坚信,随着托洛茨基分子、分裂分子和反革命分子设置的障碍在他们的领袖被开除出法国社会主义青年团的队伍之后得到清除,推动社会主义青年团进行组织合并的运动将会更加高涨。

我们非常认真地看待图卢兹国际代表会议最新的决议,在这次代表会议上,法国、比利时、西班牙、意大利、瑞士和奥地利社会主义青年团的代表通过了如下决议:

"我们是革命力量联合的拥护者。我们要求实现行动统一,这应当是迈向组织统一的第一步。"

整个青年共产国际及其全世界所有青年社会主义者希望,下一次社会主义青年国际代表大会将采纳这个决议。(掌声)

在苏联,全世界青年最好的朋友列宁和斯大林的布尔什维克党把人民从沙皇封建压迫和人对人的剥削中解放出来,造就了世界上最幸福的青年。

在这里,青年们自由地工作和学习。他们能建立幸福的家庭。通过成为科学、自然、天空和铁矿的主人,他们走向幸福。这里的青年精神上和肉体上都是强健的。对我们来说,这是多么美好的希望啊!

装作青年政党的法西斯政党和组织,只在建立之初有青春活力。它们代表的是将在危机和血泊中毁灭的阶级。它们是为想继续统治世界的金融寡头效劳的旧政党。它们是青年的敌人,它们毁灭、打击青年,并在世界上一切它们成为主人的地方奴役青年。

实现了自身统一并与无产阶级并肩战斗的青年的积极性不断高涨，证明我们很快就会取得胜利。中国、奥地利和西班牙那些光荣的英雄展示了我们应该怎样战斗。德国那些英勇的同志证明了革命青年决不会低头，我以法国青年的名义由衷地向他们致敬。

继法国之后，统一运动现在也蔓延到了美国、西班牙、奥地利、德国、意大利、英国、比利时和其他一些国家，从而保证了我们这一代人很快就会获得解放。在世界各地领导青年斗争的青年共产国际，证明了自己是青年一代唯一的世界性组织。

我们击退了法西斯分子，但是他们仍然是一个巨大的威胁。他们在青年中的力量还很强大。当我们实行我们的行动统一政策和将非法西斯组织，首先是基督教青年组织、体育和文化组织集结在**一条**战线上的政策的时候，我们将把法西斯分子彻底驱逐出青年的队伍。另一方面，我们反对法西斯分子的意识形态斗争还很薄弱，而且宗派主义倾向常常取得压倒群众政策的优势。

我们争取实现青年和士兵的要求的斗争开展得还不够。

在18个月的时间里，我们争取到了15000名新的支持者。但是我们仍然还是一个小组织，团员人数只有我们党的党员人数的四分之一。招募几万名新的支持者是一项非常重要的任务，因为在已经开始的战斗中，共青团将为取得成功发挥决定性的作用。在党的中央委员会的协助和支持下，我们要首先加强自己的青年先锋队地位，从而完成对整个青年一代开展共产主义教育的任务。（经久不息的掌声）

埃芬迪（印度尼西亚）：

尽管荷兰帝国主义为了摆脱危机以牺牲被压迫人民为代价实行越来越残酷的剥削政策，它还是未能在印度尼西亚消除灾难性的危机。相反，荷兰帝国主义在印度尼西亚的处境越来越困难了。

尽管最近实行了据说会"改善"印度尼西亚广大居民群众贫困生活状况的所谓"印度尼西亚工业化"，由于殖民政府实行配给、禁令和特许等措施以及提高关税和税收的政策，印度尼西亚的大部分的本土工业都破产了。同时我们看到，印度尼西亚的国民收入和劳动居民的所谓储备金也在持续不断地下降。由于殖民政府越来越肆无忌惮地推行裁减和紧缩的政策，这种困难的形势更加恶化了。

由于这些措施，农业危机也在加剧。整个国内信贷几乎完全崩溃了。农村不再有货币流通。

由于巨大的货币缺口，国内农产品的价格大幅下跌。

印度尼西亚全体劳动居民，尤其是农村劳动居民所处的经济、社会和文化困境是骇人听闻的。饥饿、贫困、匮乏、营养不良、传染病，以及自杀率、买卖儿童妇女案件率和一般犯罪率上升，这就是目前印度尼西亚被压迫人民痛苦生活的真实写照。

鉴于荷兰帝国主义在印度尼西亚陷入了困境，各帝国主义列强在远东的矛盾日益激化，我们对印度尼西亚帝国主义资产阶级的战争政策和法西斯化政策看得越来越清楚了。

帝国主义资产阶级的战备活动也由于近来荷兰帝国主义和日本帝国主义之间的矛盾急剧尖锐化而更加狂热。荷兰帝国主义和日本帝国主义之间的贸易和航运会谈迄今毫无成果。

荷兰资产阶级一方面寻求进一步向英帝国主义和美帝国主义靠拢，另一方面又通过其在荷兰的公开代理人米赛特先生跟德国法西斯主义眉来眼去。帝国主义资产阶级肆无忌惮地在印度尼西亚进行公开的赤裸裸的纳粹宣传。

最后，殖民政府不顾荷兰和印度尼西亚最广大人民群众的抗议，毫不迟疑地允许米赛特这个法西斯希特勒的公开代理人和荷兰"国家社会主义运动"的领袖到印度尼西亚进行纳粹宣传。他甚至还受到了总督的正式接见。

在疯狂备战的同时，印度尼西亚的帝国主义资产阶级还对其压迫机器和剥削机器不断进行强化和法西斯化。印度尼西亚日益严重的恐怖以及政府针对革命工农和民族运动的一切征兆，最近甚至针对青年运动和妇女运动采取的日益严厉的措施都证明了这一点。

在印度尼西亚水兵领导下由荷兰和印度尼西亚水兵共同举行的英勇的"七省"号装甲巡洋舰水兵起义、泗水和望加锡的海运工人和海员举行的拒绝服役的群众运动、莫罗克莱姆邦机场工人的罢工、风起云涌的农民运动和工人罢工、爪哇和苏门答腊数万农民反对征税的示威游行证明，受剥削的群众反对殖民奴隶主掠夺、饥饿和谋杀政策的斗争情绪日益高涨。这些事实是对印度尼西亚的荷兰帝国主义者的严正警告。

不顾帝国主义资产阶级野蛮的法西斯暴力政策，最近一段时间由于粗暴地征收税款，经常发生警察和宪兵与城乡劳动群众的流血冲突。

显然，目前最为紧迫的任务是将一切愿意同对印度尼西亚人民骇人听闻的压迫和掠夺作斗争的力量**联合起来，结成一个争取自由、工作、大米和和平的反帝人民阵线**。

印度尼西亚共产党人认为自己的任务是：竭尽自己的一切力量和可能为实现这一目标而奋斗。印度尼西亚共产党人致力于同所有工人和农民、同所有知识分子、同所有印度尼西亚人结成共同反对压迫者的统一战线。我们准备毫无保留地同一切愿意为解放我们的国家而斗争的印度尼西亚人民的组织合作。

王明同志的讲话明确无误地指出了动员和组织印度尼西亚人民群众的道路。我完全确信，印度尼西亚将沿着这条道路前进，在印度尼西亚共产党的领导下，这一策略将把我们的斗争、解放印度尼西亚人民的斗

争引向胜利。（掌声）

托雷斯（阿根廷）：

在最近七年间，即在经济危机加深的这段时间里，阿根廷发生了巨大而深刻的变化。尤其是在这一时期，阿根廷加速从一个附属国转变成一个半殖民地国家。

资产阶级和贵族大地主中最反动的分子在标准石油公司的大力支持下，利用政治危机和伊里戈延政府倒台的机会于9月6日发动了反动军事政变。

乌里武鲁政变不仅意味着民族改良主义的政权垮台，被阿根廷历史上第一次出现的帝国主义公开代理人的政府所取代，而且最重要的是，这场政变首先意味着帝国主义、贵族大地主和反动的高级军官集团对无产阶级、农民运动和学生运动公开发起了神圣的战争。

帝国主义和法西斯主义的进攻，给不得不忍受最残酷镇压的革命运动造成了特别大的困难。但是同时它也在人民群众中激起了强烈的仇恨，促使全国范围内兴起了反对法西斯主义和反对帝国主义的革命运动。

近几年来，在无产阶级队伍中发生了一些重要的变化。鉴于走在帝国主义资本进攻前面的法西斯主义的进攻，无产阶级设法联合起来抵抗敌人的进攻并为斗争做好准备。因此，近几年广大群众涌向了改良主义的工会运动。其结果是，近几年阿根廷无产阶级中90%的人成为有组织的。这一进程席卷了产业无产阶级起决定性作用的阶层，他们都联合在COA（改良主义的劳工总联合会）中。这个组织目前已经有30万会员。重要的是，劳工总联合会的会员群众迅速向左转，左派的革命情绪在这个组织中越来越强烈。

我们党没有及时认清这个在劳工总联合会中和在工人阶级队伍中作

为整体出现的进程。党继续把工作的重心放在劳工总联合会之外，在长期拖延之后才改变了自己的政策，现在力图团结劳工总联合会中工人阶级的一切力量。党把这个组织视为最重要的中心，我们必须在其中开展工作并组建革命的左翼，这个革命的左翼要联合所有准备为反对法西斯主义、争取实现无产阶级的要求而斗争的工会和会员，并在此基础上孤立那些敌视阶级斗争的领袖。我们党的这一政策赢得了工人群众的赞同，使党得以接近改良主义工会的广大会员群众，而由于我们的宗派主义政策曾使无产阶级的分裂局面长期延续，这些群众从前对我们是持不信任态度的。

在危机年代，在农民运动的队伍中，尤其是在阿根廷农民联合会和农业合作社联合会中，发生了具有重大意义的变化。如今农民联合会参加了反对帝国主义的运动，并形成了一个倾向于与共产党人合作的左翼。

农业合作社联合会是一个近几年得到迅猛发展的组织，目前它明确地采取反对帝国主义的立场，对我们党的同情也在不断增强。

由于这个原因，我们党必须反对宗派主义倾向。按照宗派主义的观点，我们"应该与这些农民组织决裂，因为它们迟早会成为资产阶级用来反对无产阶级的工具"。尤其是在殖民地国家，这种宗派主义的政策与列宁和斯大林对农民的立场毫不沾边。它表现出一种低估农民的革命斗争能力的机会主义态度。

在没有阿根廷农民联合会和农业合作社联合会分部的各省和各地区建立农民组织和农民联盟，以及成立为当前开展争取提高玉米价格的斗争而组织起来的人民委员会，这绝不意味着共产党人应该致力于消灭现存组织并用新的组织取而代之。这些现存组织目前正积极参加反对帝国主义的农民斗争，因此这是一个错误的政策，农民群众不会理解它，这一政策将使我们远离农民群众。

帝国主义的进攻，法西斯主义的进攻，对民主自由的扼杀，工人阶级、农民和城市小资产阶级革命斗争的高涨，以及一部分民族资产阶级甚至大地主反对帝国主义的斗争，这一切近几年来导致民族改良主义和社会改良主义运动的队伍发生了显著的分化。在激进党、进步—激进党和其他改良主义政党中都形成了左翼，而且其力量越来越强。左翼阻止了改良主义在与帝国主义合作的政策基础上得到巩固，促使激进左派在近几年发动了反对乌里武鲁的恐怖独裁和胡斯托将军的反动政府的武装起义。

我们党低估了并且常常误解了民族改良主义内部这一迅速发展的分化过程。

最近五年，激进党一直在为发动大量武装起义做准备，在这方面，它首先是依靠民主主义的、民族改良主义的和反帝国主义的军人团体的支持，依靠军官、军士和士兵的支持。在这几年里，有500多名军官因为从事反对乌里武鲁的活动被开除出军队。现在，激进党改变了自己的策略。鉴于胡斯托将军的反动政府对举行"自由"选举的"承诺"和"担保"，鉴于害怕工农革命运动高涨、害怕共产党对群众的影响力日益增强的右翼的压力，激进党放弃了它的抵制政策和武装起义政策。现在激进党人致力于用合法的手段夺取政权。

在这些条件下，实现将国内整个正在展开的反对帝国主义和反对乌里武鲁的运动联合起来的目标，必然是我们的主要任务。反对帝国主义和反对乌里武鲁的人民阵线不能局限于工人和农民的联合，它的范围必须更广泛得多，必须把一切愿意支持反对帝国主义和反对乌里武鲁的最低纲领、愿意为实现人民的要求而斗争的力量都联合起来。

我们决不能只与工人政党和工人群众组织缔结协议，以此来限制人民阵线。人民阵线必须包括一切农民组织、一切小资产阶级的政党和组织，以及一切民族改良主义资产阶级的政党。这一政策遭到了民族党右翼领袖的反对，他们坚决反对与共产党结成统一战线，反对把一切人民力量联合起来开展争取阿根廷人民的民族解放的斗争，取而代之的是，他们企图利用激进党人所遵循的抵制政策来扩大自己在选举中的影响，增加自己在议会中的席位。这一政策也遭到了劳工总联合会的右翼的反对，他们认为不与胡斯托政府合作是不可能的。他们以工会运动的非政治性和中立性来反对无产阶级和全体人民反对帝国主义和法西斯主义的统一战线。

我们党内存在着低估建立反帝国主义统一战线的意义的错误倾向，并且存在着建立这样的统一战线取决于先建立无产阶级的统一战线，尤其是取决于与社会党达成协议的倾向，这一倾向的代言人断言，只有在此之后我们才能着手建立人民阵线。

显然，无产阶级的统一战线是十分重要的、起决定性作用的要素，它能赋予反帝国主义人民阵线真正实现劳动群众的要求和准备资产阶级民主革命的斗争内容。然而，在阿根廷现有的情况下，如果我们不懂得必须不仅同民族革命的党派，而且同民族改良的党派缔结联合行动的协议，那就很难把无产阶级联合起来，并把广大农民群众和广大城市小资产阶级群众吸收到民族阵线的队伍中来。民族革命的资产阶级对农民、对城市小资产阶级，甚至对无产阶级中的一些重要阶层都有强大的影响力。建立反帝国主义的统一战线使我们更容易实现无产阶级的联合，更容易把社会党吸收进人民阵线的队伍，更容易建立无产阶级、农民和城市小资产阶级之间的联盟。它为无产阶级掌握革命的领导权准备了基础。

如果这种看法是正确的，即一部分民族资产阶级在现阶段能够加入反对帝国主义的人民统一战线，那么认为在阿根廷的特殊情况下，只有无产阶级、农民群众和城市小资产阶级能够确保在反帝革命纲领的基础上组织民族统一战线，这种看法也同样是正确的。

我们的前途必定是建立和扩大反对帝国主义的人民阵线。在进一步的发展过程中，争取建立一个反对法西斯主义和反对帝国主义的人民政府，即争取建立一个共产党人不仅支持而且亲自参加的政府，可以成为工作的重点。这个人民政府将是一个为建立作为工农民主专政的一种形式的苏维埃政权准备基础的过渡政府。(掌声)

第二十九次会议

（1935年8月10日）

继续讨论季米特洛夫的报告

8月10日上午的会议由**白劳德**同志（美国）担任主席。第一位发言人讲话。

奥尔代尔然（罗马尼亚）：

罗马尼亚代表团完全同意季米特洛夫同志的报告和共产国际执委会的决议草案。如果说，区分不同的阵营不是取决于对革命问题的态度，而是取决于对法西斯主义是胜利还是失败问题的态度，那么，我们就必须以新的观点来看待现有的政治派别。

我们应该把民族农民党这个由数十万农民组成并得到千百万农民、小资产者和工人支持的政党看做法西斯主义的还是反法西斯主义的呢？对于这个问题，我们党讨论了多次，认为它兼有两种属性。主导这个党的是反动的拥护君主制的资产阶级派系，它与一部分罗马尼亚大金融家的利益紧密结合在一起，公开地或隐蔽地显露出法西斯主义的野心，同时又通过全民族的农民国家这样的蛊惑性口号来掩盖这种野心。但是，它所控制的群众和很大一部分中下层干部，甚至包括一些高层领导人，尽管经常发生摇摆，却是反法西斯主义的。正是由于加速建立法西斯军事独裁的危险在极端情况下甚至会危及民族农民党自身的存在,所以它被迫对这种独裁采取防御立场,不得不顺应群众对法西斯的仇恨情绪,并与这种独裁作斗争。

从理论上讲,民族农民党**有可能**成为罗马尼亚法西斯化的支柱。但是,只要我们帮助这个党中的大多数群众明确认识到他们的地位、作用和取得胜利的可能性,那么它就**必定**不会,而且将来也**不可能**法西斯化,该党的大多数反而会成为反法西斯人民阵线的重要组成部分。这就清楚地显示出,在两个阵营的力量对比关系方面,我们党的作用和无产阶级有意识的行动的重大意义。

尽管罗马尼亚共产党在组织方面,特别是在对广大群众的政治影响方面取得了一些成绩,但我们必须认清并强调的是,目前最大的缺陷和最大的危险是我们党在组织方面的弱点。这一弱点的根基在于宗派主义残余。这种残余根深蒂固,主要是源于不理解当前所处的历史阶段(资产阶级民主革命尚未结束),因此低估了盟友的作用。

另一方面,我们还要与"左派"幼稚病的残余作斗争。这表明我们党在成长方面还存在弱点,也使我们党难以继续扩大和充分利用在夺取改良主义工会和争取工会统一的斗争中所取得的成果。在培养党的新干部方面,这种宗派主义缺陷表现得更加明显。缺乏党的干部是一个严重的危险,特别是在法西斯恐怖日益加剧、资产阶级全力对付革命运动并准备实行独裁的时候。例如在 7 月份的搜捕中,警察采取了血腥的行动,使**科勒夫·约尔丹**同志和**安娜·保克尔**同志受了重伤。在我们党内,干部问题上的宗派主义既在对待老干部的错误态度中表现出来,也在从经过革命战争锻炼的工人队伍中培养新工人干部的问题上表现出来。

我们党为争取实现无产阶级统一战线而不懈奋斗,而罗马尼亚两个社会民主党的领导层则不仅在国内,而且也在国际层面上反对无产阶级统一战线。正式的罗马尼亚社会民主党属于第二国际的右翼。社会民主党领袖对待统一战线问题的态度，是随着我们党善于动员社会民主党的工人群众，善于清除工会中的改良主义影响而相应改变的。在下层群众的压力下，社会民主党的领袖曾被迫与我们党的代表团谈判，并达成了一份纪要，决定双方要共同战斗，尤其是要为捍卫西班牙十月革命而共同战斗。后来这些领袖背弃了自己的诺言。格雷尔特博士（"左派社会民主党"）的追随者则暂时停止了与反法西斯群众组织的统一战线，甚至对这些组织发出了禁令。

社会民主党领袖的态度变化，是动员群众支持工人联合会代表大会的结果；在这次动员中，改良主义工会中的两万名工人——大约是工人联合会全体会员的一半——通过自己的代表宣布支持统一战线。社会民主党自己的一部分党员和下级组织也表态支持统一战线，而且是在旧王国的社会民主党大会中以及在许多地区的社会民主党下级组织的决议中。社会民主党领袖恼羞成怒，他们竟然殴打布加勒斯特党组织的委员会的一名成员并将其开除出社会民主党，其理由是这个人赞同与共产党人结成统一战线。他们还将那些宣布支持统一战线的社会民主党组织开除出党。

我们的共青团刚刚学会正确地运用统一战线策略，布加勒斯特的共青团组织就懂得争取布加勒斯特的社会民主党青年组织参加统一战线。其他一些城市的社会民主党青年组织和体育组织也随之参加了统一战线。

广泛的革命行动越是在实践中证明，变改良主义工会为战斗工会的方针是可行的，并且我们已经为实现这一转变采取了决定性的步骤，工会的统一就越是可能。早在1932年末，我们就通过在改良主义的铁路工人工会中做工作，争取到了这个工会的大多数，并借助他们的力量成功地进行了1933年铁路工人的英勇斗争。凡是我们的积极分子克服了宗派主义并在现有的改良主义工会中（特别是在铁路工人工会中和在轻工业工人中）做工作的地方，我们都能取得重大的成绩。在这些地方，我们不仅争取到工会会员，而且还争取到许多工会的领导层参加阶级斗争。

与此相反，在许多重要工业部门，如冶金业、采矿业和港口业，我们的力量还很薄弱。在这些部门中，占优势的是处于社会民主党影响之下的改良主义工会。实现工会统一和建立无产阶级统一战线，将赋予罗马尼亚无产阶级以力量，这种力量对于它实现自己的要求和开展反对法西斯化措施的斗争是绝对必要的。

铁路工人刚刚取得的一个成就是，大部分法西斯主义的青年铁路工人都脱离了法西斯组织，并加入了工会。

让我们再来看大学这个法西斯主义对青年施加影响的巢穴。我们确信，通过清除宗派主义——尽管还没有彻底清除——和勇敢捍卫学生群体的经济利益，反法西斯的力量成功地建立了一个民主的学生战线来反对入学限额，反对削减学生人数，争取降低学费、建造学生宿舍和食堂。

但是争取青年的问题还远未得到解决，这里仍然是法西斯主义的地盘。我们在农村青年中的影响很小。共产党低估青年工作证明是一个严重的失误，它在一段时间内允许共青团在统一战线中采取错误的路线，从而极大地削弱了青年的组织，导致今天共青团员的数量比党员还要少。

罗马尼亚的反法西斯运动将防止青年成为法西斯主义的牺牲品。这条战线取得的成就只是罗马尼亚反法西斯运动的一部分。这些成就证明，罗马尼亚的反法西斯力量不仅在工人阶级中是强大的，而且在包括农民在内的广大小资产阶级群众中也是强大的。

数以万计的抗议签名、建立保卫委员会开展包括营救台尔曼和所有反法西斯人士在内的各种活动，表明广大群众与法西斯主义的受害者是团结一致的。这里必须强调指出红色救济会在反对恐怖统治和法西斯主义的斗争中所发挥的作用。在罗马尼亚，只有5000名会员的红色救济会处于非法状态，尽管在组织上还很弱小，但还是积极地参与了反法西斯的群众运动。

我们还想强调，法国反法西斯运动对罗马尼亚姊妹运动的支持，不只是表现为在组织反法西斯人民阵线方面提供了光辉的榜样。我们还得到了法国铁路工人通过派遣代表为克拉若瓦审判案提供的有效援助，这表明国际无产阶级是团结一致的。

在我们党的工作开展得比较落后的那些阶层中，必须使党的工作来一个决定性的转变。我们必须积极地讨论农业工人和农村半无产阶级大量失业的问题，他们在被迫从事不付报酬的义务劳动。我们还必须勇敢地对农民的群众组织，特别是对民族农民党的组织运用统一战线策略。

在罗马尼亚，开展伟大的反法西斯斗争，必将席卷千百万群众，其范围远远超出现在就已经准备好为建立工农政府而斗争的那些阶层。无须向群众隐瞒，共产党认为只有这样的政府才能为反对资产阶级和大地主的一切法西斯主义的袭击提供最终保障；党必须向群众证明，甚至在现行的制度框架中，通过开展卓有成效的斗争，也能为建立一个反法西斯人民阵线的左派政府创造条件。

我们必须说服工人群众追求自己真正的阶级利益，站在最广大人民群众和反法西斯人民运动的前列；必须使他们确信，就像《共产党宣言》所说的，共产党这个无产阶级的党除了整个无产阶级的共同目标之外没有任何别的目标，所以它理应是千百万人民群众的先锋队，并且必定成为广大群众打退法西斯主义进攻的斗争的倡导者和组织者。

皮亚塞茨基（国际红色救济会执委会共产党党团）：

季米特洛夫同志在他出色的报告中，强调了广大无党派群众组织的重要性。我想就此问题简要地谈谈国际红色救济会的作用。

国际红色救济会救助所有白色恐怖的受害者。因此它在救援革命战士的过程中，将所有劳动者和所有正直的人团结在一起，而不管他们的党派、职业、性别、种族、宗教或国籍如何。我们根据具体情况动员群众保护白色恐怖的受害者，通过这些行动实现了团结一致的统一战线。

光是在最近一年半的时间里，国际红色救济会就组织派出了50个代表团去救援或调查一系列国家恐怖统治受害者的状况和境遇。我们为奔赴德国、奥地利、西班牙和波兰等国的众多代表团请来了知识界的杰出代表。

争取释放台尔曼的巴黎中央委员会在加拿大、美国、西班牙、荷兰和其他一些国家建立台尔曼委员会，为我们请来了一批知识分子和许多有名的大学者，例如著名的法国律师和激进社会党党员莫罗·贾费里、皮埃尔·科特（法国），作家安德烈·纪德、罗曼·罗兰、卡琳·米夏埃利斯、马利勋爵、郎之万教授和其他许多人。

我们向第二国际和阿姆斯特丹工会国际提出了一个共同开展援助活动的建议。然而，我们收到的是对我们信函的粗鲁答复。

我们的法国支部取得的成就最大。它成功地建立了一个援助西班牙斗争牺牲者的劳动者全国委员会。这个设在巴黎的委员会建立了27个省委员会。去年4月，由它发起在巴黎召开了一次全欧洲的援助会议，共有来自19个国家的207名代表出席，其中有89名共产党人、73名无党派人士、32名社会党人和13名资产阶级左翼人士。

在奥地利，我们的支部成功地在南部的两个地区——蒂罗尔和上奥地利——促使革命社会党人的地方组织参加救援工作，这多亏了灵活的策略，多亏了同志式的团结，也多亏了我们坚定地、超党派地开展救援行动。

在西班牙，在红色救济会的帮助下，在马德里建立了中央救援委员会，参加这个委员会的有社会党、社会主义青年团、共产党、共产主义青年团、工会、共和党人、无政府主义者和红色救济会。

在德国，我们的支部善于在个别组织内就救援行动方面的统一战线达成一致意见。在某种情况下，建立了一个由德国社会民主党、德国共产党和国际红色救济会的代表组成的共同委员会，致力于组织募集救援政治犯及其家庭的捐款。在台尔曼日那天，该委员会向所有工人组织发出号召，要求在德国建立团结互助的统一战线。

现在谈谈苏联的国际红色救济会。苏联是唯一使每一个被迫害的革命者，无论其信念和观点如何，都能得到帮助、庇护和工作的国家。

奥地利和西班牙的运动最清楚地证明了这一点。苏联的国际红色救济会在劳动者中发起联合募捐，向奥地利街垒战士的牺牲者捐赠了一百万先令。

苏联的国际红色救济会邀请689名工人自卫队员及其家属来苏联并帮助他们成行，使他们能在这里疗养，并在工会的帮助下在这里就业。在这方面值得一提的是，许多工人自卫队员和许多西班牙移民都是社会党人。

苏联的国际红色救济会表明，它高举着全体劳动者国际团结互助的旗帜。

在为了无产阶级的事业而惨遭谋害者的长长的名单中，国际红色救济会的战士们有理由占据一个光荣的位置。就是在这次大会上，波立特同志从这个讲坛上对德国红色救济会成员克劳斯同志的死刑判决提出了抗议。

我们在这个崇高的讲台上向第七次代表大会的名誉主席、我们的台尔曼同志保证，我们将以更大的力量、更高的热情、更强的意愿投入今后的斗争，投入为争取彻底胜利、为世界革命而进行的斗争，这场斗争将打开所有的监狱，使台尔曼、拉科西、安蒂凯宁和其他一切反法西斯人士都获得自由。(热烈的掌声)

布龙科夫斯基（波兰）：

法国共产党和法国无产阶级为我们树立的光辉榜样，对我们党和波兰人民群众具有特别实际的意义。因为尽管法国和波兰的环境存在各种各样的，甚至根本性的差别，但是很少有国家像波兰这样，运用法国经验的可能性和必要性如此迅速地成熟起来。

广大小资产阶级群众，首先是广大农民群众，无可争辩地转向了无产阶级一边。这表现为农民支持工人阶级的斗争和农民党中出现了强烈的不满情绪。

在波兰建立人民阵线，首先意味着把最广大的农民群众吸收进这个阵线。

我们党从几年前就开始为工人和农民的共同行动、为建立工农联盟而斗争。我们曾与农民阶级中相当广泛的阶层一起为实现他们的部分要求和口号而斗争，向他们指明了工作的途径和方法。我们还常常领导自发的农民行动。我们依据工农联盟的思想在农村建立了相当广泛的群众基础。不过，大多数农民迄今为止仍然处于农民党的影响之下。他们想为实现自己的切身利益、为反对压迫和贫困而斗争，但是还不懂得，只有同无产阶级结成联盟，通过无产阶级专政才能争取到更美好的未来。现在我们想和这些农民及其组织联合组成共同的反法西斯人民阵线，为他们的切身利益、为他们残存的权利和财产而斗争。建立一个广泛的人民阵线首先意味着把那些愿意为反对剥夺残存的民主权利、争取改善当前农民难以忍受的生活条件而斗争的农民组织和党派吸收进来共同战斗。这必将加速争取城市小资产阶级和劳动知识分子的各种组织加入人民阵线的进程，这些组织虽然愿意开展反对法西斯集团的斗争，但是如果没有工人和农民这个主力军，他们就不可能进行这一斗争。

人民阵线既是可能的，也是必要的。

反法西斯人民阵线之所以是可能的，首先是因为工人阶级向城市和农村的广大人民群众证明了它是唯一真正为了民主自由、为了群众的权利和财产而斗争的阶级。

今年6月19—27日这段时间，特别是6月25日在华沙和罗兹举行的反对法西斯宪法和法西斯选举法的总罢工，对于波兰群众斗争的发展，具有与去年2月9日巴黎无产阶级的示威游行和2月18日的总罢工相似的意义。与法国的总罢工相似，六月罢工是无产阶级统一战线发展过程中的一个转折点。在上述事件的影响下，波兰社会党的领导层本身发生了重大转向，其领袖涅杰尔科夫斯基公开表示要效仿法国的榜样支持人民阵线。

我们在统一战线方面刚刚迈出头几步。然而这头几步就已经证明，工人阶级统一战线是可能的和必要的。我们认识到，行动统一问题已经成为整个工人运动的核心问题，成为一个人们不能再回避的问题。

随着1935年初新的罢工浪潮的高涨，统一战线事实上成了共产党工人和社会党工人及其组织统一行动的战线。罗兹总罢工就是在此基础上进行的。

我们采取什么措施克服了社会党反动领袖的抵抗呢？

1934年3月19日，当我们的代表团带着建立反对取消社会保险的统一斗争战线的建议出现在波兰社会党中央委员会时，波兰社会党中央委员会的一名代表说，他完全不了解我们，根本不想同我们对话。

后来，波兰社会党的领袖向我们提出了缔结统一战线协议的前提条件。再后来，他们试图用作为社会党框架内的统一战线的工人协商来抗拒同共产党人结成统一战线。不过无产阶级的阶级斗争促使他们转变了立场。在地方组织和地区组织中，行动统一已经成为事实。

我们在实现无产阶级统一战线方面取得的初步成果，为反法西斯人民阵线的发展奠定了基础。

建立反法西斯人民阵线的可能性和条件当然并非到处都是一样的。有能力建立反法西斯人民阵线的力量的成熟程度并非到处都是一样的。我想简要地谈一谈，在与我们毗邻的法西斯主义的波罗的海诸国，这一问题处于何种情况。在这些国家中，建立反帝国主义人民阵线的前提条件成熟得最为迅速的国家是拉脱维亚。这首先是因为我们在拉脱维亚可以看到，工人阶级内部尽管还很有限的统一战线，已经在相当程度上为此打下了基础。拉脱维亚社会民主党遭受过一次惨痛的失败，经受过一次严重的瓦解，其程度只有奥利地才能与之相比。在社会民主党的废墟上产生了一个由逐渐转向共产主义立场的最优秀分子建立的革命社会主义组织，同我们达成了统一战线协议。这个统一战线逐渐为在拉脱维亚建立一个无产阶级的统一政党创造了前提条件。只是统一战线的这个基础还很薄弱，必须进一步努力，将统一战线扩展到社会民主党倒台之后处于消极状态的那些工人。工人阶级事实上对法西斯主义一体化和法西斯主义恐怖统治进行了越来越强有力的抵抗，并使劳动者加入了战斗。

更为复杂的是芬兰的情况。芬兰的法西斯主义还远远没有达到极权制度的地步。全部资产阶级党派，也包括社会民主党，都企图通过与法西斯主义政党谅解和合作，并通过参与法西斯化进程，在法西斯主义制度中保持自己的地位。但是这决不意味着不存在内部矛盾和这些矛盾不会激化。法西斯主义恐怖统治的锋芒是针对革命先锋队的。仍在很大程度上维持的民主的政府形式，在群众中造成了幻想。不过，法西斯的紧急法令已经开始沉重地打击了广大群众，并对各个政党构成了威胁。法西斯主义最残暴的派别拉波运动的发展及其对芬兰法西斯主义发展的影响的加强，对群众构成了更大的威胁。芬兰共产党在执行新的工会策略时取得了重大的成就,为卓有成效地开展争取统一战线的斗争奠定了基础。但是,党在争取建立统一战线的斗争方面还成效甚微,社会民主党反动领袖的抵抗还很强烈。不过,在争取建立统一战线的斗争中,在为实现这一目标利用社会民主党内部的意见分歧时,芬兰共产党已经设法根据更为宽泛的、群众可以理解的口号把他们吸收到斗争中来,为建立一个反对进一步法西斯化的危险、保卫残存的民主权利的人民阵线而奋斗。

在拉脱维亚、立陶宛和爱沙尼亚动员群众开展反对法西斯主义和建立统一战线的斗争中,共产党人坚定地反对本国资产阶级与德国法西斯主义暗中勾结、反对德国法西斯主义及其盟友波兰法西斯主义对立陶宛、拉脱维亚和爱沙尼亚人民的民族独立构成严重威胁的帝国主义计划的斗争,必定发挥特别重要的作用。

我们波兰共产党人可以宣布,我们将坚定地与波罗的海诸国的共产党人共同行动,反对对波罗的海诸民族独立的任何危害。我们坚信,支持苏联的和平政策是保持这一独立的最佳保证。

对于建立广泛的反法西斯人民阵线、对于确定无产阶级在其中的作用具有决定性意义的是,共产党要进一步赢得劳动群众的信任。我们必须向群众证明,为了争取建立苏维埃政权,我们愿意并且正在为维护劳动者的一切权利、一切财产,为维护残存的民主自由而进行最坚决的斗争。我们必须以行动向反对党的一切追随者证明,共产党是反对法西斯主义、反对剥夺人民权利、反对剥削和经济奴役的斗争的唯一倡导者和组织者。

批评我们在争取实现民主权利和部分要求方面的缺点,只会有助于我们使群众相信我们的坦诚。

此外,共产党人必须使劳动群众相信,他们不仅不会忽视民族感情,不仅不会对人民群众的民族利益漠不关心,而且唯有共产党人有能力为民族的自由发展创造条件并保障民族独立。

像在其他从前受压迫的国家,例如拉脱维亚、立陶宛、爱沙尼亚、芬兰等一样,这一点在波兰也特别重要。我们必须指明,谁真正是独立的威胁。我们必须揭露帝国主义列强,首先是法西斯德国的掠夺计划。我们必须揭穿本国资产阶级与德国帝国主义的暗中勾结,指明这才是对这些国家独立的威胁。

资产阶级把我们对作为压迫和剥削劳动者的机器的资产阶级国家和法西斯国家的态度,与我们对祖国、故乡、民族自由的态度混为一谈,企图以此来恐吓群众,说我们致力于摧毁资本主义国家和反对资产阶级法西斯国家,是所谓反对自己的祖国、反对自己的国家。我们必须证明,我们是想通过把人民群众从资产阶级的奴役和剥削中解放出来,为劳动者造就一个真正的祖国。

对此问题的这种理解已经开始在劳动群众中深入人心。波兰先进知识分子的代表善于表达和继续发展这些在波兰的环境下很大胆的思想。天才的青年作家们,例如迄今为止的女社会党人、一位著名社会党领袖的女儿瓦西莱夫斯卡和农民作家克鲁奇科夫斯基等人,在一系列证明他们正逐渐转向无产阶级世界观的优秀小说中,大胆地揭露了波兰的资产阶级和地主。这些小说向人民群众指明了他们对自己的波兰祖国有什么期待,以及他们得到了什么。

我们波兰人必须特别注意季米特洛夫同志的指示,即我们决不能丢弃先辈们的长存于群众之中的斗争传统,决不能把它让给敌人。群众必须在我们身上看到无产阶级革命斗争的唯一真正的遗产、农民起义和斗争的遗产。我们同时也是民族解放斗争的最优良的民主传统的继承者。难道那些今天屠杀劳动群众的刽子手们、那些嘲笑波兰民族解放斗争的最优秀代表为之奋斗的一切东西的人,有任何权利继承这些遗产吗?

为了赢得群众政治上的信任,我们必须像季米特洛夫同志所强调的

那样,学会同千百万人对话。我们必须学会使我们的宣传鼓动方法适应千百万群众的思想状况和运动的状况。(掌声)

扎波托茨基(捷克斯洛伐克):

关于季米特洛夫同志的报告,我只想谈一个问题,就是工会统一的问题。在我们捷克斯洛伐克,工会运动按政治派别和民族归属分裂成了许多组织,其中红色工会力量较强,在这种情况下,工会联合的问题尤为重要。

争取工会统一斗争中的困难的根源在于,在我们这里,改良主义领袖用尽一切办法反对统一战线的思想和工人及其工会统一行动的思想。"工会联合会",即社会民主党的工会中央,甚至开除了整个改良主义的汽车司机联合会,仅仅是因为它的代表大会宣布反对与资本家合作的政策,支持阶级斗争和工会的阶级统一的政策。

红色工会是在战后作为一个阶级工会运动在反对改良主义政策的斗争中产生的,这一政策给工人阶级带来了贫困和压迫。在摆脱了以哈尔斯为代表的机会主义之后,红色工会成为一系列经济斗争的组织者和领导者。

红色工会已经成了有阶级觉悟的工人的组织,但是它们没有把自己的注意力集中于工会运动的整体,它们从前一直没有充分意识到,作为整个工会运动的组成部分,它们必须把阶级斗争的思想贯彻到整个工会运动中去,争取工会统一是它们的主要任务。

由于对无产阶级生活境况的进攻越来越猛烈,以阶级斗争为基础的工会统一越来越必要了。

由于法西斯分子对工人权利和包括改良主义工会在内的所有无产阶级工会发动进攻的危险越来越大,工会统一的必要性受到重视。在德意志人聚居区,家乡阵线选举获胜后,就开始对所有工会干部实行企业恐怖。德意志工厂主拒绝与工会谈判，一切工资和工人问题都要在完全排除工会的情况下由工厂主说了算。家乡阵线已经在准备成立自己的法西斯主义工会。在捷克人聚居区，我们也面临着类似的危险。法西斯反动派集中自己的力量对民主权利发起猛烈进攻，现在他们已经在谈论必须清除自由的工人工会，必须将工会国有化，等等。

以阶级斗争为基础的工会统一的必要性，终于也越来越受到工人群众的重视。

改良主义的工人越来越清楚地认识到，不能再走阶级和平的道路、不断向资本家投降的道路和分裂工人队伍的道路了。在许多地方出现了红色工会小组和改良主义工会小组之间的合作，在许多企业中已经实现了工会的合作。

召开一次共同的联合代表大会以结束分裂状态，为工会运动的组织统一奠定基础的要求，无疑已经在捷克斯洛伐克所有无产阶级工会组织的会员群众中引起了可喜的反响。不过，我们必须估计到，这一口号尽管在工人中受到欢迎，但是不会马上就被所有的工会中央所接受。正是因为对于我们共产党人来说，工会统一不是一个花招，而是一个实实在在的目标，所以我们在争取工会统一的斗争中决不能机械地局限于要求召开联合代表大会。目前我国的工会运动四分五裂，甚至连改良主义的组织也不是统一的，在这种情况下，我们不一定要坐等召开共同的联合代表大会，而是应当尝试在共同的斗争和行动已经为此奠定了良好基础的地方，使改良主义工会下属的联合会和分部与红色工会联合起来。在争取统一的斗争中，首先必须使所有革命的工会会员积极行动起来，因此，首先整个红色工会必须将自己的全部力量投入建立统一战线和工会统一的任务。

尽管现在工会运动处于分裂状态，但是红色工会会员还是要把工人工会看成一个整体，把自己看成这个整体的组成部分。他们必须始终牢记的目标是：在反对资本主义的基础上将所有工人工会联合起来。

因此，红色工会必须致力于不仅与其他工会的**会员**，而且与其**整个组织**共同斗争，反对企业中的法西斯主义恐怖政策，争取提高工资，争取实现青年工人的要求，反对解雇工人，争取失业工人的就业权利，争取定期救济那些找不到工作的人，反对企业主的恐怖政策，反对对工人权利和社会福利成果的进攻，反对把工会排除在劳资集体谈判之外的企图，等等。

在这一共同行动和斗争的过程中，必须以最大的努力使这种在斗争中形成的统一不是行动结束后就被解散，而是将其在企业、地方或地区的范围内从组织上固定下来。

为此目的，必须建立各种形式的统一战线机关，例如统一委员会、工会卡特尔、斗争联盟、青年委员会、失业者行动委员会等等。我们还必须借助企业委员会来努力实现工会统一，把企业委员会变成统一的无产阶级斗争的机构。

我们捷克斯洛伐克共产党人完全理解争取工会统一的斗争在争取无产阶级解放的共同斗争中的重要意义。因此，我们向所有工人和工会会员，向所有工会干部发出呼吁，要意识到目前局势的历史意义，认识到筑起一道抵抗资本主义进攻的堤坝的紧迫性。这涉及，工人工会要自豪地高举起阶级斗争的旗帜，克服分裂倾向，消除行会观点、狭隘的竞争意识和自负的宗派主义；工人工会要满足所有工人的愿望；工人工会要实现各个工会的统一，保障统一的工人工会的所有会员享有民主权利，通过自己的工会来组织反法西斯主义的斗争。（掌声）

瓦尔加（苏联）：

同志们！季米特洛夫同志在他的报告中清楚而全面地阐明了我们的战略和策略问题。

在经济危机和大萧条的年代，资本主义的经济计划成了时髦。

这些年计划经济以及资产阶级和改良主义的辩护士们的计划经济谋略兴盛的原因是什么呢？主要原因是：

1. 市场问题无法解决。
2. 必须掩盖金融寡头掠夺国库的行为。
3. 必须掩盖经济转向战争的事实。
4. 企图延缓工人的革命化进程。

在资本主义总危机时期，生产力和生产关系之间的矛盾**在资本市场周期性的困境中明显地表现出来**。资本主义的内在运行规律必然导致市场问题越来越**无法解决**。销路顺畅的繁荣时期越来越短，销路不畅的危机和萧条时期越来越长。总危机时期存在的周期性缺乏销路的趋势，在工业危机爆发的时候就会导致灾难性的后果。

资产阶级及其御用文人妄想通过建立资本主义计划经济蒙骗历史！

资本主义计划经济的目的和意义首先是解决市场问题。

但是计划经济怎样才能使生产和销售相一致呢？

要么是限制生产，要么是扩大消费。

实际上在资本主义条件下，为了克服生产过剩只能采用限制生产的办法。有些资产阶级的经济政策专家在这个问题上信口开河。例如，英国著名的青年保守主义者麦克米伦写道：

"计划经济是指一种根据有效的（即有支付能力的）需求来调节生产的尝试。"（麦克米伦《重建》，伦敦，1933年，第116页。）

但是，当千百万工人长年失业，当进攻的思想在工人的头脑中逐渐成熟（斯大林语），当改良主义的领袖们越来越难以让工人偏离革命道路的时候，资产阶级政客——无论是资产阶级的还是社会民主党的——不可能公开宣布通过有计划地限制生产，即通过有计划地扩大失业大军来解决市场问题的计划！因为这将激起而不是平息群众的愤怒。这里适用一句名言："有些事只做不说。"

因此以大量公共工程来减少失业和提高购买力是一切计划经济项目的固有组成部分。因此资本主义计划经济的预言家们宣称，市场问题应通过提高劳动人口的消费能力来解决。

但是，这些计划没有一个具体地回答在资本主义条件下应当怎样提高购买力。

我们必须不仅用马克思主义的理论论证，而且用对这些"计划经济"试验结果的具体分析来同这种危险的蛊惑作斗争。

从理论上讲：资本主义的利润等同于剩余价值。除了由工人创造却被资本攫取的剩余价值，利润没有其他的来源。指望资产阶级为了能够卖出更多的商品而自愿支付更高的工资，无异于向他们建议，从他们自己的钱箱里拿钱给工人，让工人用这些钱去买他们积压的商品。资产阶级是不做这种赔本生意的！这里适用于上述那句名言的反义："这种事**只说不做！**"资本家从来都不会自愿支付更高的工资；他们总是力求以尽可能低的工资从自己的工人身上榨取尽可能高的绩效！工人阶级只有通过艰苦的斗争，才能迫使资本家改善工人的处境。

大资产阶级对鼓吹高工资的蛊惑没有任何反对意见，只要它始终停留在**语言**上。美国新政的命运就证明了这一点。

改良主义者的计划——法国总工会的计划、英国工会的计划、瑞士和荷兰的计划，都是德曼的"就业计划"的变种——是一种更高类型的社会蛊惑。德曼宣称：开展日常斗争争取提高工资和调节收入分配的改良主义，今天已经过时了、无效了；必须发起"**对资本主义结构本身的进攻**"。必须以对资本主义经济的关键部门，如大银行和最大程度垄断化了的工业部门实行国有化为途径，创造一个"计划经济的资本主义"，作为向社会主义的过渡。但是，实行国有化不应通过没收资产阶级的财产，而应通过收购足够的股份，以保证国家具有"决定性的影响"。实现这一切无须革命变革，而是通过所有"怀着善意的人们"不分阶级的合作，也就是说，实际上是走议会制大联合政府的道路！

改良主义者的计划经济蛊惑，首先是用来抚慰社会民主党工人队伍中的不满情绪，用来对抗共产党的影响力，用来抵消苏联的革命影响。

只要资产阶级还是统治阶级，只要还存在着资产阶级的国家机器，那么通过收购股份实行所谓的"国有化"，即把有限的一部分生产资料转为由大资本统治的资产阶级国家所有，这不是削弱而是加强了资产阶级的统治。希特勒德国就是最好的证明。在法西斯德国，国家通过其整治行动，"决定性地"参与了所有的大银行和绝大多数重要的工业部门。难道这就意味着金融寡头的地位削弱了吗？绝对不是，恰恰相反：国家的参与增强了金融寡头掠夺其他一切阶级的能力！如果一个**参加政府的社会民主党**，譬如像比利时的或者捷克的社会民主党，推行计划经济的谋略，那么我们就应当像季米特洛夫同志已经讲解过的那样，对改良主义的领袖们提出要求：证明你们能做什么吧！实行你们的计划，你们一直在谈论的**整个**计划吧！履行你们改善工人状况的诺言吧！

但是在比利时，王德威尔得-德曼政府并没有实行其国际著名的"就业计划"，而是实行了大资产阶级所要求的贬值政策，从而大大加剧了比利时无产阶级的贫困！

通过把对资产阶级国家中的一切计划经济实验的原则性批评与履行那些对工人有利的承诺的具体要求联系起来，我们使社会民主党工人摆脱了对计划经济蛊惑的迷恋，打通了与正直的左翼社会民主党人建立统一战线的道路。

计划经济蛊惑的主要动力之一是希望阻挡苏联的革命影响。苏维埃制度相对于资本主义制度的优越性在危机和大萧条年代表现得如此清晰、如此明显，以致像以前常见的那样简单地否认这些成就已经不可能了。甚至根据资产阶级的统计资料（以1928年的工业生产为100），苏联1934年的工业生产提高到了296，**六年时间增加了两倍**，而处于危机中的资本主义世界的生产则倒退了十年！斗争必须以新的方式进行。资产阶级的和社会民主党的计划经济学家们现在宣称：苏联的优越性不是基于社会制度的变革，而是基于其**计划经济**。**资本主义的弊病不在于资本主义制度本身，而仅仅在于无政府状态，在于缺乏计划！**

成功的计划经济的必要前提，即通过扩大群众的消费能力来解决市场问题，是排除作为动力的利润并同时限制生产，因此是推翻资产阶级的统治，是无产阶级专政。只有当扩大群众消费的内在限制生产资料私有制废除的时候，市场问题才会消失，有计划的经济才成为可能。**资本主义**经济（无论是无政府状态的还是"有计划的"）与苏联经济之间的根本区别就在于此！在资本主义条件下，群众有限的消费能力限制了市场的扩大，从而也限制了生产的扩大，而在苏联则情况完全相反。在这里，消费能力没有内在的阶级的限制。（消费能力的扩大只受当时迅速发展的生产力状况的限制。）生产得越多，居民就能消费得越多！因此在苏联不存在市场问题，决不会出现生产过剩的危机。因此计划经济是可能的！

一切计划——从德曼计划到劳合·乔治计划——都预定要限制议会的权利，在"经济界"和改良主义工会的代表中建立新的团体，赋予政府特殊的全权！显然，这种计划同墨索里尼的社团国家如出一辙。

所有这一切表明，反对计划经济蛊惑的斗争是争取群众的斗争的一个重要组成部分。

没有革命的理论就没有革命的实践。因此，我们切不可忽视与改良主义者的理论斗争。我们决不能允许某个德曼不受反驳地玷污马克思和列宁的伟大声誉。我们有义务捍卫马克思恩格斯列宁斯大林的革命理论，反对一切修正主义的歪曲。这是我们取得胜利的先决条件之一！

塞拉诺（墨西哥）：

在此次代表大会之前，我们党不了解人民阵线问题。当卡列斯和卡德纳斯之间发生冲突时，我们曾将这一冲突视为两个资产阶级—地主集团之间的派系斗争。

而事实上，卡德纳斯在 1917 年改革的基础上，扩大了把土地和贷款分配给农民的政策，并且对罢工运动和工人运动，其中也包括对共产党，采取了一定的宽容态度。共产党在五年非法状态之后，现在享有一定的合法性。卡德纳斯在采取民族改良主义措施向群众妥协和向帝国主义作重大妥协之间摇摆不定。但是尽管如此，卡德纳斯采取的政策是与**卡列斯的想法不同的、新的政策。**

我们的错误在政治上和实践中产生的后果是制订了错误的策略，阻碍了反帝国主义的人民运动的前景和可能性。

在这种情况下，我们党必须集中火力反对卡列斯，揭露他的反动嘴脸，警告群众提防军事政变。同时，我们党必须在为经济的、政治的和反帝国主义的要求而斗争的基础上开展群众运动，开展主要是针对外国公司的经济罢工，争取提高工资，争取更有利的集体劳动合同，开展政治性群众罢工反对限制罢工权或工人权利的任何企图。这些斗争必须与农民运动、学生运动和城市小资产阶级运动结合起来，以这种方式为总罢工和反对卡列斯政变的城乡大规模群众行动创造前提条件。

我们党必须设法联系国民革命党的左翼。我们必须借助统一战线策略依靠这个左翼，以加快该党内部的阶级分化和组织分化，从中发展出一个越来越明确、越来越坚定的国民革命党左翼。

我不是建议与包括深受人民憎恨的右翼卡列斯分子在内的整个国民革命党结成人民阵线，而是建议与卡德纳斯派，即该党的大多数成员所追随的那些民族改良主义者结成人民阵线。不过，在把准备发动反动政变的卡列斯将军和其他政客排除在外的条件下，我们也可以争取与整个国民革命党结成统一战线。

当然，我们还必须关注墨西哥工党、老"左派"特歇达的左派社会党和其他类似的政治组织。

我们将拒绝国民革命党纲领中所有对群众有害、对帝国主义及其国内工具有利的内容；但是，我们将支持这个纲领中部分地有利于劳动群众的内容，以及某个哪怕仅能略微限制帝国主义对土地和人民的压迫的内容。我们将对卡德纳斯的具体政策运用这个行动办法，并且提出适用于发起群众斗争和突破政府的民族改良主义妥协框架的新要求。

我们要批评卡德纳斯摇摆不定的立场，揭发他对帝国主义的妥协让步，与此同时，我们也要批驳工会中甚至我们党的队伍中出现的把卡德纳斯视为民族革命领袖的倾向。不过我们要让群众明白，这与揭露卡德纳斯的策略无关，而是关系到我们真诚地扩大反对帝国主义的人民阵线。

当前最紧迫的任务是巩固和扩大既有的工会统一战线。第二位的任务是建立一个统一的农民阵线，作为工人阶级最可靠的盟友，以保证工人阶级在人民阵线中的领导作用。

我们为无产阶级提出了以下要求：实行真实的最低工资制度，在帝国主义者的企业中提高工资，严格执行被帝国主义者全部或部分违反的劳动法。

我们要求为反对对农村劳动者特别是雇农的半封建压迫而斗争，同样要为解放印第安人部落而斗争，尽管我们还必须讨论与人民阵线相联系应当以何种形式提出这个问题。为了城市小资产阶级、妇女、穷人和中间阶层，我们要求降低电价，反对因付不起电费而停止供电，反对食物垄断，要求降低物价，等等。

不言而喻的，在这一斗争中同时也要提出解除法西斯组织的武装和解散法西斯组织（"金衫队"等）的要求。

我在这里只是列举了统一战线的一些最急迫的要求，因为墨西哥与巴西的情况相反，夺取政权的斗争暂时还提不上日程。不过，在墨西哥也存在着一些有利于人民运动甚至革命危机较快发展的因素。

还有一个我们党必须完全转变立场的问题：我们与爱国主义传统和1910年革命的关系问题。我们曾持一种宗派主义的态度，其表现是忽视和低估这些传统，忽视和低估作为墨西哥民族第一次解放运动的1910年革命。我们必须重振民族的遗产和革命传统，把民族独立的周年纪念日9月16日和1910年革命的周年纪念日11月20日变为民族解放运动的两个纪念日。

显然，只有在人民阵线内部开展群众工作的过程中，党才能转变成一个群众性政党。党在组织人民阵线的过程中，必须与抗拒新路线的宗派主义势力作斗争。

同时，我们还必须与一切歪曲人民阵线策略、使导致与资产阶级合作的尾巴主义死灰复燃的企图作最坚决的斗争。只要我们善于同目前追随民族改良主义的最广大群众联系在一起，只要我们善于组织群众并通过局部斗争将他们引向革命，同时保持我们党作为无产阶级革命政党的独立性，那么人民阵线就对我们有利，我们就能取得革命的胜利。

哈贾尔（巴勒斯坦）：

巴勒斯坦的民族革命运动正在蓬勃发展，不仅赢得了越来越广泛的群众支持，而且反对帝国主义和犹太复国主义占领者的行动愈演愈烈。工人阶级越来越广泛，越来越积极地参加民族运动。在这场革命中，巴勒斯坦的阿拉伯人民群众和工人阶级作为先锋队发挥了决定性的作用。

从前的巴勒斯坦共产党领导层对此不理解。因此，党不顾国内强有力的革命事件，走上了犹太民族主义的宗派主义道路，回避广大阿拉伯群众。巴勒斯坦共产党的这种机会主义的、半犹太复国主义的领导遭到了唾弃。现在党坚定地走上了阿拉伯化的道路，致力于与广大阿拉伯群众打成一片，卓有成效地争取阿拉伯人民群众的民族解放运动的领导权，并确保工人阶级在这一斗争中发挥领导作用。

民族改良主义的领袖们时至今日仍强有力地影响着巴勒斯坦的民族运动。他们所领导的改良主义政党和组织是群众性的组织。

深入到这些组织中去，我们就能把群众争取过来，使其摆脱改良主义领袖的影响，转而走上坚决反对帝国主义的道路。

阿拉伯群众对犹太复国主义的资产阶级怀有强烈的仇恨，因为后者直接扮演了镇压和奴役他们的宪兵角色。反对犹太复国主义资产阶级的斗争，立即得到了劳动人民中各个被压迫的社会阶层的赞同。这一斗争每天都在发生，本质上是一种反对帝国主义的斗争。我们支持这一斗争，并且要成为斗争的领导者，扩大这一斗争并将其引向正确的道路：反对主要敌人帝国主义。我们憎恨犹太复国主义资产阶级，但是我们向犹太劳动者伸出友谊之手，与他们共同开展反对帝国主义、反对犹太复国主义、反对巴勒斯坦的阿拉伯人民和犹太人民的这些最凶恶敌人的斗争。

我们党在建立阿拉伯民族反对帝国主义和犹太复国主义的人民阵线的同时，还必须在犹太劳动群众中积极工作，争取使这些劳动群众摆脱犹太复国主义资本家的反革命政党的影响，并把犹太劳动者吸收到阿拉伯群众的民族解放运动中来。如果无产阶级领导的民族解放运动取得胜利，巴勒斯坦的犹太少数民族也有光明前景。我们的任务是向犹太劳动者指出并使他们确信，他们的民族利益和阶级利益是与阿拉伯群众的民族解放运动的最终胜利和对巴勒斯坦社会制度的民主改造联系在一起的。我们尤其要设法建立阿拉伯工人阶级和犹太工人阶级之间的统一战线。

通过坚定不移地为党的阿拉伯化而斗争，我们将在意识形态上和组织上巩固党并使其具有战斗力。通过为党保存一批经受过考验的、真诚的犹太同志，我们将为消除犹太民族主义的错误倾向，同时为反对党内一切阿拉伯民族主义的表现而进行坚决的斗争。

第三十次会议

(1935年8月10日)

继续讨论季米特洛夫的报告

8月10日晚间的会议由**多列士**同志(法国)主持。第一位发言人开始讲话。

弗里德里希(阿尔萨斯-洛林):

1933年5月,在我们地区,而且是在洛林的重工业中心,第一次出现了法西斯主义。在德文德尔的赞助下,那里的波兰人和意大利人的法西斯团体兴起了。在这些法西斯团体的兴起因反法西斯主义的抗议运动而失败后,法国的法西斯主义——"法兰西主义"出现了。它的领袖比卡尔宣布,他要以洛林这个法国的巴伐利亚作为蓝衫队向巴黎的法西斯进军的起点。法西斯分子的这一企图,连同带着一份地区性纲领出现的"新战线"(一种阿尔萨斯-洛林的法西斯主义)的企图,都遭到了回击。阻止第一波法国法西斯主义的决定性行动是1934年4月8日发生在蒂永维尔的洛林反法西斯人士的示威游行。由于警察的残暴镇压,这一天成为"流血星期日"。

这里值得注意的是,共产党的两个叛徒、议员贝龙和德布勒在一些地区分裂了工人阶级及其组织,在这些地区法西斯主义格外猖獗。

在成功抵抗法西斯主义的过程中出现了大量的反法西斯组织。但是，由于没有同争取实现民族的和社会的具体要求的行动相结合，在有些地方甚至以其自身作为目的而与工会和党相对立，所以一部分组织逐渐瓦解了。

迄今为止，法西斯主义在阿尔萨斯-洛林还未能在工人中或农民中找到大量追随者，但是尽管如此，尤其是在最近几个月，法西斯主义越来越猖獗。"法兰西分子"在工业市镇中，首先是在共产党人掌握市镇议会的那些市镇中，设立了"蓝房子"作为法西斯分子的巢穴，企图在持有第13号会员证的火十字团成员德文德尔的赞助下建立法西斯的企业组织。在梅斯，法西斯政党第一次提名候选人参加市镇议会选举就得到了500张选票。在斯特拉斯堡，法西斯分子在国际台尔曼日袭击了反法西斯的露天集会，结果证明，他们是用各种杀人凶器武装起来的，反法西斯人士夺下了他们的凶器。

"农民同盟"的一些领袖竭力争取农民支持法西斯主义。他们蛊惑人心地以阿尔萨斯-洛林农民的民族特殊利益为出发点，在宣传中使用了这样的口号，例如"以社团的等级制国家反对腐朽的议会制度，反对马克思主义和国际犹太教"。此外，法西斯主义的农民领袖还试图装扮成从前革命的农民同盟盟员，他们甚至打着农民鞋会的旗帜，把鞋会的标志放在其农民报纸的刊头。

除了这种法国的和典型阿尔萨斯-洛林式的法西斯主义之外，在阿尔萨斯-洛林地区还存在着棕色的希特勒法西斯主义派别。这个法西斯主义派别一方面在萨尔区与洛林之间的边界活动，利用在洛林煤矿工作的萨尔区工人和公务员们的窘境；另一方面安插希特勒的代理人，隐藏在人民中作为宣传员，颂扬第三帝国的"辉煌荣耀"。

所谓"自治主义"的州政党的领导层及其设在斯特拉斯堡的机关报《埃尔兹》的编辑部，可以视为希特勒在阿尔萨斯的代理处，在这里，它只能费尽心机地把自己的"棕色面孔"隐藏起来。

在要求居住权的伪装下，他们赞美希特勒的暴行，对恐怖行为，甚至对那些针对德国天主教领袖和机构的恐怖行为默不作声，鼓吹法国和希特勒德国结成联盟，攻击苏联并诽谤民族解放运动。

在欧洲其他一些德语人口占少数的国家，希特勒的代理人也有同样的企图，甚至更强烈得多。需要考察的是，这些德语人口占少数的国家的共产党人代表会议是否不再有用，它是否还能作为反对希特勒法西斯主义及其倾向的联盟渗透进这些国家；是否还能作为争取和平、商讨为德国的共产党人和反法西斯人士提供特别支援的斗争的特殊形式。

由于中央委员会的正确决议，由于多列士亲自参加我们的地区委员会会议，我们党获得了使我们能够再次取得民族斗争领导权的指示和策略。多列士同志勇敢地在议会中捍卫阿尔萨斯-洛林人民，使我们更容易完成自己的任务。

在阿尔萨斯-洛林，一个反对法西斯主义、争取和平的人民阵线要真正生效，必须满足以下条件：我们党在群众心目中重新成为民族和社会解放斗争的中流砥柱；这个人民阵线不仅开展反对帝国主义的斗争，而且开展反对法西斯主义的斗争，争取实现劳动者的民族和社会要求，在两条战线上既反对棕色的希特勒法西斯主义及其在阿尔萨斯-洛林的代理人，又反对蓝色的法国法西斯主义，与法国和德国的反法西斯人士结为兄弟联盟；在尝试同社会党的劳动者结成统一战线的同时，我们同样并且首先同自治主义的和基督教的劳动者及其政党结成人民阵线。

苏联使150个被解放的民族在其怀抱中享受生活富裕、文化昌盛和充分自由，为阿尔萨斯人民树立了光辉的榜样。这一榜样连同苏联的和平政策，使我们党能够更好地利用我国人民的民族自由愿望及其对战争的憎恶，将其作为在维护和平和自由的斗争中、在争取打败希特勒法西斯主义和争取把我们的家乡和人民从百年之久的民族压迫下解放出来的斗争中的基本要素。

这只有在同无产阶级的联盟中、在国际无产阶级的团结互助中才能实现。因此，我们阿尔萨斯-洛林两个地区同法国共产党中央委员会保持最紧密的联系，从而同共产国际这个列宁、斯大林的世界政党保持最紧密的联系是绝对必要的。

田中（日本）：

当前，日本的法西斯主义危险特别严重，因为法西斯主义用肆无忌惮的社会蛊惑掩饰其反人民的政策，借助这种手段来争取广大小资产阶级群众，甚至渗入工人阶级之中。

为此目的，日本的法西斯分子以工人、农民和城市小资产阶级的保护者自居。他们喋喋不休地空谈"实行固定工作日制度"，"国家为失业者提供生活保障"，"反对降低工资"，"同工同酬"，"争取结社自由和罢工权"。这些法西斯主义的蛊惑比社会民主党人的口号还要"左"得多。目前，由于工人中的不满情绪与日俱增，这些蛊惑就直接以吸引工人为目的。因此，法西斯分子竭力利用工人的不满情绪来赢得工人的支持。他们有时甚至不惜在小工厂和小企业中违心地实行罢工。

法西斯主义蛊惑在日本大肆泛滥。法西斯分子在蛊惑时宣称："……我们不是军国主义者集团，不是官僚，不是无产阶级，我们是真正的人民……我们也把大资本家和大地主看做我们的兄弟。"

但是在工人罢工的时候，他们一定会充当罢工破坏者。在东京12000名电车工人罢工时，青年联盟、预备役军人联盟和防空组织就动员了7000名罢工破坏者。在大阪二阶工作所发生企业罢工时，法西斯分子组织了一个"罢工反对者联盟"。法西斯分子还分裂工会。例如赤松及其同伙分裂了劳动总同盟和全国工会同盟；在东京电车工人中成立了一个爱国主义工人联盟。法西斯分子同样在八幡冶金厂组织了一个拥有3000名会员的工会。不久前，全日本海员联合会被法西斯分子分裂了。

日本法西斯分子积极地镇压工人、劳动农民和城市小资产阶级的群众行动。为了欺骗群众，他们举行了请愿运动。在最近的请愿运动中，有一份直接呈送天皇的请愿书特别引人注目。这份请愿书要求"果断地实行国家政策的转变"。他们既不求助于政党，也不求助于国家，而是征集签名，直接求助于天皇。

这场运动的直接"领袖"是大本教的教祖出口。这是一种新形式的请愿运动。

不过，君主主义的政府却对这场请愿运动下了禁令。

工人中的不满和愤怒情绪不断高涨。左倾的合法工会和改良主义工会的会员反对统治阶级和工人阶级中的法西斯分子的分裂政策，要求工会联合起来。

劳动总同盟、全国工会同盟等所属的工会以及基层组织通过了反对法西斯主义的决议。这些工会基层组织的工人会员冲破了法西斯分子设置的障碍，努力争取工会联合，其口号是"集中工人的力量反对日益增强的反动势力"。

工人为提高工资而斗争。在所有劳资冲突中，有30%是由要求提高工资引发的。罢工工人的斗志越来越强。农民斗争的规模越来越大，也越来越激烈。因要求减租和反对抽回土地而引发的冲突1933年为3384起，1934年为4458起。

在反法西斯斗争中，我们必须提出工人、农民、小资产阶级和其他劳动者的具体要求，并通过统一战线争取实现这些要求，特别是必须领导企业工人中和农村中的这些反法西斯斗争。

党必须联合工人、农民和小资产者，开展反对人民的无权状态的斗争，把广大劳动人民群众吸收到斗争中来。皇家警探无理逮捕无辜的老实百姓，拷打他们，甚至殴打那些对他们毫无反抗的人。在大阪，一位出租车司机遭到一名警察殴打，数百名出租车司机把这名警察团团围住表示抗议。在京都，一位排字工人被殴打致死，仅仅是因为他据说是工会干部。由于这些横行霸道的行为，人民对警察恨之入骨。

自从满洲的战争开始以来，人民的无权状态变得更加难以忍受了。

我们党致力于建立一个所有忍受无权状态之苦的社会阶层的统一的人民阵线、一个反对警察滥权和专横的人民阵线。我们党向愿意参加反对法西斯主义，争取民主权利，要求保护人权，争取结社自由、新闻出版自由、言论自由和集会自由，争取反剥削自由的人民运动的那些政党、团体和各界人士建议开展联合斗争。

我们向所有愿意开展反对军国主义强加给人民的沉重负担，争取限制军事预算，争取用这笔钱来造福饥饿的农民、失业者、贫困的手工业者、家庭作坊工人和小商贩的斗争的人建议组成统一战线。

日本工人和农民的统一战线正在向前发展。但是宗派主义还没有被克服。左翼把自己封闭起来，脱离了群众。

我们必须通过统一战线，通过维护日常权益的联合罢工和斗争，通过争取工会联合的斗争来扩大自己在群众中的影响力。日本共产党人及其追随者正处在即将发生重大转变和赢得大多数人支持的决定性的历史关头。为了在实践中克服共产主义运动阵营中的宗派主义，共产党人及其追随者必须立刻领导争取工会统一和争取工人阶级行动统一的斗争。

统一战线在日本工人中取得了哪些进展呢？东京、大阪、神户等许多城市的市政工人工会联合建立了一个市政工人工会联合会。在大阪港南区，4000名属于劳动总同盟和全国工会同盟基层组织的五金工人建立了一个促进工会联合的委员会。在北九州，在统一工会同盟的推动下提出了开展争取工人保护法运动的建议。与此相联系，六个工会、农民同盟和水平社在统一战线的基础上开展了联合斗争。在东京的城南区，各个基层工会组织（全日本教职员联合会、Sidzjuijun 工会、东工等）的成员、左翼合法团体（劳动总同盟、全国工会同盟等）的成员、右翼团体（Dzenkoku，Eiga，Domei）的成员、独立工会的成员、其他 46 个企业的工人以及一个失业者组织，共同组建了城南区工人委员会。该委员会向大阪港南区的工人建议结成统一战线。工会会员们以此进行争取所有工会联合起来的斗争。

日本共产党必须加强自己的独立斗争，包括宣传党的口号："要大米、要土地、要自由！"但是为了实现共产党的这一任务，必须借助统一战线动员广大群众为实现部分要求而斗争。

为了组织工人、农民和其他劳动者的统一战线，为了建立与一切反法西斯人士和团体的统一战线，党必须将自己的工作扩展到劳动人民的所有阶层。

法西斯军国主义集团及其追随者叫嚷必须立即开始袭击苏联。我们共产党必须开展坚决的斗争，反对在中国的掠夺战争，保卫苏联。我们党为把日本劳动人民从帝国主义压迫下、从地主奴役和资本主义剥削下解放出来，为使日本所有劳动者都过上幸福生活而忘我奋斗。为了实现这个目标，我们党不畏牺牲地反对战争和军事法西斯主义。对中国人民的战争使我们日本人民蒙受耻辱，并将引发连绵不断的新战争。日本无产阶级的反战斗争为亚洲各民族的兄弟情谊奠定了基础，唤起了殖民地国家的被压迫群众对日本人民的友爱之情。

日本帝国主义的殖民地奴隶增加得越多，日本君主主义官僚、将军和金融寡头压迫和掠夺日本本国劳动者的力量就越强大。因此，不解放那些受日本帝国主义奴役的民族，我们的人民就不可能获得彻底解放。

我毫不怀疑我们党能够在统一战线的基础上，动员广大群众为争取实现工人、农民、小资产阶级和其他劳动者经济上和法律上的日常利益而斗争。我们党将使自己的工作来一个彻底的转变，全力以赴为实现工人阶级的行动统一，为建立反对战争和法西斯主义的人民阵线而斗争。

戈普纳（苏联）：

在**小资产阶级知识分子**中开始的分化过程，对于我们争取实现反法西斯统一战线，特别是争取实现反法西斯**人民**阵线的斗争，具有十分重要的意义。季米特洛夫同志曾在他的报告中多次谈到知识分子问题。我们应当赞同也在决议草案中强调，必须支持知识分子反对资本进攻和文化反动的斗争。

由于各资本主义国家都爆发了经济危机，知识分子的物质生活状况严重恶化了。限制生产和关闭一大批隶属于企业的科研机构，导致**工程师和技术人员**大量失业。尽管广大劳动群众的大量文化需要尚未得到满足，但是由于贫困，他们不得不大幅紧缩自己用于文化需要的开支（买书、看戏、看电影、参观博物馆等），这样一来，"自由职业"的从业者中的失业现象变得更加严重。数以万计高素质的专家和所谓"自由职业"的从业者成了"多余的"人。

不仅限制工业生产，而且许多市镇限制和削减公共预算乃至财政破产，都对上述情况产生了影响。工程师、建筑师、医生、记者、演员、艺术家和教师愿意接受任何一种非技术性的工作。由于长期失业，丧失专业技能成了普遍现象。

资本对知识分子生活水平的进攻没有停止。对于广大教师群众来说，这种进攻显得尤为猛烈。据报告，在1932—1935年期间，对国民教育和教师生活水平的进攻，在所有资本主义国家中都在继续。几乎到处都在削减教师的薪水。在波兰，教师的实际工资自1930年以来减少了50%。在法国，由于紧急法令，教师的薪水1934年减少了5%，1935年又再次减少了10%。在比利时，通货紧缩时期的法令仍然有效，夺去了教职员工整整三分之一的薪水。

除此之外，教师们还受到难以忍受的苛捐杂税的洗劫。在德国和保加利亚，当局系统地征收无数的额外捐税。在巴尔干半岛、中国和阿根廷，教师们往往不得不等上好几年才能领到欠发的薪水。

在德国、奥地利、捷克斯洛伐克、瑞典、比利时、波兰、西班牙、罗马尼亚、加拿大、美国（有 25000 名失业教师）、南美洲各国、日本和澳大利亚，教师失业已经成为普遍现象。

知识分子特别强烈地感到完全**没有前途**。所有的资产阶级报刊都在叫嚷**知识分子生产过剩**。法国报纸《时报》写道：

"毕业文凭和资格证书的生产过剩是一种与小麦、葡萄酒和甜菜的生产过剩同样有害的现象。"

知识分子不仅要忍受物质生活的匮乏。法西斯反革命势力以肉体上和道德上的恐怖、精神上的反革命和摧毁文化价值，残酷地打击知识分子。逮捕、集中营、虐待和拷打、在法西斯的刑讯室中殉难，这些年来知识分子已经熟悉了这一切。被禁止从事科研和教学工作、与外国专家断绝往来、被迫辞职、大规模流亡国外，这就是在法西斯德国的非雅利安人的命运。如果把在德国经受过法西斯主义获胜之苦的有名望的科学家和艺术家列一个名单的话，那么这个名单有 800 个名字。甚至连流亡国外也无法逃脱被追捕。大家都知道新闻记者贝尔托尔德·雅各等人被绑架的事情。反法西斯人士在国外被追捕的事实，与知识分子在监狱中自杀的情况是一样的。

知识分子自认为是文化的载体，法西斯独裁为控制文化而发起的运动，对他们来说是打开了灾难之门。1933 年 5 月 10 日，德国数十位在国际科学和艺术界享有盛誉的作家的著作被焚毁。外国人的画作被清出了博物馆，其中不仅有犹太人的画，而且还有法国人的画。门德尔松和奥芬巴赫被逐出了音乐界。在重新命名街道时，莱辛的名字被抹掉了。

甚至那些法西斯主义还没有掌权但是比较活跃的国家,也大肆鼓吹限制妇女受教育和从事科学活动。学校被法西斯化和军事化。在德国的学校中,体罚儿童的现象广泛存在。

十月革命的经验完全证实了马克思和恩格斯关于资产阶级专家搞破坏活动的预言。但是这些经验同时也证明了,通过斗争成功地把知识分子争取到战斗的无产阶级一边是**重要的和可能的**。知识分子阶层内部不是**统一的**。

知识分子阶层内部目前发生的变化所表现的并非是通常的和偶然的摇摆。生活要求知识分子必须在**法西斯主义和共产主义**之间做出抉择的时候到了。

知识分子中最优秀的那部分人十分反感法西斯主义的**意识形态**,尤其是德国法西斯主义的意识形态,即野蛮的沙文主义、种族仇恨、反犹主义及最黑暗的反动的血腥混合物。德国法西斯分子要求科学、文学和艺术"在种族和血缘的生物学基础上"发展出一种"新浪漫主义"。他们向现实主义宣战,大肆颂扬形而上学和神秘主义。德国大学教师组织的领袖格赖特宣称,只能有德意志的物理学、德意志的数学和德意志的化学。法西斯教授恩林在一篇题为"研究与进步"的"科学"论文中证明了金发人的种族优越性。达雷部长要求乡村医生对婚姻进行"雅利安人审查",对"劣等种族的夫妇"限制生育,等等。与此同时,肆无忌惮地宣传和美化战争。埃瓦尔德·班泽教授写道:"在战争中消灭人的生命和人的劳动是一种暂时现象,是一次更新的磨炼。"大量出现的战争文学作品的主题是:"为了德国能够生存,必须来一场战争。"

这种赤裸裸地主张向早已过去的时代倒退的做法,对每一个坚持文明和进步的基本信念的正直的知识分子来说,难道不是必定会引起他们的厌恶吗?

知识分子必定会把这场反文化的运动看做对他们自己现在和将来的

巨大威胁。

然而，法西斯分子不仅善于在某些情况下利用广大群众的落后性，而且也善于在另外一些情况下利用广大群众最好的感情和传统来为自己谋取利益。他们还善于利用知识分子的"心灵"弱点。除了反资本主义的蛊惑外，法西斯主义还以这样的前景来收买一部分知识分子：通过驱逐所有的反法西斯人士为他们腾出位置。法西斯分子所谓德国人在欧洲和全世界的文化使命的"理论"，不仅唤起了在夺取新领土的情况下为所有人解决就业问题的希望，而且也迎合了被法西斯主义收买的那部分德国知识分子，因为后者首先把自己视为文化的载体。法西斯分子反对凡尔赛和约的民族主义蛊惑，必然会在德国知识分子中受到欢迎，就像呼唤德国从前的强权和为重建这种强权而斗争的口号受到欢迎一样。

季米特洛夫同志曾说过，共产党人忽视例如这个国家的过去及其历史形成的特性这样的因素，这一事实无疑使我们夺回受法西斯分子影响的知识分子比争取工人和农民**更**困难得多。

早在希特勒上台**之前**，特别是在希特勒上台之后，法西斯主义尤其是德国法西斯主义的发展，在几乎所有国家都引起了知识分子的反法西斯群众运动。

劳动知识分子向左转的趋势，首先表现为开展反对资本对知识分子生活水平的进攻的斗争（法国和其他一些国家的公务员和教师的运动）。最近几年，教师运动表现为大量的集会、示威游行、请愿运动（美国、英国、法国、比利时）和罢工（波兰、西班牙、爱尔兰、希腊、中国、古巴），各地的教师运动不仅具有经济性质，而且还具有政治性质。

知识分子群众的革命化特别明显地表现为：知识分子反法西斯主义和反军国主义的组织在增加，这些组织参加无产阶级的革命行动，知识分子反对文化反动的运动，知识分子对苏联日益浓厚的兴趣和日益强烈的同情，革命文学及其他左翼艺术类型的蓬勃发展，以及知识分子对马克思主义日益浓厚的兴趣，等等。

知识分子接近无产阶级最突出的表现，就是一大批知识分子参加了阿姆斯特丹—普莱耶尔运动，参加了在莱比锡审判案中保卫季米特洛夫同志和其他同志的斗争，参加了保护台尔曼同志的运动。领导这一运动的是当代世界文学最杰出的代表。

来自几十个资本主义国家的众多代表出席了1934年夏天的作家联合代表大会。这次代表大会成了世界文学最杰出的代表向作为进步文化中心的苏联表示同情的强大示威的舞台。1935年春召开的美国作家代表大会强有力地显示了作家和无产阶级之间的统一战线。1935年7月在巴黎召开的捍卫文化的国际代表大会，是知识分子不仅反对文化反动，而且反对法西斯主义和战争的最重大的国际行动。

反法西斯的示威活动还有1935年6月在斯特拉斯堡和赖兴贝格举行的音乐比赛会、去年在捷克斯洛伐克举办的运动会和其他文化组织的活动。

共产党人全面支持知识分子反对资本进攻的斗争，支持他们的经济要求，并领导反对作为法西斯反革命最极端表现的文化反动的斗争。知识分子在捍卫文化的斗争中，得到了共产党人在意识形态上和组织上最积极的支持。对于共产党人来说（正像在资产阶级民主问题上一样），是教士、法西斯蒙昧主义者和士官在大学和中小学中实行不受限制的统治，还是这些机构的领导人是先进科学、技术和文化进步的支持者，不可能是无所谓的。

抛弃了旧的资产阶级立场的知识分子，比以往任何时候都更加需要一个统一的世界观来回答他们所思考的所有问题。因此他们**对马克思主义的兴趣越来越强烈**。

著名的法国文学评论家拉蒙·费尔南德斯在给安德烈·纪德的一封

信（这封信发表在《新法兰西评论》杂志1935年4月号）中写道："我们今天所见证的资本主义残暴的、疯狂的进攻，无论如何导致马克思主义成了被压迫者的唯一依靠。"访问过苏联的法国、比利时等国的学者，看到在精密科学和自然科学领域运用辩证唯物主义方法所取得的巨大进步之后，也开始认真地研究这一方法。

在德国，法西斯蒙昧主义者把一切被发现持有马克思或恩格斯画像的人关进集中营；在日本，在反对"危险思想"的幌子下马克思主义受到残酷迫害；而与此同时，在世界各地，年轻的和年长的学者、作家、工程师等等在会议上、大学里和杂志上热烈地讨论马克思主义问题。

借助苏维埃国家的伟大经验，他们日复一日越来越确信：社会主义为所有人带来经济繁荣和快乐的工作，只有社会主义才能使历史的伟大文化遗产免遭法西斯主义野蛮的摧残，并通过批判性地加工和充实这些遗产创造出**新文化**，这种新文化具有社会主义的内容和民族的形式。知识分子中最健康、最正直和最先进的那部分人看到自己最美好的理想在苏维埃的土地上实现了。社会主义不承认知识分子生产过剩，相反，它从知识分子中选拔出**上百万新干部**，并确保他们从事创造性的工作。

法西斯主义嘴上说要与工人结成"情同手足"的利益共同体，但在实践中对工人的压迫却是空前的，它强迫工人进入青年义务劳动营并致力于把工人变成役使的牲口，把工程师和公务员变成为剥削者利益服务的监工和走狗。而苏维埃国家的社会主义则不断提高群众的文化水平，通过理论与实践的紧密结合**消灭了体力劳动和脑力劳动之间的对立**，使脑力劳动和体力劳动同样有益健康并获得真正的解放，使每一个劳动者身上蕴藏的一切创造力竞相迸发。

科学完全服务于劳动者。通过消灭资本主义所有制和剥削，通过建立作为新生活基础的社会主义所有制和社会主义劳动组织，创造出了**新**

人。这种新人的道德标准的来源**不是个人与社会之间的对立，而是将个人利益与集体利益结合成一个不可分割的整体**。

不过，同志们，我们可不要忘记，在资本主义国家的知识分子中暂时还只有**少数进步人士**看到了这种转变。**为争取最广大的知识分子群众支持人民的反法西斯统一战线，还需要做大量的工作，首先是大量的意识形态工作，同时也包括组织工作。**

我们切不可低估**争取知识分子的任务**。知识分子对构成法西斯主义群众基础的城乡小资产阶级的广大阶层的情绪有很大影响。知识分子对工人也有很大影响。

低估知识分子工作与宗派主义之间存在着非常紧密的联系，因为左倾主义首先表现为在许多支部中把在知识分子中开展工作的同志看做右派机会主义者。在最好的情况下这条战线也被看做是最不重要的。

在这方面，我们任何时候都一定不要害怕同知识分子，同他们在政治、哲学和艺术等各界的代表接触。我们必须更加积极地帮助知识分子寻找道路、争取面包和争取从事创造性劳动的机会。知识分子的利益与无产阶级的利益是完全一致的，与共产党人的当前目标和最终目的是完全一致的。知识分子是反法西斯人民统一战线中一个极其重要的组成部分。

博尔克斯（智利）：

智利共产党完全同意季米特洛夫同志的报告和讨论论纲草案的建议。智利共产党赞同王明同志的精彩发言，他根据列宁和斯大林的理论，为澄清殖民地半殖民地国家的革命斗争所提出的问题作出了极有价值的贡献。

在智利，目前还没有反对帝国主义的统一的人民阵线，但是反对外国资本统治的群众斗争已经深深地铭刻在民族的历史上。

最近几年，最广大劳动人民群众在无产阶级的带领下积极参加反对帝国主义的行动。

我们党竭尽全力建立无产阶级统一战线和实现工会统一。它一再向社会党提出建立统一战线的建议。可惜这些建议都遭到了无礼回绝。但是尽管如此，共产党工人和社会党工人之间的联系在日益增多。最近几个月发生的（铁路职工、海员、磨坊工人等）最大规模的罢工，就是在统一战线的旗帜下举行的。工会统一取得了重大成果。官方工会的全国联合会，无政府主义的工人行动委员会，面包师、铁路职工的联合会，司机和司炉工的改良主义联合会等都表示支持工会统一。官方工会联合会的上一次代表大会声明同意建立一个全国统一委员会，委托它召开一次有广大群众参加的代表大会来实现已宣布的目标：建立一个统一的工会中央。

党还设法联合马普查（印第安部落）。1935年5月召开的马普查最重要的组织的代表大会决定联合各个团体，重申其建立独立的阿劳坎共和国的口号，提出了一份关于日常要求的纲领，并决定支持捍卫民主自由。

我们党致力于发动反对反动势力的人民运动，从而迫使政府颁布赦免法，赦免参加1931年起义的水手和士兵、出席1934年智利工人联合会工会统一代表大会的代表和洛基迈的马普查（印第安人）部落的起义农民。我们还组织了全国反战代表大会和运输工人的反战代表大会。

在反对控制钾盐和碘盐生产的美国托拉斯、反对国家偿还外债和捍卫民主自由的人民运动浪潮的基础上，通过民族改良主义力量与民族革命力量的政治联合，形成了所谓的"左翼联盟"，其纲领是反对帝国主义和反对反动势力的。

迄今为止，一切人民力量联合的主要障碍是左翼联盟和激进联盟与帝国主义的公开代理人和人民最凶恶的敌人伊瓦涅斯分子的联系。

目前是否有可能在没有上述两个组织或将其排除在外的情况下建立一个反对帝国主义的统一战线呢？这样的尝试是徒劳的，因为国内大多数人民群众支持它们，信任它们反对帝国主义的民主自由口号。我们党最重要的任务是通过加入左翼联盟积极参加这个联盟反对帝国主义的群众运动，争取使它转变成一个民族革命组织。为了完成这一任务，我们党已经采取了一些重要的步骤。

共产党采取主动保卫左翼联盟的领袖梅里，他因反对帝国主义和反对反动势力的斗争而被驱逐出国，并在群众中享有盛誉。在一次有8万人参加的会议上，共产党建议提名这位公民为人民候选人，参加即将举行的圣地亚哥补选。

通过这一行动，党得以接近左翼联盟群众的一些重要阶层，他们能够以这种方式确信我们党的统一建议的诚意。由此取得的具体成果是，左翼联盟的一些很有影响力的组织和我们一起开展反对反动势力和捍卫民主自由的群众行动。左翼联盟的中央领导层无法阻止这些行动。

共产党通过了加入左翼联盟的决议，将争取**把它变成一个反对帝国主义的统一战线，变成一个以在巴西建立的同盟为榜样的为民族解放和民主自由而奋斗的民族解放同盟。**

米哈尔（青年共产国际）：

在季米特洛夫同志的报告中也**提到了青年一代的问题**。是的，这一问题目前是阶级斗争和我们反对法西斯主义斗争的最重要、最紧迫的问题之一。

当今的整个青年一代出生于帝国主义世界大战肆虐之时，**成了资本主义危机的牺牲品**。根据国际联盟国际劳工局的正式机关报的报道，早在1932年，登记在册的100万21岁以下的失业青年中，**就有25万人还从未工作过**。

失业青年的人数由于**毕业离校青年**的加入而逐年增加，其中许多人被工厂和车间拒之门外。最深重的贫困和痛苦是这个新青年阶层状况的特征。

目前没有关于失业青年人数的确切统计。国际联盟国际劳工局的说法是有700万失业的年轻人。

在意大利，即使根据官方统计，失业者中也有41.5%是青年。在匈牙利，失业青年人数占失业者总数的42%；在德国，根据官方数据，1933年这一数字达到了26.1%；在英国，在24岁以下的青年中占30%；在荷兰占27.8%；在日本，在20岁以下的青年中占22%。

女青年的失业率比男青年更高。

有职业的青年人数越来越少。**新工人是否受过从事工业生产的职业训练，在今天的条件下对于资产阶级来说已经不像从前那样重要了。于是便形成了一个无专业技能的青年阶层。**

但是，**不仅无产阶级青年，而且小资产阶级青年也**受到危机最沉重的打击。事实证明，成千上万完成了学业、拿到了文凭的大学生、公务员和青年教师，同样不得不赋闲在家。

值得注意的是，尤其是在重工业中**开始了把青年从企业中排挤出去的进程**。

数百万青年的创造力被资本主义摧残殆尽。资本主义世界正在成长的青年一代中，大部分都没有机会受教育、提升自己、像人一样生活。部分有幸还在工作的享有特权的青年，在工资被削减的同时，还被迫不断提高劳动强度。

但是青年要生活，要文明地生活，并要求实现自己的权利。在青年中，反资本主义的情绪越来越强烈。

法西斯主义在争取青年的斗争中，很大程度上依靠这种不断高涨的反资本主义情绪，并以"救世主"自居，吹嘘自己是为青年的美好未来提供保障的力量。

德国希特勒法西斯主义两年的血腥独裁统治向全世界青年表明，各国的法西斯主义不会改善青年的状况，不会让他们过上美好的生活，而是相反，将使青年陷入毁灭的境地，并剥夺他们迄今那点儿少得可怜的权利。

毫无疑问，近几年青年学到了不少东西。青年面临的危机越来越严重，他们对自己的处境不满，疏远了法西斯主义，**探索新的斗争道路**。他们看到各个国家法西斯主义都在进攻，看到战争危险正威胁着他们的生活。

但是他们同时也听到和看到苏联维护和平的伟大斗争。他们感到，苏联是为全人类保障和平的最强大的力量。他们越来越坚信，苏联是青年的乐土，健康、快乐的一代在那里成长，他们有各种机会发挥自己的创造力，享受人类科学和文化所创造的一切东西。

在最近几年中，法国、西班牙、奥地利等国的大多数青年群众经受了第一次大规模阶级斗争的考验，在斗争中积累了新的阶级斗争经验。

所有这些导致青年开始向左转，为争取自己的生存权，反对法西斯主义、争取自由与和平、反对战争而斗争。

这次向左转一个最重要的因素在于，它不仅包括越来越多的青年工人，**而且还包括越来越多的小资产阶级青年**。

另一个新的因素在于，不仅非法西斯主义的资产阶级青年组织的成员，而且这些组织本身也**开始**探索与革命青年合作的途径。

甚至在德国，在那些被法西斯主义所吸引的青年中，失望情绪也开始蔓延。在德国进行"第二次革命"的想法在这些青年中特别强烈，因为他们将其视为赶走资本家，实现自己对自由权利的追求的革命。诸如对冲锋队实行清洗和解散许多冲锋队组织这样的事实证明了这一点，希特勒青年组织领导层所采取的恐怖措施愈加严厉也证明了这一点。

如果过高估计这种刚刚开始的向左转的趋势，认为整个青年一代都转向了反对法西斯主义和战争的立场，那当然是错误的和危险的。这样的高估可能导致我们信赖自发性，加剧我们队伍中的消极被动状态。

危机中的青年一代有自己的困难和自己的问题。我们应该把他们的困难和问题当成我们自己的事。我们必须向他们指出：

当前，你们正面临法西斯主义最严重的威胁，它一再剥夺你们的权利，用反动的、沙文主义的精神教育你们，企图唆使你们在战争中为了资产阶级的利益而与其他民族的青年一代刀兵相见。

我们告诉你们：解决你们的问题的唯一正确的道路就是你们团结起来，站在无产阶级和劳动人民一边，为反对法西斯主义和战争、争取自己的生存权而斗争。

我们应当领导青年一代的斗争并以他们的名义讲话。**我们，而且只有我们，是青年一代唯一的救星！**

我们的任务是，采取切实有效的措施，在最广泛的统一战线的基础上，把一切非法西斯主义的青年群众组织的力量团结起来，为争取青年一代的权利而斗争。

这就要求我们从根本上转变对非法西斯主义的青年组织的成员群众和这些组织本身的态度。我们常常根据这些组织的领导层中有一些反动分子的事实，就错误地认定这些组织是反动组织。我们必须避免将广大成员群众和大部分干部与个别反动领导人混为一谈，否则我们在实践中就会忽视与这些组织的成员群众合作。

在最广泛的统一战线的基础上集中所有非法西斯主义的青年组织的力量，其基础必须是无产阶级青年。正因为如此，必须发展与同我们最亲近的社会党青年的统一战线，我们不仅要同他们开展共同行动，而且还要同他们建立共同的组织、创办共同的报纸等等，以各种形式的合作为建立统一的革命的青年团创造条件。除了与社会党青年结成统一战线之外，我们还必须致力于我们同社会民主主义的体育组织和文化组织的接近和合作。

我们要同青年社会党人和其他无产阶级青年组织一起，致力于建立所有非法西斯主义的青年组织积极参加的青年一代最广泛的统一战线。

正如西班牙、比利时和法国的经验所证明的那样，在这方面我们将会在一些左翼社会党青年的领导干部那里遇到困难。他们拒绝建立包括非法西斯主义的资产阶级青年组织的统一战线，尤其是反对天主教青年参加。他们宣称，天主教青年是反动的，与资产阶级的青年组织合作意味着偏离革命的阶级斗争道路。

我们要向这些同志指出，他们走上了脱离青年群众的道路，在资产阶级的和天主教的青年组织中，有数以万计甚至数以百万计我们这个阶级的青年。的确，他们的组织不是阶级斗争的组织。但是他们中有许多人是反对法西斯主义、反对战争的。如果他们还达不到这样的认识，那么我们的任务就是要使这些青年坚信开展反法西斯主义斗争的必要性。如果我们排斥他们、孤立他们，那就会把这些组织中的青年让给法西斯主义。青年社会党人同志们，争取这些青年并和他们共同战斗**是符合双方利益的**。

我们宣布，我们将支持和接受非法西斯主义的资产阶级青年组织符合青年利益的和导致削弱法西斯主义的一切行动和一切要求。

维德曼（奥地利）：

（受到经久不息的掌声欢迎）

我们为工会的重建和统一而开展的不懈工作取得了成绩。两个工会中央的合并已经完成了。群众在自己的日常斗争中认识到了工会行动统一的巨大好处，这次合并就是在他们自下而上的压力之下完成的。但是，争取在各个组织中实现工会完全统一的斗争，并未随着中央领导机关的合并而结束。在个别组织中实际实行统一可能还存在着一些困难。不过，通过在反对法西斯主义的不妥协的阶级斗争、工会内部民主和自由工会自治的基础上联合起来，通过我们在各个企业和工会中占据有利地位，我们将克服这些困难。

我们迄今为止在工会工作中取得的成绩，还在于使工人阶级坚信，我们的统一战线政策源于在反对法西斯独裁和捍卫工人阶级利益的斗争中将所有无产阶级的力量联合起来的真诚愿望。

在我们党的倡导下为重建自由工会而成立的中央委员会，在随后的发展进程中成为一个跨党派的、按照工会内部民主原则选举产生的统一机关。革命的社会党人、共产党人、无党派人士、从前的自由工会干部，都在这个中央委员会中同心协力地一起工作，并由此形成地下工会运动的起领导作用的力量中心。

除了中央委员会之外，还有一个由从前的工会书记们组成的所谓的七人委员会。通过与陶尔斐斯就作为中立的、顺从于法西斯制度的组织重建自由工会的可能性进行谈判，它在工人阶级队伍中严重地丧失了名誉。后来，在撤换了多名干部之后，七人委员会被更名为"革命工会中央委员会"。

中央委员会善于将同革命工会中央委员会关于原则问题和策略问题的讨论与企业的日常问题结合起来，通过实际例子来证明联合行动的必要性和好处。这样一来，争取工会统一的斗争就变成了反对法西斯主义和企业主的进攻、夺回劳动人民被剥夺的自由权利的斗争。

在中央委员会领导下重建的各个组织，始终只把自己视为那些在2月瓦解的组织的继续。正如2月之前的那些组织一样，这些重建的组织当然也是国际书记处和阿姆斯特丹工会国际的成员，因此它们有权要求得到阿姆斯特丹工会国际领导机关的支持和完全承认。即使革命工会中央委员会被阿姆斯特丹工会国际正式确认为已解散的自由工会联邦理事会的后继者，自由工会内部的领导权问题也决不会因此而得到解决。中央委员会及其所属的工会组织与阿姆斯特丹工会国际这种片面的表态进行了斗争。

个别组织向书记处提交了关于奥利地状况的报告。中央委员会以一份提交给阿姆斯特丹工会国际的报告，使奥地利工会非法性的全部相关问题成为国际性讨论的内容。这封致阿姆斯特丹工会国际的公开信——它同时也使中央委员会的行动受到工人阶级更强有力的监督——并非毫无结果。阿姆斯特丹工会国际觉得有理由派遣一个委员会去奥地利，审查中央委员会在报告中所陈述的事实，与中央委员会取得联系，并研究其关于召开一次由两个组织各派同等数量代表参加的代表会议的建议。

阿姆斯特丹工会国际派遣的委员会不仅可以确认中央委员会是一个跨党派的自治的工会机关，而且可以确认，它在组织上和意识形态上得到了自由工会工人群众较强有力的支持。根据这些论断，过去一直反对联合的人放弃了反抗。谈判双方都表示赞同不妥协的阶级斗争和工人民主。从形式上看，在新成立的由9名成员组成的共同的临时领导机关中，从前的革命工会中央委员会拥有6名代表。

有人把革命工会中央委员会在新联邦理事会中占据多数这一事实看做危险，甚至看做不可容忍的让步，对于这些看法我们必须强调，工会合并的首要目标是通过建立统一的组织来发动那些今天还未加入组织的广大自由工会工人群众。从工人民主的原则出发，地下自由工会的重心已经处于其下层和中层机关之中。群众在革命斗争中的统一意愿，将挫败利用在联邦领导机关中的人数优势来削弱地下自由工会的阶级性的任何企图。我们的任务是，竭尽全力使自由工会的正式联邦领导机关完全根据工人阶级内部的力量对比关系确定其组成。

法西斯主义迄今为止还未能在意识形态上争取到被迫加入其工会的工人群众，如果我们由于消极观望或是机械地抵制法西斯工会而自愿地把这些工人阶层让给法西斯主义，那么它的意识形态影响力就有可能增强。通过有计划地在法西斯工会中开展自由工会的反抗工作，通过将我们的地下活动同合法机会结合起来，我们就能一方面更好地保护地下组织和我们干部，另一方面动员法西斯工会内部的无产阶级力量，使这些组织不能用于支持法西斯主义。

通过用阶级敌人自己的武器来打击它的办法，我们在许多情况下成功地把法西斯的基层工会组织变成了地下自由工会反对法西斯主义的据点。在这些组织中干部要决定的问题已经成了反对独裁领导原则，争取实行工会民主和工人自决权。

我们必须使革命社会党人在工会斗争和工会统一问题上采取明确而坚定的态度。尽管革命社会党人在最重要的问题上与我们的原则是一致的，但是他们的领导层在实践中不仅回避积极支持我们为统一所做的努力，而且还努力起草了一份报告，这份报告由于再次片面表态支持革命工会中央委员会而引起了在我们的组织和中央委员会领导机关中与我们共事和共决的革命社会党人干部的抗议。

我们坚信，我们迄今为止所走的道路是正确的，只要继续推进我们一贯的统一政策，我们就能够动员大多数劳动者开展反对法西斯主义的胜利的斗争。

第三十一次会议

（1935 年 8 月 11 日）

继续讨论季米特洛夫的报告

多列士同志（法国）主持 8 月 11 日上午的会议。第一位发言人讲话。

沈元生[①]（中国）：

我想谈谈中国的法西斯运动问题。在德国法西斯主义取得暂时胜利的影响下，中国也兴起了法西斯运动。中国出现法西斯运动的主要直接原因是地主资产阶级的国民党统治的瓦解。

众所周知，国民党政权使国家陷入了极为深重的民族危机，造成整个国民经济崩溃，使中华民族丧失领土和主权。这个政权使中国人民遭受失业、贫困、破产、饥饿和大量死亡。另一方面，中华苏维埃政府的建立和巩固，中国红军的壮大和胜利，以及全中国的人民群众反对帝国主义、反对国民党的民族革命斗争的高涨，在国民党及其政府的内外政策彻底失败的形势下，促使最广大人民群众对国民党统治的反抗越来越强烈。这自然必定会导致地主资产阶级的、军国主义的国民党内部的持

---

① 沈元生是欧阳生的化名。——译者注

续瓦解，进一步动摇这个反革命政权，使其不能再用老办法统治下去。因此，中国出现了所谓的法西斯运动。

中国的法西斯运动发挥了什么作用呢？它成了国民党手中新的欺骗手段。国民党企图借助这一手段阻止其内部的瓦解，重整自己的队伍，缓解其走投无路的处境，并拉拢各个小资产阶级居民阶层。它动员自己的各种力量更加残酷地镇压中国人民及其主要力量——苏维埃和红军——反对帝国主义、反对国民党的运动，以此来挽救反革命的地主资产阶级的政权。

中国的法西斯运动主要是以公开的恐怖组织的形式表现出来，这个组织就是臭名昭著的"蓝衣社"。

在中国的反革命营垒中，法西斯运动是一个新事物，它是破产的反动政权手中的一张新王牌。因此它运用了新的欺骗手段和阴谋诡计，例如宣扬孔孟之道，要求孝敬父母、关爱兄弟、献身国家、忠于朋友、谦恭、诚实、正直等等，所有这些都被冠以"新生活运动"的美名。

"新生活运动"是一场回到腐朽的旧生活的运动。它把中国人民推回黑暗野蛮的中世纪。它企图使中国文明史的车轮倒转，回到最落后的封建主义时代。

为了实现这一政策，法西斯分子实行了最野蛮最残暴的白色恐怖。

过去，国民党公开使用这样一些死刑方法，如砍头、枪毙、绞死等等。现在可以看到在这方面有了更大的"进步"，变得更加残忍：除了公开砍头，国民党还大规模使用暗杀、绑架、剥皮、活埋，等等。

根据南京卫戍司令谷正伦的报告，最近几年仅南京就有7000多名共产党员和著名革命战士被处决，这一数字还不包括被"法西斯组织的特别行动"秘密杀害的人。

中国的法西斯分子不仅杀害革命战士，而且还杀害一切反对蒋介石的组织的领袖。

正像国民党从前的欺骗手段和阴谋诡计一样，中国的法西斯运动解决不了中国的任何民族问题和社会问题，因为它无法实行独立的政策，而是被迫推行取决于帝国主义者的意愿及其利益的政策。

当前，一场反法西斯主义群众运动的巨大浪潮正在中国兴起，这表明了群众反法西斯主义斗争的决心和勇气。群众利用一切可用的手段进行反对帝国主义者和国民党的白色恐怖的斗争。

我们必须为了群众的利益反对这个法西斯组织的政策，并以此来削弱它在群众中的影响。我们必须用事实来证明，法西斯主义是不愿做帝国主义者的奴隶的全体中国人民最凶恶的敌人。

我们坚信，全体中国人民将团结在神圣的民族革命战争的旗帜下，共同开展反对帝国主义者及其法西斯国民党走狗的斗争。

弥勒（瑞士）：

在德国的希特勒运动和法西斯主义上台的影响下，我国雨后春笋般地出现了许多以"民族革新"为口号的法西斯组织和半法西斯组织。

在设法开展法西斯主义的群众运动的同时，资本家开始加强对工人阶级的进攻。这一进攻不仅针对劳动人民的经济生活条件，而且还针对政治权利和自由。工人阶级以强大的示威游行来回应这种进攻。他们在苏黎世和日内瓦不顾禁令举行示威游行，并同国家权力发生了激烈的冲突。

我们党主要在两个方面开展工作。一方面，我们坚决捍卫人民的民主权利和自由，从而使包括工人、农民、职员和中间阶层在内的广大劳动人民群众能够结成反对反动势力的统一战线。另一方面，党实行坚定的统一战线政策，促使社会民主党根据群众的呼声，不顾右翼领袖的反对，宣布反对资本家阶级的措施。数十万人在城市和乡村开展反对反动势力的斗争。

对于法西斯主义和民族主义来说，主要的障碍是**民主传统和自由在劳动人民群众中根深蒂固**。

在像瑞士这样人口由三个不同语言的族群组成的国家中，废除国家的民主制度，不仅意味着试图为法西斯主义建立群众基础，而且也意味着拿国家的独立去冒险，执行分裂国家的路线。

现在尤其要强调这一危险，因为在德国，希特勒正在投入巨额资金用于资助军备，因为希特勒法西斯主义在军队中，尤其是在高级军官中具有强大的影响力。

在实现统一战线方面，党已经取得了重大进步。随后，通过坚定地执行我们党的统一战线政策，成功地在巴塞尔推翻了资产阶级反动政府；通过与社会民主党达成协议，统一举行了五一节示威活动，同时还在这个协议中商定了实现工会统一。同社会民主党缔结的这第一个协议所取得的重大成就，强烈地激发了巴塞尔工人阶级的积极性。

鉴于金融资本对劳动者生计的猛烈进攻，在广大群众的呼声的支持下和迄今取得的成就的鼓舞下，共产党向社会民主党提出建议，要求开展共同行动抵制紧急法令的政策。

广大工人群众，甚至包括一部分社会民主党领导人都和我们一起确信，必须实现统一战线，这是我们在这次共产国际代表大会的讲台上所热烈赞同的，而右翼领袖们，尤其是那些**工会联盟**的领袖们却极力反对。他们用尽一切手段企图阻止统一战线的实现，尤其是阻止工会统一的实现。

在全体劳动群众的生存受到威胁的情况下，社会民主党的领导人**罗伯特·格林**出来鼓吹所谓的"中间政策"，而且是以今天有可能实行一种既非资产阶级的反动的、又非社会主义的政策为理由。而问题在于，**以什么方式**、与**谁**合作才能实现这种要求。毫无疑问，不能与资本家阶级合作，而只能与资本家进行最激烈的斗争。也就是说，不是放弃群众斗争，按其社会内容只是在支持资本家的中间政策，而是能够动员广大中间阶层阻止法西斯主义和抵抗资本进攻的统一战线政策，才是瑞士工人阶级面临的决定性的任务。

那些总是向人民强征数以百万计的新税用于军备的人，以及那些反对维护和平的一贯政策从而危害国家独立的人，根本无权以瑞士人民的自由传统的承担者自居。只有劳动人民，工人、农民、职员、劳动的中间阶层，所有那些与反动势力和法西斯主义作斗争的人，才拥有这一权利。他们是我国劳动人民努力维护、我们今天正在捍卫的自由传统的承担者。不过，一切决心反对剥夺资产阶级民主权利的真诚的民主派必须明白，他们的斗争与反对资本进攻的斗争是密不可分的。

当前的形势向瑞士共产党提出了如下任务：

开展广泛的群众运动，为同社会民主党建立统一战线和实现工会统一而不懈奋斗。

像在欠债的农民群众中和青年群众中那样，在联合了广大劳动者阶层的资产阶级爱国组织中坚持不懈地开展组织工作。

这就是把在投票时意识到自己关于实现统一战线的意愿的数十万群众吸收进广泛的人民阵线，开展反对资本进攻、反对剥夺民主自由、反对危害国家独立的斗争的途径。

雷诺·让（法国）：

我们在法国开展的反对法西斯主义的斗争，只有在我们能够比法西斯主义更快地争取到农民群众的情况下，才能取得胜利。

在我们国家，农民由于其众多的人数及其政治作用，一直发挥着特别重要的影响。他们约占总人口的40%。多年来，法国也像其他资本主义国家一样，农民成了前所未有的严重危机的牺牲品。仅列举一些数字就足以说明农产品价格下跌的状况。谷物价格每百公斤战前为25—

27法郎，1926年达到了230—240法郎，今天跌到了55—60法郎。葡萄酒价格每百升战前为20—25法郎；几年之前升到了300法郎，今天只值40—45法郎了。一对役畜战前的价格是800—1000法郎，几年前达到了8000—10000法郎，今天跌到了2000—3000法郎。尽管农民购买的产品的价格也与农具的价格同时下跌，但是下跌的幅度却小得多。因此，以两倍或三倍于1914年的价格卖出农产品的农民，今天要以四倍或五倍于1914年的价格来购买所需的商品。结果，他们在一些景气的年份里攒下的积蓄已经耗尽或者正在耗尽。农民成了负债者。

共产党——有时是独立地，有时是在农民和农业工人工会的支持下——为每一个农业生产部门和每一个农业工人的工作领域提出了直接的要求。

在议会就谷物种植和葡萄种植的法律草案进行辩论的时候，我们对政府的草案提出了反对方案。在讨论这个草案的条款时，我们得以在多个条款中实现了一些部分要求。不过，反对谷物法的运动只是在少数地方开展，而且在任何地方都没有进行到底。1935年2月和3月，我们以举行一些大型集会开始了反对实行威胁到小葡萄农利益的葡萄种植法的运动，尽管政府现在不得不通过紧急法令批准我们提出的大部分要求，但是我们的影响力却并没有显著地增强。

同样的话也适用于我们为佃农和半佃农开展的行动以及我们对扣押和强制拍卖所组织的反抗，我们的行动有利于半佃农，尤其是西南部的半佃农，确实迫使地主做出了一些让步。毕竟是共产党最先在议会中提出了扣押和强制拍卖问题，并要求放弃这两种做法。在布列塔尼、朗德，在洛特—加龙、多尔多涅、萨尔特和约讷地区，以及在其他一些地区，共产党人领导农民通过各种方法来实现自己的策略，使强制拍卖无法施行并在事实上被废止。

在其他一些问题上，例如农业自然灾害、烟草种植、关税等等，我们党也遵循了正确的路线并以最有效的方式采取行动。尽管如此，党对农民群众的影响并没有显著地增强。农民和农业工人联合会的境况仍然与过去完全一样。自 1930 年以来，它的会员人数以及《农民之声》的订户数都没有增加。

所有右翼政党都为那次立法结成了联盟，农民现在看到了这一立法的破产。至于那些预见到这一破产并对这项立法持反对态度的右翼政党成员，他们根本就没有提出任何具体纲领。克鲁瓦·德弗、热内斯·帕特里奥、索利达里特·法兰西斯等人不仅在农村的追随者很少，而且也没有能力拟订哪怕只是一份纲领的草案。

更加说明问题的是，1929 年建立的地主—农民党也是处于同样的状况。

总而言之，反动政党和组织除了其部分成员的蛊惑性言论和关于升值的空洞许诺外，除了其关于组织等级制国家的套话外，没有给农民带来任何新东西。

我们将一分钟也不耽误地努力在农村组织反法西斯行动并紧密地团结起来。

农民和农业工人工会（CGPT）整合了几百个愿意加入人民阵线运动并在农村地区扩大影响的工会。此外，除了农民和农业工人工会之外，共产党人还领导着许多农民工会，或者参加了其领导层。全国农民联合会（CNP）由社会党人，或者更确切地说，由不久前还属于社会党的人领导。而另一方面，领导各种农民组织的社会党人则多于共产党人。除了共产党和社会党以外，人民阵线运动还涉及三个共和主义—社会主义政党以及激进党。许多激进社会党人参加了 7 月 14 日在巴黎和外省举行的游行。激进党是得到大多数农民群众支持的政党。

受这次整合影响的农民总数足有两三百万。如果我们善于立即使他们联合起来，法西斯主义就无法在农村立足。不过，问题不在于把人民阵线拆分成两个部分——一边是工人,另一边是农民,而在于把现已形成的、几乎纯粹是城市工人组织的人民阵线尽快扩展到农村去。(掌声)

佩特科夫(希腊):

当季米特洛夫同志论述反对法西斯主义斗争的共同任务时,当他分析各个国家的具体形势时,当他描述斗争中遇到的困难和取得的成绩时,尤其是当他谈到目前还存在的缺点和不足时,我们这些直接来自战场的希腊共产党干部始终有这样的印象:他是在谈**我们**,谈**我们的**战斗,谈**我们的**困难和**我们的**缺点。

希腊共产党在反对法西斯主义的斗争中,在争取建立统一战线的斗争中,在争取建立反法西斯人民阵线的斗争中,已经积累了不少独特的经验。我们在这一斗争中,尤其是在1934年的斗争中取得了重大成绩。

在克服了右倾和左倾机会主义错误之后,党在新领导机关的领导下,果断地转向做群众工作。这最明显地表现在它带头参加罢工斗争上。1932年发生192次罢工,8万人参加;1933年发生473次罢工,10万人参加;1934年发生482次罢工,18.2万人参加。随着罢工运动的发展,革命总工会的会员人数日益增加,改良主义工人参加罢工斗争的人数也越来越多。除了纯粹的经济要求外,提出了越来越多政治性的、反法西斯主义的要求。1934年有7.3万名工人参加了反法西斯主义的政治性罢工。同时,在总工会的领导下,失业者也举行了活动。参加斗争的不仅有工人,而且还有其他广泛的人民阶层,包括农民、小资产阶级、职员和被压迫的族群。1933年公务员采取了行动,同年12月爆发了邮政和电讯职员的总罢工。1933—1934年发生了一系列手工业者反对捐税、支持工人的罢工和集会。农民运动尽管发展得不平衡,但是规模也越来越大。

没有一次罢工不是以同政府的暴力机构发生冲突而告终。这场斗争的结果是数以百计、数以千计的人被逮捕并被判刑。有上千人被关进监狱或是被流放。三月事件后，法西斯恐怖采取了特别残酷的形式。公务员和铁路工人的所有工会都被解散。颁布了一系列毁灭民主成果的紧急法令。只是由于群众斗争，我们的工人报纸才得以重新出版。

1934年初我们党的六中全会通过决议，确定我国革命的性质和动力是资产阶级民主革命，将迅速转变为社会主义革命。此后，争取统一战线的斗争发生了重大转折。

这些决议使我们党能够理解农民、少数民族和其他中间阶层作为强有力的革命因素的意义。迄今为止他们一直被低估，而如果争取不到他们，就不可能卓有成效地开展反对资本和法西斯主义的斗争。

尽管改良主义领导人有计划地抵制，共产党和总工会仍然争分夺秒地努力开展建立统一战线的工作。

1934年5月举行了全希腊反法西斯代表大会。为了召开这次代表大会，我们组织居民各个阶层的数万名劳动者开展了行动。各个城市和乡村选出了3000多名代表。政府禁止召开这次代表大会。但是我们不顾这个禁令，要求代表们在规定的日期到达首都，违背禁令召开了代表大会。在这次代表大会之后，举行了全希腊反法西斯青年代表会议。

1934年9月，当法西斯政变的危险迫在眉睫的时候，共产党和总工会与两个改良主义工会联合会以及农民党和社会党进行了协商。在我们的建议中，我们提出了一系列民主主义、反法西斯主义的基本政治要求和反对法西斯独裁的口号，并要求在发生法西斯政变时组织示威游行和总罢工。我们的建议在群众中引起了强烈反响。改良主义组织、农民组织和社会党组织的领袖们经过长时间的犹豫之后，于10月5日与共产党和总工会同盟签署了行动统一协议。签署协议十天后召开的两个改良主义工会联合会的代表大会一致批准了这个反法西斯协议，以最好的

方式表明了工人的统一战线意愿。在这种情况下，总工会同盟提出了**工会统一**的口号，并向改良主义工会联合会的代表大会提出了相应的建议。在代表们的压力下，两个代表大会都接受了总工会同盟的建议。

总工会和改良主义工会的大约20个工会以及两个地区性的工会中央联合起来了。革命的和改良主义的建筑工人联合会也达成了合并协议。此外，在比雷埃夫斯还达成了召开地区合并代表大会的协议。1935年初参加大会筹备工作的有拥有4800名会员的18个改良主义工会、拥有500名会员的5个独立工会和拥有3000名会员的6个总工会。

3月1—12日韦尼泽洛斯政变之后，君主主义的和法西斯主义的反动力量以君主制复辟的形式加紧进行建立公开的法西斯独裁的工作，在这种情况下，为进一步推进统一战线策略，我们党向最广大的群众，向一切愿意反对法西斯主义和复辟、为争取民主权利而斗争的组织发出呼吁，要求建立一个反法西斯民主联盟。

反法西斯民主联盟的纲领要点是：1. 阻止君主制复辟；2. 捍卫人民的一切民主权利；3. 废除一切法西斯主义的、反民主的法律；4. 彻底禁止一切君主主义的、法西斯主义的组织、活动和宣传；5. 大赦全部政治犯。所有这些口号都是与立即解散伪国民议会和立即公布以比例选举制为基础的自由选举的日期的总口号联系在一起的。

斗争的主要形式是：议会外的集会、示威游行、农民进军、罢工直至政治总罢工。然而，这并不意味着我们放弃利用议会斗争的机会。

我们党甚至宣布，如果可能的话，它愿意支持一个由反法西斯民主联盟组成的政府并贯彻它的纲领。

最广大群众以极大的热情接受了党关于建立反法西斯民主联盟的号召。为了实现反法西斯民主联盟的口号，我们党发起了一个强大的运动，参加这个运动的不仅有工人、农民和手工业者，而且还包括广大知识分子和脱离了韦尼泽洛斯党和其他资产阶级政党的资产阶级民主人士。在许多城市——帕特拉斯、比雷埃夫斯、卡拉马塔、米蒂利尼等——已经实现了反法西斯民主联盟。在雅典、比雷埃夫斯、萨洛尼卡、沃洛斯和其他一些城市组建了联盟的工人住宅区委员会。在许多城市中已经举行了集会和示威游行。

反对君主制的斗争越来越多地采用了罢工行动的形式。

最近在克里特岛上发生的以干地亚(伊拉克利翁)的工人争取实现其生命攸关的要求的罢工为开端的重大事件,雄辩地证明了反对君主制和反对法西斯主义的斗争的规模和性质。

我们在反法西斯主义斗争方面取得的成绩是无可置疑的,对于这些成绩,全希腊、朋友和敌人、整个工人阶级都是知道的,城乡劳动者的各个阶层都是了解的。对我们党的信赖,对我们努力建立统一战线的诚意的信任在提高,并被越来越多的人所理解。我们的路线是正确的,我们的工作是得力的。然而,如果我们认真考虑自己工作中的缺点和错误——这些缺点和错误使我们直到现在都未能建立起能确保战胜猖獗的法西斯主义的、足够团结足够革命的反法西斯阵营——那么就一定会发现,这些缺点和错误的根源要到在我们的队伍中还没有被根除的宗派主义现象中去寻找。毫无疑问,我们党归根结底不是一个宗派主义的党,而是一个群众党。为工人——而且不只是为工人——的日常要求而斗争,已经成为我们在群众中工作的基础。

然而,在我们的队伍中,包括领导层在内,都仍然存在着宗派主义思想的残余,其表现是,低估把一切可能的后备军吸收到实际斗争中来的决定性意义。不仅农民和小资产阶级,而且有时还包括改良主义工人,在我们这里常常被看做某种辅助力量,即被看做某种受欢迎的,但并非是取得胜利所必不可少的力量。在我们的队伍中还能看到这样的做法,即在斗争中以最激进的方式投入我们党的力量和革命工会的力量,而在失败的时候却只满足于揭露改良主义者的背叛等等。我们之所以在

10月5日缔结协议后长达几个月的时间里没有在基层建立统一战线（甚至还容许青年中的统一战线运动止步不前），其原因就是这种不可原谅的疏忽懈怠。这也表现在我们在议会选举期间没有投入足够的力量去建立真正的统一战线。

在坚决反对法西斯主义的斗争烈火中，希腊共产党发展成一支强大的政治力量。这也表现在6月9日的选举中，尽管面临法西斯主义肆无忌惮的恐怖统治和不知羞耻的作弊行为，我们党还是得到了超过10000张选票，与1933年3月相比几乎翻了一番。共产党在希腊的八个城市中位居第一，争取到了大多数工人阶级的支持。广大中间阶层群众和农民群众都投票支持反法西斯统一战线的候选人名单。

作为党的义不容辞的职责，我们必须根除反革命的托洛茨基主义，它是统一战线和苏联的最凶恶的敌人。

我们党高举坚决反对法西斯主义和君主制斗争的旗帜，高举希腊人民的英勇革命传统——打着爱国旗号的投机分子企图利用这些传统来损害人民的自由——的旗帜，将竭尽全力阻止法西斯恐怖政权在希腊获胜。希腊共产党人有责任高举我们共产国际胜利的、光荣的旗帜，高举马克思恩格斯列宁斯大林的旗帜！（掌声）

默里（爱尔兰）：

建立反帝国主义人民阵线是爱尔兰革命工人面临的首要问题。

为了实现这个被剥削阶级的反帝国主义统一战线，我们必须克服哪些障碍呢？

一个主要的障碍是工人组织的领袖、改良主义工党的领袖和德瓦莱拉所领导的资产阶级民族主义者之间的联盟。

德瓦莱拉所领导的民族主义资产阶级已经走上了与帝国主义妥协的道路。他们热衷于让共和派的群众通过议会斗争和外交斗争的途径从英国手中争取让步。为了实现这一目标,他们不仅使用蛊惑手段,而且还使用强制措施来反对革命的共和派。

工党认为,工人阶级不应该关心诸如民族独立这样的重大政治问题,而只应该关心经济问题。这实际上就意味着,把政治斗争的阵地完全让给民族主义资产阶级。

阻碍劳动人民的反帝国主义统一战线的第二个障碍,是爱尔兰共和军的立场,它是我国仅次于工会的最重要的左翼组织。

爱尔兰共和军是从事民族独立斗争的传统组织,主要由农民子弟、自由职业者和产业工人组成。

与工党相反,他们对经济问题不感兴趣,主要维护争取建立独立共和国的"纯粹政治"运动的立场。他们反对参加议会选举,因为他们认为议会是妥协和腐败的源头。他们宣称,在战胜帝国主义的斗争中,只有军事斗争才是唯一的武器。

爱尔兰共和军的这一正式立场并没有得到其全体成员和追随者的赞同。一个由知名领袖,例如普赖斯、吉尔马雷、奥唐奈和瑞安等人领导并得到一部分下级军官支持的团体,因为同工会会员、共产党人、拉金的追随者和无党派工人一起参加了统一战线代表会议并接受了工人们拟订的纲领中提出的经济要求,最近被组织开除了。

不过,这一运动分裂了。共产党在领导这一运动时犯了许多错误,从而未能将爱尔兰共和派的代表会议发展成一场广泛的统一战线运动。

然而,这次代表会议的召开至少有力地证明了工党工人和共和派工人要求联合斗争的愿望日益强烈。这种斗争愿望的最有说服力的证明是最近三个月都柏林的有轨电车和公共汽车职工在胜利的罢工中的紧密团结,我们党在此次罢工中发挥了重要作用。

通过开展有效的群众工作,我们就能克服阻碍爱尔兰群众开展斗争的分裂因素,建立一个工人、农民和中间阶层,工党运动和共和派运动的稳固的同盟，使其成为反对帝国主义的人民阵线，反对帝国主义战争计划，反对法西斯反动势力。

莫拉（阿根廷）：

南美洲各国青年所处的政治、经济和民族压迫的境况，促使他们中间产生了一支伟大的革命力量，这支力量尤其在反对帝国主义和法西斯反动势力的斗争中，已成为一支最出色的突击队。

在南美洲，尤其是在阿根廷和巴西，我们的一些共青团组织已经开始为争取最广大的青年工人、青年农民和学生群众投入反对帝国主义和法西斯主义的革命斗争而做大量工作。1934年9月1日，在共青团的领导下，在罗萨里奥（阿根廷）召开了第一届反对帝国主义和法西斯主义的全国青年代表大会。来自全国各地代表60000多名工人的170名代表出席了这次大会。我国大部分学生组织都参加了这次大会。第一届全国代表大会召开后不久，全国兴起了反对法西斯主义和帝国主义的强大斗争浪潮。这场席卷我国14个省的大部分地区的伟大运动，过去和现在都是在共青团的领导下进行的。阿根廷共青团提出的重要任务是，使罗萨里奥的全国委员会适应以不可抗拒的力量发展的这场全国性的伟大人民运动。我们的中央委员会立刻宣传建立反对帝国主义和法西斯主义的广泛的民族青年阵线、争取实现劳动青年和学生最迫切的要求的正确思想，并出版了一本小册子在全国发行。在这本小册子中，阿根廷共青团完全正确地集中火力对准帝国主义及其在我国的公开代理人阿根廷爱国团（乌里武鲁主义的组织），对准掩护和支持这个爱国团的恐怖组织活动的胡斯托将军的政府，并号召我国现存的所有青年组织都加入这个反对帝国主义和反动势力、捍卫人民自由的广泛的民族青年阵线。在此基础上，我们开始组织群众示威活动，在全国引起了巨大反响。在**科尔多瓦市**，国家民主党、激进党、萨巴蒂尼的追随者的青年组织，以及所有大学生联合会、1918年大学改革的最有名望的领袖们，与共青团一起组织了一场有6000多名青年参加的青年群众集会，给该市的劳动青年留下了深刻的印象。在**图库曼**市，一个以恩斯特·台尔曼命名的、对最广大青年群众有很大影响的青年委员会的驻地遭到法西斯分子的武装袭击，致使7名反法西斯人士受伤。针对法西斯分子的挑衅，这个反对法西斯主义和反动势力的人民委员会号召举行24小时的总罢工。图库曼的全体劳动人民积极响应号召，彻底停止了这个阿根廷北方重镇的一切工作。受北美资本金克林的代理人领导的阿根廷爱国团的恐怖团伙被满怀昂扬的战斗激情走上街头的反法西斯青年群众赶跑了。拉丁美洲大陆的所有媒体都报道了这次英勇的示威游行，它是图库曼劳动群众对法西斯主义最初的挑衅企图的具体回应。社会党青年联合会作为自治的中央组织，1934年初由于追求与共产党人统一而被社会党执行委员会解散。目前，在重组了社会主义青年团之后，它同共青团的一些支部一起，号召社会党青年群众以法国、西班牙、奥地利等国家的青年为榜样，为同共产党人结成统一战线而斗争。现在，社会党青年的几乎所有地方组织都同我们的共青团一起参加了统一战线。自8月1日起，阿根廷社会主义青年团与共青团合作出版了一份反法西斯主义和反帝国主义的大型民族周刊。

  在学生运动方面，共青团也取得了很大成就。我们实行确保阿根廷大学联合会统一的正确政策和在上次选举时提出反乌里武鲁主义的候选人名单，使我们能够把反动的乌里武鲁分子从所有的学生组织总部排挤出去。我们威望的提高表现在最近几个月有2000多名青年加入了我们的队伍。目前，阿根廷共青团有5000名团员。

  在妇女工作和儿童工作方面，由于有合法地开展工作的机会，所以我们的前景十分广阔，尤其是妇女们在反对法西斯主义和争取实现自己的经济要求的斗争中表现出来的巨大热情和献身精神堪为楷模（例如裁缝女工、纺织女工等等的罢工），显然不仅阿根廷共青团，而且南美所有的青年共产国际支部都对此抱有一种机会主义的低估态度。我们将努力在这一工作领域把最广大的工人青年和农民青年群众吸收到反对帝国主义、反对法西斯主义和争取实现其迫切要求的斗争中来。

在巴西，在民族解放同盟领导的强大的反法西斯主义和反帝国主义运动与受一体化分子支持的瓦尔加斯的叛国反动政府之间的斗争中，群众越来越清楚地看到，在巴西的政治舞台上形成了两个阵营。巴西**民族解放同盟**是一个包括数百万工人、农民和学生的组织，领导这个组织的是英勇的巴西共产党和卡洛斯·**普雷斯特斯**同志。而巴西共青团最近几个月才开始广泛参与反对帝国主义、反对法西斯主义和反对反动势力的巴西青年组织的活动，并参加创立民族解放同盟的青年支部。巴西共青团准备召开反对帝国主义、反对瓦尔加斯政府、反对一体化分子和支持民族解放同盟的第一次全国代表大会。这次代表大会已经筹备了三个月，动员了成千上万的工人。最近民族解放同盟对它表示支持，从而促进了这一运动。7月5日，反动的瓦尔加斯政府在一体化分子的帮助下，不仅禁止这个委员会的合法活动，而且还禁止民族解放同盟的合法活动。不过毋庸置疑的是，在同盟和巴西共产党的领导下，数百万工人、农民、小资产者和青年的强大压力必将挫败反动分子的企图。巴西共青团在为组织广大青年群众而斗争的开始阶段就使自己的地位得到了加强，目前它已有上千名成员。

在智利，共青团出色地组织了在青年印第安人中的工作，促使印第安人建立了一个为争取实现自决权、维护独特的印第安文化及其他一系列要求而奋斗的民族斗争组织（"马普查"）。显然，我们所要发动的整个大规模的、广泛的青年运动，从组织方面看，必须是美洲正在兴起的民族解放阵线的一个组成部分。在落后国家中，共产主义运动还比较弱小，这一青年运动不得不采取民族革命联盟的形式。在其他情况下，例如在巴西，它可以采取民族解放同盟内部的青年支部的形式，而不作为集中的、独立的组织出现。此外，我们还必须创造青年组织的其他特殊的和广泛的形式。显然，我们的工作经验会向我们展现这一运动的更加具体的形式。

我们必须全力以赴地在改良主义工会中组织青年支部。我们共青团员必须把加入改良主义工会的成千上万的青年组织起来捍卫他们的利益。我们还要密切关注以体育组织的形式开展的运动。

在那些有黑人青年和印第安人青年的国家，例如秘鲁、智利、巴西、玻利维亚等国，共青团必须采取有力措施组建黑人和印第安人的共产主义青年联合会，这些联合会必须支持黑人和印第安人的自决权并保护其独特的文化。在这方面，必须充分利用我们的智利和秘鲁同志的丰富的、卓有成效的经验。共青团必须在农村开展工作并在农民同盟中建立支部。

最后我想指出，在大部分拉美国家，尤其是在阿根廷，鉴于生活本身已经提出了与和我们最接近的组织，与社会党青年、一部分激进党青年、民主进步党青年和无政府主义青年统一的问题，所以必须提出在革命纲领的基础上建立一个统一组织的问题。在上述认识的基础上，我们将真正实现把共青团组织转变为群众组织，提高我们在广大青年群众中的威望。

第三十二次会议

（1935年8月11日）

继续讨论季米特洛夫的报告

晚间会议上的第一位发言人讲话。

比勒特（澳大利亚）：

季米特洛夫同志的报告对澳大利亚共产党来说非常重要。最近五年，政治上的反动日益加剧，法西斯主义倾向愈加明显，澳大利亚政府也大肆侵犯人民的民主权利和公民自由。

我们看到，与政府实行的反动措施相联系，诸如"新近卫军"一类的法西斯组织出现了。

为了组织抵抗日益加剧的法西斯主义危险，共产党召开了一次有工会、工党地方组织、"社会化党"的组织和其他工人组织的代表参加的广泛的反法西斯代表会议，选出了一个共同委员会，其任务是建立一个同法西斯主义作斗争的强大的群众组织。

尽管工党领袖反对，我们党还是坚持建立一个由工党工人和共产党工人组成的自卫组织，以保卫工党和共产党人的集会。在工人区发生冲突时，法西斯分子总是遭到痛打并被驱逐。

工党口头上反对法西斯分子，而兰领导的政府却借口"新近卫军"

是一个合乎宪法的团体，拒绝部署警力对付法西斯分子。与此同时，进行自卫抵抗法西斯分子的工人却遭到了逮捕和监禁。

党对社会民主党建立的"澳大利亚工人军"采取了错误的立场，公开指责它是兰政府用来支持警察向工人进攻的帮凶。由于党的拒绝态度，以及工党领袖一直阻碍工人军开展反对法西斯分子的斗争，这个组织逐渐陷入瓦解，其成员也对自己无所作为感到恼火。如果党为了反对法西斯分子的共同斗争的利益而接近工人军，那么反对新近卫军的斗争就会采取更强大得多的形式。

我们党正在克服自己的宗派主义，学习以正确的方式接近工党和工会组织。它已经能够建立广泛的统一战线，在一些重要问题上取得重大成就了。

当新南威尔士教育局1932年末开除曾作为工人代表团成员在莫斯科参加1932年五一节庆祝活动的中学女教师比阿特丽斯·泰勒时，党发起了一场争取让她复职的强大的运动。这场运动具有极广泛的性质，得到了许多工会、工人组织和公务员组织的支持。这一统一战线运动声势如此浩大，以致教育局被迫无条件地让比阿特丽斯·泰勒重返自己的岗位。

统一战线的另一个很有说服力的例子是反对**史蒂文**政府的恫吓的强大运动，它威胁要向议会提交一份针对共产党、反战运动和革命工会运动的反"叛国组织"法案。尽管工党执行委员拒绝参加这场运动，党还是善于把最重要的工会、工会联盟和工党地方组织吸收到这场运动中来。

矿工联合会决定，在向议会提出这一法案的当天，在煤矿矿井中举行为期一天的罢工。由于这一决议以及害怕可能引起总罢工，政府未敢提出这个反动法案。

杰拉尔德·**格里芬**在监狱中参加语言考试后被驱逐出境和他后来又

重返澳大利亚，以及当局企图将**基希**驱逐出境，引发了澳大利亚有史以来最强大的群众抗议浪潮。基希和格里芬获得居留许可并成功地争取到获释是对政府的一次沉重打击，因为这把反对战争和法西斯主义的整个斗争提升到了一个更高阶段。

尽管有工党领导层的正式禁令，我们党还是在把工党组织吸收进统一战线方面取得了成绩，这显然应归功于我们在其大多数都加入了工党的工会中的工作有了显著改进。工会工作的改进，加强了我们在企业中的地位，夺取企业职工委员会就证明了这一点。

很明显，继续改进我们在工会和企业中的工作，将为统一战线提供一个有力的杠杆，它将迫使工党的上层组织承认统一战线。

显然，要想把统一战线策略具体运用到澳大利亚的国情中，就必须重视拥有较高比例有组织工人的工会运动和强大的工党。尽管工党对群众的影响在一定程度上有所减弱，但它仍然享有无产阶级中绝大多数人的支持。

党要争取同工党的领导机构达成统一战线协议，同时我们仍然要推动在地方组织中，在工人的直接要求——包括工党本身提出的要求——的纲领基础上建立统一战线。

至于我们在工会中的工作和争取工会统一的斗争，我们在工会和企业中的任务是，推动一场运动，把众多行业工会联合起来，建立强大的产业工会。

我们满怀信心，遵照季米特洛夫同志报告中的指示，我们将以正确的方式在澳大利亚贯彻扩大的统一战线策略。

埃瓦里斯托（西班牙共青团）：

反对法西斯主义和争取青年统一的斗争——这是西班牙共青团很久以前就已经集中力量为此工作的问题。尽管遭到社会党和无政府主义领袖们的反对，我们的统一战线口号仍然日益受到劳动青年越来越热烈的欢迎。

去年，当西班牙发生最激烈的斗争时，被剥削青年反法西斯主义的呼声及其统一的意愿得到了极其明确的表达。

这一时期发生的所有大规模斗争，都是主要针对着法西斯主义的，参加斗争的达数十万人。这场斗争的规模表明，能被动员起来的青年群众的数量有多么可观，青年中的斗争意愿有多么强烈。青年越来越向左转。我们的统一战线策略尤其在社会党青年中受到热烈欢迎。

我们党和共青团加入工人同盟的决定使劳动者和反法西斯人士感到欢欣鼓舞。

这就是十月斗争时期的气氛。那时，共产党青年和社会党青年，在许多情况下还包括青年无政府主义者，在街垒中并肩战斗。

西班牙社会主义青年团是社会主义青年国际所有支部中立场最左的，它在1934年9月就已经公开与这个国际划清了界限；西班牙社会主义左翼队伍中存在着一个忠于拉尔戈·**卡瓦列罗**的强有力的核心，这个核心在图卢兹代表会议上宣布把行动统一作为实现组织统一的一个步骤；我们关于派代表参加青年共产国际代表大会的提议被青年们所接受；特别是社会党青年在十月事件时进行了英勇的斗争。如果我们考虑到以上事实，那就不难理解，即使在他们中间，有利于统一的情绪也在迅速高涨。

在上次十月事件中，建立了联合共产主义青年团和社会主义青年团的全国委员会。自那时以来，陆续建立了许多省委员会和几十个地区委员会。在很多情况下，尤其是在**比斯开**，这些委员会有助于建立工人同盟。最初这些联合委员会只是协商机构。后来它们开始领导共产主义青年团和社会主义青年团的联合行动。在**桑坦德、森特、马德里**等城市，共产主义青年团和社会主义青年团的基层组织已经在共同工作了。

另一方面，我们最近几个月还成功地与共和派联盟、共和派左翼和激进社会党左翼的青年建立了联系，与他们就反对法西斯主义和争取大赦以及一系列其他问题达成了协议。

在加泰罗尼亚，我们成功地使14个非常重要的民族社会主义的青年组织与我们一起签署了一份以民族革命为主旨的呼吁书，并共同参加了反对法西斯主义和中央政府的示威游行和罢课。如果我们再补充说明，我们在工人体育和文化联合会中居于领导地位，同时还与社会党人一起领导西班牙联邦学生联合会的工作，那么就不难理解，同法国和美国的情况一样，我们已经为建立青年一代的强有力的人民阵线奠定了广泛的基础。

如果说我们迄今还未能与社会主义青年团实现联合，那么原因首先在于我们遇到了社会党领导层的抵抗，当然，我们在地方组织中的工作存在不足也是一个原因。

目前，我们的两项主要任务比以往任何时候都多地要求实现劳动青年的联合，首先是实现与社会主义青年团的联合，以及建立一个广泛的、强大的青年一代的人民阵线。

施泰因（德国）：

今天，法西斯分子的大部分青年追随者已经不再像从前那样坚定地支持希特勒，而是充满了怀疑、失望，并开始考虑自己的处境了。但是，法西斯分子迄今一再善于通过向某个小阶层做出个别让步的办法，在青年中制造新的幻想。社会对立一再显现，以至于法西斯分子今天不得不用完全不同的语言、革命的语言来领导青年了。确实，他们甚至能在自己的演说中说：我们是革命的、社会主义的青年。我们向反动派，向资本主义宣战！但是，由于法西斯分子长期以来未能成功地镇压反对派的活动，他们的社会应变能力越来越受到限制，所以他们试图把一切反对派扼杀在沙文主义的煽动中。他们多次向青年公开宣称:"是的,我们这里还有许多事情是很糟糕的,我们还不能为你们做我们所希望的一切事情。但是,这要归咎于我们的民族没有生存空间,没有殖民地,要归咎于全世界犹太人密谋反对我们!"他们以这种方式将青年的不满情绪引向种族仇恨和战争狂热的道路。

我们必须看到,在我们的许多团组织中,希特勒青年团的成员在很长时间里被看做法西斯分子和我们的敌人,而没有认识到,这些青年中有数十万人是被法西斯分子强行组织起来的。

现在,法西斯分子付出最大的努力,想使那些迄今还没有被一体化的青年组织屈服。他们在准备战争的时候,不能容忍任何青年组织不专门教育自己成员为战争做准备。这些不受法西斯分子控制的青年组织越来越成为危险的根源,因为在这些组织中青年们公开地谈论自己的社会困境。天主教青年组织的数十万成员反对法西斯主义和战争,并且勇敢地反对分裂自己的组织。

甚至已被希特勒一体化并被吸收进法西斯组织的从前的青年联盟都表示反对法西斯组织中的不自由,反对隶属于纳粹专员,反对不许他们穿制服的禁令,并且违抗法西斯的纪律。

共青团必须采取什么途径,才能使千百万德国青年群众行动起来,加入反对希特勒、为自身权利而斗争的统一战线呢?

我们的季米特洛夫同志在报告中指明了这一途径,那就是,为了摆脱法西斯的恐怖和强制,为了实现追求自由生活的宏愿,不仅工人青年,而且一切热爱自由的德国青年都必须携手并进。

汇集所有这些力量进行反对希特勒的斗争,对于我们共青团来说,首先意味着要进入希特勒青年团、劳动阵线和一体化的青年团体。我们的同志要成为这些组织的成员,并和社会主义工人青年团团员一起,在那里提出青年的最基本的要求,动员他们为实现这些要求而斗争。他们还应该努力争取让我们的同志和反法西斯友人担任这些组织的基层职务，例如企业中的青年代表，以便利用这些职务为我们的斗争服务。

我们的一些共青团组织已经表明了应该怎么做。它们投入了**社团生活**，就应该怎样维护青年团体的伙伴情谊和团结，怎样满足青年对体育、娱乐和文化活动的渴望提出建议。在那里，我们的同志向青年们展示了，怎样能把晚会安排得有趣，不是听无聊的演讲，而是让青年们自己讲述他们生活中和企业中的事情。这同时证明，我们的同志有很好的机会结合企业中的事情把表现出来的不满情绪引向一定的方向。我们的同志很快就把青年群众争取到了自己一边，成了他们最可靠、最受尊敬的伙伴。

在共青团中还有一种颇具代表性的看法，认为只要揭发法西斯分子在青年中所从事和组织的一切活动并在传单中号召对其进行斗争就足够了。如果采取这样的方式，我们就会始终置身于青年群众之外。我们必须更多地以法西斯分子在青年中的社会蛊惑及其所使用的革命话语为出发点，积极地对为实现法西斯分子许下的诺言而发动青年、动员青年的问题发表意见。

如果我们共青团采取大胆的群众政策，如果我们党将来比迄今为止更明确地把争取青年作为自己的任务，那么我们就具备了全部前提条件，使不仅数以千计，而且数以百万计的青年群众行动起来，投入反法西斯主义的斗争。但是，我们同时必须戒除这样的想法，即认为我们马上就能把每一个活跃的反对派硬塞入我们共青团组织的狭窄框架。我们切不可把那些共青团未参与建立的反法西斯青年组织看做我们的竞争者。相反，我们号召青年中那些不满的阶层积极行动起来。在没有共青团的地方，他们应当自己联合起来，开始为实现自己的要求而斗争。我们必须努力通过我们在思想上的领导，尤其是通过出版共同的报纸，把这些运动引上正确的道路。

创建这样一个全体德国青年的强大的兄弟般的斗争阵线，只能是青年共产党人和青年社会民主党人的共同任务。我们双方，共产主义青年团和社会主义工人青年团，必定是这场斗争的承担者。我们要像朋友一样在争取青年权利的斗争中并肩战斗。

现在不再有任何东西可以阻止我们在组织与组织之间建立友好关系并进行合作。这要求我们冲破旧的限制和最后的障碍！我们是一个整体！我们要在两个方面都把握主动，并领导争取联合一切非法西斯力量和青年组织的斗争。

我们要面向德国一切渴望自由的年轻人、青年工人和农民、中间阶层的学生和青年，无论他们是属于无产阶级的、基督教的青年组织还是属于法西斯主义的青年组织，并且宣布：

德国的青年同志们！

反动派在德国比以往任何时候都更加放肆地欢庆胜利。

而青年却四分五裂、一盘散沙，使敌人轻易地得了逞。要结束这种局面。我们要联合起来。没有什么东西可以阻碍我们。无论是对最终目标的不同看法、世界观的差异，还是对日常生活中个别问题的暂时的意见分歧，都不能妨碍我们在法西斯的恐怖迫害面前团结起来、通力合作、共同战斗和互相保护。

青年比以往任何时候都更加无权利。我们被强迫无条件服从，像士兵一样受训练和虐待，得到的是强迫劳动而非自由劳动，言论管制而非言论自由。

这种状况必须改变而且可以改变。但是我们必须同舟共济。我们不能再容忍纳粹权贵挑唆青年反对青年了。所有反对希特勒政权的人和组织，特别是德国青年中所有反对希特勒政权的人和组织，必须共同为争取自己的社会权利和政治自由而达成一致并联合起来。

每一个想在这方面协助我们的人，都应该推动实现所有反对希特勒的朋友和组织之间的会谈和协商。

我们青年共产党人把在需要的时候全力以赴地争取青年的权利和非法西斯青年团体的自由视为自己的光荣职责！（掌声）

施泰因同志讲话后，暴风雨般的掌声欢迎王荣发言。

王荣① （中国苏区）：

同世界其他国家一样，革命的统一战线问题在中国也从未像今天这样紧迫和重要。反帝国主义的民族统一战线之所以对中国尤为重要，是因为中国的民族危机异常深重。尤其是，近来人民群众面对不断向帝国主义投降的无耻行径，愤怒情绪空前高涨。

中国人民渴望国家统一，要求驱逐帝国主义者，推翻其走狗。但是，谁能够领导这些不愿做日本帝国主义的奴隶的革命的人民群众组建统一战线，把他们从民族危机中解救出来呢？近年来的事实证明，只有**中华苏维埃和中国红军**能完成这个任务，因为只有他们才能把人民群众组织和团结起来。

中华苏维埃和红军自成立以来为争取建立反帝统一战线做了些什么呢？他们在这方面取得了哪些成就呢？

当日本帝国主义者占领了山海关并向热河进军的时候，中华苏维埃和红军为了扩大反帝统一战线，向各支中国军队所属的部队发出呼吁，号召在停止进攻苏区、给人民以民主权利、全民武装这三项条件的基础上缔结反日斗争协定。这一呼吁使那些奉蒋介石之命"围剿"红军的前线士兵动摇了，并促使前线指挥官陈诚和其他将领请求蒋介石"部署一部分部队抗击日本"。

曾于1932年保卫上海的十九路军1933年9月响应了苏维埃的号

---

① 王荣是吴玉章的化名。——译者注

召，与苏维埃政府缔结了反日和反蒋介石的斗争协定。在此基础上，福建革命人民政府成立了。**这是统一战线的第一个成就。**

目前，红军主力已经到达四川、陕西和甘肃等省。由于这一远征，大大扩展了苏维埃政权的疆域，红军的兵力也增加到了近 50 万人。这种情况使人民群众在抵抗日本帝国主义和反对国民党的斗争中更加英勇无畏。

由于人民群众反对日本帝国主义和救国的呼声如此高涨，国民党阵营中的动摇和分化加剧了。为了进一步壮大民族革命统一战线，苏维埃和红军准备与那些动摇的、不可靠的、暂时的同路人结成统一战线。例如，据报载，当红军接近成都城郊时，国民党司令官邓锡侯与红军签署了一份互不侵犯协定。当他在 5 月份接到蒋介石进攻红军的命令时，他撤退了，从而使红军得以占领土门这个战略要地。这一反对国民党的特殊的统一战线具有特别重大的意义。**这是统一战线的第二个成就。**

这些成就证明，苏维埃和红军善于正确地运用统一战线。这是苏维埃和红军始终得到广大劳动群众的支持并能一再成功地击退敌人的围剿的原因之一。

但是在运用统一战线方面，我们党内还有一些缺点和错误。王明同志在他的发言中已经详细分析了这些缺点和错误，并对其进行了布尔什维主义的批评。我们所犯的一切错误都可以从以下事实中得到解释：一些同志还不明白中国出现了新的形势，我们应在中国大大扩展革命的社会基础。这些同志不敢坚定地运用统一战线策略，支持旧的宗派主义传统的残余。因此，积极开展反对宗派主义倾向和反对一切其他错误倾向的斗争，是成功地运用统一战线策略的必要前提。

世界即将进入一个战争与革命的新周期，革命危机日益成熟。就中国而言，四年来那里始终处于革命、战争和外国干涉的局面，而现在则要强调新的情况，即**日本加强了进攻，国民党的统治全面崩溃。民族危**

机达到了顶点。我们党、苏维埃和红军必须勇敢地、尽可能广泛地发展反对帝国主义和国民党的统一战线，争取建立一个将领导神圣的民族革命战争以保障中国的独立和统一的卫国政府。

一切不愿做帝国主义者的奴隶的人、一切尚未泯灭爱国主义情感的军官和士兵、一切愿意参加神圣救国斗争的党派和团体、一切心系祖国的海外华侨、一切被压迫的中国少数民族（蒙古族、穆斯林、朝鲜族等），以及一切具有民族自觉、怀着满腔热血的国民党青年团的成员，都应当在民族统一战线中联合起来。（掌声）

赖特尔（奥地利）：

我们当然很清楚，我们争取建立人民阵线的斗争遇到了各种反对意见。作为社会民主党从前的受托人，我已经听到了社会民主党同志的不同意见，据他们说，他们确实已经越来越拥护人民阵线了。他们断言，他们的联合政府就是与所有党派和各居民阶层合作的，因此是人民阵线的一种形式。

社会民主党在联合政府中与各资产阶级党派合作，与我们今天通过建立人民阵线所要达到的目标是一样的吗？社会民主党当时宣称革命进程结束了，并断言各阶级的力量都得到了巩固，已形成了阶级力量的均势。这样一来，它就使反动派有可能集中自己阵营中的力量，把小农和中间阶层群众聚集在自己周围，从而防止这些阶层发生分化。同任何一个联合政府一样，这种联合政策的阶级内容、与金融资本所支持的各资产阶级党派的合作，必然导致背弃无产阶级的阶级利益。因此，这个联合政府是人民阵线政府的对立面。人民阵线政府必定体现为革命斗争的一个阶段。它集中人民的力量并将其发展成为革命的群众斗争。

社会民主党与农民政党和资产阶级政党的领袖们的合作，与人民阵线毫无共同之处。它与领袖们联系，却不与这些领袖所代表的那些人民阶层联系，而只要动员和激励这些人民阶层与工人联合起来，就能阻止法西斯主义。只与各个政党的领袖合作同我们想要建立的人民阵线之间的区别就在于此。人民阵线建立在无产阶级统一战线的坚实基础上，把一切愿意和我们一起反对不自由、反对战争和法西斯主义的人民阶层都吸收和自下而上地包括进来。与社会民主党相反，我们对于群众的斗争意愿不是压制而是支持。我们必须一再借助这支集中起来的人民力量反击法西斯的迫害。依靠联合在人民阵线中的群众的统一的抵抗意愿，我们将能而且必定能击退和打击法西斯主义。

但是，建立人民阵线的口号切不可沦为空洞的套话或纯粹机械的公式。它向我们提出了新的重大任务。这首先要求我们自己的干部对这项新承担的工作转变思想。只要自觉地维护和遵循马克思列宁主义原则，他们就能在争取实现统一战线和人民阵线的斗争中展现高度的灵活性。

在争取小农、中农、小公务员、小工商业者和自由知识分子中在阶级性上从属于我们的阶层时，我们必须明白，尽管这些阶层对于建立人民阵线非常重要，我们还是必须先建立一个坚不可摧的无产阶级统一战线作为其前提。建立无产阶级统一战线，首先意味着争取使加入社会民主党和自由工会的工人支持统一战线的思想，理解其必要性。

作为社会民主党从前的受托人，我了解社会民主党工人对统一战线的偏见。这些偏见部分是他们的领袖多年来灌输给他们的，部分是由于共产党过去的错误而在他们的头脑中扎根的。不过我相信，近年来的政治发展，例如奥利地的二月起义、西班牙的十月斗争和法国兄弟党卓有成效的统一战线政策等事件，已经消除了许多，甚至可以说消除了绝大多数此类偏见。同志们，我认为，如果社会民主党和自由工会的工人听到季米特洛夫同志的讲话，听到他公开地、坦率地清算过去所犯的错误，听到他直言不讳的、以坚定的意志为后盾的建立摆脱一切分裂的统一战线的声明，那么最后的障碍将会消失。如果社会党工人听到了第七次代表大会一致达成的意愿，即宣布准备与社会党工人联合起来，共同捍卫作为反对法西斯主义、争取无产阶级专政斗争的基础的民主制残余，那么最后的障碍将会消失。

那些还在躲避统一战线问题的社会党领袖无法再使工人们相信，这个强有力的、以高尚的道德力量为后盾的缔结统一战线的声明和建议是一个阴谋了。奥托·鲍威尔在上一期《斗争》杂志上写到，共产党的统一战线建议不是阴谋，而是表达了实现统一的真诚愿望。我坚信，同志们，如果我们把这一信息，把代表大会建立统一战线的坚定意志传达到社会党工人的队伍中去，那么他们也会被锻造工人群众的统一，以此为法西斯主义的失败创造前提条件这一令人信服的思想所吸引。

建立统一战线并在此基础上建立人民阵线，需要强大的力量，需要勇气和智慧。哪里还能找到比建立在明晰的马克思主义认识之上、由列宁锻造并以他的精神由斯大林同志领导、克服重重障碍在地球六分之一的土地上树立起胜利的旗帜社会主义的旗帜、真正覆盖全世界的共产国际，在更大程度上集这些特质于一身的呢？谁能比共产国际更有能力、更有资格高举呼吁统一的社会主义大旗，要求社会党工人及其领袖参加反对战争和法西斯主义的共同斗争，聚集在这面旗帜下，与季米特洛夫——当他在莱比锡法庭上揭露法西斯主义的整个无耻面目，使其遭到全世界鄙视时，他对千百万具有自由思想的人们来说已经成了自由、人道、勇气概念的人格化——共同战斗呢？

因此，我们呼吁集合一切无产阶级的力量，集合一切愿意参加斗争的反法西斯人士，打击一切文明和人道的最残暴的敌人德国法西斯主义。共产国际正在向实现具有世界历史意义的世界无产阶级的联合迈出决定性的一步，并由此成为胜利的无产阶级世界革命的领导者。

凯罗斯（葡萄牙）：

葡萄牙是一个受法西斯主义无耻统治的国家。独裁获胜的原因是什么呢？

独裁之所以能够获胜，是因为无产阶级由于工人阶级的主要组织的政策和缺少一个强大的共产党而表现出无抵抗能力。

在这些事件的前夜还具有较强动员群众能力的（无政府主义的）劳工总同盟，面对军事政变却提出了"无产阶级中立"的口号。这一口号暴露了劳工总同盟政策的全部实质，多年来它一再宣称，一切政府形式都是一样的，因此无产阶级对资产阶级的内部事务应采取袖手旁观的态度。

如果简要地概述法西斯军事独裁在经济方面给无产阶级带来的后果，那么我们看到的，工人工资减少了40%，农村工人工资甚至减少了75%，工作日被延长了，农村有15万人失业，等等。小资产阶级，尤其是那些贫困的农民阶层面临破产，知识分子的经济和政治状况也在恶化。在这种状况下，法西斯独裁的群众基础越来越萎缩。

独裁政党"民族统一党"是由资产阶级和大地主的上层人物、**陆军和海军的高级军官**、神职人员和一部分小资产阶级组成的，其中小资产阶级正处于破产的过程中。无产阶级和农村广大劳动群众在这个独裁政党中只占很小的比例。

1933年，为了在劳动者中，特别是在工会中建立基础，为了摧毁当时还合法存在的工人工会，独裁政府创立了一个以"国家工团主义"为名的法西斯运动。

在我们党的倡议下，展开了一场揭露国家工团主义的广泛的运动。

独裁政府明白，继续玩弄这样的伎俩可能会导致更加严重的后果，因此被迫放弃了以国家工团主义作为它在劳动群众中的基础。

这是共产党领导葡萄牙劳动群众和一部分知识分子阶层在反法西斯斗争中取得的一个真正的成就。我们必须在我国最为广泛地宣传这一成就，因为它证明了法西斯主义不是不可战胜的，而是相反，只要工人阶级和受法西斯主义剥削的各阶层劳动人民结成一个统一的同盟，用他们的铁拳狠狠地打击法西斯主义，它的日子就屈指可数了。

反法西斯斗争的另一个重要事例发生在1933年底和1934年初。这次行动是以反对工会法西斯化的大规模斗争为起点的。

当萨拉查政府于1933年6月颁布关于解散自由工会、建立国家的即法西斯主义的工会并为农民建立"人民之家"的法令时，红色工会的中央委员会公开向各个派别的所有工会组织提出建议，要求结成反对法西斯独裁政府紧急法令的统一战线。

在葡萄牙工人运动的历史上，第一次在分别代表无政府主义的、共产主义的、改良主义的和独立的工会的工人组织中央领导机构之间建立了统一战线。

1934年1月18日是统一战线委员会为举行反对法西斯法令的抗议日活动预定的日子，在这一天组织了许多群众行动：在我国一些最重要的地点，在阿尔加维、锡尔维什、阿尔马达等省，普遍举行了罢工和公开的示威游行。

同一天，大马里尼亚——在那里，红色玻璃工人工会由于成功地举行了一系列罢工而具有重大影响——的工人们在大多数劳动群众的支持下，从已坚持了两天的总罢工转向起义的尝试，他们解除了警察的武装，占领了最重要的国家机关。在几个小时的时间里，工人成了城市的主人，手中有了武器。

由于在这场运动的准备工作中犯了错误，再加上无政府主义者的背叛，我们未能成功地阻止工会的法西斯化。不过我们还是能够动员广大群众，而且打破了在法西斯主义统治下无法开展群众斗争的神话。

由于我们党当时在主要问题上和在持续的斗争中采取了正确的态度，我们的党员人数一年多来增加了50%以上。

工会法西斯化以后，共产党人试图和从前的无政府主义工会领袖一起重建自由工会。

我们卓有成效地动员群众捍卫非法的自由工会。目前在我们这里，所有关键性的工业部门都有自由工会。

我们必须克服一切宗派主义的残余，根据我国的具体条件在实践中运用统一战线策略。

我们必须向无政府主义者和分散在全国各地的社会党组织提出捍卫**工人阶级直接经济和政治利益**的具体行动纲领。

在开展统一战线行动的基础上，我们还必须设法争取小资产阶级知识分子阶层，在他们中间对独裁统治的不满情绪日益强烈。

我们必须设法把背离政变派的共和派分子争取到我们一边，同他们一起组建广泛的反法西斯人民阵线。

我们还必须设法以建立自由工会为目标把工会运动统一起来，为此我们要使无政府主义者和其他派别的代表在广泛的工会民主和反对资本的进攻行动及保卫工会的基础上联合起来。

当然，我们首先要加强我们的党。

当我们积极开展反对我们党内还存在的一切宗派主义和机会主义观点的思想斗争时，我们必须在捍卫劳动者利益的基础上加强和扩大我们对工人阶级的影响力。要加强我们党，最重要的前提条件是增强我们代表农民、失业者、妇女和青年等起决定性作用的社会阶层的主动性，而迄今我们还很少在这些群体中开展工作。

我们党将善于扩大它已经取得的成就，成为共产国际的一个强大的支部，有能力领导工人群众开展反对法西斯主义的斗争。

里瓦斯（委内瑞拉）：

季米特洛夫同志的报告向我们展示了反法西斯主义斗争的极为广阔的前景，给我们指明了斗争的总路线。现在就取决于我们如何根据具体情况运用这一策略。

胡安·比森特·戈梅斯将军残酷的独裁统治在委内瑞拉肆虐了26年。

委内瑞拉是一个自然资源丰富的国家，它的石油产量在世界上排第三位。所有这些财富都被戈梅斯以人们所能想象到的最优惠的条件转让给了帝国主义者。

在委内瑞拉没有一丁点儿民主自由，没有结社和集会自由，禁止成立政党。不经任何法庭审判就把人投入监狱，施以拷打和谋杀，所有这些形式都被用来对付戈梅斯政权的反对派。劳动者始终处于被强制送入兵营服兵役的威胁之中。他们被迫离开自己的工作岗位，离开自己的家人，被捆绑着送进兵营，或者送到戈梅斯及其追随者的庄园中当兵和服军事劳役。委内瑞拉的街道都是靠强迫劳动修建的。每一条建成的街道都是工人和农民的墓地。

除了自助的宗教团体外没有任何其他组织，而且宗教团体的数目也是非常有限的。它们的成员是工人，主要是手工业者和小资产者。每一个追求某种改革的团体都受到迫害。除上述团体外，还有一些体育协会和数量极少的文化教育协会。教会最近才建立了天主教青年协会和天主教行动协会，并在组建的同时进行反对我们的宣传。

自从危机发生以来，更确切地说，在1928年反对戈梅斯的群众运动之后——当时我国的主要城市都爆发了政治性罢工，对事件的进一步发展产生了极大影响——我们工作的客观条件有了改善。最近几年成立了一些反对戈梅斯的非法组织，以建立人民政府的口号作为主要目标。我必须指出，由于我们的宗派主义，我们拒绝了这些组织向我们提出的联合斗争的建议。

除了工人群众和农民群众之外,对垄断制度、对阻碍经济发展的种种障碍、对把土地出售给帝国主义者感到不满的小资产阶级,也能被吸收到委内瑞拉的反帝国主义人民阵线中来。

我们的工作必须适应国内的非法环境。很明显,我们必须为争取反帝国主义阵线的合法性和建立群众组织的合法性而斗争,我们必须渗透到现有的组织中去并建立新的组织。在当前条件下开展斗争,特别是在开始阶段,要求我们格外谨慎小心。如果我们不想让反动派的迫害措施马上把我们逼入绝境,并阻碍我们建立统一战线和建立群众组织,那我们就必须学会在非法状态下工作。

第三十三次会议

(1935年8月13日)

争取反法西斯主义的工人阶级统一

(季米特洛夫对就他的报告所进行的讨论作总结)

同志们,对我的报告的详细讨论表明,代表大会极为关注工人阶级反对资本和法西斯主义的进攻、反对帝国主义战争危险的基本策略问题和任务。

我们现在总结八天讨论的成果,可以确定的是,这个报告的各项基本指导原则都得到了代表大会的一致赞同。没有哪个发言人对我们提出的策略方针和草拟的决议提出反对意见。

我们的确可以冷静地说,以前的共产国际代表大会从未像现在这样表现出思想上和政治上的空前团结。(掌声)代表大会意见完全一致表明,在我们的队伍中这样的认识已经完全成熟,即我们必须适应变化了的形势,根据近年来极为丰富、富有教益的经验来调整我们的政策和策略。

毫无疑问,我们可以把这种意见一致看做成功地完成国际无产阶级运动的下一个中心任务的最重要的前提之一。这个中心任务就是,**在反对法西斯主义的斗争中建立工人阶级各个部分的行动统一。**

为了成功地完成这一任务,首先需要共产党人灵活地使用**马克思列**

宁主义分析的武器，认真研究具体形势和发展中的阶级力量配置情况，为自己的行动和斗争确定与其相适应的计划。我们必须毫不留情地根除经常使我们的同志思想僵化的按照臆想的模式、呆板的公式和现成的框框办事的习气。我们必须结束这样一种状况，即一些共产党人缺乏进行马克思列宁主义分析的知识和能力，用诸如"摆脱危机的革命道路"之类的泛泛的空话和一般的口号来代替这种分析，而不作任何严肃的尝试来说明，在哪些情况下，在什么样的阶级力量对比关系中，在无产阶级和劳动群众的革命成熟性达到何种程度时，在共产党的影响达到何种水平时，这样一条摆脱危机的革命道路才是可能的。不进行这样的分析，一切口号都会变成"无用的"炮弹和空洞的套话，只会使我们看不清今天的任务。不进行马克思列宁主义的具体分析，我们决不可能正确地提出和解决法西斯主义问题、无产阶级统一战线和人民阵线问题、对资产阶级民主的态度问题、统一战线政府问题、在工人阶级内部尤其是社会民主党工人中间发生的变化过程问题，以及生活本身和阶级斗争的发展向我们提出的和将要提出的大量其他新的复杂问题。

第二，我们需要**有活力的人**，从工人群众中、从工人群众的日常斗争中成长起来的人，对无产阶级事业无限忠诚的斗志坚定的人，尽心尽力贯彻我们的代表大会决议的人。没有列宁斯大林主义的布尔什维克式的干部，我们就完成不了劳动者在反对法西斯主义的斗争中所面临的那些重大任务。

第三，我们需要用**马克思列宁主义理论指南**武装起来的人，不熟练地运用这一指南，我们就会陷入狭隘的事务主义，不能高瞻远瞩，只会就事论事地解决问题，看不到斗争的广阔前景，不能向群众指明我们向哪里前进，我们为什么而斗争，我们领导劳动者向何处去。

第四，我们需要一个**群众组织**，以便把我们的决议转化为行动。单凭我们思想上和政治上的影响力是不够的。我们必须把依靠**运动的自发**

性当做我们的一个主要弱点予以摒弃。我们必须考虑到，如果没有坚持不懈的、旷日持久的、耐心细致的、有时似乎是出力不讨好的组织工作，群众就不会走向共产主义。为了能把群众组织起来，我们必须学会列宁斯大林主义的领导艺术，使我们的决议成为不仅是共产党人的，而且也是最广大劳动群众的共同财富。我们必须学会不是用书本式的语言，而是用为群众事业而斗争的战士的语言与群众谈话，其中的每一句话、每一个想法，都反映了千百万人的思想和感受。

在我的总结中，我首先想探讨的就是这些问题。

同志们！代表大会已经以极大的热情一致接受了新的策略方针。热情和一致本身当然是极好的东西。但是，如果能以深思熟虑的批判态度看待我们面临的任务，正确地领会通过的决议，并真正掌握在每一个国家的具体条件下运用这些决议的手段和方法，那就更好了。

我们从前也曾一致通过了一些不错的决议。但是糟糕的是，我们经常是形式上通过了决议，在最好的情况下也只是使这些决议成为工人阶级一个小小的先锋队的共同财富。这些决议没有被广大群众所理解和掌握，没有成为千百万人的行动指南。

我们能断言我们同这种形式上通过的决议最终一刀两断了吗？不能。我们必须指出，本次代表大会上个别同志的发言中仍然显露出形式主义的残余，时常可以看到有人企图用某种新模式，用某种简单化的、僵死的新公式来代替对事实和生动的经验的具体分析，把我们所**希望**的然而还**不**存在的东西，说成是**既存的事实**。

反法西斯主义的斗争必须是具体的

对法西斯主义的一般特征所作的概括即便就其本身而言是正确的，也决不能使我们免于这样的必要性，即具体地研究和考虑各个国家和各个不同阶段法西斯主义发展的特点和法西斯独裁的各种不同形式。我们必须考察、研究和找出每个国家法西斯主义的民族特点和民族特性，并相应地确定反对法西斯主义斗争的有效方法和形式。

列宁曾语重心长地告诫我们警惕这种"把策略性的准则和斗争的准则混为一谈，机械地等同看待的公式化的做法"。这一提示是非常中肯的，因为这关系到反对这样的敌人的斗争，这一敌人非常狡猾、非常阴险，利用群众的民族感情和偏见及其反资本主义的情绪，为大资本的利益服务。**我们必须从各个方面准确地认识这种敌人。**我们必须毫不迟疑地对其各种各样的花招作出反应，揭露其阴谋诡计，准备随时随地与其作斗争。只要有助于更快、更有把握地**扭断敌人的脖子**，我们甚至不怕向敌人**学习**。（掌声）

想提出一个适用于所有国家、所有民族的法西斯主义的一般发展公式，这是一个严重的错误。这样的公式不是帮助我们，而是阻碍我们进行真正的斗争。撇开别的不谈，这会导致一些阶层盲目地被推入法西斯主义的阵营，而如果我们用正确的方法引导他们，就能使他们在某个发展阶段投入反法西斯主义的斗争或者至少是保持中立。

让我们以法国和德国的法西斯主义发展为例。有些同志认为，法西斯主义在法国根本不可能像在德国那样轻易地发展起来。这一看法中哪些是正确的，哪些是错误的呢？正确的是，在德国，不存在像在18世纪和19世纪经历过多次革命的法国那样根深蒂固的民主传统。正确的是，法国是一个战胜国，曾强迫其他国家接受凡尔赛和约，在法国民众中民族感情没有受到伤害，而这种伤害在德国却发挥了很大的作用。正确的是，法国的大部分农民群众是共和派的、反法西斯主义的，尤其是在南部地区，这与德国的情况迥然不同，那里在法西斯主义上台之前，很大一部分农民就已经处于反动政党的影响之下了。

但是，同志们，尽管法西斯运动的发展在法国和德国存在着差异，尽管法国有一些妨碍法西斯主义发展的因素,如果看不到法西斯主义的危险在法国不断增长,如果低估了法西斯政变的可能性,那就是短视。另一方面,在法国还存在着许多有利于法西斯主义发展的情况。不要忘记,经济危机在法国比在其他资本主义国家爆发得晚,目前正在进一步加深和加剧,这特别有利于法西斯分子进行肆无忌惮的蛊惑宣传。法国的法西斯主义在军队中和军官团中的势力如此强大,甚至纳粹分子上台之前在国防军中的势力也不能与之相比。此外,恐怕没有哪个国家议会制度的腐败达到像法国这样极其严重的程度,并引起了群众这样大的愤慨。众所周知,法国的法西斯分子在反对资产阶级民主的斗争中以蛊惑的方式利用这一点来谋取利益。同时也不要忘记,法国的资产阶级非常害怕丧失自己在欧洲的政治和军事霸权,这也有利于法西斯主义的发展。

由此可见,法国的反法西斯主义运动所取得的成就——多列士同志和加香同志曾在这里谈到这些成就,而且我们对这些成就由衷地感到高兴——还远不能被看做是劳动群众已经成功地最终堵住了法西斯主义的前进道路的标志。我们必须再次坚定地强调法国工人阶级在反对法西斯主义的斗争中的任务的全部重要性,对此我已经在我的报告中提示过。

对法西斯主义在其不具备广泛群众基础的其他国家中虚弱抱有幻想,这也同样是危险的。我们以诸如保加利亚、南斯拉夫和芬兰这样的国家为例,法西斯主义在那里没有广泛的基础,但还是依靠国家的武装力量取得了政权,并企图通过利用国家机器来扩大自己的基础。

达特同志说得对。他说,在我们的队伍中有一种一般化地看待法西斯主义的倾向:人们不考虑各个国家法西斯主义运动的具体特征,错误地将资产阶级的一切反动措施都视为法西斯主义,甚至将整个非共产主义阵营都视为法西斯主义。这样做的结果不是加强了,而是反而削弱了反对法西斯主义的斗争。

甚至今天也还存在着对法西斯主义的公式化看法的残余。个别同志宣称，与诸如英国的"国民内阁"相比，罗斯福的"新政"是资产阶级走向法西斯主义的更为清晰、更为露骨的形式。这难道不是这种公式化看法的表现吗？罗斯福所抨击的美国最反动的金融资本集团，首先正是那些在美国推动和组织法西斯主义运动的力量，看不到这一点，那就是严重的公式化了。在这些集团所谓"捍卫美国公民的民主权利"的虚伪言辞背后，隐藏着正在美国萌发的真正的法西斯主义，看不到这一点，就意味着使工人阶级在反对其最凶恶的敌人的斗争中迷失方向。

正如人们在讨论中所指出的那样，在殖民地和半殖民地国家中同样形成了某种法西斯组织，当然这里所说的法西斯主义不同于我们在德国、意大利和其他资本主义国家所常见的那种法西斯主义。在这里，我们必须研究和考虑完全不同的经济、政治和历史条件，与这些条件相适应，法西斯主义采取和将要采取特殊的形式。

一些同志由于思想懒惰，不能具体地对待现实生活的各种现象，以一般的、空洞的**公式**来代替对**具体**情况和阶级力量对比关系的深入细致的研究。他们不像正中靶心的**神射手**，而是像那种慢条斯理、从不出错却总是**脱靶**的"射箭大师"，射出去的箭不是太高就是太低，不是太远就是太近，总是射不中目标。我们希望同志们作为工人运动的共产主义战士、工人阶级的革命先锋队，做这种百发百中的神射手。（经久不息的掌声）

无产阶级统一战线—反法西斯人民阵线

有些同志徒劳无益地为这个问题绞尽脑汁：从哪儿开始呢——是从无产阶级统一战线开始，还是从反法西斯人民阵线开始？

一些人说：只有先组织起一个稳固的无产阶级统一战线，才能开始建立反法西斯人民阵线。

而另一些人则断言：由于建立无产阶级统一战线在一些国家中遭到社会民主党的反对，所以最好是立即着手进行人民阵线的工作，然后才能在此基础上发展无产阶级统一战线。

无论是前者还是后者显然都不明白，无产阶级统一战线和反法西斯人民阵线是通过**活生生的斗争辩证法**紧密地联系在一起、结合在一起的，在反对法西斯主义的实际斗争过程中互相转换，绝不存在一道万里长城将它们彼此分隔开来。

人们不可能真的相信，在未实现工人阶级自身的行动统一的情况下就能真正建立反法西斯人民阵线，因为工人阶级是这个人民阵线的**领导力量**。同时，无产阶级统一战线的进一步发展，也在很大程度上取决于向反法西斯人民阵线的转变。

同志们，请设想这样一种公式化的人，他面对我们的决议，以书呆子式的热情设计了自己的公式：

首先，在地方范围从下面建立无产阶级统一战线；

然后，在地区范围从下面建立统一战线；

再后，按同一顺序从上面建立统一战线；

下一步，实现工会运动的统一；

再下一步，吸引其他的反法西斯主义政党；

然后，从上面和下面全面发展人民阵线；

接着，我们必须把运动提升到一个更高的阶段，将其政治化、革命化，等等，诸如此类。（哄堂大笑）

同志们，你们会说这完全是胡说八道。我同意你们的看法。但是糟糕的是，可惜在我们的队伍中还经常能遇到形形色色这种关门主义的胡言乱语。

实际情况是怎么样的呢？当然我们必须到处争取建立广泛的反法西

斯主义人民阵线。但是在许多国家中，如果我们不善于通过动员工人群众来打破社会民主党对无产阶级的统一斗争战线的抵抗，那么我们就还是在继续重复关于人民阵线的泛泛而论的空话。这种情况首先出现在英国，在那里，工人阶级构成了人口的大多数，英国的工会和工党得到工人阶级大多数的支持。这种情况也出现在比利时和斯堪的纳维亚国家，在那里，人数较少的共产党所面对的是强大的群众性工会和人数众多的社会民主党。

如果共产党人在这些国家用关于人民阵线的泛泛而论的空话做掩护，放弃争取建立无产阶级统一战线的斗争，那么他们将犯下重大的政治错误，因为如果没有工人阶级的群众组织的参与，就不可能建立人民阵线。为了在这些国家形成真正的人民阵线，共产党人必须在工人群众中做大量的政治工作和组织工作。他们必须克服部分群众的偏见，这些群众以为自己的改良主义群众组织已经是无产阶级统一的体现；他们必须说服这些群众，与共产党人建立统一战线，意味着这些群众转到阶级斗争的立场上来，而只有实现这样的转变，才能保证反对资本和法西斯主义进攻的斗争取得成功。我们不能用在这里提出空泛的任务的办法来克服我们所面临的困难。相反，为了争取消除这些困难，我们准备不是在口头上，而是在行动上建立一个反对法西斯主义、反对资本进攻、反对帝国主义战争危险的真正的人民阵线。

在像波兰这样的国家里，问题就不同了。这里除了工人运动之外还兴起了强大的农民运动，农民群众有自己的组织，这些组织在农业危机的影响下越来越激进。在这里，民族压迫引起了少数民族的愤慨。在这里，战斗的人民阵线的发展与无产阶级统一战线的发展是并行不悖的；在这样的国家里，人民阵线运动有时甚至领先于工人战线运动。

以像西班牙这样的正处于资产阶级民主革命进程中的国家为例。难道可以说，在这里由于无产阶级组织上四分五裂，因此在建立一个反对勒鲁和希尔·罗布莱斯的工农联合战线之前,需要先实现工人阶级完全的斗争统一吗?如果提出这样的问题,我们就会使无产阶级与农民隔绝,实际上取消土地革命的口号,便于人民的敌人对无产阶级和农民挑拨离间,使农民和工人阶级陷入对立。众所周知,这是1934年十月事件中工人阶级遭受失败的主要原因之一。

然而,有一点切不可忘记:在一切无产阶级人数比较少、农民和城市小资产者阶层占大多数的国家中,为了使工人阶级能够占据一切劳动者的领导者的地位,我们必须更加全力以赴地建立一个工人阶级本身的稳固的统一战线。

因此,同志们,解决无产阶级战线和人民阵线的问题,不可能有什么适用于一切情况、一切国家和一切民族的万灵药方。在这样的事情上搞"一刀切",在所有国家使用同一种方法,恕我直言,就等同于无知。即使这种无知经常是披着普遍适用的公式的外衣出现,我们也必须对其予以狠狠的打击。

关于社会民主党的作用及其对无产阶级统一战线的态度

同志们!从我们的策略任务的角度看,对社会民主党目前还是不是以及在何处是资产阶级的主要助手这个问题做出正确的回答,具有重大的意义。

在讨论中发言的一些同志(弗洛林同志、达特同志)触及了这个问题。而鉴于这个问题的重要性,我们必须给出一个完满的答案。这是一个工人们提出的而且不可避免地一定会提出的问题。

我们必须看到,在许多国家里,社会民主党在资产阶级国家中的地位及其与资产阶级的关系已经改变或者正在改变。

第一,危机从根本上动摇了工人阶级中甚至地位最高的阶层,即所谓工人贵族的处境，而众所周知，社会民主党主要就是依靠这些阶层的。这些阶层开始越来越多地修正自己从前对与资产阶级合作的政策的合理性的看法。

第二，正如我已经在报告中说过的，在许多国家，资产阶级本身被迫宣布放弃资产阶级民主，转而采取资产阶级专政的恐怖统治形式。这样一来，资产阶级不仅要剥夺社会民主党从前在金融资本的国家体系中的地位，而且在某些情况下还要剥夺它的合法性，对它进行迫害，甚至将其彻底摧毁。

第三，一方面受德国、奥地利和西班牙工人阶级失败——这主要是社会民主党与资产阶级合作的政策的结果——的教训的影响，另一方面受苏联社会主义的胜利——这是布尔什维克的政策和运用鲜活的革命的马克思主义的结果——的影响，社会民主党工人正在革命化：社会民主党工人开始转向反对资产阶级的阶级斗争。

综合所有这些原因，使得社会民主党越来越难以——在一些国家简直就是不可能——继续保持其从前充当资产阶级助手的作用。

在那些法西斯独裁剥夺了社会民主党的合法地位的国家中，不理解这一点是极其有害的。从这个角度来看，那些德国同志的自我批评是正确的。他们在发言中指出，我们决不能再固守关于社会民主党的过时的公式和决议的条文，决不能再忽视形势的变化。显然，这种忽视态度导致我们旨在建立工人阶级统一的路线遭到歪曲，有助于社会民主党的反动分子破坏统一战线。

但是，目前已在所有国家出现的社会民主党内部的革命化进程发展得并不平衡。我们不能设想这样的事情，正在革命化的社会民主党工人**一下子**就成群结队地转向坚定的阶级斗争的立场，并且不经过任何中间阶段就**直接**与共产党人联合起来。这在许多国家都将是一个或多或少困难的、复杂的和漫长的过程，这一过程在任何情况下都主要取决于我们的政策和策略的正确性。我们甚至必须考虑这样的可能性，即某些社会民主主义的政党和组织在从与资产阶级合作的立场转向反对资产阶级的阶级斗争的立场时，在一定时间内仍作为独立的组织和政党继续存在。在这种情况下，当然不能再把这样的社会民主主义组织或政党看做资产阶级的助手。

我们不能指望，那些受被灌输了几十年的与资产阶级合作的思想影响的社会民主党工人，仅仅由于客观原因就自动放弃这种思想。不，帮助社会民主党工人摆脱改良主义思想的禁锢是我们共产党人的事情。我们必须根据每一个社会民主党工人的政治发展水平，同志式地、耐心地向他们说明共产主义的原则和纲领。我们对社会民主主义的批评必须更具体、更系统，必须依据社会民主党群众自己的经验。我们必须牢记，主要依据与共产党人肩并肩地共同反对阶级敌人的斗争经验，我们就能够而且必定会便利和加速社会民主党工人革命化的发展。要克服社会民主党工人的动摇和疑惑，没有比参加无产阶级统一战线更有效的办法。

我们将做好取决于我们的一切事情，以便不仅使社会民主党工人，而且使那些真诚地愿意转向革命的阶级立场的社会民主主义政党和组织的干部更容易与我们一起工作，共同反对阶级敌人。不过我们同时也要宣布：那些继续支持社会民主党反动领袖的分裂政策并反对统一战线，以此直接或间接地帮助阶级敌人的社会民主党领导人、普通干部和工人，因此而在工人阶级面前承担的责任，并不比那些支持社会民主党的合作政策——这一政策在许多欧洲国家使1918年革命遭受惨败并为法西斯主义开辟了道路——的人的历史责任更轻。

对统一战线的态度问题是社会民主党的反动部分与其正在革命化的阶层之间的分水岭。我们同与资产阶级同流合污的社会民主党反动阵营的斗争越激烈，我们对正在革命化的部分的帮助就越有效。同样，在左派阵营内部，共产党人争取与社会民主党结成统一战线的斗争开展得越坚决，对其个别分子的净化过程就进行得越迅速。阶级斗争的实践和社会民主党人参加统一战线运动将证明，在这个阵营中谁是口头上的"左派"，谁是真正的左派。

关于统一战线政府

如果说社会民主党对实际建立无产阶级统一战线的态度，在每一个国家中都是判断社会民主党或其各个分支在资产阶级国家中的原有作用是否改变和在多大程度上改变的主要标志，那么**社会民主党对统一战线政府问题的态度**，就将是作出这种判断的一个特别显著的标志。

在建立统一战线政府的问题作为直接的实际任务提上议事日程的情况下，以下问题就成了决定性的问题，成了检验有关国家社会民主党政策的试金石：是和法西斯化的资产阶级一起反对工人阶级，还是不是在口头上而是在行动上和革命的无产阶级一起反对法西斯主义和反动派。这是不仅在统一战线政府建立时，而且在其行使权力期间必然要提出的问题。

同志们，关于建立一个统一战线政府或反法西斯人民阵线政府的性质和条件，我认为在报告中已经说明了制定一般的策略方针所必需的东西。如果想要求我们超出这个范围来确定建立这样一个政府的所有可能的方式和条件，那就是热衷于徒劳的揣测了。

我想告诫大家在这个问题上谨防任何简单化和公式化的态度。生活比一切公式更复杂。例如，把统一战线政府说成是建立无产阶级专政道路上的一个**必经阶段**，这就是错误的。设想在法西斯国家中**不经过任何中间阶段**，法西斯独裁就必然**无条件地**、**直接地**被无产阶级专政所取代，这种看法从前是错误的，现在也同样是错误的。

问题的关键仅仅在于，无产阶级本身是否准备在决定性的关头直接推翻资产阶级并建立自己的政权，以及在这种情况下是否能确保得到盟友的支持；或者，无产阶级统一战线和反法西斯人民阵线运动是否在现阶段只能镇压或推翻法西斯主义，而不能直接转向消灭资产阶级专政。在后一种情况下，仅仅由于这个原因就放弃建立和支持统一战线政府或人民阵线政府，是一种不可容忍的政治短视，而不是严肃的革命政策。

不难理解，建立统一战线政府，在法西斯主义还没有上台的国家是不同于法西斯独裁国家的。在法西斯独裁国家，**只有在推翻法西斯政权的过程中才能**建立这样的政府。而在正在进行**资产阶级民主革命**的国家，人民阵线政府则可以变为工农民主专政的政府。

我在报告中已经解释过，共产党人支持各种形式的统一战线政府，只要它真正与人民的敌人作斗争，并承认共产党和工人阶级享有活动自由。共产党人参加政府的问题完全取决于具体的形势。这种问题要根据各自的具体情况来决定，根本不可能预先开出现成的药方。

关于对资产阶级民主的态度

连斯基同志在发言中说，波兰共产党虽然动员群众反对法西斯主义对劳动者权利的侵害，"但是为了不在群众中制造民主幻想，有人对积极地表达民主要求感到担忧"[①]。对积极地表达民主要求的这种担忧，不仅是只在波兰党内以这种或那种形式存在着。

同志们，这种担忧从何而来呢？它来源于以错误的、非辩证法的方

---

① 参见《国际共产主义运动历史文献》中央编译出版社 2013 年版第 57 卷第 498 页。——编者注

法看待对资产阶级民主的态度问题。我们共产党人是苏维埃民主的坚定拥护者。苏联的无产阶级专政提供了苏维埃民主的伟大经验。正当资产阶级民主的最后残余在资本主义国家中被清除的时候，苏联通过第七次苏维埃代表大会的决议宣布实行平等、直接和无记名的选举。这种苏维埃民主是以无产阶级革命取得胜利，生产资料私有制转变为社会所有制，绝大多数人民群众走上社会主义道路为前提的。这种民主并不是最终的形式，它正在发展，而且随着社会主义建设取得更大的成就，随着无阶级社会的建立，以及随着经济中和人的思想意识中的资本主义残余被克服，它将得到进一步的发展。

今天，生活在资本主义关系中的千百万劳动者必须确定自己对资产阶级统治在各个不同国家所采取的**那些形式**的态度。我们不是无政府主义者，现存的国家实行什么样的政治制度，是实行资产阶级民主形式——即使公民的权利和自由受到了极大限制——的资产阶级专政，还是实行公开的法西斯主义形式的资产阶级专政，对我们来说决不是无关紧要的。作为苏维埃民主的拥护者，**我们要捍卫工人阶级通过多年艰苦斗争争得的每一项民主成果，并且为扩大这些成果而坚决斗争。**

英国工人阶级付出了多大牺牲，才为自己争取到了罢工权、工联的合法地位、集会自由和新闻出版自由、选举权的扩大，等等！在法国19世纪的革命斗争中，为了获得基本权利和组织自己的力量开展反对剥削者的斗争的合法机会，有多少万工人献出了自己的生命！为了争得资产阶级民主自由，各国无产阶级付出了大量血的代价，因此可以理解，他们将竭尽全力为维护这个成果而斗争。

我们对资产阶级民主的态度不是在所有情况下都始终是一样的。例如，在十月革命中，俄国布尔什维克与一切在捍卫资产阶级民主的旗帜下反对建立无产阶级专政的党派进行生死搏斗。布尔什维克之所以反对这些党派，是因为那时资产阶级民主的旗帜已经成了动员一切反革命力量为反对无产阶级胜利而斗争的旗帜。而在当今资本主义国家中，情况就不同了。今天，法西斯反革命势力正在攻击资产阶级民主，并力求建立一个残酷地剥削和压迫劳动者的政权。今天，许多资本主义国家的劳动群众不是要在无产阶级专政和资产阶级民主之间做具体选择，而是要在资产阶级民主和法西斯主义之间做具体选择。

此外，我们今天的处境也与例如资本主义稳定时期不同。那时还不存在像今天这样现实的法西斯主义危险。那时许多国家的革命工人面对的是资产阶级民主形式的资产阶级专政，他们正集中火力与之作斗争。在德国，他们之所以反对魏玛共和国，并非因为它是共和国，而是因为它是镇压无产阶级革命运动的**资产阶级**共和国，特别是在 1918—1920 年和 1923 年。

不过，当法西斯运动开始抬头的时候，例如当 1932 年德国法西斯分子组织和武装数十万冲锋队迫害工人阶级的时候，共产党人还能继续采取这样的态度吗？当然不能。在许多国家，尤其是在德国，共产党人的错误就在于，他们不是考虑情况发生的变化，而是继续重复和坚持那些在若干年前——特别是当争取无产阶级专政的斗争具有现实性的时候，当德国的全部反革命势力像 1918—1920 年的情况那样聚集在魏玛共和国的旗帜之下的时候——正确的口号和策略立场。

今天在我们的队伍中仍然存在着对提出积极的民主要求的担忧，这种情况只是证明，我们的同志还没有掌握对待我们的策略的如此重要问题的马克思列宁主义的方法。有些人说，争取民主权利的斗争会使工人偏离争取无产阶级专政的斗争。让我们回忆一下列宁对此问题所发表的意见，看来是有益的。他说：

"如果认为争取民主的斗争会使无产阶级脱离社会主义革命，或者会掩盖、遮挡住社会主义革命等等，那是根本错误的。相反，正像不实现充分的民主，社会主义就不能胜利一样，无产阶级不为民主而进行全面的彻底的革命的斗争，就不能作好战胜资产阶级的准备。"①

我们所有的同志都必须牢牢地记住这些话，并且必须注意到，在历史上，大革命是从捍卫工人阶级基本权利的小运动中发展起来的。而为了理解把争取民主权利的斗争与工人阶级为争取社会主义而进行的斗争结合起来，我们首先必须摆脱对待捍卫资产阶级民主问题的公式化的态度。（掌声）

有正确的路线还不够

同志们！制定正确的路线无疑是对共产国际及其每个支部的基本要求。但是单凭正确的路线还不足以具体地领导阶级斗争。

为此需要满足一系列条件，首先是以下这些条件：

第一个条件是，为在整个实际工作中贯彻已经通过的决议提供**组织保障**，坚决克服阻碍贯彻决议的各种障碍。斯大林在联共（布）第十七次代表大会上对贯彻党的路线的条件所说的话，可以而且必须完全适用于我们的代表大会所通过的决议：

"有些人以为只要制定正确的党的路线，把它公布出来，把它制成一般的提纲和决议并一致通过，胜利就会自行到来，即所谓自流地到来。这当然是不对的。这是很大的错误。只有不可救药的官僚主义分子和文牍主义分子才会这样想。……好的拥护党的总路线的决议和宣言，这只是事情的开始，因为它们只表示争取胜利的愿望，而不是胜利本身。在正确的路线提出以后，在对问题做出正确的决定以后，事情的成功就取决于组织工作，取决于组织实现党的路线

---

① 《列宁全集》中文第 2 版第 27 卷第 255 页。——译者注

的斗争,取决于正确地挑选人才,取决于检查领导机关的决议的执行情况。否则,党的正确路线和正确决议就会有遭到严重破坏的危险。不仅如此,在正确的政治路线提出以后,组织工作就决定一切,其中也决定政治路线本身的命运,即决定它的实现或失败。"①

斯大林同志的这些精彩论述,应该成为我们党的全部工作的指导思想,对此我们大概无须再作什么补充。

第二个条件是有能力使共产国际及其各支部的决议成为最广大群众的决议。现在,当我们面临建立无产阶级统一战线和争取最广大人民群众参加反法西斯人民阵线的任务时,这就更加必要了。**列宁**和**斯大林**的政治和策略天才,最生动、最清晰地表现在他们引导群众根据自己的经验理解党的正确路线和口号的高超技巧上。如果我们追寻布尔什维主义的整个历史这一革命工人运动的政治战略和策略的极其丰富的宝库,那么我们就能确信,布尔什维克从来不用领导党的方法来代替领导群众的方法。

斯大林同志曾指出,在为十月革命做准备期间,俄国布尔什维克的策略的特点是,他们善于帮助群众根据自己的经验来领会、检验和认识党的口号的正确性,从而正确地确定那些引导群众自然而然地走向党的口号、走向"革命门槛"的途径和转折;他们不把领导党同领导群众混为一谈,清楚地认识到前一种领导与后一种领导之间的区别,而以这种方式制定的策略,不仅是领导党的科学,而且也是领导千百万劳动群众的科学。

此外我们必须注意,**如果我们没有学会用群众容易理解的语言讲话,那么我们的决议就不可能为广大群众所接受**。我们绝非总是善于直

---

① 《斯大林全集》第 13 卷第 322—323 页。——译者注

截了当地、具体地，用贴近群众、通俗易懂的形象化的方式讲话。我们总是难以割舍那些已经背熟了的抽象公式。事实上，如果你们看看我们的传单、报纸、决议和文章，你们就会发现，它们经常是以这样一种语言写成的，写得如此晦涩难懂，甚至我们党的干部都难以理解，更不用说普通工人了。

同志们，如果我们考虑到工人，尤其是那些在法西斯主义国家中冒着生命危险散发和阅读这些传单的工人，那么我们就会更加明白，为了这些群众，必须要用一种他们容易理解的语言来写作，这样人们付出的牺牲才不会白费。

这也同样适用于我们口头的宣传鼓动。在这方面我们必须坦率地承认，法西斯分子常常比我们的许多同志更灵活、更巧妙。

例如，我还记得希特勒上台之前柏林的一个失业者集会。当时正值臭名昭著的骗子和投机商斯克拉雷克兄弟公司审判案期间，这个审判案已拖延了数月之久。在集会上登台发言的纳粹演说者利用这个审判案来达到其蛊惑群众的目的。他指出，斯克拉雷克兄弟公司犯下了诈骗、贿赂和其他罪行；他强调，对他们的审判已经拖延好几个月了，算下来已经耗费了德国人民多少万马克；他在与会者热烈的掌声中宣布，早该直接把像斯克拉雷克这样的不法之徒枪毙，把审判案浪费的钱发给失业者。

这时一个共产党员站起来要求发言。主持人最初拒绝了，但是与会者想听听这位共产党人怎么说，在与会者的压力下，主持人被迫让他发言。当这位共产党员登上讲台的时候，所有与会者都急切地想知道，这位共产党的演说者到底会说些什么。那么他说了些什么呢？

他以洪亮而有力的声音说道："同志们，共产国际的全会刚刚闭幕。这次全会指明了拯救工人阶级的途径。全会向我们提出的主要任务是**'争取工人阶级的大多数'**。（哄堂大笑）全会指出，失业者的运动必须

'政治化'。（哄堂大笑）全会要求把运动提升到一个更高的阶段……"（哄堂大笑）

演说者用这样的口吻继续发言，显然他以为自己正在"解释"全会的真正的决议。

这样的演说能打动失业者吗？首先要他们政治化，然后要他们革命化，接着要动员他们把运动提升到一个更高的阶段，这样他们会满意吗？（哄堂大笑，掌声）

我当时坐在角落里，能够遗憾地看到，在场的失业者本来很想听听这个共产党人怎么说，想从他那里了解他们具体该做些什么，可是现在却开始打起哈欠来，明显地对他表示失望。当最后主持人打断我们的演说者的发言时，会场上没有任何人表示抗议，对此我一点都不感到奇怪……

可惜这在我们的鼓动工作中并不是个别现象。这种情况也不仅存在于德国。同志们，这样做鼓动工作，就意味着鼓动反对自己。现在是我们彻底抛弃这种——为了不使用更激烈的言辞，请允许我这样说——幼稚的鼓动方法的时候了。

在我作报告的时候，主席库西宁同志从代表大会的会议厅收到了一封写给我的很独特的信。我现在宣读这封信：

"我请求您在代表大会上的讲话中谈谈这个问题，即将来共产国际的各种决议应当这样撰写，使其不仅能被受过教育的共产党员理解，而且任何一个没有受过教育的劳动者在读到共产国际的文件时，就能立刻领会共产党人想做什么，共产主义能给人类带来什么好处。有些党的领导人忘记了这一点。我们必须提醒他们想到这一点，而且要牢牢地记住这一点。此外还要牢记，要以通俗易懂的语言来进行共产主义的宣传鼓动。"

这封信是谁写的，我现在还不清楚。但是我毫不怀疑，这位同志用他的这封信表达了千百万工人的意见和愿望。我们有许多同志认为，越是使用夸夸其谈的言辞、群众难以理解的公式和命题，宣传鼓动的效果就越好，但同时却忘记了，当代工人阶级最伟大的领袖和理论家**列宁**和**斯大林**，恰恰始终是以广大群众最容易理解的语言来讲话和写作的。

我们每一个人都必须像对待准则，像对待布尔什维主义的准则那样，掌握下列基本规则：

当你写作或者讲话时，你必须始终想到应当理解你的话、相信你的号召并准备追随你的普通工人！你必须想到，你是在为谁写作，你是在对谁讲话。（掌声）

关于干部

同志们！如果我们没有理解决议并将其付诸实施的人，那么再好的决议也将会停留在纸上。可惜我不得不指出，最重要的问题之一——**干部问题**，在我们这次代表大会上几乎完全未受重视。

关于共产国际执委会的工作报告已经讨论了七天，来自各个不同国家的许多发言人讲了话，但是只有个别人顺便谈到了这个对各国共产党和工人运动极其重要的问题。我们各国党在其实践中很久都没有认识到，**人、干部是起决定性作用的**。它们不善于像**斯大林**同志教导我们的那样，"像园丁培育最喜爱的果树"那样培养干部，"重视人，重视干部，重视每一个能给我们共同的事业带来好处的工作者"。

当我们在斗争中不断地失去一部分最宝贵的干部时，低估干部问题的态度就更加不可容忍。因为我们不是一个学术团体，而是一个经常在火线上从事斗争的运动，所以最坚决、最勇敢、最自觉的成员对我们来说是最重要的。尤其是在那些法西斯国家，敌人正在追捕这些最杰出的战士，杀害他们，把他们投入监狱和集中营，残酷地折磨他们。这就使不断地补充、培养和教育新干部，以及精心地保护现有干部的必要性变得特别紧迫。

由于在我们的影响下开展了统一战线的群众运动，产生了成千上万新的无产阶级积极分子，因此干部问题就变得更加紧迫了。涌入我们党的队伍的不仅仅是以前从未参加过政治运动的年轻革命者和正在革命化的工人。投奔我们的经常还有从前的社会民主党党员和干部。这些缺乏理论培训的干部在实际工作中经常遇到极其严峻的、必须自己解决的政治问题，因此更加需要对这些新干部给予特别的关注，尤其是那些处于地下状态的党。

正确的干部政策问题，对于我们党、对于青年团和所有群众组织、对于整个革命工人运动来说，都是最迫切的问题。

什么才是正确的干部政策呢？

第一，**必须了解人**。通常情况下我们党不对干部进行系统的考察。最近，法国共产党、波兰共产党和东方的中国共产党在这方面取得了一定的成绩。当年德国共产党在转入地下状态前也着手对自己的干部进行考察。这些党的经验证明，我们只要着手对人进行考察，就能发现我们以前没有注意到的人才，另一方面党也能着手清除那些在思想上和政治上有害的异己分子。只需指出法国的塞洛尔和巴尔贝的例子就足够了，他们一旦被置于布尔什维克的放大镜之下，马上就被证实是阶级敌人的代理人并被清除出党。在波兰和匈牙利，审查干部有助于揭露小心翼翼地隐藏起来的特务巢穴和阶级敌人的代理人。

第二，**必须正确地提拔干部**。提拔不应该是偶然的事情，而必须是党的一项常规工作。如果提拔只考虑狭隘的党内因素，而不考虑被提拔的共产党员是否与群众打成一片，那么这样的提拔就是有缺陷的。提拔时不仅必须考虑党的工作者能否胜任这项或那项党内职务，而且还必须考虑被提拔的人在群众中是否受欢迎。在我们党内有一些产生了良好结果的提拔的例子。例如，坐在我们大会主席团中的西班牙共产党员多洛雷斯同志。两年前她还在基层组织中工作。在第一次与阶级敌人斗争时，她就证明自己是一个出色的鼓动者和战士。后来她被选进了党的领导机构，她又证明自己是党的领导机构的一个称职的成员。（掌声）

我还可以指出其他一些国家中许多类似的情况。

然而，在大多数情况下，提拔都是无组织的、偶然的，因此并非总是正确的。有时竟让强词夺理的人、说空话的人和夸夸其谈的人当了领导人，他们简直是在危害事业。

第三，**必须善于使用干部**。我们必须善于发现并正确地利用每一个积极分子的宝贵的特长。十全十美的人是不存在的；我们必须量才使用，必须纠正他们的缺点和不足。我们知道在我们党内有许多错误地使用优秀的、正直的共产党员的令人痛心的例子，如果把他们安排到更适合他们的工作岗位，本来是会带来很大好处的。

第四，**必须正确地分配干部**。首先在运动的各个基础环节上必须要有得力的人，他们来自群众，与群众保持着密切的联系，具有主动性和坚定性。同时必须要有相当数量这样的积极分子集中在最大的中心。而在资本主义国家中，把干部从一个地方调到另一个地方不是件容易的事。这项任务在这里遇到了许多障碍和困难，其中也包括经济方面的问题、照顾家庭的问题等等；对这些困难我们必须重视并采取适当的办法予以克服，但是此事在我们这里通常还根本没有启动。

第五，**必须系统地帮助干部**。这种帮助必须体现为对干部给予细心的指示和同志式的监督，帮助消除缺点和错误，提供具体的日常的指导。

第六，**必须设法保护干部**。我们必须善于根据情况的需要及时撤退干部，用新干部来替换他们。尤其是在那些处于地下状态的党，我们必须要求为保护干部负起最严格的领导责任。（掌声）正确地保护干部也是最严密地组织党的地下活动的前提。在我们的一些成员党中，许多同志认为，党只要进行机械的、形式上的转变就能为转入地下状态做好准备。为此我们不得不付出高昂的学费，因为我们是在转入地下状态后，在敌人直接的沉重打击下才开始真正转变。回想一下，德国共产党为转入地下状态付出了多么高昂的代价呀！对于这一经验，我们党的那些今天还处于合法状态、但是明天就可能丧失其合法地位的组织必须认真地引以为戒。

只有执行正确的干部政策，我们党才有可能最大限度地发挥和利用现有干部的力量，并不断从群众运动的巨大储备中补充新的最优秀的积极分子。

选拔干部时我们必须遵循什么**基本标准**呢？

第一，**全心全意献身**于工人阶级的事业，忠实于党，在战斗中、在监狱里、在法庭上、在阶级敌人面前久经考验。

第二，**与群众保持**最密切的**联系**；关心群众利益，掌握群众生活的脉搏，了解群众的意见和需要。我们党组织的领袖的权威首先必须建立在这样的基础上，即群众把他们视为自己的领袖，群众根据自己经验，确信他们有能力担任领袖，确信他们在战斗中坚决果敢并具有牺牲精神。

第三，具有**在任何情况下都能独立辨认方向的能力**，**不怕对通过的决议承担责任**。害怕承担责任的人不能当领袖。不善于采取主动、只认定"别人叫我做什么，我就做什么"的人不是布尔什维克。只有在失败的时候不惊慌失措，在成功的时候不骄傲自大，在贯彻决议的过程中表现得坚定不移的人，才是真正布尔什维克的领袖。干部必须独立决定具体的斗争任务并感到对此承担全部责任的时候，是其发展和成长的最佳时机。

第四，不仅在反对阶级敌人的斗争中，而且在与一切偏离布尔什维主义路线的错误倾向势不两立的态度中表现出来的**纪律性和布尔什维克的坚定性**。

同志们,我们必须更突出地强调这些正确选拔干部的条件的必要性,因为实际上被优先考虑提拔的,常常是那些比如说能说善写,却不善于实干、不适于战斗的同志,而不是那些也许不那么善于写作和演说,但是立场坚定、具有主动性、与群众保持联系、能够参加战斗并能够引领其他人参加战斗的同志。(掌声)宗派主义者、教条主义者、空谈家排挤忠诚的群众干部、真正的工人领袖的事情难道还少吗?

我们的领导干部必须把对自己该做什么的认识同**布尔什维克的坚毅和革命品格结合起来,同将其转化为行动的意志结合起来**。

同志们,说到干部问题,请允许我谈谈国际红色救济会在工人运动的干部工作方面所发挥的巨大作用。国际红色救济会的各个组织为被监禁者及其亲属、政治流亡者、被追捕的革命者和反法西斯主义人士提供的物质上和道义上的援助,已经挽救了成千上万各国工人阶级的最优秀战士的生命,保存了他们的力量和战斗能力。我们中曾坐过牢的人根据自己的切身经验,都知道国际红色救济会的行动具有多么重要的意义。(掌声)

国际红色救济会通过自己的行动赢得了千百万无产者、农民和知识分子中的革命者的热爱、团结和深切的赞许。

在当前形势下,在资产阶级变得越来越反动、法西斯主义更加猖狂、阶级斗争日益激化的形势下,国际红色救济会的作用越来越重要。目前它正面临着在各个资本主义国家中(尤其是在那些它必须适应其特殊条件的法西斯国家中)转变成为真正的劳动者的群众性组织的任务。可以这样说,它必须成为无产阶级统一战线和包括千百万劳动者的反法西斯人民阵线的"红十字会",成为反对法西斯主义、争取和平和社会主义的劳动阶级大军的"红十字会"。为了能成功地完成自己的任务,国际红色救济会必须造就成千上万自己的工作者和大量自己的干部，即符合这个极为重要的组织的**特殊使命**对其性格和能力的要求的**国际红色救济会的干部**。

在这里必须最尖锐、最明确地指出：如果说**官僚主义**和对人漠不关心的态度在工人运动中一般应受谴责的话，那么这种行为和态度在国际红色救济会的活动领域就是一种近乎**犯罪**的恶行。（掌声）工人阶级的战士、反动派和法西斯主义的牺牲者、在监狱和集中营中受苦的人、政治流亡者及其亲属，必须从国际红色救济会的组织和工作人员那里得到最体贴入微、最关怀备至的对待。（经久不息的掌声）红色救济会必须更好地认清和执行自己在救援无产阶级运动和反法西斯运动的战士方面的任务，尤其是为工人运动的干部提供物质上的和道义上的保护的任务。参与国际红色救济会的组织工作的共产党人和革命工人必须时刻牢记自己对工人阶级和共产国际承担的重大责任，努力卓有成效地发挥国际红色救济会的作用和完成其任务。（掌声）

同志们，众所周知，**在斗争过程中**，在克服困难和经受考验的过程中，通过**正面和反面**的实例，教育干部才能取得最好的效果。我们可以在罢工中、示威游行中、监狱里和法庭上指出数以百计的模范行为的榜样。我们有成千上万的英雄，但不幸的是也有不少怯懦畏缩、缺乏坚定性甚至临阵脱逃的情况。我们常常忘记这个或那个例子，没有利用这些例子来进行教育，没有指明**哪些**榜样应该效仿，**哪些**应该摒弃。我们必须考察我们的同志和工人积极分子在阶级斗争中、在监狱和集中营接受警察审讯时以及在法庭上的表现。要从所有这些例子中提取积极的东西，必须指明那些应该效仿的榜样，必须摒弃一切虚伪的、非布尔什维克的、市侩的东西。自从莱比锡审判案以来，又发生了一系列我们的同志在资产阶级的和法西斯的法庭上受审的案件。这些案件表明，我们的许多干部成长起来了，他们非常清楚在法庭上布尔什维克式的态度意着什么。

但是即便在你们这些大会代表中，又有多少人了解堪为无产阶级英雄主义可敬榜样的罗马尼亚铁路工人审判案、德国被法西斯分子杀害的菲特·舒尔策的审判案、英勇的日本同志市川的审判案、保加利亚的革命士兵审判案和大量其他审判案的详情呢？（暴风雨般的掌声，全体与会者起立）

无产阶级英雄主义的这种可敬的榜样必须广泛宣传，并且要同我们队伍中和工人阶级内部的那些怯懦行为、市侩作风以及各种腐化堕落和软弱涣散现象相对照。必须广泛地用这些榜样来教育工人运动的干部。

同志们！我们一些从事领导工作的党员同志经常抱怨**没有人**，没有人做宣传鼓动工作，没有人做报刊工作、工会工作、青年工作、妇女工作。我们可以引用列宁那历久弥新的教导来回答这个问题：

"**没有人，而人又很多**。人很多，因为工人阶级和愈来愈多的各种社会阶层都一年比一年产生出更多的心怀不满、要起来反抗、决心尽力帮助反专制制度的斗争的人……同时又没有人，因为……没有擅长于组织的人才来进行广泛而且统一的、严整的工作，使每一份力量，即使是最微小的力量都得到运用。"①

我们党必须牢记列宁的这些话，将其作为日常工作的指针。人是很多的，只要是在我们自己的组织中、在罢工和示威游行中、在工人的各种群众组织中、在统一战线的机关中发现他们。我们必须帮助他们在工作和斗争过程中成长起来。我们必须把他们放在真正能为工人阶级的事业带来好处的位置上。

同志们，我们共产党人是实干的人。我们面对的是反对资本进攻、法西斯主义和帝国主义战争危险的实际斗争任务，是为推翻资本主义而

---

① 《列宁全集》中文第 2 版第 6 卷第 122 页。——译者注

奋斗的任务。正是这些**实际**任务向共产党的干部提出了要求,即无条件地用**革命的理论**武装自己,因为正如革命行动的最伟大的导师**斯大林**教导我们的,理论赋予实干家以辨认方向的能力、对前景的清醒认识、工作中的自信和我们的事业必胜的信念。

不过真正革命的理论是与一切脱离实际地空谈理论和徒劳无益地玩弄抽象定义势不两立的。列宁多次指出,**我们的理论不是教条,而是行动的指南**。① 我们的干部需要**这样的**理论,就像需要面包、空气和水一样。

要想真正根除我们工作中僵化的公式主义和有害的本本主义,就必须用烧红的烙铁将其烙除,不仅要和群众一起并领导群众开展**实际的**、积极的斗争,而且要**坚持不懈地**学习强大的、丰富的、全能的布尔什维主义理论,学习马克思恩格斯列宁斯大林的学说。(掌声)

与此相关联,我认为将你们的注意力转到我们的**党校**工作上来尤为必要。我们的党校不应该培养书呆子、空谈家和引经据典的"大师"。不!党校中培养出来的应该是为工人阶级的事业而奋斗的实干的、先进的战士。所谓先进的战士,不仅要英勇果敢、随时准备自我牺牲,而且还要具备比普通工人更宽广的眼界,能够更透彻地认清劳动者的解放之路。共产国际的所有支部都必须毫不迟疑地认真抓好组织党校的工作,把党校变成**锻造**这种富有斗争性的干部的场所。

在我看来,我们的党校的主要任务是教那里的党员和共青团员学会在既定国家的具体环境中,在既定的情况下,在不是反对"一般的"敌人,而是反对既定的、具体的敌人的斗争中运用马克思列宁主义的方法。为此必须研究列宁主义的活的革命精神,而不是对其咬文嚼字。

我们的党校培养干部可以采用两种不同的方式。

---

① 《列宁全集》中文第2版第39卷第50—51页。——译者注

第一种方式：对学员进行抽象的理论培训，尽力使他们掌握尽可能多的枯燥乏味的知识和文笔流畅地写作报告和决议的能力，而只是附带地讲一点有关的国家及其工人运动、历史、传统和该国共产党的经验等问题。

第二种方式：在理论课上，让学员在实际研究本国无产阶级斗争的基本问题的基础上掌握马克思列宁主义的基本原则，以便学员重新回到实际工作中去的时候，能够独立地辨认方向，成为**独立的实干的组织者和领导者，能够在反对阶级敌人的斗争中领导群众**。

我们党校的毕业生并非都证明自己是有用之才。学了许多空洞的套话、抽象的概念、书本知识和表面的学问。但是我们需要的是真正布尔什维克式的称职的组织者和群众领袖。今天我们迫切地需要这样的人。一个这样的学员可以写不出好文章，尽管我们也急需能写文章的人，但是他必须能够组织和领导，必须不畏惧困难，而是善于克服困难。

革命理论是革命运动的经过概括**总结出来的经验**。共产党人在自己的国家中不仅要认真地利用过去的经验，而且要认真地利用国际工人运动的其他部分当前斗争的经验。然而，正确地利用经验决不意味着像在我们党内经常发生的那样，可以把斗争的形式和方法原封不动地从一种情况**机械地照搬**到另一种情况，从一个国家**机械地照搬**到另一个国家。在资本主义还占统治地位的国家中，完全照抄、照搬即便是苏联共产党的工作方法和形式，尽管愿望是好的，但是结果却无益且有害，这种情况在现实中是屡见不鲜的。正是根据俄国布尔什维克的经验，我们必须学会应当怎样在反对资本的斗争中，把**统一的国际路线**灵活地、具体地运用到各个国家的特殊国情中。我们必须学会应当怎样无情地清除、谴责和公开嘲笑那些**套话、公式、学究气**和**教条主义**。

同志们，这需要学习，要在斗争过程中，在自由时和在牢狱中，时时处处不断地学习。学习和战斗，战斗和学习！我们必须善于把马克思恩格斯列宁斯大林的伟大学说同工作中和斗争中的**斯大林式的坚定性**，同对阶级敌人和背弃布尔什维主义路线行为的**斯大林式的原则坚定地势不两立**，同在困难面前斯大林式的无畏精神，同斯大林式的革命现实主义结合起来！（掌声）

*

同志们！从来没有任何一次共产国际的代表大会像今天我们这次代表大会这样引起全世界公众舆论如此强烈的兴趣。我们可以毫不夸张地说，所有严肃的报纸、所有政党、所有比较严肃的政治家和公众活动家都在密切关注着这次代表大会的进程。

千百万工人、农民、小市民、职员和知识分子、殖民地人民和被压迫民族都注视着莫斯科，注视着**第一个**、但不是**最后一个**世界无产阶级国家的首都。（掌声）我们认为，这一事实证实了代表大会所讨论的问题及其决议的重大意义和现实性。

各国法西斯分子，尤其是日益疯狂的德国纳粹分子的怒号，只是证明我们的决议真正击中了要害。（掌声）

阶级敌人企图使资本主义国家的劳动群众留在资产阶级反动派和法西斯主义的黑夜之中，但是共产国际这个布尔什维克的世界政党却像一座灯塔一样在黑夜中卓然屹立，为全人类指明了摆脱资本奴役、法西斯暴行和帝国主义战争威胁的唯一正确的道路。

建立工人阶级的行动统一是这条道路上的**决定性的阶段**。是的，一切派别的工人阶级组织的行动统一，工人阶级力量在其活动的一切领域和阶级斗争的一切阶段的联合。

工人阶级必须实现**其工会的统一**。一些改良主义的工会领袖徒劳地企图用共产党介入统一工会的事务和工会内存在共产党党团将会消灭工会民主的鬼话来吓唬工人。把我们共产党人说成是工会民主的敌人，这完全是一派胡言。我们坚定地捍卫和维护工会自主决定自己的问题的权利。我们甚至愿意放弃在工会中建立共产党党团，如果为了工会统一的利益必须这样做的话。我们愿意就将来统一的工会独立于一切政党的问题达成谅解。但是我们坚决反对工会对资产阶级的任何**依赖**，我们不放弃自己关于不允许工会对无产阶级和资产阶级之间的阶级斗争持中立态度的原则立场。

工人阶级必须致力于**联合**青年工人和所有反法西斯青年组织的一切力量，并争取那些处于法西斯主义和人民的其他敌人的有害影响下的青年劳动者。

工人阶级必须努力争取工人运动一切领域的行动统一，并将其付诸实施。我们共产党人和各个资本主义国家的革命工人运用代表大会在国际工人运动最重要的现实问题上通过的新的策略方针越是坚定果断，这种行动统一就实现得越快。

我们知道我们在前进的道路上面临着许多困难。我们的道路不是柏油路，我们的道路上没有撒满玫瑰。不，工人阶级必须克服不少障碍，包括自己队伍中的障碍。工人阶级首先必须彻底粉碎社会民主党反动分子的分裂阴谋。在资产阶级反动派和法西斯主义的打击下，工人阶级将付出大量牺牲，他们的革命之舟必须经过无数的暗礁才能驶入避风港。

但是，资本主义国家的工人阶级现在已经不再是1914年帝国主义战争开始时的工人阶级，也不再是1918年战争结束时的工人阶级。工人阶级积累了20年丰富的斗争经验、经受了革命的考验，吸取了一系列失败，尤其是德国、奥地利和西班牙的失败的惨痛教训。

工人阶级有苏联这个胜利的社会主义国家作为自己的光辉榜样，这个榜样向其展示了怎样才能战胜阶级敌人、建立自己的政权和建设社会主义社会。

资产阶级已经不再**不受限制地**统治全世界了。**胜利的工人阶级**已在地球六分之一的土地上执掌政权。在伟大中国的大片土地上也建立了苏维埃政权。

工人阶级有一支强大的、团结的革命先锋队——共产国际。共产国际有久经考验的、得到公认的、伟大的、英明的领袖**斯大林**。(暴风雨般的掌声,全体起立,从各个代表团的席位发出欢呼声。)

历史发展的整个进程是有利于工人阶级的。反动派、形形色色的法西斯分子和整个国际资产阶级使历史车轮倒转的努力是徒劳的。不,历史车轮正朝着社会主义苏维埃共和国世界联盟的方向自行转动并将继续转动,直到社会主义在全世界取得最终胜利。(暴风雨般的、经久不息的掌声)

资本主义国家的工人阶级现在还有一件事没有完成——他们自己队伍的统一。

因此,但愿共产国际的战斗号召、马克思恩格斯列宁斯大林的呼吁,更加响亮地从这个讲台传遍全世界!

全世界无产者,联合起来!

(暴风雨般的、经久不息的掌声。所有与会者大声喝彩,高呼"乌拉"、"红色阵线"、"万岁"!全体起立,高唱《国际歌》。

德国代表团欢呼三次"红色阵线"。

以各种语言高呼口号:"斯大林同志万岁!""季米特洛夫同志万岁!"各个国家的代表团唱起了自己的战斗歌曲。

当喝彩声停息下来的时候,曼努伊尔斯基同志高呼:"伟大的斯大林的忠诚的久经考验的战友、共产国际的舵手季米特洛夫同志万岁!"

暴风雨般的、经久不息的掌声响起,"乌拉"声和喝彩声交织,持续了15—20分钟之久。)

第三十四次会议

（1935 年 8 月 13 日）

陶里亚蒂①同志出现在讲台上，受到代表大会全体代表热烈鼓掌欢迎。全场起立向陶里亚蒂同志致敬。大会主席**多列士**同志高呼："共产国际最杰出的领袖之一、意大利无产阶级的领袖陶里亚蒂同志万岁！"（掌声）

代表们从座位上站起来向陶里亚蒂同志表示热烈欢迎。**多列士**同志喊道："在非法状态下英勇斗争的意大利共产党及其领袖陶里亚蒂万岁！"（再次热烈鼓掌）

陶里亚蒂关于《帝国主义者准备新的世界大战情况下共产国际的任务》的报告

同志们！战争和反战斗争问题一直是共产国际关注的中心，也是我们各国共产党工作的中心。我们的国际向全世界劳动者发出的第一个呼吁是："**警惕帝国主义战争！**"当爆发新的帝国主义世界大战的所有客观条件都已趋于成熟的时候，当资本主义世界开始滑向战争深渊的时候，这一反战斗争的呼吁在我们的第五次代表大会上得到了最有力的重申，并且在 1927 年以及之后的几年间被反复强调。从这一刻起，我们

---

① 陶里亚蒂化名为埃尔科利。——译者注

认为新的战争危险是直接的危险，我们呼吁无产阶级和广大劳动群众为反对这种危险而斗争，并且全力支持一切在反对帝国主义战争的实际斗争的基础上发展起来的群众运动。

正如在所有其他领域里一样，在这里我们的观点——这些观点是在对资本主义世界现存的相互关系进行马克思列宁主义分析的基础上提出的——也会通过事态的发展而得到证实。在人们成功地推迟了战争的爆发，成功地阻止了几个帝国主义大国（并非没有得到国际社会民主党的某些领袖的热情帮助）1930—1931年准备对苏联发动的进攻的情况下，今天谁还敢怀疑这种推迟也要归功于我们敲响了警钟，而很大一部分工人阶级听到并且服从了我们的号召呢？

1928年的第六次代表大会制定了我们反战斗争的总路线。这条已经经受过考验的路线仍然是我们的基本路线。然而自从第六次代表大会以来，尤其是最近几年，国际形势发生了深刻的变化。在远东已经开始借助武力重新瓜分世界。由于社会主义在无产阶级专政国家这里取得的胜利，苏联和资本主义世界的相互关系进入了一个新的阶段。

苏联的和平政策开辟了新的可能性。苏联的和平政策与工人阶级和所有劳动者争取和平的斗争之间的联系比以往任何时候都更加明显。与此同时，法西斯主义在德国和许多其他国家取得了胜利，战争危险大大加剧，以至于共产主义先锋队和工人阶级必须尽最大的努力，集中一切能够动员起来的力量开展斗争，反对战争挑动者，保卫和平，保卫苏联。因此，考虑到形势和力量对比关系发生的变化，我们必须在这一领域改变策略。

列宁同志曾经一再告诫我们，并要求我们和所有工人重点关注反战斗争的困难。"没有抽象的战争"，只有具体的战争，其性质由既定的历史时期，由全世界尤其是参战国家的阶级力量的相互关系决定。因此我认为，讨论战争和反战斗争问题，我们这次代表大会的任务不是重复在第六次代表大会上已经说过和做过的事情,而是要仔细考察和分析在今天的国际形势中——在阶级之间和国家之间的关系中——产生的,并且对确定我们所面临的战争的性质产生影响的一切新因素。这次代表大会的任务只能是从这种分析中得出各种结论,以便确定我们的任务和提出我们的观点。

一、危机年代资本主义的不平衡发展

凡尔赛和华盛顿体系的终结

资本主义列强的相互关系从来没有稳定过也不可能稳定。这可以在资本主义发展不平衡规律中得到解释。

斯大林同志在共产国际执行委员会第七次全体会议上的总结发言中,详细地阐述了这条资本主义不平衡发展规律的表现形式是什么。他指出:

"正因为落后国家在加速自己的发展并和先进国家取得均衡,正因为如此,一些国家为超过另一些国家而进行的斗争便尖锐起来,正因为如此,便造成了一些国家超过另一些国家并把它们从市场中排挤出去的可能,从而为军事冲突、为削弱世界资本主义战线、为个别资本主义国家的无产者突破这一战线创造前提。"①

世界经济危机和特种萧条时期是不平衡发展的特殊例证。它向我们展示了资本主义发展的这种不平衡性在各个领域产生的后果。

在世界大战中取得胜利的几个主要帝国主义国家自夸说,通过凡尔

---

① 《斯大林全集》第9卷第95页。——译者注

赛和华盛顿的条约,在国际关系领域实现了持久的稳定,在欧洲乃至世界范围建立了稳固的秩序。事实并非如此。

凡尔赛条约的主要基础是:

1. 维持一种状态,使战败国尤其是德国不能完全享有政治权利,并且被战胜国洗劫一空。

2. 战胜国之间就瓜分战利品,确定欧洲的国界,为建立战胜国在全世界的霸权而分配殖民地和委任统治地取得一致。

3. 准备对无产阶级专政国家实行经济封锁和反革命武装干涉。

华盛顿条约则确定了海军强国之间尤其是在太平洋地区的力量对比关系,将中国的广袤领土视为几大帝国主义强盗的直接扩张对象,并且努力调节它们为侵占和掠夺中国领土而进行的激烈竞争和斗争。

这些条约的条款有很大一部分从一开始就证明是无法实现的。由于苏维埃国家的工人和农民的英勇斗争,由于他们在列宁和斯大林的领导下以及在国际无产阶级的积极支持下赢得了国内战争的胜利,封锁苏维埃共和国和入侵苏维埃共和国的计划破灭了。

然而必须着重强调的是,那些把战后条约强加于战败国的大国本身之间的对立也加剧了:他们作为竞争对手相互对立,而这种竞争必将导致战后条约体系的解体。

随着危机的到来,资本主义发展的不平衡性大大加剧了。我们将见证急速的跳跃式的发展。那些经历了更快速的发展和高度繁荣的国家首先陷入危机,并遭受危机后果最沉重的打击。在其他一些国家,例如去年在法国,当很大一部分资本主义国家的生产已经开始增长的时候,这里的生产却在下降。这使政治平衡不断受到新的干扰,并且使国际关系的发展呈现一种狂热状态的特点,这种状态随着危机的发展而逐年加剧。

在每个国家内部,危机的后果如此严重,统治阶级为找到摆脱危机的出路并将危机负担转嫁到劳动者身上而使用的方法如此强硬,以致进一步加强了帝国主义资产阶级的进攻欲望并使国际关系日益高度紧张。失业率大幅上升、工资下降、劳动农民日益贫困、所有劳动者生活水平下降、每个国家的国内市场急剧萎缩,所有这些都导致争夺国外市场的斗争更加激烈,极大地加剧了世界市场上的竞争。资本的不断集中和垄断(这同样在所有国家都因危机而加速了)有助于加强资产阶级的帝国主义侵略性。在每一个国家,资产阶级中最反动的分子都倾向于战争。他们把战争视为克服因危机而产生的困难的最好的、在某些时候甚至是唯一的手段。

几个月前,在一家瑞典杂志上可以读到如下空前坦率而厚颜无耻的观点:

"战争的影响在今天和过去没有什么不同。它将刺激对船舶吨位的需求,增加货物运输的风险,提高商品的价格,给投机活动以新的推动力……反之如果没有战争,那么世界将不得不长久地等待形势的自然改善,因为这种改善还是很遥远的事情。"

我们把这种厚颜无耻视为对一种制度的必然的判决,这种制度将自己的希望建立在毁灭、死亡和战争之上。这种厚颜无耻对于资产阶级因危机而产生的精神状态而言,是极具代表性的。

在国际经济关系领域,危机的最显著特征是商品交换的萎缩。在萧条的年代,这种萎缩没有消失,反而更加严重。世界贸易的萎缩很大程度上是关税壁垒的结果,每一个国家都在自己的边界上设立这种关税壁垒,以保护自己日渐狭小和枯竭的国内市场。危机最终埋葬了自由贸易体系。每个资本家现在只认准一个目标:尽可能贵地向由于危机而日益贫困的本国劳动者出售商品,并确保自己由此获得超额利润,因为在国外市场上,为了能够挫败对手的竞争,他必须以尽可能低的价格出售商品。

在所谓的自给自足的基础上组织生产的计划纯粹是一个虚伪的面具,用来掩盖每个国家的资产阶级在经济领域不断增强的侵略性。倾销对于所有资本主义大国来说将成为常规。这导致一切现有的贸易协议遭到破坏,并且争取缔结新协议的斗争将在高度紧张和真正的经济战的气氛中进行。小国为了避免破产不得不接受更强大的国家强加给它们的条件。最大的资本主义国家——英国和美国——首先把货币贬值用作救命稻草,想以此来加强它们在世界市场上的地位并打击对手。只有战争刚结束时的最糟糕的时期才能相比的货币混乱,打破了国际经济关系中的一切稳定,改变了市场的传统面貌,人为地在贸易中创造了新的潮流,摧毁了最坚固的阵地,并且引起了最无法预期的变化。这样就在全世界形成了一场真正的经济战的形势,作为通向用武器解决问题的战争的前奏和准备。

请允许我谈谈日本经济发展的具体例子,这是这方面最鲜明的例子。日本在过去几年推动贸易扩张的速度在资本主义国家贸易史上是史无前例的。在太平洋的西半部分,日本贸易的各处阵地尤其得到了巩固。日本向这些国家的出口额,由 1931 年的 3.67 亿日元增加到 1933 年的 6.84 亿日元。与此同时,美国向这些市场的出口额则由 3.41 亿日元下降到 2.62 亿日元。英国向这些市场的出口额由 3000 万英镑下降到 2400 万英镑。在荷属印度,日本的贸易打败了所有竞争者并占据了第一的位置。印度尼西亚的纺织品市场被日本人以创纪录的速度占领了。日本商品还迅速挺进近东市场并把英国、意大利和其他国家的商品排挤掉。在中国,人民在革命高涨时期抵制日本商品,从日本的进口由于这种抵制下降了。但是最近一个时期,由于南京政府的支持,从日本的进口开始快速发展。尤其引人注目的是日本向中美洲和南美洲出口的增长。

殖民地和附属国在日本的出口中所占的份额，比在任何别的国家的出口中所占的份额都大。此外——这一点尤其重要——在日本的出口中，向他国殖民地的出口发挥着远比任何其他国家都更加重要的作用。因此，英国被日本从很久以来一直由它占据的世界最大纺织品出口国的位子上排挤下来。

由于日本贸易挺进他国的殖民地和势力范围内，它与所有其他帝国主义国家的矛盾激化了。这些国家的资产阶级乞灵于采取特别措施，以保护本国市场及其殖民地的市场免受日本商品的冲击。日本资产阶级则用更肆无忌惮的倾销和走私出口来回应这些措施。这样就逐渐过渡到公开的经济战争。

在我们考察日本倾销的阶级特性后，日本的这种强劲的经济扩张才会真相大白。它的基础是日本男女工人难以糊口的工资和日本农民群众史无前例的贫困。日本帝国主义的侵略性和日本军事集团推动的战争挑衅政策，客观上是根源于以该国最广大人民群众的贫困和饥饿为基础的阶级政策。

由此可见，占统治地位的帝国主义国家之间的经济关系在危机的冲击下发生的剧烈变化，是破坏和废除战后条约的直接原因。英帝国主义在某一时期对德国经济和政治的复兴感兴趣，在它的压力下，法国"确信"它必须放弃通过使用武力从德国人民中榨取数十亿战争赔款。无论如何，这些从前的盟国在1931年即危机的中期，仍可以要求德国在62年期限内支付高达250亿德国马克的巨额赔款。只是当危机迫使美国插手干预时，凡尔赛条约的这一部分才被完全废除。

当法西斯主义者1933年初在德国取得政权的时候，凡尔赛体系有四分之三已经被废除。资本主义大国之间隐蔽而又十分激烈的斗争的结果是所谓的单边行动，这导致进一步废除凡尔赛条约。这些单边行动包括：希特勒政府拒绝履行杨格计划产生的义务，在全体德国人民中再次实行义务兵役制,建设一支新的、强大的德国军队以及建设海军和空军。

现在凡尔赛体系只剩下欧洲战后边界和瓜分殖民地及委任统治地的内容了,也就是说,只剩下只有用武器、只有用暴力和战争手段才能破坏的内容了。另一方面,华盛顿条约也已荡然无存。这个条约规定各大国海上力量比例的部分已经宣告废除并且让位于海上激烈的军备竞赛。日本帝国主义者的军队占领了满洲和华北,毫不理睬日内瓦以及和平主义者的抗议,现在仍在继续进军,目标是占领整个中国领土,从而使华盛顿条约最后的残余也被破坏殆尽。

同志们,共产国际和相关国家的共产党是反对战后强盗条约的先锋。我们无须为这个在凡尔赛建立的可憎的压迫和掠夺体系的瓦解而流泪。1919年5月13日,刚刚建立的共产国际执行委员会在向全世界劳动者发出的号召中严厉谴责凡尔赛的和平是强盗的和平。在我们发出这一毫无保留的谴责的同时,国际社会民主党的领袖们在凡尔赛条约上签了字,并且赞扬它是一份公正的文件,是国际合作和"在全世界建立和平"的新时代的开端。

我们对凡尔赛条约的谴责一个字也不需要收回。然而在当前这一时刻,凡尔赛条约的瓦解与终结是表明目前形势的主要因素之一,我们的责任是考察国际无产阶级面临的**新形势**并且在考虑这一新形势的基础上确定我们的任务以及无产阶级的任务。这一点今天还不是所有人都理解,尤其是和平主义者中的一些团体对此不理解。对他们来说,反对凡尔赛条约的斗争有时成了一个借口,目的是在德国纳粹主义的侵略政策和战争挑衅面前闭上眼睛;成了一个借口,目的是转移劳动者对集中力量开展反对新帝国主义战争的主要战争贩子的斗争的必要性的注意力。

我们共产党人是唯一为废除凡尔赛条约而进行了坚决斗争的人。但是,我们始终是将这一斗争作为争取实现群众的社会要求和民族要求、争取革命的斗争来进行的。

台尔曼同志1932年10月31日在巴黎的历史性的群众大会上说：

"我们反对凡尔赛体系的斗争与帝国主义的要求毫无共同之处，与德国资产阶级和纳粹分子的民族主义宣传毫无共同之处……我们想既消灭凡尔赛造成的民族压迫，同时也消灭资本主义利润制度造成的对劳动者的社会压迫……我们反对凡尔赛的斗争，是争取工资和面包的斗争，是争取自由的斗争，是争取社会主义的斗争。"

同志们！我们为争取在民族解放和社会解放的道路上废除战后条约而进行了斗争。而实际发生的情况却与我们为之奋斗的目标完全不同。战后条约是被帝国主义者的激烈竞争撕成碎片的。由此产生的局面是一场新的世界大战的前夜。德帝国主义企图发动这场世界大战，以便将"和平"强加给其他民族，而普鲁士的将军们已经在布列斯特-里托夫斯克让我们领教了这种"和平"。我们在确定自己在反对帝国主义和战争的斗争中的态度时，是以这种目前最为严重的危险为出发点的。

凡尔赛和华盛顿体系的终结意味着虚伪的资产阶级和平主义的破产，意味着国际关系中的不确定性已经达到了最高的程度，意味着为了解决一切紧迫的问题和世界各地存在的所有冲突而转向使用暴力，意味着转向令人眩晕的军备狂热。重新瓜分世界的新帝国主义战争不仅不可避免，每一个帝国主义国家不仅将在一切方面为之做好准备，而且有可能突然爆发并对我们发起突然袭击。

二、苏联的力量，日本的进攻计划和法西斯主义的推进

同志们！资本主义世界正在狂热地加紧准备一场新的战争。我们为自己提出的任务是要指明，战争危险今天具体是来自哪个方面，目前谁

是战争贩子,他们想发动并且已经准备好的是一场什么样的战争。为了回答这些问题,我们必须注意考察以下三件主要的事情:

1. 苏联强有力的崛起;
2. 日本军国主义者对远东的进攻;
3. 法西斯主义在欧洲尤其是在德国的推进。

苏联强有力的崛起

革命力量的发展始终是对国际关系产生最重大影响的因素之一。但是苏联目前的崛起是一种新现象,它的历史意义超出了我们从过去的全部历史中所知道的一切事情的范围。这是一个事实,它已经打破了旧的资本主义世界的框架,颠覆了一切既存的关系,并且带来整个国际形势发展的新路线。

苏联,这个在各个方面——无论是在内部还是在对外关系领域——都得到了加强的国家,成了唯一稳定、可靠和不可动摇的力量,它能够成为保卫和平政策的支柱。苏联国际地位的这种加强,是无产阶级专政和社会主义阵地在国内的各个生活领域都得到巩固的直接结果。

1918—1920年,站在协约国向苏联派遣的干涉军一边的还有被十月革命剥夺了权力的俄国资本家和地主的力量。有时候,帝国主义干涉军只限于招募骨干并武装他们,以及领导由这些尚未被彻底消灭的反动阶级向年轻的苏维埃共和国发动的进攻。1930—1932年,对"工业党"的审判揭露了这样的事实,那就是帝国主义列强在组织对苏联的干涉时指望得到一个反革命组织的支持,这个组织包括了国内一切敌视无产阶级专政的分子。

最近几年苏联发生的力量对比关系的变化,显示了社会主义对资本主义最终的和不可逆转的胜利,使反革命的干涉军不再可能在苏联国内得到敌视无产阶级专政的阶级的支持,进攻苏联的罪恶计划因此而破产。

但是,我们的注意力不仅要放在苏联人民已经形成的阶级一致性上面。问题不仅在于,苏联的无产者和集体农民作为新的社会主义社会的建设者的坚实主体与资本主义国家相对立,他们决心用一切手段,不惜牺牲自己的生命来保卫革命的成果。作为胜利完成第一个五年计划和实施第二个五年计划前半部分的结果,苏联的技术装备使我们完全可以依靠自己的力量对付帝国主义国家未来可能发动的袭击。只需要列举几个表明苏联重工业发展的数字就足够了。

过去的沙俄帝国占全世界生铁产量的份额1913年合计仅为5.3%;苏联的份额1928年仅为3.7%,但是到1934年末已经达到了16.7%。(掌声)1934年年底苏联的生铁产量已经占世界第二位,仅次于美国,超过了德国和英国。(掌声)至于钢产量,相应的数字是:1913年5.5%,1928年3.9%,1934年11.7%。(掌声)

这些数字最生动地说明了苏联共产党(布)政策的重大历史意义。这一政策保证了在斯大林同志的领导下胜利地完成五年计划,由此为迅速改变苏联和资本主义国家间的力量对比关系奠定了基础。鉴于苏联的军事实力和国防力量,这就意味着无产阶级专政国家现在已经拥有不落后于任何资本主义国家的武装力量和防卫能力。这支工农军队诞生于国内战争的英勇年代,克服了由充满热情但缺乏纪律并且装备很差的赤卫队向集中的、有纪律的、用现代技术装备起来的正规军队过渡时期的种种困难。这些军队转变为工农红军,它是以最现代化的技术为基础,以国家的工业崛起为基础,完全重新组建起来的。

"红军由一支落后的军队转变成了一支现代化的先进军队。工业中已经建立起生产基础,能够生产一切现代技术的武器。"(**伏罗希洛夫**:《列宁、斯大林和红军》，政党出版社，第90页。）

在帝国主义袭击的直接威胁更加严重的远东，苏联的边界已经不再是无防卫的边界了。它受到一支军队的保卫，这支军队拥有自己的战争经济基础，拥有高度发展的装备工业。（掌声）

苏联的经济和军事力量的这种令人惊异的崛起，伴随的是资本主义世界的无产阶级和广大人民阶层对无产阶级国家不断增加的好感与忠诚。

苏联不仅在共产主义先锋队中享有巨大的威信，而且也在社会民主党工人和无党派工人、小农、小资产阶级、知识分子和青年中享有巨大的威信，千百万人决心竭尽全力为保卫苏联而战斗，这些就是使无产阶级专政国家与资本主义国家相比显得如此强大的最重要的因素。

鉴于所有这些因素，我们必然得出如下结论，即苏联与资本主义国家之间的关系进入了一个新的阶段，其主要特征就是无产阶级专政国家日益增强的威信及其和平政策。

这种新现象的影响我们在国际政治的各个领域都能看到。在确定我们的政策时，我们必须极为认真地考虑这些事实。

日本帝国主义在远东的进攻

现在我们来看看资本主义世界发生了什么。

最富侵略性的帝国主义国家无疑是日本，它狂热地备战并且已经发动战争。自1931年以来，好战的日本帝国主义着手用武力改变世界版图。武装侵占满洲之后，日本帝国主义又转向占领华北，公开暴露了它要将整个中国置于其保护之下的意图。在背叛了中国人民及其争取独立和民族解放的斗争的国民党走狗的支持下，日本帝国主义目前正准备继续向中国内地进军。

日本帝国主义的目标是不仅在远东、而且在整个东亚和太平洋西岸建立自己的霸权,这一点连日本政客也不讳言。为了实现这一目标,日本首先需要为其重工业建立原料基地。日本军国主义分子必须占领满洲和华北,以便获得进攻苏联边境的前进基地,并确保其军队在发起这种进攻时有广阔的后方。

众所周知,目前远东地区的力量对比形成了这样一种态势,使日本发动反苏战争成了一件非常困难的事情,战争的结局甚至在部分日本将军看来也是完全不确定的。而另一方面,苏联和红军力量的不断增强又促使最富侵略性的日本军国主义者避免推迟战争,尽快利用一切可能的机会并寻找盟友,以便能在其帮助下今天就发动战争,而不必推迟到明天。

在日军总参谋部新闻局1934年10月出版的轰动一时的小册子《国防》上,可以读到如下文字:

"所有这些(指考虑到苏联不断增长的军事实力——原书编者注)迫使我们认真思考苏联意图的实质。要对付如此强大的红军,如果大日本帝国不现在就扩充自己的军备,尤其是加强自己的空军力量的话,那么明天就很难做这件事了。

同样,不必再强调必须加强集结在满洲国①的军队。"

远东局势加剧的这种趋势支配着日本的全部政策:它表现为日本拒绝与苏联签订互不侵犯条约;日本外交使团施展阴谋与欧洲的战争挑动者和苏联的敌人结盟;日本军阀目前在满洲加紧备战;在满洲大肆修建新铁路线和战略公路;在亚洲大陆、在满洲努力为日军建立独立的工业基地;日本和伪满侵略势力不断在苏联边境进行挑衅并一再试图挑起与蒙古人民共和国的武装冲突。

---

① 指伪"满洲国"。——编者注

这种侵略政策是日本帝国主义面临的全部内外环境的结果。同志们，我们不要忘记，现代日本是一个阶级分化最严重、最剧烈的国家。在这里，对挨饿的农民群众的半封建压迫与资本主义剥削的最残暴形式结合在一起。整个国家生活都被打上了战备的印记。在通货膨胀和军事订货导致生产增长和军火商利润上升的同时，实际工资却下降了。单是通货膨胀就使工资下降了20%，使农业工人的工资下降了66%。日本工人每天的劳动时间延长到14—18个小时。农村至少有200万个家庭，即800万—1000万人挨饿。日本资产阶级的好战分子将社会主义国家，即群众的生活日益富裕和各民族的自由不断扩大的国家的存在这个简单的事实视为对他们的挑战，这难道还令人感到惊讶吗？

中华苏维埃共和国的存在及其革命的胜利，导致日本强盗的侵略性更进一步加强。在拥有上亿人口的土地上建立了苏维埃政权，并拥有一支上百万人的军队，这岂不是在资本主义世界形成了一个新的重大缺口，对日本强盗的掠夺计划构成了一个巨大的障碍。视自己为整个资本主义世界的先锋、策划和挑起反苏战争的日本帝国主义者、日本军阀，将苏维埃中国视为自己的死敌，不惜一切代价想要消灭它。

日本军阀的扩张政策是最反动的阶级政策。日本刺刀的锋芒所向首先主要对准了革命。但是，革命力量将联合起来并以极大的毅力和热情进行战斗，以粉碎这些罪恶的图谋。

同志们，如果说已经长达四年之久日复一日地威胁着苏联远东边境的战争目前尚未爆发的话，那么这完全归功于苏联实行的富有远见的和勇敢的和平政策。（掌声）我们欢迎这个政策。同时我们要从本次代表大会的讲台上，向守卫在我们社会主义祖国的远东边境上的光荣的红军致以热烈的问候。（长时间雷鸣般的掌声，代表们起立）

远东红军的同志们！当日本强盗发起进攻而你们用毁灭性的力量奋起反击，打退这种进攻并使一切帝国主义强盗再也没有兴趣发动这种袭击的时候,你们要知道,全世界千百万劳动者将在各国共产党的领导下全力支持你们的战斗,帮助你们打败我们的阶级敌人。与国际无产阶级结成联盟的工农红军是一支任何人都永远无法战胜的力量。(掌声)

法西斯主义、主要战争挑动者的推进

同志们,法西斯主义在德国和许多其他欧洲国家的胜利以及法西斯主义的全面推进,是表明现存国际局势的特征的第三个新的事实。我希望你们注意这一事实。

法西斯主义的进攻,是腐朽的资本主义对社会主义在无产阶级专政国家中的胜利的最反动的回应。它与阶级斗争的极度尖锐化最紧密地联系在一起,因此也与战争危险的极度加剧最紧密地联系在一起。斯大林同志曾经一再要求我们注意如下事实,即法西斯专政是资产阶级为发动新的战争组织后方的形式之一。法西斯专政与备战直接联系在一起。法西斯专政的建立给准备新的帝国主义战争打上了特殊的印记并赋予其确定的方向。法西斯主义的推进是资本主义世界滑向新的世界大战的最明显的表现形式。德国纳粹主义这个法西斯主义的最富侵略性的变种的胜利,不仅是一个以最肆无忌惮的沙文主义为基础并且以发动战争作为自己的直接目标的政党的胜利,而且也是一个直言不讳地宣称其下一个目标是反对苏联、反对工人阶级的革命运动、反对全世界被压迫民族的民族解放运动的反革命战争的政党的胜利。

德国法西斯主义用要求解放和统一所有生活在欧洲的德意志人来掩盖自己的战争挑衅。但是,事实上它向自己提出的任务是在欧洲大陆建立霸权,并且它打算通过领导反对苏联的反动的十字军征讨来达到自己的目的。法西斯主义的"第三帝国"的对外政策目标表现得如此清晰和明确,以至于人们可以对此确信不疑。

希特勒写道：

"因此，我们国家社会主义者就有意识地一笔勾销了我们战前时期的外交政策方向。我们从人们六百年前停下来的地方继续前进。我们停止日耳曼人对欧洲南部和西部的无休止的征讨而把目光投向东方的国度。我们最终结束了战前时期的殖民和贸易政策而转向未来的土地政策。

然而，如果我们今天在欧洲谈论新的土地，我们首先想到的只能是**俄国**以及臣服于它的周边国家。

命运本身看来想在这里给我们一个指示。"

纳粹主义外交政策的这条主线已被"第三帝国"领袖们的所有行动、被他们上台以来的全部所作所为所证明。顽固地拒绝签订保障东欧边界与和平的条约，是这种证明的并非最无关紧要的表现形式之一。希特勒今年5月21日对德国外交政策发表了最新的讲演，这次将虚伪和蛊惑演绎到了顶点的讲演再次证明，纳粹主义的整个政策都是旨在进攻苏联。不过这一次他提出了比引证中世纪条顿骑士的侵略征讨更充分得多的理由。

他说道：

"我们的观念世界与苏俄的观念世界是完全对立的……国家社会主义为德国并因此也许为整个欧洲防止了有史以来最可怕的灾难……国家社会主义不能号召德意志民族的成员，即它的追随者，为维持一个在我们自己国家中至少是作为我们最凶恶的敌人出现的制度而斗争。"

事实上，再也没有比希特勒法西斯专政国家和无产阶级专政国家之间的对立更深刻的对立了。德国法西斯主义是最肆无忌惮的资本主义反动势力的先锋，是血腥镇压工人、劳动农民、少数民族和全体德国人民的先锋。苏维埃政权则意味着工人阶级的自由，全体劳动者从一切形式的压迫和剥削下解放出来，所有民族都获得自决权。苏维埃政权是争取全人类解放的战士。法西斯德国则是由资本巨头和封建大地主统治的。苏联是自由的劳动、自觉的纪律、最现代的文化和进步的国家。德国法西斯主义既是没落的资产阶级反对无产阶级的国内战争的先锋，也是反对无产阶级专政国家的战争的先锋。法西斯媒体通过号召"彻底消灭布尔什维主义"所进行的战争鼓动，除了狂躁的帝国主义侵略性以外，是以资产阶级最反动的阶层对无产阶级强烈的阶级仇恨为基础的。

在一个其人口数超过资本主义欧洲任何一个国家的国家中，有一个政党掌握了政权，这个政党如此鲜明地把战争问题摆到了突出的位置，而这场战争的目的是要消灭无产阶级革命取得胜利的国家。这一事实现在必须成为我们关注的中心和我们行动的中心。布尔什维主义的基本特征之一，我们的革命战略的基本特征之一，就是能够在任何特定的时刻确定谁是主要敌人，并且善于集中所有力量与这个主要敌人作斗争。如果真是这样，那么此时此刻并鉴于特定的形势，我们必须更多地提供我们拥有这种能力的证明。集中我们的斗争火力对准德国法西斯主义这个战争的主要挑动者、这个苏联和无产阶级革命的死敌，是每一个革命者的义务。（掌声）谁不懂得这种义务，谁就不懂得今天在欧洲反动与革命之间的斗争是以何种形式进行的。

对法西斯主义侵略政策的任何妥协，都有助于和平的敌人的行动并向发动战争前进一步。

法西斯分子用和平主义的空话来掩盖他们的战争政策，但是这种空话迷惑不了我们。法西斯的领袖们围绕欧洲各国德意志居民的民族要求进行虚伪的鼓动，我们不会被这种虚伪的鼓动所欺骗。我们向来理解并支持这些民族要求，现在我们仍然理解并支持它。我们不支持包围德国，也不支持压迫德语居民群众或用暴力迫使其分离。我们支持德国人民的彻底解放，包括社会解放和民族解放。我们支持所有说德语的民族的自由，支持他们的民族联合的权利。但是，德国人民的解放始于，并且必须无条件地始于法西斯政权的倒台。将德国工人和农民置于集中营、监狱和酷刑的野蛮统治之下的纳粹党不可能是为德语民族争取民族解放的战士。

欧洲各国德意志居民的民族要求对于法西斯领袖们而言无非只是借口，他们无耻地利用这个借口，以便为自己的侵略计划和反革命战争找到依据。当希特勒牺牲南蒂罗尔的德意志居民的利益时，他自己不是已经证明了这一点吗？

德国法西斯主义试图通过在各个国家支持最反动的政党和法西斯主义团体，建立从属于其侵略计划的反动集团，

这一政策的第一个具体行动，就是1934年初德国纳粹主义和波兰法西斯主义缔结了一个协议。这个协议与战后时期缔结的已知的大多数协议有本质的不同。它是一个秘密协议，而倒退到使用秘密外交手段，同样是纳粹主义的功劳。对此，那些曾抱有幻想、认为结束秘密外交和结束战争同等重要的工党领袖们该说些什么呢？他们今天实际上是在间接地帮助法西斯主义者在欧洲推行自己的政策。

关于波兰与德国之间的这个协议，已知的一切表明，这是一个为战备目的服务的进攻性协议。协议中只字未提当缔约方之一自己成为侵略者的时候，协议将无效。协议努力使这两国在对乌克兰的反革命流亡者和西乌克兰的反革命资产阶级的各个集团进行波兰语和德语宣传以及开展工作时实现某种程度的一致。所有这些意味着，波兰法西斯主义通过签署这个协议，加入了德国向东方进行领土扩张的计划，加入了入侵苏维埃乌克兰并将其殖民地化的罪恶计划。

我不想深究这一事实，即波兰与德国之间的协议是一个充满矛盾的协议，这些矛盾前几天在但泽问题上特别明显地显露出来了。德国纳粹主义并没有因为与波兰统治集团缔结协议而丝毫放弃其反对波兰的要

求。它只是想为自己罪恶的反苏冒险招募一个帮凶而已。由此产生的计划是，使纳粹主义的扩张威胁对准苏联，从而将这一威胁从波兰引开。这一计划正对那些反动的冒险家的胃口，他们准备甚至拿波兰人民的独立去冒险。十分清楚的是，如果德国法西斯在波兰法西斯的帮助下成功地巩固了自己在欧洲的地位，并且哪怕只是部分地实现了其领土掠夺计划的话，那么波兰人民的命运决不会是值得羡慕的。德国目前的统治者可能再次使波兰人民的民族独立成为问题，并再次将其置于暴力瓜分的危险之下，要认清这一点，只需稍稍有点预见就足够了。波兰的舆论正越来越清楚地意识到这一点。

与波兰的协议是德国纳粹主义用来扩大其阴谋网络的跳板。它的直接后果是加剧了对捷克斯洛伐克边界和捷克斯洛伐克独立的威胁，增强了德国法西斯主义在扼杀波罗的海沿岸国家的独立的斗争中的侵略性。这个协议导致奥地利问题变得极其尖锐。在破坏了法国和波兰的联盟之后，纳粹主义又力求解散小协约国集团，代之以一个中欧法西斯国家的新集团，该集团的轴心应该由波兰、匈牙利和保加利亚组成。德国法西斯分子试图通过许诺将奥地利的部分领土转让给南斯拉夫，把这个国家也拉进这一集团，就像他们努力改变罗马尼亚的外交政策方向一样。

希特勒法西斯主义为各国法西斯运动的发展提供无耻而公开的支持，是这一反动计划的一个组成部分。德国法西斯主义利用它在推进战争时的对外联系，动员和支持全欧洲——从英国到巴尔干，从芬兰到西班牙，从荷兰到意大利———一切支持战争的政党。

因此，在欧洲越来越明显地形成了一个由最好战、最反动的力量统治和领导的资本主义国家组成的集团，它们的直接兴趣是迅速发动一场战争，尤其是一场反对苏联的战争。另一方面，出现了一个由绝大部分保留了议会政体的资本主义国家组成的集团，它们或多或少对维持和平感兴趣。

有一些反动的预言家竟敢宣称，反动的法西斯主义政党在各国的胜利将有助于和平的事业，因为这些政党在意识形态上彼此接近，因此更容易达成一致。

但是你们看，在法西斯德国和法西斯意大利之间发生了什么。对德国兼并奥地利这一目前中欧最紧迫的问题的讨论、纳粹主义运动的发展和奥地利一再发生的政变尝试，都对意大利帝国主义的边界构成了直接威胁。以法西斯主义的形式复活德国帝国主义"对东方的渴望"，破坏了意大利法西斯主义的帝国主义扩张路线。

因此产生了冲突的策源地，它使中欧不可能有任何稳定的关系和任何和平。宣称能够在几个彻底奴役劳动者的法西斯专政国家之间达成一致的基础上建立欧洲和全世界的和平，是最无耻的欺骗。

在战后最初几年，人们常说欧洲有几个特别危险的战争策源地——所谓的巴尔干化地区，在这里战火比其他地方更容易点燃。今天，欧洲已经没有一个地方不是这种意义上的巴尔干化地区了。这块大陆只要还处于资本主义统治之下，就没有任何一个角落不是国家之间彼此武装对峙，准备在几个小时之内就从目前这种不稳定的、武装到牙齿的、危险的和平状态转向公开的战争状态。

这就是法西斯主义特别是德国纳粹主义推进、获胜和施展阴谋诡计的直接后果。法西斯主义和资产阶级好战势力前进的每一步，都只能使资本主义世界一头栽进战争深渊的时刻加快到来。

同志们，这又是一个论据，而且绝不是一个次要的论据，必须用这个论据来反驳那些问我们为什么要把捍卫资产阶级民主自由作为我们的统一战线政策和人民阵线政策的重点的人。鉴于产生了一种由资产阶级最好战的和最沙文主义的集团领导的国家体制，鉴于极端好战的政党的势力在全世界增强，鉴于出现了许多法西斯国家为发动反苏战争而组成一个集团的趋势，我们不能再漠不关心。在这方面我们的任务不在于被动地了解事态，而在于推动政策，即影响这些事态，以便改变其进程或者至少是推迟战争的爆发。

一场德国法西斯主义获胜的战争对欧洲来说意味着什么，对此作出预见难道是件困难的事吗？一场这样的战争意味着捷克人、立陶宛人、其他波罗的海弱小民族、波兰人、荷兰人和比利时人的民族独立的终结。欧洲所有的民族都懂得这一点，那些其民族独立受到纳粹主义威胁的民族通过热烈欢迎苏联越来越积极地和坚定地参与欧洲政治就证明了这一点，因为苏联在国际上的积极行动挡住了德国法西斯分子进攻的道路。

通过集中我们的斗争火力反对和平的主要敌人，反对德国法西斯主义，我们履行了我们作为工人阶级和劳动者的一切自由和斗争成果的坚定保卫者的角色，同时也捍卫了民族自由，而这并没有妨碍我们同"本国的"帝国主义、同与德国法西斯主义结盟的资本主义国家的极端好战的政党进行不妥协的斗争。

三、帝国主义列强的态度

面对德国法西斯主义和日本军国主义日益猖狂的战争叫嚣，帝国主义列强的政策是怎样的呢？

必须记住，反苏战争并非德国纳粹主义和日本军国主义的唯一目的。它们都在为自己争夺霸权地位。对它们来说，进攻苏联只是其整个扩张和侵略计划的一部分。这些旨在重新瓜分世界的计划与全部既得利益发生冲突，使帝国主义者之间的矛盾不仅在欧洲，而且在全世界都更加尖锐了。

日本侵占满洲及其旨在占领整个中国的侵略行为，加剧了帝国主义在整个太平洋地区的矛盾。日本向中国进军不仅直接触犯了英国，也直接触犯了美国。英国与美国之间的矛盾是分裂资本主义世界的所有矛盾中最深刻的，因为这种矛盾是在全世界范围内出现，因为这两个国家在世界的各个地方都发生冲突，因为美帝国主义必然追求的目标是埋葬英国的殖民地霸权和海上霸权。但是，尽管近几年美国的军备猛增，它的军事实力及其在太平洋的战略地位仍然与其经济实力和经济发展不相称。

因此，我们面对这样一个帝国主义国家，它没有直接的侵略目标——我强调的是**没有直接的**侵略目标，它想争取时间，以便尽可能地推迟武装冲突，利用以这种方式赢得的时间来加强自己的地位。我们看到美国采取了一系列旨在逐步加强其在太平洋的地位的措施。这些措施表现为加强既有的强大的舰队基地，并在太平洋西部、阿留申群岛、阿拉斯加等地建立新的海军基地和空军基地。所有这些措施都是对日本的措施的回应，日本正在加紧侵占为其开辟通往南亚和印度洋的道路的各个据点。军备竞赛和为战争做战略准备的斗争已经在远东和整个太平洋地区全面展开。

英国的态度与美国完全不同。如果我们仅限于单单强调较晚加入帝国主义竞争的国家与那些已经能够占领殖民地的国家之间的区别，并由此匆忙得出结论，认为前者支持战争而后者要求和平，那么我们就无法理解英国的政策。事情并非这么简单。英国无疑是最大的殖民帝国，但是它所推行的却完全不是和平政策。

首先，保卫一个横跨各大洲的帝国，要求干预那些突然爆发的，或者甚至在最偏远的角落、在最不同的地区逐渐成熟的冲突。它的政策是充满矛盾的，而这些矛盾反过来又成为其局势不稳定的源泉和新冲突的原因。

其次，英国资产阶级是镇压殖民地民族解放运动的代言人，正像德国法西斯分子是建立资产阶级对无产阶级的公开专政的代言人一样。

早在1848年，卡尔·马克思就将英国在欧洲革命发展中所扮演的角色的特点归纳如下：

"像在拿破仑时代一样，英国将成为反革命大军的首领，但由于这场战争，英国本身将被投入革命运动，将成为革命运动的领袖并赎偿它对十八世纪革命所犯下的罪过。"①

要求反对革命、反对民族解放运动，以保持自己的殖民霸权，目前仍是英国政策的主要动力。特别是资产阶级中最反动的集团提出了这种要求。另外，英国帝国主义对德国纳粹主义的态度未得到解释。英国最近一个时期一再支持德国纳粹主义反对那些过去和现在试图反抗其战争政策的力量。由于英国公开的和隐蔽的支持，甚至由于它的推动，纳粹主义重建了德帝国主义的庞大军队。通过不久前缔结的海军协定，英国使帝国主义德国的军备合法化了。该协定同意废除凡尔赛条约中的军备规定，发出了在欧洲开展新的海上军备竞赛的信号，同时在波罗的海，即在苏联的门口建立新的前进基地。

1914—1918年的战争主要是源于英帝国主义和德帝国主义的冲突，纳粹主义的扩张是全方位的，它要求为自己建立新的殖民帝国和欧洲霸权。如果我们考虑到上述事实，那么很明显，问题将像1914—1918年那样再次出现，而且是以更尖锐得多的形式出现。不难理解，英国资产阶级中的死硬派给德国法西斯主义提供的支持，无非就是直接或者间接地支持其准备反苏战争。英帝国主义，尤其是英国资产阶级最反动的部分（我们在这里也必须把问题分开来提）把扼杀社会主义国家，或者至少是通过欧洲和远东的一系列战争长期地削弱苏联视为自己的"历史"任务。波兰的态度最终证实了这一点，英帝国主义在波兰无疑起了

---

① 《马克思恩格斯全集》中文第1版第6卷第175页。——译者注

突出的作用。

我们这里举一个帝国主义国家通过组织干涉苏联来解决它们之间矛盾的长期趋势的典型例子。英国的反动资产阶级认为有可能将威胁其地位的德国和日本帝国主义的进攻引向苏联。但是，事实上国际形势今天如此复杂，各个战争策源地相互联系得如此紧密，以致任何将帝国主义战争"地方化"或者限制德国法西斯主义和日本帝国主义的战争意图的尝试，都不过是纯粹的空想。英国资产阶级通过对欧洲和远东的战争挑动者的让步和支持，加速了新的世界大战，大英帝国也必将被卷入这场战争。

法国目前扮演的角色则有所不同。法国资产阶级还足够聪明，没有忘记在希特勒体制的信条中，法国被称为德帝国主义在欧洲的死敌。它还足够聪明，懂得德国纳粹主义在取得欧洲霸权的道路上每前进一步，都必将不可避免地使法国的安全乃至领土状况成为问题。因此，法国资产阶级目前尤其拥护和平的不可分割性并想要维持现状，而这只能意味着维护和平和抵抗德国法西斯主义无止境的侵略计划。

很明显，没有人会对法国资产阶级在和平政策方面的坚定性抱过高的幻想。法帝国主义的处境同样充满矛盾，这些矛盾既在本国，也在国际舞台上显露出来。法国资产阶级的一个重要部分很久以来就打算同德帝国主义达成谅解。这是资产阶级最反动的派别的意图，是塔尔迪厄、"火十字团"、教会和力求使军队法西斯化的反动分子的计划。在作出这一论断的同时我们必须强调，法国资产阶级目前的政策无非是国内阶级力量对比关系的表现，尤其是法国人民群众的压力的表现。法国人民群众不允许同希特勒缔结反苏协议，因为他们痛恨希特勒政权并且将希望寄托在无产阶级专政国家身上。因此，法国共产党实行的统一战线政策和人民阵线政策不仅是对法国的，而且也是对全世界劳动者的和平保障。（掌声）

从对帝国主义列强的相互关系的这一粗略分析中可以得出几点结论：

1. 资本主义世界和社会主义世界之间的对立，一如既往仍然是目前历史阶段最深刻的对立。

2. 这种对立今天特别明显地表现为德国和日本这两个大国的帝国主义者公开号召反苏战争，并且努力建立由一系列反动国家和法西斯国家组成的集团来准备和发动这场战争。这些努力受到最大的帝国主义国家英国的资产阶级的最反动阶层的支持和推动。

3. 德国法西斯主义和日本军国主义的侵略政策不可避免地导致所有的国际矛盾重新加剧，同时也导致帝国主义列强的政策发生分化，其中一些国家想要维持现状并暂时地、有条件地维护和平。

同志们，综上所述可以看出，国际局势特别尖锐、特别紧张，战争随时随地都可能爆发，而且任何战争都必然发展为世界大战。综上所述还可以看出，资本主义列强之间的矛盾在以这样的方式发展，有可能在特定的时刻，在一定的条件下，在某种程度上成为组成新的国家集团发动反苏战争的障碍。这为苏联的和平政策开辟了广阔的前景。

如果不同国家的态度确实存在着差别，我刚才已经简要地概述了这种差别，那么我们在确定我们在反战斗争中的革命战略和策略时就必须考虑这种差别。这是绝对必要的。

请允许我回忆一下，列宁是如何极其透彻地从理论上论证了这种革命战略的必要性：

"要战胜更强大的敌人，就必须尽最大的努力，同时**必须**极仔细、极留心、极谨慎、极巧妙地一方面利用敌人之间的一切'裂痕'，哪怕是最小的'裂痕'，利用各国资产阶级之间以及各个国家内资产阶级各个集团或各种类别之间利益上的一切对立，另一方面要利用一切机会，哪怕是极小的机会，来获得大量的同盟者，尽管这些同盟者可能是暂时的、动摇的、不稳定的、不可靠的、有条件的。谁不懂得这一点，谁就是**丝毫不懂得**马克思主义，**丝毫不懂得**现代的科学社会主义。"①

正如你们所看到的那样，列宁直截了当地宣布，必须不仅利用同一个国家内资产阶级各个集团之间利益上的一切对立，而且同样也要利用**各国**资产阶级之间利益上的对立。列宁这里所谈的正是无产阶级对国际政治问题和战争问题采取的态度。对于我们来说，首先在确定无产阶级专政国家的外交政策路线时，要遵从他的指示。但与此同时，不仅无产阶级，而且资本主义国家的共产党也要遵从这个指示，以便它们在决定国际政治问题的时候能够而且必然采取积极的态度，积极地影响事态的发展进程，促进推迟发动战争的各种趋势，抵制一切直接威胁和平的行为。

我们把集中力量反对日本军国主义者作为我们的革命战略的基础，从而也作为我们具体的反战斗争的基础，因为日本军国主义者通过袭击东方边界威胁苏联，并且企图消灭中国革命的成果。我们集中火力反对德国法西斯主义这个欧洲的主要战争挑动者。我们努力利用各个帝国主义国家在态度上的一切差别。为了维护和平，我们必须巧妙地利用这些差别，同时一分钟也不忘记，必须打击本国的敌人，必须打击"本国的"帝国主义。（掌声）

四、法西斯意大利入侵阿比西尼亚和殖民地问题的激化

请允许我接着讨论法西斯意大利的政策，它在东非的殖民扩张和军事扩张政策首先是针对阿比西尼亚的。

---

① 《列宁全集》中文第 2 版第 39 卷第 50 页。——译者注

我对这个问题只谈四点意见。

第一点意见。在这个例子中我们清楚地看到，法西斯政权由于它的政策和这个政策的矛盾，必然被卷入战争。

意大利法西斯主义不能自夸其外交政策是始终如一的。1923年，即刚刚上台不久，墨索里尼就支持帝国主义的法国对鲁尔区实行军事占领。而在随后的几年中，直到1934年，其政策的主线却与之相反，组织由"主张修约的"国家组成的集团，争取削弱法帝国主义在欧洲的优势。在此期间，意大利法西斯主义炫示对英国的"传统友谊"，但是却在小亚细亚和红海地区对英国搞阴谋诡计。它在阿拉伯海沿岸地区煽动阿拉伯也门王国发动战争反对大英帝国的仆从国阿拉伯汉志王国。

现在，它由于阿比西尼亚问题而与英帝国主义斗争。法西斯的报纸威胁英国，说可以在半小时内摧毁它在马耳他的强大的海军基地。意大利法西斯主义外交政策的这种多次转向，可以通过一个主要原因得到解释，那就是试图用战争方式解决法西斯政权的内外问题和矛盾。对战争的渴望，把军事成功当做巩固独裁统治的基础的手段，这使法西斯政权的领导人不肯善罢甘休。国际政治中的一切转向都是为此服务的借口。只是因为意大利与其他帝国主义列强相比军事实力薄弱以及意大利人民不支持沙文主义，才使得意大利帝国主义停止了战争。意大利人民曾在国内战争年代的街垒中，在争取民族独立的斗争过程中英勇作战，当时他们意识到是在为自己的自由和权利而战，而现在他们不愿意为可恨的独裁者的殖民冒险而战。（掌声）

第二点意见。与阿比西尼亚的冲突也是法西斯主义的民族主义和沙文主义蛊惑的最后发展阶段，是所谓"人民运动"的结果，法西斯主义力求通过这一运动来欺骗群众。每当发生困难的时候，每当国家状况恶化的时候，法西斯主义就发起新的蛊惑运动。但是，终于到了这样一个时刻，一切蛊惑都失灵了，而落入自己毫无根据的沙文主义陷阱的法西斯主义在对战争出路最感兴趣的资产阶级各个集团的压力下投入了战争，它鼓吹这场战争是拯救世界的手段，是解决它所面临的各种问题的不可避免的必要手段。战争是每一个法西斯政权的最后伎俩。

第三点意见。意大利在东非的战争行动导致资本主义列强之间的相互关系不仅在意大利入侵的地区，而且在所有其他地区都尖锐化了。这一行动现在已经在欧洲产生了极其强烈的反作用；如果爆发武装冲突的话，它将在这里产生更烈的影响。实际上没有任何一个资本主义国家不是直接地或间接地被这一冲突所波及。英国出于所谓的和平主义考虑抵制意大利的战争政策，而实际上却是按照自私自利的帝国主义利益行事。它将意大利占领阿比西尼亚视为改变非洲的殖民地版图并由此实际提出重新瓜分世界问题的第一个具体步骤。在对殖民地的要求成了德国一个大规模群众运动的目标并且甚至……波兰也打算提出这样的要求的时刻，这意味着一个非常危险的先例。

法国则宁可给意大利行动自由，因为它不想失去意大利的支持，这种支持在决定性的关头对法国将是必要的。但是另一方面它必定也担心，如果意大利的手脚被束缚在非洲的话，欧洲的局势随时可能急剧地尖锐化，而德国法西斯主义等待的就是这样一个时刻，以便着手实施它在奥地利、多瑙河谷和意大利边境上的各种图谋。

甚至日本这个距离东非12000公里并且如它试图让人相信的那样对阿比西尼亚尚不感兴趣的国家，也高调地插手这一冲突，因为它在这个冲突中发现了一个绝佳的借口，可以用有色人种保护人的面具来掩盖自己的帝国主义嘴脸。

阿比西尼亚的例子清楚地表明，不可能将帝国主义列强之间的各个冲突策源地彼此孤立看待，不可能将它们中间爆发的任何冲突地方化。**和平是不可分割的**。

最后一点同样重要的意见。法西斯意大利对阿比西尼亚的入侵，其不可避免的后果是重新加剧了帝国主义世界和各殖民地民族之间的对立和公开的斗争。中非和东非的黑人民族持续数十年的斗争曾有一个短暂的间歇。非洲土著居民数十年来不仅遭受统治者的剥削和奴役，而且还真的从肉体上被消灭。危机年代更大大加剧了欧洲人在广阔的黑非洲所使用的殖民统治的恐怖。另一方面，意大利法西斯分子在其于1924—1929年进行的利比亚战争期间，证明了法西斯主义是**如何推动其殖民活动的**。在这一方面，法西斯主义也证明了自己是资产阶级最野蛮的统治形式。

意大利人在利比亚进行的战争自始至终都是对当地居民的灭绝战争。这场战争以消灭20000名土著居民（男人、女人和孩子）而告终。这些土著居民被用武力驱赶到这个国家最荒凉的地区，在那里死于饥饿和干渴，或者被飞机用机枪射杀。

法西斯主义对非洲最后一个自由的土著居民国家发动的战争，将在整个黑非洲、在阿拉伯国家和穆斯林印度引起反应和愤怒。这种愤怒的最初征兆已经可以感受到了。

今年7月24日的**《时代报》**关于此事发表了如下消息：

"现在，索马里、肯尼亚、乌干达、英埃苏丹的土著居民不仅在市场上，而且也在丛林里、在为吓退食肉动物而点燃的篝火旁，谈论着阿比西尼亚苏丹将要进行的反对外国人的战争，谈论着反对白人的战争——他们对意大利人、法国人或者英国人不做任何区分，这些白人只有通过与黑人的古老习俗相违背的无数法律才能维持他们所征服的领土内的和平！……

换句话说，为了重新唤醒和激发由于基奇纳勋爵1898年重新占领喀土穆而陷入冷漠的非洲人的民族主义精神，意大利与阿比西尼亚的冲突在几个月的时间里所做的，比泛非的和泛伊斯兰的仇外宣传多年来所能做的更多，这些仇外宣传有的是由某些美国黑人资助的，有的是由一些我们的侦察机关非常熟悉的阿拉伯反欧委员会资助的。"

当我们联系战争的前景考察产生革命形势的前景的时候，我们不能不考虑到资产阶级的殖民政治家的这些观察。

阿比西尼亚是一个经济和政治落后的国家。在这个国家中还没有任何民族革命运动或者仅仅是民主运动的痕迹。此外，这个国家正在以相当缓慢的速度从以半独立的部落为基础的封建制度向中央集权的君主制国家过渡。但是对于我们来说，这在确定我们对意大利策动的战争的态度时并不是决定性因素。

当我们意大利共产党希望意大利法西斯主义的帝国主义战争失败并且喊出"把手从阿比西尼亚拿开"的口号时，它是完全有理由的。并且我可以向你们保证，当阿比西尼亚皇帝通过挫败法西斯主义的侵略计划帮助意大利无产阶级给黑衫党政权当头一棒的时候，没有人会指责他"落后"。阿比西尼亚人民是意大利无产阶级反对法西斯主义的盟友，我们从这个讲台上向阿比西尼亚人民保证我们对他们的同情。意大利人民的革命传统、加里波第志愿军的传统——以这些传统的名义，首批意大利国际主义者怀着纯粹的热情，在波兰和匈牙利、在希腊和南美，在争取民族自由的斗争旗帜高扬的每一个地方加入到战斗者的行列中去。这些传统让意大利的劳动者站在阿比西尼亚人民一边反对法西斯主义的资产阶级。我们1920年召开的共产国际第二次代表大会欢迎亚洲被压迫民族反对帝国主义的斗争，将其视为世界革命的有机组成部分。那次代表大会责成一切革命者竭尽全力并运用一切手段支持这种斗争。今天存在着这样一种前景，由于法西斯主义的入侵，在广袤的非洲大地上又有新的反帝革命的后备军被卷入到斗争中来，因此共产国际第七次代表大会再次声明：共产党人**是一切反对帝国主义的斗争的先锋队。**

五、我们的核心口号——为和平而斗争和保卫苏联

鉴于资本主义世界趋向一场战争的可怕事实，千百万男人、女人、青年和士兵充满忧虑地自问：我们的命运就这样无法改变地被预先确定了吗？难道就无法防止这种威胁着我们的可怕的灾难吗？

我们共产党人、工人阶级的先锋队能够回答这个问题。我们知道，战争是资本主义制度不可避免的伴随现象。建立在人剥削人和追逐利润基础上的资本主义社会必然引起战争。但是我们也知道，人类社会发展的一切问题最终将通过斗争、通过群众的斗争来决定。我们向不想要战争的广大群众发出呼吁：**让我们把自己的力量联合起来！让我们一起为和平而斗争！让我们组织由所有愿意捍卫和维护和平的人组成的统一战线！**

即使在最困难的时刻，争取和平的斗争都不是没有希望的斗争。它不是没有希望的，因为我们今天为和平而斗争，依靠的是手中掌握着苏联政权的工人阶级的力量。你们看，苏联取得了什么样的成就。多年来，战争一直威胁着苏联的边境。但是，在争取和平的顽强斗争中，通过为和平事业付出一切可能的牺牲，依靠自身强大的力量，苏联迄今为止能够阻止战争。假如没有苏联，战争的两个循环之间的间歇期就不会持续这么久。各民族可能早就被卷入新的杀戮之中了。我们在争取和平的斗争中依靠苏联的力量，因此这场斗争完全有希望成功。我们赢得的每一个月、每一个星期都意味着人类的巨大收益。**意识到群众内心深处的愿望和全人类的切身利益的共产国际，领导了保卫和平和保卫苏联的行动。和平的口号成为我们反战斗争的核心口号。**

列宁在世界大战期间为了和平口号而与托派分子进行的论战，是一场反对把和平口号与失败口号和变帝国主义战争为反对资产阶级的国内战争的口号对立起来的孟什维主义倾向的论战。实际上在帝国主义战争

期间，问题不可能在于为维护和平而斗争，而是在于利用深刻的危机和由战争引起的对资本主义世界的仇恨浪潮，发动无产阶级革命和推翻资产阶级的阶级统治。各帝国主义国家的政府对人民讲述"公正的"、"民主的"和平，是为了掩盖其战争的帝国主义目的并将群众束缚在"保卫祖国"的沙文主义政策上面。

同志们！我们不仅不掩盖变帝国主义战争为国内战争的口号，这个口号在战争情况下仍然是布尔什维克主要的和核心的口号，而且我们还想在争取和平的顽强斗争中，作为这一斗争的结果，将工人、劳动农民和小资产阶级群众聚集在革命先锋队的周围，无产阶级应该领导这些群众走上变帝国主义战争为反对资产阶级的国内战争的道路。

"变帝国主义战争为国内战争首先意味着**革命的群众行动**"。① 这些行动越是能尽早开展起来，对资产阶级的威胁就越大，我们就越是能成功地深入到群众中去，与群众相结合，因此我们早在战争爆发之前就开展了保卫和平的斗争，现在则在开展集中了劳动者内心愿望的争取和平的斗争。

如果说我们战后没有立即将和平口号作为我们宣传鼓动的中心，那是因为"和平"当时对所有人来说都是指凡尔赛的和平，而我们对这种和平是谴责和反对的。我们想避免哪怕只是间接地造成一种印象，好像我们支持凡尔赛体系。现在凡尔赛体系已经崩溃，并且德国纳粹主义正在努力引起一场新的战争，旨在给欧洲各民族强加一个比凡尔赛体系还要可怕的压迫体系。今天，保卫和平具有完全不同的性质。

我们保卫和平，不是因为我们是懦弱的托尔斯泰主义者，而是因为我们努力保证革命取得胜利的各种条件。如果战争明天爆发，我们将最

---

① 参见《国际共产主义运动历史文献》中央编译出版社2013年版第48卷第371页。文字略有不同。——编者注

坚决地投入战斗并且全力以赴地进行搏斗，因为我们知道，这将是我们与资产阶级之间的生死斗争。我们知道我们的力量不弱。但是，我们的力量已经能胜任此刻摆在我们面前的那些重大任务了吗？工人阶级的统一战线迄今只在一个资本主义大国取得了显著的成果。今天才提出在一个统一的革命政党内重建工人阶级政治统一的具体任务。而我们距离解决这个问题还差得很远。

"资本的利益，就是要在一切国家工人还没有联合起来（实际上联合起来，即开始革命）以前，把敌人（革命的无产阶级）各个击破。我们的利益，就是要尽一切可能，利用甚至是最小的机会，使决战推迟到整个国际大军的各个革命部队实现这种联合的时候（或者实现了这种联合'之后'）。"①

通过把争取和平的斗争置于我们工作的中心位置，我们最令人信服地揭露了形形色色的诽谤者——从资产阶级到反革命的托洛茨基分子——捏造的谎言，他们无耻地宣称：共产党人支持战争，他们将自己的希望寄托于战争，据说他们相信，只有战争才会创造出一种形势，在这种形势下才能为革命、为夺取政权而斗争。

我们非常清楚，在许多国家，特别是在存在法西斯专政的国家，有一些劳动者倾向于相信，只有战争才能使他们的阶级有机会重新投入革命斗争。我们在意大利看到过这种倾向，现在又在德国看到了。我们知道，这种倾向首先是在那些因工人阶级遭受失败而意志消沉的人中间出现。在我们的队伍中，我们在机会主义分子中间看到这种倾向，他们认为无法在各种条件下开展群众工作、进行斗争并利用最微小的合法机会。对这种倾向以及对那些希望爆发战争的人——即使他们用革命的空谈来掩盖自己的机会主义——的任何妥协，都只能使我们脱离群众。此

---

① 《列宁全集》中文第 2 版第 34 卷第 272 页。——译者注

外，我们已经有过教训，所有那些曾在工人运动内部将帝国主义战争颂扬为革命的开路手段的人，最终结果都不可避免地断绝了自己同工人阶级的联系，现在都站在法西斯主义的阵营中。

通过为和平而斗争，我们同时也是苏联的最佳保卫者。任何人都不会怀疑，即将到来的这场战争，即使它开始时是两个帝国主义大国之间的战争，或者是某一个大国对一个小国发动的战争，其必然趋势都将是扩大并必定导致反对苏联的战争。每推迟一年、每推迟一个月，对于我们来说都是一种保障，使苏联能够证明对帝国主义者的进攻有更强大的防御能力。因此，我们争取和平的斗争是直接与苏联实行的和平政策联系在一起的。

和平的事业和保卫苏联的事业融合为同一件事情，没有任何一个工人会拒绝为此而斗争。

六、苏联的和平政策

我相信，没有任何一个劳动者，没有任何一个人会怀疑苏联的政策是和平的政策。而且苏联遵循和平政策不是偶然的，不是与某一个暂时的景气联系在一起的。这种政策是从苏维埃政权本身的本质中，从其发展的整个历史中，从其全部所作所为中产生的有机现象。

1917年布尔什维克夺取政权时所使用的主要口号之一不就是和平的口号吗？苏维埃政府从其存在的第一天起就是作为一个为结束帝国主义战争、为争取和平而斗争的政府出现在群众面前的。根据列宁1917年11月8日在工农苏维埃代表大会上所作的报告，苏维埃政府成立后立即批准的第一个法令就是和平法令。这个法令建议立即缔结真正的民主的和约并由此废除战争时期的一切条约。这个法令没有导致缔结和约，因为所有帝国主义国家都拒绝了它。但是，这个法令确保了最广大劳动群众对苏维埃政权的坚定支持，并且帮助它获得了群众基础，它此后一直不断地扩展和巩固这个基础。

工农群众与自己的苏维埃政府在和平政策的基础上建立的这种不可动摇的联系，由于签订布列斯特-里托夫斯克和约而得到了巩固。这个和约提供了一个例子表明，如果德帝国主义者成功地把自己的意图贯彻到底，他们会给全世界强加哪些条件。

所谓的"左派"共产党人在布列斯特-里托夫斯克的那段日子里幻想一场"革命的"战争。在反对他们的小资产阶级冒险行径的坚决斗争中，列宁和布尔什维克党向群众说明，苏维埃政府不推行"面子"政策，而是在自己的外交政策中只按照保持和巩固革命阵地的利益行事。

"我们的一切政策和宣传决不是为了挑动各国人民去打仗，而是为了结束战争。经验也充分表明，唯有社会主义革命才是摆脱接连不断的战争的出路。……我们正在竭力促使这场革命尽快发生，但是，既然我国现在还是一个常受帝国主义强盗攻击的很弱的社会主义共和国，那么我们利用它们之间的矛盾、使它们难以勾结起来反对我们，这种政策是否正确呢？当然，这种政策是正确的。我们三年多来一直在实行这种政策。布列斯特条约就是体现这个政策的主要事实。当时德帝国主义还在挣扎，由于我们利用了帝国主义者之间的矛盾，我们甚至在红军还没有建立的情况下，也坚持了下来。"①

多亏这个和平政策，苏联迄今成功地打破了帝国主义者对其策划的一切孤立和封锁计划。所有堪称重要的帝国主义国家都不得不同苏联建立外交关系。苏联同所有接壤的邻国都签订了互不侵犯条约，只有拒绝签订这样的条约的日本例外。从热那亚会议到裁军会议，苏联不断不遗

---

① 《列宁全集》中文第 2 版第 40 卷第 102—103 页。——译者注

余力地提出全面裁军的问题。在其全面裁军的建议被拒绝后，苏联又提出了部分裁军的建议，旨在为争取降低战争危险而斗争到底。

战后社会民主党在许多国家上台执政。有人能说出任何一个社会民主党政府为和平事业所做的工作能及苏维埃政府所做工作的百分之一吗？有哪怕一个社会民主党政府曾表示赞成废除一切资产阶级为准备战争而签订的秘密条约，或者曾郑重放弃一切与其他国家的利益、与和平事业背道而驰的所谓"历史"权利吗？

苏维埃政府通过其面对日本军阀的挑衅时表现出来的冷静与克制，给我们提供了一个应当怎样为和平而斗争的范例。当苏联人决定出售中东铁路①的时候，过去和现在曾有任何一个政府能为了保卫和平而做苏联人所做的事吗？苏联在这个事件中展示了，当我们确实想要预防战争时，必须怎样采取行动。只有掌握了政权的工人阶级才能表现出这样的冷静，同时推动一项如此果敢的和平政策。

苏联通过自己的和平政策证明，只有社会主义才意味着和平。因此，这个政策过去和现在都在动员全世界无产者为社会主义而斗争，把千百万憎恨战争并且努力维护和平的劳动者、农民和知识分子聚集在工人阶级的周围。

但是，同志们，苏联的和平政策不是向敌人投降的政策，不是迫使苏联闭眼不看真正的现实，放弃保卫革命成果的政策。

列宁在1916年写到：

"资本主义的发展在各个国家是极不平衡的。而且在商品生产下也只能是这样。由此得出一个必然的结论：社会主义不能**在所有**国家内同时获得胜利。它

---

① 建于1897—1903年，北段称中东铁路，南段称南满铁路，全路称中长铁路，原为沙皇俄国修筑。1945年抗日战争胜利后，中东铁路与南满铁路合并，称中国长春铁路，由中苏共管，1952年底交还中国。——译者注

将首先在一个或者几个国家内获得胜利，而其余的国家在一段时间内将仍然是资产阶级的或资产阶级以前的国家。这就不仅必然引起摩擦，而且必然引起其他各国资产阶级力图打垮社会主义国家中胜利的无产阶级的直接行动。在这种情况下发生的战争，从我们方面来说就会是正当的和正义的战争。这是争取社会主义、争取把其他各国人民从资产阶级压迫下解放出来的战争。恩格斯在1882年9月12日给考茨基的信中直接承认**已经胜利了的**社会主义有进行'自卫战争'的**可能性**，他说得完全正确。他指的正是胜利了的无产阶级进行自卫以反对其他各国的资产阶级。"①

列宁早在1916年就已经指出了由历史条件决定的帝国主义者对社会主义国家发动进攻的必然性，由于这种必然性，苏联必须保卫自己，而为此目的就必须拥有一支强大的军队。但是，我们必须强调这支军队与其他国家的军队之间存在的本质区别。这支军队被迫进行的战争将始终是正义的自卫战争。

关于组织红军的法令的序言中写道：

"旧军队是资产阶级对劳动者实行阶级压迫的工具。随着政权转移到劳动者和被剥削阶级手中，有必要建立一支新的军队，这支军队目前构成苏维埃政权的堡垒，是在不远的将来通过普遍的人民武装代替常备军的基础，并且将作为欧洲即将到来的社会主义革命的支柱。"

事实上自红军产生以来，我们在历史上第一次有一支强大的武装力量被用来为和平事业服务。人们过去只看到，帝国主义者的代表如何虚伪地在日内瓦持续多年地讨论让一支武装力量为所谓的国际和平组织服务的可能性。他们讨论这个问题只是为了得出这样的结论：这是一个无法实现的梦想。事实上，帝国主义者的军队由于其阶级特性永远都不可

---

① 《列宁全集》中文第2版第28卷第88页。——译者注

能成为和平的工具。恰恰是红军的阶级特性使它成为一支为和平服务的力量并且引起法西斯主义者、侵略者和战争挑动者们害怕。红军是和平的军队，因为它是工人阶级的军队。

1930年1月1日工人在红军中占31.2%。1934年1月1日工人所占的百分比是45.8%，1935年初达到了49.3%。然而，如果把目光从广大红军战士转到中高级指挥部的话，这个百分比更高。士兵群众由工人和农民组成，而指挥部却由那些最反动的阶级和集团的代表组成，使资产阶级军队分裂的这种对立在红军中是看不到的。在团级指挥员中工人占72%，在师级指挥员中工人占90%，在军团级指挥员中来自工人阶级的成员所占的百分比达到了100%。（掌声）牢牢掌握在工人阶级手中的红军是和平的工具，这一事实难道还需要更具体的证明吗？

工人、集体农民构成了红军战士的绝大多数，他们已经不再是所谓的"士兵"了。他们是那些杰出的苏维埃青年的一部分，我们曾在本次代表大会隆重的开幕会议上欢迎过他们的代表。他们构成这个世界上唯一存在的自由、强壮、快乐和前景光明的新一代的范例。

他们是国内战争的英雄们的儿子。他们是在工厂和集体农庄中学会了自觉自愿的社会主义劳动纪律的青年。他们是知道自己从资本主义工厂的地狱中，从失业中，从物质的和精神的困境中解放出来要归功于革命和苏维埃政权的青年。这些青年充满创造精神，因为他们所降生的国家是唯一以宏大的规模创建工厂、城市、社会主义工业、集体化农业和新式生活的国家。苏联是新文明的开创者的国家，因此是和平的国家。将对征服的梦想、对流血和掠夺战争的颓废赞歌作为人类唯一的"康复措施"，这一切只有在腐朽的资本主义国家中才可能出现。

资本主义国家的无产者知道，红军是由那些最忠诚于革命的战士领导的。他们知道，领导红军的是我们的伏罗希洛夫同志，一位无产阶级革命战士，一个铁路工人和一个女临时工的儿子。他从7岁起就为了每天10个戈比的工资而在矿井中劳动,当过铁匠,1905年革命前就是布尔什维克党党员,其整个一生都与列宁和斯大林领导的俄国工人先锋队的斗争联系在一起,是最守纪律的布尔什维克之一,是列宁和斯大林最好的学生之一。(代表们起立,以暴风雨般的掌声向伏罗希洛夫同志致敬)

鲁尔区和法国北部的矿工们、日本纺织厂的贫困工人们,难道不会把伏罗希洛夫同志和红军的其他领导人视为自己的阶级兄弟和战友吗?

全世界革命工人都知道,在红军队伍中布尔什维克党党员和共青团员所占的百分比在不断上升。他们知道,这支由列宁创建的、曾在国内战争中在列宁的直接领导下经受了锻炼并在我们伟大的斯大林的领导下取得了胜利的工农红军,处于苏联共产党的领导之下,处于迄今为止在为反对帝国主义战争而开展坚定而卓有成效的斗争方面作出楷模的唯一政党的领导之下。

因此,在加强工农红军的道路上取得的每一个进步,都会受到一切被剥削者、受到各资本主义国家中一切爱好和平人士的最由衷的欢迎。

国际无产阶级知道并理解,如果没有红军,人类早就堕入战争的深渊了。他们理解,这支强大力量的存在是对和平和工人阶级胜利的保障。

我坚信,当我向红军致以我们的热情问候时,我表达的是这次代表大会的所有与会者的愿望,是全世界劳动者的愿望。

和平的堡垒、社会主义和革命的军队、全世界劳动者的希望——工农红军万岁!(长时间暴风雨般的掌声)

七、互助条约和国际无产阶级

同志们!因为苏联的和平政策是以无产阶级国家考虑资本主义国家

间的种种对立为基础的，所以这一政策的界限在某种程度上取决于这些对立的大小、尖锐程度和性质：这一政策的具体的形式必须视整个国际形势的变化而改变。

所有那些对苏联改变对国际联盟的态度表示惊讶的人都不理解这一点。国际联盟是作为一个由协约国领导的国际组织被创建的，其目的是维持战后条约确定的所谓"秩序"。它从建立的第一天起就受到内部的种种矛盾和斗争的削弱。而当重新瓜分世界的问题极端尖锐化的时候，当几个帝国主义大国认为已经可以用武力解决这个问题从而施加军事压力的时候，国际联盟就开始瓦解了。

鉴于日本占领满洲，鉴于美国和英国的仆从国在南美进行的战争，鉴于法西斯意大利对阿比西尼亚的入侵，群众看到了国际联盟的软弱无能。而除了这种软弱无能以外，那些目前不直接对战争感兴趣的国家也表现出了动摇和抵制。最富侵略性的国家都退出了国际联盟：日本在1932年，德国在1934年。尽管如此，形式上没有改变其组织和章程的国际联盟仍然是这些国家实现其计划的某种障碍，并且可以被用来推迟战争爆发。考虑到这种新形势，苏联改变了它对国际联盟的态度。苏联加入国际联盟向群众表明，苏联领导人不是教条主义者，而是马克思主义者。他们正确地评估资本主义世界的力量对比关系，并且善于利用一切机会，哪怕是最微小的机会，以便为了革命的利益去扩大自己旨在保卫和平的行动。

加入国际联盟后，随着战争危险的加剧和那些推动战争的国家与目前希望维持和平的国家之间的矛盾的加剧，进一步采取更加坚决的步骤来扩大苏联的和平政策。这一矛盾能够比过去的一切矛盾在更大程度上得到利用，是因为它使苏联和平政策的长远目标与几个资本主义国家的短期目标暂时重合在了一起。

苏联朝着接近一些较弱小的国家迈出了一大步，正如我们已经提到过的那样，这些国家的独立正受到德国法西斯主义战争计划的威胁。对这些国家来说，纳粹主义的进攻是一个非常具体而严重的威胁。正如你们所知道的那样，接近这些国家导致了拟定侵略者的定义。我们在这里不是从外交的立场对这个定义感兴趣，而是因为这个定义具体地表现了保卫无产阶级革命成果的苏联劳动者与保卫自身自由和民族完整的弱小民族、弱小国家和一切爱好和平的人士之间所建立的现实联系。

认识到民族问题在各民族的生活中发挥的作用，我们就完全有可能观察到，当德国法西斯主义挑动战争的时候，欧洲的一些以如此沉重的代价赢得了自身独立的民族，为了维护自身的独立将宁愿站在苏联一边进行斗争，因为苏联是世界上唯一与各民族的愿望相一致，通过承认各民族的自决权而解决了民族问题的国家。无论如何我们知道，捷克斯洛伐克、立陶宛和其他一些小国的各个民族都对此感兴趣，而且阻止这些国家的资产阶级推行与这些民族的利益相悖的政策是工人阶级的革命先锋队应尽的责任。

确定了侵略者的定义之后，接着是建议缔结东方公约。这一建议的基础是承认和平的不可分割性，不可能将威胁欧洲东部的战争危险与西部的战争危险割裂开来。这个建议应该使一切战争挑动者无法作恶，并且把一切爱好和平的人士，无论他们是谁，都联合起来。

众所周知，东方公约草案被战争挑动者们拒绝了。这必然导致苏联与那些有意积极反抗当前的侵略者的国家之间建立特别紧密的联系，这也导致了苏联与法国和捷克斯洛伐克缔结互助条约。

缔结这些条约是目前国际工人阶级的舆论最感兴趣的问题。因此我们必须更深入地研究这个问题。苏联签订的这些互助条约符合苏联和平政策的发展路线，这一路线的基础是由列宁确定的。这里涉及的是公开缔结的、向所有人开放的和平条约，而不是军事方面的秘密协议，如沙皇外交使团当年签订的那种协议，或者如德国法西斯主义与法西斯主义波兰签订的那种协议。同时，这些互助条约也根本不同于一切柏拉图式的、毫无实际政治内容并且完全虚伪的声明和宣言。从战后的外交活动中，我们熟知了这样的宣言，从凯洛格公约直到裁军会议的最终声明。

苏联缔结的这些互助条约是一项积极政策的重要文件，这些文件旨在联合所有的力量，目前只会导致积极地捍卫和平。因此我们很惊讶，为什么有些人会对此感到奇怪，即苏联和法国缔结互助条约，同时斯大林同志发表声明，表示"完全理解和赞同法国遵循旨在将其武装力量保持在其安全所需水平上的国防政策"。我认为，如果不随后发表这样一个声明，那就会更奇怪，因为不对互助条约表示这样一种明确的态度，会使其完全失去作为积极的和平政策工具的作用。

从理论观点看毋庸置疑，在一定的条件下，无产阶级国家和某个资本主义国家可以缔结协议，甚至缔结军事合作协议。列宁曾多次指出过这一点。

当英法联盟1918年5月向苏维埃共和国提议缔结一个军事协定时，布尔什维克党中央委员会拒绝了这一提议，但并非是出于**原则性的**考虑，**而是由于政治实用性方面的原因**，因为鉴于当时的形势，中央委员会不认为缔结这样一个协定是有利的。当时列宁写道：

"只要军事协定不违背苏维埃政权的原则，能够巩固苏维埃政权的地位和阻止某一个帝国主义强国对它的进攻，我们决不一概拒绝同一个帝国主义联盟缔结反对另一个帝国主义联盟的军事协定，但是，目前我们不能同英法联盟缔结军事协定。"①

因此，同志们，布尔什维克在这个问题上的态度是十分明确的。为了不动摇而是加强苏维埃政权的基础，布尔什维克采取了一切必要的措

---

① 《列宁全集》中文第2版第34卷第302页。——译者注

施，以使自己不会面对一个团结一致的资本主义国家集团。布尔什维克认为，并且是完全正确地认为，德国法西斯主义的步兵、骑兵、大炮、坦克和轰炸机都是很具体的东西，他们努力用同样具体的东西与之抗衡。苏联的无产阶级和在苏联掌握政权的布尔什维克党不可能也不应该采取其他态度。

那么各个资本主义国家的共产党呢？我们形形色色的敌人试图集中攻击的恰恰是它们：我们的敌人开始寻找斯大林同志的声明与各国共产党，尤其是法国共产党和捷克斯洛伐克共产党的政策之间的某些所谓的矛盾，这些共产党反对本国的资产阶级，拒绝投票支持军事预算，在法国投票反对实行两年义务兵役制的法律等等。这一运动由资产阶级挑头，得到了社会党人的追随，很快反革命托派分子和形形色色的叛徒便以其诽谤性的谎言接手领导这一诽谤运动。

我们各国共产党通常都善于正确地估计形势。有过一些动摇，有个别同志甚至可能认为，缔结互助条约意味着人们已经看不到欧洲革命的前景。但是，实际经验很快就使这些同志确信，他们犯了严重的错误。苏联通过这个新条约加强了它的和平政策。这个新条约不是降低了，而是在各国劳动者的心目中、在全世界的心目中提高了无产阶级国家的威望，因此也提高了社会主义和革命的威望。资产阶级曾经幻想，通过宣称恰恰是他们现在与共产党人、与布尔什维克、与苏联达成了一致，就会在共产主义运动中造成混乱。他们完全失算了。法国和捷克斯洛伐克的群众回答道：如果真的是苏联人采取了正确的行动，那么我们投票支持共产党人，当然是支持真正的共产党人。

有一些同志拿缔结互助条约与在敌人压力下被迫退却相比。但是，这些少数同志只是证明了，他们没有能力将退却与前进区分开来。一个资本主义大国被迫与苏联缔结互助条约，条约的内容是抵抗侵略者，保卫和平和无产阶级专政国家的边界，人们还能想象比这一事实更辉煌的成就吗？

尽管有个别此类的动摇，我们的所有支部，尤其是对这一问题直接感兴趣的国家的共产党，都表现出了高度的政治成熟性。它们理解，对于它们来说，重要的不仅是正确地评价并赞同一份强调苏联的和平政策的文件，而且是他们在确定自己的政治路线时必须考虑自己所处的形势，而这个形势与布尔什维克党和苏联工人阶级所处的形势是根本不同的。

对于我们来说完全无可争辩的是，苏联的和平政策的目标同工人阶级以及各资本主义国家共产党的政策的目标是完全一致的。在这一方面，我们的队伍中没有也不可能有任何疑问。我们不仅一般地保卫苏联。我们具体地捍卫它的整个政策和每一个行动。但是，这种目标的一致性绝不意味着在每一个特定的时刻、在一切行动中和在所有问题上，还在为夺取政权而斗争的无产阶级和各国共产党的策略同已经在苏联掌握了政权的苏联无产阶级和苏联共产党（布）的具体策略措施必须完全一致。

可以列举许多例子来说明，对某个具体问题，不同国家的无产阶级政党的态度不必保持一致。

让我们以布尔什维克党1917年二月革命后的政策为例。在那个时期，整个资本主义世界的工人阶级及其革命先锋队的任务是争取变帝国主义战争为反对资产阶级的国内战争，也就是说，是为用革命手段推翻资本主义社会制度而斗争。但是，二月革命后工人阶级的处境在俄国同在其他国家不一样了，因为在俄国，变帝国主义战争为国内战争的第一步已经完成。在所有其他国家，工人阶级变帝国主义战争为国内战争所能实现的，无非是通过斗争推翻当时在各国掌权的民族联合政府。而在俄国则相反，由列宁在二月革命后这一时期为工人阶级先锋队确定的目标，并非直接导致立刻推翻临时政府。

"现在人们已经不能够再直接谋求推翻政府，因为政府与那些处于护国派影响下的苏维埃联系在一起，并且党被迫进行一场超越其力量的斗争，既反对政府，又反对苏维埃。"（**斯大林，《十月革命》**，苏联外国工人出版合作社，莫斯科—列宁格勒，第81页）

因此，首先要为布尔什维主义争取群众并以苏维埃为基础建立一个政府，在这个政府中孟什维克和社会革命党人仍占多数；这样就有可能揭露这些小资产阶级政党的反革命政策，并使群众孤立它们。因此，这意味着必须推翻临时政府，但是"不是马上推翻，而且不是采用通常的方式"。

那么，俄国的布尔什维克和其他国家的革命社会民主党人的奋斗目标是一样的吗？是的，目标是一样的！但是，在这个具体时刻，在对待政府的态度这个基本问题上，俄国的布尔什维克的态度和其他国家的革命社会民主党人的态度是完全一致的吗？不，这样的一致是不存在的，而且不存在这样的一致可以由革命斗争发展程度的不同和不同国家阶级力量对比关系的差别得到解释。

由于同样的原因，列宁写到，在策烈铁里和克伦斯基时期，布尔什维克已经不再是失败主义者，尽管其政策的主要目标仍然是变帝国主义战争为国内战争。在这一方面，二月革命后在克伦斯基—策烈铁里政府的统治下，工人阶级统一的革命政策要求采取与那些革命还没有发展到这一步的资本主义国家的无产阶级不同的策略。

各国无产阶级政党对同一个具体问题的策略态度并非必须绝对一致，不理解这一事实的一个典型的例子，是列宁在1916年与基辅斯基讨论民族自决权问题时给出的。基辅斯基当时指责列宁对民族自决权的要求"做了二元论的解释"。

列宁写道：

"他认为我们的'二元论'就在于：我们向被压迫民族工人首先提出的要求（这里只是就民族问题而言），**不同于**我们对压迫民族工人的要求。

为了审查一下彼·基辅斯基在这里的'一元论'是不是杜林的'一元论'，必须看一看**客观现实**中的情况是怎样的。

从民族问题的角度来看，压迫民族工人和被压迫民族工人的**实际**地位是不是一样的呢？

不，不一样。"①

在指出基辅斯基关于"国际的一元论的行动"的言论是响亮的空话的同时，列宁继续写道：

"国际**实际上**是由**分别属于**压迫民族和被压迫民族的工人组成的，**为了使国际的行动统一**，就必须对两种不同的工人进行**不同的**宣传：从真正的（而不是杜林式的）'一元论'观点看来，从马克思的唯物主义观点看来，只能这样谈问题！

例子呢？我们……已经举了关于挪威的例子，而且任何人也没有试图反驳我们。在从实际生活中举出的这一具体事例中，挪威工人和瑞典工人的**行动**所以是'一元论的'、统一的、国际主义的，**只是**由于瑞典工人**无条件地**坚持挪威的分离自由，而挪威工人则**有条件地**提出关于这次分离的问题。如果瑞典工人不是**无条件地**赞成挪威人的分离自由，那他们就成了**沙文主义者**，就成了想用暴力即战争把挪威'留住'的瑞典地主们的沙文主义同谋。如果挪威工人**不是有条件地**提出分离问题，即使社会民主党党员也可以投票和宣传反对分离，那挪威工人就违背了国际主义者的义务，而陷入了狭隘的、**资产阶级的**挪威民族主义。为什么呢？因为实行分离的是**资产阶级**，而不是无产阶级！因为挪威资产阶级（也同各国资产阶级一样）**总是**力求分裂本国和'异国'的工人。因为在觉悟的工人看来，任何民主要求（其中也包括自决）都要**服从**社会主义的最高

---

① 《列宁全集》中文第2版第28卷第147页。——译者注

利益……这种差别是国际的'一元论的行动'的条件,不了解这种差别,就等于不了解为了采取'一元论的行动'来反对比如莫斯科附近的沙皇军队,为什么革命军队必须从下诺夫哥罗德向西挺进,而从斯摩棱斯克向东挺进。"①

我们法国共产党和捷克斯洛伐克共产党的同志们已经理解,他们的政策必须由相同的马克思列宁主义的方法决定,该方法要求考虑具体的形势。因此,他们能够而且必须对本国的资产阶级说:

先生们,你们和掌握政权的苏联工人阶级签订了一个条约,一个有限的条约。但是,你们和本国工人阶级、和我们没有缔结任何条约。你们的军队仍然是一支阶级军队,我们根本无法保证你们不会使用这支军队来对付本国工人阶级和我们在反帝斗争中的盟友各殖民地民族。我们根本无法保证你们不会像从前那样强迫穷人而不是富人承担组织这样一支军队所需的费用。我们无法监督,为支付与组织这支军队相关的各种费用,你们的阶级政府和你们的反动的法西斯主义的总参谋部怎样开支从穷人那里骗来的钱。我们甚至没有得到任何保证,你们在决定性的关头会忠实履行你们今天签订的条约。

由于所有这些原因,先生们,我们既不能投票同意你们的军事预算,也不能放弃反对你们的政府的斗争。但是不言而喻,这并不意味着我们对你们与苏联缔结的条约漠不关心,也不意味着我们对你们今后履行条约的方式方法漠不关心。我们知道,你们中间有人反对这个条约,资产阶级中有一部分人想撕毁它。相反我们将竭尽全力捍卫这个条约,因为它是争取和平和保卫苏联的斗争工具。我们将在议会中投票支持缔结这个条约,并且将揭露推动一项偏离该条约或者违背条约所产生的义务的政策的任何企图。

---

① 《列宁全集》中文第 2 版第 28 卷第 148—150 页。——译者注

我们的法国同志和捷克斯洛伐克同志所采取的这种态度具有深刻的内在统一性，那些不明白这一点的人，就像莱昂·勃鲁姆所做的那样，即使他们自以为受过高等教育并且具有逻辑思维，也永远不会理解事物的真正的辩证法和革命的辩证法。但是，正如法国共产党和捷克斯洛伐克共产党的同志在发言中向我们报告的那样，群众理解了我们的革命辩证法，而这对于我们来说就足够了。（掌声）

*

由于时间关系，**陶里亚蒂**同志的报告将在明天上午的会议上继续。

第三十五次会议

(1935年8月14日)

陶里亚蒂继续作报告

8月14日上午的会议由**多洛雷斯**同志(西班牙)主持。**陶里亚蒂**同志继续作报告。

八、争取和平和保卫苏联的斗争中的统一战线

同志们!在争取和平反对帝国主义战争的斗争中,在保卫苏联的斗争中,我们下一个基本政治任务是建立工农群众、小资产阶级和知识分子的最广泛的统一战线。同志们,正是在这一领域,在为和平而斗争的领域,我们的统一战线政策能够获得最大的成果。

最近几年,通过反战运动来克服各国社会民主党对统一战线的抵制迈出了重要的第一步,在阿姆斯特丹反战代表大会上,反对帝国主义战争的热情的先锋战士,如罗曼·罗兰和亨利·巴比塞等人,第一次喊出了统一战线的口号,这并非偶然。共产党人支持并将继续全力支持这个运动的发展。但是,无论是这一领域已经取得的成果,还是反战斗争中的统一战线的成就,我们都不能认为是足够的。反战统一战线运动的规模仍然赶不上资本家们备战的力度,仍然与局势激化的程度和战争危险

的严重性不相称。我们各个支部面临的任务是，采取一切必要的措施，把所有不希望战争的人、所有痛恨战争的人、所有愿意为和平而斗争的人，包括社会民主党工人、具有和平主义思想的群众、妇女、儿童和受战争威胁的少数民族，都集合起来为争取和平而斗争。

社会民主党的态度

社会民主党所处的混乱状态和内部分裂状态，尤其表现在各国社会民主党对战争问题所采取的态度上。各国社会民主党几年前还——尽管是相当暧昧地——表示反对"保卫祖国"，并承诺在战争情况下将开展某些群众行动，后来却开始越来越公开地滑向在保卫资产阶级祖国的事业中与帝国主义的资产阶级合作。

瑞士、荷兰和芬兰的社会民主党就是这种情况，工党和英国工会代表大会也是这样做的。与此同时，在社会民主党的工人群众中，开展反战斗争、开展保卫苏联和争取和平的斗争的意愿在增强，在各国社会民主党和社会民主主义组织中，在战争问题上出现了分化过程。在法国，尽管仍有很大的动摇，在社会党左翼中正在形成开展反战革命斗争的倾向，尤其是在涉及拒绝在资产阶级的体系中"保卫祖国"的问题上。在因法西斯主义而被迫流亡国外的社会民主党中，也同样显露出——虽然暂时还有点胆怯——要把反战斗争与推翻法西斯主义的斗争联系起来的倾向。对于这些社会民主党左派团体向革命立场靠拢，我们只能表示欢迎，并且要以各种方式使其更易于实现。我们将做到这一点，方法是与社会民主党工人建立统一战线，同时决不放弃系统地揭露他们在这个马克思列宁主义学说最复杂、最重要的问题上的任何动摇和理论上的模糊不清。

第二国际执行委员会的最近一次会议通过了一个反战斗争的决议，

其中有一个声明,说必须集中火力反对德国纳粹主义并保卫苏联。在阐述工人阶级在战争情况下的态度时,第二国际的这个决议引用了斯图加特代表大会的决议。

我们有权问社会民主党的领袖:斯图加特代表大会的决议宣布利用战争所引起的危机加速推翻资本家阶级的统治,如果不为实现这一指示做任何事情,那么引用斯图加特代表大会的决议有什么价值?为了实现斯图加特代表大会决议的指示,必须从今天起就建立工人阶级在争取和平的斗争中的行动统一。

如果你们像从前一样反对统一战线并且阻碍它实现的话,那么引用斯图加特代表大会的决议就毫无价值,并且也不能保证你们未来的地位,就像1907年斯图加特代表大会通过的决议不能保证第二国际在1914年8月4日免于瓦解一样。

和平主义运动

在和平主义运动中我们同样看到了特别引人注目的分化。意识到资本家和法西斯分子准备发动的战争的恐怖,越来越多的阶层开始从和平主义观点出发采取抵制行动。群众中的和平主义呼声非常强烈,这方面的一个明显的例子就是由国联之友协会在英国组织的一次和平公决,参加这次公决的有1100万人,即超过了英国成年人口的一半。参加这次全民公决的绝大多数人不仅表达了对战争的痛恨,而且还表示希望坚决抵制战争挑动者和侵略者。我们革命工人理解这些具有和平主义思想的群众所作的努力,并对这些努力给予应有的评价,即使这些努力的表现形式有时候还是幼稚的和政治上不正确的。

我们要和这些群众在一起。我们必须向这些群众解释他们还不理解的东西,同时必须帮助他们争取实现以这些和平努力为基础的一切合理的和人道的要求。当我们根本不可能知道，这些具有和平主义思想的群众未来会选择什么样的道路时，这样做就更加必要了。如果他们与工人阶级及其先锋队建立联系，他们就能有效地防止战争并成为反对战争挑动者的强大堡垒。在目前情况下，仍支配着群众的和平主义幻想可能会诱使他们采取这样的态度，这种态度不仅不会阻止战争，反而会被战争挑动者利用来为自己的目的发动一场新的帝国主义战争。德国纳粹主义的领袖们不是在虚伪的"和平的"蛊惑下推动他们狂躁的战争运动吗？在和平主义的阵营中不是存在着一种部分是由囿于和平主义幻想的人们所助长，部分是由反革命分子和共产主义的叛徒们所推动的思潮吗？这些人以要为德国争取"公正"为借口，事实上是在为德国法西斯主义的战争宣传提供帮助。

因此，我们必须深入到具有和平主义思想的群众中去，在他们的队伍中进行广泛的解释工作。在这件事情上，我们所使用的组织形式和工作方法要符合这些群众的觉悟水平，使他们有可能朝着有效地与战争和资本主义作斗争的方向迈出第一步。我们必须始终注意两种情况：第一，和平主义群众的组织不可能也不应该是共产主义的组织；第二，在这些组织中工作的共产党人决不能放弃以最大的耐心和毅力解释他们对反战斗争的各种问题的看法。

用这种方法就能使真诚的和平主义者摆脱幻想和错误观点的影响，并能揭露那些用自己的政策来掩饰战争准备的虚伪的和平主义者。可惜我们不得不断定，在许多情况下我们的同志采取了相反的路线。一方面，他们努力使和平主义群众的组织具有共产主义组织的性质，将由党来领导的不合时宜的方法套用在这些组织身上。另一方面，他们疏忽了宣传我们在反战斗争问题上的正确的列宁主义原则的责任。我们必须清除这两个错误。

为实现群众的直接要求而斗争

在组织为和平而斗争的统一战线时,争取实现工人阶级、劳动农民以及劳动人民各个阶层的直接经济和政治要求的斗争,必须发挥头等重要的作用。资产阶级推动的由劳动者承担费用的备战,本身就迫使群众进行这种争取实现自己的直接要求的斗争。

你们只要看一看,军事预算在最近几年达到了多么高的创纪录的数字!这意味着工人、农民、手工业者和小商人承担的赋税压力在不断增加。军火工业的利润同样达到了创纪录的高度,而与此同时工资标准却在不断下降,在那些最积极地忙于备战的国家,尤其能感受到这一点。

准备战争,尤其是在那些法西斯国家,与采取各种措施组织整个军火工业和使国家的整个经济适应战争的需要紧密联系在一起。这不仅直接影响到工人的经济地位,而且还直接影响到工人的政治地位。德国已经在实施一个为战争目的而调整整个工业的计划。日本也发生了同样的情况。意大利推行职团制无非是战时工业集中的形式之一。

在军火企业中,工人现在已经被置于战时制度的管理之下,这使我们更加有必要在这一工业部门中特别积极地开展工作。

可惜我们不得不断定,在这里,我们在组织争取和平的斗争时也存在着非常严重的缺点。

对于我们来说,为了揭露法西斯主义的沙文主义蛊惑,揭示它所散布的种种无稽之谈的欺骗性质,例如种族、"为所有人的战争"、"超阶级国家"、"反对资本主义国家的无产阶级国家"、"必须占领阳光下的地盘"等等,开展争取实现工人、农民和劳动群众直接要求的斗争是最有效的手段。

在争取无产阶级和劳动群众的实际利益、反对剥削者和压迫者的斗争中，工人和全体劳动群众受到无产阶级国际主义精神的教育。这里锻造出的武器使我们最终有可能让沙文主义的宣传失效。但是，为了使这个武器真正变得锋利，我们不仅必须保卫群众直接的经济利益，而且还必须承担他们政治上的各种要求和愿望。我们必须善于把他们所有的利益表达出来；我们必须表明，解决每个国家劳动者的各个阶层所关注的全部问题，恰恰是工人阶级及其先锋队的任务。

季米特洛夫同志已经讲过，必须考虑和尊重一个民族的革命传统，理解并捍卫它的民族要求。在这方面我不再重复他说过的话。与我们谈论工人阶级和共产党人在争取民族解放斗争中的任务和支持民族解放战争的任务时相比，与在我们面前呈现出各殖民地民族反对帝国主义的革命运动新高潮的前景时相比，在我们反对帝国主义战争的斗争中，在目前这样一个时刻，季米特洛夫同志在他的历史性演说中向所有革命工人发出的指示具有更加重大的意义。

争取和平的斗争中的妇女

另一个重大缺点是我们在妇女中的工作开展得不充分。必须坦率地承认，除了少数国家的共产党，我们今天比过去更少关注妇女工作。从我们的反战斗争立场来看，这是最严重的缺点之一。纳粹主义已经使得妇女重新回到了她们一百年前所处的那种地位。无论是在德国还是在所有其他国家，她们都受到狂热备战的直接影响。生活费用上涨、税赋提高和各种军事化措施使妇女在其生活的各个领域受到打击：作为女工、作为母亲、作为妻子。在许多国家，尤其是在德国和日本，妇女们已经被直接用于从事战备。妇女们积极参与战争——不仅是在工厂中，而且也服兵役——作为常态随处可见。在军火工业中，如今已经大规模地使用妇女劳动，因为妇女劳动更便宜，而且受剥削程度更重。在德国，例如 1933 年根据法西斯政府的公告，有 15 万工人被企业解雇，但是没有一名女工被军火企业解雇，相反却有成千上万新的妇女劳动力被工厂雇用，她们已经在为战争工作。

资产阶级，首先是资产阶级的各个反动政党，对用各种不同的形式组织妇女给予了极大的关注，我们切不可对此视而不见。如果认为资产阶级的这全部工作不会有什么结果，那是愚蠢的。很明显，妇女群众中的和平主义呼声特别强烈。我们知道，在举行反战游行的时候，在各国一再发生反战抗议活动的时候，例如在反对防毒演习的抗议活动中，妇女们都发挥了突出的作用。但是我们不能对此感到满足。我们还没有充分开展有效的工作与资产阶级、尤其是法西斯分子所使用的组织妇女群众的形式和方法相对抗。我们仍然停留在原来的位置上，我们在这个领域开展的工作与各国共产党追求妇女的彻底解放并坚定地为和平而斗争的任务还不相适应。

在法国，我们有一个反对战争和法西斯主义的妇女群众运动发展的很有趣的例子。一些大的和平主义组织参加了这个运动，这些组织包括不同政治派别的和无党派的数十万妇女。共产党人参加这个运动获得了特别大的成功。我们遗憾的只是，法国的例子没有在其他国家得到仿效。由于我们的同志积极参加这个运动，他们找到了接近那些迄今为止一直远离任何政治行动的妇女群众的道路。但是，即使在法国也不是所有的同志都真正懂得，共产党人应该怎样去接近这样的运动。我们的同志并非始终理解，为了接近那些尚不在我们影响之下的妇女群众，以及为了接近那些具有和平主义思想的群众，我们必须考虑到他们所属的组织的性质。

我们决不能把破坏这个组织作为自己的任务，相反必须找到与这个组织合作和深入这个组织的各种各样的形式。有时候，我们的同志不理解和遵循这一正确的组织和政治路线，不是在现存的组织中开展广泛的群众工作,而是建立狭隘的、宗派性的共产主义妇女组织,从而使争取和平、反对战争的真正的妇女群众运动难以产生。

争取和平的斗争与青年

在组织反战斗争的青年统一战线时,也可以看到同样的不足。但是,准备新的帝国主义战争恰恰最强烈地影响到青年,资产阶级恰恰是在青年中特别积极地推动着战争准备。法西斯主义以其沙文主义和军国主义宣传首先吸引青年。另一方面,几乎所有国家的青年都已经通过各种军事化措施被卷入巨大的战争机器中了。

现在,这些措施已通行于所有法西斯国家,甚至在民主国家也或多或少地被公开运用。在德国,青年的所有组织形式都或多或少地与备战联系在一起。在意大利,军事教育从8岁就开始了,而且那里最近还为年满6岁的儿童建立了一个新的儿童组织,其任务同样是进行军国主义和沙文主义宣传。

针对资产阶级如此大规模地采取行动使青年军事化,作为反制措施,我们必须同样广泛地开展我们的工作,以使青年一代摆脱资产阶级和法西斯主义的影响。虽然最近在这方面取得了一定的成就,但是我们必须承认,同志们,我们在这方面还根本没有或者只是很少地发挥了主动性。

不能否认这样一个事实,许多资产阶级政党和派别——从法西斯分子到天主教徒——已经成功地开展了广泛的有组织的青年运动,而我们却尚未在必要范围内达到这个目标。我们反战工作的主要缺点之一即在于此。当然,对于这一缺点起决定作用的事实,并非是我们低估了资产阶级对于青年一代的影响。

人们满足于这样一种看法(这种看法本身是完全正确的),即群众的阶级觉悟不会被麻痹，而且阶级斗争不可能长期被压制。这当然是对的。青年一代现在在工厂里获得的经验和他们将来在战争中获得的经验，必然会导致消除资产阶级和法西斯主义在青年中的影响。但是，我们不能也不应该等待。我们必须保护那些身处法西斯群众组织中的青年，使其免于经历我们这一代人在世界大战中经历过的那种悲剧。我们希望这些青年从今天起就和我们一道肩并肩地为争取和平而战斗。因此，我们必须引导和加速消除资产阶级对青年影响的过程。我们必须找到一条接近青年一代的道路，必须理解他们的想法和倾听他们的心声。如果我们为了接近青年一代而必须说新的话语，放弃空洞的套话，终结旧的公式，改变我们工作方法和组织形式，那么，我们将毫不犹豫地这样做。为此，首先需要对新的一代中发生的各种事件进行严肃、认真和透彻的研究。我想告诫在各国和国际范围领导青年运动的同志们，必须更经常地回忆列宁在给青年共产国际第三次代表大会的信中最后的那句话。

这封信中写道：

"希望你们不要因为取得了崇高的称号而忘记最主要的任务——必须切切实实地推进青年的培养和**学习**。"①

同志们，切不可满足于**崇高的称号**。只有研究和了解青年一代中发生的一切，你们才有能力完成你们的任务。（掌声）

我们不应畏缩，而是必须深入到青年一代聚集的地方去。这意味着，争取和平、反对战争的青年斗争统一战线的组织形式必须非常灵活，在不同的国家对应不同的情况必须有所区别。在资产阶级民主制国家中，我们必须以法国同志为榜样，他们最终为自己开辟出了一条通往

---

① 《列宁全集》中文第 2 版第 43 卷第 310 页。——译者注

青年的道路。我们欢迎并以各种方式支持这样的倡议，比如召开大学生代表大会，比如国际青年委员会最近表示要广泛开展反对战争和法西斯主义的行动。我们在参加这些运动的时候必须懂得，要发挥领导作用，不是通过大吹大擂，而是通过赢得青年的信任，他们将会看到我们是为青年争取切身利益的最热心的战士，是他们的一切愿望的最忠实的代表。

在法西斯国家中，必须消除老一代革命工人和共产党人与青年一代劳动者之间已经存在的或者正在形成的鸿沟。

例如在意大利，在一个大工业城市中，我们在几百个同志中找不到一个20岁以下的青年，而法西斯组织却拥有成千上万的青年成员。必须彻底结束这种状况，特别是当经验告诉我们，只要同法西斯组织中的青年建立联系，他们很快就会学会抗议和反抗，学会同法西斯分子斗争的时候，就更要这样做了。要克服新老两代人之间的这种疏远，只有一个办法，那就是渗透到法西斯组织中去，在这些组织中开展工作，建立统一战线，在法西斯组织内部以适应形势要求的形式建立我们自己的基层组织。我们必须做到把法西斯青年组织的各个部分都改造成我们反战工作的基地。

我们不想把青年丢给法西斯主义。我们不会容忍青年变成战争挑动者的突击队。我们要使青年成为我们争取和平的斗争的突击队。（掌声）

九、军队和我们的任务

同志们，决定我们目前在军队中工作的首要因素，就是资本主义的军队越来越呈现出大众军队的特征。在战后的头几年，军备竞赛的主要方向是提高军队的质量，而不是增加数量。正是在这个时期，一些资产阶级的军事理论家发展出这样一种理论，即实施未来战争的已经不再是大众军队，而是精干的、装备精良的、机械化的职业军队。但是，帝国主义矛盾的发展本身使资产阶级这种不需要使用大众军队的意图破灭了。

早在 1935 年以前，德国的秘密武装就打破了军事力量的平衡，并引起了新的军备竞赛。德国纳粹主义在普遍义务兵役制的基础上重建德国陆军之后，欧洲力量对比关系的平衡（自 1935 年初以来）已证明不复存在。在欧洲的心脏地带出现一支规模庞大、装备精良的机械化军队，再加上德国法西斯主义肆无忌惮的侵略性，使得军备竞赛加剧到了前所未有的程度。因吞并奥地利的计划而感受到直接威胁的法西斯意大利，连续实施了多次局部动员，结果现在已经差不多武装了 100 万人。英国（其领导层支持德国扩充军备）、法国和所有其他欧洲国家对于德国挑衅性地扩充军备的回应，就是加强自己的军事力量。

另一方面，技术进步本身也使军队发展成为大众军队，因为武器装备越来越复杂，需要越来越多的武器操作人员。最后，1914—1918 年战争的经验也证明，在决定性的时刻，一支军队的优势高度依赖其后备力量的大小。规模庞大的现代军队需要同样规模庞大的后备兵员。

对军队的大众特征的这种强调，在最近出台的那些以军事训练和全民动员为目的的资产阶级兵役法中得到了明确体现，从而加深了资产阶级军队的大众特征与资产阶级用这些军队来追求的那些反动目标之间的矛盾。随着法西斯主义的发展，这种矛盾也在发展。正是因为考虑到这种情况，无法放弃其军队的大众特征的资产阶级才力图使军队法西斯化，以避免士兵哗变的危险。

军队法西斯化体现在一系列措施中，尤其体现为在军队内部组织专门的宣传。

在士兵中进行的沙文主义宣传还从来没有达到过这样的强度，使用这么多不同的手段。法西斯主义试图通过自己在士兵中的宣传，把军队变成推行其政策的支柱。与此同时，在各国军队中这样一类人的数量都在增加，这些人要么是因为被赋予了特权，要么是因为与军事组织保持经常联系（职业军队），而被资产阶级认为特别可靠。

在1914年战争前夜，德军中有基干部队145064人，为军队总人数的18%。而在今天的德国军队中，基干部队的数量达到了397000人，为军队总人数的30.3%。

在意大利和其他法西斯国家，为打内战而建立的各种法西斯军事组织，以不同的形式成为军队法西斯化的据点。最高指挥职位、高级军官、教官和某些军事技术部队，成为各国军队中法西斯主义的堡垒。

在资产阶级民主制国家中，我们必须把军队法西斯化视为最危险的具体备战形式之一予以揭露。作为对抗这种法西斯化的力量，我们有义务在坚定不移地、全力以赴地争取和平的斗争中，把我们反法西斯主义的工作深入到军队中去。我们不会把士兵群众丢给法西斯分子。法西斯主义对军队的任何渗透都是对和平的威胁。反对这种渗透的任何一种有效措施都有助于保卫和平的事业。

法西斯分子将其敌视工人的、煽动战争的和沙文主义的政策带进军队。这就使工人阶级更有理由要求在资产阶级民主制国家中通过赋予士兵各项政治权利来使军队民主化。我们要求每一个士兵都有权利对法西斯分子在军队中进行的战争煽动自由发表意见，每一个士兵都有可能在军队内外表达自己的和平意愿。我们要求赋予士兵各项政治权利，因为我们确信，士兵自由表达意愿会给资产阶级和法西斯主义的战争意图造成困难。

出于同样的理由，我们要求将法西斯军官从军队中驱逐出去，对反动的总参谋部实行有工人组织参加的民主监督。

我们提出这些要求，是为了在法西斯主义还没有掌权的地方，用一切手段阻止它前进。这就要求我们发展自己的统一战线和人民阵线政策。

"革命军队和革命政府,这是一件事情的两个方面。这是为了起义成功和巩固起义果实所同样必需的两个机构。这是必须作为唯一彻底的革命口号提出来并加以说明的两个口号。"①

如果不同时提出把现在的资产阶级军队改造成为人民军队这个问题,就无法认真地讨论建立一个统一战线和人民阵线政府以挡住法西斯主义的前进道路。这样的人民军队建立在以下基础之上:最密切地和人民联系在一起,限制兵役期限,采取措施让人民掌握所有兵种,把反动骨干最终从军队中,尤其是从高级指挥部中清除出去。通过所有这些措施,我们只是想摧毁法西斯主义的一个据点并制止其备战活动。

因此,在那些受到德国纳粹主义的入侵威胁并且具有民族解放战争的现实前景的欧洲国家,这些措施目前就极为有益和必要。在这种形势下,必须最勇敢地采取措施使军队民主化。任何一个小国反对德国纳粹主义的民族解放战争,只有在这个国家的军队充满革命精神的时候才能最终取得胜利。

因此,主要的任务是要建立军队和人民之间的联系。因此我们为捍卫士兵的一切部分要求而斗争,这些要求构成了资产阶级军队中的士兵群众最近采取的一切行动的出发点。

在法西斯国家中,我们必须尽一切努力来利用最小的合法的和半合法的机会,把人民(尤其是工人阶级)和士兵群众联系起来。我们必须深入到一切有助于使青年军事化的群众组织中去,并在其中开展

---

① 《列宁全集》中文第 2 版第 10 卷第 323 页。——译者注

工作。

与此相关联，必须对第六次代表大会提出的一个观点进行扩大的解释。这个观点宣称：共产党人不得要求青年工人加入那些从事军事训练的志愿组织。在当前形势下，在这种组织已具有群众性质的各个国家中不加入这些组织是一个错误。我们必须加入这些组织，我们必须在其中开展工作。

关于防空组织，我们必须同样给出这个具有普遍意义的指示。在这方面，我们要纠正一些共产党犯下的抵制防空演习的错误。我们必须把防毒面具视为一种武器，就像任何其他武器一样。工人必须学会使用这种武器。在这个领域，我们必须为群众提出一系列直接要求。例如，我们必须要求，富人购买的防毒面具和工人买得起的防毒面具不能在质量上有任何差别。我们必须要求，把质量最好的防毒面具无偿地分发给劳动居民。我们必须抗议，只在富人的住宅里建造防毒掩蔽部等等。我们在这方面的全部工作都必须同争取和平、反对战争的宣传和斗争联系起来。

把我们在军队中的工作作为一种群众工作来做，这是一种新的方式，它有特定的积极内容，其目标是在军队中形成一股抗衡法西斯主义的力量。这种新的工作方式在战争爆发时是实际执行布尔什维克路线的最好的前提。共产党人目前不能号召群众抵制或者拒绝服兵役，而是必须深入到军队中去并把自己的工作重心转到那里。面对现实的战争危险，鉴于某些错误，例如意大利共产党所犯的错误，我们必须在此重申和强调这种布尔什维主义的立场。我们不是无政府主义者。抵制动员、抵制军队、在工厂里搞破坏、拒绝服兵役等等，所有这些都不是我们的反战斗争形式，因为这些做法使我们脱离群众，只会帮助资产阶级更加猛烈地攻击共产主义先锋队。

十、争取和平和保卫苏联的斗争

同志们！我的报告到了最后一个部分。

1907年，在第二国际斯图加特代表大会上通过了一个反战决议。这个决议采纳了由**列宁**和**罗莎·卢森堡**提出的修正案，该修正案指出：

> "如果战争仍然爆发了的话，他们（社会党人——编者注）的责任是迅速结束战争，并竭尽全力利用战争引起的经济危机和政治危机来唤醒人民，从而加速推翻资本主义的阶级统治。"①

我们是战前老第二国际的一切马克思主义革命观点的继承人。我们把这个修正案的原文吸收进了我们向共产国际第七次代表大会提出的反战决议。

但是，我们必须清楚，今天的形势和采纳这个修正案的斯图加特代表大会召开时工人运动的形势之间存在着本质差别。只要指出下面这一点就足够了：1907年，改良主义和中派主义已经是战前老国际中占统治地位的力量，当社会民主党的领袖们几乎全都站到资产阶级"保卫祖国"的立场上去的时候，8月4日的瓦解就是必然的了。

只有一个政党——布尔什维克党——努力利用战争引起的经济危机和政治危机，来加速推翻资本主义的阶级统治。它提出了"变帝国主义战争为反对资产阶级的国内战争"的口号，并且为实现这一口号而进行了坚决的斗争。我们自己将遵循布尔什维克党的这一榜样，并且号召工人阶级做同样的事。

现在的形势又是怎样的呢？1914年那个弱小的布尔什维克党已经

---

① 参见《列宁全集》中文第2版第16卷第483页。——译者注

变为一个伟大、光荣的政党，它在苏联执掌政权，是共产国际中起领导作用的支部。布尔什维克党是列宁和斯大林的党，由于它的胜利行动，社会主义已取得最后胜利的国家苏联变得强大而有力。共产国际在所有资本主义大国和绝大部分殖民地中都有了支部。在共产国际的支部中有中国共产党，它在一个居住着上亿中国人的区域中掌握着政权。共产国际的所有支部在反对资产阶级、反对社会民主党、反对右倾和"左倾"机会主义的长达16年的斗争中经受了锻炼。第七次代表大会为我们的国际在意识形态上的一致性提供了一个唯一现存的范例。在一些国家，我们的支部已经走上了转变为真正的布尔什维克群众性政党的道路。

列宁和斯大林关于反对帝国主义战争的学说，不仅在整个国际共产主义运动中得到极为认真细致的研究，而且在战后已经有了几次实际的运用。在这一时期进行的战争过程中，我们的许多共产党经受了战斗洗礼。我们的法国同志和德国同志在占领鲁尔区时进行的斗争，我们的日本共产党在日本占领满洲和入侵上海时开展的英勇行动，都是我们可以自豪地向工人阶级展示的范例。最后，我们的中国共产党证明，她不仅能够开展反战斗争，而且能够在最困难的条件下组织和进行一场革命战争。（掌声）

我们能不能根据这个经验断言，如果爆发战争，我们的队伍中绝不会有任何动摇、绝不会犯任何错误呢？得出这样的结论是不理智的，因为我们知道，在战争爆发的时候，资产阶级会竭尽全力去影响工人阶级，而共产主义先锋队则会遇到许多最严重的困难。但是，事实上我们可以断言，与1914年不同，在各个国家中不再只是个别同志，而是有一个紧密团结、纪律严明的先锋队始终忠实于马克思列宁主义的革命理论，并投入自己的全部力量，以俄国布尔什维克为榜样把这一理论付诸实践。这是第一个事实，它的全部重要性资产阶级很快就会领教。

但是，在如今第二轮革命和战争开始的时刻，资产阶级本身的地位已经与1914年完全不同了。那时候，统治阶级的权力还如此稳定，以致资产阶级到处都能用议会民主制的方法进行统治。今天，由于长达10年的普遍危机和数年之久的世界经济危机，资本主义世界受到如此大的震动，以至于所有资本主义国家都极不稳定。资产阶级为了巩固自己的权力而乞灵于法西斯专政，而法西斯专政却激化了资本主义的一切矛盾，并导致在所有国家阶级斗争都极端尖锐化。战争可能正是在这样的时刻爆发，此时群众对资本主义制度的不满情绪普遍蔓延并且延伸到了中等阶层；此时"在群众的意识中，冲锋的思想已经成熟"；此时苏联的榜样使社会主义不断上升的威望达到了前所未有的程度。在亚洲、非洲、南美洲，殖民地人民起义的雷声已经在隆隆作响。

新战争将会是一场怎样的战争呢？主要的军事专家、学者和作家都曾试图描绘机械化战争、化学战和细菌战的种种恐怖。我们不想做任何预言，因为最惊人的发现被秘而不宣，因为很难想象资本家们在野蛮的道路上会走多远。近几年在南美的英美仆从国之间进行的"小规模"战争，在这方面提供了一个可怕的例子。巴拉圭100万人口中有5万死于战争，玻利维亚350万人口中有7万人死于战争。与世界大战期间各资本主义大国的相应损失相比，这是令人惊骇的数字。这些小国间的战争结束了，因为它是如此恐怖，以至于全体居民都奋起斗争要求结束战争。这里涉及的还仅仅是一场"小规模"战争。

我们无法预见，如果最完备的毁灭性手段被大规模运用的话，会发生些什么。我们只知道一点，下一场战争将是一场所有国家都参加的、不分前线和后方的普遍战争，将是一场摧毁一切构成现代文明国家生活基础的事物的战争。下一场战争将是一场反对工人、反对妇女和儿童的战争，将是一场灭绝性的战争。它将是一场法西斯主义的战争。

上一场世界大战开战才两三年，前线士兵和后方人民的群众性起义就开始了。如果这一次这一期限短得多的话，但愿资产者先生们不会对我们大发雷霆；而且我们知道，如果我们尽可能地缩短这一期限，就是对整个人类的最大贡献。对国际形势和群众运动及其前景的最客观的考察，使我们必然得出结论：战争的开始对所有资本主义国家而言都意味着革命危机的开始。当这一危机发生的时候，我们将会领导群众开展斗争，竭尽全力为变帝国主义战争为反对资产阶级的国内战争，我们将会为革命和为夺取政权而斗争。（掌声）

但是，同志们，这样的前景并不意味着我们的任务会很轻松。

"革命的胜利从来不是自行到来的。它是需要准备和争取的。而能够准备和争取它的，只有强大的无产阶级革命政党。"①

国际无产阶级领袖斯大林同志的这些话，在今天我们讨论在新的世界大战爆发情况下的任务时，尤其具有深刻的意义。

与战争条件下反对资产阶级的斗争将会带给我们的那些困难相比，我们现在在工作中遇到的困难是微不足道的。

列宁在1915年写道：

"战争不能不在群众中引起打破通常的消沉状态的最激烈的感情。不适应这种新的激烈的感情，就不可能有革命的策略。"②

所有革命政党，除了布尔什维克以外，都没有完成在各种感情最激烈和一切阶级关系激化的时刻领导群众的任务。

达姆古道大屠杀之后法国士兵的大起义是怎么结束的？意大利军队1917年在卡波雷托的失败和瓦解是怎么结束的？资产阶级的失败，甚至资产阶级军队的瓦解，都还不是革命的胜利。布尔什维克之所以能够

---

① 《斯大林全集》第13卷第264页。——译者注
② 《列宁全集》中文第2版第26卷第302页。——译者注

把资产阶级的失败和沙俄军队的瓦解转变为革命的胜利，只是因为他们与士兵群众和人民群众打成一片，因为他们的政治路线表达了这些群众最深切的愿望。

只有布尔什维克证明自己有能力在各种阶级对立最紧张的时刻完成领导群众的任务。

现在我想回到我最初的问题上来。上个世纪大约直到 90 年代，当工人运动还在马克思和恩格斯的直接领导下的时候，工人阶级是在这样的条件下要对战争问题表态：资产阶级在许多国家中还发挥着进步的作用，这种作用是从资产阶级民主革命的发展中产生的。正是鉴于这种情况，马克思和恩格斯是针对各种具体的情况，根据当时特定的战争来确定自己的态度。

随着帝国主义时代的开始，资产阶级已经不再发挥这种进步作用，资产阶级的战争也改变了性质，变为帝国主义战争。所有不理解这种变化和转变的人，都犯了严重的错误，并且对工人阶级犯了罪。

苏联的存在是一个具有世界历史意义的新因素，它根本改变了今天整个发展时期的特点。我们在确定战争情况下的全部策略时，必须考虑这一因素的存在。共产国际第六次代表大会的文件就已经确定，如果发生反苏战争，必须以"转到红军一边去"的口号代替"博爱"的口号。第六次代表大会的文件中指出：如果发生反苏的帝国主义战争，

> "策略和斗争手段的选择不仅取决于国内阶级斗争的利益，而且取决于前线战争的利益，因为后者是资产阶级对无产阶级国家进行的阶级战争。"①

在我们向第七次代表大会提交的决议中，我们更加明确地表达了这

---

① 参见《国际共产主义运动历史文献》中央编译出版社 2013 年版第 48 卷第 379 页。——编者注

个指示，我们写道：**如果发生反苏的反革命战争，共产党人应该号召所有劳动者，采取一切手段和不惜任何代价地帮助红军战胜帝国主义者的军队。**（掌声）

我相信这个指示足够明确：它符合千百万劳动者的信念。如果有人问我们，这个指示意味着什么，我们在战争的各种不同的具体情况下会采取什么样的行动，那么我们能够给出的答复是：我们在每一个既定的情况下都会作为马克思主义者、作为布尔什维克采取行动。换言之，我们将准确地分析具体的形势、正在进行的战争的性质、各个既定时刻的阶级力量对比关系、我们的力量和敌人的力量的大小，由此入手并以此为基础来确定我们的近期展望和我们工作的具体形式。我们永远不会忽视，布尔什维克的主要特征之一，就在于把最大的原则坚定性与最大的机动性和最大的灵活性结合起来。

举一个我们中国红军的同志们提供的例子。反动军队的进攻将他们置于看上去走投无路的境地，而通过暂时放弃那些已无法继续坚守的省份，他们得以把斗争转移到别的区域，结果是占领了比从前更广大、更稳固得多的阵地。对于中国红军这次穿越中国中部各省的长达3000公里的英勇长征，值得钦佩的不仅是参加者的牺牲精神，而且还有卓越的政治成熟性与策略灵活性。（掌声）只有受到布尔什维主义精神教育的政党，才能提出这样的真正列宁主义的策略任务并且付诸实施。但愿我们各国共产党都能在战争过程中表现出同样的布尔什维主义的能力来！但愿我们各国共产党从现在起就努力学会这种品质！正是从这一立场出发，各国共产党应该仔细思考自身的缺点并进行批判。

例如我想对我们德国共产党的同志们说：你们与德国法西斯主义想当做炮灰使用的青年工人群众有足够紧密的联系吗？没有。你们不仅与这些青年工人群众没有足够紧密的联系，你们与军火工厂里的工人、与城外的农民也没有足够紧密的联系。你们不能想当然地认为，当战争爆发的时候群众会走上你们向他们指出的李卜克内西和罗莎的道路。为使这些群众摆脱沙文主义的影响，你们必须开展大量艰苦的、真正布尔什维主义的工作。

我想对我们西班牙的同志们说：我们已经给你们掌声了，因为我们知道你们的战士在街垒中进行了英勇的战斗。但是，如果你们这些不久前还处在内战战火中的人，对你们的各个组织在街头斗争的日子里的态度进行一次严肃的批判的话，你们也许会为共产国际的各个政党和我们的代表大会做出更大的贡献。也许你们那时会得出结论，认为你们的各个组织还没有达到马克思和列宁关于起义的学说所要求的高度，因为它们还不懂得，问题不仅在于在街垒中作为英雄牺牲，而且在于全面地领导群众的斗争，永远不丧失主动，并且从那些只要一遇到困难马上就会投降的动摇分子手中夺取领导权。如果你们对你们在街头斗争期间的行动进行了严厉的批判的话，那么你们就能使其他国家的同志们更容易理解，要变帝国主义战争为反对资产阶级的国内战争困难有多大，要完成国内战争期间落在共产党身上的任务困难有多大。（掌声）

同样我想对我们法国共产党的同志们说：通过勇敢地转变策略，你们善于在你们的国家高举我们的旗帜。这就使你们对我们和对群众都负有重大的责任。阶级斗争在继续；我们必须胜任历史赋予我们的任务。在战争情况下，这些任务对你们来说将是最困难、最复杂的。你们有这样的革命传统，例如1793年的雅各宾派，罗伯斯庇尔和卡诺，他们善于在进行国内战争的同时击退反动派对法国边境的入侵。你们有巴黎公社的革命传统，公社能够高举起保卫祖国的旗帜，方法是把它变为保卫革命的旗帜。但是，在这条公社指引的道路上我们不想再失败，我们要取得胜利！为此，我们需要工人、农民和小资产阶级群众的支持，需要全法国人民的支持。我们需要一个钢铁般的领导班子，一个真正列宁主义和斯大林主义的、能够胜任自己的伟大历史任务的政党。我想对所有在场政党的全体同志说：

战争将是一件政治上非常困难的事情。但与此同时，在涉及进行斗争和战斗所依据的力量对比关系时，它又是一件非常简单而具体的事情。单凭热情是不够的。也许甚至没有书面的决议。只有工厂、战壕，在那里人们必须毫不犹豫地决定最困难的问题，因为任何犹豫不决都有可能让我们付出沉重的代价。因此，必须从今天起就用最高的主动性和个人责任的精神教育我们的所有政党、所有组织、所有干部和每一个党员。只有通过最广泛的意识形态教育和最密切地联系群众才能做到这一点。

今天我们是一支为争取和平而斗争的大军。我们争取和平的斗争能够持续多久，无论是我们还是其他人都无法预见。也许还能持续一年，也许更长些，也许几个月。要时刻准备着。

我们的代表大会确定了一条列宁主义的行动路线；这已经是取得胜利的第一个保证。我们拥有一个强大的力量——布尔什维克党。我们拥有一个领袖——**斯大林**同志（掌声），从他那里我们知道，他总是在最困难的时刻找到通向胜利的路线；我们的领袖是斯大林同志，列宁在国内战争年代把他派到各条苏联劳动者看来已难以取胜的战线上去，从彼尔姆到察里津，从彼得格勒到南方前线，斯大林到处都扭转了局势，打败了敌人并确保了胜利。（掌声）

布尔什维克的世界性政党和斯大林确保我们在全世界取得胜利。同志们，让我们在反对帝国主义战争、争取和平、保卫苏联的斗争中集结我们的队伍！

高举无产阶级国际主义的旗帜，高举马克思、恩格斯、列宁、斯大林的旗帜！

革命和社会主义在全世界的胜利万岁！

（长时间暴风雨般的掌声。代表们起立向陶里亚蒂同志致敬。会场上唱起《国际歌》。各个代表团的欢呼声、乌拉声、经久不息的掌声。）

讨论陶里亚蒂的报告

多洛雷斯同志（西班牙）请**安德烈·马蒂**同志作为8月14日上午会议的第一个讨论演讲人发言，受到长达数分钟的热烈欢迎。

马蒂（法国）：

与苏联劳动者一起保卫和平

我首先回想起，在上一次帝国主义战争的前夜，我们在法国习惯于根据饶勒斯的想象把欧洲比做一个弹药库，一群疯子举着火把在里面走来走去。

四个基本因素体现了目前国际形势的特点：

第一，**史无前例的经济危机**，这个危机7年来紧紧勒住了帝国主义大国的脖子，并迫使它们加倍努力去占领新的销售市场。

第二，**法西斯主义在德国接管政权**，以及法西斯主义上台后在沙文主义煽动和加速备战等方面所做的一切。

第三，**中国苏维埃革命的发展**，以及与此同时日本在中国发动的掠夺性战争，这场战争的矛头指向苏联。

第四，**社会主义在苏联最终的、不可逆转的胜利**，因此，社会主义和资本主义两种制度之间的矛盾不断扩大。

以这种方式，正在彻底衰落的资本主义世界到处都出现了**战争策源地**，其中有些地方已经燃起了战火。

事实上，这些战争策源地具有以下特点：

在**欧洲**是德国帝国主义，它目前显然是主要的战争挑动者。

在**非洲**是意大利帝国主义及其对阿比西尼亚的战争。目前对这个国家的争夺所起的作用，就像1914年战争前夜对摩洛哥的争夺所起的作用一样。

在**中南美洲**，帝国主义强盗进行着激烈的斗争，这种斗争有时通过这些小国的大炮来解决。

在**亚洲**，日本帝国主义这个主要战争挑动者的大炮已经响了三年了。如果不是苏联巨大的和平力量和中国红军的力量的话，几个大的帝国主义强盗——美国、英国、法国、德国和意大利——早就把偌大的中国瓜分了。

对于这许许多多的矛盾和战争威胁，我将只对其中一个范围很有限的问题发表意见，即那个关于欧洲，尤其是关于欧洲最先进的资本主义国家的问题。我不会特别讨论例如巴尔干问题。

希特勒法西斯主义，欧洲的主要战争挑动者

第一，凡尔赛和约在一段时间里喂饱了某些帝国主义战胜国，尤其是法国和英国。然而，其后果是德国帝国主义这个"年轻力壮的强盗"更加饥渴了。事实上，它被剥夺了在阿尔萨斯-洛林、上西里西亚、但泽等地的大工业区及其所有的殖民地。战后德国垄断的发展进一步强化，生产能力与资本输出机会之间的矛盾不断加深，这必然强化它的帝国主义兼并扩张倾向。

现在，国内数量庞大的生产资料以及强大的工业，迫使德国帝国主义竭尽全力地重新获取和重新占领销售市场，没有这些市场它就会窒息。于是它便忙于此事。

第二，另一方面，1919年的掠夺性条约更加强化了德国帝国主义的计划，同时又给法西斯分子提供了一个绝佳的理由去点燃肆无忌惮的

沙文主义。他们把德国无产阶级和劳动者的一切贫困及一切可怕的痛苦都归咎于凡尔赛条约和法国帝国主义。

当德国不得不支付数量巨大的原材料和如此宝贵的生产资料——例如木材和煤炭——的时候，当它交出大量机车、火车车厢和轮船的时候，法西斯分子多么容易就能煽动起人民群众的民族仇恨。当饥饿的德国工人，在自己的孩子缺乏最急需的物资的情况下，却不得不眼睁睁地看着奶牛和其他物资被提供给胜利者的时候，多么容易就能唤起沙文主义的浪潮。

作为德国帝国主义最反动的代理人，希特勒法西斯分子必然希望战争，而且必然要满足由他们自己唤起、推动并激化的强烈的民族主义思潮。和平意味着希特勒法西斯主义的死亡。因此它把重新瓜分欧洲和世界提上了议事日程。因此法西斯分子恰好现在以这样无耻的方式庆祝克虏伯的65岁生日。因此他们颂扬这个大炮之王，这个屠夫之王的"功绩"。由于这个原因，现在德国庞大的生产机器完全被用来疯狂地准备可怕的大屠杀，为此他们的总参谋部只需要几个月的准备时间。也是由于这个原因，希特勒法西斯主义加倍以恐怖方式对付德国的革命无产者，对付我们英勇的兄弟党，对付任何抵抗纳粹独裁的行为，以此来保障后方。

希特勒法西斯主义的各种准备首先针对谁呢？

奥地利肯定仍然是希特勒法西斯主义最渴望得到的地区之一；法西斯德国肯定不想让法国帝国主义从容不迫地消化阿尔萨斯-洛林、摩洛哥、叙利亚、喀麦隆。它表明了这一点并且进行准备。

但是，叫嚷"缺少生存空间的民族"的沙文主义—法西斯主义煽动还有附加的内容：希特勒在《我的奋斗》一书中写下了"东方的土地"、"向东方去"。罗森贝格在伦敦对"向东方去"进行了解释。这个东方，指的不是普鲁士容克地主的巨大地产，而是指苏联。希特勒法西斯主义把那里视为自己最佳的扩张场所。它认为由此可以一箭双雕：一方面可以获得新的销售市场和新的据点，另一方面可以打击和击败苏联这个无产阶级革命的国家、社会主义的国家。它希望以这种方式在这场反对社会主义的战争中可以更加轻而易举地把绝大多数帝国主义列强聚集在自己周围。

然而，苏联说了些什么呢？列宁在1921年5月宣布：

"现在我们是通过我们的经济政策对国际革命施加我们的主要影响……在全世界范围内斗争已经转到这个方面来了。我们一旦完成了这个任务，那我们在国际范围内肯定就取得最终的胜利。"①

事实上，这就是剥夺剥夺者的政策，这个政策早在1919年就已经唤醒无数工人同情苏联。今天这种潮流变得更加强大。再也不可能阻止资本主义世界的工人和劳动者思考，为什么他们遭受贫困而苏联繁荣富足。再也不可能阻止他们得出结论，原因在于推翻了资本主义的统治，这是两种制度差别的根源。甚至再也不可能阻止知识分子和科学家转向苏联，因为他们看到苏维埃国家的科学和文化出现了前所未有的繁荣，而资本主义国家的科学家却处于贫困状态——那些为战争目的从事研究的人除外。

此外，鉴于殖民地民族受到的越来越可怕的压迫，苏联185个民族组成的自由联盟也是千百万殖民地奴隶的希望所在。

因此，苏联的社会主义建设构成了一个巨大的中心，它对全世界劳动者的吸引力越来越大。这种吸引力大概就是从前那些浪漫的革命者为炸毁剥削和饥饿的政权而梦寐以求的最大的爆炸性力量。

再过几年，对新的社会主义世界中的富裕和生活乐趣进行简单的描

---

① 《列宁全集》中文第2版第41卷第335—336页。——译者注

绘，通过图片和访问过苏维埃国家的工人代表团进行简单的宣传，就会唤起一股旧的帝国主义世界再也无法抵挡的力量。

全世界的帝国主义者，尤其是其中那些最沙文主义和最反动的分子，即法西斯分子，都知道这一点。因此这帮吸血鬼、这帮被大资本收买的刽子手，对苏联怀有刻骨的仇恨。由于这个原因，他们中间最野蛮的分子，希特勒法西斯分子，把毁灭苏联视为自己摆脱灾难性经济困境的出路，既能满足德国帝国主义的要求，又能消灭一个对他们来说最危险的敌人——苏联。光是苏联的存在本身，就是对在他们血腥残暴的独裁下受苦的千百万无产者的持续号召。由于这个原因，希特勒德国今天是主要的战争挑动者和反苏武装斗争的推动力。

共产国际为和平而斗争

同志们！为什么共产国际和苏联是和平的强大堡垒呢？

为什么共产国际为和平而斗争并且要为维护和平而投入自己的全部力量呢？

第一，因为战争给工人带来无法形容的折磨和痛苦，相反却给资本主义带来巨大的利润和额外利润。

1914—1918年**对于工人和农民来说**意味着2000万人死亡、3000万人战争伤残以及自己家园的毁灭和荒芜。相反对于**克虏伯**和**施奈德**、对于**伯利恒钢铁公司**和**维克斯**这些大公司来说，却是数额空前巨大的、数以十亿计的额外利润。例如美国杜邦公司的炸药工厂1918年就从战争中获利达12.46亿美元，即达到战前利润的1130%！世界各国，特别是**法国**、**德国**和**美国**的大量丑闻足以证明，在世界大战中，在非难博爱并枪杀士兵的同时，剥削者——士兵们正是为了他们的利益被屠杀——向"敌人"出售他们所缺乏的原材料和机器，使其能够继续进行战争以反对自己的国家。

美国参议院调查委员会在不久前（1934年）不是曾经查明，受**施奈德**控制的**斯柯达**工厂向希特勒提供了大量武器和弹药以维持他的独裁统治吗？这同一个调查委员会不是曾经指出，**飞机公司**、**杜邦公司**和其他公司向希特勒政府提供了大量的飞机和炸药吗？

我们现在不是可以看到苏伊士运河公司无耻地算计着，12万名意大利士兵通过运河前往阿比西尼亚给它带来了9万英镑的额外利润吗？因此，股东们也对在阿比西尼亚发生尽可能疯狂的屠杀非常感兴趣，因为这样一来就会有尽可能多的军队被运往阿比西尼亚，股息红利也就会随之增加。

第二，战争必然导致在全国建立军事独裁。

席卷全国而不是像1914—1918年那样只是席卷一些地区。**即将到来的这场战争无疑将席卷社会生活的各个方面**。通过对大工业中心的空袭和投掷毒气弹，**这场战争将会消除从前那种平民与军队、前线与后方之间的区别**。

因此，帝国主义战争将意味着在那些仍然还残留着民主自由的国家消除民主自由的残余；它将取消已经受到如此严格限制的结社权、集会权和工人的新闻出版自由。战争将意味着摧毁一切工人组织和为法西斯分子开辟自由的活动空间。这对工人阶级来说意味着剥削与压迫的空前强化，对农村来说意味着强征暴敛，对各殖民地民族来说意味着更无情的压迫和强加一个暴虐的政权。与1914—1918年相比，这将是一个更残暴千倍的政权，它根据紧急状态法通过法西斯匪帮实施枪决、酷刑和谋杀。

因此，我们共产党人是**最后的**民主自由和工人阶级在艰苦斗争中赢得的那些阵地的**最顽强的保卫者**，这些阵地使工人阶级能够更好地捍卫自己的利益，因此我们也是和平的最热心的保卫者。

在法西斯专政的国家，战争对工人来说将意味着真正的奴隶制度，将更加强化压在他们身上的恐怖统治，并在军工生产中压榨他们直到人力的极限。

第三，谁支付了 1914—1918 年帝国主义大战的代价并且今天仍在支付呢？

是那些被资产阶级和可恶的社会民主党叛徒抛进血腥屠杀中的人们；是各国工人——不管是战胜国的还是战败国的，他们今天仍在支付一切代价，通过被削减的工资和难以忍受的税负。

但是，甚至对那些资产阶级想要争取的人，**过去的前线士兵**，这些身体残缺、肺部烧伤和眼睛失明的受难者，各个资本主义国家还是削减了他们那点微薄的退休金。

而那些在 4 年的大屠杀中赚得盆满钵满的资本家——不管是"战胜国的"还是"战败国的"——把巨额资本投进了新的现代企业，尽管在危机期间仍然获得了巨额利润。

总而言之：穷人牺牲了一切并支付了战争的代价，而这场战争只是有益于剥削者的利益。富人在这次巨大的毁灭行动中仍然赚到了钱。

帝国主义战争只给剥削者、资本家带来利润；这种战争使各国无产者和劳动群众流尽鲜血并将他们击垮。

由于这个原因，共产党人是保卫和平的最坚定的战士，因为他们**"没有任何同整个无产阶级的利益不同的利益"**①。

第四，共产党人会希望爆发帝国主义战争吗？

多年来，社会民主党人指责我们，说我们希望帝国主义者之间发生战争，甚至希望发生反苏战争，目的如他们所说，是想**引起一场**

---

① 《马克思恩格斯文集》第 2 卷第 44 页。

革命。

就像**世界各国**共产党未能让人们注意到它们反对帝国主义战争的顽强行动似的。就像诞生于反对战争和反对干涉苏联斗争中的**共产国际**在其全部辉煌的经历中没有为争取和平而进行过英勇而卓有成效的斗争似的,尤其是在1923年,当占领鲁尔区使欧洲面临一场新的战争而第二国际拒绝我们建立斗争统一战线的提议,社会民主党人对我们进行诽谤的时候!

就像我们的**法国共产党**没有在反对帝国主义战争的斗争中取得明显的成就似的!我们的法国共产党可以指出自己队伍中的许多同志,他们在上一次种族大屠杀期间,特别是在1917—1919年间,带头参加了这些"红色年代"的革命大罢工和武装起义。

就像我们的法国共产党没有在反战斗争中遵循共产国际的指示,展现其最辉煌的篇章似的:1921年,即"要扼住德国的脖子"这一年,反对年度重新征兵的斗争;1923年反对占领鲁尔区和支持法国士兵与德国无产者团结友爱的斗争;1925年10月12日反对在摩洛哥和叙利亚的掠夺战争并支持这些国家人民的解放斗争的总罢工;1927—1929年反对法国反动派的反苏战争威胁的斗争。

以上事实回答了那些喜欢诽谤的人,回答了那些在以上所有时刻支持本国帝国主义的人。对于那些污蔑我们希望战争的谎言,这些事实给出了回答。我们还记得我们党在那些被派往鲁尔区和莱茵地区的士兵中为团结德国工人反对德国军国主义者和战争挑动者所做的宣传。我们谴责以"攻击国家的外部安全"为由逮捕我们的以马尔赛·加香为首的政治局成员。

在这场反对帝国主义战争危险的斗争中,所有其他国家的共产党人也都奉献了自己的力量、自由和生命。

苏联——和平的堡垒

有一些叛徒，首先是可耻的多里奥，试图用和希特勒一模一样的话来诽谤苏联。他们指责苏联希望战争。

苏联由于其经济和社会结构的原因不可能希望扩张和战争。

列宁曾提到克劳塞维茨的这句话："战争是政治通过另一种手段的继续。"① 那么帝国主义国家的政治能是什么呢？显然就是由唯一的规律，即利润的规律所决定、所支配的政治，也就是说，是必然导致武装冲突的帝国主义扩张的政治。

然而，追求利润在苏联是不存在的，因为它是社会主义国家。像马格尼托哥尔斯克城或者突厥斯坦—西伯利亚铁路这样的大工程，资本主义国家哪怕只建设其中的百分之一，投机家们也会从中赚取千百万的利润。因此，苏联由于其经济和社会结构的原因不可能希望扩张和战争。

资本主义在苏联消失了。苏联政治的总目标是由苏联共产党的代表大会和苏维埃代表大会以清晰而明确的方式确定的。这些目标被公开发表，通过无线电广播播送，印成千百万份小册子散发。我们伟大的斯大林同志不会放过任何一个机会让人们记住这些目标。他亲自监督这些目标的实现。这些目标是：劳动人民共同富裕的程度不断提高，建设无阶级的社会，在我们作为最高目标的旧口号"各尽所能，按需分配"的指引下走向共产主义。

因此，全力以赴追求这些目标的苏联只会希望和平，因为和平确保它能够继续实施其人类历史上从未有过的巨大社会变革。

苏联向全世界无产阶级和殖民地民族提供的援助，是通过其社会主

---

① 《列宁全集》中文第 2 版第 26 卷第 327 页。——编者注

义建设来实现的。由于这个原因，苏联成为全世界工人的祖国，成为自由的联盟，有如此多的被压迫民族都求助于这个联盟。由于这个原因，全世界的帝国主义者都如此强烈地仇恨苏联。

陶里亚蒂同志昨天回顾了这项和平政策的几个关键的阶段，其开端是1917年11月7日夺取政权当晚发布的**《告各国人民和各参战国政府书》**，即第二次苏维埃代表大会的那个呼吁。

此外，难道苏联没有一次又一次地表明其和平意愿吗？在陶里亚蒂同志提出的证据之外，我只想再补充两点证据。难道不是苏联1927年在日内瓦率先提出了一项具体而详细的建议，要求进行普遍、同时和可监督的裁军吗？这个建议被拒绝后，难道不是苏联又多次建议部分裁军，而这些建议总是遭到嘲笑吗？

苏联公使被谋杀：沃罗夫斯基在瑞士，沃伊科夫在华沙。其他一些公使像歹徒一样被驱逐，甚至在巴黎也是这样。帝国主义者逮捕了苏联领事和苏联公民，例如逮捕了满洲铁路工人。一次又一次地武装侵犯苏联领土。有哪一个国家会容忍这样的挑衅？一个也没有！阿尔及尔酋长扇了法国政府一个使者的耳光，这个借口足以使阿尔及利亚遭受长达50年血与火的蹂躏。1870年7月法国向德国宣战的所找的借口，事实上只是由于普鲁士国王威廉在某个晚上觉得没有必要接见法国公使。

这就清楚地证明：在苏联掌权的无产阶级爱好和平。这个阶级不可能有其他的利益。因为和平也符合全世界劳动群众的利益，所以苏联为和平的事业做出了巨大的牺牲，甚至牺牲自己最优秀儿女的生命。

苏联和法国之间的关系

在欧洲，希特勒法西斯主义是主要的战争策源地，而社会主义国家苏联则是和平的最重要的推动力量。法兰西共和国的资产阶级对战争危险问题采取何种态度呢？法国资产阶级目前对战争不感兴趣。在世界大战中的胜利使它能够集聚大量财富，在资本主义的欧洲建立自己的霸权。

目前法国资产阶级满足于他们所拥有的东西。他们害怕与新的战争相联系的风险。

他们也知道，他们只是在最强大的帝国主义国家提供重大支持的情况下，经过52个月的战争之后才得以打败德国对手。他们知道，抵抗有强大军备的、人口比法国多50%的法西斯德国，对他们来说将是非常困难的事情。

另一方面，法国统治阶级看到了苏联的强大力量，这个国家已成为领先的工业国之一并且拥有与此相应的战斗力。法国无产阶级和人民群众强烈地同情苏维埃国家，把它的和平政策看做安全的保障。因此法国也转向了苏联。

因此，认为保卫和平高于一切的苏联和资本主义的法国缔结一个互助条约，难道不是合乎逻辑的吗？

要不要利用帝国主义的矛盾？

法国资产阶级对和平的兴趣，肯定有和苏联完全不同的目的。但是，为什么苏联不该支持那些出于其他考虑而愿意维护和平的国家呢？我们法国共产党人非常清楚，法国帝国主义的目的不是为了劳动群众的利益，而只是为了维持其阶级统治。但是，我们同样也非常清楚，法国和全世界的工人群众把和平看做他们最重要的财富之一。由于这个原因，我们的政治局从一开始就公开支持法苏互助条约。

某些叛徒批评这个互助条约，批评**这个无产阶级的政府与一个帝国主义的政府之间为了一个明确的目的而结成的同盟**。如果苏联陷入某种"光荣的孤立"的话，劳动群众的利益又如何实现呢？

列宁和斯大林曾一再说明,为什么苏维埃国家在1918—1920年取得了胜利:

1. 由于工人和农民对自己的苏维埃政权的绝对忠诚和工农红军的英勇精神;
2. 由于国际无产阶级的支持;
3. 由于帝国主义者分裂为两个阵营。

如果苏联实行使自己的所有敌人联合成一个集团的政策,那么没有一个工人会理解这一点。正如列宁所强调的那样,无产者非常理解无产阶级国家必须利用不同国家的资产阶级之间的矛盾。由于这个原因,当苏联与法国帝国主义缔结互助条约的时候,它做得完全正确。

但是,这同一帮叛徒接着又宣布:"只有无产阶级的行动才是和平的真正保障。"这是正确的和显而易见的。

可惜我们在资本主义国家中还没有足够强大的力量去保卫和平。尽管我们的兄弟党进行了英勇卓绝的斗争,但是谁能保证德国无产阶级能抵挡住希特勒的强权呢?当然谁也保证不了。因此,当苏联把自己巨大的力量放到天平上,通过它与法国和捷克斯洛伐克缔结的条约——一个对所有人开放因此不威胁任何人的条约——来保卫和平的时候,劳动者只能表示赞同。

这样的条约持续的时间可能很有限,而且在发生反苏战争的情况下资产阶级国家可能不一定会执行这些条约,但是即便如此,这些条约仍然是破坏和平的重大障碍,并且确实服务于国际无产阶级和全世界工人的利益。

谁攻击条约,谁就在阻碍争取和平的斗争

苏联的这种坚定的和平政策当然不会使每一个人都满意。尤其是在

法国，重要的资本主义团体没有放弃用军事力量推翻苏维埃政权，重拾1918—1920年间没有实现的殖民地化图谋的希望。他们的法西斯代理人，喧嚣着以一种虚假的爱国主义面目出现，对苏维埃国家发出死亡威胁，同时设法一再与希特勒会谈，期盼在法国得到他的物质和财政援助。我们首先要强调的是，这个受希特勒激励的运动表明，作为和平条约而非军事同盟的互助条约对纳粹的战争政策起到了多么大的阻碍作用。因此他们猛烈地攻击这个条约。

可耻的叛徒多里奥在一次采访中对资产阶级报纸《小报》宣称：

"尤其不能允许的是，一个重要的法国政党的政策完全取决于某个外国的外交需要，无论是哪个外国。我担心与俄国的这种同盟，因为我认为俄国对战争感兴趣或者自认为需要一场战争，而我们则希望和平。但是，如果我们希望和平，那就必须用最合乎逻辑的方式，即通过法德亲近来寻求。这是明智并且符合群众利益的政策。"

就这样，多里奥要求以一个反苏阵线来亲近德国无产阶级的最凶恶的压迫者。

这样一种政策的后果将是巩固纳粹独裁和形成一个强大的反苏集团。它将意味着立刻爆发战争。法国的法西斯分子让·古瓦和罗贝尔·莫尼耶曾与希特勒共进午餐并当即要求法德亲近，但是即便如此他们也不敢走得像多里奥那么远。这个家伙厚颜无耻地想要组织一个他所谓的"新齐美尔瓦尔德会议"，参加者是他那种人和谎话连篇的社会党人。我们很清楚他想干什么。他是想组织反苏集团。

多里奥真的很难在背叛的斜坡上往下滚得更快些了！

斯大林同志的声明

与赖伐尔会谈后，通过莫斯科广播电台播送的《公报》究竟有什么内容呢？

"苏联和法国的代表可以确信，他们的不懈努力——体现在他们拟订的各项外交活动中——十分明确地指向一个主要目标：通过组织集体安全来维护和平。"

这只是确认了一个我已经详细解释过的事实：苏联的和平意愿，而从帝国主义的法国方面来说则是维持和平的愿望，因为它目前对战争不感兴趣。

《公报》进一步说道：

"他们（苏联和法国的代表）认识到在当前的国际形势下真诚地忠实于和平事业的国家应承担的各种责任，在此问题上取得了完全一致……为了维护和平本身，这些国家的任务首先是不能削弱自己的国防手段。在这方面斯大林表示，完全理解和赞同法国所推行的把自己的武装力量维持在能够对付反动国家的水平上的国防政策。"（《时代报》，1935年5月17日）

革命的保卫行动

至于苏联，那么任何一个工人都不会怀疑，苏联无产阶级最重要的任务就在于保障自身的安全。保卫革命是掌握政权的无产阶级的第一个基本义务。陶里亚蒂曾提到列宁早在战前就在这方面写过的话。饶勒斯是一个改良主义者，但是忠实于工人阶级并且真诚地反对战争，甚至他不是也写过这样的话吗：

"第一个实现社会主义的民族立刻就要面对惊慌失措的反动国家发起的攻击。如果它自己没有准备好硬碰硬、以子弹回击子弹，从而使其他国家的工人阶级有时间组织起来在本国举行起义的话，那它就会失败"。（《小共和国报》，

1897 年 7 月 24 日）

必须有一支武装起来并且装备精良适应现代战争的工农红军，这对于每一个正直的工人来说都是显而易见的。各国共产党人和法国共产党人钦佩红军的发展，而各国资产阶级，首先是法国资产阶级则一再对这一事实大加嘲讽，这样他们就失去了自己的时间。

现在让我们来看看《公报》中涉及法国的部分吧：

通过缔结互助条约，苏联为确保法国人民的安全，防止希特勒德国的进攻提供了自己巨大的经济和军事力量。因此苏联有权要求法国政府也这样做，否则它所缔结的条约就无异于对苏联工人和全世界工人的欺骗。

法国的绝大多数劳动者都非常清楚地理解了这一点。当然不可否认，在一个短时间里法国共产党内曾存在某种疑惑。但是，赖伐尔在莫斯科宣读《公报》几天之后，法国共产党召开了一次通报情况的大会，与会者包括巴黎 5 个区的 5000 名党员积极分子和同情者，除 1 票反对、7 票弃权，一致通过了我们党的中央委员会的路线，坚决支持这个条约和斯大林同志的声明。此外，10 天后塞纳省举行了省委员会选举，其结果是赞同以苏联的和平政策作为法国共产党的政策。

正是由于法国的反法西斯潮流的规模，面对着纳粹的扩军备战，法国国内存在着严重的忧虑。

防止希特勒匪徒侵害国家安全，是工人主要担忧的事情之一，并且首先是中等阶级，尤其是为数众多的城市小资产阶级、农民和知识分子主要担忧的事情之一。而这种担忧将会愈发加剧，因为这些阶层不知道或者忘记了在德国还有一个革命的无产阶级，还有一个共产党，这个党还存在并且不顾可怕的暴政仍在进行英勇的斗争。

居民中的这些重要阶层看到，为了保卫和平，伟大的苏维埃国家以自己的全部经济和军事力量进行干预，而这个国家的领袖却被指控为血腥的破坏者。苏联及其执政党，即布尔什维克党，现在向他们展现了另一种形象。

还经常被视为野蛮的破坏者的法国共产党人自然也从这一事实中获益良多。因此，我们的运动和我们的口号也更容易被接受。

很清楚，大资产阶级和法国的法西斯分子将设法并且正在设法利用这种局面，以加强他们的民族主义和沙文主义的煽动。而我们则要加倍努力利用每一个机会发展与德国无产阶级的真正团结，同时开展反对希特勒刽子手、法国法西斯分子的盟友和顾问的斗争。

例如，在举行反对德国轮船悬挂纳粹卍字旗的示威集会时，我们切不可忘记，示威不仅要反对法西斯的旗帜，而且要支持台尔曼，以便向德国的海员们表明，我们不是在反对他们，而是在反对屠杀德国无产阶级的刽子手。（掌声）

由我们伟大的斯大林同志亲自制订并运用的苏联的和平政策的路线，看来不仅是正确的，而且为法国劳动群众集结力量反对法西斯主义提供了强有力的支援。这条路线为国际无产阶级做出了新的、无法估量的贡献。

法国共产党的态度

反动的资产阶级、某些社会民主党领袖和叛徒声称，自从缔结互助条约以来，苏联的政策，或者说苏联共产党的政策与法国共产党的某些政策之间存在着矛盾，后者投票反对军事拨款、反对延长兵役期限，并以反毒气战的谋略为借口开展反对青年和全体平民军事化的斗争。

那么法国共产党的态度如何呢？

我们党的中央委员会在今年4月与同为共产国际支部的9个其他政

党一起签署了一份呼吁书。在这份呼吁书中，我们清楚地强调了我们党的态度。我从这份呼吁书中摘引如下段落：

"如果发生反对社会主义祖国的反革命战争，我们将采取一切手段支持苏联红军……我们将为打败一切进行反苏战争的国家而斗争。"

因此，我们过去和现在都支持为保卫和平而签订的互助条约。

我们法国共产党人不能信任资产阶级会执行条约。

我们过去和现在都是这个条约的热情的捍卫者，正因为如此，我们在执行条约问题上不信任法国资产阶级，更不信任目前的法国政府。同赖伐尔会谈后发表的《公报》中不是有下面的话吗：

"另一方面，苏联和法国的代表坚决表示，在进一步的合作过程中，要充分利用一切手段，在支持和平政策的各国政府的合作下创造重建各国间的信任——这种信任从欧洲各民族的物质和精神利益的立场来看是如此必要——所必需的政治前提。"

然而，赖伐尔政府没有改善重建互信的政治前提。相反，这个政府执行和平政策并不坚定。赖伐尔在罗马缔结的协议使意大利可以在阿比西尼亚自由行动。法国的承诺得到的回报是，意大利从法国的阿尔卑斯边境撤回两个师。但是，和平是不可分割的。例如，谁不明白阿比西尼亚的战争可能会引起新的世界大战呢？所以说，法国资产阶级并没有在国际上推行和平政策。

我们的态度清楚地表明，共产党人不会放弃工人阶级的绝对独立性，我们决不会把这种独立性引入"国内和平阵线"。

那么这个条约是怎样签署的呢？

法国政府想满足法国劳动者两个最深刻的愿望：热爱和平和热爱苏联。事实上，法国工人热情地关注着苏联发生的一切。任何来自苏维埃国家的事物对他们来说都具有无法估量的价值。他们对社会主义建设的成就欢欣鼓舞。他们利用每一个机会表达自己的团结意愿。例如"**马克西姆·高尔基**"号的灾难发生后，巴黎地区许多工厂的工人为了再造一架同类型的新飞机而自发募捐，并在不幸发生后48小时就把钱交给了《人道报》，由它转交给苏联政府。（掌声）

甚至大科学家也钦佩苏联。他们看到，在社会主义国家，科学家、海员和"**切柳斯金**"号的营救者，以及同温层研究者都是民族英雄。而在法国，荣誉和养老金是留给法西斯高级军官的，第一批放射科医师只能在巴黎养老院的临时木板房里看门诊。

这个团结运动的范围非常广泛，包括居民中的所有阶层，所以给统治集团造成了很大的压力，从而有利于为了和平而与苏联进行合作。

但是，我们有什么担保，可以保证这个条约得到执行，并且政府不会向那些最沙文主义的和最反动的分子，即那些支持与希特勒政权结盟的人的进攻屈服呢？没有任何担保！

此外，在法国军队里公开从事法西斯主义煽动的军官为数众多。《人道报》的士兵通讯记者报道了那个公开要求加入"火十字团"的上校，报道了那些在对士兵讲话时辱骂红军和苏联并号召反对共产党人的军官。前航空部长皮埃尔·**科特**在发表于7月23日《**劳动报**》的一篇文章中强调说，军队的最高领导人害怕在发生动乱时军官们会去寻求与法西斯主义达成一致，这将"导致其他的士兵转向人民并为此找到理由……在这种情况下将不可能进行任何动员"。

我们有什么担保，可以保证军队不会明天就被用来反对正在进行斗争的工人和农民，就像曾在比利时、日内瓦和阿斯图里亚斯发生过的那样？目前在布列斯特和土伦的发生的事件证明了相反的事实。我们有什么担保，可以保证军队会停止压迫和折磨殖民地被奴役的民族？

没有任何担保。因此，我们投票反对巨额军事拨款，这些军事拨款是在法国陷入 35 年来最严重的贫困的时候被提出来的。

通过紧急法令，政府从国有企业工人和大型公共服务部门工人那里，从过去的前线士兵那里榨取了 110 亿法郎，为的是把这样筹集的钱全部投到军事预算中去。

而就像我们党所要求的那样，通过向超过 50 万人征收财产累进税，政府本来很容易就能得到必需的拨款。由此它将追随法国大革命的传统，蒂里奥曾于 1793 年在国民公会宣布：

"实行向富人强制借贷意味着取得一次重大胜利。让我们强迫他们把自己的财富奉献给保卫共和国的事业吧！"

我们确信，资产阶级没有能力保障国家安全。国家安全只能通过普遍武装人民，通过军队和人民的融合来实现。

因此，为了阻止军队被用来反对人民并确保法苏和平条约得到执行，我们党把为人民争取军队作为最紧迫和最重要的任务之一。

我将以为人民夺取军队这个问题结束我的论述。

鉴于法西斯危险在法国急剧增加，军队属于谁这个问题目前极为尖锐。法西斯分子——尤其是"法兰西行动"和"火十字团"——加倍努力活动以争取军官和士兵。因此在这里，对于反对法西斯主义和战争危险的斗争来说，这个当前最为紧迫的问题之一摆在了人民阵线和党的面前。

7 月 7 日，法国共产党中央委员会在 7 月 14 日人民会议组织者的同意下，通过其参加巴黎各区反法西斯会议的代表们提议，建立"**保卫共和国和宪法的士兵委员会**"，以制止军队内部的法西斯组织和军官们的阴谋活动。

在今年 7 月 14 日于巴黎召开的反法西斯会议上，激进的代表吕卡尔以所有参与组织会议的团体的名义专门向军队致意，要求军队："**不**

要做少数挑唆者的工具，而要做自由的捍卫者！"

共产党人对资本主义军队的态度是众所周知的。正如列宁教导我们的那样，正如特别是第六次代表大会的文件所重申的那样，共产党人反对拒绝服兵役和开小差。他们不拒绝动员，**即使是对一场反动的战争**。他们的做法是：加入军队，设法在那里学会熟练地使用武器并且为反对沙文主义煽动而斗争。

在这场为了人民的事业而争取军队的斗争中，我们还有另外一个和你们直接相关的任务：赢得青年，这些青年在学校时法西斯分子和反动分子就想通过对反法西斯主义的教师和教授进行残酷斗争来争取他们。在法国，大多数教师都具有反法西斯主义的思想倾向并且参加了工会组织。在这里，我们争取青年、也就是为人民争取军队的整个行动有了一个绝佳的支点，我们必须懂得利用这个支点。

为人民的事业争取军队是防止法国军队被用来反对人民的最可靠的保障；是防止 1918 年的事情重演的最可靠的保障，当时法国军队在德国爆发无产阶级革命时入侵德国并在美因茨等地解散了士兵苏维埃；是防止 1919 年的事情重演的最可靠的保障，当时法国军队对匈牙利和俄国的苏维埃发起了进攻。

这就是我们对目前的战争，尤其是对威胁苏联的战争的看法。

我们的任务

我们非常清楚，只有最终推翻资本主义统治才能消灭战争。但是，如果我们善于动员群众，我们就能推迟和阻止帝国主义战争的爆发，首先是能推迟和阻止对苏联的军事进攻。

阻止这种进攻，如果它一定要来的话就粉碎它，确保红军的胜利。对于全世界工人，尤其是对于法国工人来说，这并非意味着参加通常的反对资本主义的行动。保卫苏联意味着保卫无产阶级的未来。由于这个原因，我们要为这场保卫战取得胜利投入一切力量。

过去的经历鼓舞我们对未来充满最高的期待。1918—1920年间，苏联工人和工农红军打退了14个帝国主义国家的进攻。红军、游击队员和赤卫队的英雄气概值得钦佩。但是，所有人都是在战斗中学习他们不熟悉的军事技术。工农红军的武器经常是陈旧过时的，交通工具简陋，给养不足。后方的工厂由于帝国主义战争和内战几乎完全瘫痪。生产能力受到很大限制。至于士兵、指挥员和政治委员，他们就像法国大革命时的士兵们一样：

"他们行军，他们唱歌，心中无所畏惧，脚上没有鞋穿。"

而就在这样的条件下，我们光荣的红军打败了比自己强大十倍的敌人，打败了装备比自己好一千倍的世界第一流的军队！为什么？因为十月革命的巨大声望动摇了世界各国的资本主义，因此也动摇了由工人和农民组成的资本主义军队。

而所有这一切都是发生在资本主义国家中事实上还没有共产党的时期。无产阶级革命其实是通过它的声望，而不是通过它的具体成果发生影响，这些成果当时还不可能产生影响。今天，苏联是一个巨大的力量。今天，获得解放的群众拥有无可置疑的和公认的富足繁荣。

今天，在全世界65个国家中有我们的共产党，其中许多党已经在伟大的英勇斗争的烈火中经受了锻炼。今天，在法国共产党周围有一个如此强大的群众运动，自法国大革命以来我们还未曾看到过这样的运动。因此，每一个党，首先是法国共产党，必须履行比战争与革命的第一个时期结束时更大的义务。

我们知道，红军将以无限的能力和献身精神履行其保卫正在建设社会主义的祖国的义务。这也要求我们必须能够在资本主义国家中完成自己困难的任务。

通过第七次代表大会武装起来，在我们伟大的**斯大林**同志的教育和领导下，我们将加倍努力，像目前的困难形势所要求的那样尽快克服我们的缺点，以此准备好夺取新阵地，这些新阵地将确保社会主义取得新的胜利！（代表们从座位上起立，暴风雨般的经久不息的掌声和欢呼声）

鲍里谢维奇（波兰）：

日本帝国主义和德国帝国主义的强盗占领计划已经在全世界昭然若揭了。

现在波兰的作用和态度又是怎样的呢？法西斯主义的波兰几乎总是把它的政策与当时领导反苏集团的那个帝国主义大国的政策联系在一起。

鉴于德国爆发了狂热的沙文主义的和复仇的声浪，希特勒上台首先在波兰的执政集团中引起了不安。这时波兰曾暂时向苏联靠拢，这对于波兰资产阶级中具有侵略性的那部分人来说，主要是一种向德国和西方列强施加压力的手段。

但是，1933年5月波兰与德国的关系开始发生**急剧转变**。

1933年11月15日，德国和波兰发表了互不侵犯声明，并且最终于1934年1月24日在柏林签署了德波互不侵犯条约。

同志们！希特勒和罗森贝格敌视苏维埃的计划是以分裂和奴役苏维埃乌克兰和苏维埃白俄罗斯为目的的。他们追求的目标是与德国和日本一起瓜分苏联。波兰法西斯主义试图把这个计划同他们对乌克兰和白俄罗斯的帝国主义目标协调起来。

波兰帝国主义者想通过侵占苏维埃乌克兰和苏维埃白俄罗斯让一个"从海洋到海洋"的大波兰复活。

他们想夺取社会主义建设者，即工人和农民通过自由劳动所创造的新财富。

皮尔苏茨基派的特别亲德并且极端反动的斯图德尼奇教授,在其编写的《欧洲和波兰的政治制度》一书中,鹦鹉学舌地仿效希特勒阐述了德国和波兰帝国主义者的掠夺计划。

斯图德尼奇解释道:

"欧洲的安全一方面要求欧洲的政治团结,另一方面要求在西部、南部和东部进一步缩小俄国的领土。把拥有极其丰富的石油资源和锰矿矿藏的高加索地区分裂出来尤为重要。把盛产棉花的突厥斯坦分裂出来也很重要……"

在东方公约问题上,德波条约的本来面貌彻底暴露了。波兰法西斯主义曾在其所谓对苏友好关系方面大唱高调,然而,一旦把真诚地保卫和平,反对和平的破坏者,反对第三帝国的掠夺欲望这一问题提上日程,这全部高调就烟消云散了。

法西斯波兰竭尽全力把波罗的海国家拉入反苏阵营。波兰支持德国的海军军备计划,并且委托德国的造船厂为自己生产新战舰。波兰总参谋部同德国国防军司令部保持着非常紧密的关系。它也同日本在军备方面,特别是在空军装备方面进行合作。

德波亲近的后果之一是波兰与捷克斯洛伐克的关系急剧恶化。德国法西斯主义公开谋求瓜分捷克斯洛伐克。波兰,这个对西里西亚和喀尔巴阡乌克兰的捷克部分提出了自身要求的国家,支持德国修改边界的要求。

而与此同时,波兰与德国在上西里西亚问题上,尤其是在但泽走廊和但泽问题上也存在着尖锐的对立。

当波兰把第三帝国的帝国主义欲望引向苏联的时候,它并没有把这种欲望从自己身上引开。希特勒德国高唱《我们要骑马去东方》这首歌。而波兰就位于"去东方"的路上,并且希特勒法西斯主义根本就没有打算跃过波兰。它想给波兰安上马鞍并且骑上去。而根据希特勒和罗森贝格的种族理论，波兰民族是"低等民族"，它必须向"主宰民族"屈服。最近发生的种种事件，在1914—1918年世界大战期间德国占领波兰的实际经历，波兰被兴登堡和伯泽勒的马靴蹂躏，这些都是德国帝国主义的真实意图的鲜明写照。**德波联盟潜藏着对波兰民族独立的巨大威胁。**

我们党把反对德波联盟的斗争和缔结东方公约的斗争列入反法西斯人民阵线的基本口号。

为准备实现其帝国主义计划，法西斯政府扩大了它的军事同盟体系并且竭力扩充军备。

不受危机影响的唯一工业部门是军火工业，它加紧大量生产战争物资。军队的装备技术更新加速推进。

所有的军工企业都实行军事化管理。工人受军官的领导并被暴力强迫加入法西斯工会。工人如果加入非法西斯团体，就会遭到迫害并被解雇。

政府加速使国家的全部生活和全部居民军事化和法西斯化，并将其置于警察和军队的监视之下。对工会和所有农村公共组织实行法西斯一体化，引入集中营并强化白色恐怖，其目的是削弱为反对资本进攻而斗争的工人阶级并为未来的战争准备好后方。

国家的居民，尤其是青年，都被囊括进一张由法西斯主义的军事化和半军事化群众组织所结成的大网之中。颁布了要求全体居民服民役的特别法，17岁至65岁的男子和19岁至45岁的妇女都要服这种民役。甚至新的法西斯宪法也带有明显的军事色彩。

西白俄罗斯和西乌克兰与苏联接壤的地区变成了**即将到来的战争的演练场**。

残酷的白色恐怖和民族压迫在西乌克兰和西白俄罗斯达到了骇人听

闻的程度,其目的是要在这里,在未来前线的直接后方,镇压白俄罗斯和乌克兰人民的革命民族解放运动并确保后方的安宁与秩序。

法西斯政府也加强了在道德和意识形态方面的战争准备。波兰资产阶级利用对俄国专制主义在波兰的统治的历史回忆,试图用"红色帝国主义"、"红色沙皇制度"的幽灵,用波兰被重新瓜分的幽灵来吓唬人民。

虽然有法西斯的反苏煽动,苏联在波兰广大劳动群众中的声望却上升了,这些群众对苏联政府和平政策的信任也增强了。

人民群众越来越清楚地知道,波兰法西斯主义准备反对苏联的战争,是为了奴役白俄罗斯和乌克兰人民,是为了能够变本加厉地剥削波兰劳动者。

共产国际第六次代表大会后,我们党和我们的共青团在反对战争危险、反对民族主义、保卫苏联及其和平政策的斗争中取得了很大的成绩。

我们的国会议员在广大群众面前勇敢地揭露了德波联盟,他们要求缔结东方公约并且支持保卫苏联。

最近,我们党取得了重大进步,反对战争危险的斗争更加具体化了。我们党提出了一个全面的纲领,这个纲领中的局部要求和口号有助于把最广大的人民群众吸引到这场斗争中来。

但是,我们党在反战工作中仍然存在重大的缺陷。

我们反对沙文主义的宣传仍然过于抽象和刻板。此外,我们对群众的民族感情估计不足。

共产党和共青团对于在军队中和在法西斯主义的军事化和半军事化群众组织中的工作还不够重视。

我们党竭尽全力动员广大群众参加反对战争危险的斗争,防止罪恶的反革命的反苏战争。

但是，如果波兰法西斯主义挑起血腥的大屠杀，那么我们将采取一切手段发动群众起来参加变帝国主义战争为国内战争的斗争。我们将号召工人、农民和士兵调转枪口反对自己的压迫者，反对资本家和地主，反对法西斯独裁的本国政府。

第三十六次会议

(1935年8月14日)

继续讨论陶里亚蒂的报告

8月14日下午的会议由**波立特**同志(英国)主持。他请**希尔兹**同志(英国)发言。

希尔兹(英国):

再也没有比对英国帝国主义推行的战争政策的目的和性质抱有幻想更危险的事了。

虽然德国法西斯主义看来是推动战争的主要力量,但是英国政府却站在希特勒独裁统治后面做它积极的帮凶和推手。

自希特勒上台以来,英国帝国主义推动和支持了德国扩充军备。

缔结新的英德海军协定是一个灾难性的步骤。

英国帝国主义侵略集团敌视苏联的态度不仅体现在它与德国法西斯主义的关系中。只需指出以下事实就足够了:鼓励日本进行敌视苏联的挑衅;在近东和中东的战略据点进行自己的军事准备。

在英国,广大群众对战争深感忧虑和痛恨。然而,工人运动对迫在眉睫的战争危险却处于一种令人担忧的无准备状态。

拿这种情况与15年前的情况相比,那时候由于我们的活动,我们能够发动广泛的群众运动来支持苏联，并且给帝国主义的干涉战争设置障碍。

那时候我们采取了这样一些具有历史意义的行动，比如码头工人的行动，他们阻止了"乔利·乔治"号起航，这艘装载着弹药的船本来是要前往波兰的。这一行动给人造成极为深刻的印象，有力地推动了在地方和全国范围成立各种行动委员会，从而使英国政府看到自己的干涉计划完全瘫痪，被迫改变自己的政策。

今天，英国工党和工会代表大会的领袖们压制开展反对战争挑动者的群众行动。他们拒绝统一战线并推行旨在分裂工人阶级的政策，由此他们支持了帝国主义的穷兵黩武。去年在绍斯波特举行的工党代表大会和在韦茅斯举行的工会代表大会通过了一些决议，这些决议摒弃了过去确定的战时号召总罢工的路线，代之以战时支持政府的路线。

但是，在工党和工会的工人成员中，有越来越多的人在这些问题上反对改良主义领袖们的政策。我们必须支持这个运动，以便它能够继续发展。我们必须竭尽全力争取越来越多的联合在工党内的工人群众参加反对法西斯主义的统一战线行动。我们党采取了坚决的行动来揭露工党领袖所起的腐蚀作用。我们党同样坚决地致力于发动反战群众运动，并组织这一运动开展斗争。

在英国的群众中存在着广泛的和平意愿，对此我们最近得到了一个非常有说服力的证明，而且是从所谓的和平公投中得到的。

这次公投是由国联之友协会组织的。我们党和多数工人组织支持并参加了这次运动。

超过50万志愿者协助实施了这次公投，投票者超过1100万人，他们以这种或那种方式表示他们反对战争。

和平公投为开展支持和平的广泛的统一战线行动开辟了非常有利的前景。但是，它也使我们面临很大的问题。我们的任务是必须把人民中存在的广泛的和平意愿实际地组织起来。如果我们不做这件事,就会有一种危险,即这种和平意愿会成为一切可能的资产阶级政客,比如那些想为自己的目的利用这一运动的沙文主义的、敌视苏联的、亲希特勒的分子的牺牲品。

因此,我们必须想到下一步行动,以便我们能够为我们的目的卓有成效地利用这次大规模的群众公投。投票支持和平的大部分群众无疑只是具有和平主义倾向,而我们的任务就是要使他们行动起来。

我们党必须使这些群众意识到,战争准备已经进入到一个怎样的关键阶段。我们党必须关注在世界范围内进行的积极争取和平的斗争,同时要关注苏联的和平政策在这方面所起的领导作用。我们必须表明,我们能够并且必须多么强有力地加强这种斗争。

我们声明,我们将不惜一切代价保卫苏联。

布罗克韦攻击和诽谤苏维埃政权的和平政策,他的路线无论有意还是无意都是有利于阶级敌人的。由于这一行为,那些与本国资产阶级为伍的社会民主党右翼领袖将加强其反动政策,开展严肃的反对帝国主义战争危险的群众斗争将受到阻碍。

我们党在英国为反对帝国主义战争、支持维护和平而进行了持续不断的斗争。

波立特同志在武器出口调查委员会面前有力地揭露了军火公司和政府对英国武器出口的操控,同样给人留下了深刻的印象,就连资本主义的报刊也不得不承认这一点。

但是,除了这样的好例子,也必须指出重大的缺陷和不足。我们不得不承认,我们对战争危险的严重性考虑得还是非常不够的。

列宁曾警告过我们,战争爆发后再组织和进行反战斗争,将会面临多么巨大的困难。我们必须牢牢记住他的警告。

现在,不仅我们能不能成功地防止战争爆发,而且战争爆发时我们能不能迅速地将其转变为无产阶级革命的胜利并彻底消灭资本主义战争挑动者的力量，都取决于我们的组织工作的灵活性和对争取和平的斗争的政治领导。

大会主席波利特同志请**韦伯**同志（德国）发言。

韦伯（德国）：

德国法西斯主义必然会引起战争。它的全部政策都是以**战争的前景**为基础的。准备世界大战就像一根**红线**一样贯穿了希特勒政府的一切措施。德国帝国主义希望通过这场战争达到它在1914—1918年的世界大战中没有达到的目的。

建立法西斯独裁给德国劳动人民带来了无法形容的困难和深重的贫困。帝国主义战争带给德国人民和全体劳动者的将是更加深重的**贫困**。

我们共产党人想让劳动人民免于经历战争的苦难。

我们用一句话来概括，即和平是希特勒的最危险的敌人。我们是和平的党。我们所做的一切都是为了给这个世界上的**战争祸首**以毁灭性的打击。

因此，我们以德国劳动者的名义欢迎**苏联的和平政策**。这个政策是**在当代最伟大的人**的领导下，在**斯大林**的领导下实施的，德国千百万劳动者的心向着这个政策而跳动。

因此我们知道，我们同正在为维护和平而斗争的法国人民是一致的。我们向我们的法国同志们致以兄弟般的敬意。我们向伟大的法国人民致敬，这是冲破巴士底狱的人民，是建立巴黎公社的人民。

我们要为此投入一切力量，以便很快就能以同样的力量对法西斯战争挑动者形成两面夹击。

德国劳动人民1918年未能走上以革命方式实现社会解放和民族解

放的道路。

魏玛联合政府各党派的"履约"政策，使法西斯分子有机会从小资产阶级和农民的民族情感出发，把自己装扮成反对凡尔赛条约的先锋战士，并利用小资产阶级群众的贫困来实现德国资产阶级的帝国主义目的。

法西斯主义在全世界建立了一个褐衫党代理人的网络：捷克斯洛伐克的**亨莱因法西斯主义**、波罗的海国家的**波罗的海东岸地区联盟**、特兰西瓦尼亚的**冲锋队**、**瑞士国家社会主义公民联盟**，以及奥伊彭—马尔梅迪、阿尔萨斯—洛林、波兰走廊、波森、北石勒苏益格等地的**纳粹组织**。它向其他国家的法西斯组织和报纸提供支持和资助。

它把自己全部的进攻欲望集中**对准了东方**，对准了苏联。

法西斯主义的**种族理论**是意识形态方面备战的必备品。他们从这个理论推导出征服和奴役其他种族和民族的"权利"，正像在内政方面他们试图用这一种族理论证明资产阶级的统治和元首至上是天经地义的一样。

在希特勒独裁统治下，德国工人不得不为战争目的付出 150 多亿。通过直接降低工资，通过无数的募捐和捐献，通过直接和间接的赋税，通过洗劫社会保障机构和工人组织的钱款，德国工人和劳动者不得不为法西斯分子的军备买单。最近，一个普通工人在"里希特霍芬飞行大队"第一次飞行时对几名工人妻子说："看呀，寒冬赈济金在那里飞呢！"他真是一语中的。

由于纳粹的备战，劳动者被强加的负担已经远远高于战争赔款。

如果说工资如此低廉，工作条件如此恶劣，小工商业者的收入如此微薄，那么这一切都是由军备开支造成的。

但是也正因为如此，任何争取提高工资的斗争都会阻碍法西斯主义的战争准备。因此，工资斗争不仅是与其直接相关的工人的事情，也理应得到一切爱好和平的人的支持。

萨尔地区公投表明了民族主义煽动会导致什么样的结果。

萨尔地区公投恰好是一个例子，可以用来说明法西斯主义是怎样成功地使劳动群众陶醉于民族狂热之中的。观点完全相悖的人都被这样一个口号联合起来：**"我们都是德意志人！"**

法西斯主义能否成功地继续进行沙文主义煽动，能在多大程度上进行，取决于我们组织起来的力量。

最近几周和几个月，在许多**军工企业**里发生了**工人斗争**，例如在漫游者公司、NSU 公司、吕特格斯化工厂、几家造船厂等。虽然这些斗争是分散的而且采取的形式仍很粗糙，但是它们表明，在剥削日益加重的情况下，工人们决不愿意默默忍受这样的剥削。党开始越来越多地从日益加重的剥削和保护工人阶级的物质利益出发，引导工人阶级参加反战斗争。

现在最紧迫的任务是要与社会民主党工人和组织**一起**，与青年和妇女**一起**，将各个粗糙的、分散的运动联合起来，进行反对沙文主义和战争准备的日常斗争。

最近，为了反对纳粹恐怖的斗争，为了共同的团结，为了支援反法西斯的囚徒和重建自由工会，在许多城市和地区都缔结了统一战线协议。

这个统一战线也是广泛的**争取和平的人民阵线**的推动者。

我们希望**所有**力量为争取和平而进行合作。所有劳动者都需要和平并向往和平。因此，我们共产党人强调：我们已经准备好撇开一切分歧，使一切爱好和平的力量，不分党派和宗教信仰，联合起来反对**共同的敌人**——法西斯主义。德国已经被褐衫党敌人占领。德国劳动人民的切身利益迫切要求在本国消灭这个敌人并由此遏制住这个战争祸首。

我们知道，给自己提出了这个任务的德国的人民阵线将得到全世界一切爱好和平的人的支持。

我们德国共产党人将勇往直前,为打败希特勒而斗争,这将是今天受压迫的德国人民的胜利。

短暂休息之后,晚间会议的最后一个发言者**克诺林**同志(苏联)发言。

(雷鸣般的掌声,全体代表起立欢迎克诺林同志,中国、德国和其他代表团中传出欢呼声。)

克诺林(苏联):

我们今天听了**陶里亚蒂**同志的精彩报告,这个报告必将同**季米特洛夫**同志的报告一起,成为下一个历史时期共产党人全部实践活动最重要的指导文件之一。

世界形势极其严峻。新的帝国主义战争的直接危险正威胁着人类,这场战争的主要策动者是日本军国主义、得到英帝国主义者支持的德国纳粹分子,以及意大利法西斯分子。我们共产党人必须动员无产阶级的一切力量,动员现在不希望战争的一切劳动者,动员各民族和所有国家反对战争挑动者,以便孤立这些战争贩子并防止日益临近的灾难。

我们共产党人不是和平主义者。我们认为,19世纪欧洲各民族为了摆脱民族奴役并建立统一的资产阶级民族国家而进行的革命战争,即非帝国主义战争具有积极的历史意义。

我们承认,已经取得胜利或者正在取得胜利的无产阶级在反对资产阶级的斗争中为了捍卫自己的社会主义成果而不得不进行的战争是正义的。

我们承认,弱小民族为了捍卫国家统一和独立反对帝国主义者的入侵而进行的战争是正义的。

但是，我们共产党人不希望战争，相反，我们希望竭尽全力防止战争，以便在和平竞赛中证明社会主义制度对资本主义制度的优越性，并通过和平的工作使各国人民相信社会主义革命的必要性。

我们是和平的党，我们是反战斗争的党。

为什么我们共产党人要求和平呢？和平给劳动者提供了什么呢？

和平确保社会主义在苏联取得更大的成就，确保社会主义的经济和政治力量增强，而这种力量将使所有劳动者确信，必须推翻资产阶级的政权并建立劳动者的政权。和平确保各资本主义国家的无产阶级的革命力量增强，确保无产阶级群众的阶级觉悟提高并最终加强无产阶级反对资产阶级斗争的物质力量。

如果继续保持和平，那么阶级斗争中的国际力量对比关系将发生有利于无产阶级而不利于资本主义的改变。（掌声）

为什么我们共产党人反对战争呢？战争给劳动者带来了什么呢？

战争将最终导致各资本主义国家出现革命危机，但是战争也会给劳动者带来难以名状的折磨、死亡、饥饿和痛苦。它将破坏世界各国的生产力，它将消灭工人组织。

战争威胁着千百万无产者的生命。战争威胁着残存的民主，这种残存的民主在一些国家中毕竟还是为劳动者在资本主义制度下捍卫自己的利益提供了一些机会。战争威胁着弱小民族的独立。战争是各国人民最大的灾难。因此，捍卫各国人民利益的共产党人是和平的捍卫者，并且**必须防止战争**。

劳动群众不是现存国家边界的确定者，不对其承担任何责任。更重要的是，劳动群众认为其中有很大一部分是通过掠夺确定的不公正的边界。劳动群众没有在任何一个调整帝国主义国家之间关系的条约上签过字，不对其承担任何责任。相反，劳动群众过去认为，现在仍然认为，这些条约是掠夺条约、暴力条约。

但是，只要政权掌握在帝国主义资产阶级手里，各民族之间的关系就会以暴力和掠夺为基础。德国和匈牙利更改边界的计划完全不是为了解放各民族，而是要以暴力重新瓜分世界。任何一处国家边界的更改对帝国主义者来说都只是准备战争和新的掠夺的一个步骤。纳粹分子谋求吞并那些现在不属于德国的德语地区。他们毫不讳言自己不打算局限于此，他们的目标是奴役弱小民族、侵占殖民地和组织一场反对苏联的远征以摧毁布尔什维主义。

我们共产党人承认每一个民族的自决权及其建立自己国家的权利。因此，我们对第一次帝国主义大战导致成立一系列民族国家表示欢迎，尽管这些国家都是由资产阶级政府领导的。但是，帝国主义者不顾奥匈帝国的前车之鉴，使这些国家的版图中包含其他民族的领土，通过这种方式使这些被解放的民族成了其他民族的压迫者，从而削弱了这些国家。

我们共产党人承认每一个民族的自决权，乃至分离权。但是，因为我们把民族问题视为无产阶级共同的解放斗争的组成部分，所以我们现在和将来都会开展斗争，反对把任何一个地区，无论其居民中的民族成分如何，并入法西斯分子统治的德国。

我们承认每一个民族的自决权，同时我们尤其要开展反对苏台德地区的德意志人和其他少数民族从捷克斯洛伐克分离出去的宣传鼓动，因为捷克斯洛伐克仍然是中欧唯一的资产阶级民主国家和不追求战争的国家。同样，我们必须开展反对把任何一个国家的部分领土或者整个国家（例如奥地利）并入德国的宣传鼓动。

为什么我们反对苏台德地区的德意志人并入德国，并且反对他们从捷克斯洛伐克分离出去呢？

因为这种分离不会改善德国劳动群众的处境，反而会恶化他们的处境；因为这种分离甚至会把他们现在所享受的那点残缺的民主权利都剥夺掉；因为这种分离会离间中欧的反法西斯力量并且会使法西斯德国变得更加强大，而后者是战争的主要策动者和全世界反动派的堡垒。在这个国家或者那个国家采用什么样的政权，这对我们不是无所谓的；群众陷入何种处境，这对我们不是无所谓的，这些群众由于缺乏知识和缺乏觉悟，希望通过与法西斯德国合并来改善自己的处境；反对法西斯主义和反对战争的斗争力量有多么强大，这对我们不是无所谓的。

我们的宣传鼓动必须向捷克斯洛伐克和其他国家的广大劳动群众说明他们的真正利益。我们的斗争必须要为少数民族——我们不认为他们的分离是合理的——创造条件，使他们不感到自己被德国或者匈牙利所吸引，相反，要使民主国家的民族地区成为对于在第三帝国的奴役下受苦的劳动群众具有吸引力的中心。当前我们争取民族自由斗争的最重要的任务就在于此。由此出发，我认为从全体劳动者伟大解放斗争的立场来看，在德意志民族问题上唯一正确的态度，是捷克斯洛伐克德语居民的代表**克勒**同志在这里所采取的那种态度。

在民族问题上，这样来表述我们的观点是完全错误的，似乎民族问题只能通过一个民族和另一个民族分离的方式才能解决。苏联的例子表明，民族问题可以通过**各个自由民族组成兄弟联盟**的方式解决。**在这个问题上究竟采取哪种方式，只能由各民族自己决定。**

从我们的民族自决原则出发，共产党人主张用一切力量和手段捍卫弱小民族的独立和统一，反对那些轻视本国人民的民族利益并且走上使自己的国家隶属于侵略性的德国法西斯主义道路的资产阶级集团。在捷克斯洛伐克、立陶宛、拉脱维亚、爱沙尼亚、丹麦和荷兰都有这样的集团。共产党人必须揭露这些集团策划对本国人民实行民族奴役并策划新的世界大战的行为，因为共产党人希望各民族独立。同时，共产党人将为这些国家所有劳动者的利益而斗争，反对恐怖的法西斯集团，这些集团玷污民族的荣誉，压迫劳动者，削弱对法西斯主义的抵抗能力。为了组织国防，我们必须要求执政党满足劳动群众的基本生活需要，因为当事关弱小民族的民族自由时，正规军队并不比广大人民群众的斗争更能保障这种民族自由。我们都还记得布尔战争的时候，南非一个几乎没有正规军队的小民族能够抵抗一个比自己强大十倍的对手保卫自己达数年之久。同样的情况也会发生在任何一个小国，只要领导这个国家的政府不向帝国主义者投降，并且有能力领导群众为自己的民族自由而斗争。

作为民族自由的支持者，我们努力联合目前不希望战争的一切民族和一切力量，以便捆住战争挑动者的双手。

德国劳动者必须懂得，他们的民族利益的代表不是纳粹分子，而是共产党人，他们的民族斗争的领袖是台尔曼。（长时间的掌声）我们必须首先向人民群众，向德国人民解释清楚我们的态度。

共产国际是唯一始终宣布战胜国强加给德国的凡尔赛条约是一个不公正的和侮辱德国人民尊严的条约的国际组织。我们的同情，全世界绝大多数劳动者的同情，总是站在德国人民一边反对那些侮辱德国人民的人。

当德国资产阶级向掠夺德国的外国军国主义者卑躬屈膝的时候，是以台尔曼同志为首的共产党人站在为德国人民的民族利益和德国的国家统一而斗争的最前列。当外国资本家把道威斯计划和杨格计划强加给德国的时候，是以台尔曼同志为首的德国共产党人和全世界共产党人竭尽全力抗议对德国的经济奴役，并且指明了德国人民的解放道路。

但是，当对本国人民实行恐怖统治并对其他民族策划战争的法西斯匪帮在德国上台时，当这个匪帮开始代表德国时，那些在最困难的日子里曾是德国最亲密朋友的人疏远了德国，德国政府显然是受孤立的。

德国的沙文主义浪潮不会持续很久。沙文主义在1914年同样席卷了所有参战国的广大群众。但是这同一批群众，头几年还在为本国资产阶级的利益而战，三年后却调转枪口推翻统治者，在俄国是推翻沙皇，在德国是推翻德皇。一旦群众确信，备战和法西斯主义不会改善他们的处境，而会恶化他们的处境，德国的沙文主义浪潮就会停息。但是，对自己的统治缺乏自信的德国资产阶级，为了备战和破坏邻国的民族自由，为了发动对社会主义国家苏联的战争，正设法利用目前这种沙文主义狂热。德国的沙文主义现在是欧洲反革命、反动派和法西斯主义的最重要的因素。

纳粹主义已成为一切进步力量的敌人，比当年的俄国沙皇制度更甚。每一个劳动者，尤其是每一个德国无产者，现在都必须明白这一点。

因此，我们现在必须对德国以外的所有德意志劳动者说：德国已经成了欧洲反动派和法西斯主义的策源地，成了新帝国主义战争的策划者，任何一个新的地区并入德国都意味着支持和巩固反动派，意味着在全世界扩大战争危险。我们现在必须对在法西斯独裁铁蹄下呻吟的德国人民和德国劳动者说：在德国人民面前有两条道路：一条是在纳粹党的领导下反对苏联，反对全世界劳动者，反对一切民主的和爱好和平的民族；另一条是在全世界无产阶级和所有真正拥护民主与和平的人士的支持下推翻法西斯独裁并解放所有劳动者。（掌声）

纳粹分子正在策划战争，那么战争会给人民带来什么呢？

纳粹分子打算策划**把德意志人统一在一个国家中的战争**。但是，纳粹分子策划的战争不会给人民带来解放和幸福，而是会破坏他们的幸福，而且如今在法西斯政府统治下，民族解放是一种奴役。我们共产党人承认8000万德意志人有统一的权利，但是这种统一必须给德国人民和全世界各民族带来自由、幸福与和平。而只要法西斯集团仍统治着德国，德国以外的德意志人在大多数情况下都享有比德国国内的德意志人多得多的自由。只有当德国从纳粹主义的血腥梦魇中解放出来的时候，住在德国以外的那一部分德意志人才会对提出这样的问题感兴趣：是同那些长期以来共同生活的民族继续联合在一起对自己更有利，还是应当加入一个自由的德意志国家联盟。

纳粹分子打算发动**为德国工业开辟新的市场的战争**，但是被战争和危机摧垮的各民族将没有能力购买德国的商品。只有无产阶级革命才能为德国工业开辟世界上最大的市场，即它的国内市场，这个市场以劳动群众福利的增长为基础，在采取社会主义生产方式的情况下，能够容纳德国工业的全部产品。只有无产阶级革命才能为德国工业创造巨大的机会，向那些走上社会主义道路的落后国家供应商品。在资本主义条件下没有也不可能有实现真正的工业繁荣的前景，而且任何战争都不可能创造出这样的前景。这种前景只有社会主义才能创造出来。

纳粹分子打算发动**争取生存空间的战争**，但是无论东方还是西方都已经不存在无主土地，而与德国接壤的国家的人口密度并不比德国本身低。只有推翻资本的统治才有可能合理地利用德国的土地，以确保超过今天数倍的人口的福利。问题不在于缺少生存空间，而在于政权掌握在剥削者手中。

纳粹分子打算策划**掠夺和奴役东欧和东南欧弱小民族的战争**，但是这些为自身独立而战的弱小民族将获得全世界劳动者的同情。

纳粹分子打算策划**反对苏联的战争**，以便在全世界消灭布尔什维主义，但是苏联不仅是善于自卫的最强大的国家之一，而且还是所有劳动者反对资本进攻、法西斯主义和战争的堡垒，享有世界各国千百万劳动者全心全意的支持，他们将把侵犯苏联看做侵犯自己的祖国，以一切手段毫不留情地向侵略者宣战。（掌声）

德国人民必须意识到，战争的道路会招致全世界劳动者反对德国，而无产阶级革命的道路、推翻法西斯独裁和建立德国劳动者政权的道路，将获得欧洲乃至全世界一切进步的和民主的民族的同情和支持，并将获得各国劳动者的积极支持。

纳粹分子的道路把德国引向灾难。我们必须向劳动群众说清楚这一点。共产党人的道路、革命的道路把德国引向昌盛。

因此，我们呼吁德国人民反对法西斯战争策划者，唤起每一个德国工人、知识分子、小资产者和农民的清醒的理智。我们相信，德国人民将会制止战争挑动者，驱逐法西斯战争策划者，选择和平的道路、革命的道路。（掌声）

我们共产党人是德国人民争取民族解放和民族统一斗争中的忠实盟友。但是对我们来说，重要的不是克虏伯、蒂森、博尔西希的利益，而是德国人民的利益、劳动群众的利益、各民族的利益和各国劳动者解放斗争的利益。

就像德国人民面前有两条道路一样，日本人民面前也有两条道路。日本反动集团走上了对东亚各民族实行帝国主义奴役和压迫的道路，并且用战争威胁苏联。这条道路意味着奴役本国人民，群众更加贫困、更加艰难，日本农村中的封建状态固化，数百万农民忍饥挨饿，数十万工人生活贫困，以及全体日本人民身体上和文化上的退化。这条道路同时还意味着日本帝国主义奴役东亚其他民族，以及亚洲和全世界各民族对日本帝国主义者的仇恨。

这就是"亚洲人的亚洲"帝国主义政策的必然后果。

但是，对于日本人民来说，可以而且必须有一条不同的道路，即把日本变成一个劳动者的自由国家的道路，这个自由国家将成为亚洲各民族解放的榜样。这条道路将使四万万中国人民从帝国主义奴役下解放出来，并且将导致中国对工业品的需求猛增，此时技术和工业领先的日本自然就会起领导作用。只有沿着这条道路，日本人民才能完成它作为亚洲最先进和最文明的民族的使命。

日本帝国主义所走的反对苏联和反对中国人民的战争道路，是使亚洲各国人民在全世界反对日本的道路,是灾难的道路。当日本人民从帝国主义集团统治下解放出来的时候,它能走的道路就是把日本人民和日本变为亚洲各民族争取自身解放斗争的先锋。

我们毫不怀疑,德国和日本的劳动群众、德国人民和日本人民是反对战争的,他们将会选择与自己的压迫者作斗争的道路,而不是帝国主义者想带领他们走的那条帝国主义掠夺的道路。帝国主义者越是加紧准备新的战争,越是残酷地压迫劳动群众,他们就会越快地选择这条道路。

不清除欧洲心脏地区反动派和备战的策源地,法国、英国、捷克和波兰的无产者就会不断受到威胁。不清除远东反动派和备战的策源地,远东各殖民地民族就不能自由发展,就不能最终从帝国主义奴役下解放出来。

争取和平的斗争阵线越来越得到加强。鉴于战争的危险,当代最著名的人士都向无产阶级伸出了双手。我们记得不久前在巴黎召开的作家代表大会。我们也记得几天前许多最著名的学者在列宁格勒生理学家代表大会上的发言,例如美国教授坎农的发言。我们必须进一步扩大这一阵线。多年来,第二国际企图对日益增长的战争危险视而不见,并在群众中散布和平主义的幻想。

然而今年5月5日和6日,第二国际在布鲁塞尔作出了一个决议,这个决议可以被称做第二国际在战争问题上发生策略转变的标志。对此陶里亚蒂同志已经在这里谈过了。

在这个决议中,第二国际执行局停止了从前的反苏煽动,甚至在某种程度上表示支持苏联政府推行的争取和平的斗争政策,赞成区域条约和安保条约体系等等。尽管第二国际的五月决议对国际局势的分析和提出的建议措施并不明确,尽管一系列的保留降低了它的意义,我们仍然可以欢迎第二国际的这个决议。

尤其是这个文件中包含的以下几点声明具有积极意义，我们可以在此表示欢迎：

1. "反战斗争中最重要的任务是确定各种手段，以便动员全世界的公共舆论反对希特勒独裁。"

2. "只有当任何入侵的企图遇到一支足以打退这种入侵并重建和平的集体力量的时候，战争危险才能够避免。"

3. "我们欢迎——在这个决议中这样写道——欧洲的民主国家与苏联在反战斗争中进行合作……必须不惜一切代价阻止西方国家的统治阶级从自己的阶级利益出发损害与苏联的政治和经济合作，为了维护和平这种合作是必要的。"

4. "必须不惜一切代价阻止资本主义以战争危险为借口，把工人阶级引到国内和平政策的道路上去，使他们偏离自己真正的任务，即解放被压迫的阶级和民族。"

第二国际执行局1935年5月5日和6日的决议中所包含的这些声明，我认为是一种标志，表明正在形成一种局面，哪怕它只是以最基本的纲领为基础，也使共产党人和社会党人有可能就国际范围争取和平斗争中的共同行动达成一致。如果共产党人能够就战争问题在国际范围建立统一战线的话，那么这将以工人不容忍战争的统一意志来反对统治阶级。这对于加强各国劳动群众反对战争准备和反对沙文主义煽动的斗争将具有重大的意义。

共产国际通过自己反对战争和法西斯主义的全部斗争，尤其是通过季米特洛夫同志和陶里亚蒂同志在本次代表大会的报告中所阐述的策略路线，证明自己在最广泛的基础上提出了反对法西斯主义和战争的斗争问题。反对法西斯主义和战争的斗争，不仅仅是一个党的事业，甚至也不仅仅是无产阶级的事业。全人类都希望维护和平，只有一小撮资本家希望战争。正因为如此，反战斗争需要最广泛的阵线，这个阵线包括苏联、各弱小民族、目前不希望战争的国家和全世界所有劳动者。正因为如此，反战斗争的形式可以多种多样，因为斗争形式要顾及反战运动的广泛开展，要顾及我们深入到最广大的劳动群众之中。

对于资本主义国家的劳动者来说，反战工作的主要形式仍然是发展群众的革命运动，但是与此同时，无产阶级必须支持苏联政府的每一个步骤。苏联政府为自己提出了这样的任务，就是通过与那些目前还不希望战争的资产阶级民主国家缔结条约来维护和平。同时，无产阶级必须开展斗争，防止反对战争挑动者的宣传退化为民族主义的宣传。必须在各国开展斗争，反对任何沙文主义和民族主义的宣传，尤其要反对在许多国家出现的沙文主义的和反德的宣传，因为这样一种宣传不是导致各民族间的和平，而是导致战争。无产阶级必须用无产阶级国际主义的、各民族互助和友爱的宣传去反对这种民族主义的宣传，正像在苏联以列宁和斯大林的民族政策为基础所实现的那样。如果在统一战线中联合起来的无产阶级能够组织劳动者的所有力量反对战争并且能够利用一切机会的话，那么战争挑动者的行动就会更加困难。

现在我们还不知道，如果我们的努力没有取得成功，战争将在何时、何地、何种情况下爆发，但是我们知道，法西斯分子是战争策划者，战争意味着毁灭巨大的生产力，特别是毁灭千百万人的生命。我们知道，法西斯分子策划战争，是为了阻止群众进一步革命化，是为了摧毁各国残存的民主。我们知道，法西斯分子的胜利将会阻碍人类社会的进步发展。

无产阶级现在不能说，它没有什么可以失去的。它有作为无产阶级革命的基础和根据地的苏联，它每迈出一个实际步骤，都必须考虑确保苏联的胜利。对于迄今为止在一些国家拥有的民主机会，无产阶级不是无所谓。无论法西斯分子多么猖獗，不管是恐怖统治还是战争，都无法改变必然的历史发展进程。劳动群众的反法西斯运动将会越来越高涨。这个运动是和**季米特洛夫**同志的名字紧密联系在一起的。

季米特洛夫就是那个在莱比锡审判时号召所有劳动者参加反法西斯斗争的人。

季米特洛夫就是那个在莫阿比特监狱里高举起所有劳动者反对法西斯主义和战争的斗争旗帜的人。(掌声)

季米特洛夫就是那个在这里、在我们的代表大会上展开这面旗帜并使之成为整个共产国际的旗帜的人。季米特洛夫同志的号召必须被世界上每一个角落的每一个人听到。季米特洛夫同志的报告是整个国际无产阶级的行动纲领，它必须得到实现。通过实现这个纲领，国际革命运动将迈向完成它的推翻一切剥削阶级和建立无产阶级专政的伟大历史任务。无论法西斯分子策划什么新的阴谋诡计来反对劳动群众，他们都不能阻止反对战争和法西斯主义的斗争的胜利前进。

但是，如果无产阶级尽管付出一切努力仍然不能阻止战争的话，那么在目前这种资本主义陷入普遍危机而社会主义在苏联取得胜利的条件下，在多年的经济危机、贫困和不幸使劳动者对资本主义充满仇恨的情况下，战争将使无产阶级革命的一切力量行动起来，使用塞到他们手里的武器去消灭法西斯主义，把法西斯分子发动的战争转变为反对法西斯分子的国内战争，反对帝国主义资产阶级，走向胜利的无产阶级革命。

(雷鸣般的掌声，乌拉声，三次高喊"红色阵线"，中国代表团和美国代表团的欢呼声，高唱《国际歌》。)

第三十七次会议

(1935年8月15日)

继续讨论陶里亚蒂的报告

8月15日上午的会议由**布埃诺同志（古巴）**主持，他请**李光**①同志（中国）发言。

李光（中国）：

报告和决议草案完全正确地指出，在远东由日本帝国主义发动的战争已经揭开了重新瓜分世界的序幕。在马克思、恩格斯、列宁和斯大林关于战争的理论原则的指导下，中国共产党组织和领导人民群众进行民族革命战争，反对帝国主义在中国的扩张。英勇的中国工农红军是全中国人民群众的主要力量，是他们进行民族革命战争所凭借的主要力量。在远东和太平洋地区反对帝国主义战争的斗争中，红军是最强大的力量，并且是对帝国主义者图谋瓜分中国、进攻苏联和发动世界大战的一个威胁。英勇的中国红军在多年拯救祖国和人民的斗争中所取得的成就是众所周知的。

上一次为了围剿苏区，蒋介石动员了109个步兵师、8个独立旅、

---

① 李光是滕代远的化名。——译者注

300多架飞机和数百门大炮等。此外，蒋介石的军队中还有数百名德国和日本的军事专家以及数百名来自美国、意大利和加拿大的飞行员，这些人在实施军事行动的时候和在使用军事技术手段方面提供协助。

那么现在我们党的中央委员会、苏维埃政府和红军领导层挫败蒋介石计划的新策略的基本方针是怎样的呢？

> "红军反对蒋介石新计划的最主要的策略方针，应当是尽可能地保存、巩固和更加发展红军的实力，因为红军实力——这是最主要的东西。它不仅是战胜蒋介石六次'围剿'的根本保障，它——红军实力是争取中国苏维埃革命彻底胜利的最主要的条件和武器。"①

众所周知，去年10月在江西省突破敌人的包围圈后，红军主力开始长征，今年6月16日红军的两大主力部队——**朱德**和**毛泽东**指挥的红一方面军与**徐向前**指挥的红四方面军——在四川省天全县实现了历史性会师，从而结束了长征。这次长征历经四个阶段，总共持续大约10个月。军队在行军途中穿越了9个省份——福建、江西、广东、广西、湖南、贵州、云南、四川和西康，占领过170多座县城和西康省省会康定，包围过两个省会，即贵阳和昆明。红军英勇长征的路程达3000多公里，由此创造了革命军队长征的世界历史纪录。军队在崎岖的羊肠小道和难以通行的道路上穿行，翻越高耸的山脉和数百座崇山峻岭，其中包括海拔7000多米的贡嘎山，渡过了许多大江大河以及数百条小河与溪流。与此同时，红军每天都要同各种大大小小的军阀部队作战，这些军阀部队不停地从四面八方向红军发动袭击。红军在长征途中经历了大大小小数百次战斗和战役。必须特别强调的是，参加红军长征的不是数百人、数千人甚至数万人，而是超过十万人，其中除了青年和红军战士

---

① 参看《王明言论选辑》人民出版社1982年版第390页。

外，还有不愿意留下来成为蒋介石刑事法庭的牺牲品，而表示愿意和红军一起长征、一起战斗的人。同行的还有老人和儿童，孕妇和伤员。他们拉着大炮，肩上扛着武器弹药、食物和家什，以及金银细软等。

同志们！中国红军西征的胜利已经是一个众所周知的和公认的事实。我想具体谈谈这次西征胜利的一些显著成绩。根据敌人报纸上的数据和材料，从1934年10月到1935年6月，成绩可以大致总结如下：

1. 击溃敌人100多个团，击毙、击伤敌人大约7万人。
2. 缴获敌人8万多支步枪，超过1000挺机关枪和数百门大炮。
3. 各个苏区的红军总人数增加到了50万人。
4. 苏区的面积扩大了数倍。
5. 游击区域显著扩大。

根据中央苏区出版的《红星报》的数据，从1933年7月到1934年7月，即从开始粉碎第六次"围剿"到红军主力开始西征的这段时间里：

1. 消灭敌军6个旅、30多个团和9个营。
2. 击溃敌军7个师、5个旅、34个团、13个营，共计120个团。
3. 俘虏敌军2万多人（只是红一方面军的数据）。
4. 缴获步枪3万多支、机关枪300多挺、30到60门掷弹筒、10门野炮和10座军用电台。
5. 俘获4个旅长和4个团长。

这就是红军主力西征和粉碎第六次"围剿"所取得的显著成绩。

这些成绩证明了什么呢？它们证明了，在臭名昭著的第六次"围剿"后，帝国主义和国民党不断遭到失败，中华苏维埃和红军不断取得胜利。它们证明了，我们的党、政府和红军在困难面前不退缩、不回避，而是相反，迎难而上，勇于克服困难。

我想在这个讲台上揭示我们取得胜利和敌人遭受失败的秘密。

首先，红军是一支知道自己为什么而战的军队。

红军的社会构成：工人30%，农民68%，职员1%，其他1%。红军军事学校毕业生的社会构成：

	工人	贫农	中农	苦力	小商贩
第一期	7.5%	0.4%	19%	50%	4.5%
第六期	24.4%	7.2%	4.5%	56.4%	0.44%

此外，他们中77%的人因为土地革命而获得了土地。

至于白军士兵，他们中的大多数人是因为饥饿和贫困而被迫参军的。在四川与红军作战的白军士兵常说：

"给我们一块钱我们就打一块钱的仗，给我们两块钱我们就打两块钱的仗。"

但是也有这样一些人，他们实际上同情红军甚至不愿意为了军饷而战。

我们不仅把红军战士，甚至也把被俘的白军士兵当做我们的兄弟。我们的口号是："一切为了红军战士和劳动者"。

尤其重要的是，优待红军战士的规定得到了严格的执行。

而国民党军队的指挥官对士兵的态度是怎样的呢？态度极为恶劣。甚至《国闻周报》也不得不承认这一点：

"在四川，士兵们遭受不公正的待遇。不发军饷是常见现象。因此，前线士兵白天吃不饱饭。他们穿的怎么样呢？他们中的大多数人甚至在最寒冷的季节也穿不上棉衣。因此，夜间巡逻时被冻死的情况并不罕见。"

这也就解释了为什么白军士兵常常会与他们的军官相敌对，或者用手中的武器进行反抗并投奔到红军那边去。

我们的红军不仅严守纪律，不仅对老百姓真情相待，而且还以各种方式努力为老百姓提供实际帮助。每占领一个地方，红军都会帮助老百姓组织苏维埃政权，帮助工人提高工资和实行八小时工作日，帮助农民分配土地、春播、秋收和开垦荒地。红军优待被俘的白军军官和士兵，乐于接受那些愿意为反对帝国主义者及其代理人而战的军官和士兵加入红军。红军帮助青年获得学校教育，帮助老师和教职员工找到工作。红军热情欢迎并保护来自白区的记者、来苏区参观考察的居民代表团，以及因为自然灾害而涌入苏区的白区百姓。所有这些都证明，每一个红军战士都时刻代表着人民的利益。蒋介石卑鄙地诽谤红军，说红军"没有人性"，事实却处处证明，红军战士是真正的民族英雄和人民的先锋。我们每一个红军战士都清楚地知道自己为什么而战。他们知道，自己是为四万万中国人民的温饱与自由，是为中华民族的生存、独立和解放而战。

这就是中国红军为什么会胜利的第一个原因。

第二个原因是红军巧妙的战略战术和英勇气概。

第三个原因是最广大人民群众对红军的保护和支持。

中国红军是中国人民自己的武装力量，它保卫人民的利益，因为它享有人民的保护和支持。天津《国闻周报》第14期第12版写道：

"去年1月底，有人企图在21军的炮兵指挥部纵火。所幸没有引起火灾。据说这是共产党的密谋。多个掷弹筒相继爆炸，每一次爆炸都有许多军官和士兵死伤。

5月中旬在重庆的兵工厂偶然发现工人中有12个赤色分子。这些人被捕后声称，自1933年以来他们经手的所有炮弹交付时都是受损的，因为他们'动了手脚'。在每一颗炮弹底部都被打上了'镰刀和锤子'的标记，这个标记只有仔细观察才能发现。这一事件揭示了掷弹筒爆炸的主要原因。"

这是第一个事实。

第二个事实是1934年1月23日的《大公报》披露的关于工人起义迎接红军的情况：

"在芝树（音译）发生了进一步的暴动。芝树是侯敬堂（音译）的兵工厂所在地，那里有400多名工人……16日夜里，芝树兵工厂的工人率先起义，宣布了他们的口号并且同一个营的卫戍部队发生了战斗。起义的原因是贫困。侯敬堂的房子被付之一炬。"

此外，我们还享有成千上万男女青年的支持，享有青年团和少先队员的支持，他们做侦察、放哨、送信、照顾伤员、英勇地参加战斗等等。还有许多劳动者、学生、知识分子、医生甚至商人都给了我们很大帮助。这些事实一方面证明了中国工人阶级的领导作用，另一方面证明了广大群众对红军的巨大支持和帮助。

第四个原因是共产党对红军的绝对领导。

蒋介石曾期待，选择西进的红军必然会被歼灭在无法逾越的大渡河边，他还援引了太平天国起义（1850—1865）时石达开和他的部队在这里失败的历史事实。敌人失算了。他忘记了我们今天已经不是生活在19世纪，而是在20世纪，此时中国已经产生了无产阶级这个最坚定和最革命的阶级，无产阶级的先进分子组成了一个有战斗力的强大的政党——中国共产党，领导这个党的是布尔什维克式的中央委员会。在红军中，共产党员占28%，共青团员占15%。党通过共产党员和共青团员实现了对红军的领导。党通过在白区的共产党员动员群众支持红军。存在这样一个新型的党、列宁—斯大林的党，是中国红军取得胜利的决定性的原因。

同志们，这是红军取得胜利的第四个原因！

第五个原因是红军拥有布尔什维克式的干部（党内的和党外的），

拥有杰出的政治家和军事家。

同志们！你们知道，我们年轻的红军在军事技术装备方面还相对落后于我们的敌人——帝国主义及其代理人。我们控制的地区经济相当落后。

我们面临的困难巨大而复杂，但是我们可以感到自豪的是，我们领导红军的是这样一些党员干部，他们对共产主义事业无限忠诚，善于将马克思列宁主义原理运用于实际之中，深受本党的爱戴并且得到全体红军战士的自觉服从。属于这种党的领袖和政治家的有**毛泽东、张国焘、项英、周恩来、博古、张闻天**等同志。睿智、勇敢和有才华的**朱德**同志担任我们的革命军事委员会主席和总司令，他高举红军的旗帜，领导着50万红军战士和上百万游击队员勇敢地胜利前进。我们有不怕牺牲的勇敢的红军指挥员，他们精通战争艺术，例如**彭德怀、徐向前、贺龙、萧克、董振堂、陈昌浩、林彪、萧华**等同志。我们有大约50万红军战士和数量众多的红色游击队。这些党内外的布尔什维克流血牺牲，为了中国人民的利益，为了保卫祖国，开展反对压迫者和剥削者的革命斗争。

红三军军长**黄公略**同志为党和中国人民献出了自己的生命。他在身受重伤的情况下，仍然用尽最后的力气要求战士们向敌人发起进攻。

大批具有牺牲精神的战斗骨干在持续内战的千万次战火中锻炼成长。因此，中国红军成了一支坚不可摧的力量，成了一支钢铁般的红色军队。

红军如今的处境如何呢？

如果我们把红军如今在四川省的处境同西征前在江西省的处境做一个比较，我们就会看到：

首先，红军的数量有了很大的增长。过去红军的数量是35万人，而如今在红军队伍里大约有50万名战士。

虽然从前的苏区暂时丢掉了，这是很大的损失，但是我们现在控制的领土比过去更大。

过去我们被敌人从四面八方包围着，而如今我们摆脱了包围，并且在某些战线上敌人反被我们所包围。

过去我们处在消极防御的地位，现在我们把进攻的主动权掌握在自己手中。过去我们在扩充红军和红军给养方面处境艰难，现在我们在这方面处于较有利的境况之中。过去蒋介石使用的封锁策略起了很大作用，现在这一策略不再能发挥这样的作用了。

进一步发展的条件过去无法与今天的有利形势相比。所有这些导致形成一个新的、更有利的革命战略基础。在新地区，我们在盐矿、金属冶炼厂和兵工厂等地方的工人中间有了广泛的无产阶级基础，这个基础为红军的发展和巩固创造了有利的客观条件。当然，与过去相比我们也有不足之处：比如在新苏区，群众没有像从前那样受到长期的军事和政治教育。这些不足和困难无疑会在红军进一步发展的过程中得到克服。

红军主力从江西苏区向西出征以后，留在江西和福建地区的红军部队和游击队继续开展活动，许多村庄仍然控制在红军手中。

在陕甘边界地区，苏区扩大了。

原来位于鄂豫皖边区的红25军和红28军向前挺进，并且在山西和河南交界地区开展了大量活动；他们在与四川的红军部队会师途中取得了一连串的胜利。

最后，在广西和云南边界还开辟了一小块新苏区。

在目前中国出现民族危机并且苏维埃运动和红军迅猛发展的关键时刻，中国军队的主要任务是通过建立反帝统一战线来扩展反帝和反国民党的斗争阵线。

只有这样才能收复失地，挽救民族危亡并获得民族解放。（热烈的掌声）

中国同志发言后大家以热烈的掌声欢迎**什韦尔马**（捷克斯洛伐克）。

什韦尔马（捷克斯洛伐克）：

前几年，捷克斯洛伐克站在那些"不承认"苏联的国家的前列。

现在形势变了。捷克斯洛伐克成了和平阵线的组成部分，这个阵线是通过苏联的和平政策形成的。

第三帝国的帝国主义目标威胁着捷克斯洛伐克的独立。这再次证明，只要资本主义存在，弱小民族的独立就永远得不到保障，它不断受到军事冲突的威胁。这同时也证明，苏联是防止战争危险的堤坝，也是唯一一个不会拿着弱小民族的独立和弱小国家的生存来做交易的大国。因此，捷克斯洛伐克无论是否愿意，还是改变了它与苏联的关系。

但是，就资产阶级阵营而言，捷克斯洛伐克目前和苏联的关系充满了矛盾。

首先是苏台德的德裔资产阶级进行公开的斗争，反对捷克斯洛伐克现行的外交政策。

匈牙利裔资产阶级日益公开地倒向布达佩斯。斯洛伐克资产阶级内部也在外交政策问题上表现出巨大的动摇。

捷克的法西斯反动派公开反对捷克斯洛伐克与苏联友好，力图使捷克斯洛伐克向希特勒的柏林靠拢。

争取和平、反对希特勒法西斯主义、争取与苏联建立真诚的友好关系的斗争，将成为一个席卷广大劳动人民群众的运动。

这就是捷克斯洛伐克目前的形势。争取和平的斗争和反对希特勒帝国主义的斗争是反对法西斯主义反动派斗争的一个重要部分，这个反动派公开致力于让捷克斯洛伐克向法西斯主义的柏林靠拢。争取和平的斗争和反对希特勒帝国主义的斗争席卷广大劳动人民群众，并且现在已经是人民阵线的基础，人民阵线旨在反对法西斯主义并且对苏联充满深切的同情。

在这种错综复杂的形势下，共产党人的基本任务是什么呢？

捷克斯洛伐克的劳动群众在今天的形势下应该怎样为争取和平和反对希特勒法西斯主义而斗争呢？

他们首先必须运用一切手段为维护和深化捷克斯洛伐克与苏联的友好关系，为维护和履行捷克斯洛伐克与苏联之间目前的互助条约而斗争！

互助条约是苏联和平政策的一个杰作，在维护和平的斗争中发挥着巨大的作用。它妨碍希特勒法西斯主义对捷克斯洛伐克和对苏联发起帝国主义进攻。我们知道在资产阶级阵营中存在着动摇，正因为如此，我们认为，在维护和平的斗争中，我们的首要义务是坚定地守卫捷克斯洛伐克与苏联的友好关系，坚定地守卫互助条约。

如果法西斯主义反革命的帝国主义企图导致了一场公开的血腥战争的话，捷克斯洛伐克无产阶级面临的任务是什么呢？

现在已经很清楚：在当前的形势下，希特勒帝国主义对捷克斯洛伐克的进攻只能是一场帝国主义的侵略战争，是一场重新瓜分世界的战争，是一场毁灭捷克民族独立的战争，是一场把捷克斯洛伐克各民族置于希特勒法西斯独裁统治之下的战争。**在当前形势下，保卫捷克斯洛伐克反对希特勒法西斯主义将是一场正义的战争**，因为这将是一场站在苏联一边反对法西斯主义反革命的主要代表的自卫战争。

捷克斯洛伐克全体劳动人民从这种形势中得出什么结论呢？

社会党领袖想利用捷克斯洛伐克的特殊形势来为他们过去推行的与资产阶级合作的政策和"国内和平"政策辩护。他们现在甚至要求共产党同资本主义政党的代表一起加入政府。

我们诉诸全体劳动人民并提出疑问：这种"国内和平"政策真的

有助于保卫捷克斯洛伐克各民族劳动人民，反对希特勒法西斯主义吗？

对非捷克民族，尤其是对德意志民族的民族压迫，把各个被压迫民族的劳动人民推到了沙文主义手中，这种沙文主义被希特勒和霍尔蒂利用来实现自己的帝国主义目的。

那么外交政策方面的情况如何呢？

和苏联缔结互助条约是正确的。但是与此同时，法西斯主义反动派的代理人、希特勒的代理人也会得到充分的自由，在政府中的反动势力的支持下努力改变过去的外交政策，使捷克斯洛伐克向法西斯主义的柏林靠拢。

得到社会党支持的现存的执政当局不能保证有效地保卫捷克斯洛伐克，反对国外反革命势力的进攻。相反，它的政策削弱了捷克斯洛伐克的防卫，帮助了捷克和德国的法西斯分子。为了抵御国内外的法西斯主义，必须采取另外一种真正反法西斯主义的、民主主义和共和主义的政策。

必须给予苏台德地区的德意志劳动人民自由和面包，只有这样才能根除亨莱因主张合并的宣传鼓动的根源，并且只有这样才能争取苏台德地区的德意志人民把捷克斯洛伐克当做各民族反对希特勒反革命势力的民主的公民联盟来保卫。必须让资本家、银行家和大地主买单，确保捷克斯洛伐克的全体劳动人民过上像样的生活。必须确保捷克斯洛伐克各民族劳动人民享有全部民主权利，从而感到自己是这个国家的自由公民，应该保卫这个国家反对这种外国的反革命势力。

所有这些措施和类似的措施都只能是坚定不移的民主措施，不实施这些措施就不能保卫民主共和国反对国内外的法西斯主义。任何一个真正的社会党人，任何一个真正的民主党人，任何一个真正的共和党人都会同意采取这些措施。社会主义斗争联盟和劳动、自由与和平的人民阵线，这就是以有利于劳动人民和有利于保卫捷克斯洛伐克、反对希特勒反革命势力的方式解决当前形势下的紧迫问题的道路。

从真正保卫捷克斯洛伐克、反对国内外法西斯主义的这一立场出发，我们确定了**我们与军队的关系**。

资产阶级现在试图对劳动人民说，同希特勒帝国主义作斗争必须有一支强大的军队，以此作为他们推行各种军事化措施的理由。社会党领袖要求共产党人投票支持军事预算，声称这是为了反对希特勒的斗争，甚至声称这是为了帮助苏联。我们共产党人问道：怎么保证掌握在资产阶级手中，甚至掌握在法西斯将军们手中的武器，在关键时刻不被用来反对工人阶级？我们问道：这是一支由法西斯将军参与决策并且压制士兵的一切民主自由的军队，**这样**一支军队怎么能保卫民主共和国、反对法西斯主义反动派？

这样一支军队不能保卫国家抵御外国的反革命势力。因此，我们为了全体劳动人民的利益，为了在法西斯主义进攻面前真正保卫共和国，为了**军队的民主化**而斗争。立刻从军队中清除法西斯主义的将军和军官，保障包括士兵的选举权和集会权在内的一切公民权利，改善士兵的物质状况。

我们现在把这些民主要求置于反法西斯主义斗争的显著位置，实现这些民主要求将会使法西斯主义反动派为自己的卑鄙目的而滥用军队的计划落空。这些民主要求是捷克斯洛伐克有效抵御希特勒帝国主义的必要前提。

但是，国内外法西斯主义目前对捷克斯洛伐克的全体劳动人民和这个民主共和国构成的威胁是如此之大，因此必须在军队民主化的同时，动员人民的全部力量参加反法西斯主义的自卫斗争。我们反对资产阶级反动势力使青年军事化的图谋。我们之所以反对这种图谋，是因为通过由反动军官指挥的普鲁士式的训练来束缚青年，是一条继续奴役劳动人民的道路，而不是保卫共和国反对法西斯主义的道路。我们意识到法西斯主义所构成的威胁，并且指出了反动派将一切武装力量集中在自己手中的图谋，因此我们建议并且要求建立**一支反法西斯主义的人民自卫军**。这支反法西斯主义的人民自卫军将在民主自治的基础上把一切无产阶级的和进步的阶层联合在一个自愿的防卫组织中，最有效地保卫民主自由和民主共和国，反对法西斯人民公敌。它将是人民在反对外国反革命势力的斗争中真正进行自卫的基础。

保卫捷克斯洛伐克抵御国内外反革命势力的斗争是反对资产阶级的阶级斗争，是争取捷克斯洛伐克各民族劳动人民的社会、经济、政治和民族利益的斗争。各社会主义政党同劳动、自由与和平的人民阵线统一行动是这一斗争取得胜利的现实保障，是真正保卫民主共和国抵御国内外法西斯主义的进攻。

我们在建立劳动、自由与和平的人民阵线的同时，不断地说服劳动人民相信，只有革命的道路才能使人民永远避免法西斯主义的威胁和进一步贫困化；只有苏维埃共和国、社会主义共和国才是真正的自由和各民族的兄弟联盟的稳固基础。

马克斯（德国）：

对我们德国共产党人来说，由于特殊的政治形势和纳粹分子作为主要的战争挑动者在其中所起的作用，**卡尔·李卜克内西**的这句话获得了一种新的严肃而重大的意义：主要敌人在国内。

历史向德国革命工人提出的任务是全世界无产阶级最紧迫的任务之一。历史现在使德国人民的切身利益与工人阶级推翻法西斯独裁的革命斗争重合在了一起。更重要的是，历史甚至使德国人民社会和民族解放的利益通过我们胜利的革命与全世界劳动者和大多数民族的利益重合在了一起，因为他们只有通过我们革命的胜利才能摆脱希特勒战争的可怕威胁。我们德国共产党人意识到，把世界从纳粹瘟疫中解放出来首先取决于我们自己。

这就决定了我们的责任和任务重大，而另一方面也使我们能够动员大多数工人、农民、科学家、艺术家、民主主义组织，简言之，动员一切爱好自由和渴望和平的群众来支持我们的斗争。

德国法西斯分子天天鼓吹反苏的强盗行径，与此同时，想在煽动反对凡尔赛体系的旗帜下建立一个新的体系——压迫各国工人的法西斯反动国家集团的体系。正如**季米特洛夫**同志指出的那样，希特勒政府的建立导致了法西斯主义在各国的进攻。英国政治家利斯托韦尔伯爵在目前现在出版的一本书中指出，希特勒每年付给 2000 名积极的外国代理人超过 2.5 亿马克作为宣传经费。这些代理人控制了国外的 307 家德语报纸并在 4 万个德意志协会中开展工作。正如**哥特瓦尔德**同志在报告中指出的那样，这种宣传很有成效。之所以有这样的成效，是因为各个德语区的希特勒宣传，在尽量考虑各个地区的具体情况的同时，集中由一个中心以最大的力量进行。

季米特洛夫同志在他的总结讲话中严厉批评了我们宣传工作中存在的缺陷并且要求用灵活的方式和简单的语言进行宣传。这尤其适用于我们的反战宣传，其意义不逊于**列宁**提出反战宣传的历史任务："揭露发生战争的秘密。"敌人的战争宣传和我们的反战宣传的意义常常被低估，并且常常忘记**恩斯特·台尔曼**同志对我们的宣传任务所说的话，以致损害了我们的运动。他说：

"我们是真正反对帝国主义和为和平而斗争的唯一政党和唯一阶级的代表。但是，我们自己知道这一点还不够，千百万德国人必须知道这一点并且听到和理解我们的宣传。"

是的，同志们，这就是问题的关键所在。我们知道，希特勒体制是各种法西斯独裁中最血腥、最野蛮和最罪大恶极的体制。但是，我们有没有千方百计地去开展工作，并且做到使一切需要争取的阶层都明白这一点，从而争得他们支持我们的斗争呢？我们没有做到这一点。我们记得，野兽般残暴肆虐的沙皇制度在垮台前是怎样成为全世界一切进步力量憎恶、仇恨和斗争的对象的。褐衫党瘟疫这个20世纪的瘟疫，也同样必将被唾弃。

这场即将到来的战争将以沙文主义谎言工厂的毒气战为开端。纳粹领袖们也是这个毒气生产领域的大师。他们的宣传正是各国法西斯主义宣传的经典范本。纳粹是第一批转而采用这种方式的人：如果缺少引起沙文主义煽动的理由和事实，就亲自用罪恶之手去创造这样的理由和事实。他们毫不犹豫地纵火焚烧了国会大厦。这就让人可以猜到，他们将以怎样的罪恶活动来准备和进行世界大战。希特勒肆无忌惮地用许多战争谎言来推行其沙文主义煽动，其中一个谎言是，宣称德国人民被仇视、被包围，需要安全。

安全需要独裁，这是典型的纳粹谎言。纳粹独裁使德国成了对劳动、生存、自由以及每个人的生命和整个民族的生存最不安全的国家，并且它每天都在威胁着全世界的安全。没有人仇恨德国人民，在这里，来自苏联、捷克斯洛伐克、法国、英国和其他国家的发言者都宣布，千百万人都感到与德国人民紧密地联系在一起，他们最大的愿望就是与获得解放的德国人民联合起来。被仇恨的是希特勒政权。

德国总参谋部在德国军队中开展的群众心理工作占据了德国战争宣传的很大一部分。为了领导这项工作，德国总参谋部成立了一个被称做"心理实验室"的特别部门。这个部门的任务是吸取世界大战的经验教训，为新的希特勒军队的心理训练服务。这个部门拥有一个强大的机构，包括大量的军官、多种杂志和一个出版社。最近，这个部门的指导员在第五步兵团做了一项调查，其内容是"某日某连队的心理忧虑"。发表了大量论文和著作，其目的是要使士兵相信：这支军队是一支人民军队，是一支工人和士兵的军队，并且正在准备的战争是为了他们自己的利益，将使他们获得生存空间、工作、面包和生存。

对于这场宣传战的最终结局，纳粹将军们当然也是很清楚的。在一次有关军队中群众心理工作的较长时间的调查结束时，**阿尔特里希特**上校这样写道：

"然而世界大战表明，即使是最好的军队也不能免于瓦解。"

为避免瓦解就需要求助于血腥的暴力。德国总参谋部试图通过《国防军法》的限制性条款来保证人数众多的军队的忠诚。它相信在任何时候都可以通过一个特别可靠的核心来控制这支军队，这个核心掌握着决定性的武器——毒气、化学武器和空中武器。它只是忘记了，正是因为军队的不断机械化，迫使人们不得不建立一支拥有高素质的技术工人的庞大规模的军队，所谓可靠的核心军队也要依靠高素质的技术工人。1918年军队中的第一波起义首先在海军舰队中爆发并非偶然，因为这些高素质的技术工人、机械师和发动机工人等等，正是无产阶级中最进步的阶层，他们最早接受我们的思想。

希特勒政权想通过心理实验这样的小把戏来隐瞒和掩盖社会对立和阶级对立，这是不会成功的。战争把阶级对立推向顶点，加剧旧社会的各种矛盾并把它们公开暴露出来。

我们必须注意敌人的策略并加以应对。我们一定要加紧争取工程师、技术人员、发动机工人、铁路和桥梁建设工人等掌握军事技术的广大群众。这个阶层在即将到来的战争中将起决定性的作用，我们过去很少针对他们开展宣传工作。

同志们，现在千百万人心中最大的疑问是：能不能阻止这场战争？作为马克思主义者我们知道，战争是有条件的，是与资本主义—帝国主义的社会制度联系在一起的。而德国法西斯主义准备的这场战争，实际上是群众基础不断萎缩的法西斯独裁绝望地试图用战争的绝望手段来寻求摆脱自身危机的出路。因此,有可能通过推翻这个制度给这场酝酿中的战争以致命的打击。我们德国共产党人和工人谨向你们保证,我们将竭尽全力尽一切可能阻止战争和推翻纳粹独裁。虽然我们在德国还处于反战群众工作的开始阶段,但是我们现在已经看到新一代坚定的无产阶级战士在成长,他们不顾极端血腥的恐怖统治,开始着手完成这一伟大的战斗任务。如果尽管我们竭力争取、坚决斗争,战争仍然爆发了,那么我们将忠于列宁的教导,尽一切可能把这场战争转变为国内战争。(掌声)

帕内蒂(瑞士):

瑞士代表团声明,它同意决议草案和**陶里亚蒂**同志的报告。代表团强调瑞士资产阶级在备战中所起的作用。瑞士资产阶级与苏联最凶恶和最顽固的敌人为伍,与希特勒德国备战的主要支持者为伍。

瑞士金融资本与外国帝国主义的联系大大扩展和加强了。瑞士成为世界资本最大的输出中心之一。30亿—40亿法郎被投资到希特勒德国,在那里用于第三帝国扩充军备。

这些被冻结在德国的资本,将成为希特勒政府手中用来影响瑞士的政策的施压工具。

瑞士资产阶级中的大部分人非常明显地亲德国的政策取向,尤其在该国的拉丁语区,引起了亲意大利法西斯主义或者亲法国帝国主义中反动的军国主义势力的政策取向。

很清楚,金融界及其法西斯代理人与外国帝国主义列强的联系和由此产生的外交政策,是对瑞士的统一甚至生存的威胁。

在目前的国际形势下,瑞士扮演着重要的角色,不仅是作为银行和金融中心,不仅是因为它拥有发达的军火工业,拥有可以很快转为军工生产的化学工业和冶金工业，拥有巨大的电力生产中心；而且还因为它在欧洲中部的战略位置，拥有通到德国南部边界的巨大铁路网，此外它还是德国和意法两国之间的缓冲国。

只要回忆一下德国军队借道瑞士的计划、第三帝国吞并瑞士德语区的计划和墨索里尼吞并提契诺州的计划，就足以强调和证明瑞士所面临的战争危险有多大，瑞士参战将意味着其自身生存的终结。

在这种情况下，瑞士资产阶级积极备战并且在最近几年采取了加强国家军事化的措施。

争取和平的斗争对于瑞士来说是生存的条件。瑞士资产阶级与邻国帝国主义分子的联系、法西斯主义意识形态对瑞士的渗透、民主机构的法西斯化，使这个国家面临被瓜分和消灭的危险。当瑞士保持它的民主制度并实施和平的和真正中立的政策的时候，民族问题并不具有尖锐的性质，但是在战争或者法西斯独裁统治的情况下，民族问题将成为对国家生存的威胁。在瑞士，反对战争和反对法西斯主义的斗争与争取民主自由和争取和平的斗争紧密联系在一起。这一斗争是国家本身生存的一个前提条件。因此，在瑞士有很大的可能建立一个广泛的人民阵线，反对战争、法西斯主义和联邦委员会的战争政策，支持保卫和平和民主自由，反对反苏煽动，支持和平政策。在开展反对新的军事法令的运动时，我们充分利用了这些建立一个广泛的人民阵线的可能性。

共产党通过开展这样的工作和依靠人民阵线，将在瑞士有效地为反对法西斯危险和反对战争而斗争。他们将以这种方式完成自己的国际义务，保卫苏联、反对希特勒法西斯主义的战争政策及其在瑞士的代理人。

克鲁明（波罗的海国家）：

法西斯分子把实现德国帝国主义的掠夺计划作为自己的任务，波罗的海国家在这个计划中绝非是排在末位。波罗的海国家的地理和战略位置使它不仅成为争夺波罗的海支配权的最重要的据点之一,而且成为进行反苏战争的最重要的据点之一。

波罗的海各国人民强烈地感受到,他们的民族独立受到来自希特勒帝国主义及其盟友法西斯波兰的日益严重的威胁。只要指出立陶宛的例子就足以理解这种威胁有多么现实。多年来,德国法西斯分子加紧鼓动梅梅尔地区从立陶宛分离出去。最近,他们从语言转向了行动,在立陶宛边境动员了一支冲锋队大军,准备一旦时机成熟就立即对立陶宛发起进攻。吞并梅梅尔地区随时都可能发生。同时,德国帝国主义和波兰帝国主义瓜分立陶宛的问题事实上已经提上了日程。

如果认为这里所涉及的仅仅是立陶宛,那是最大的自我欺骗。进攻立陶宛只是法西斯征服全部波罗的海国家的开端。如果主要受芬兰木材工业资助的某些芬兰民族主义势力现在提出吞并苏维埃卡累利阿的计划,并且梦想一个"从芬兰湾到白海的大芬兰",打算在德国帝国主义和波兰帝国主义的帮助和领导下占领这些地方,同时幼稚地希望希特勒体制不会降临到自己身上的话,那么这只是一种自我欺骗,或者更确切地说,是对芬兰人民的无耻欺骗。德国帝国主义和波兰帝国主义的反苏战争也把芬兰人民的独立问题提上了日程。

立陶宛、拉脱维亚和爱沙尼亚的人民群众通过自己的经验确信,德国帝国主义在东方的"文化使命"意味着什么。怀着恐惧和憎恶,这些国家的劳动群众至今仍然记得德国占领期间他们所遭受的掠夺、暴行、强征暴敛和强迫劳动。

波罗的海国家变成直接的战场,丧失民族独立,被德国帝国主义和波兰帝国主义瓜分,法西斯资产阶级最反动的分子巩固其对劳动者的统治,血腥镇压和奴役工人阶级,剥夺农民的土地,对立陶宛、拉脱维亚、爱沙尼亚和芬兰人民进行骇人听闻的民族奴役,所有这些都是德国帝国主义和波兰帝国主义在波罗的海国家得到巩固的后果。为什么波罗的海国家的广大人民群众对自己的命运感到忧虑，为什么他们怀着强烈的同情和希望注视着苏联，欢迎苏联和平政策的每一个步骤，欢迎加强苏联强大的红军，即和平和全人类进步的军队，其原因就在于此。

只有坚定不移地追求和平的苏联，才是被压迫的弱小民族在反对德国帝国主义和波兰帝国主义侵略、争取自身民族独立的斗争中可以依靠的国际力量。当前，只有与苏联进行最紧密的经济和政治合作的政策，只有公开地和坚定地支持苏联的和平政策，才能有助于波罗的海国家的和平事业。只有这样的政策才符合波罗的海国家广大人民群众的利益。

但是，在波罗的海国家占据统治地位的"民族"资产阶级中的法西斯集团不可能也不愿意实行这样的政策。

隐藏在"中立"的虚伪面具后面，芬兰的法西斯资产阶级每天都在进行反苏的挑衅性煽动，鼓动白卫分子对苏维埃机构搞暗杀，培养"大芬兰"的沙文主义思想，并且在德国帝国主义和波兰帝国主义的引导下准备吞并苏维埃卡累利阿和英格尔曼兰特。在波罗的海国家，现在"民族"大资产阶级中最反动和最敌视人民的集团建立了独裁统治，他们与德国资本（除了英国资本，德国资本在波罗的海国家的经济中起主要作用）有着千丝万缕的联系。

但是，从世界大战的惨痛经历中吸取了教训的立陶宛、拉脱维亚和爱沙尼亚人民群众，今天不那么容易被"中立"的口号所蒙骗。他们不相信能够在即将到来的战争中保持中立。因此，波罗的海国家最广大人民群众所面临的问题是如此尖锐和紧迫：要么和法西斯德国一起发动战争，彻底毁掉国家，遭受民族奴役和社会奴役；要么参加争取和平的斗争，赢得并巩固民族独立与自由。

可惜我们不得不指出，我们党还不善于利用出现的形势开展斗争。我们波罗的海各国共产党仍然患有**季米特洛夫**同志中肯地称之为"民族虚无主义"的疾病,这种民族虚无主义导致忽视广大劳动群众的民族感情。我们波罗的海各国共产党在民族同胞中进行了相当坚决的反战宣传,但是这种宣传在很大程度上仍然具有宗派主义的性质。

因此,统一战线的发展和扩大是我们这些组织反战群众运动的政党的首要任务。但是任务并非仅限于此。反战和反法西斯主义的斗争必须而且能够吸收更广泛的人民群众参加,包括那些完全追随和平主义口号甚至民族主义口号的人。这就要求彻底放弃宗派主义的工作方法,彻底放弃宗派主义的口号,并且坚决地与宗派主义作斗争。这首先要求在保卫人民的民族独立问题上有一个清晰而明确的态度。

波罗的海国家革命的无产阶级和共产党人对立陶宛、拉脱维亚、爱沙尼亚和芬兰的民族独立问题决不是持漠不关心的态度。共产党人开展最坚决的斗争,反对德国法西斯主义对波罗的海国家的渗透,反对德国帝国主义对波罗的海各国人民的奴役,支持各国人民的民族独立和自由。(掌声)

第三十八次会议

(1935年8月15日)

继续讨论陶里亚蒂的报告

8月15日晚间会议由**费尔迪**同志(土耳其)主持,第一个发言人是**德莱乌**同志(荷兰)。

德莱乌(荷兰):

战争危险问题深深地困扰着荷兰劳动群众和荷兰共产党。自世界大战以来的历史发展,使荷兰人民逐渐成为战争危险的焦点。

荷兰帝国主义有许多特点。它表现出矛盾之处,既是一个弱小的欧洲国家,同时又是一个帝国主义的帝国,在远东和美洲占有大量殖民地。这些殖民地与荷兰资产阶级自身的力量极不相称。荷兰资产阶级没有能力仅仅依靠自己的力量去保卫这些殖民地,并且它自己也意识到这一点。因此,它依赖更强大的帝国主义列强,力图保卫自己帝国主义的世界地位。

荷兰资产阶级属于维持"现状"派。它在一场重新瓜分世界的世界大战中必定毫无所获,而且会失去很多东西。它的政策传统上是"中立政策"。也就是说,它试图尽可能置身于任何冲突之外,并且不最终把自己同某一个帝国主义大国绑在一起。但是,历史的发展使实行这种传统政策变得越来越困难，并使荷兰及其殖民地日益成为帝国主义列强争夺的对象。

荷兰资产阶级在外交政策上意见并不一致。英国、法国和德国等帝国主义列强为了影响荷兰资产阶级的政策而彼此争斗。荷兰资产阶级分裂为几个不同的集团，其中尤其是亲德的极端民族主义的法西斯派别最近特别活跃。但是，对于荷兰帝国主义来说，对英国的依赖是根深蒂固的。如果没有英国的舰队和新加坡要塞，荷兰帝国主义早就失去了印度尼西亚！

1914年，德国军队所面对的法国东部边境防御坚固。因此德军借道防御薄弱的比利时，以便从侧面攻击法国军队。而现在比利时东部边境也加强了防御，构筑强大的堡垒封锁边境。据军事专家们一致判断，如果发生新的战争，德军将会借道荷兰，就像1914年借道比利时那样。

此外，对于空战来说，从德国到英国的最短路线就是飞越荷兰。这样一场战争从头到尾都将在荷兰领土上进行。

所以，如果欧洲发生新的战争，破坏荷兰的中立不仅是可能的，而且是极为可能的。工人阶级和我们党必须估计到这一点。

印度尼西亚的形势也是一样。日本舰队在战时依赖印度尼西亚的石油。它将设法占领婆罗洲的油港。如果在太平洋地区爆发大战，人们也会利用印度尼西亚的战略地位和丰富的自然资源。

在这种形势下，荷兰资产阶级加强了军队和舰队，特别是加强了空军。此外，在法西斯分子的领导下，要求采取进一步措施的军国主义煽动越来越强烈。亲德的法西斯团体在荷兰资本家中，尤其是在殖民地资本中的影响越来越大。荷兰金融资本的起决定性作用的集团在科莱恩的领导下和英国帝国主义联系紧密。在贸易和支付赔款问题上，与德国有明显的矛盾，但是荷兰帝国主义者同情法西斯德国反对苏联和共产主义的斗争，容忍并支持希特勒法西斯主义在荷兰的代理人国家社会主义运动①的煽动。德国法西斯主义在荷兰非常活跃。它与法西斯主义的国家社会主义运动保持着密切的关系。盖世太保的特务对德国流亡者实施绑架的事件非常多。在荷兰的德意志文化协会等机构都被一体化了，狂热地开展活动，领事馆也是如此。边境地区，尤其是林堡省，已经被德国间谍渗透。德国法西斯分子为了开展宣传而收购新闻机构，尤其是在印度尼西亚。他们设法把自己的人尤其是安插到军工企业当工人或者技术人员。科莱恩政府容忍这一切，由此就直接支持了德国法西斯主义在荷兰为战争准备条件的尝试。由于顽固地拒绝承认苏联，科莱恩政府的政策路线足以表明是反动的。所以他们反对苏联的和平政策，并且因此而助长了战争危险的加剧。

在这种情况下，工人阶级的政策应当是怎样的呢？在欧洲，目前实际的危险是法西斯德国的进攻，是普鲁士军队借道并占领荷兰。德国帝国主义将由此实现其长久以来的梦想。荷兰虽然是一个帝国主义的帝国，但是同时又是一个民族独立和自主受到德国法西斯主义威胁的欧洲弱国。因此，任何能够阻止德国侵略和削弱德国法西斯主义的事情都符合荷兰人民的利益。首先是苏联及其红军的力量。我们党断定，假如没有这个保护各个弱小国家的自由的力量，荷兰的独立将不复存在，这是一点都不夸张的。

德国法西斯主义毁灭荷兰民族生存的威胁对荷兰工人阶级来说是一个巨大的危险。德国法西斯主义的胜利不仅意味着对荷兰的民族压迫，而且也意味着消灭一切工人组织，剥夺一切结社、新闻或者集会的权利和自由，实行最残暴的法西斯奴隶制度，用战争蹂躏整个国家，比1914年时的比利时还要糟糕。

在民族问题上我们决不能采取虚无主义的立场。对此，列宁在战争

---

① 国家社会主义运动是荷兰的一个法西斯政党。——译者注

年代与霍尔特及其他否认民族自决权的马克思主义者论战时,曾在不止一个地方明确警告过荷兰的马克思主义者。

列宁的这些论述现在具有双重的意义。在这方面我们也必须与一切教条的宗派主义残余作斗争,这种宗派主义在所谓的荷兰马克思主义中有如此重大的影响。它不仅在荷兰是一种危险。我们坚信,如果不清除民族问题上的虚无主义观点的一切残余,我们在佛兰德的同志们就无法摆脱孤立。

正是为了荷兰人民的利益,必须反对荷兰的民族主义。为了同民族主义作斗争,必须指出它与荷兰人民合理的民族利益是相敌对的。这尤其适用于民族主义的最极端的形式,即法西斯主义。在许多国家,法西斯主义通过自命为民族利益的捍卫者而得到加强。我们在荷兰可以令人信服地指出,正是法西斯分子,正是这些德国帝国主义的代理人和普鲁士军队的先遣队,是荷兰人民的独立和民族生存的最大威胁。

正是因为荷兰面临着极大的战争危险,所以**争取和平的斗争应该成为我们的政策的重点**,为此我们应该建立所有劳动者、所有反战人士及其组织的统一战线。这首先意味着开展斗争,反对最凶恶的战争挑动者,反对德国法西斯主义,最有力地支援德国工人和德国共产党,反对德国法西斯主义向荷兰渗透和将其代理人塞进荷兰企业的一切图谋。这意味着,支持并最广泛地宣传苏联的和平政策,因为这一政策有利于一切弱小民族。我们必须要求荷兰政府也支持这一和平政策。这意味着开展斗争,反对希特勒体制在荷兰的代理人,反对国家社会主义运动,反对军队和舰队中的法西斯分子,反对科莱恩政府,反对一切支持或者容忍荷兰法西斯主义的势力,反对扩充军备和军事化。

东方的战争威胁同样极其严重。因此,荷兰工人阶级必须投入更大的力量要求印度尼西亚独立,这不仅是为了印度尼西亚人民的利益,也是为了他们自己的利益。殖民地已经成为荷兰人民最深重灾难的根源。

因此，我们必须号召荷兰工人阶级大力支持一切为印度尼西亚的解放而斗争的运动。

斯大林同志与赖伐尔进行了会谈，甚至荷兰社会民主党也试图借机开展一场煽动反对共产党人的强大运动。但是他们未能得逞。我们相信，我们党在这个问题上采取了正确的态度。而群众自己也理解和感受到苏联的和平政策是正确的，因为这项政策旨在反对全世界劳动者最恶劣的敌人，反对最恶劣的战争煽动者法西斯主义。执行这次代表大会的决议就能够真正争取到广大群众支持反对法西斯主义和反对战争的统一行动！

西川（日本）：

将近四年以来，压迫我国人民的日本统治阶级对中国人民进行了强盗战争。日本帝国主义者、日本资产阶级报纸以及工人运动内部帝国主义者的代理人，极其厚颜无耻地甚至否认战争的事实。他们想把整个中国变成他们的殖民地，但是他们不会得逞。伟大的中国人民不会也不可能容忍这种事情发生。

日本劳动者热爱并且敬仰中国的劳动人民。自古以来，我们两国的文化就紧密相联。我们有许多东西要归功于中国人民的文化。日本法西斯军国主义集团试图使日本士兵成为扼杀中国人民自由的刽子手，它的行径已经引起了广大群众的愤怒。

现在，中国共产党领导下的中国工人和农民向我们展示了为争取劳动者的解放而斗争的范例。

数千名日本工人和士兵、共产党人和无党派工人，因为参加反战工作而身陷日本监狱，这些监狱比德国集中营更加恶劣。

但是必须承认，我们还很少利用国内出现的那些开展广泛反战群众运动的机会。该为此承担责任的是我们党还没有完全克服的宗派主义残余。

我们党独立自主地领导开展了反战斗争。但是，因为我们放弃了与在我们影响之外的群众组织建立统一战线，所以我们对所谓独立自主领导策略的解释是极端狭隘的。我们在地下工作的条件下组织了反战运动。

在对华战争的第一个阶段，大多数社会民主党领袖都支持吞并满洲。我们与这些日本帝国主义的代理人进行了不妥协的斗争并且将继续进行这种斗争。不过即使在那个时候，该党仍有许多干部声明反对战争和法西斯主义，其中有些是真诚的，有些是为了欺骗。很明显，在社会民主党的普通无产阶级党员中，这种倾向要强烈得多。

随着事态的进一步发展，社会民主党内部的这种分化过程在强化。这一过程由于在资本家的利润大幅增长的同时工人的状况不断进一步恶化，由于农村中的饥馑，由于公开支持吞并满洲的许多社会民主党领袖转变为法西斯分子，由于法西斯分子在德国攫取政权等情况而加速。在某些社会民主党领袖（例如社会民主党总书记麻生）日益法西斯化的同时，在广大党员群众中，尤其是在党的地方组织中，反对法西斯主义和战争的呼声却越来越强烈。而当这些进程公开显露出来的时候，我们却甚至对其视而不见。

我们的错误在于将所有的社会民主党党员和干部等同看待，把他们都视为日本帝国主义自觉的走狗，不向那些已经开始转向反对战争和法西斯主义斗争方面的社会民主党党员作任何让步。由于这种关门主义政策，我们经常把那些尽管尚未觉悟但是很正直的工人——不仅有社会民主党党员，而且还有无党派工人——从我们身边推开。

我们严重地低估了在拥有千百万成员（工人和农民）的广泛的爱国群众组织中的工作，比如在预备役军人联合会、青年团、少女联合会和其他社团中，以及在文化和体育组织中的工作。由于我们自身的关门主义的盲目性，我们经常放弃群众工作这个巨大的阵地，甚至把它交到了工人阶级最凶恶的敌人法西斯军国主义分子手中。

不过在个别地方，我们的党员在一些此类的组织中，尤其是在**青年团**（半官方的青年社团，有 850 万成员）中开展了工作并且富有成效。

然而，我们不是动员我们所争取到的该社团的成员在这些组织中开展工作，而是常常让他们退出该社团去从事另外的工作。

我们的反战工作中的关门主义错误的原因在于，我们的同志过去常常甚至看不到在国内建立一个争取和平的斗争的广泛的统一战线的可能性。而这种可能性不仅存在于工人中间，也存在于小资产阶级中间，并且这种可能性越来越大。

我举几个例子。拥有上百万成员的蚕农联合会要求政府把军事预算的一部分用来支援濒于破产的农村蚕农。

大阪农民联合会（Dseno）在其代表会议上批评了联合会领导人的态度，因为这些领导人没有采取广泛的抗议行动反对在军事演习中毁坏农民的耕地。

甚至一些爱国宗教组织也站出来要求和平。例如去年 12 月在新潟县**佐渡**岛上，属于佛教日莲宗的拥有 5000 名成员的**履正爱国妇人会**（一个狂热地追求正义的宗教爱国妇女团体）的地方组织，公开反对为空军募捐，并向全国的日莲宗信徒散发一份传单，其中写道她们反对战争。

这样的例子很多。

如果我们没有竭尽全力真正激发争取和平的群众运动，并且和所有那些居民阶层以及那些虽然是我们党的对手但却愿意真诚地为和平而斗争的组织一起建立一个广泛的人民阵线的话，我们就没有履行我们的义务。

我们党面向日本人民所有正直的儿女，面向所有那些真诚地希望没有战争并且希望看到我们国家自由和幸福的人们。让我们共同斗争反对战争和饥饿的政权，反对宣扬战争是创造之父和文化之母，宣扬无限扩充军备是地球上颠扑不破的规律的法西斯主义。

有人想让群众认为，日本已经进入一个"不寻常的时代"。是的，这确实是一个不寻常的时代，是一个资本家获得不寻常的利润而大多数人民遭受不寻常的痛苦与贫困的时代。工人的工资一天天下降，而资本家的利润却达到了创纪录的水平。

战争危险特别巨大，因为战争问题在日本被占据统治地位的强大的军事集团以绝密为由肆意掩盖起来。

我们党要求社会民主党、所有的工会和其他工人组织、农民联合会（Dseno）、水平社组织、和平主义佛教组织，以及所有真诚的和平主义者，建立为争取和平而斗争的人民统一战线。

我们党认为，这个统一战线必须提出以下要求：

第一，要求和平，要求立即结束对华战争，要求从中国撤回日本军队，支持伟大的中国人民的独立，支持与中国人民保持真正的兄弟情谊。

第二，反对军备竞赛，反对使人民破产的军国主义负担，要求限制军事预算，用节省的资金来救济挨饿的农民、失业工人和濒于破产的小工商业者。

第三，反对法西斯主义和军国主义集团，争取民主权利，保护人权，争取结社、言论、集会和新闻出版自由，争取反剥削斗争的自由。

第四，反对兵营式的奴役和短时停工制度，反对把农民从土地上赶走，要求立刻改善工人、农民和其他劳动阶层的状况。

为了保障日本人民的最低生活水准，我们党认为这些要求是最迫切的要求。但是，我们乐于同所有愿意开展真正群众斗争的组织、公众人物和团体共同奋斗，即使他们只是为上述要求的其中之一而斗争。

我国人民承受着贫困和无权利的痛苦。他们渴望和平，但是他们的声音在我们国内甚至几乎听不到。因此，每一个真正爱国的正直的日本人的首要责任，就是全力以赴去组织争取和平、米饭和自由的人民群众运动。（掌声）

基尔萨诺娃（国际妇女书记处）：

（受到热烈掌声欢迎）

世界大战的经验表明，当众多男人都在战场上的时候，军工企业能在多大程度上使用妇女劳动力。在德国，战争期间从事生产的妇女人数占到了 67%。各国资产阶级都很好地学会了这个经验，他们及时地为自己的军火工业和军需工业提供了相应的女性劳动力骨干。

因此，我们现在已经看到，**越来越多的服务于准备新战争的工业部门和行业，要么成为"妇女工业"，要么妇女劳动在那里具有压倒性的重要意义**。而这是完全可以理解的。妇女的工资比男人的工资低 30% 到 50%。

大约 6500 万人——这是整个资本主义世界妇女无产阶级大军的数量。

为了准备战争，最重要的任务之一是为这场战争组织后方，首先是组织工业，以便它能保证成功地解决战争问题。

为了这个目的，资产阶级系统地无计划地使妇女劳动群众做好准备，以便在战时确保整个生产系统不断运转。

我们以**德国**为例。在那里，希特勒把已婚妇女抛上了街头，但是军工企业中却特别招募了青年女工。妇女的数量在化学工业中增加了 50%，在电力工业中增加了 50%，在生铁工业中增加了 35%。一个很能说明问题的事实是，1933 年有大约 15 万女工被工厂解雇，但是没有一个女工被军工企业解雇。相反，在这里可以看到在招募新女工。由此我们可以看出，在家庭幸福的崇高口号与利用廉价妇女劳动力的贪婪追求之间，冲突是不可避免的。

在**英国**，在化学工业中就业的妇女数量在最近几年中增加了35％。

在**波兰**，化学工业中的妇女数量增加了50％，在日本增加了40％，在捷克斯洛伐克增加了60％。所有资本主义国家都在向军工企业提供妇女劳动力。

在众多政治的、宗教的、经济的和文化的妇女组织的帮助下，统治阶级使妇女在思想上和组织上对战争做好了准备。

我们今天在妇女军事化方面所看到的，正是列宁早在1916年曾写道的"明天"的情景：

"今天，帝国主义的以及其他的资产阶级，不仅使全体人民而且使青年军事化。**明天，它也许要使妇女军事化。**"①

我们知道，几乎所有的国家（法国、意大利、波兰、捷克斯洛伐克、南斯拉夫、美国）都准备了或者通过了战时动员妇女的法案。

日本的军部组织了各种妇女联合会。日本青年妇女爱国联盟有160万成员。日本爱国妇女协会有150万成员，其宗旨是用民族精神"教育妇女"，把她们变成"战时的可靠支柱"。

日本的统治阶级利用资产阶级的妇女协会不仅进行沙文主义宣传，而且使妇女群众参加实际的军事工作，这样一来军事化也延伸到了儿童身上。

松户、千叶和其他地方的女子学校参加了1933年在东京举行的部队演习。根据义务军事教育法，工厂中的女工也被强迫参加军事教育课程。例如在东京弹药厂，每周都会对女工进行强制性的军事教育。

在**德国**，民族主义和沙文主义是法西斯主义，尤其是德国法西斯主

---

① 《列宁全集》中文第2版第28卷第91页。——译者注

义在妇女群众中使用的一种武器。应当特别注意德国法西斯主义争取妇女群众的阴谋，因为最近法西斯主义在妇女中明显地取得了成功。

希特勒政府**推行了妇女的军事教育**。

德意志少女联盟和全德妇女协会总共有 800 万成员。进行法西斯主义思想教育和准备战争的教育是这些组织的主要任务。此外，妇女们还在**义务劳动营**中以及在"**务农劳役期**"接受军事教育。在科隆广播电台工作的所有妇女每天都进行射击训练。帝国银行每周进行一次晚间的小口径步枪射击训练。参加这些射击训练对于帝国银行的所有女职员来说是强制的。德国邮政总局的女职员和女辅助工都被要求加入邮政职员体育协会，在那里进行强化的军事体育活动。

德国法西斯主义通过强制性义务劳动的方式推行妇女军事化。

1933 年有 13 个地区组织妇女从事强制性义务劳动，总共有 270 个劳动营和上万名女工。

劳动营的组织着眼于军事战略。大多数妇女劳动营都位于东部边境：东普鲁士、梅克伦堡、波美拉尼亚等地。但是在西部工业区也建立了许多营地（根据《人民与劳动报》提供的数据）。这些营地直接建在工厂旁边，以便战时能够立刻用妇女替代被征召入伍的男子。

为妇女义务劳动营配备干部的工作加速进行，三周内就完成了，正如法西斯报刊所证实的那样，"完全符合军人标准"，有些受过训练的女干部能与任何一名中士相比——《人民观察员报》晚间版沾沾自喜地这样写道。

法西斯**意大利**花费了大量金钱用于妇女的军事训练。凡是有法西斯男子组织的地方，也会建立妇女支部。意大利有 6000 个法西斯妇女支部，1933 年时有 188694 人，而到 1934 年 6 月就已经达到了 273229 人。

法西斯民兵组织中有数以万计的妇女。

意大利的法西斯妇女组织已经在为战时后方的工作做准备（红十字

会、工厂中的检验工作、仓库中的分发工作、为在女性居民中实行军事纪律而斗争等等），并且推动女青年的军事化，同时致力于使所有成年的和未成年的少女加入法西斯的青年和儿童组织。

在**波兰**，女军人和女公职人员都有自己的特别组织。比如女军官和女士官的组织"**女军官之家**"，女公职人员的组织"**女公职人员之家**"，女性预备役人员的组织"**女预备役军人之家**"。

除了这些妇女组织以外，波兰还有一个"**女坑道兵联合会**"，一个"**女社会工作者联合会**"和一个"**保卫祖国妇女联合会**"。所有这些组织都有数量众多的成员。

为了培养军事骨干，为各个组织的女性支部负责人和女坑道兵联合会开设了专门课程。

波兰防空联盟有100万成员，其中23%是妇女。这个组织从事的工作包括组织防空和防毒气，募集资金用于购买飞机和建立新的飞行员学校。

芬兰有一个强大的妇女军事组织。这个组织在城市有600个支部，在农村有1300个支部。

在**爱沙尼亚**和**立陶宛**，妇女军事组织同样数量众多。妇女们接受射击、行军和卫生救护等方面的训练。

在**南斯拉夫**和**捷克斯洛伐克**，妇女的军事教育从中小学就已经开始了。

在**法国**，根据保罗·邦库尔法，

> "在战争和具有侵略性质的备战的情况下，必须动员所有法国人和法国国民，不分年龄和性别。"

城乡妇女群众的力量在未来的斗争中将站在哪一边，这个问题在很大程度上取决于我们是否善于把共产党和共青团在妇女中的工作提升到应有的高度，使这项工作成为我们争取社会主义、争取共产主义胜利的整个斗争的一个组成部分。

在**所有**国家无产阶级的阶级斗争中，女工们现在已经发挥着非常重要的作用。她们常常是革命斗争的先锋。

在波兰铁路工人罢工期间，女工们躺在轨道上阻挡铁路交通。**兰开夏郡**的女工们在阶级斗争中以勇敢的女战士著称。

在德国，不顾血腥的恐怖统治，女工们英勇地开展了反法西斯斗争。一个前秘密警察头目不得不承认，妇女们现在成了顽强地敌视国家的人。

在其他各国，我们也到处都能看到妇女们越来越多地参加无产阶级和农民阶级的革命斗争。

然而使我们感到特别激动人心的，是**中国**妇女不怕牺牲的英勇斗争。我们钦佩上海女工在反对日本帝国主义的斗争中表现出来的真正的英雄气概。我们向妇女独立团勇敢的指挥员**张秋琴**同志致敬，她在**通江县**的战斗中把南京军队的一个团全部缴了械。

我们钦佩红军著名的英雄**方志敏**的遗孀作为军事指挥员的勇敢和才华。据资产阶级的报纸报道说，她对丈夫牺牲的回应是接过军团的指挥权。苏维埃红军的革命军事委员会深信这位女英雄的军事才干，把这个军团的指挥权交给了她。

女性体力劳动者和脑力劳动者、无党派人士、社会党人、共产党人、激进党人、基督教社会主义者、无神论者和信教者、有组织的人和无组织的人，都团结在1934年8月4日召开的世界妇女代表大会的周围。

这次代表大会意味着**统一战线**发展的新阶段。

这次代表大会的决议要求资本主义国家的妇女群众把她们的力量联合在无产阶级革命斗争的统一战线之中。

代表大会在其号召书**《告各国妇女书》**中把自己对苏联的态度表述为：

"所有妇女都希望为反对战争和法西斯主义而斗争，并且所有人毫无例外都认识到，苏联是妇女解放的典范。苏联出现了史无前例的文化和社会繁荣。在那里，所有职业、所有职位都向妇女开放，妇女在与男子共同建设新制度和理想社会时，享有与男子平等的权利。"

代表大会的所有女代表们都承认，苏联是世界上唯一给予妇女充分自由并且使她们在所有领域都享受平等的国家。

因此，代表大会也在其号召书中热情地写入了如下关于保卫苏联的呼吁：

"全世界妇女必须与她们的同志，即苏联的男人和妇女团结一致，坚决反对日本帝国主义、德国帝国主义和其他帝国主义的反苏侵略政策。"

代表大会选举产生了一个由 142 名成员组成的反对战争和法西斯主义国际妇女委员会，从而为自己的工作提供了组织保障。

如果不吸收无产阶级妇女群众参加积极的政治斗争，反战斗争的成功、革命运动的成功都是不可想象的。**列宁**教导我们要重视妇女的力量；**斯大林**同志也这样教导我们。他说：

"女工和男工并肩站在一起。她们和男工一起进行我国工业建设的共同事业。如果她们是觉悟的，如果她们受到政治教育，她们就能推进共同事业。但是，如果她们受到压抑和愚昧无知，她们就会戕害共同事业，这当然不是出于她们的恶意，而是出于她们的愚昧无知。"①

---

① 《斯大林全集》第 5 卷第 285 页。——译者注

我们必须学会仔细地考虑群众中的各种力量，动员他们去解决党向他们、向无产阶级提出的问题。

我最后要求，把全部妇女工作纳入党的全局工作，以便能够造就这样的干部，她们将保证代表大会的决议得到执行，这些决议要求必须根据妇女在生产过程中的地位及其在战争中将发挥的作用来改进妇女工作。

加兰（青年共产国际）：

在英国青年的队伍中，和平的呼声和最终消灭战争的渴望日益强烈。赞同国际主义和与其他国家的青年联合的声音清晰可闻。

我们认为，把资产阶级和小资产阶级分子组织青年的业余活动的任何行动和措施都贴上军国主义的标签是错误的。

我们以童子军为例。大多数童子军都是完全健康的小伙子，他们参加这个运动是因为他们具有高尚的和平理想、国际友爱精神和友善的伙伴情谊。而每一个童子军都必然会看到，这些美好的原则受到帝国主义战争危险的威胁，受到法西斯主义的野蛮政策的威胁。他必须反对有人通过战争来亵渎他的这些原则，必须和其他青年一道为争取和平和反对逐利者的战争而斗争。童子军的情况也同样适用于各国的许多其他青年组织。

随着举世闻名的和平公投运动，争取和平和反对反动势力的各种进步青年组织联合起来了。在这个运动中，除了其他重要的青年组织外，共青团也发挥了积极的作用。

在这些问题上进行合作的强烈愿望，促使英国 40 个全国性的青年组织召开会议讨论维护和平的问题，我们幼小的共青团在会上发挥了重要的作用。

这是首次在英国召开这样的会议。会议决定：第一，从下一年开始,每年召开一次全面的青年和平大会;第二,每年召开两次英国所有青年组织的会议,讨论维护和平的问题,并商讨维护和平所必需的所有青年组织的共同行动。这里要提醒大家,这些组织共拥有600万成员。1933年的巴黎青年代表大会有来自59个不同国家的1000多名代表参加,是共青团为在国际上克服我们的宗派主义孤立和联合反战青年群众迈出的第一步。

尽管这些都是重大的进步,但是我们仍然感到还远远不够。

巴黎代表大会之后,坚持用老一套的委员会形式去发起全国性运动的那些尝试,在大多数情况下都没有发展成严峻形势所要求的那种规模宏大的运动,虽然这些委员会过去曾经发挥过重要作用。

争取和平的青年运动不能以老一套的形式发展,而是要充分考虑民族特点和发展阶段的不同,就像法国、英国和捷克斯洛伐克的例子所展示的那样。

必须找到一种形式,把在法国、英国和其他国家以各种不同方式开展的所有这些运动联合成某种争取和平与自由的统一的运动。

在许多国家,社会民主党和统治阶级之间在战争问题上没有多大区别。英国工党尤其如此。

在法国,青年社会党人和共青团之间有一个反对战争和战争准备的统一战线协议。在许多国家(西班牙、捷克斯洛伐克、瑞士),社会党人和共产党人共同组织反战行动。世界和平和青年的未来正处于危险之中,共产党青年和社会党青年肩负着为和平而争取青年的重大责任。

因此,我们呼吁所有社会党青年和共产党青年一起采取反战行动,并广泛开展争取和平的青年运动。

各国法西斯分子,尤其是英国法西斯分子,给所有爱好和平的人士打上和平主义的"妈妈的宝贝儿子"的标签。他们对青年群众进行形形色色的宣传,大肆鼓吹所谓战争的"荣誉",激发青年卓越的战斗才干,并试图在青年的头脑中植入这样的思想,即为争取和平而斗争是没有男人气概,不是青年应该干的事情。他们散布最卓越的人的生命力的思想,按照墨索里尼的表述就是:"战争对于男人,就像生育对于女人一样。"

必须向青年揭露这种美化为了获取利润而进行的杀戮、美化对弱小民族的入侵、美化为了殖民势力范围和殖民掠夺而实施机械化种族屠杀的行径。

青年不是和平主义的,青年正在战斗并将继续战斗。中国青年是正在为民族解放而斗争的英勇的红军的突击队。是的,青年将为和平和自由而斗争,并且只为和平和自由而斗争。

对青年一代来说,争取和平的斗争是与保护我们这一代免于社会覆灭的全部斗争联系在一起的。

因此,除了在军队中的工作外,共青团越来越有必要开展独立的和平宣传。

在这一点上,我们必须摒弃旧的宣传方法,采取大胆的适合青年特点的新的宣传方法,这些方法能够把群众吸引到我们的宣传中来并且使成千上万的人注意我们的宣传。

英国的共青团尽管还很弱小,但已经采用了多种方法,这些方法在资产阶级的报刊上被谈论过。

争取和平的斗争是一个光荣的任务,为此各国共青团和共产党必须动员并且能够动员千百万青年。在这一斗争中,我们共产主义运动作为真正无畏的战士表现突出。

全世界众所周知,第一个无产阶级的国家苏联是唯一不想侵占别国一寸土地、不想进行任何战争的国家。在全世界千百万人的心中,**李维诺夫**同志的名字是作为一名和平的先锋战士的名字被铭记。

青年运动是在卡尔·**李卜克内西**和**列宁**的卓越领导下，在反对军国主义的斗争中壮大起来的。我们能够并且必须将这些优良的传统付诸为反战斗争争取青年的实践。必须为了**和平**把千百万青年群众**争取**过来。

第三十九次会议

(1935 年 8 月 16 日)

继续讨论陶里亚蒂的报告

8 月 16 日上午的会议由**克勒**同志(捷克斯洛伐克)主持,第一个发言者是**尤素福**同志(阿拉伯国家)。

尤素福(阿拉伯国家):

同志们! 1914—1918 年的帝国主义战争表明,阿拉伯国家作为帝国主义国家的瓜分对象和直接战场起了多么重大的作用。帝国主义列强在阿拉伯国家的斗争极其激烈。每一个帝国主义国家都在备战,疯狂加固自己的阵地,采取一系列政治措施,进行规模庞大的扩充军备并大肆进行战争宣传。德国帝国主义要求恢复过去在阿拉伯国家所拥有的地位,日本帝国主义用伊斯兰的色彩包装自己,以便能更容易地开辟武器和商品的销路。

我们的各国人民对帝国主义暴徒和帝国主义战争的态度已经通过大量英勇的反帝行动表现出来了。我们的各国共产党进行了反对日益加剧的战争危险的有力宣传。我们通过各种群众性示威游行、传单和报纸,将和平的口号置于显著的位置,并且把争取和平的斗争与反对压迫我们的人民的斗争、与我们的人民争取民族独立的斗争联系在一起。我们最大限度地利用了我们自己民族的历史，利用了1914—1918年战争的历史，这场战争的结果是帝国主义者瓜分我们的国家并压迫我们的人民。我们用人民的团结和阿拉伯各国人民争取民族独立的斗争对抗帝国主义战争。

意大利法西斯主义企图进攻阿比西尼亚人民。意大利法西斯主义对阿比西尼亚的入侵引起了阿拉伯各国人民群众极大的愤慨。阿拉伯各国共产党把阻止这场强盗战争、联合阿拉伯人民群众保卫阿比西尼亚的独立当做自己的任务。

阿拉伯各国共产党欢迎苏联实施的保卫和平、反对战争挑动者的革命政策。这项政策完全符合我们各国千百万受苦的劳动者的利益，他们不希望发生帝国主义战争的惨剧。

如果帝国主义者还是要发动战争的话，我们将会竭尽全力领导群众把这场战争转变为胜利的反帝民族解放战争，并且以这种方式为保卫社会主义国家，为保卫我们的社会主义祖国提供最有效的帮助。

伊斯克罗夫（保加利亚）：

巴尔干现在也是帝国主义战争的策源地。巴尔干各国的特点是，其中的每一个国家既是帝国主义政策的目标，同时也压迫别的民族。在巴尔干生活着大量被奴役的民族，他们是帝国主义列强和巴尔干帝国主义者交易的对象。这种状况向来是，而且今天也是激发民族主义和沙文主义狂热的理由，是巴尔干各国扩充军备和备战的理由。

我们共产党人一向反对在巴尔干利用民族问题为战争辩护，我们现在更加坚决地反对把战争当做解决民族问题的手段。法西斯主义和帝国主义准备的战争不会导致克罗地亚人、马其顿人、特兰西瓦尼亚人等各民族的解放，而是会导致被压迫民族遭受更大的奴役。我们这里所指的不仅是"本地"的法西斯主义，它为了一小撮资本家、地主和巴尔干王朝的利益而准备在巴尔干各国之间引发战争，而且还包括德国法西斯主义，它是帝国主义战争的祸首，极力想把巴尔干各国人民变成炮灰。

罗马尼亚、南斯拉夫和希腊现在关心的是保住它们在1914年帝国主义战争中占领的领土，因此，他们目前的外交方针是倾向于不直接引发战争。这种倾向体现在1934年由南斯拉夫、罗马尼亚、希腊和土耳其缔结的巴尔干条约中。**德国法西斯主义**发现巴尔干条约有碍于实现它在巴尔干和东南欧的图谋。它极力改变巴尔干国家和多瑙河国家目前的结盟态势，使其朝着对自己有利的方向发展，以便加速准备帝国主义战争和反苏战争。苏联与法国和苏联与捷克斯洛伐克缔结互助条约后，德国法西斯主义在巴尔干的活动更加猖獗了。

最广大的工人群众、城市小资产阶级乃至部分资产阶级激进分子和知识分子，开始把苏联及其和平政策视为弱小国家反对帝国主义列强的侵略政策的真正保护者。纳粹阴谋在南斯拉夫和罗马尼亚是显而易见的。德国法西斯主义是反苏的反革命战争的主要策动者，它自然不会忘记，在东南欧拥有与苏联最长边界的国家正是罗马尼亚（742公里）。它狡猾地利用了罗马尼亚资产阶级阵营在外交上的动摇。我们共产党人必须特别注意希特勒分子在罗马尼亚的这样一些阴谋活动，例如在巴纳特、特兰西瓦尼亚、布科维纳和比萨拉比亚的德裔少数民族中进行宣传鼓动，不断地试图通过反犹的种族宣传、通过金钱和恐怖活动来争取各种民族组织，试图争取各种乌克兰人的组织并组成一个德国人和乌克兰人的联盟等等。只有巴尔干各国共产党开展强有力的工作，开展保卫遭受民族压迫的各国人民，尤其是生活在巴尔干各国的德意志群众的权利和利益的群众斗争，并且组成一个反法西斯主义的和反战的人民运动，才能阻塞德国法西斯主义及其代理人通往巴尔干各国的道路。

希特勒也借助于他的军事盟友，即借助于法西斯波兰在巴尔干开展行动。借助于皮尔苏茨基分子，德国法西斯主义加快了把保加利亚纳入自己的势力范围的步伐。然而，在这个问题上始终不断地发生斗争。在保加利亚，保加利亚法西斯主义和保加利亚资产阶级阵营内部就外交政策问题吵得不可开交。保加利亚资产阶级无法掩盖它对德国外交政策的强烈同情，因此它的外交政策以动摇和矛盾著称。

巴尔干各国的工人和劳动者在共产党的领导下，为反对德国法西斯主义、保卫德国无产阶级和德国共产党而进行了英勇的斗争。对此戈林先生本人也会确信不疑，**在雅典和索菲亚**，迎接他的是表示与德国工人和台尔曼的党团结一致的工人集会和示威游行。然而，这一斗争必须进一步发展。而如果不动员巴尔干无产阶级、农民阶级、被压迫民族、青年、妇女和进步知识分子的最广大群众，总之，如果不动员所有争取和平、反对本国法西斯主义，尤其是反对那些以某种方式支持希特勒体制和希特勒外交政策的政党、团体和组织的人，这一斗争就不可能进一步发展。

巴尔干各国共产党人也必须提防**意大利法西斯主义**在非洲的冒险行动。由于德国法西斯主义在巴尔干的活动日益猖獗，由于墨索里尼正在准备对阿比西尼亚的军事冒险，由于巴尔干国家的一些内部势力处心积虑地破坏苏联的和平政策，在此情况之下，巴尔干各国的军备竞赛极其危险，是对劳动群众、对和平理想的严重威胁。

保加利亚共产党一如既往地声明，强加给保加利亚的讷伊条约取消了马其顿、色雷斯和多布罗加的民族独立，并且资产阶级把该条约的负担转嫁给了劳动群众，因此**必须无条件地彻底废除**。**但是，保加利亚共产党坚决反对用战争手段废除讷伊条约**。战争是法西斯主义的道路，而法西斯主义会把保加利亚人民和巴尔干各国人民引向灾难。不要战争，而要和平，反对法西斯主义和战争，争取平等和民族自决，直至争取一切巴尔干受奴役民族的分离权，为争取实现劳动群众的直接经济要求和政治要求而斗争，为争取民主和社会主义而斗争。这就是彻底废除讷伊

条约和消除世界大战的一切后果，防止新的巴尔干战争和新的帝国主义世界大屠杀的道路。(掌声)

大会主席**克勒**宣读了来自捷克斯洛伐克的几封贺电，其中包括社会民主党工人对季米特洛夫的统一战线论纲表示赞同的声明。

科瓦奇（匈牙利）：

匈牙利劳动者忘不了失败的帝国主义战争所造成的巨大牺牲和严重后果。他们至今仍切身感受着这场为了奥匈帝国主义的利益而进行的战争的后果。

我们坚信匈牙利劳动者将会和我们一起为争取和平、反对帝国主义战争、保卫苏联而斗争，这种坚信深植于另外一个非常重要的历史事实。这个历史事实就是匈牙利无产阶级革命及其争取匈牙利人民的社会解放和民族解放、反对国际帝国主义的光荣的红色战争。匈牙利劳动者知道，匈牙利无产阶级革命斗争和匈牙利苏维埃共和国的国际历史意义，尤其在于它在1919年的紧要关头从军事上缓解了被敌人全面包围的俄罗斯苏维埃共和国的压力。

因此，保卫苏联就成了匈牙利无产阶级和贫苦农民阶级的一个**历史传统**。

匈牙利共产党认为，竭尽全力加强和扩大争取和平的斗争，加强反对帝国主义战争的斗争，使之发展为人民运动，是自己最重要的任务之一。尤其是在匈牙利法西斯主义正开足马力奔向战争的情况下，更是如此。

匈牙利法西斯主义想通过反革命战争的道路修改和约，这无助于实现匈牙利民族的自决权。匈牙利法西斯分子早在1919年就背叛了争取自决权的斗争，从而葬送了这种自决权。当时他们在匈牙利红军中为敌对的帝国主义军队从事间谍活动。

那些过去和现在一直在剥夺本国的匈牙利劳动人民最基本权利的人，也不可能是在别国遭受外族奴役的匈牙利人的保护者。

匈牙利共产党为反对特里亚农和约而斗争，同有匈牙利劳动者生活的那些国家的共产党一起为匈牙利人民的自决权而斗争。匈牙利共产党正是这样同匈牙利统治阶级作斗争，其法西斯主义领袖想利用特里亚农和约挑起新的帝国主义战争，并为了实现自己的帝国主义目标而把匈牙利劳动者派到反对国际无产阶级的祖国苏联的战场上去。

匈牙利法西斯对匈牙利劳动者实施的恐怖行动，近来已经明确地直接为备战服务。

那些在讲话中或者著述中反对备战的人受到军事法庭的审判并且被判以"间谍罪"。单是最近就有5人遭到判决，因为他们揭露扩充军备并大声疾呼反对体育组织的军事化。

军事监狱里关满了士兵，他们因反战宣传而遭到判决，或者同样被强加了间谍罪。

遗憾的是，我们党才刚刚开始同已经泛滥并仍在继续泛滥的沙文主义煽动作斗争。

党将越来越多地运用它在为和平而斗争的口号中和匈牙利劳动者灵魂深处根深蒂固的革命传统中获得的那些武器。党必须发扬1848—1849年匈牙利革命的革命传统，必须不断地反复告诉匈牙利劳动者，在这次革命中，匈牙利民族的革命解放斗争也遭到了背叛，那些为了哈布斯堡王朝的利益而背叛革命的人的后代现在统治着这个国家并且正在煽动战争。匈牙利无产阶级革命和苏维埃匈牙利的斗争是新的匈牙利革命的有生推动力，它们的传统几周前才由**拉科西**同志在匈牙利法西斯的法庭上发扬光大。他证明了，匈牙利只有一个阶级在掌权时会真正为匈牙利人民的自决权而斗争，这就是工人阶级。

争取和平、反对帝国主义战争的另外一个重要斗争领域是争取青年的斗争,对此我党还要做出新的重大努力。在这方面我们离目标的差距最大。

最后,党在争取和平的斗争中将更加注重动员知识界。

为和平而斗争的口号使我们有可能动员如此广大的人民群众,以至这个斗争把城乡大多数劳动者都联合在一个统一的反战人民运动之中。

哈格贝里(瑞典):

与其侵略计划相联系,法西斯德国把获得波罗的海地区的统治地位作为自己的任务。德国的法西斯当权者还一再表示要把斯堪的纳维亚各国人民置于其霸权之下,他们狂妄自负地否认这些民族任何文化上的独立性。他们的帝国主义目标由此就昭然若揭了。他们想要控制通往波罗的海的出海口,并且他们想要成为瑞典和挪威的矿石与木材的主人。这个政策首先威胁到丹麦的民族自由和独立,同时也威胁到整个斯堪的纳维亚地区。

在国联大会讨论希特勒德国实行普遍义务兵役制的时候,斯堪的纳维亚国家的代表——尽管是社会民主党政府执政——反对对希特勒政府的侵略性军事措施进行任何道义上的谴责,因此得到了所有纳粹报纸的喝彩。另外,通过允许德国法西斯在瑞典建造兵工厂,事实上为德国扩充军备提供了直接帮助。

苏联的和平政策未得到各个社会民主党政府的任何支持。相反,瑞典资产阶级长期梦想依靠英国在波罗的海扮演领导角色。在波兰依靠法国的时候,这些计划也针对波兰。波兰脱离法国并且与德国结盟之后,现在继续致力于组建一个波罗的海—斯堪的纳维亚集团。

英德海军协定使斯堪的纳维亚国家的一部分资产阶级感到害怕。这些人觉察到过去的外交政策威胁到斯堪的纳维亚国家自身,会使其丧失自由和独立。现在斯堪的纳维亚的资产阶级和社会民主党领导层中间出现了一些零星的声音，要求转变外交政策，同那些希望欧洲和世界和平的国家联合起来。但是，许多社会民主党的报纸直到最近仍在继续诋毁苏联的和平政策，以"公正"的名义和所谓支持"裁军"的理由为希特勒德国扩充军备辩护。各国社会民主党政府在帮助希特勒扩充军备之后，现在又以德国扩充军备为借口要求加强本国的军备。

我们共产党人告诉工人、农民和所有认识到希特勒法西斯主义威胁的人：对我们来说，斯堪的纳维亚各国人民的民族自由是一项庄重的事业。我们准备竭尽全力反对法西斯匪帮捍卫这一自由。但是，各国社会民主党政府建议的那些手段毫无用处。在瑞典和丹麦扩充军备意味着为反动派提供更加有力的统治工具。也就是说，意味着加强剥削者的暴力手段，这些剥削者在发现自己的统治受到威胁时，无数次地准备向希特勒法西斯主义出卖民族自由。在不驱逐反动的法西斯军官、不在军队中实行民主制度、没有一个真正依靠劳动人民并受其监督的政府的情况下，扩充军备只会极大地加强斯堪的纳维亚国家面临的战争危险，极大地加强这些国家站在希特勒德国一边参加可耻的反苏战争的危险。一项真正反对希特勒法西斯主义威胁的政策，必须首先毫不动摇地支持那些共同努力给希特勒法西斯分子可耻的侵略计划设置障碍的人。一项真正反对希特勒法西斯主义威胁的政策，必须遏制本国的希特勒法西斯主义代理人并且团结一切反对法西斯主义和战争的力量。

我们共产党人愿意无条件地竭尽所能，与社会民主党工人，与真诚反法西斯和反战的社会民主党领导人，与所有法西斯主义的敌人及和平的捍卫者合作，在斯堪的纳维亚国家实行这样的政策。我们也愿意与社会民主党本身缔结协定，只要它们支持这个真正的、唯一可能的和平政策。

斯堪的纳维亚国家没有直接卷入上一次世界大战的恐怖之中，其结果是,即使在那些认识到战争危险的可怕现实的人中间,也有人相信新的战争风暴不会波及斯堪的纳维亚。世界大战的战场为斯堪的纳维亚国家的资产阶级带来了丰厚的利润,他们试图保持这样的幻想。但是毫无疑问,如果继续推行过去的政策,斯堪的纳维亚国家将会被卷入到反动派对工人国家的血腥征讨中去。瑞典外交部长甚至宣称:

"认为我们现在仍像从前一样置身事外的危险想法必须彻底根除。"

渴望和平的群众是否会像待宰的羔羊一样被赶进由第三帝国经验丰富的战争挑动者巧妙设置的斯堪的纳维亚—波罗的海死亡陷阱,这取决于共产党的工作。

斯堪的纳维亚国家的工人痛恨法西斯主义。因此很有可能真正建立一个工人统一战线,以反对德国的战争政策,并且反对斯堪的纳维亚国家为德国的战争政策效劳。然而遗憾的是这种事情目前还没有发生。

在出口战争物资的国家中,瑞典现在排在世界第五位。危机期间,瑞典的战争物资出口翻了一番。这个强大的军事工业并非是最低限度的,它使瑞典成为法西斯德国的侵略计划觊觎的对象。过去曾要求对军事工业实行国有化的社会民主党现在反对这一要求,其理由是军事工业的私人资本主义性质使其能够与其他国际军工企业保持联系,以便交换图纸、专利和经验。社会民主党保护战争物资的出口,理由是这种出口在战时是强大的战争潜力的保障。对军事工业的这种态度甚至在资产阶级和平主义者中间引发了不信任。

斯堪的纳维亚各国人民的利益是和平。如果斯堪的纳维亚各国共产党克服了自身的弱点,如果它们善于把共产国际的舵手**季米特洛夫**同志在报告和总结讲话中作出的指示付诸实施的话,那么为和平而斗争的前景就是充满希望的。我们可以以最广大人民群众对苏联的热爱作为起点。我们可以以斯堪的纳维亚工人对德国野蛮的希特勒匪帮政权的深恶痛绝作为起点。

赫尔曼（奥地利）：

同志们，鉴于希特勒德国的帝国主义战争和侵略政策，地处中欧心脏地带的奥地利的政治和战略地位给奥地利工人阶级提出了特殊的任务。对奥地利的战争威胁目前**直接**来自于希特勒法西斯主义。但是，这种威胁不仅仅是直接的军事干涉，更大的可能是希特勒法西斯主义试图在奥地利纳粹分子的帮助下，再加上奥地利国防军中的法西斯主义的强大力量，从内部进行**一体化**。他们所采取的方法是多种多样的。1934年7月25日，希特勒法西斯主义企图通过政变来实现自己的目标。这次政变失败后，现在它又企图用所谓民主的方式，用全民公决的方式为希特勒德国赢得奥地利。而这**并非**意味着它最终放弃了以暴力手段对奥地利实行一体化。不过1934年7月25日的事件也表明，希特勒法西斯主义在奥地利的任何重大进展都会直接引起战争危险。这种危险并非微不足道，因为德国法西斯主义恰是在奥地利问题上展开了**欧洲的战线**。

目前在奥地利对抗希特勒法西斯主义的计划，愿意并且能够捍卫中欧和平的力量是什么呢？**奥地利法西斯主义能不能成为一个和平的因素呢**？它能不能捍卫奥地利的独立反对希特勒法西斯主义呢？奥地利法西斯通过其束缚工人阶级的政策，通过迫使所有工人组织转入地下状态，削弱了对希特勒法西斯主义的抵抗。它十分**软弱**和**无能**，无力解决奥地利危机的任何问题，因此把心怀不满的中间阶层和农民阶级都推入了纳粹主义的怀抱。通过对哈布斯堡家族问题展开讨论和准备复辟哈布斯堡王朝，它使纳粹的煽动和希特勒法西斯主义的阴谋更容易得逞。**它不断在中欧引发新的不安并加剧了战争危险。**

甚至曾在2月帮助政府镇压了工人的国防军，现在也**不是**反对希特勒法西斯主义的**可靠工具**。高级军官都是保皇主义者。但是在部队的中下级军官中，纳粹有很大的影响。军人中间存在着强烈的反政府情绪。

能够真正抵抗希特勒法西斯主义的**唯一力量**是奥地利工人阶级。**只有工人阶级才能在这场斗争中动员最广大的人民群众**。我们现在宣布坚决反对希特勒，坚决捍卫奥地利的独立，同时也就是宣布，我们在奥地利独立问题上的态度与奥地利爱国主义的意识形态和奥地利人的爱国口号**毫无共同之处**。奥地利人民是伟大的德意志人民的一部分。无产阶级革命将实现奥地利和德意志苏维埃国家的统一。但是现在我们**共产党人坚决反对奥地利并入德国**，因为我们要保护奥地利的德意志人民，使其**免遭更重的奴役、更深的恐怖**，免遭希特勒法西斯主义强加给德国人民的那种耻辱，因为我们不想让**欧洲和平与自由的主要敌人**得到加强。并入希特勒德国意味着对奥地利德意志人的战争，同时也意味着对德国人民的战争。如果我们现在在奥地利反对合并并为**捍卫国家的独立**而斗争，那么我们肯定能获得德国人民中一切反对希特勒并支持和平的力量的赞同和支持。但是，奥地利人民**不应该把捍卫自身独立的任务交给法西斯政府**和**意大利帝国主义**，因为它们今天或者明天就可能准备背着奥地利人民与希特勒德国达成谅解。

我们争取奥地利独立的斗争同时也是**争取奥地利人民自由权利的斗争**。我们只有坚决斗争反对奥地利法西斯主义对人民的压迫，才能动员最广大的人民群众支持我们争取奥地利独立的斗争。

工人自卫队在奥地利反对法西斯主义和战争的斗争中发挥了重大作用。奥地利法西斯主义尽管在2月镇压了工人，但却未能摧毁工人自卫队。工人自卫队队员们遵从共产党重建工人自卫队组织的口号，**在革命的基础上把工人自卫队作为统一战线组织**重新建立起来。工人自卫队现在作为地下组织拥有上万名成员。

同志们！我受委托以维也纳工人自卫队的名义向共产国际第七次代表大会致以最热烈的祝贺。

工人自卫队正是由于其防御组织的性质，能够在反对法西斯主义和反对威胁和平的希特勒法西斯主义的斗争中扮演重要角色。它可以**成为准备阻止希特勒法西斯主义将奥地利一体化的一切抵抗力量和团体的集结中心**。

马丁内斯（西班牙）：

同志们！西班牙帝国主义为积极参加即将爆发的战争而疯狂地扩军备战。

从1931年4月14日（共和国宣告成立的日子）到1934年11月，西班牙帝国主义或多或少总是在政治上追随法国。

11月大选之后，西班牙帝国主义的外交政策发生了重大转变。开始与法国打关税战，其后果是两国的贸易关系彻底中断。作为统治阶级的资产阶级和地主集团将自己的帝国主义政策和贸易政策指向了英国，因为英国是西班牙农产品的主要销售市场。

下列事实构成了西班牙统治阶级的外交路线的特征：军事预算、海军预算以及用于特殊军事目的，包括用于镇压国内社会运动的行政预算，占整个国家预算的50%。几个月前通过了一项法律，根据这项法律，开始组建一支拥有3.5万人的采用最新军事技术装备的正规军。在实施这项法律的时候，统治阶级面临两项任务：第一，他们想拥有一支庞大的军队以用于未来的帝国主义战争；第二，他们想拥有一支决定性的力量以实施法西斯政变。为了实现这一双重目标，还要清除军队高级指挥官中的共和派分子和反法西斯人士，代之以君主主义和法西斯主义的指挥官和军官。不遗余力地以"士兵之家"的名义建立专门的俱乐部，用爱国主义、战争狂热和沙文主义的思想对士兵进行政治教育。不久前颁布了一项法令，禁止军工企业的工人加入工会。同样的法令也准备在市政部门和铁路等其他重要工业部门实施。

以希尔·罗布莱斯为首的现任联合政府公开谋求与英德日阵营结盟。另一方面，必须特别强调的是法国金融资本对西班牙国民经济的投资，尤其是在商贸企业中的投资，以及美国金融资本的日益渗透。所有这些促使西班牙资产阶级—地主阵营的各个集团之间的矛盾激化了。

西班牙帝国主义的强盗计划有一些如今已经暴露。首先，它要求在丹吉尔地区拥有绝对统治权，在那里西班牙帝国主义现在必须保护它的利益免受英国和法国帝国主义的冲击。其次，西班牙帝国主义力图得到英属直布罗陀。再次，西班牙帝国主义努力扩大它在摩洛哥边境和伊夫尼地区（西非）的占领地。最后，法国政府和西班牙政府之间的贸易战也波及摩洛哥。

陶里亚蒂同志在报告中指出了我们的发言在自我批评方面的不足，他说得完全正确。这就要求我们在代表大会上用具体的例子指出我们工作中的薄弱之处。我们党善于开展反对法西斯主义和战争的大规模宣传鼓动运动；我们党善于动员广大群众，组织大量的集会、大会和代表会议。只是这些大规模的运动多数情况下都是临时性的，因为未能从组织上将其固定下来。这里举一个例子。1934年在**马德里**召开了一次反战代表会议，有大约300名各界代表参加，到会的还有许多马德里卫戍部队的军士和士官以及一些兵营委员会，这些兵营委员会联合了上千名士兵。尽管如此，在十月事件的时候，我们党的领导层与革命士兵和士官群众之间的联系还是被政府毫不费力地切断了，政府开始把军队中的革命分子从一个卫戍部队调往另一个卫戍部队。我们未能利用我们在军队中的影响来争取革命的胜利。我们正在清除我们在这一领域以及在其他领域的重大缺陷，并开展一场规模浩大的反法西斯主义和反帝国主义运动，这场运动应该包括西班牙的所有工人、农民、全体人民群众以及受西班牙帝国主义奴役的各国人民群众。我们党必须利用宪法中关于禁止以战争作为解决冲突的手段的条款。我们关于从摩洛哥、加泰罗尼亚和巴斯克地区撤回西班牙帝国主义占领军的口号，在被压迫民族中引起了强烈的反响，这个口号将成为我们反对法西斯主义和战争行动的主要口号之一。

我现在谈谈**葡萄牙**。这两个国家的统治阶层的政策之间有很大的相似性。因此，西班牙和葡萄牙两国共产党在行动中必须最紧密地配合，它们在反对法西斯主义和战争的斗争中面临着许多共同的任务。

葡萄牙独裁政权所进行的军备竞赛具有保卫殖民地的性质。军事法西斯独裁政权所进行的煽动只是为了掩盖对英国帝国主义的政治依赖。

那么葡萄牙法西斯主义对其殖民地的政策是怎样的呢？殖民地从前所享有的那点可怜的自决权荡然无存。殖民地各国人民的结社权被剥夺。报刊被置于严格的检查之下。殖民地的全部经济、政治和行政生活现在完全依赖于宗主国及其中央政权。

独裁政权的战争政策的基础是把葡萄牙变成反对西班牙革命的工具。我们列举几个事实。4月14日以后，在里斯本军事学校里充斥着与西班牙开战的喧嚣，宣称葡萄牙应该组建数量上占优势的力量。最近，政府报刊开展了一场声势浩大的反对所谓**西班牙革命的兼并计划**的运动。

英国资产阶级的领导层越是继续挑动反苏舆论，作为英国帝国主义的走狗在葡萄牙掌权的法西斯分子受经济危机和**葡萄牙帝国主义**外交政策矛盾的驱使，就越是强化自己的反苏倾向。

卡尔莫纳—萨拉查独裁政权在国内推行强烈的反苏宣传。在评论艾登与希特勒之间的谈判时，独裁政权的正式机关报《**每日新闻**》表达了如下想法：**"通过柏林刺向莫斯科熊的心脏不是更好吗？"** 正因为如此，葡萄牙必定被看做反苏进攻的预备队。

鉴于反苏战争的危险和葡萄牙资产阶级可能干涉西班牙革命的危险，我们党宣布将与苏联和西班牙无产阶级并肩战斗，以便把帝国主义战争变为反对资产阶级政权的国内战争。

西班牙和葡萄牙两国共产党呼吁两国一切反对帝国主义、反对军国主义和反对法西斯主义的力量以及受西班牙帝国主义和葡萄牙帝国主义压迫的各个民族和殖民地，建立一个广泛的统一战线，为反对帝国主义的压迫、维护和平、提高无产阶级的生活水平、反对对农民的资本主义剥削和封建剥削、争取劳动群众的政治权利、推翻勒鲁—希尔·罗布莱斯的法西斯政府以及卡尔莫纳—萨拉查的教权法西斯独裁统治、争取葡萄牙人民的权利而斗争。西葡两国共产党呼吁建立人民阵线，在殖民地和受西葡两国帝国主义奴役的各民族驱除法西斯总督和高级官员，重建被帝国主义者解散的乡镇政府和其他选举产生的机构，争取被压迫民族在民主的基础上自行选举产生行政和政治机构的权利；反对帝国主义战争，反对欧洲资本主义国家的侵略野心，保护殖民地的独立。

西葡两国共产党呼吁工人总联盟、全国工会联盟、工会总联盟所属的各个组织，呼吁葡萄牙的自由工会和该国的各个全国性工会开展反战统一行动；呼吁两国所有的共和派团体和社会主义团体开展反战统一行动；呼吁反法西斯战线和反法西斯联盟，各反法西斯大学生团体，各文化协会、教育协会、体育协会以及和平主义组织，建立一个反对帝国主义、反对法西斯主义和反对军国主义的强大同盟，它能够战胜法西斯主义并为劳动人民争得民主权利。（掌声）

拉西（暹罗）：

我们暹罗共产党人很高兴能在共产国际第七次代表大会上首次发出自己的声音，报告大家在我们这个遥远的小国成立了一个共产党并且开展了革命斗争。我们现在还不是共产国际的支部。我们刚刚提出申请，请求接纳我们加入共产党人的世界大联盟。

暹罗是一个有1200万人口的小国，但是它在地球上所处的位置使它将在即将到来的帝国主义世界大战中发挥重要的作用。暹罗占据了被印度洋和太平洋所环绕的马来半岛的很大一部分。东边是法国殖民地印度支那，西边是英国殖民地印度和新加坡。暹罗的战略位置极其有利，邻近英国最重要的军事据点新加坡和香港，拥有丰富的原材料和食物——最适合造船的柚木、大米、牲畜、锡、锌、煤、金和银，所有这些都使暹罗长期以来成为各个帝国主义列强争斗和冲突的场所。

暹罗形式上是一个独立的国家。暹罗人民在学校和其他地方不断地被灌输这种观念。然而实际上它完全依赖于帝国主义列强的政策。多年来，英国和法国一直在暹罗就它们的地位问题争论不休并且努力在那里施加自己的影响。几年前英国成功地确保了在暹罗的优势地位。

最近几年形势发生了变化。一个新的帝国主义大国日本开始参与在暹罗的争夺。在日本帝国主义在远东和太平洋地区的行动计划中，暹罗扮演了一个重要的角色。对于日本来说，暹罗是一个战略据点，当帝国主义者在太平洋发生决定性的冲突时，这个据点能够保障日本海军和空军的军事行动。很久以来，日本人就竭力谋求得到许可，在暹罗开凿一条横穿克拉地峡的运河。开凿这条运河将使轮船无须经过新加坡就能到达印度洋。这样，日本就掌握了属于自己的沟通印度洋和太平洋的锁钥，可以同所谓"远东的直布罗陀"新加坡相抗衡。日本帝国主义在暹罗开展的活动，不可避免地加剧了英国和日本的对立。

日本对暹罗的影响最近几年显著增强。

日本支持暹罗扩充军备并试图在暹罗军队中起领导作用。由于日本施加了压力，暹罗议会通过了一个法案，根据这个法案，将投入175万英镑加强暹罗的海军。在中小学校实施军事训练。所有这些事实表明，日本帝国主义在暹罗不仅巩固和准备了战略据点，而且还想在帝国主义战争中把暹罗当做后备力量使用。

很明显，最近几年在我们所谓"独立的暹罗"发生的所有政治事件和转变，都是由于帝国主义列强的影响和帮助，这些列强因为暹罗而彼此争斗。在1932年发生的所谓"不流血的革命"中，立宪君主制代替了绝对专制君主制，与那时一样，现在也是在日本帝国主义的压力和要求下，暹罗国王帕恰迪波于1935年3月逊位，9岁的王子阿南塔·玛希敦继位为国王。暹罗政府在1933年4月颁布了一项法律，根据这项法律，一切有共产主义嫌疑的人都被宣布为不受法律保护，单是信仰共产主义就要被处以10年监禁。最近5个月，暹罗有500名革命者遭到逮捕，其中包括许多共产党人。暹罗是一个给许多来自中国、印尼和印度的流亡者提供庇护的国家。在暹罗生活着大约150万流亡者。来自中国的政治流亡者过去在暹罗很容易被接纳并得到庇护。但是现在暹罗政府的恐怖措施也对准了政治流亡者。1934年3月有100名中国和印尼的革命者遭到逮捕并被驱逐出境。1935年2月又有150人遭受了同样的命运。

1932年以来我国工人阶级开展了有力的行动。例如1932年有5000名苦力举行了罢工，1934年又再次举行罢工；还有挑水工、出租车司机和有轨电车工人的罢工；水稻种植场苦力的罢工坚持了长达两个月之久；2000名铁路工人举行了罢工；失业者举行了多次集会；几千名农民举行了反抗赋税的示威游行；此外还有学生罢课和政治犯绝食——最近几年暹罗劳动者就是这样开展革命斗争的。

革命斗争在大多数情况下是自发进行的，然而最近有越来越多的会议在共产党的领导下召开。为了争取群众和建立反帝人民阵线，我们年轻的暹罗共产党还需要做大量的工作。暹罗共产党成立于1930年。目前党拥有大约200名党员，共青团拥有大约100名团员，工会、国际红色救济会和其他组织拥有大约2000名成员。虽然党在最近几年得到了显著的壮大，但是民族主义和宗派主义倾向在党内仍然很常见。许多党员忽视在群众中开展工作。必须从我们的队伍中彻底清除这种宗派主义。我们的工作必须坚决地转向争取群众。

同志们,我们的任务是:建立一个争取和平、反对战争煽动者、反对日本帝国主义者和一切奴役我国的帝国主义者的斗争统一战线;坚持不懈地向群众说明,战争会给他们带来更大的不幸;为保卫中华苏维埃而斗争。

暹罗共产党还很年轻,缺乏斗争经验,还经常犯错误,但是它无限忠诚于共产主义事业。(掌声)

莫雷尔斯(比利时):

毫无疑问,像比利时这样的小国的独立更多是形式上的而不是真正的独立,它取决于帝国主义列强的力量平衡,而在互相对立的帝国主义列强的力量较量中,这种平衡一再被破坏和重建。

鉴于欧洲列强之间以及全世界现存的力量对比关系,资本主义的比利时根本谈不上发挥"独立"、自主的作用。

1914年比利时签署中立条约没有对事态的发展产生任何影响,贝特曼－霍尔韦格在1914年8月以德国帝国主义的名义宣称,他们不会"遵守过时的一纸空文"。

比利时政府是凡尔赛条约的签字者之一,但它出于仇恨摆脱了条约所强加的中立,于1920年与法国缔结了一个秘密军事协议。

签订这样一个协议意味着比利时资产阶级同意法国的欧洲政策。

"国内和平"政府(全国联盟)现在支持赖伐尔和意大利的政策,并禁止向正遭受意大利法西斯直接进攻威胁的阿比西尼亚输送武器弹药。

但是英国绝不容许法国把比利时永远置于自己的影响之下。鲍德温耸人听闻地宣称"我们的边界是莱茵河",随后英国就在西佛兰德建立了空军基地。

必须着重强调的是，比利时政府的军用飞机订单大多数都给了英国的大企业。德国向比利时施加了强大的压力，力图削弱和破坏比利时与法国的关系。

比利时可以算做是目前愿意维持和平的资本主义国家。凡尔赛条约使比利时重新获得了德国的奥伊彭和马尔梅迪两个地区，还获得了对原德国殖民地卢旺达-乌隆迪的委任统治权。

比利时资产阶级还未能消化这两块肥肉，但是这种支持和平的政策可以追溯到1920年法比协议所决定的法国的立场。

苏联坚定不移的和平政策在比利时工人群众中得到了强烈的反响。它非常有助于社会党工人和共产党工人结成兄弟联盟。

在8月1日召开的统一战线集会上，社会党工人清楚地表达了他们的意见。

在列日的**蒙泰格内**镇，共产党青年和社会党青年共同召开了一次会议，450名工人（多数是社会党人）参加了会议。会议一致通过的决议宣布：

"我们满怀同情地把目光投向苏联的和平政策。"

比利时资产阶级内部在外交方针上的对立变得极端尖锐。英国（支持希特勒德国的国家）政策的支持者发动了一场激烈的反法运动，指责法国用关税政策从经济上压迫比利时。

许多报纸和政客宣称，比利时不会赞成法苏互助条约的政策。他们宣称，比利时只是通过1920年的条约——这是一个帝国主义条约——才对法国承担义务。

英国和德国的压力在这里是很强大的，而禁止向阿比西尼亚输送武器弹药则体现了法国和法西斯意大利的压力。

因此，社会民主党的报纸不得不发表大量由各个社会党组织通过的决议,这些决议对有 5 名社会党部长的"国内和平"政府(全国联盟)进行了谴责。

我们党动员一切力量反对比利时资产阶级的战争准备。

在反对帝国主义战争、反对主要的战争挑动者德国法西斯主义、支持苏联的和平政策的斗争中,我们得到了佛兰德和瓦隆的劳动者的强烈响应。

比利时工人阶级在支持苏联的斗争中的传统已经成了比利时劳动者的良知。这些传统将帮助我们党克服一切障碍,为实现统一行动,为开展反法西斯斗争,为争取和平、面包和自由而赢得全体工人。(掌声)

希罗基(捷克斯洛伐克):

斯洛伐克富有光荣的农民斗争的革命传统,17 年前这里曾建立过同匈牙利苏维埃共和国结成联盟的斯洛伐克苏维埃共和国。自帝国主义世界大战结束以来,斯洛伐克一直是匈牙利法西斯主义和波兰法西斯主义觊觎的重点,它们想以斯洛伐克为代价来满足自己的帝国主义野心。为了实现这一政治目标,就像希特勒在苏台德地区那样,匈牙利法西斯主义和波兰法西斯主义在斯洛伐克也有自己的代理人。

匈牙利民族党和匈牙利基督教社会党是霍尔蒂法西斯主义在斯洛伐克的代理人,是希特勒在苏台德德意志人中的代理人"家乡阵线"的盟友。赫林卡的斯洛伐克人民党现在由一个反动集团领导并代表斯洛伐克资产阶级的利益,在自治的口号下挑起反对"捷克人"的肆无忌惮的社会蛊惑和民族蛊惑,同时却与捷克资产阶级中的法西斯分子合作。它支持与法西斯德国结成紧密联盟的波兰的外交政策。它带头进行反苏煽动并且反对捷克斯洛伐克目前的外交政策。它力图使捷克斯洛伐克的外交政策背离苏联的和平政策并向法西斯波兰和德国靠拢。共产党人为斯洛伐克人民群众的社会权利和民族权利进行了顽强的斗争,在千百次斗争中证明了自己对斯洛伐克人民群众事业的忠诚,为捷克和斯洛伐克劳动者指明了在反对法西斯主义和反对为法西斯主义帮凶的一切反动势力的斗争中团结互助的道路。共产党由于坚决捍卫广大人民群众的社会利益和民族利益，在斯洛伐克大选中取得了重大成就，但同时也看到了危险，那就是有很大一部分劳动群众，尤其是农民群众，另外还有众多青年，尤其是青年知识分子，仍然没有认清赫林卡党的政策的反动本质。共产党断定，社会民主党领导人拒绝建立统一战线使得反动派更容易向前推进。因此我们提出，我们的重点任务是建立统一战线，建立反对资本进攻、反对法西斯主义和战争的人民阵线。

因此，我们也欢迎已经在斯洛伐克的许多地方同我们建立了反对战争和法西斯主义的行动统一的社会民主党工人和基督教工人。

建立统一战线从来没有像今天这么迫切。法西斯对苏联发动军事进攻以及对与苏联签订互助条约的那些国家开战已经提上了日程。资产阶级反动派正在谋求加入赫林卡党的反动领导人的政府。这就加剧了法西斯主义的危险和捷克斯洛伐克的外交政策发生转变的危险，同时也意味着对和平的威胁。能不能阻止这些事情呢？当然能，只要斯洛伐克的劳动者同捷克和其他国家的劳动者一起走上斯洛伐克许多地方的工人阶级已经走上的道路，即统一战线和人民阵线的道路，就能够阻止这些事情。斯洛伐克共产党人向所有拒绝和痛恨法西斯主义的人，向所有支持进步、支持和平并反对战争的人发出呼吁：社会民主党内、改良派工会中和基督教团体中的劳动者，我们向你们伸出了手；工商业党内的小工商业者，我们向你们伸出了手；各个进步组织中的知识分子，我们向你们伸出了手；农民联合会和基督教小农联合会中的无地农民和小农们，我们向你们伸出了手；赫林卡党组织中自认为该党支持真正的民族自由和社会自由的劳动者尤其是年轻一代，我们向你们伸出了手。让我们一起建立一个强大的人民阵线：反对战争，争取和平，反对法西斯主义，保卫民主权利！

我们斯洛伐克共产党人声明，我们决不放弃在民族自决权问题上的立场，我们决不允许斯洛伐克的斯洛伐克人、匈牙利人、德意志人和乌克兰人落入匈牙利、德国和波兰法西斯主义的奴役之下。我们共产党人要用无情的斗争回应法西斯主义奴役斯洛伐克劳动群众的种种图谋，还要向捷克的劳动群众说明：为了使斯洛伐克人民群众能够抵抗法西斯主义并为维护捷克人民的民族独立而斗争，必须推翻捷克资产阶级迄今为止实施民族压迫的政权并且承认斯洛伐克人民的民族自立和民族权利。因此我们认为，必须开展共同斗争反对这种政策，争取人民自由和民主权利得到全面扩展。因此我们要求，废除一切限制斯洛伐克人民在乡镇、地区和全国实行自治的规定，废除至今仍在生效的反动的匈牙利法律和一切反民主的法律，废除警察和宪兵对劳动者实行的恐怖统治。我们要求，为失业者提供面包和工作，没收艾什泰哈齐、帕尔菲、科堡和所有其他民族统一主义者以及霍尔蒂法西斯主义的代理人的大地产并将其无偿地分配给劳动农民群众，废除小农和手工劳动者不堪忍受的税赋和债务负担，扩建斯洛伐克人、匈牙利人、乌克兰人和德意志人的教育设施和这些民族的各种文化设施，保证劳动知识分子的工作机会。只有实现这些最低限度的经济要求和民主要求，才能保证反对法西斯主义、沙文主义和民族统一主义公敌的斗争取得胜利。为了实现所有这些要求，我们与捷克斯洛伐克的捷克、苏台德德意志和乌克兰劳动者结成了同盟，同时我们斯洛伐克共产党人声明，一旦法西斯国家发起军事进攻，我们将为打败法西斯侵略者而斗争。在反对法西斯主义和争取和平的斗争中，我们感觉到了我们与匈牙利劳动者的紧密联系，他们是格奥尔格·**多饶**、亚历山大·**裴多菲**、光荣的匈牙利裔巴黎公社社员、匈牙利苏维埃共和国及其被监禁的先锋战士马蒂亚斯·**拉科西**的革命传统的传承人。我们将与波兰劳动者保持紧密联系，竭尽全力反对法西斯侵略者，保卫最强大的反法西斯力量、全世界一切弱小民族的依靠——苏

联。(热烈的掌声)

莱克托萨里(芬兰):

战争的主要煽动者德国和日本非常关注芬兰。**芬兰现在是继波兰之后最积极、最热心地支持德国和日本的反苏战争政策的国家**。芬兰现在准备再次成为德国的仆从,就像1918年那样。

芬兰大资产阶级力求借助法西斯德国来实现自己的侵略计划,自苏维埃政权诞生以来,它就一直在盘算这些计划。

革命的芬兰无产阶级过去和现在一直在进行斗争,反对实现大资本家关于建立大芬兰的计划。

官方对德国和日本的侵略计划的"中立"态度,实际上意味着参加这些计划。芬兰大资产阶级对这种中立态度也是这样理解的。国务秘书所属党的省级机关报《**图鲁恩消息报**》宣称,国务秘书在不久前发表的演说中表明了"芬兰对德国、日本和意大利的基本态度"。

德国政府派遣的波兰外交部长贝克这几天刚好在赫尔辛基,他在戈林的农庄中度过了他的夏季休假。据德国报纸报道,贝克在芬兰要完成两项重要任务:第一,芬兰和波兰为反对东方公约进行更紧密的合作,以便芬兰对爱沙尼亚、拉脱维亚和立陶宛发挥影响,改变它们过去在这个问题上的立场;第二,促使芬兰政府与波兰和德国缔结海军协定。

与希特勒法西斯主义一样,芬兰大资产阶级也极端仇视苏联。

列宁曾在1919年的全俄苏维埃代表大会上指出:

"芬兰资产阶级切齿地仇恨布尔什维克,只有被工人打倒了的强盗对工人才会有这样的仇恨。"①

---

① 《列宁全集》中文第2版第37卷第378页。——译者注

现在仍是如此。芬兰大资产阶级之所以被推向战争，不仅是由于希望借助德国和日本占领苏维埃卡累利阿，更是由于害怕在本国爆发新的革命。

为了影响公众舆论，大资产阶级公开推动疯狂反苏的沙文主义煽动。

在芬兰劳动阶级以往的斗争历史上，有许多无产阶级国际战斗友谊的光辉范例，尤其是与从前的俄国、现在的苏联的工人和农民一起反对共同的敌人。1922年，当时的芬兰赤卫队在苏维埃卡累利阿为卡累利阿人民的自由进行了斗争。同时，芬兰的工人和穷苦农民组织了大游行和群众运动，以阻止芬兰资产阶级把新的部队派往卡累利阿。在芬兰北部地区，伐木工人和农民在我们党的领导下组织了一次武装起义。芬兰资产阶级那时遭到了名副其实的前后夹击。

尽管资产阶级进行了疯狂的沙文主义煽动，芬兰工人对苏联的同情却日益强烈。

甚至迄今仍受到沙文主义煽动极大影响的小资产阶级民众，随着战争的临近和随之而来的恐惧，反对资产阶级的罪恶措施和图谋的情绪也在高涨。他们越来越清楚，**芬兰从列宁和斯大林的党手中，从苏联无产阶级手中获得了自己的独立，苏联和布尔什维克就此成为芬兰独立的唯一保障**，现在仍是如此。

第四十次会议

(1935 年 8 月 16 日)

继续讨论陶里亚蒂的报告

8 月 16 日下午的会议由贝格尔同志（奥地利）主持，他请巴尔杜尔同志（德国）发言。

巴尔杜尔（德国）：

世界上没有任何一个国家像法西斯德国一样，青年被如此广泛地军事化并卷入备战当中。500 万德国男女青年（大部分是出于被迫）参加了希特勒青年团及其下属的完全军事化的法西斯主义青年组织。大约 50 万人加入了军事化的青年义务劳动营。成千上万的青年在冲锋队、党卫军、空防队和其他军事团体里接受军事训练。

法西斯主义也在意识形态领域竭力为战争争取青年。

但是，尽管德国青年一代缺少斗争经验，尽管沙文主义甚嚣尘上，仍有一部分德国青年拒绝备战并且在一些地方已经开始抵制军事化。

已经在这里提到过，在义务劳动营、体育协会和希特勒青年团中，青年首先反对操练和糟糕的伙食，反对限制他们的自由。这种反抗在兵役体检时也很明显，全德国现在都在进行这种兵役体检。例如在南德的某个城市，有 70 名青年没有参加兵役体检并因此被逮捕。据来自上西里西亚的消息,大部分青年在激烈的讨论中表示反对兵役义务,并且许多青年没有参加兵役体检。

甚至法西斯报纸也不得不讨论这些问题。

在许多情况下,抵制军事化并非一开始就是出于自觉的反法西斯斗争立场,但是其后果是导致了与法西斯国家机器的冲突。而具有重要意义的是,进行这种抵制的是各种各样的青年阶层和团体,并且是出于形形色色特别的、政治的和世界观的理由。

如今我们共青团的重大任务就在于把德国青年的这些不同阶层联合起来,把这些形形色色的抵抗、不满和反抗行动凝聚起来,将其引上反法西斯主义的轨道。为了完成这个重大任务,我们要和社会主义青年团的朋友们一起行动,联合全体德国青年,在军营中并且在工厂、义务劳动营、学校和体育协会中进行反对法西斯分子的斗争。

我们将竭尽全力支持每一个德国青年团体和组织,支持它们的每一个行动,即使这种行动仅仅只是针对法西斯独裁的某一项敌视青年的措施,并且作为好战友与它们一起并肩战斗,争取它们的权利和自由,反对剥夺它们的权利和军事化。

我们要用我们的伟大目标自由和社会主义来对抗法西斯主义向青年灌输的种族屠杀和民族仇恨的骗人思想。如果法西斯分子对德国青年说:"你们生来就要为德国而死",我们就这样回答他们:"你们生来就要为德国而生,并要为德国而战斗,以便使德国最终摆脱折磨人民和压迫人民的人,摆脱那些剥夺德国青年的一切前途和发展机会的法西斯当权者,摆脱那个把你们赶出工厂并使你们沦为工业巨头和银行巨头的毫无权利的奴隶的希特勒。"

有人对青年说:"你们的荣耀是保卫德国。"我们对此的回答是:"德国青年愿意用生命捍卫属于人民的东西。但是我们的祖国,我国的财富,工厂、土地、矿藏和森林,所有这些如今都不属于人民,而是属于一小撮资本家、容克和银行家。保卫德国、保卫德国人民，就意味着同那些盗窃我国人民财富的人作斗争，为自由和和平而战。德国如今已经被敌人占领。德国青年的荣耀就是把德国从这个敌人的手中解放出来。

传播民族仇恨的褐衫党人想要让德国青年相信，法国、捷克和意大利的劳动者是我们的敌人。但是我们要告诉青年：法国、捷克或者意大利的工人和士兵不是你们的敌人。他们是你们的兄弟，像我们一样同样遭受着本国资本家的奴役和压迫。他们像我们一样渴望和平。他们像我们一样渴望获得解放。你们的敌人不是他们，而是纳粹主义，因为纳粹主义正丧心病狂地把德国的男女老幼推向一场残酷的战争。如果我们无法阻止这样的罪行，如果你们在死亡的战壕里彼此对峙，那么请记住，他们更愿意拥抱你们，而不是向你们开枪。

我们告诉天主教的朋友："有人要打击你们，禁止你们同教友一起活动和传道，取缔你们的组织。"

为了把我们的德国从这种暴政的耻辱之中解放出来，让我们一起在义务劳动营中、在军队中、在我们所在的一切地方开展行动。

我们向希特勒青年团的团员们呼吁：有人对你们说，你们是国家的栋梁，而事实上你们只能行军和缄默。你们如今并非是国家的栋梁，不，你们是希特勒和席拉赫大量地强加在你们身上的全部负担的承载者。他们向你们许诺的美好未来在哪里呢？这种未来难道是始于把你们关在工厂的大门之外吗？他们向你们许诺的社会主义又在哪里呢？

请看看那个你们的元首煽动你们对其开战的国家：那里生活着全世界最幸福、最自由和最快乐的青年。没错，在社会主义的国家中实现了青年的团结。那里的青年真正是国家的栋梁，是社会主义国家的栋梁。在我们这里，领导着大企业的是剥削者和吸血鬼、克虏伯和蒂森，而在那里则是青年工人。他们领导着大型集体农庄和苏维埃农场，他们是工农红军的指挥员。这些青年可以自豪地拿起武器,因为他们是为了保卫社会主义,为了保卫全体劳动人民。他们为保卫这个伟大的国家而拿起武器,这个国家属于他们自己,而不属于任何资本家和大地主。

因此,我们要向城市和乡村、工厂和高校里的全体德国青年大声喊出伟大诗人弗里德里希·**席勒**的话:"不!暴君的权力总有止境!"德国人民的优秀儿女究竟为什么而战斗并流血牺牲,我们想要实现的目标是:一个自由的社会主义的德国!(掌声)

罗森贝格(波兰):

在法西斯波兰一个月前被解散的议会中,反战斗争是我们共产党议员最重要的活动之一。

波兰共产党人已经进行了多年反对波兰资产阶级反苏战争政策的活动。

当我们共产党议员在议会讲台上要求解除与德国的反苏同盟并坚决主张签订东方公约的时候,我们的发言权被剥夺了,并且数月之久不得参加会议。法西斯部长们害怕我们的要求,害怕讨论他们的外交政策和东方公约。

在与戈林的秘密会谈中,在与德国军官和日本军官的秘密会议上,在波兰总参谋部的密室中,波兰资产阶级正在暗中准备一个空前的犯罪行动。他们想摧毁社会主义的堡垒,摧毁代表全世界劳动群众光荣与荣耀的国家。然而波兰法西斯越来越难于掩盖他们的反苏准备。反对东方公约的理由是战时外国军队不能穿越波兰,这个理由如今已经被今年春天由于梅梅尔地区的紧张局势波兰铁路把德国军队运往东普鲁士的事实彻底驳倒了。当波兰法西斯分子宣称波兰政府的政策是和平和保卫波兰的政策的时候,我们在讨论军事预算或者征兵等问题时,依据具体材料向群众指明了波兰法西斯公然反苏的军事目标。这一事实现在也被一些政客和法西斯政论家的公开言论所证实，比如斯图德尼奇、马茨凯维奇、拉齐维尔等，他们公然无耻地煽动反苏征讨。

波兰劳动群众不想要战争。德国和波兰帝国主义的反苏计划引起了波兰绝大多数居民的强烈愤怒和厌恶。尽管有野蛮的恐怖统治和不断的反苏煽动，第一个无产阶级国家还是始终受到波兰劳动群众的欢迎。在集会和游行示威的时候，保卫苏联的口号和国际无产阶级的领袖**斯大林**同志的名字得到热烈的响应。

在法西斯主义企图公开进行反苏战争宣传的场合，通常都会遭到群众的抗议。乌克兰激进派的组织在西乌克兰发生了分裂，因为该组织的领导层鼓吹公开的干涉政策。在波兰的许多地方，尤其是在波森、波莫瑞和上西里西亚的部分地区，与德国结盟的政策引发了强烈的不满。席卷波兰小资产阶级广大群众的这种不满被国家民主党所利用，该党向来倾向于法国，并且害怕亲德国的政策会使波兰沦为柏林的仆从。波兰300万犹太居民怀有强烈的反希特勒情绪。议会会议很能说明问题，政府在议会会议上提出了批准与苏联的关税条约和与德国的关税条约问题。第一个条约没有引起任何疑问，未经讨论便一致通过。第二个条约引起了所有反对派的抗议，他们把对这个条约的质疑变成了批评贝克部长的亲德政策的起点。

我们在讨论波兰人民对战争的态度时，不能讳言在落后阶层中间，尤其是在农村中蔓延的期待战争的情绪，这些阶层期望战争引起革命。之所以会产生这种情绪，是因为绝望的形势和不相信有可能推翻资本家和地主的政府。共产党人反对这种情绪并向群众指出，这种情绪削弱了群众的反战斗争并且有利于法西斯政府实施罪恶的计划。

真正的反战斗争只能是千百万人民群众的统一战线的斗争。我们可以确定，我们提出的反对战争和支持苏联的斗争口号，已经成为在波兰建立的统一的反法西斯人民阵线的口号。今年3月，华沙工人咨询处根据社会民主党特派代表恰普林斯基的提议，把保卫苏联的口号写进了自己的纲领；波兰社会民主党今年的五一号召开始反对法西斯国家针对苏联的干涉图谋。这些都最好地证明了，社会民主党工人日益认清了法西斯政府的挑衅政策，愿意为反对波兰的和德国的戈林之流和罗森贝格之流而斗争。但是我们共产党人同时要告诉波兰社会民主党，真正想为保卫苏联而斗争的人必须做到两点：第一，不仅要彻底结束反对苏联的活动、为战争准备条件的活动，而且要竭尽全力反对这种活动；第二，要毫不迟疑地坚决加入到以反战斗争为主要任务的统一战线的队伍中来。我们坚信，社会民主党的、同盟的和其他社会主义政党的工人以及农民党的农民都会认识到，我们是对的。

我们希望在反战斗争中联合波兰一切支持维护和平的政治力量，联合一切反对与希特勒法西斯主义沆瀣一气的法西斯战争煽动者的政策的力量。与希特勒法西斯主义合作的政策是对波兰千百万人民的挑战。与希特勒法西斯主义合作的政策使波兰人民的独立受到威胁。我们共产党人想拯救波兰人民免于这场灾难，我们想把千百万群众联合到摧毁波德同盟、反对波兰帝国主义的战争政策的共同斗争阵线中来。我们共产党人记得，苏联是第一个承认受帝国主义国家压迫的波兰人民享有自决权的国家，它始终是和平的主要堡垒，是受到罪恶的德国帝国主义威胁的各国人民独立的主要堡垒。我们谴责波兰政府，因为它通过与德国合作的政策出卖了国家的独立。我们敦促波兰所有不同意这项政策的人共同开展斗争，建立反对帝国主义战争的统一战线。

我们敦促受到波兰资产阶级压迫的西乌克兰和西白俄罗斯人民加入这个统一战线。同时，因为乌克兰和白俄罗斯的希特勒代理人想动员乌克兰和白俄罗斯的群众在德国和波兰法西斯的指挥下参加对已获得解放的社会主义共和国的血腥征讨，所以我们共产党人要告诉他们：你们根据自身的经历就知道，法西斯主义意味着战争、民族压迫、讨伐和绞刑架！而社会主义则意味着和平、彻底的民族解放和社会解放！请你们看看苏维埃乌克兰和苏维埃白俄罗斯，请你们将那里的繁荣生活状态和你们自己遭受的奴役和贫困状态做一个对比！请你们起来反对战争，反对战争煽动者的统治集团！

与此同时，因为波兰的法西斯战争宪法要扼杀对波兰统治集团政策的任何反抗，作为对这部战争宪法的回答，波兰掀起了一场保卫残存的人民民主权利的斗争浪潮，我们共产党人坚持不懈地告诉人民群众：推翻战争煽动者和人民压迫者的法西斯政府的斗争，同时也是争取和平和反对新的民族大屠杀的斗争。波兰无产阶级深感自豪的是，他们在数十年时间里与俄国无产阶级并肩战斗共同反对沙皇制度。他们把保卫已获得解放的苏联工人和农民看做自己的神圣职责。一旦爆发帝国主义战争，波兰无产阶级将会在"以战争反对战争！"的传统斗争口号下高举起斗争的旗帜。（热烈的掌声）

柯别茨基（捷克斯洛伐克）：

最近，在奥地利复辟哈布斯堡王朝的企图越来越明显。深受大多数奥地利劳动人民痛恨的奥地利教权保安团法西斯主义，如今认为复活黑黄旗帜的哈布斯堡君主制度是自己的使命。最可憎的反动怪胎，从前的奥地利公爵、伯爵、男爵，天主教僧侣统治集团，从前的帝国将军，奥匈帝国在世界大战中崩溃后存活下来的大地主恶棍，这些战后不得不躲藏起来的家伙，如今在奥地利法西斯主义的保护下又开始抛头露面了。他们强烈要求奥地利废除反哈布斯堡皇室的法律，归还哈布斯堡皇室的财产，并要求首先在奥地利让遭到驱逐的哈布斯堡皇室成员重登皇位，以便为在中欧重建哈布斯堡王朝的君主统治奠定基础。奥地利君主主义反动派的这些图谋与匈牙利正统主义者的图谋是同时发生的，后者也企图在哈布斯堡王朝正统代表的君权下在匈牙利重建王权统治。

鉴于中欧帝国主义矛盾的加剧,复辟图谋意味着对中欧乃至整个欧洲和平的巨大威胁。

目前复辟危险的加剧不仅是由于奥地利和匈牙利内政的发展,而且首先是由于哈布斯堡皇室的代理人在梵蒂冈的支持下能够从意、法帝国主义的以下看法中牟利,它们认为在奥地利和匈牙利重建哈布斯堡政权是对希特勒德国谋求霸权的对抗措施,并声称复辟可以阻止匈牙利并入或者倒向德国。于是哈布斯堡皇室就以抵抗希特勒为借口要求重掌政权。

与奥地利、匈牙利、德国、南斯拉夫和罗马尼亚的工人阶级协调一致,我们以捷克斯洛伐克无产阶级和全体劳动人民的名义声明,我们极为愤怒地拒绝哈布斯堡皇室复辟的企图,不管这种企图是发生在奥地利还是匈牙利。中欧各国的无产阶级和各个民族将团结一致全力挫败君主主义教权反动派的阴谋活动。从目前的主要任务来看,我们认为中欧各国无产阶级的全部任务就是采取一切措施打败德国法西斯,同时我们也拒绝这样的看法,即认为哈布斯堡皇室复辟是对希特勒体制的一种平衡并且有助于维护中欧和平。不能在哈布斯堡帝国的黑黄旗下反对希特勒和保卫和平,因为正是那个王朝挑起了1914—1918年的可怕的战争,并且把奥匈帝国各民族的千百万人引入了这场战争的屠戮之中。哈布斯堡皇室不可能保护中欧各民族免受希特勒的侵害,要阻止德国法西斯主义在中欧的推进,多瑙河各国劳动群众必须同心协力,全力支持德国无产阶级推翻希特勒独裁统治的斗争,中欧各民族为了反对德国法西斯主义的侵略政策、捍卫自己的生存,必须联合在一个阵线中,中欧各国和各民族必须联合苏联,支持苏联的和平政策,以和平不可分割和建立共同安全的原则为出发点,如苏联所主张的那样,实现多瑙河国家的和平合作。

我们愤怒地谴责意大利、英国和法国资产阶级在哈布斯堡皇室问题上的行径。战后有过承诺，协约国尤其是法国决不允许哈布斯堡皇室复辟。而如今正是这些大国势力在帮助哈布斯堡皇室成员重登皇位，在哈布斯堡皇室问题上，这些大国势力贯彻的是大国的利益和大国的条件，而毫不考虑哈布斯堡王朝所犯的罪行，毫不考虑中欧各民族的利益，毫不考虑和平条约以及对继承国利益的极大损害。

但是，如果帝国主义列强已经忘记了哈布斯堡皇室过去和现在是什么货色，那些在哈布斯堡皇室奴役下受苦达数百年的民族却不会忘记。对于这些民族而言，与哈布斯堡皇室这个名字相联系的记忆是血腥的暴政、肆意的压迫、对民族独立的剥夺、对农民起义和民主民族革命的血腥镇压。对捷克民族来说，与哈布斯堡皇室这个名字相联系的是白山恐怖、反宗教改革的梦魇、龙骑兵的暴行、教会的黑暗、黑黄旗刑警、绞刑架和可怕的战争屠戮。没错，历史是对哈布斯堡皇室的严厉控诉。在各民族的法庭面前，哈布斯堡王朝永远受到诅咒。这种诅咒不可以而且不会被取消。捷克民族和捷克斯洛伐克的其他民族决不能再被置于哈布斯堡君主制度的奴役之下了。

对于中欧各国的无产阶级来说，根据1921年卡尔政变的经验教训，鉴于复辟的危险，他们迫切需要展示出最大的决心，积极主动地在反对君主主义反动派的斗争中发挥领导作用，不是等到复辟图谋已经直接采取行动并且引起战争危险的时候，而是立即介入事态发展进程，采取共同的抗议行动并使各国的政治行动相互配合。

捷克斯洛伐克的无产阶级以及南斯拉夫和罗马尼亚的无产阶级在行动时必须正确评估小协约国的作用，它在哈布斯堡皇室问题上采取了某些行动。我们在此声明，我们愿意支持为及时挫败哈布斯堡皇室的计划并确保中欧和平而采取的任何行动。在哈布斯堡皇室问题上，我们不会允许任何煽动和任何意味着事实上同意哈布斯堡皇室复辟的妥协。有些大国想施加压力将哈布斯堡皇室安插在中欧，我们支持反抗这些大国的一切行动。但是我们不会支持任何试图扩展和巩固圣日耳曼体制和特里亚农体制的行动。我们将唤醒捷克斯洛伐克的劳动群众和小协约国各国来反对利用抵制哈布斯堡皇室来实现帝国主义侵略目的的图谋。我们将要求捷克斯洛伐克实行这样的外交政策,即公开支持南斯拉夫和罗马尼亚的反法西斯人士和民主人士,同时在与奥地利的关系问题上,愿意支持和加强反法西斯的力量。

我们要让捷克斯洛伐克劳动群众明白,在反对哈布斯堡皇室复辟的斗争中,他们在国内的任务是什么。反对君主主义反动派的斗争首先要求同哈布斯堡皇室在捷克斯洛伐克的追随者和秘密代理人,即菲尔斯滕贝格、利希滕施泰因、诺斯蒂茨之类的旧贵族进行最坚决的斗争。必须要求没收这些哈布斯堡皇室的贵族盟友的财产,没收他们的大地产并分配给劳动农民群众。我们要求把这类家伙从军队中清除出去。必须提高对捷克斯洛伐克天主教僧侣统治集团和教会反动派的警惕。必须坚决反对民族统一主义者,他们就像斯洛伐克的匈牙利教权主义者一样,准备在哈布斯堡君主制的旗帜下为霍尔蒂效劳。而捷克民族的劳动群众必须明白,以克拉马尔这个哈布斯堡君主制度的昔日崇拜者为代表的捷克反动的法西斯资产阶级,将肆无忌惮地支持君主主义反动派,正像他们现在不顾民族利益为希特勒柏林效劳一样。

我们将全力以赴,在反对哈布斯堡君主制复辟的斗争中,在争取工作、自由与和平的统一战线和人民阵线的基础上,联合捷克斯洛伐克最广大的劳动群众,不管其属于哪个民族。与此同时,鉴于哈布斯堡皇室复辟的危险,我们要使无产阶级明白自己革命的阶级任务。只有反对资产阶级的胜利的革命斗争,才能最终消除君主主义的计划,资产阶级从前曾废黜并处决皇帝和国王,但是现在为了挽救自己的阶级统治,又让被废黜的国王们重登王位并与他们结成同盟。无产阶级的革命政权,即苏维埃政权,将会像胜利的俄国无产阶级对待沙皇那样对待国王、皇帝和一切君主。因此，胜利的无产阶级将彻底消除哈布斯堡皇室问题，使中欧永远摆脱这个从前的恶魔。捷克斯洛伐克的无产阶级现在要同其他中欧国家的无产阶级一起，通过以下口号中的革命反抗行动，表明完成这一革命任务的决心：

"打倒希特勒和德国法西斯主义！"

"打倒哈布斯堡皇室和君主主义的教会反动派！"

"无产阶级统一战线万岁，反对法西斯主义和反动派斗争中的最广泛的人民阵线万岁！"

"中欧各国争取苏维埃政权的胜利斗争万岁！"（热烈掌声）

斯塔福德（国际红色救济会共产党党团）：

随着国际红色救济会发展为一个在全球有72个支部的群众组织，它成为反战斗争世界运动内的一支强大力量。自成立伊始它就不断开展坚定的反战工作。反战的抵抗斗争和变帝国主义战争为推翻本国资产阶级的斗争要付出更多的牺牲。革命干部面临的危险和受到的迫害迅速增加。

除了波兰的当权者和日本帝国主义者在中国的刽子手仆从外，今天主要的战争挑动者日本、德国和意大利的帝国主义当权者，在使用白色恐怖方面，目前都在各资本主义国家中名列前茅。

在备战的主要中心：鲁尔区、汉堡、柏林和德国中部，大规模逮捕、判决和大屠杀现在远多于以往。以具有革命思想和从事组织工作为由判处**克劳斯**和**凯泽**两位同志死刑，表明了战争挑动者不惜以任何理由消灭对手的决心。但是还没有任何一种可怕的血腥恐怖能够长期把工人阶级从斗争中吓退。因此希特勒独裁只能疯狂地强化其消灭共产党的行动，因此争取和平的伟大先锋战士、党的领袖恩斯特·**台尔曼**所遭受的威胁也与日俱增。所以我们更热烈地欢迎营救恩斯特·台尔曼和其他被囚禁的反法西斯人士的世界运动的高涨。亨利·巴比塞向全世界劳动者提出了战斗口号："营救台尔曼的斗争是一场反对法西斯主义和战争的会战。"在这一口号的鼓舞下，这场群众运动席卷并联合了世界各国越来越广大的劳动者阶层和新的群体。

从1932年到1934年，即战争在远东蔓延并且好战的法西斯主义在德国得势的那几年，全世界白色恐怖的数量出现惊人的增长。1932年被杀害者的人数是34.5万人，两年后是76.4万人。受伤者的人数同期由25万人增加到114万人。1934年白色恐怖的受害者总数是3388082人，而从1925年到1934年这10年间恐怖统治的受害者总数是9510043人。而与此同时，从1932年到1934年这3年间，法庭的正式判决甚至包括死刑判决都迅速减少了。这意味着，大量对革命者的迫害、刑讯和谋杀都没有经过法庭判决，绝大多数都是未经任何法庭程序就发生了。

蒋介石把大炮和毒气对准了要求抗日的劳动群众。

在满洲和华北，日本军国主义者把成千上万的人赶出他们的房屋，或者用燃烧弹和毒气弹消灭他们。军国主义者对日本人中的反对者所进行的迫害也同样残忍。例如，在东京一天内就有107名妇女由于反战宣传而遭到逮捕，她们从此便失踪了。

在意大利我们看到，随着战争行动逐步展开，恐怖行动也在逐渐加强，甚至使得意大利法西斯主义在过去几年所从事的恐怖行动都相形见绌了。

尽管战争挑动者所进行的恐怖行动的数量和事实极具说服力，仍有一些共产党不善于推动和领导红色救济会的支部完成自己的任务。最该受到这种指责的是英国支部。但是在那些军备和军事供货问题特别突出的国家，例如荷兰、比利时、瑞典和丹麦，国际红色救济会第一次代表大会提出的反战斗争任务也没有受到足够的重视。

在通过邻国的红色救济会支部向某个参战国的恐怖行动受害者提供

援助和保护方面，阿根廷的红色救济会开展了非常积极的和卓有成效的工作。它承担起了帮助巴拉圭和玻利维亚的反战斗争受害者的责任，成功地进行了募捐，在本国边境上建立了联系点，与巴拉圭和玻利维亚被捕者的家人建立了联系。

在营救那些由于哗变而被判重刑或者死刑的水兵和士兵方面，智利、秘鲁和古巴的支部取得了巨大的成绩。

为了保护从事反军国主义活动的士兵和工人，保加利亚、希腊、罗马尼亚、南斯拉夫、瑞士、波兰、法国和比利时的支部进行了大量活动，这些活动有时使被告被宣告无罪，常常使处罚大大减轻。

国际红色救济会为保加利亚英勇的反军国主义和反战斗争受害者开展了一次重大的国际行动。在保加利亚，在 20 多个提交军事法庭的诉讼案件中，有 461 名士兵、水兵和工人因从事反战活动而被起诉，其中有 100 多人被判死刑，有 15 名士兵、多名工人和学生在预审期间被军官们杀害。已经有 13 名士兵和工人被处决，其中也包括**吕蒂布洛茨基**。今年年初响应格奥尔基·季米特洛夫的号召在巴黎成立的"保加利亚人民之友委员会"拥有众多的知名人士和 20 个组织。

在发动和走向公开的战争的情况下，被法西斯严重破坏的意大利红色救济会支部尝试用新的工作方式来对付恐怖措施。

在中国工人和农民进行解放战争的情况下，那里的红色救济会发展了红色救济会工作的特殊形式。1930 年，红军占领了湖南省省会**长沙**，释放了 8 万名政治犯。红色救济会立刻组织了广泛的募捐。在组建了新的红军队伍的地方，红色救济会募集衣服、食品和药品补充红军战士的给养。它还以同样的方式帮助了许多游击队。有时候它还承担抬担架的工作，在苏维埃还无法建立红十字会组织的地方，必要时它也承担红十字会的工作。1932 年，在反对日本帝国主义进攻上海的斗争中，它是运动中最活跃的组织之一，此外它还募集到了 16 万美元用于救济受害者。

苏联红色救济会在全国开展了系统而广泛的无产阶级国际主义教育工作。在各个资本主义国家，红色救济会各支部也在国际教育工作和反对沙文主义的斗争中做出了成绩。正是在最近几年，劳动者为其他国家的白色恐怖和法西斯主义受害者开展的活动不断增加。甚至不同国家的政治犯也经常通信，互致革命问候和表达团结一致。

正像反战工作的其他领域除了提到的成就外也暴露出一些错误和不足一样，在反对沙文主义、拥护无产阶级国际主义的斗争中，也还存在着显著的不足之处。

在本国开展支持其他国家的恐怖行动受害者的革命斗争，是在同沙文主义极其尖锐的对立和斗争中彰显国际主义。争取避难权的斗争是反对沙文主义的虽然困难，但十分重要而紧迫的斗争，是红色救济会各支部必须开展的斗争。

我们坚信，我们将会克服一切困难，保证完成国际红色救济会的伟大任务。

宋一平（中国）：

中国共青团目前拥有数十万经过斗争锻炼的富有经验的团员。

中国共青团目前在苏区的主要任务之一是组织和教育广大劳动青年，吸收他们加入红军队伍，以扩充和加强红军及其战斗力，保障红军在前线取得胜利。

我们动员青年组建了一个特殊的"少共国际师"。1933年，成立少共国际师的计划提出后，仅在对坊区（博生县①），共青团区委书记就

---

① 今宁都县，1933年为纪念牺牲的红军将领赵博生曾改名为博生县。——编者注

带领该区的全体青年和成年人共 2000 人加入了这个师。由于广大青年踊跃参军，在 6、7 月间已为少共国际师征召了 7137 人。正是我们的少共国际师首先打破了国民党第六次围剿的封锁，并收到了中央执行委员会主席毛泽东同志和红军总司令朱德同志的贺电。

我们的红军 50%—60% 是青年，其中 33% 是共青团员。在红军指挥员中，共青团员同样占很大比例。他们是有觉悟的、勇敢的战士，能够克服一切困难，为红军中所有青年战士做表率。他们怀着无限的热情和勇气去完成红军伟大的历史使命。

我想列举少共国际师行动中的几个小插曲：

在第六次反围剿期间，刚刚成立的少共国际师在黎川、广昌和南丰一带参与了激战，承担阻击从南丰方向来的国民党 4 个师的任务，以便红军主力部队能够胜利地打击黎川和广昌方向的敌人。尽管少共国际师的人数不多，但是由于指挥得力、战士们英勇善战，能够坚守阵地 20 多天，终于使我军在战斗中取得了胜利。

在富劳市（音译）附近的大战中，我们的 15 团牢牢地守住了阵地。共青团员们在各连召开紧急会议，说明全团的行动任务并且在阵地上向共青团员们分派工作。会议刚结束，对我军阵地的进攻就开始了。战斗中 4 连连长受了重伤。共青团组织委员卢仁路（音译）同志接替他指挥，他对同志们说："我们的连长受了重伤，我来指挥。同志们！我们的军队是工农红军。我们宁死不屈。"说完这些话他就带领全连投入与敌人的决战，用刺刀和手榴弹发起反击。结果击毙敌兵 40 人，缴获了敌人一个连的步枪，打得敌人仓皇逃窜。在追歼敌人时卢同志受了伤。同志们想找一副担架，可他却说："我的伤不重，不必找担架，继续前进打击敌人。"受到这些话的鼓舞，红军战士加强了进攻并消灭了敌人。

红四方面军政委陈昌浩同志因其英勇事迹而在中国举国闻名。甚至国民党的报纸都称他领导的军事行动是"奇迹"。

共青团在红军中间开展了丰富多彩的文化活动，使红军战士能够在闲暇时间受到文化熏陶。每个团都有一个俱乐部。业余时间俱乐部就举行集体朗诵和演出各种革命剧目。此外还组织写墙报、搞体育训练和为青年战士安排其他活动。

共青团的英勇作用在赤少队和赤卫队中得到突出体现。

赤少队是半军事组织，被强有力地武装起来作为地方力量和红军的后备队。我们通过赤少队为红军培养了成千上万的青年战士。

在偏远的苏区，反特务和敌探的斗争很大一部分是由赤少队员承担的。由于赤少队员在这方面所做的工作，许多敌人的密探和特务受到了应有的惩罚。赤少队员还为红军家属提供各种帮助。他们帮助红军家属喂养牲畜，给前线的红军战士送茶水，为他们朗诵，去敌营搞侦察等。

在国民党的报纸上也能读到关于苏区青年工作的报道。例如在第14期《国闻周报》上有一篇题为《川东北剿赤印象记》的文章这样写道：

"在前线，敌对双方的阵地通常相距大约一里地（大约半公里），因此可以听到双方的谈话和笑声。红军不停地进行宣传工作；阵地上的口头宣传通常是在夜里进行，并非总是由红军战士来做，有时可以听到赤少队员和共青团员的非常稚嫩的声音。他们高喊：'穷人不打穷人'，'兄弟们，我们都是受苦的穷人，赶快和我们联合起来一起去推翻蒋介石'，'兄弟们，和我们联合起来一起去抗击日本帝国主义'，'中国人不杀自己的中国兄弟'等诸如此类的口号。"

在国民党统治的白区，我们的共青团也在极端困难的情况下开展了工作。不顾国民党极其残暴的白色恐怖，共青团在反对日本帝国主义的斗争中仍然做了许多工作。例如，在十九路军英勇地保卫上海的时候，我们党和共青团动员广大群众特别是工人和青年学生，帮助十九路军进行武装斗争。他们组织群众集会和示威游行，开展募捐活动，成立救护队、运输队和战地服务队，为十九路军战士提供精神上和物质上的帮助。

1933年，上海的共青团在川卢河畔组织了一次群众集会和游行，有数千名码头工人和学生参加。当警察前来干涉时，3名共青团员勇敢地登台向群众做了热情的演讲，**他们当即被警察逮捕**。在法庭上他们勇敢地为自己辩护，并揭露国民党背叛民族利益的行径。

但是，不能说中国共青团没有任何缺点。我必须指出共青团的关门主义错误，尤其是在白区。在广大的国民党统治区，我们总共只有15000名共青团员，相当于我们党在国民党统治区的党员人数的五分之一。

我们坚信，中国共青团将克服这些缺点并完成自己的历史使命。（掌声）

第四十一次会议

(1935年8月17日)

继续讨论陶里亚蒂的报告

8月17日上午的会议由**王明**同志(中国)主持。讨论陶里亚蒂的报告的最后一位发言人是奥·**库西宁**同志。他受到了长时间雷鸣般掌声的欢迎。

库西宁(芬兰):

青年运动与反对法西斯主义和战争危险的斗争

青年的状况改变了

尊敬的同志们,**斯大林**同志在苏联共产党上一次党代表大会上对现实存在的紧迫的战争危险做了最清晰和最真实的描述。同时他还清晰有力地描述了帝国主义政客们陷入了怎样一种无可救药的混乱和死胡同之中。他们不顾上一次世界大战曾在许多国家引起了革命并导致无产阶级在俄国取得了胜利的教训,仍然打算再次发动战争,"就像溺水者去抓救命稻草一样"。正如**斯大林**同志所说的那样,一场新的世界大战将会再次"引起革命并在许多国家危及资本主义的生存"。但是同时斯大林也在同一次演讲中极力**反对一切自发主义的机会主义观点**。

季米特洛夫同志在本次代表大会上最严厉地批驳了自发主义的倾向。同志们，就像你们所记得的那样，他的论反法西斯主义斗争问题的报告和他的总结讲话，自始至终都充满了反对自发主义观点的斗争精神，充满了极力提高我们的布尔什维主义积极性的精神。

陶里亚蒂同志的报告极为详尽和丰富，我只能稍作补充。我的补充意见只涉及这场斗争的一个方面，即**青年**的斗争。

能否组织一个强大的、具有群众性的、革命的或激进的青年运动，不仅对于反对战争危险的斗争，而且对于反对法西斯主义的斗争，都具有**决定性的**意义。尤其重要的是，要开展一个广泛的青年统一战线运动。

不言而喻，反对法西斯主义和战争的斗争问题，对于任何一个激进的青年运动来说，都是最重要的问题。但是，如果仅仅以反对战争和法西斯主义斗争问题作为青年的行动纲领，或者在组织青年进行反战或反法西斯主义斗争时只局限于"特定范围"的话，那么正如经验所证明的那样，就不能涵盖最广大的青年群众，就不能把他们都发动起来。为了动员最广大的青年群众，必须提出**广泛的青年行动纲领**。

例如，国际青年委员会在开展反法西斯主义和反战斗争的工作中取得的经验就证明了这一点。这个委员会开展了不少工作。但是，只要它只局限在这两个问题上，就难以动员群众。只是当国际委员会以一个共同的青年纲领为基础发起召开议题广泛的青年会议的时候，它的行动才在群众中引起了强烈的反响。

同志们，为什么会出现这种情况呢？因为**青年的状况在最近几年彻底改变了**。这里所涉及的不仅是长年的慢性**失业**。青年**失业**已经成为普遍现象。在大多数资本主义国家，从前有一些学校，至少有一些低级学校是向工人青年群众开放的。而现在对于劳动人民出身的青年来说,入学和受教育的机会越来越少。过去有一些工人青年——尽管只是少数——还有机会把自身的阶级地位"提高一点",上升为小资产阶级或小资产阶级知识分子。在特殊情况下,工人青年可以成为医生、建筑师、教师。这些特例足以在广大工人青年群众中产生改良主义幻想。

相反,今天工人青年各个阶层的**社会地位都下降了**,也就是说,他们甚至无法再上升到他们的父辈的那种社会地位,无法再找到工作并学会一技之长。今天的青年堕落为流氓无产阶级,陷入饥饿、贫困、犯罪、卖淫等的魔爪之中。

但是,资产阶级虽然不再能为越来越多的青年提供工作机会,却为了战争的目的而需要他们。青年被驱赶进兵营或者强制劳动营。

九成的青年群众现在以这种或那种方式遭受贫困的折磨。**青年一代成了受苦受难的、遭受沉重压迫的一代。**他们是新的被压迫阶层。甚至连所谓青年拥有最好的机会和相对富裕的美国,也成了青年大量失业和堕落的国家。

这种状况构成了能够形成最广泛的青年人民阵线的特殊基础。

法西斯主义受资产阶级的委托,用法西斯主义的蛊惑,特别是用沙文主义去传染堕落的青年。在这种情况下,法西斯主义客观上确实有机会在青年中间开展其有害的工作。但是,共产主义也比从前有更多的机会在青年中间开展工作。

我们的各项决议都有一个缺点:写得过于笼统,过于抽象。我们必须从经验中学习。**季米特洛夫**同志曾着重强调,宗派主义经常披着布尔什维主义理论的外衣出现。我们不怕批评宗派主义,我们在青年运动领域确实有不少理由进行批评和自我批评。但是这一次我想讨论最近一些国家——尤其是法国和美国——的共产主义青年运动所展现的一些积极经验。

法国的经验

法西斯分子向法国青年群众提出了建立"青年一代阵线"的问题。我们的法国同志——**雷蒙德**和其他同志——接受了法西斯分子的这个挑战。而他们是怎样做的呢?

如果他们只是教条主义的宣传家的话,那么他们就会拒绝这个问题的提法本身并且断言:没有青年一代的问题,只有阶级问题,只有压迫工人阶级及其青年的问题。

然而法国同志不是这样做的。他们说:好啊,我们就谈谈今天的青年一代的问题。这是一个急迫而沉痛的话题。这是一个今天的绝大多数青年贫困、受压迫和处于绝望境地的话题。亟须开展反对肆无忌惮地压迫青年的斗争。青年为自身的权利和事业而斗争是绝对必要的。必须建立青年一代的阵线。**但是这个阵线反对谁呢?**谁应该为青年一代的贫困化负责呢?是谁在剥削他们或者根据自己获取利润的需要把他们赶出工厂抛到大街上去呢?是资本家,尤其是大资本家。是谁在压迫和束缚青年呢?是谁在阻碍青年过一种合乎人的尊严的生活呢?是反动的资产阶级及其国家机器。是谁想变本加厉地束缚青年的手脚呢?是谁想血腥镇压青年争取自身权利的斗争呢?是反动资产阶级的工具——**法西斯分子**,"火十字团"之流想这样做。因此,他们就是青年的敌人。建立青年一代的阵线就是为了反对他们。

法国同志就是这样提出了问题。

那么我们的法国同志的做法是对还是错呢?同志们,如果你们中间有人想回答:不言而喻是对的,那么我要说的是:是对的,但**并非"不言而喻"**。因为在那个时候,即去年法国同志首次开始以这种方式接近青年群众的时候,这绝不是不言而喻的事情。正相反。例如在青年共产国际的领导层中，甚至最优秀的同志也认为这是异常的、可疑的、错误的。他们摇头表示惊讶：这是一种什么样的语言？"青年一代的阵线"——这不是我们共产主义的语言，而是从法西斯分子那里借来的口号……

这当然完全是误解。法国同志只是利用法西斯分子使用的提出问题的**形式**作为出发点，以便赋予其**真正革命的内容**。正是由于他们不惧怕这种提出问题的形式，而是勇于应对法西斯分子在青年群众面前挑起的争论，所以他们才成功地从法西斯分子手中夺下宝剑并将其**对准**法西斯主义。

在德国，我们的青年同志当时正是未能学会用这种剑术来回击法西斯煽动者的任何进攻。

法国同志还善于在青年群众面前正确地回答青年应当**为何**而斗争的问题。

是为了今天基本的日常生活需要还是为了伟大的未来理想——这一错误的对立是有些国家在对青年进行共产主义宣传时经常碰到的绊脚石，结果导致无论是在青年的直接日常需要方面，还是在其伟大的未来目标方面，我们共青团的主张都缺乏足够的说服力。在最广大的青年群众中间始终有一种错误的印象，似乎改良主义者甚至天主教神甫比共产党人更加关心青年群众的日常需要，似乎法西斯煽动者比共产党人更能使青年有希望获得诱人的未来。

而法国的青年同志却能从整体上把握这两者的意义，懂得把青年的日常需要与青年运动的革命目标有机结合起来的艺术。他们不仅在社会党的青年队伍中，而且在共和派和天主教的青年中，在失业青年的群众集会上，通过向这些青年阐明如下观点而得到了热烈的响应：

所有遭受贫困和不公的青年都必须起来参加共同斗争！为我们的权利、**为青年的权利**而斗争！我们拥有生存的权利，但是甚至连这个最基本的人权也被占统治地位的资本家和投机家所拒绝。我们要求立即获得救济和工作。我们有获得职业培训的权利和受教育的权利，而这项权利现在也被有计划地削减和剥夺了。我们要求政府立刻对此采取措施！我们要求把危机的负担从劳动人民肩上转移到在危机中受益的富豪们肩上。我们青年一代要求拥有更加美好幸福的未来的权利！我们不允许法国希特勒化。我们要求解散法西斯杀人匪帮！我们要为世界和平而斗争！因此，我们必须在本国进行坚决的斗争，反对正在准备新的世界大战和反对法国工人阶级的罪恶的国内战争的法西斯分子和反动的军国主义分子。

法国共青团就是以这种精神开展活动并且成功地开创了群众性的青年统一战线运动。现在有人批评法国青年的这种做法，并依据旧的教条主义公式的标准说道：你们不再强调在资本主义框架内实现工人青年的任何要求和改善其处境都是**不可能的**。这些严厉的批评者认为，这是放弃原则和走上机会主义歧途。

而法国的青年同志却持另一种看法，而且这种看法是完全正确的。他们说：不，青年的处境获得某些改善是**可能的**，只要广大青年群众共同开展坚决的斗争。我们要设法促成此事，这首先取决于我们，取决于我们的毅力和我们正确的策略。怀着这种真正的布尔什维克的坚定性，法国的青年同志走近失业的青年群众并告诉他们：

弟兄们，冬天快要到了。你们知道它将带来怎样的痛苦。难道我们要像胆怯的奴隶那样忍受折磨吗？不！我们再也不能而且不愿意像从前那样熬过下一个冬天。如果你们同意这一点，那么我们就建议你们立刻**行动起来**。立刻派遣群众代表团去找劳动部长！甚至可以向日内瓦，向国际联盟派遣代表团！立刻在巴黎街头组织强大的示威游行！我们青年人必须为自己的生存权而斗争！只有这样我们才能缓解我们的处境。我们要像雄狮一样战斗。我们要向富裕的银行家以及其他在危机中发财的人，向"德福尔热委员会"的先生们及其同伙表明，我们法国青年不愿意做奴隶。**让旧世界战栗吧，因为我们青年一代站起来了！**

我们法国的青年同志在这一阶段以这种行为方式在广大青年群众面前**从政治上打击了**法西斯主义。法西斯分子再也没有兴趣谈论"青年一代的阵线"了，他们像狗一样夹着尾巴逃走了。（热烈的掌声）

这种反法西斯主义的"法国斗争方式"在去年还是**一种新方式**。它要求我们的同志在那时候具有很强的政治勇气和独立性。青年共产国际领导层的那些同志囿于旧框框，暂时无法理解法国共青团的这种自由的语言，因为他们未领会这种语言的政治含义，所以对他们来说，这一事例是一个重要的政治教训。（我当时称其为"法国的语言课"。）

当然，青年共产国际总的来说刚刚迈出运用这种策略的第一步。然而毫无疑问，它和它现在的领导层将会迅速而坚决地在这条道路上率先向前迈进。

美国的经验

美国共青团最近的经验同样极富启发意义。

在那里，事情是这样开始的，由于一个法西斯团体的积极筹备和倡议，在政府的参与下召开了一次全国青年组织普遍参加的代表大会。共青团面临的问题是，要不要派代表参加这次代表大会。对于这样一个新问题，在我们共青团内部发生意见分歧是不足为奇的。

如果是在几年前，人们甚至无须讨论就会否决这一问题的任何可能的解决办法，也就是说，在任何情况下都拒绝参加，我们的共青团可能会"自鸣得意地"认为这种宗派主义决议是解决困难问题的最好方式。而现在共青团讨论了这个问题，结果表明，反对参加这次代表大会的同志所持的理由缺乏说服力。他们认为，"我们担心我们过于弱小，以致无法与如此强大的力量相抗衡。"

同志们，你们看，经常以自信心超强的面目出现的旧宗派主义，在重大的现实任务要求做出明确而勇敢的抉择的时候，是如何暴露出对自身力量和对工人青年的领导作用**缺乏**信任的真面目的。

以**格林**同志为首的美国共青团领导层抛开这种缘于怯懦的理由，卷起袖子走向了汇聚不同阶级的各色青年的代表大会。我们的美国同志在这次青年代表大会上取得了很大的成就。法西斯主义的代理人被彻底孤立，代表大会变成了激进青年的统一战线的一次重要的代表大会。当一段时间后召开第二次全国青年代表大会的时候，我们的青年同志在那里已经拥有了决定性的地位。他们将这种决定性的地位归功于他们获得的信任，而之所以能获得这种信任，是由于他们新的群众政策，由于他们学会了正确地对待工作和正确地开展工作。

他们具体学会了那些东西呢？

首先，他们学会了**客观地评估青年群众的激进化程度**，即正确地评估，既不右倾地低估，也不"左倾"地高估。

过去有些同志考虑问题过于简单，相信只要劳动群众开始激进化和群众运动开始高涨——在美国确实如此——就能立即贴上真正"革命"高潮的"标签"，接下来只需要在青年共产国际的纲领中查找在这种情况下应提出的革命口号以及应着手的革命任务。

我们美国的青年同志现在知道了，虽然美国的青年群众事实上已经开始了激进化和活跃化的伟大进程，但是这些群众——甚至包括其最活跃的代表——还不理解最常见的共产主义口号、标语和要求。他们甚至不理解像法西斯主义这样的"简单的"事物是何物。首先必须通俗地向他们解释这些事物。事实表明，甚至在他们理解了法西斯主义是敌人之后，当赫斯特的报纸提出"反对共产主义和法西斯主义！"的口号时，他们中有些人仍然认为很有道理。他们没有察觉，美国真正的法西斯主义宣传正是以这种具有欺骗性的形式进行的。要尽可能耐心地让青年群众了解事情的真相，而不能**强迫**他们接受我们自己的观点。

其次，我们美国的青年同志确信，他们确实**可以在非共产主义的群众那里学到很多东西**。

例如他们学会了使用"新的语言"，一种鲜活、具体、通俗而且富于表现力的青年的语言，即季米特洛夫同志在这里要求的那种语言，以代替陈旧的、干瘪的、公式化的、健全人难以理解的晦涩语言。

再次，美国的青年同志也学会了克服他们过去在策略上的僵化，学会了运用**灵活的策略**。

对此，格林同志列举了两个典型例证：第一个例证，参加代表大会的宗教人士最初特别怀疑与共产党人建立统一战线的可能性，他们得到机会，可以在星期日早上单独做礼拜。第二个例证，罗斯福青年救济项目中有5000万美元指定用于直接救济青年，我们的同志建议不把该项目视为蛊惑，而是看做**妥协**，是政府鉴于日益高涨的统一战线运动而不得不做出的妥协。同时统一战线的领导人向青年指明这种措施还远远不够，并且指出政府的项目会怎样使某些青年阶层的状况恶化。**格林**同志完全正确地估计了这种策略的结果，他说：

"通过这种方式，罗斯福项目就从一个旨在反对青年代表大会的武器，变成了一个动员青年为提高政府救济而斗争的工具。"

在这里你们再次看到了与法国同样的结果，你们看到了如何从敌人手中夺下宝剑并用来对付他们自己。

最后，美国共青团的同志学会了必须加入**资产阶级**领导下的**大型青年组织**。不仅如此，他们还学会了如何在那里开展工作。

过去，这样的资产阶级青年组织被共青团简单地看做敌对组织，而其千百万成员则被一概看做"敌人"。

人们没有考虑到，在美国——而且不仅在美国——**绝大多数劳动青年**都加入了这类组织。但是，当我们真正开始讨论要在这些组织中开展工作的时候，我们所说的这种工作仍旧完全是宗派主义意义上的，即所谓的"破坏性工作"。既然"破坏性工作"在这个领域里是如此不合时宜，那么如果它在大多数情况下只是停留在纸面上的话，我们不必为此感到遗憾。

美国的青年同志认为，在这些群众组织中工作的目的不应该是破坏，而应该是"把它们从资产阶级影响的中心变为统一战线斗争的中心，变为无产阶级影响的中心"。当他们现在这么说的时候，他们是在表达从自身经验中获得的认识。青年群众把这些组织看做他们自己的组织，我们只有认真地开展工作，通过这些组织来代表青年的需要和利益，才能够扩大我们在群众中的影响。

我们美国的青年同志在这些组织中找到了大批这样的干部和骨干，他们愿意和共产党人一起同反动派作斗争，在短短几年的时间里，美国共青团就成功地在这些群众组织中建立了175个基层组织。（掌声）

同志们，这只是美国共青团从它最近的工作中获得的一些积极经验，而非全部经验。

在资产阶级青年组织中的工作

美国共青团在资产阶级群众组织中如此成功地开展的那种工作，是不是只是在美国才是可能的和必要的呢？

当然不只是在美国。这种工作在许多别的国家同样是可能的，尽管不是采取相同的形式。我们的同志在英国开展了类似的工作，尽管是以不同的形式开始的，或者更准确地说，他们现在才开始这样做，已经相当拖延了。在斯堪的纳维亚国家，我们的同志拖延得如此厉害，以至于他们甚至还没有十分严肃地提出任务。

在法西斯国家开展这种工作与在合法条件下当然有所不同。季米特洛夫同志通过用特洛伊木马做精彩的比喻向你们作了极好的说明。

但是不仅在法西斯国家,在有些殖民地国家我们也必须使用这种策略,比如在中国。你们知道,我们中国的青年同志在苏区做出了真正具有传奇色彩的英雄壮举。他们在前线善于熟练地运用特洛伊木马式的策略。但是在国民党实行恐怖统治的白区,他们恰恰在这个策略上很薄弱。

关于我们中国青年同志的英勇事迹,杰出的法国作家安德烈·马尔罗是见证人。他去过中国并在自己的笔记中记载了我们中国青年同志的事迹中最突出的范例。鉴于这样的英勇事迹,人们有理由认为,对于恐怖条件下的白区任何地方的中国同志来说,摆脱一切宗派主义残余的任务可能不困难。但是尽管如此事实还是证明,即使对我们的中国同志来说,这项任务也是一项困难的任务。他们因此必须学会特洛伊木马式的策略,并设法以此深入到广大的群众组织中去。他们能够做到这一点。他们是很有才干的人。(掌声)

甚至这些群众组织的非法西斯主义的领导人,甚至这些在"和平时期"从事和平主义宣传的人,在本国居统治地位的资产阶级开始战争的时候,十之八九都会以这种或那种方式接受差遣并事实上为军备效力。广大的青年成员将遭到突然袭击并被裹挟到战争中去,如果他们没有事先通过同共产党人的联系而对这一切有所准备的话,如果共产党人事先除了空谈"群众工作"未采取任何其他措施的话。

共产主义青年团

倘若我们的共青团一直像今天这样弱小,无产阶级怎么能为爆发帝国主义战争作准备呢？没有强大的、有活力的、与国内那些最大的青年组织保持有机联系的工人青年革命组织，无产阶级在反对战争和反对法西斯主义的斗争中就会像一个失去了一只手臂的士兵一样。

必须有强大的革命组织，但这绝不是说共青团只应该接纳已经具有革命性的、已经具有共产主义意识的并且已经具备完全行动能力的新成员。不是这样的！**我们的青年组织要敞开大门！**这些组织在一切能够合法活动的地方，都应该向所有真诚同情共产主义并愿意学习共产主义的男女青年敞开大门。

共青团组织的全部生活必须这样来改造，使得每一个还没有共产主义意识、还不适应共产主义的纪律和主动性的新成员，在共青团中感觉像在家里一样，愿意向我们靠拢，对我们组织中的生活怀有强烈的兴趣，并且有机会在这里逐步成长为共产主义者。

在我们的青年组织中，成员的**流动**特别大。这种流动意味着什么呢？**意味着同情我们的群众对我们的宗派主义的批评！**（掌声）这种宗派主义通常尤其表现为在组织的工作和纪律方面立即对新成员提出他们无法满足的过高要求。此外，工作组织得不好，大多是技术性的并且如此无聊，以致会扼杀最强烈的兴趣。如果有人不能满足提出的要求，常常会受到我们的青年干部毫不留情的批评，甚至还有可能被开除。我从西班牙得到消息，在那里，青年组织的工作要求经常甚至比共产党的还要高。与此相应的是，成员流动也特别大。这是青年组织模仿党的最拙劣的形式之一，尽管不是唯一的形式。季米特洛夫同志曾在这里正确地批评过这种模仿。

青年共产国际的中心任务

目前青年共产国际的中心任务是**建立反对法西斯主义、战争和资本**

主义压迫的青年运动的统一。这一中心任务是**格奥尔基·季米特洛夫**同志在他的报告中和在第二项议程的决议中非常明确和坚定地提出的，在我们这次代表大会上受到了共产主义青年代表团最热烈的欢迎。

社会主义青年团和共产主义青年团的力量联合和保持行动统一，无疑会引起工人青年积极加入这两个青年组织。它们将在本国青年的群众运动中共同充当**领导力量**，尤其是在反法西斯运动中，因为法西斯不仅威胁消灭共产主义青年组织，而且威胁消灭社会主义青年组织和所有进步的青年组织。

因此，**季米特洛夫**同志要求共产主义青年团和社会主义青年团在阶级斗争纲领的基础上建立**反法西斯同盟**。季米特洛夫同志的这个建议肯定会在社会党青年中唤起最强烈的回应。

共产主义青年应该以各种方式使社会党的青年组织更容易接受这个建议。这将有助于青年运动取得巨大进步。

然而，这项国际任务绝不意味着人们在各国不能或者不应该走得更远。既然共产国际现在已经将政党联合的问题提上了日程，那么显而易见，在许多国家社会主义青年组织和共产主义青年组织联合的可能性就更加明显了。

在**社会主义青年国际**中已经形成了一个为统一战线而斗争并且向革命阵营靠拢的左翼。这就意味着：在群众暴力斗争的前夜，工人青年中最优秀的力量、最有战斗力的力量，从改良主义的阵营转向了无产阶级革命的阵营，而且不仅是工人青年的力量，还包括其他劳动阶级青年、大学生青年等的力量。他们为社会解放斗争的常备军提供了有战斗力的新生力量。

我们已经在所有那些共产党人善于用正确的方法促使资产阶级群众组织中的青年变得激进的国家看到了上述景象。

这就是**季米特洛夫**同志向青年提出的第二项任务深远而现实的意义

所在，这项任务就是："在最广泛的统一战线的基础上，**联合**所有非法西斯青年群众组织以及工会、合作社等的青年组织的力量，直至建立各种形式的**共同组织**，开展反对法西斯主义、反对令人愤慨的剥夺青年权利和使青年军事化、争取青年一代的经济和文化权利的斗争。"

同志们，这就是正确的道路，这就是共产主义青年运动的路线。

为了自由？为了青年的理想？

正如你们所知道的，在争取建立青年统一战线的国际运动中，最近使用了新的口号，这些口号其实已经是相当旧的口号了：自由的口号、和平的口号、为民主而斗争的口号。因此，我们有些同志对此产生疑虑是很自然的。因为他们非常清楚，这些得到我们支持的口号——除此之外根本不可能有其他原因——也必须经得起布尔什维克原则的批评。

而有这种疑虑的同志没有考虑到，时代已经发生了变化，口号不是固定不变的东西，其生动的内容应该随着环境和时代的变化而改变。自由的口号以前在资产阶级革命中是革命的口号，后来变成改良主义的口号，再往后最终变成反革命的口号。例如1928年至1932年德国社会民主党人执政的时候，在德国主张"反对右派和左派的专政，争取自由"的口号，这个口号就是社会民主党政府的反革命口号。但是，自由的口号如今不是作为**反对**共产党人的斗争口号，而是作为在反法西斯统一战线中**和共产党人共同**斗争的口号提出来的，自然就具有完全不同的内容了。人民阵线这种口号当然是模糊的。我们的任务就是使它变得清晰起来。我们必须使群众明白：这事关**为哪个阶级**争取自由。否则这个口号可能导致模糊无产阶级及其同盟者的阶级意识。

因此应该把问题搞清楚，简单地抛弃这类口号是不明智的，相反应该赋予这些旧口号以新的革命内容。列宁也曾说过：

> "对于任何革命,无论是社会主义革命或是民主主义革命,自由都是一个非常非常重要的口号。"①

在青年统一战线运动中出现了新的"法国式语言"后,人们也开始讨论青年的**理想**。这难道不是我们应该抛弃的理想主义吗?不,事情是这样的。有反动的理想,也有革命的理想。前者是必须抛弃的,而后者则是应当弘扬的。**苏维埃理想**就是唯物主义的共产主义理想。我们当然必须把这个理想告知最广大的青年群众,必须向他们灌输这个理想。

事实证明了苏联尤其在资本主义国家的青年群众中间拥有多么巨大的威望。但是,我们在推广苏联的成就方面却是多么薄弱。我们在展示苏联青年的全部美好未来方面却是多么薄弱。这方面的工作就是青年运动最重要的政治任务之一。

我这里有一份讲话稿,是去年初夏中学毕业的一个苏联姑娘写的。我想给你们念几段,看看这个姑娘是怎样描述苏联青年的状况的。

这位年轻的女同志说道:

> "我们站在通往快乐的创造性生活的大门口,这扇大门热情地向我们敞开着。
>
> 工程师、车工、拖拉机手、农艺学家、作家、化学家、电工——他们都是我那年轻美好的祖国所需要的人。
>
> 是的,弗拉基米尔·马雅可夫斯基说得对:生活是美好的,生活在一个如此神奇的时代和一个如此神奇的国度是美好的。我们国外的同龄人从来没有经历过像我们现在所经历的这种如此美好、充实、明媚而快乐的日子。
>
> 我们的父兄在伟大的共产党领导下经过十月革命的斗争,为我们赢得了快乐、幸福和全面地学习的机会。

---

① 《列宁全集》中文第2版第36卷第334页。——译者注

我们中不仅有未来的工程师、技术员、化学家、农艺学家、红军指挥员、飞行员、坦克驾驶员,而且还会有作家、诗人、作曲家、雕塑家,还会有拳击手、棋手和出色的运动员!

……我们就是苏维埃国家年轻的主人!我们面临着一个艰巨的任务——掌握空间和时间。

我们希望长寿、必须长寿并且将会长寿,因为列宁向我们提出的任务是建立共产主义社会。他说:'真正建立共产主义社会的任务正是要由青年来担负。'①

……是的,我们将理解、掌握和开发所有事物——寒冷的北极和蔚蓝的天空!如果国家要求我们成为英雄的话,我们每一个人都会成为英雄!……

我们国家的英雄主义不是无谓地追逐荣誉。我们的英雄主义体现在日常生活中,体现在严肃的日常斗争中,体现在严肃的日常工作中。"(雷鸣般的掌声)

同志们,如果我们把这样的讲话翻译成其他国家的语言,并且是青年人使用的鲜活语言,那么与发表呆板的统计表相比,在国外给我们的革命宣传带来的政治收益可能更大。

在本次代表大会上,我们所有的人都坚信,季米特洛夫同志以极具说服力的方式指出的新策略路线,将能够帮助我们在世界共产主义运动的各个方面,尤其是在青年运动方面取得真正伟大的成就。在青年运动中也是这样。

但是同志们,有一点是肯定的:**这不会自动发生**。首先各国共产党必须持续不断地对青年运动提供细心的帮助。

各国共产党和各国共产党的领导人必须始终明白,青年运动是社会解放运动的**核心**。我们的青年、我们的希望正在成长!而如果党的领导人认真帮助共青团的话,如果他们委派真正有能力的人去帮助青年的

---

① 《列宁全集》中文第 2 版第 39 卷第 293 页。——译者注

话，青年的成长就能快十倍。我们青年运动的一些领导人近几年已成长为真正青年领袖的楷模。但是现在经常出现这样的情况，即共青团的干部一旦在青年运动的工作中表现得力，就立刻被党的领导人调走，这样做是不行的。

当然，共青团也是党的干部学校。但是，一所被夺去了所有得力的教师和领导的学校是毫无价值的。（雷鸣般的掌声）

同志们，**第二次帝国主义世界大战正在临近**。所有罪恶战争中最为罪恶的一场战争正在准备之中，那就是对苏维埃国家、对全世界工人的祖国的反革命帝国主义进攻。

我们现在知道，正如**斯大林**同志指出的那样，这场战争对资产阶级来说将是最危险的战争。但是诸神想让谁毁灭，必先使其疯狂。

居统治地位的资产阶级致力于最危险的战争冒险。在某些国家他们已经选定了盲目疯狂的冒险家做"领袖"并让其团伙掌权。

德国资产阶级也许不配有更好的领袖，但是世界必须得到保护，以免受这样的领袖的癫狂症的折磨。

日本军队的领导人也差不多同样是危害公众的"和平使徒"（就像著名军阀荒木自己及其同伙所称的那样）。波兰的执政者也毫无政治理智。而侵略野心欲壑难填的英帝国主义则准备支持所有进行反苏战争的冒险政府，无论是直接的还是间接的。种种情况都在促使他们从四面八方把世界推入一场新的种族屠杀。这就是正在临近的战争危险的来源。

这一切并没有吓倒我们。但是，必须认真地、最坚决地动员劳动人民进行防御，开展反对资产阶级战争准备的斗争。这就需要有千百万青年群众支持统一战线。

此外，我们怎样才能抵抗帝国主义战争挑动者呢？

如果我们的阶级敌人开始反苏战争的话，我们希望从背后打击他们。但是，如果大多数劳动青年不追随我们，而是譬如追随天主教神甫或者自由派变色龙的话，我们怎么能从背后打击敌人呢？

我们经常重复变帝国主义战争为反对资产阶级的国内战争的口号。这个口号本身是好的。但是，如果我们不是从现在起就竭尽全力把青年联合在统一战线周围的话，这个口号就会成为空洞有害的废话。（热烈的掌声）

我们需要比我们的党至少广泛十倍的革命青年运动，需要更广泛百倍的青年统一战线。法美两国青年同志取得的成绩已经表明，这在许多国家是完全可能的。

只有当我们到处都全力以赴开展并继续这项工作的时候，只有当我们在这项工作中真正取得重大成就的时候，我们才能说，我们以布尔什维克的方式为应对帝国主义战争准备好了群众。

我们也邀请和平主义青年组织参加统一战线，但是我们必须不断用**列宁**所教导的精神启发青年：

"人家会给你枪。你要拿起枪来，好好地学军事。这种本领是无产者所需要的，这并不是为了去打自己的兄弟，去打别国的工人……而是为了反对自己国家的资产阶级，为了不是靠善良的愿望，而是用战胜资产阶级和解除它的武装的办法来消灭剥削、贫困和战争。"①（热烈的掌声）

如果我们各国党和我们的青年以这种精神进行反战斗争的话，那么毫无疑问，反革命帝国主义战争将在许多国家引发革命，在这次世界大战结束的时候，戈林之流受到的指控不会比范德吕伯在莱比锡受到的指控少。（热烈的掌声）

布尔什维主义青年万岁！
我们美好的苏维埃祖国万岁！

---

① 《列宁全集》中文第 2 版第 28 卷第 176 页。——译者注

全世界无产阶级的伟大领袖斯大林万岁！

（长时间雷鸣般的掌声，在代表们"红色阵线"、"乌拉"、"万岁"的欢呼声中全体起立，开始唱《青年近卫军》、《卡马尼奥拉之歌》和其他革命歌曲。）

第三项议程，会议主席请陶里亚蒂同志作总结发言。

（当陶里亚蒂同志在讲台上出现的时候代表们起立向他致敬并唱《国际歌》）

陶里亚蒂的总结发言

同志们！关于新帝国主义战争的危险和共产国际反对这种危险的斗争的讨论本身的性质，要求我在总结发言中只谈最紧要的事情。

实际上，参加讨论的整个资本主义世界和殖民地国家革命运动的全体代表都表示完全同意我报告中的路线，同意我对新帝国主义战争的危险已经迫近所做的分析，同意我对资产阶级尤其是资产阶级最反动的党派——德国纳粹、日本军国主义者、意大利法西斯，以及全世界资产阶级中的极端好战势力——用来准备新帝国主义战争的方法所做的分析。

所有同志在发言中都表示完全同意我报告中的要点。我在报告中强调，目前在我们争取和平、反对帝国主义战争的斗争与反对法西斯主义的斗争之间存在着紧密的联系。

当前的战争危险具体来自三个方面：德国纳粹主义、日本帝国主义和意大利法西斯主义。它们是最反动的国家；资产阶级民主在这些国家要么被消灭了，要么根本就不曾存在过；它们谋求战争、渴望战争并且已经发动战争。

资本主义反动派就是战争，法西斯主义就是战争。事实现在已经向我们证明了这一点。

通过集中工人阶级共产主义先锋队的力量反对法西斯主义，我们为反对战争、争取和平的斗争取得胜利创造了一切必要的先决条件。

季米特洛夫同志在本次代表大会上所做的精彩的历史性报告，为共产国际和全世界无产阶级勾画出了反对法西斯主义的实际斗争的路线，以及我们反对战争、争取和平斗争的基本路线。

这次讨论的缺陷之一，就是各位演讲者的论述可能过于一般化，没有说明当前的反战斗争具体应该怎样进行。

我们现在已经直接面对战争。日本发动了侵华战争，然而大多数国家的共产党仍然忽视保卫中国革命这一斗争任务。

另外有一些同志在讨论中提出了策略性的问题。这个问题涉及我们对防毒气演习的态度，目前所有资本主义国家都在进行这种演习。工人以及所有其他居民都被强制要求参加这种演习。

我们必须根据反战斗争的一般路线来解决这个问题。我已经说过并且再次重申，我们不应该持抵制防毒气演习的立场。用这种方法反对军国主义是犯了狭隘的、宗派主义的、甚至是无政府主义的方向性错误，它只会阻碍我们与广大群众建立联系。

防毒面具和其他武器一样是一种武器。防毒面具是一种防御性武器，可以在国内战争中使用，因为毒气是资产阶级在反对工人阶级的斗争中在示威游行、罢工等场合用来驱散群众的武器。我们必须善于对付资产阶级的这种野蛮武器，保护自己。

仅仅以防毒面具毫无用处为由来解释我们的立场也是不对的。这种说法只会使错误观念蔓延，即认为现在军事技术手段的发展已经使战争不可能发生。有些和平主义者坚持这个错误立场，但是我们必须坚决维护自己的立场。

在某一场战争包括国内战争中受到毒气威胁的工人有理由问我们：

我们为什么不该为这种战争做好准备？

我们应该利用资产阶级进行的防毒气演习问题并提出一系列直接要求，使我们能够联系群众并开展争取和平、反对战争的群众斗争。

一个更加重要的具有普遍性的问题是**德莱乌**同志在发言中提出的关于欧洲民族自卫战争的前景以及无产阶级对此的态度问题。民族自卫战争的前景不仅涉及荷兰党，而且也涉及许多其他党。所有对此问题感兴趣的党的代表在讨论中都采取了正确的马克思主义立场，我们必须对这一标志着政治成熟的事实表示欢迎。

列宁在1916年曾与罗莎·卢森堡就她以尤尼乌斯的假名出版的小册子进行过论战，在这场论战中就已经指出了欧洲发生民族战争的可能前景，即使在帝国主义时代也不例外。罗莎·卢森堡否认民族战争的可能性，理由是世界已经被帝国主义列强瓜分，因此她断言，任何战争，即使在开始时具有民族战争的性质，也会转变成帝国主义战争，因为它必然会触及某个帝国主义大国或某个帝国主义集团的利益。列宁在回答罗莎·卢森堡时指出，纯粹从理论上看也不应该否定1914年的世界大战转变为民族战争这个假设本身。列宁在考察了欧洲民族战争的具体可能性问题后指出，这种战争是可能的，尤其是在俄国取得革命胜利并且列强的力量在1914年的战争中消耗殆尽的情况下，因此反对帝国主义列强的民族战争不仅是可能的，而且必然会发生并将具有进步的革命性质。

我们目前所处的形势与列宁在1916年就预见到的形势有许多相似之处。

我们有俄国革命的胜利，也存在帝国主义列强的极度虚弱。但是此外还存在着法西斯主义、德国纳粹主义，它用刺刀威胁着欧洲许多弱小民族的自由和民族独立。因此，我们不仅要证实列宁在1916年预见到的前景，而且还要强调我们各国党在这种前景实际出现的时候必须解决的任务。

第六次代表大会的论点是，参加和支持民族自卫战争意味着无产阶级通过支持这样的战争转向"与资产阶级暂时合作"。但是这种暂时合作绝不能导致放弃阶级斗争，也就是说，绝不能是改良主义的合作。因为我们知道，资产阶级即使在某个时刻被迫拿起武器保卫民族独立和自由，一旦看到战争有转变为人民战争的危险，一旦看到工人和农民起来要求实现自己的阶级要求，他们随时都准备转入敌人的阵营，所以就更加有必要强调这一点。

因此，我们着手捍卫受到帝国主义进攻威胁的弱小国家的民族自由，我们将捍卫为自身独立而斗争的弱小民族的民族情感中一切进步的东西，但是我们坚决拒绝保护资产阶级的反动政策。捍卫弱小民族的民族独立不可能有别的政策。欧洲有荷兰和比利时这样的弱小民族，它们的民族独立明显受到德国纳粹主义的侵略战争和干涉战争的威胁。同时，这些国家的资产阶级又在压迫一个庞大的殖民帝国。毫无疑问，我们在这些国家捍卫民族自由的政策，绝不能脱离争取解放这些被压迫、被剥削的殖民地民族的实际斗争。"一个渴望自由的民族不应该奴役其他民族。"遵循**马克思**的这句话，我们毫无保留地支持在所有国家广泛运用民族自决原则，从而表明，工人阶级是唯一进步的力量，是积极抵抗威胁所有民族的法西斯暴政的政策可以依赖的力量。

英国和荷兰同志提出的问题就其本身而言是重大问题，但是对于我们的策略来说则是具体问题。

必须时刻强调这是当前我们反战斗争的焦点，它与我们以及全世界工人阶级和劳动者争取和平的斗争的前景是联系在一起的。

我们对国际局势的新情况进行了分析。我们必须强调这些新情况并着重指出其中最重要的方面。我们必须竭力强调，争取和平的斗争不仅是必要的，而且现在已呈现出前所未有的成功希望。

做出这样的论断绝不意味着我们改变了在战争问题上的马克思主义立场。我们知道并断言，战争是资本主义制度的需要，不把各民族推入战争的恐怖之中，资本主义就不能发展。

当年曾经有一些所谓的"马克思主义者"力图隐瞒和修正这个观点，他们断言，资本主义已成为"有组织的"了，可以和平地发展。所有这种认为资本主义可以和平地、"有组织地"发展的机会主义理论都早已破产。另一方面，我们知道，过去乃至现在都存在着一种倾向，就是在反战问题上采取一种宿命论的态度，这是对马克思主义论断的真实含义做教条主义解释的结果，因为在马克思主义看来，战争与资本主义社会制度是不可分的。

这种宿命论的态度导致有人认为争取和平的斗争是不可能的，它没有任何前途，只要资本主义制度存在，它就是一场无望的斗争，没有任何成功的希望。

这种错误态度的后果是，在一个较长的时期内，我们各国共产党的反战斗争带有某种狭隘宗派主义的、仅仅局限于宣传工作的性质。

我们局限于在工人阶级先锋队内部开展反战宣传工作，出发点是只有这些人才会确信战争不可避免。这导致我们失去了与广大群众的联系，因为这些群众在参加斗争的时候希望看到斗争取得最终胜利的希望。在这种情况下，我们的反战斗争无法取得必要的成就。鉴于体现当前形势特点的所有这些新情况，现在我们必须消除这个错误。

这些新情况是什么呢？

第一，苏联的存在，这个国家的政权掌握在工人阶级手中，工人阶级利用这个政权保卫和平、维护和平，不仅有利于苏联的社会主义建设，而且有利于全世界劳动群众，有利于人类的文明和进步。

在我们争取和平的斗争中，这一无比重要的支柱使这场斗争具有了前所未有的成功前景。

第二，工人阶级的广大力量已经行动起来。他们加入日益壮大的阵线反对资本主义制度，并且为自身的迫切要求而斗争，为反对法西斯主义而斗争。他们在这场斗争中努力联合自身的力量。群众对反法西斯斗争统一的这种追求，同时也是对反战斗争统一的追求，现在甚至促使第二国际的领导人也改变了立场。

几天后第二国际执行委员会将在布鲁塞尔开会，再次讨论那些亟待解决的问题，讨论在反战斗争中工人阶级应该采取何种态度的问题。

我们希望，在这次执行委员会会议上，有人能够真实地反映社会民主党工人对于开展争取和平斗争的日益强烈的愿望，有人能够真实表达这种斗争的意愿，不仅就此问题讨论新的决议，而且得出必要的结论，以便用一个不仅包括工人而且包括最广大劳动群众的强大的斗争统一战线去对抗战争挑动者。

第三，对帝国主义战争的痛恨不仅在工人群众中日益高涨，而且在小资产阶级群众中和知识分子中也日益高涨。战争从未像今天这样遭到如此深刻而强烈的痛恨。

因此，有可能把那些迄今尚未参加政治斗争，并且能够成为反对战争挑动者——法西斯主义——的重要力量的阶层，都吸收到争取和平的斗争中来。

第四，我们最终证明了，帝国主义者的阵线现在已经破裂，除了作为主要战争挑动者的资本主义国家外，也有希望维持和平的资产阶级政府，还有希望保卫和平的小国，因为它们有充分理由害怕德国纳粹主义侵犯自己的独立。

由于所有这些原因，正如我们所看到的，工人阶级面临着新的形势。反对战争和争取和平的斗争阵线现在不能再仅仅是为推翻资本主义制度而斗争的工人阶级先锋队的阵线，我们现在可以吸收新的力量加入这个阵线。一方面，我们可以把无产阶级掌握政权的国家中的全体劳动群众都吸收进这个阵线。这个国家为群众作出了伟大的榜样，告诉人们应该怎样为和平而斗争和怎样维护和平。这个国家还拥有一支为保卫和平服务的军队。而另一方面，我们也必须让所有那些政权仍掌握在资本家手中的国家的工人阶级加入这个阵线。

我们可以吸收社会民主党的劳动群众以及和平主义者、天主教徒、妇女、青年、受到威胁的少数民族的广大群众和他们的组织加入这个争取和平的斗争阵线。我们甚至可以让目前愿意维护和平的资产阶级政府加入这个阵线。

鉴于上述情况，作为本次代表大会就这个议题讨论的结果，我们必须勇敢地提出如下口号：人们不仅可以推迟战争，而且在一定条件下甚至可以阻止爆发新的帝国主义战争。

而这就意味着，我们的全部反战斗争必须具有与过去完全不同的性质。

我们必须打破过去反战和反军国主义工作的狭隘框框，必须使我们争取和平的斗争具有最广泛、最强烈的普遍人民性。

让我们来看看争取和平的人民公决，这次公决在英国举行，动员了1100万人参加。这是一个范例，我们的同志应该遵循这个范例。这是一个主动行动，英国同志应该采取这样的主动行动，以便能够领导渴望保卫和平的人民群众。

当然，同志们，我们要对付的是一个可怕的敌人，即法西斯主义，它在许多国家掌握了政权，并利用手中的权力煽动、准备和进行战争。但是我们知道，法西斯政权不会长久，正如季米特洛夫同志所指出以及全部事实所证明的那样。法西斯政权被极为深刻的内在矛盾所侵蚀，在爆发阶级斗争时根本无法保证安全。

同志们，你们想一想，如果德国工人阶级能够在共产党的领导下领导国内所有反法西斯力量将自己的力量联合起来，给予纳粹政权毁灭性的打击，这将对整个国际局势产生多么重大的影响。

着眼于战争的前景，这一事态将根本改变全世界工人阶级面临的形势。这将为我们争取和平的斗争开辟新的道路和新的机会。

在法西斯独裁国家中开展斗争的那些共产党的同志们，即我们的德国、意大利和日本同志，对全世界劳动者承担着最重大的责任。他们的斗争所取得的任何成就，都为我们争取和平的斗争带来新的成功希望。

各国共产党都承担着重大的责任，它们必须深入群众并使他们坚信：只要所有反战人士、爱好和平的人、工人阶级、广大小资产阶级群众、知识分子、受到威胁的少数民族乃至现在愿意维护和平的国家都联合起来，以强大的阵线对抗战争挑动者和战争贩子，争取和平的斗争就有最大的成功希望。

我们使争取和平的斗争获得这样的新活力并为其开辟这样一种成功和胜利的前景，但是我们绝不因此而改变我们在战争与和平问题上的马克思主义立场。

好战势力与和平力量之间的斗争关系到资本主义社会制度本身的命运。

避免战争、尽可能长久地维护和平，同时也有利于社会主义的事业。在战争的情况下，社会主义的力量是进步的力量而不是破坏的力量，它们联合起来共同前进。

我们要让全世界深信，维护和平是可能的，推迟战争是可能的，在一定条件下甚至阻止战争也是可能的和可实现的。根据这一信念，我们将找到千百万为最伟大、最公正的社会主义事业而斗争的人，为和平事业而斗争的人。

斯大林同志领导的，有史以来所有政党中最坚定、最革命的布尔什维克党为我们树立了一个在极为困难的条件下卓有成效地进行争取和平的斗争的榜样。

但愿整个共产国际争取和平的斗争都同样坚定、同样勇敢、同样顽强、同样热情,也同样卓有成效。

我们的旗帜是争取和平的斗争的旗帜。我们在全世界千百万劳动者面前竖起这面旗帜。让我们保卫它不受法西斯分子和一切战争贩子的玷污!这面旗帜使我们得到保证,明天千百万劳动者将和我们一起为革命、为社会主义而斗争!(长时间的掌声和欢呼声,代表们起立唱《红旗之歌》。)

第四十二次会议

(1935 年 8 月 17 日)

曼努伊尔斯基关于《苏联社会主义建设的成就》的报告

一、苏联社会主义的胜利

在共产国际第六次代表大会和第七次代表大会之间,在各国人民的生活中发生了一件极不寻常的大事,那就是苏联社会主义最终的和不可逆转的胜利。(掌声)。这是在伟大的社会主义十月革命后国际工人阶级对世界资本主义的第二个伟大胜利,它开启了人类历史的新纪元。

由于无产阶级世界革命的堡垒在经济上和政治上的巩固,苏联社会主义的胜利开启了我国发展的一个新阶段,意味着全世界的力量对比关系朝着有利于社会主义、不利于资本主义的方向发生了一个新的重大变化,意味着无产阶级世界革命的发展开始了一个新阶段。我国工人和集体农民在苏联共产党(布)、列宁主义的中央委员会和伟大的斯大林的领导下,在全世界无产阶级的积极支持下取得的这个胜利,意味着共产国际的胜利,意味着它的纲领、政策和策略的胜利。

同一时期,国际工人运动在社会民主党和改良主义工会起领导作用的许多资本主义国家(德国、奥地利等)遭受了失败,这种失败是社会民主党的改良政策和投降策略的失败,是第二国际的失败,在这种情况下,共产国际的这一胜利对国际工人阶级来说意义更为重大并更有教益。在资本主义国家遭遇史无前例的强烈而持久的经济危机的情况下,苏联社会主义胜利的世界历史意义在于,它用耀眼的光芒照亮了国际无产阶级运动的两种发展道路:共产国际的道路和第二国际的道路。共产国际的道路通过无产阶级革命使社会主义在世界六分之一的土地上取得了胜利,并且使国际无产阶级革命的阵地获得了新的有力的加强。而第二国际的道路,即改良主义的道路,则使工人遭受失败并使法西斯主义获得了胜利。这两种结果的对照必然引起一场革命,即所有资本主义国家的无产阶级思想意识的革命,使他们的队伍发生深刻的改变和分化重组。

然而,我国社会主义胜利的意义不仅限于使国际工人运动发生转变。它还具有更加广泛和深远的意义。我国开始用自己的社会主义成就推动各国人民。我国的过去和现在的对比,开始让广大人民群众相信我们的道路是正确的,相信布尔什维主义和共产国际的道路是正确的。

我国在革命前是一个什么样国家呢?

当年我国在欧洲是这样的国家,工人阶级遭受最严重的剥削和压迫,权利被剥夺殆尽;农民阶级极端贫困,遭受的压迫极其沉重,毫无权利,总是面临灾难性的饥荒。我们是这样的国家,农业极其落后和粗放,长期干旱、歉收,只有犁、斧子和伏尔加河纤夫。我们是这样的国家,伤寒和霍乱肆虐、堕落、酗酒、惊人的死亡人数;野蛮、文盲、迷信,还有宗教愚昧和最黑暗的神甫统治。为了维持其日趋没落的统治,我国的统治阶级人为地制造民族仇恨,杜撰杀人祭神的传说,屠杀犹太人,血洗亚美尼亚人和鞑靼人。沙皇制度就像嗜杀的海妖一样死死地吸附在民族的肌体上,折磨着全国人民,极其残酷地压制乌克兰人、白俄罗斯人、格鲁吉亚人、亚美尼亚人、突厥人、乌兹别克人、哥萨克人等的民族生存诉求。革命运动在国内风起云涌,当布尔什维克党领导的无产阶级成为受苦大众的领导时，运动就获得了巨大的能量。狭隘无能的暴力统治者恐吓革命的人民并把国家推向深渊。他们把国家的落后和野蛮解释为俄罗斯"民族精神"的特色，在沙皇发动在战争中大肆吹嘘"在圣索菲亚大教堂上竖起十字架"，并"易如反掌"地干掉敌人。我们的国家过去如此不幸，工人和农民不得不为这些空洞的吹嘘而吃苦受罪。旧俄国不断挨打，别人对它想打就打。

"蒙古的可汗打过它。土耳其的贵族打过它。瑞典的封建主打过它。波兰和立陶宛的地主打过它。英国和法国的资本家打过它。日本的贵族打过它。大家都打过它，就是因为它落后。因为它的军事落后，文化落后，国家制度落后，工业落后，农业落后。"①

俄国在1914—1918年的帝国主义战争中也挨过打，它在这场战争中损失惨重，到处是残垣断壁、一片废墟。然而帝国主义列强又给革命人民强加了一场新的战争，因为革命人民不仅推翻了沙皇制度，而且还推翻了资本主义。被革命驱逐的地主和资本家割据和出卖我们的国家。我们国家的边疆地区曾受到东西南北各个方向的蚕食。我们国家被地主、工业家和银行家推向灾难，却被无产阶级革命所拯救。（掌声）它使国家摆脱了战争，拯救国家免于沙皇时代的政治崩溃和经济破坏，并免遭更大强盗的掠夺；拯救国家摆脱外国资本的经济奴役；保护国家免遭使各国人民陷入深渊的世界经济危机，免受肆虐于资本主义世界的法西斯反动派的蹂躏。它以人类历史上从未有过的速度发展生产力，用拖拉机和联合收割机取代了斧子、镰刀和犁，把"地球上被诅咒的人"变成国家的主人和美好新生活的创造者，不断提高群众的物质生活水平，创造高度发展的社会主义新文化，使各民族团结友爱地生活在一

---

① 《斯大林全集》第13卷第37页。——译者注

起。它建立了强大的工人国家，创造了新的社会经济制度，在这种制度下社会主义新人的面貌正在形成。它使人类最杰出的思想家梦寐以求的社会主义变成了现实。

今天带着这些成就来到共产国际第七次代表大会的，不仅有我们的党，还有我们年轻的社会主义国家，它根据列宁和斯大林的党的意志，服务于无产阶级世界革命的利益。（热烈的掌声）它向全世界劳动者报告，它是怎样履行自己对其承担的国际主义义务的。（热烈的掌声）现在它向十几亿受帝国主义压迫和奴役的人民报告，它是如何被资本主义推向毁灭，又如何通过社会主义而获得新生。它以自身的例子向各被剥削阶级、被帝国主义奴役的殖民地、被压迫民族、遭受经济和政治奴役的小国、帝国主义战争的战败国人民，以及在经济危机的魔爪中破产的千百万群众指明了获救的道路。它以自身的经验号召他们消灭这个给世界带来不幸、给人类带来灾难的社会制度。

然而，我们告别我国可怕的过去才18年！与人类发展史上改变经济制度和政治形式所必需的数百年时间相比，这18年具有多么大的意义！而在这18年中，单是恢复到战前的生产水平就花了10年时间。

我们在1927—1928年度才完成了重建被帝国主义战争和国内战争破坏的国民经济的任务，并超过了战前的生产水平。那时我们的社会主义工业只拥有数量很少的个别大企业，多数都是一些使用破旧设备的小工厂和小车间，需要在技术上大力改善。国内当时仍然存在着五种社会经济形式，从最先进的社会主义经济到家长制经济。国民经济的社会主义成分1928年只占44%，尽管它在不断提高，我国社会主义建设的整体进程还是由于农业落后而受到了限制。在农村中占优势的是分散的、建立在小商品生产基础上的农民经济。这种经济产生并复活了企图摧毁工农联盟的资本主义分子。富农阶级抬头并企图通过破坏征粮来埋葬社会主义建设。我们不得不为粮食开展紧张的斗争。粮食问题成了紧迫的政治问题。工业工人的生计受到威胁，因此社会主义建设本身也受到了威胁。国内的资本主义分子成了敌对的帝国主义包围的社会支柱。

列宁提出的"谁战胜谁？"的问题，极其严峻地摆在全党和全国面前。

必须在两种发展道路之间做出选择：要么**撤退**，这会导致资本主义复辟；要么**进攻**，这已经并且必然导致社会主义的胜利。

列宁和斯大林数十年来教育、训练和塑造了我们党，他们已经准备好做出这个决定性的选择。不久前党在斯大林同志的领导下开展了反对托洛茨基和季诺维也夫—托洛茨基集团的激烈斗争，捍卫列宁和斯大林关于社会主义可以在一国取得胜利的理论。（掌声）党不得不彻底镇压小资产阶级的叛乱，因为他们不想继续推进社会主义革命并且害怕这种革命。1928年，为富农分子代言的右倾机会主义者向党发起了进攻。他们反对迅猛的工业化速度，要求从国外进口日用消费品，而不再进口新工厂所需的机器和操作台。他们反对开展苏维埃农场和集体农庄建设，建议党完全依赖农民个体经济。他们反对向资本主义分子进攻，要求确保富农和平长入社会主义，并试图恐吓党和工人阶级，声称没有富农就没有面包。

斯大林的天才、工人阶级的天才领导了这个国家。

党做出了自己的选择，一个决定了我国发展的命运和无产阶级世界革命的未来的选择。

党选择了向资本主义分子发起**全线**进攻的道路。这是对国民经济进行社会主义重建的道路，是国家工业化和农业集体化的道路，是消灭富农阶级的道路，是在国内根除资本主义的道路。

这不是轻而易举的任务！

正如斯大林同志在不久前回顾往事时所说，当时的问题在于：

"或者是我们在最短期间解决这个任务并在我国把社会主义巩固起来；或者是我们不能解决这个任务，那时我们这个技术薄弱和文化落后的国家就会丧失自己的独立，而变成帝国主义列强的玩物。"①

与解决这个任务相联系的是重建时期的极大困难，包括在克服国家技术落后和经济落后时的困难、在改变农村社会经济关系时的困难、在镇压敌对分子的破坏活动和危害行为时的困难，以及由于资本主义包围而产生的困难，这些困难的背后总是有阶级敌人的身影。而社会主义的进攻势头越猛烈，阶级敌人的抵抗就越激烈。整个资本主义世界都屏住呼吸关注这场斗争的结果，流亡团体活跃起来，出现了工业党。各国的总参谋部 1930 年就开始准备干涉。但是没有什么能够打破布尔什维克的坚定意志。

党的准备发起全线进攻的总路线具体体现在五年计划中，第一个无产阶级专政国家借助该计划奠定了完成伟大战略任务的基础，即在技术上和经济上赶上并超越先进的资本主义国家。（掌声）这就开始了伟大的社会主义建设工作的英雄时代，这项工作使我们的敌人暴跳如雷，使我们的朋友欢欣鼓舞，并使全世界都感到惊讶。

苏联使全世界都为其社会主义建设的速度而感到震惊。在第一个五年计划中，工业生产年均增长 22%，1934 年增长 18.3%，1935 年（按计划）增长 17%。历史上没有任何一个资本主义国家能达到这样的速度。我们仅用 4 年时间就将钢铁产量从 500 万吨提高到 1000 万吨，而走完同样的道路美国花了 15 年，英国甚至花了 36 年。1928 年我们的机器生产只占全世界的 4.2%，1937 年则达到了 37.5%。（掌声）在工业生产方面，1928 年我们是世界第五位、欧洲第四位，现在我们是仅次

---

① 《斯大林文集（1934—1952）》第 42 页。——译者注

于美国的世界第二位、(掌声)欧洲第一位。并且请注意,同志们,这里所说的不是现在的欧洲,不是危机时期的欧洲,而是1929年的欧洲。(掌声)在石油、生铁、机器、拖拉机和卡车的生产方面,我们都进到了所有欧洲国家中的第一位。(掌声)我们发展了自己的机床、优质钢、发动机、涡轮机和发电机生产,发展了自己的化学工业和飞机制造业,掌握了各种最复杂机器的生产工艺。我们国家到处都是脚手架,炸开了山岭,挖掘了隧道,筑起了铁路路基,开凿了运河,建造了拦河大坝,建设了堪称最新技术奇迹的工厂,建立了新的工业区、新的煤矿和冶金区,并使各民族共和国实现工业化。而所有这一切都发生在这样一个时期,资本主义国家的工商业停滞,既有企业的工厂烟囱停止冒烟,高炉一个接着一个停炉,港口荒废,许多工人居住区一片死寂,千百万人被迫无所事事。而在苏联,人民正以巨大的热情扫除前进道路上的一切障碍并正在改变国家的面貌。(掌声)

同志们,请看看这个被改造了的国家。你们知道,苏联的工业生产几乎是1913年的5倍,是1928年的3倍,社会主义成分现在已经占到我国全部经济的96%。但是在这种速度的背后,在第聂伯发电站、马格尼托哥尔斯克钢铁厂、土西铁路、白海—波罗的海运河的背后,在建设和扩建如今属于我们社会主义国家的4万家大工业企业和30万家小工业企业的背后隐藏着什么呢?是我国人民非凡的劳动,他们在这种伟大的建设劳动中经受了社会主义改造,阶级意识发生了转变,在物质上和文化上获得新生。是这样一种劳动,在这种劳动中,我们的党、我们的工人组织和无产阶级群众,从农民变成了意气风发的突击手、劳动英雄、创造了世界纪录的混凝土工人和超过了利用高炉的最高系数的高炉工人。

我们的建设事业并非像远远看上去那样顺利。我们搞建设需要金属,但却没有金属;我们需要建筑材料,但却很缺乏;我们必须将这些材料和大量人力运往新的地点，但是交通运输事业却不给力；必须向建筑工人和其他工人供应食物、鞋子和衣服，必须为他们提供最基本的住房条件，但是却缺少应急物资和储备；我们需要训练有素的工人，但是到哪儿才能一下子找到呢？缺乏工程师、技术员，缺少最基本的工业培训。我们身上还带有从旧制度承袭下来的旧俄国的慵懒习气、数百年形成的懒散作风和官僚主义。而阶级敌人则利用我们缺乏经验的年轻干部的每一个失策，提出夸大的成本估价，扰乱计划，故意提交不适当的项目，破坏机器，组织纵火和爆炸行刺，并毁坏昂贵的工厂设备。

　　这些年整个国家的肌肉和神经都紧张得像绷紧的绳索一样。我们的生活都是为了我们的建设。我们思考的时候，想的是这些建设的数量；我们谈话的时候，谈论的是这些建设；我们开会的时候，讨论和争执的全是这些建设；我们入睡的时候，梦见的还是这些建设。一切都被置于一个目标之下，那就是完成党和国家提出的伟大的工作计划。国家的各种物资全面紧张，人的意志被动员起来，人的干劲被组织起来，加上布尔什维克的顽强和对目标的执着——这一目标决定了我国人民要过简朴的生活。我们布尔什维克党的千百万共产党员在这些日子里吃得很差，睡得很差。我们最优秀的党员，捷尔任斯基和古比雪夫，在一个又一个不眠之夜为经济计算工作而殚精竭虑。

　　并非所有人都能经受住这种社会主义的进攻，它使任何时代任何民族进行的征讨都相形见绌。所有胆小鬼、自私自利的人、卑鄙的家伙和堕落分子停在路边垂头丧气，失声痛哭，散布怀疑，预言毁灭，怀着对社会主义胜利的阴险仇恨勾结世界资本；季诺维也夫—托洛茨基集团中卑鄙的、残暴的、无耻的政治堕落分子谋杀了我们的朋友，全党所喜爱的人，巴库、列宁格勒和希比内胜利的组织者谢·米·基洛夫。（代表们从座位上起立表达对谢·米·基洛夫的怀念）

　　但是被斯大林钢铁般的不屈不挠的意志动员起来的强大群众，继续向前迈进。他们在集体化的基础上重建农业,从而夺取了资本主义在我国的最后堡垒。他们在从前存在着2500万个体农户的地方创建了25万个集体农庄、5000个苏维埃农场、超过4000个机器和拖拉机站,国家为此花费了超过90亿卢布。在过去用犁和在冬季被饿瘦的灰马完成耕作的地方,现在工作着30万台拖拉机、约5万台联合收割机和3.5万辆卡车。我国农业在拖拉机使用方面已处于世界第一的位置。现在一个集体农庄农户拥有的土地数量,比个体经济时代的小农和中农多出一倍,(掌声)1934年我国集体农民向市场提供的粮食比集体化之前小农和中农同样数量的农户提供的多10亿普特。我国农业发展速度落后于工业数百年的状况被消除了。在1926—1929年间,农业生产年均增长2.7%,在第二个五年计划的头两年年均增长6.5%,1935年必将超过16%。(掌声)千百万人看到了这些成就。同志们,如果你们是来自以下这些国家的话,就会更强烈地感受到这一点,这些国家的农民正处于绝望的境地。德国农民的负债高达140亿马克;美国农民的负债占农场总价值的42%,并且最近几年有大约50万家美国农场被拍卖;日本农民的负债超过了年度农业总产值的5倍,也就是说,日本农民及其家庭必须5年不吃不喝不穿才能摆脱这种债务奴役。

我们对资本主义分子的胜利并非轻而易举。我们必须摧毁农村古老的制度,克服偏见,消除"千千万万可怕的习俗"。农村的阶级斗争异常尖锐。关于集体农庄存废的激烈讨论夜以继日地进行。小农在村民会议上竭力劝说人们相信集体农庄的优势。中农摇摆不定,晚上决定参加集体农庄,早上又把自己的马匹和农具收回去。富农唆使人们屠宰牲畜和马匹、抢劫集体财产并纵火烧毁庄稼。他们重新取出了战争时期埋藏起来的枪支。我们国家经历了所有这些困难,在列宁的党领导下从胜利走向胜利。向资本主义分子进攻的成就现在显而易见。(掌声)

我们1928年才开始实施第一个五年计划。我们不仅用4年的时间完成了这一计划，而且已经开始成功地实施第二个五年计划。1928 年国际资产阶级及其代理人社会民主党希望借农民之手消灭社会主义并复辟资本主义。实际上却是农民在工人阶级的领导下用长满老跬的拳头消灭了农村的资本主义从而确保了社会主义的胜利。1928 年我们被迫采用面包票。现在我们取消了面包票，粮食问题如今在我国已经解决了。1928 年抬起头的富农想要击溃社会主义，现在社会主义已经彻底战胜了富农。1928 年资产阶级希望苏联向资本主义退化，希望世界资本与我们国内的资本主义分子结盟，现在不是向资本主义退化在威胁我国，而是资本主义的退化正在撕裂资产阶级仍占统治地位的世界。现在胜利的社会主义越来越紧密地与国际工人运动联合在一起。现在不是像白卫分子托洛茨基所声称的那样，社会主义没落和资本主义上升，而是如我们党所断言的那样，社会主义上升和资本主义没落。（掌声）1928 年列宁的"谁战胜谁？"的问题在我们国内还没有得到解决。现在这个问题最终不可逆转地以有利于社会主义的方式得到了解决。1928 年我们面临着重建时期的种种困难。现在我们克服了这些困难，仍留给我们的困难包括克服经济中和人的思想中的资本主义残余，在国际范围内解决"谁战胜谁？"的问题。（掌声）

在严酷的阶级斗争中，苏联劳动者在以斯大林同志为首的列宁党的领导下，把苏联从一个农业国，从一个具有五种社会经济形式的弱小、落后和野蛮的国家，从一个技术上和经济上依赖资本主义各国并且军事上经常挨打的国家，变成了能够生产各种复杂的现代机器、无须看外国资本脸色的工业高度发达的国家，变成了拥有先进的集体农业和社会主义经济形式完全占统治地位的国家，变成了拥有最有保障的国防力量的国家。（掌声）

这样我们就建立了社会主义不可动摇的基础。现在，我们为我国的国民经济建立了**新的技术基础**和新的社会形式，即**社会主义形式**，这就为我国社会主义的继续发展开辟了最广阔的前景。我国前进在社会主义的轨道上，现在既不再受阻于生产力方面低下的技术水平和经济水平，也不再受阻于以私有制为基础的小农经济结构。我国的社会主义计划经济现在不再像从前那样受到资本主义经济残余的自发因素的阻碍。现在人及其劳动已经从过去那些限制我们发展的条件下解放出来。现在决定一切的是人及其自觉的意志和有组织的劳动。斯大林同志说："我们纲领的现实性就在于活生生的人。"这是对社会主义制度所蕴含的力量和领导社会主义建设的布尔什维克所能实现的东西的最好的解释，例如卡冈诺维奇同志在铁路交通事业中取得的成就，他以布尔什维克的干劲推翻了旧科学中的所有最高标准。（掌声）

二、社会主义国家发展的新阶段

苏联社会主义的胜利为迅速提高群众的物质福利和文化水平创造了条件，提高的程度是世界上任何资本主义国家做梦也想不到的。现在我们才有可能把**对人的关怀完全置于我们全部思想和行动的中心**。人不是如法西斯主义宣称的那样是历史的肥料，民众不是自命为尼采式超人的法西斯中士鞭打的对象。人不是建造埃及金字塔的奴隶，不是为一小撮寄生虫创造寄生生活的资本主义机器的附属物，不是奴隶剥削、封建剥削和资本主义剥削的对象。人是社会主义的创造者，是新社会制度的建筑师。人有史以来第一次处在了人之为人的位置上。（掌声）人是自身命运和自身历史的锻造者，是社会主义机器的主宰。**社会主义是为人服务的，人本身就是社会主义的伟大目的。**

斯大林同志在党的第十七次代表大会上说：

"如果我们不是要使我国人民过美满生活，那就用不着在1917年10月推翻资本主义，在好几年中建设社会主义了。社会主义不是要大家贫困，而是要消灭贫困，为社会全体成员建立富裕的和文明的生活。"①

现在我们全党和全国都在不懈地工作，努力为苏维埃国家的人创造富裕、文明、健康、快乐和幸福的生活。在社会主义国家，富裕、文明和幸福的生活不是单个人的事情。在我们这里，幸福不是建立在偶然事件或者个人成功的松软沙滩上，不是那种排挤他人的、最狡猾最无耻最冷酷的人的专利。我们通过共同努力来创造社会主义的人的幸福。我们千百万人都把自己的个人命运与社会主义的成功联系在一起。只有这个强大的集体才能完成这样的任务。

在彻底改善劳动群众的物质和文化状况方面，我们现在已经取得了伟大的成就。这种成就不同于无产阶级经过激烈斗争后从资本家那里争得的改良，那种改良一遇上经济情况恶化就会再次失去，就像世界经济危机所表明的那样。这种成就涉及的是这样一种改变，这种改变作为继续改善群众状况的起点，只有在社会主义胜利的情况下才是可能的。

我们国家没有失业现象，以后也不会有失业现象。（掌声）1928年以来，我国的工人和职员人数增加了1倍多，工资总额增加了4倍多，而在此期间，资本主义国家的工资却下降了40%到50%。1928年我国的社会保障支出是10.5亿，1935年上升到60亿（掌声），而在此期间，资本主义国家的社会保障却被废除了，并且资产阶级还通过克扣工资日益加紧掠夺工人。在我们这里，搬运行业的工作日缩减到了7小时，挖掘行业的工作日缩减到了6小时，而在此期间，资本主义国家的工作日却延长了，同时劳动强度也加大了。

我国不存在农村贫困化现象。我们的农民不知道什么是农业危机。

---

① 《斯大林全集》第13卷第316页。——译者注

他不用忧郁地看着限制他追求人类幸福生活的田埂。他既不缺乏土地，也不缺乏牵引力、农具和种子。单是今年春夏两季，苏维埃农场和集体农庄就获得了21000台联合收割机和近10万台拖拉机。我们的农民不会被高利贷者和银行勒住脖子，我们国家为提高农业投入了数十亿卢布。农民正快步迈向富裕生活。早在1933年，集体农庄的人均粮食总产量就比1929年的富农高10%。（掌声）1933年每个集体农民及其每个家庭成员拥有10.2公担粮食，而1929年小农和中农拥有6.2公担，富农拥有9.2公担。我国农民的命运掌握在自己手中，与具有强大技术基础的集体农庄紧密联系在一起。

我们的地方经济迅猛发展，城市现代化不断推进，资本主义典型的工人区小茅屋消失了，建起了宽敞明亮的住宅，旧城得到改造，并且像从地底下冒出来似的出现了新城市。我们党和政府不久前决定的莫斯科重建十年计划勾画出了一座美丽而舒适的童话般城市的轮廓，它将完全配得上世界大都市的声誉。

劳动者的文化水平得到了明显的提高。

苏联中小学有2500多万学生和60万教师。中学生的数量在6年时间里增加了10倍。我国的高等院校和技术学校目前有130万大学生。第二个五年计划规定，专家的数量要从270万增加到400万，同时农业专家的数量要增加一倍。受过职业培训的人数在"二五"期间要达到500万。仅1934年就有27万淳朴的农村男女青年拿到了拖拉机驾驶证，还有1.9万人成为联合收割机手。到1933年，已经有150万工人和青年工人被提升为企业领导人、法官、检察官、教师、科技工作者、科学院旁听生等。

再来看我们的书籍、报纸和杂志的生产。列宁和斯大林的著作，最伟大的无产阶级作家高尔基的著作，都销售了数百万册。季米特洛夫同志在我们代表大会上的报告出版了100万册，而这个印数仍然不够。

(雷鸣般的掌声)科学类书籍我们每版印5万册。1928年各种报纸总共发行了880万份，1934年上升到3.85亿份。尽管如此，我们的书籍和报纸仍然远远供不应求，因为我们的文化需求增长得极其迅猛和广泛。

苏维埃政权使所有在资本的奴役下注定要灭亡的民族焕发了新生，帮助它们创造了自己的书面语言，自立自强，作为完全平等的成员加入苏联各民族的和睦大家庭。

斯大林同志在1923年召开的党的第十二次代表大会上指出：

> "问题在于整个东方把我们共和国联盟看做试验场。或者我们在这个联盟范围内在实践中正确地解决民族问题，就是说，或者我们在这里，在这个联盟范围内，在各民族之间建立起真正兄弟般的关系，建立起真正的合作，那么整个东方就会看到，我们的联邦是它的解放的旗帜，是它的先进部队，它应当跟随这支部队前进——这将是世界帝国主义崩溃的开端。或者我们在这方面犯错误，破坏过去被压迫民族对俄国无产阶级的信任，失掉共和国联盟在东方心目中的吸引力，那么帝国主义就会胜利，我们就会失败。"① （掌声）

现在全世界都看到，在斯大林同志所说的我们的"试验场"里，最饱满的种子正在发芽。在苏联的民族共和国和民族地区，可以看到国民经济和文化前所未有地繁荣，这种文化就形式而言是民族的，就内容而言是社会主义的。乌克兰建成了我国最大的工业企业：哈尔科夫拖拉机厂和涡轮机厂、克拉马托尔斯克机器制造厂、卢甘斯克机车制造厂、第聂伯工业联合企业等。乌克兰语报纸的发行数超过了600万份。

中亚各共和国产生了自己的工业，有30万无产者大军在其中就业。革命前在突厥斯坦农业中耕作的是800张犁，如今在中亚的田野上耕作的是50万张犁和1.5万台拖拉机（掌声），70%的中亚经济已经集体

---

① 《斯大林全集》第5卷第193页。——译者注

化。革命前突厥斯坦只有少数儿童上小学，并且多数还是俄罗斯儿童。1934年在中亚的11000所小学里有100万儿童用自己的母语上课。（长时间雷鸣般的掌声）那里有35所高校。革命前土库曼斯坦只有0.7%的人会读写，现在那里70%的人都能够读写。（掌声）

在中亚阳光灿烂的广阔草原上发生了一件历史性的重大事件，它在居住着人类半数以上的整个东方引起了深刻的反响。不久前还处于封建制和奴隶制统治下的苏联各中亚共和国，如今建立了社会主义制度。

我们唤起了一个非常强大的居民阶层——妇女来参与积极的政治生活和职业生活。那些因绝望的贫困而哭泣的农妇，那些用歌谣控诉痛苦的命运和妇女的命运的农妇，那些在炎热的收割季节在田地里生小孩的农妇，现在都成了集体农庄中社会主义建设的积极勇敢的参与者。

新的集体农庄章程保障她们在保持平均收入的情况下休产假的权利。她们被选入集体农庄的管理机构，被选入村苏维埃，被选入区执行委员会，被选入苏联地方和中央的领导机构。在最近的村苏维埃选举中，有33万名妇女当选，有2500名妇女担任村苏维埃主席。有5万名女代表被选入城市苏维埃。有多少妇女被授予列宁勋章和劳动红旗勋章啊！国家竭尽全力为劳动妇女开辟进入社会生活和职业生活领域的道路，为此目的减轻了她们照料孩子的负担——我国的学前机构容纳了约800万儿童。

我们的儿童充分享受着无微不至的疼爱、关注和照料，这是任何一个资本主义国家都没有的。苦难的过去给我们遗留下许多无人照管的野孩子，现在我们消除了这种现象。我们这里没有一个被命运抛弃的儿童，因为国家和社会承担了照料孤儿的责任。

有谁能将我们的所有成就一一列举吗？没有任何鸿篇巨制能够大到可以尽述我们胜利的社会主义国家所做的一切。但是所有这些成就，无论多么伟大，都没有使我们满足。我们奋斗的出发点既不是革命前俄国工人的水平，也不是资本主义国家工人的水平。这两者都不是我们的榜样，都不能作为我们的标准，就像管理囚犯的制度不能作为已重获自由的人的样板一样。我们希望我们的工人和集体农民生活得更好，所有人无一例外都过上富裕的日子，有更多的肉类和脂肪，农村居民穿上好衣服和好鞋子，小草房不使我们想起旧俄的历史，使所有人都享受卫生保健和舒适安逸，再也不会疲惫不堪并能愉快地生活。（掌声）我们克服了所有障碍和困难，在这条道路上不断前进。只需再过几年，你们就会再也认不出现在这个国家，就像你们在如今的社会主义俄国再也认不出新经济政策时代的俄国一样。

由于我国社会主义建设的结果，无产阶级专政的国家大大地巩固了。我们现在仍然是无产阶级专政的国家，就像十月革命刚胜利的时候一样，但是由于苏联社会主义取得了不可逆转的胜利，我们苏维埃国家的力量提高到了意想不到的高度。我国不再是内战时期的那个国家，那时我们不得不为建立和保卫苏维埃政权而浴血战斗。如今我国拥有最稳定、最巩固的制度，即社会主义制度，它的根基不是战时共产主义经济，而是胜利的社会主义的繁荣的经济。（掌声）我国不再是在社会主义同资本主义分子的阶级斗争中"谁战胜谁？"这个历史性问题刚开始解决时的那个国家，而是社会主义已经战胜了资本主义分子的国家。我国不再是具有各种不同的社会经济形式的国家，而是社会主义制度完全确立并且工人和集体农民的利益共同体日益巩固的国家。

列宁早在1918年就已经说过：

"苏维埃是民主制的高级形式，甚至是民主制的**社会主义**形式的开端。"①

第七次苏维埃代表大会根据斯大林同志的倡议，通过了关于在我国

---

① 《列宁全集》中文第 2 版第 34 卷第 179 页。——译者注

实行平等、直接和秘密的选举权的历史性决议，这是在实现列宁所说的社会主义民主制的道路上迈出的一个重大步骤。

我们为什么要走这一步呢？

第一，因为无产阶级专政得到了加强，同时无产阶级民主制的进一步发展又使无产阶级专政更加巩固。

第二，因为我国用社会主义所有制代替了生产资料的私有制，因为无产阶级民主制的进一步发展在强化群众关于社会财产不可侵犯的意识，并且有助于克服经济中和人的意识中的资本主义残余。

第三，因为苏联发生了社会转变，这种转变有助于苏维埃国家过渡到无阶级的社会主义社会。无产阶级民主制的扩展正在加速无阶级的社会主义社会的建设。

我国的广大人民群众现在最终不可逆转地转向了社会主义。

不是几十万先进的无产者，而是上亿的社会主义劳动者现在正在参与伟大而具有创造性的建设工作并开展新生活。

继农民变成集体农民之后，昨天还固守其保守思想的院士、学者、专家、演员和艺术家也走向了社会主义。从人民群众中产生了一批领导者、组织者、工程师、技术员和发明家，产生了无数勇敢的劳动英雄和科学英雄、数以千计冲向寒冷北极的勇敢的探险家、挑战宇宙高空的勇敢的同温层飞行员、飞行英雄以及考察深海、地球内部和高山的人员。

在苏维埃土地上出生、在苏维埃条件下成长的年轻新一代参加了社会主义生活的建设。这一代没有资本家、商人和宪兵，不知道奴隶制、剥削和压迫。他们只知道和承认社会主义的利益、任务和目标。

这新一代人就像念过革命这所学校的老一辈人一样，怀着赤子之情热爱自己的国家。他们热爱这个国家，不是因为它幅员辽阔，被五海和两洋包围，不是因为它有难以攀登的山脉、广阔的田野、蕴藏丰富的森林与江河，不是因为历史上这个国家和居住在这里的各民族有过喀尔喀战役,有过德米特里·顿斯科伊,有过"钱袋子"伊凡这个统一俄罗斯的人,而是因为这个国家的普遍人道目标十分宏伟,因为我们的河流、大海、大洋、森林、山谷和山岭都属于苏维埃,因为在我国历史上不仅有"钱袋子"伊凡,而且还有斯捷潘·拉辛,因为有人民起义、莫罗索夫大罢工、红色普列斯尼亚大街上的路障和数百年反对沙皇制度的斗争,因为列宁和斯大林把这个国家从欧洲宪兵变成了民族自由的伟大哨兵,变成了开启无产阶级世界革命的国家(雷鸣般的掌声),因为这个国家在反对外国干涉者的革命战争中展示了罕见的英雄气概。

他们热爱自己的国家,因为在资本主义野蛮的包围中,这个国家是苏维埃人道主义的承担者,因为这种苏维埃人道主义胜过了资产阶级在其黄金时代所能实现的一切。他们热爱自己的国家,因为它是社会主义的,他们热爱自己的由众多民族组成的人民,因为这是世界上最革命的人民,因为这个国家和这些人民是人类所有劳动者解放的堡垒。(掌声)

社会主义建设越是繁荣和发展,有越多的群众参加这个建设,就越是必须采取更加灵活和多样的新形式,以便保证群众真正参与国家的领导,改善国家机关的工作,消除历史上遗留下来的官僚主义,实行普遍的监督和账目公开,因此进一步发展无产阶级苏维埃民主制的要求就更加强烈。

而进一步发展无产阶级民主制又将成为吸收新的阶层参加社会主义建设事业的手段,成为对人们进行社会主义再教育、改造人们的思想并克服仍附着在人们身上的资本主义残余的手段。无产阶级民主制培养群众的首创性和自主性,唤起他们监督选举产生的机构的需求,提高他们对社会主义建设事业的责任感,教会他们管理社会主义的大经济和大国家,培养他们对工作的社会主义态度。

随着无产阶级民主制的不断发展,劳动者的公共舆论日益重要,它是社会主义的社会环境对落后的、消极的、具有个人主义思想的成员施加影响的有力手段。在充满激情和劳动热情的社会主义环境的影响下，形成了苏维埃人的新世界观，形成了对社会、对社会主义所有制的新态度。这种劳动氛围甚至也感染了从前的罪犯。白海—波罗的海运河不仅是苏联船只通行的运河，也是唤醒成千上万的人从社会死亡走向社会新生的运河。（掌声）随着社会主义建设者范围的扩大，随着无产阶级专政国家的社会基础的进一步扩展，这个被凶恶的外部敌人所包围的国家也在增强自己的防御力量。

红军作为无产阶级国家的保卫机关，其发展过程反映了苏维埃国家和苏维埃人民走过的艰难道路。时代最终走到了这样一个关头，年轻的、几乎没有武装的苏维埃政权为了击退14个资本主义国家的强盗式入侵，与借助军事技术相比，不得不更多地借助于自己的热情并付出巨大牺牲和痛苦的代价。现在革命人民的热情由于最现代和最先进的技术而得到增强。就像某种特殊的"奇妙合金"，我们的红军体现和反映的首先是我们的各种技术、经济和社会变化，以及我国生活和经济各方面所取得的成就。而随着苏维埃国家在通往无阶级社会道路上的发展，红军也同样日益成为我们各社会主义共和国所有民族融为一体的战斗组织。

并非每个人都了解苏联社会主义的胜利对红军战斗力产生了多大的影响。随着社会主义关系的胜利，每个劳动者都感到自己是国家的完全的主人，在这个国家中，土地、大企业、工厂、苏维埃农场和生产资料都属于他所在的大集体。集体农民出身的红军战士不是资本主义国家被奴役的呻吟挨饿的农民，眼界常常局限于自己的茅屋和小片土地；也不是所谓的"小个子农民"，当听说大彗星将与地球相撞并毁灭全世界时，仍镇定自若地回答：说不定会落到邻村？（大笑）他们不是被数百年的奴役和无知所压抑的农民，带着阴暗的、与其经济地位相似的狭隘世界观：只要我的茅屋、我的教堂尖塔、我的粪堆完好无损，其他一切都与我无关！不，红军战士是民族大家庭的武装起来的代表和战士。他们拥有庞大的国家和巨大的经济，其范围不是从田埂到田埂，而是从国家到国家，从边境到边境。（掌声）苏联公民、红军战士正透过其伟大国家和全联盟的庞大经济的巨大利益和广阔视野的棱镜来观察自己的个人关切及其追求更美好、更富裕、更快乐生活的计划。（掌声）

红军来自于人民，服务于人民，保卫人民的利益，受到人民群众的热爱和关怀，胸怀为劳动人民服务的伟大目标，威严、真诚并自豪地守卫着我们的社会主义祖国，守卫着无产阶级世界革命的堡垒。（掌声）他们通过兄弟团结的坚实纽带与全世界所有被压迫被剥削的人以及所有民族极为紧密地联系在一起。他们是各国人民反对帝国主义战争的日益高涨的运动的真正先锋队。

随着苏联社会主义的胜利而发生的所有这些进程，难道会对这个胜利的组织者——我们党毫无影响吗？我们党不仅带领群众走向了胜利，它自己也成长起来，经受了锻炼，政治上得到了的巩固，并在社会主义建设过程中扩大了与群众的联系。我国有许多人成长为社会主义建设事业的伟大组织者、杰出的政治家和有才华的群众领袖。他们把特别的布尔什维克式的工作作风、美国式的商业意识和俄国式的革命干劲结合起来，受到了进一步的培养。我们的基层干部对托付给他们的事情的认识，常常胜过任何一个国家的资产阶级部长。（掌声）

列宁主义中央委员会的具体领导使我们的干部能够成长，使我们能把工人阶级中一切有才干的人正确地挑选出来。无情的自我批评不容许有任何停顿和自满，推动对我们党的干部、苏维埃的干部和经济领域的干部进行更高层次的培训。世界上没有哪个政府像我们国家这样，始终允许对国家机关、党的机关和经济机关的缺点开展如此自由的批评。

此外，我们党这些年在斯大林同志的领导下受到这样的教育，即要以严厉的布尔什维克式的不妥协态度对待一切错误倾向，对待向党内传播国外敌对阶级的影响、使党离开为社会主义而斗争的道路走上资本主义退化道路的任何图谋。过去托派分子以及季诺维也夫分子和右倾机会主义者企图动摇我党队伍的统一。现在所有这些反对派都受到了致命的打击。季诺维也夫—托洛茨基集团已堕落为一个法西斯恐怖分子的微不足道的团伙，其反革命性质现在已经被千百万劳动者所知晓。富农问题上的右倾错误的真实面目已被揭穿并暴露在群众面前。

现在不仅我国劳动者，而且全世界劳动者都有机会根据苏联社会主义胜利的经验来检验在联共（布）斯大林式的领导下实现的我党总路线的正确性。这个总路线不仅是我党的路线，也是整个国家发展的总路线，它已经融入我国绝大多数人民的血肉之中。人民群众自觉地学习它。我国工人和集体农民为实现这个总路线而开展竞赛。它成了苏维埃爱国主义的对象，在我国人民的意识中已经与我们伟大的社会主义祖国无法分离。（掌声）

今天的布尔什维主义不仅是一种政治思潮，也是一种强大的人民运动。它已经超出了政党范围，成为我国最广大群众的世界观。这些群众即使没有党员证，也已经在用我们党的思想思考，说布尔什维克的语言，希望像布尔什维克那样行动。我们党的周围聚集着越来越多的党外布尔什维克，斯大林同志曾在上次演讲中谈到过他们。这些党外布尔什维克都是些什么人呢？有锁匠、车工和铸工，有我们集体农庄的挤奶、养猪和饲养牲畜的女工，有田间的突击手、集体农庄的生产队长、拖拉机手、联合收割机手、工程师、经济学家、学者、飞行员、火车司机、跳伞员、米秋林式的人物、切柳斯金式的人物、伏罗希洛夫式的射手、最优秀的赛跑运动员、游泳运动员和其他运动员，还有那些希望把一切事情都做到最佳、使我们国家成为世界上最好的国家的人。（掌声）他们受过我们党和列宁共产主义青年团的教育，每个人身上都带有一些布尔什维主义的特性。在他们成长的时代，英雄气概已经成为司空见惯的现象。他们的英雄事迹与布尔什维主义极为紧密地联系在一起。

我们党比过去更加贴近人民群众，这些群众既不需要资本主义国家的宗教神秘主义，也不需要骗人的议会民主制的多党体制。人民预备队比过去更加紧密地贴近工人阶级的先锋队。党和人民如此生动的互动在世界各国中是绝无仅有的。这样的互动过去、现在和将来都不会出现在人民和资产阶级政党之间，因为资产阶级政党要么体现资产阶级民主制下各集团彼此竞争的制度，要么作为单一政党在法西斯独裁下成为一座兵营。

与此同时，无产阶级民主制的扩展、劳动者政治上和文化上的成长、党在我国广大人民群众中影响的扩大，都对作为群众的引导者和组织者共产党人提出了更高的要求。群众现在已经不是几年前的样子。仅仅宣传党的总路线是不够的；老党员的资历和革命功绩固然是很荣耀的事情，但是这对于那些以社会主义建设的实际行动来宣传社会主义的群众来说还是远远不够的；如今有成千上万的党外布尔什维克作为社会主义社会的突击队员展示了自己的社会主义功绩和生产功绩。为了在这些党外布尔什维克群众中享有威信，共产党人必须做出更好的表率，以其对社会主义事业的献身精神，以其政治理论水平，以其对托付给自己的事业所需技术的掌握。如果党组织不进一步改进党的工作，不使党的生活更有生气，不进一步提高党的训练水平，就无法做到这一点。

无产阶级民主制的扩大将猛烈打击共产党人脱离群众、官僚主义和骄傲自大等现象，所有党组织将不得不进一步改善领导群众的体制。我们的群众不再是只是为了无产阶级革命才需要争取的群众，而是共同建设无阶级的社会主义社会的群众。但是，建设无阶级的社会主义社会不仅意味着消灭阶级，而且还要克服经济中和人的思想中的资本主义残余。而如果共产党人自身没有在政治和公共生活中、私生活中以及与周围的各种关系中通过其个人榜样表明，他已经克服或者正在成功地克服这些残余的话，他就无法在群众中为克服这些残余而斗争。因此，我们党在道德观念和政治信念方面对所有党员采取毫不容情的严厉态度。这不是毫无意义的萨伏那洛拉式宗教道德的禁欲主义，而是为造就摆脱了资本主义社会的可耻遗产的社会主义新人而进行的斗争。

我们的学校、报刊、艺术和整个国家机器都在为之服务的这种对人的社会主义再教育，是与在我国人民心中确立无产阶级国际团结的义务极为紧密地联系在一起的。我们党和苏维埃国家的劳动者始终把自己对全世界无产阶级的义务看得高于一切，尤其是现在，当世界正处于第二轮革命与战争的风口浪尖上，国际舞台上"谁战胜谁？"的问题被极其尖锐地提出来的时刻，就看得更高。

被击溃的阶级敌人的残渣余孽、经济中和人的思想中的资本主义残余，以及资本主义的包围，迫切要求所有共产党人时刻保持阶级警惕，尤其需要警惕的是，广大人民群众转向社会主义可能会引起幻想，认为阶级斗争已经永远结束，被击溃的阶级敌人已经屈从于自己的命运，我党未来不会再受到错误倾向的伤害。斯大林同志一再警告全党，苏维埃国家力量的增长将会强化垂死阶级的抵抗，并且正是因为他们濒临死亡、奄奄一息，所以会在绝望之中采用最极端的斗争手段。

然而世界上没有任何力量能够摧毁布尔什维克党，没有任何困难能够动摇我们党的队伍的团结，我们党统一的保障不仅在于党的总路线的正确性，而且在于国家的社会构成日益趋同，在于各苏维埃共和国的绝大多数居民的利益共同体得到了实现。

这就是苏维埃国家社会主义斗争的成就；这些成就现在对整个国际生活产生了巨大影响并开启了无产阶级世界革命发展的新阶段。

三、无产阶级世界革命发展的新阶段

苏联社会主义的胜利开启了无产阶级世界革命发展的新阶段,因为它强化了劳动群众的革命意识,在各资本主义国家引起了强大的争取社会主义的运动,并促使各国人民向往苏联,把它看做和平和民族自由的堡垒,看做反对法西斯主义和帝国主义战争的堡垒。这种转变并非一蹴而就,而且并不意味着群众马上就会转到争取无产阶级专政的革命斗争的立场上来。这种转变并非到处一帆风顺,而是遇到了反对力量的抵抗。但是尽管如此,转变确实发生了,并且随着苏联社会主义的胜利,它又获得了新的强大推动力。

这种转变之所以发生,是因为资本主义世界和社会主义世界之间的对立日益深化和尖锐,是因为在各个国家和全世界都发生了激烈的阶级斗争。它的发展过去和现在都受到了社会民主党的全力阻挠,社会民主党在广大群众中仍保持着十分强大的阵地。同时,发生这种转变也是因为不断发展的法西斯运动,资产阶级企图借助它来阻止革命高涨的进程。

列宁说过:

"只要在10—20年内和农民保持正常的关系,就能保证全世界范围内的胜利(甚至在日益发展的各国无产阶级革命推迟爆发的情况下),否则就会遭到20—40年白卫恐怖的苦难。"①

斯大林同志在共产国际执委会1926年12月召开的第七次全体会议上解释列宁的这句话时,提出了这样一个问题:

---

① 《列宁全集》中文第2版第41卷第378页。——译者注

"'全世界范围内'的胜利究竟是什么意思呢？这是不是说这样的胜利和社会主义在一个国家内的胜利意义相同呢？不，不是这个意思。列宁在自己的著作中是把社会主义在一个国家内的胜利和'全世界范围内'的胜利严格地区别开来的。列宁谈到'全世界范围内'的胜利，他的意思是说：我国社会主义的成就，我国社会主义建设的胜利具有如此巨大的国际意义，它（胜利）不能局限于我国范围内，它定要在各资本主义国家中引起强大的社会主义运动，如果它在时间上和其他国家无产阶级革命的胜利不能一致，那么，它无论如何也将掀起其他国家无产者的导向世界革命胜利的强大运动。"[①]

现在列宁和斯大林的预言已经应验了。苏联社会主义的胜利是具有世界意义的胜利。它还没有导致在全世界推翻资本主义。但是从今往后，具有发达的无产阶级民主制的欣欣向荣的社会主义世界与在可怕的白卫法西斯恐怖统治下走向灭亡的资本主义世界之间的反差越是明显，各资本主义国家就越是会势不可挡地爆发强大的争取社会主义的运动。人类已经到了历史发展的这样一个时刻：没有任何反动派仍然强大到能够阻止人民群众转向社会主义。全世界劳动者的这种重大意识转变尚未充分展开。

无产阶级世界革命发展的这个新阶段，甚至连最优秀的人，即共产党人也往往没有觉察到，他们的意识仍囿于"白卫恐怖统治的暴行"和他们过去所设立的衡量苏联社会主义建设意义的标准。我们毕竟才刚刚开始人类生活这种伟大转变。但是，千百万人现在已经打破了数百年来根深蒂固的认为资本主义状态永恒不变的思想观念。广大人民群众开始怀疑这样一种社会制度的合理性和正当性，它的基础是把人分为富人和穷人、寄生虫和从事劳动的贱民、奴隶主和奴隶。统治阶级及其国家和政权的威信、为资本主义制度祈福的教会的威信、为这种制度辩护的

---

① 《斯大林全集》第9卷第37—38页。——译者注

资产阶级科学的威信,以及被用来为这种制度服务的资产阶级文化的威信都动摇了。

有人对他们说:社会主义是普遍的堕落。而他们从活生生的经验中看到,社会主义是繁荣昌盛和人民群众的新生。

有人对他们说:社会主义是瓜分财产,是妇女社会化,是扼杀个性萌芽的粗俗的物质主义,是丧失个人自由和公开的兵营。而他们看到:社会主义是克服了动物般贪婪的利己主义的集体所有制,是妇女真正的社会平等和崇高的母亲崇拜,是愿意为劳动者的解放而采取非凡行动的新英雄人物的诞生。他们看到:社会主义意味着自由,这种自由是由没有人奴役人的制度、废除兵营式的陈规陋习和群众创造力的极大提升来保障的,并以每个人的个性发展为条件。

这些关于公正合理的新社会制度的喜讯,群众不是从书本上看到的,不是从托马斯·莫尔或圣西门的著作中看到的,他们的著作曾描绘过一个重新组织的人类社会的未来理想。1.7亿人民的生活和斗争向全世界展示了他们所创造的制度,用血肉,用痛苦、困难和胜利的喜悦,用他们的毛孔中过去已治愈了的脓包,用他们今天的强健的社会主义肌肉和他们未来的不竭的力量。

人民用可以用手触摸、可以用眼观察、可以用理智领会的创造性行动表明,当资本主义世界的生产力下降和遭到破坏的时候,社会主义保障了生产力的强劲发展。人民表明,社会主义经济没有生产过剩的危机,社会主义条件下没有注定使最优秀的劳动者陷于赤贫的那种失业煎熬,工人区不存在贫困、饥饿和死亡,工人后代不会大量夭亡,苏联是唯一彻底实现全体人民都享有面包和工作权利的国家。

正如斯大林同志所说,背负着与危机和失业相伴的资本主义重负的各国人民开始行动起来。社会主义对他们来说不是空洞的理论,不是需要通过经验来证实的教条,它已经存在于从别列兹纳到符拉迪沃斯托克的广阔领土上，1.7亿人民已经经历了社会主义，它已经成为一个国家的经验，这个国家是建设社会主义新社会的巨大试验场。社会主义是各国人民的生活需求，是陷于贫困的群众在绝望海洋中的唯一希望，是他们在那个如漏船般下沉的世界中的救命缆绳。

但是这1.7亿人民过去只知道草鞋、裹脚布和自家手工织的粗布农民衣服，在沙皇制度下的饥荒年份吃滨藜和橡子充饥，被迫住在肮脏恶臭、被烟熏黑的茅屋里，点着黯淡的松明子。他们现在完成了另一项其重要性不亚于发展生产力的社会主义任务，即把自己的生活水平提高到了世界上任何一个资本主义国家都无法企及的高度。社会主义不像资本主义那样有几百年的时间来完成这项任务。社会主义没有价值上百亿的金钱，没有资本主义国家数百年的经验，但是它在苏维埃政权建立以来的短短十几年间为群众所做的事情在全世界史无前例。

只是它现在还没有彻底完成这个任务。如果它完成了这个任务，世界将会是另外一番景象，那时资本主义将最终失败，无产阶级世界革命将大步前进。我们社会主义国家发展的新阶段在斯大林的口号"关怀人"中得到了体现，它表明，这个任务在今后几年将得以完成。

然而，过去用来控制劳动群众的舵轮现在已经开始从统治阶级手中滑落。促使这些群众行动起来的不是十几个所谓的共产国际代理人，而是苏联各民族的社会主义成就，这些民族坚定地用劳动者的双手使所有劳动者都过上社会主义的富裕生活。全世界的工人群众开始行动起来。

资本主义已经不再能保证工人群众维持战前的生活水平，并且今后永远不再能保证。即使资产阶级能够暂时摆脱危机和萧条的魔爪，它也不再能重新保证工人1929年危机前的生活水平。现在不是像改良派所预言的那样，欧洲工人阶级把自己的生活提高到美国工人的水平，而是如布尔什维克所预见的那样，美国工人下降到大多数欧洲工人的水平。不是殖民地工人"非殖民地化"并达到欧洲白种工人的工资水平，而是欧洲白种工人日益下降到殖民地苦力的水平。

在许多资本主义国家，对待欧洲工人已经像对待被占领的殖民地一样。法西斯政府剥夺了欧洲工人在数十年阶级斗争中从资产阶级那里夺取的所有成果，解散了工人组织，查禁了工人报纸，杀害了工人运动领袖，在工厂重新确立了企业主的无限权力，以所谓"自愿"削减不足糊口的工资的方式向工人强征特别税，建立了工人的强制劳动营，试图向工人群众灌输野蛮的沙文主义意识形态并像疯狗一样诽谤其他民族，以此来嘲笑工人的阶级意识并贬低他们的人格尊严。

但是，法西斯主义不仅对内进行反对工人阶级的战争，它还意味着对外战争，即帝国主义战争。

工人阶级看到，资产阶级正在把他们拖进一场异常残酷、史无前例的战争灾难。一方面是苏联的社会主义，另一方面是资本主义国家中的资本进攻、法西斯主义和战争，这就是今天使全世界工人阶级革命化的原因。

全世界工人阶级日益把目光投向社会主义国家，因为他们在那里看到了巨大的物质生产力，它遏制资本的专横，遏制全世界反动派的癫狂，遏制挑动新的帝国主义战争。（掌声）

苏联社会主义的胜利也使那些遭受最严重的农业危机折磨的最广大农民群众行动起来。数百万农民由于小农所有制的真实本质而加速破产，这种所有制无法使用复杂的机器，因此农民的劳动变得无利可图。然而资本主义国家的农民看到了苏维埃国家，在那里个体农户联合成集体农庄，从而能够实现农业机械化，消除农业低技术和工业高技术之间的矛盾，提高农民劳动的收益。

他们看到，消灭富农阶级的政策导致农村的剥削现象被根除，这项政策消除了集体化条件下农村出现分化的任何可能性，并且为集体农民群众的富裕创造了前提条件。苏联集体化的进一步的成就将日益消除资本主义国家的农民对社会主义的偏见。

他们从自己因过重的劳动而弯曲的腰背感觉到,这种所有制像囚徒的镣铐一样把他们束缚在手推车上。苏联农业社会主义改造的最初的困难曾使他们感到害怕。但是他们自己的经济困难也在日益增加:对银行和高利贷者的负债,对收购商的依赖,低迷的市场价格,压得他们喘不过气来的高昂佃租。他们不相信集体劳动的可能性并认为这是普遍懒惰的王国。但是,他们除了贫困、忧伤和满手老趼之外,从自己的强迫劳动中又得到了什么呢?

他们认为社会主义在农业会中导致普遍贫困。但是,资本主义已经夺走了他们的最后一个铜板,使千百万农民家庭落入赤贫的境地。他们认为法西斯主义通过颁布《世传农庄法》维护了他们的利益。但是,他们的被剥夺了继承权的孩子们将怎样应对城市中的大规模失业呢?相反,苏维埃国家的集体经济制度日益使资本主义国家的农民看到克服了重建时期种种困难的集体经济的优越性。建立在社会激励与个人利益相结合基础上的斯大林式的新集体农庄章程,激发了集体农庄中劳动热情的新高潮。全世界农民群众日益感受到集体化意味着农村的繁荣、富裕和不断提高的文化水平。

城市小资产阶级也行动起来了,他们曾对法西斯主义抱有希望,这种希望在法西斯上台后无情地破灭了。法西斯分子上台后德国有多少百货商店被关闭?交易所投机家、银行家和高利贷者受到过哪怕一丁点冲击吗?那些要求对银行巨头和交易所强盗进行新的"革命"的冲锋队队员不是已经人头落地了吗?有多少零售商业的债务被法西斯政权免除了呢?这个政权不是只让托拉斯和银行过得更舒坦吗?有多少城市劳动群众的赋税被免除了呢?不是只有百万富翁的赋税才被免除吗?有多少小市民的子女在"第三帝国"的国家机构中得到了适当的职位呢?普鲁士容克的贵族青年不是正在排挤受骗的冲锋队队员吗?

与此相反，社会主义真正清除了银行家和投机家，进行了反对资本的真正革命，真正确保了下层劳动人民过上合乎人类尊严的生活，并让他们参加了社会主义建设的伟大进程，真正为他们的孩子创造了进入工农国家的高等院校学习的机会，并为其开辟了社会主义的光明未来。

最优秀的知识分子也转向了社会主义，他们看到，只有社会主义不存在学者、工程师、技术员、作家、艺术家和演员的生产过剩；只有在社会主义条件下，才干、能力和劳动，而不是金钱的力量和该领域大人物的支持在为青年人才开辟道路；只有社会主义制度才能保障社会主义新文化的真正繁荣，赋予其强大的动力，为创造力开辟广阔的空间；只有社会主义制度才能唤醒人民中间的潜藏力量，释放人民真实创造力的源泉。知识分子在逃亡，这些最优秀的人士，他们在小市民习气膨胀、法西斯蒙昧主义充斥的世界里感到绝望；他们面临焚书的柴堆，人类的思想在那里被付之一炬；他们面临法西斯的屠刀，不屈的头颅被它砍下；他们面临流血，堕落的匪帮用其玷污人类的文化；他们逃往这样一个国家，那里不仅工人阶级的政治家和组织者，而且伏尔泰、爱因斯坦、罗兰、巴比塞以及高尔基也都受到尊重。（掌声）

大民族和小民族一样行动起来了，因为它们看到，苏联巩固自己的经济制度不是通过占领国外市场——资本主义世界正在为争夺这些市场而进行激烈的斗争，而是通过提高本国人民群众的福利水平；不是通过血腥的战争——资本主义进行这种战争是为了踩着各民族的肢体凯旋，而是通过生活在苏联的150个民族在社会主义建设中结成兄弟般的劳动共同体；不是通过以强征巨额占领税的手段来掠夺他国，而是通过给前沙皇帝国的边疆地区大量物质援助，使其在社会主义基础上建立自己的国民经济；不是通过奴役殖民地——没有殖民地现代资本主义就不能生存，而是通过对经济落后的民族实行社会主义工业化，使其变成先进的民族共和国的民族；不是通过奴役性的借款——这种借款使一国遭受外国资本的掠夺，而是通过本国人民的资金和力量，打造自己的历史命运并且自己掌控。

资本主义国家各国人民的命运又是怎样的呢？占领国外市场、侵略战争和以获取暴利为条件的贷款给他们带来了什么呢？它们是使人民富裕还是让一小撮资本巨头发横财呢？它们是否消除了贫困的流浪汉，是否让数百万永远脱离生产过程的失业者找到了工作，是否改善了群众的物质状况呢？

美国是全世界最富有的国家。它拥有经济自给自足的所有先决条件：国内丰富的自然资源，广阔的领土，能够养活两个美国的高度发达的农业，强大的生产机器，在开足马力的情况下能把国民总收入提高到每年3万亿美元。几年前美国人民还相信胡佛，认为美国是"永远繁荣"的国家，美国的资本主义制度胜过苏联的社会主义制度，美国是世界上工资和生活水平最高的国家。而现在美国的情况如何呢？

上千万人失业，工资下降，数十万个农场趋于破产，"中产阶级"崩溃，城市流氓无产阶级猛增，"黑社会"盛行，《全国工业复兴法案》破产，这就是美国现在的景象。美国在帝国主义世界大战期间的军火供应中大发横财，在凡尔赛强迫战胜国和战败国接受自己的意志，但是这些情况帮不了它。美国对拉丁美洲国家的帝国主义渗透帮不了它，在中国实行的门户开放政策也帮不了它。

美国人民现在充满忧虑地思考，他们该如何应对庞大的失业大军和其发展受到资本主义限制的过度膨胀的生产机器。他们根据自己的经验认识到了马克思揭示的规律，即利润率是阻碍美国资本主义生产力发展的桎梏。他们从苏联的经验中看到，社会需求的增长为生产的发展提供了无限的可能，这种社会需求源于社会主义社会人的物质和精神文化的巨大提升。他们从美国的经验中认识到，资本主义意味着生产的无政府状态，它在资本主义关系的框架内不会服从《全国工业复兴法案》的规划。

与此相反，苏联向美国人民展示了没有生产过剩危机的社会主义计划经济的生动典范，无产阶级是它的主宰，决定工业的布局，将人的劳动机械化，努力进一步缩短劳动时间，通过农业机械化有力地推动生产力继续发展，通过不断提高群众的物质和文化水平使国内消费市场的吸纳能力无限上升。（掌声）

再来看世界上另一个富裕国家——**法国**。法国人民是世界历史上最大一场战争的"胜利者"，而我国人民却在这场战争中失败了。法国利用这一胜利按照自己的意愿来改变欧洲的版图。有人甚至试图按照法国及其盟友的旨意来瓜分我们的国家。法国强迫德国接受凡尔赛条约，德国帝国主义则强迫我国接受一个同样的强盗条约——布列斯特条约。法国是战后的欧洲霸主，它和它的盟友强迫欧洲各国人民接受自己的意志，而我国则是被整个资本主义世界孤立的国家，是被敌人的铁丝网包围的国家。

但是，以胜利者自居的国家的人民充满忧虑地思考，帝国主义战争的胜利究竟给他们带来了什么。协约国帝国主义强迫几代德国人民支付赔款，这给战胜国的人民群众带来幸福了吗？这些国家中央银行的地库里堆积如山的黄金储备使国家预算免于赤字了吗？协约国武装的胜利带来了凡尔赛条约，凡尔赛条约给德国人民带来了法西斯主义，德国法西斯主义又给法国人民带来了疯狂的备战，这场新战争就像1914年战争前夜那样，同样威胁着法国人民和德国人民。而与此相反，从前落后的俄国，这个作为帝国主义兼并对象的国家，这个在帝国主义战争中挨打并饱受内战折磨的国家，这个被强加了布列斯特和约的国家，却在社会主义的道路上成为苏维埃社会主义共和国联盟，成为充满力量的胜利的社会主义国家。（掌声）

我国之所以取得这一胜利，是因为它所走的道路不仅不同于法国，而且也不同于**德国**。为了取消布列斯特和约，它走上了无产阶级革命和社会主义的道路，而德国人民为打破凡尔赛和约走的却是资产阶级反革命和法西斯主义的道路。法西斯主义已经折磨德国人民三年之久，但是取代已失去的资产阶级民主制，它给德国人民带来了什么呢？是中止支付赔款吗？但是魏玛共和国政府已经中止了支付赔款。鉴于极其严重的经济危机，没有任何德国政府能够支付赔款。是萨尔区人民公决的胜利吗？但是对于萨尔区回归德国，魏玛共和国政府可能比法西斯得到更多的赞成票。是重新实行普遍的义务兵役制吗？但是德国人民将不得不为这个"不流血"的胜利付出血的代价。法西斯主义煽动起来的疯狂的沙文主义和战争狂热不会给各国人民带来幸福。德国人民曾经为此付出的代价是1918年的崩溃和凡尔赛和约。

是稳固的资产阶级秩序吗？但是6月30日的事件证明了法西斯政权血腥的混乱。没有任何一个垂死的社会制度在覆灭前靠恐怖手段而得到拯救。是打破交租义务吗？但是现在德国谁还相信法西斯纲领的这个蛊惑性条款呢。是消除阶级斗争吗？但是对德国人民的残忍暴行，回响着德国工人阶级先锋战士呻吟声的集中营，作为资产阶级恐惧和法西斯政权内心虚弱表征的每天的残暴处决又作何论？是工业生产的提高吗？但是它已经下降到1928年的87%，而同期苏联的工业生产却是原来的3倍。是国民收入的增长吗？但是它已经下降到原来的60%，而苏联的国民收入却提高了两倍多。这就是以法西斯主义的方式废除凡尔赛和约的结果。这就是"第三帝国"的"胜利"的赤裸裸的真相。

意大利人民在13年的法西斯独裁统治之后也是类似的处境。工资不断下降，失业率上升，农民破产，全体意大利人民变得贫困，生活水平在13年里下降了40%，在欧洲半饥饿民族中名列倒数第二位，仅强于葡萄牙，还有疯狂的军备竞赛，通过阿比西尼亚冒险而实现的殖民占领政策。

日本的情况也同样糟糕。最近50年日本在资本主义道路上经历了迅速的工业化。它建立了现代生产机构，但同时保留了封建关系。然而，这样的工业化给日本人民带来了什么呢？日本的工业化完全是在日本工人和农民的尸骨上完成的。

世界上任何地方都没有像日本这样残酷的剥削。日本工人的工资比欧洲最廉价的工人少一半。日本女工和农家少女在市场上像女奴一样被卖给资本家终身役使，或被当成活的商品卖给妓院。日本农民不得不忍受这整个现代化工业机构的折磨，连同其整个家庭世世代代都陷入债务和赋税的网络之中，就像苍蝇被困在蜘蛛网上一样。日本人民年复一年地日益陷入破产。封建资本主义剥削阻碍了国内市场的发展。因此，日本资本主义疯狂地寻找国外市场，进行臭名昭著的倾销并侵占领土。

日本帝国主义者为这种侵占辩解的理由是，日本自己的岛屿太过狭小，因此需要在亚洲获得新的领土。但是，日本军队占领满洲并没有使日本工人和农民过得更轻松。这种占领只是使满洲当地的人口更加密集。日本帝国主义者声称，他们的神圣使命是保护亚洲的黄种人反对白种人。难道他们是为此而镇压朝鲜和台湾的黄种居民吗？难道他们是为此而发动针对同一种族，即针对伟大的中国人民的强盗战争吗？日本帝国主义者声称，日本人民为了繁荣昌盛和成为大国，需要对其他民族的胜利战争，需要以这些民族为代价使日本扩大。日本已经有半个世纪之久没有看到过日本军队的失败，因为它总是只同弱小的对手打仗。但是这并没有帮助日本劳动群众走向繁荣昌盛。日本帝国主义者许诺，走战争道路可以摆脱经济危机并消除因危机而引起的人民贫困。日本走上了这条道路，但是自从日本帝国主义者在中国推行他们的强盗行径以来，日本人民的贫困不是减少了，而是增加了。

战争和通货膨胀的局面使三井、三菱和其他康采恩的股息急剧蹿升，但日本劳动群众的贫困和破产并未因此而减少，反而增加了。除了不仅奴役朝鲜人和中国人，而且也奴役日本工人和农民的极度膨胀的警察机构外，日本人民从侵占外国领土和奴役外国人民中得到了什么呢？沙皇舰队在对马海峡被击沉，俄国军队在旅顺港被歼灭，日本人民从中又得到了什么呢？是日本军事阴谋集团地位的加强，是新的沉重的军国主义负担，它使日本劳动群众的境况更加恶化，使国内市场更加受到抑制，推动日本在对外政策方面进行新的冒险。

正是沙皇政权的帝国主义政策的失败，导致挨打的旧沙俄各族人民通过1905年革命动摇了沙皇专制制度，打击了旧俄国的统治阶级，使他们无法再从这个打击中恢复过来，从而为1917年战胜俄国资本主义的伟大的十月革命的胜利做了准备。其结果是，日本如今在太平洋海岸上所面对的，不再是保持腐朽政治制度的旧沙俄，不再是对马海战和旅顺港战役时的俄国，而是苏维埃社会主义共和国联盟，是苏维埃国家、社会主义国家。这个国家是如此强大，日本帝国主义如果胆敢进攻它的话，将会撞得头破血流并且经历自己的对马失败，不过这将是封建资本主义制度在本国的对马失败。（掌声）

英国统治阶级拥有世界的三分之一。四个大洋——大西洋、太平洋、北冰洋和印度洋环绕着它的领地。5亿人直接从属于英国。一支强大的舰队守卫着它治下的海外领土的边界和人民。英国控制了海洋，占据着海峡与航道的入口处。英国资本主义是全世界最古老的，拥有将近400年的历史。为使自己治下的人民富足或者至少能够温饱，英国资产阶级并非像苏联那样只用了18年和7年的时间。它剥削殖民地数十年并从中榨取了巨大的超额利润。它在战争中打垮了试图与其分享世界霸权的德国。它控制了国外市场。它进行了胜利的战争并向各国人民强征占领税。总而言之，它最大限度地使用了被资产阶级吹嘘为拯救各国人民免于痛苦和贫困的途径的一切手段。

但是，英国夺取德国的市场使英国工业的境况在战后得到改善了吗？德兰士瓦的金矿拯救英国免于危机了吗？英国国旗飘扬在全球五大洲使300万英国失业者找到工作了吗？5亿大不列颠臣民的生活因为英国赢得帝国主义世界大战的胜利而得到改善了吗？

资本主义的规律是无情的规律，它再次使英国人民陷入绝望的轮回，导致群众的处境进一步恶化，对殖民地的奴役更加严酷，新的帝国主义战争的时代来临，这场战争将比以往任何一场战争都更加可怕。这个时刻正在临近，因为英国人民群众将把苏联看做自己的明天。他们将不再受英国丧失殖民地、走向崩溃和没落的梦魇的折磨，因为地球上有一个国家，它从毁灭的灰烬中崛起，不掠夺其他民族，各族人民结成兄弟般的联盟，在社会主义的基础上共同努力发展生产力。他们将从这个国家的令人赞叹的命运中看到与资本主义不同的规律，认识到社会主义追求各国人民的幸福和安康，既不需要战争，也不需要赔款、海外市场和殖民地。

目前受帝国主义奴役的15亿人将会明白，为了经济复兴，他们既不需要英国的资本，也不需要美国的传教士，既不需要日本的刺刀，也不需要德国法西斯的"文化工作者"，从资本主义所有制和利润的桎梏中解放出来的人民的劳动本身就能确保这种复兴，各国人民只有在社会主义的道路上才能取得真正的而不是虚假的独立和自由。因此，同志们，各国人民正在行动起来，从而引起全世界资产阶级如此巨大的恐慌，所以在各国人民中间苏联的热情的朋友越来越多，资产阶级鉴于这种正在全世界发生的使他们感到威胁的转变而选择了法西斯主义，而他们统治下的各国人民对此的回应则是有越来越多的人以日益坚决的态度转向社会主义。

随着苏联社会主义的胜利，在第二轮革命与战争的浪潮中形成了新的政治局面，国际上出现了新的阶级力量对比关系，这就要求各国共产党以新的方式提出我们斗争的战略和策略的一系列基本问题。

苏联社会主义的胜利使各资本主义国家的共产党手中有了影响最广大劳动群众的有力武器。

列宁早在我们刚刚结束反对列强干涉的战争并转向经济建设的时候就说过:

"现在我们是通过我们的经济政策对国际革命施加我们的主要影响。"①

我们现在通过**社会主义的胜利**施加了比那时强好几倍的影响,它正日益广泛和深入地摧毁资本主义的群众基础。由于这个胜利,现在社会民主党的妥协政策在工人群众中的影响被打破了,共产主义在工人群众中的吸引力提高了,法西斯主义的群众基础被削弱了,从而为各国共产党影响那些迄今为止仍摇摆于资本主义和社会主义之间的阶层开辟了最广阔的前景。

因此,我们过去宣传苏联所使用的老办法今天已经难以奏效了。我们必须唤起更广大的劳动阶层,并且用苏联的具体经验向其说明他们在社会主义条件下的命运。保卫苏联正在成为各阶级和开始表示积极支持苏联的各组织、各政党的最广泛的人民阵线的出发点。"苏联之友联盟"目前基础极其狭小,只限于知识分子。但是苏联的朋友有千百万,而不是只有"苏联之友联盟"的区区几千人。旧的纯粹宣传的行动方式已过时了。我们必须从抵御反苏煽动转向进攻苏联的敌人,让他们在最广大群众的法庭前受审。对苏联的和平政策和裁军建议等举措,苏联的众多朋友应该开展像英国关于战争与和平问题的人民公投那样的群众运动。

第二,苏联社会主义的胜利和社会主义建设的更大成就,要求各国共产党对工人阶级在革命斗争中的盟友,即大多数农民群众、受破产威

---

① 《列宁全集》中文第2版第41卷第335—336页。——译者注

胁的城市小资产阶级和知识分子等，采取积极的政策。在对农民进行宣传时，各国共产党必须充分利用苏联集体化的成就和集体农民的物质和文化水平的提高，以粉碎资产阶级政党对社会主义的诬蔑并使农民阶级摆脱它们的影响。

在对城市小资产阶级进行宣传时，共产党人不能只从暂时的、过渡性的新经济政策出发，而是必须阐明苏联的积极经验。它把所有真诚地愿意为人民的利益工作的人都吸收到社会主义建设中来，从而确保他们及其子女在社会主义制度范围内享有安定的现在和幸福的未来。必须以保卫文化免受法西斯野蛮的践踏为口号，在知识分子中间发起一场运动，以便将他们团结在苏联这个被资本主义世界的卑鄙和堕落所包围的社会主义新文化的灯塔周围。共产党人必须记住，苏联社会主义的胜利有助于在这些阶级和阶层中间开展共产主义宣传，不仅有可能使他们保持中立，而且还明显地扩大了完全可以被争取来支持无产阶级的力量。

第三，第七次苏维埃代表大会关于通过实行平等、直接和秘密的选举权来进一步扩大无产阶级民主制的历史性决议，通过无产阶级专政在社会主义胜利和建设无阶级的社会主义社会条件下发展的具体经验，丰富了马克思、恩格斯、列宁和斯大林关于无产阶级专政的学说。由此不仅对无产阶级专政理论做出了新的重大贡献，而且为资本主义国家的共产党提供了进行反法西斯斗争的有力武器。现在仅仅将无产阶级专政与表现为法西斯形式或者资产阶级民主制形式的资产阶级专政作对照是不够的。共产党人现在必须以**真正的人民民主制**，即社会主义民主制的唯一捍卫者的身份出现，这种民主制是通过社会主义和无产阶级专政条件下的平等、直接和秘密的选举权来保障的。由此我们将强化对社会民主党群众的影响，他们过去害怕无产阶级专政并支持资产阶级民主制，却没有发觉，法西斯独裁的黑暗反动势力在资产阶级民主制的卵翼之下成熟起来。另一方面，苏联无产阶级民主制的进一步发展有助于共产党人争取那些对资产阶级民主制绝望的劳动者阶层,因为他们看不到通往民主制的更高形式——苏维埃民主制的革命道路,所以成了法西斯煽动的牺牲品,被迫接受一个野蛮使用暴力并消灭一切权利和自由的政权。

第四,苏联作为**各国人民的自由堡垒**的作用和意义在增强。共产党人必须向各国人民展示新的社会主义民主制的生动直观的范例,这种民主制与无产阶级专政的发展不可分割地联系在一起;必须用这种社会主义民主制来反对由腐败的资产阶级民主制转变而来的资产阶级恐怖专政,以便以这种方式来发动人民群众开展斗争,反对一切形式的资产阶级专政,尤其是法西斯专政。与此同时,苏联以其社会主义民主制的具体范例,促进了各资本主义国家内部的和国际上的反法西斯主义力量的动员,使法西斯主义政党和反法西斯主义力量之间、"民主制"国家和法西斯主义国家之间的矛盾加剧了。

虽然资本主义阵营内部的这种矛盾与世界彻底分裂为社会主义世界和资本主义世界相比只具有次要意义,但是无产阶级不应该对资本主义阵营内部发生的这种斗争采取中立态度。工人阶级必须依靠苏联,把它作为全世界反法西斯力量的集结点,作为反法西斯世界阵线的决定性力量,充分利用各种不同政治制度国家之间的一切国际矛盾,站在各国集结反法西斯力量的前列并采取一切手段在国际上扩大反法西斯统一战线。共产党人必须更加积极地推行自己的反法西斯政策,并且要考虑到,鉴于阶级斗争的加剧以及革命力量和反革命力量的不断集结,反法西斯运动有可能成为群众转向社会主义和无产阶级革命的桥梁。

第五,苏联作为**各国人民和平堡垒**的作用在增强。苏联不需要对外战争来改变世界。这个任务将由起来反抗压迫者的各国人民自己来完成。苏联不需要战争,因为在世界两种制度的竞争中,社会主义制度每天都在获得胜利并向全世界证明了它对资本主义制度的优越性。如果世界资产阶级给我国10年安宁的日子,苏联就会用自己的社会主义成就使全球广大人民群众相信苏联社会主义制度的优越性，使目前支持资本主义的"最温和"的人变成反对资本主义的革命者。

但是资本主义世界不希望社会主义制度和平发展。它没有战争就无法生存，正在加紧把劳动者推向新的战争。鉴于正在临近的新灾难的危险，各国人民把目光投向了那个以强大的武装力量暂时遏制了帝国主义战争挑动者的国家。如果资产阶级在本国进行一次真正自由的公决，以确定人民想要战争还是想要社会主义，那么他们就会理解，苏联对全世界各国人民的影响不是与日俱增而是与时俱增的秘密究竟在哪里了。

苏联把所有不想要战争的人都紧密地团结在自己周围。不仅有千百万城乡劳动群众，不仅有不同国家内部的各个阶级及其政党和组织，还有其独立受到战争威胁的民族、部族和国家，甚至还包括目前不想打仗的帝国主义大国的资产阶级政府。无论它们的动机是什么，这在今天无关紧要。

无产阶级必须依靠苏联，在各国建立最广泛的反战人民阵线，并且联合最广大的人民群众组成反对战争挑动者的统一战线。而这就要求共产党人摒弃原来那种开展孤立的短期的反战行动的简单方式，代之以规模宏大、互相配合的反战斗争，必须在苏联的和平政策的基础上吸收各国和国际上一切反战力量参加这场斗争，这是一场多种多样的行动方式相互结合的斗争，例如街头示威游行、议会行动、召开工人组织的国际会议、建立反战委员会的密集网络等。现在用保卫和平的小范围行动这支旧手枪射击已经不够了，因为共产党人如今已经能够使用反对帝国主义战争威胁的最广泛的人民运动这个重坦克武器。

共产党人必须全力宣传苏联推行的斯大林和平政策的成就，这项政策出色地证明了怎样才能粉碎和挫败战争挑动者的强盗计划。他们必须克服宿命论的观点，这种观点认为战争无法避免，反对战备的斗争没有希望，其根源就在于过去反战运动极其有限的规模。

第六，更重要的是苏联作为**无产阶级世界革命堡垒**的意义增强了，它以各种方式巩固了国际工人阶级在反对资本的斗争中的阵地；在国际革命运动中**苏联无产阶级的影响更大了**；苏联无产阶级的领导作用和联共（布）在全世界劳动者中的威信提高了；苏联社会主义的胜利成为各国共产党影响资本主义国家工人群众的最有力的杠杆。

苏联的内外政策有助于各国共产党争取那些过去不在共产党影响之下的群众。因此，共产国际的政策本身也保持了集中的冲击力。这已经不再是运动的各个部分的"游击行动"，时而冒进并遭受失败，时而又落后于一般速度从而再次遭受失败，这是一个全面考虑并精确计算、衡量了全部参与力量、斟酌了各种成功和失败的可能性的国际战略和策略。

苏联在世界经济和世界政治中的分量上升，提高了国际工人运动本身及其共产主义先锋队的重要性。这个运动的先锋队走出自身发展的宣传阶段，成为工人阶级的伟大世界政策的行动力量，能够提出比从前更勇敢和更重大的任务。这支工人阶级的先锋队以苏联为依靠，能够越来越坚决地介入事态的进程并越来越有能力改变其方向。

而这也反过来加强了苏联在争取和平、自由和社会主义斗争中的地位。苏联已经不再是7年前的那个国家。苏联给自己提出了更宏大的任务，拥有更多的资源来完成这些任务，能够在追求实现自己的目标时比过去取得更大的成就。我们现阶段与周围资本主义世界的相互关系建立在与7年前不同的基础之上。我们现在能够用另外一种方式同我们的敌人和朋友说话。（掌声）而全世界无产阶级感受到了苏维埃国家增长的力量并更加相信他们自己的力量。

不断取得胜利的社会主义的物质力量越是增强，无产阶级的这种意识就越是强烈。这种意识本身也会成为强大的物质力量，任何资本主义的堡垒都经受不住它的冲击。在苏联胜利的社会主义和全世界为争取自身解放而斗争的劳动者的这种团结和统一之中，蕴含着资本主义必然崩溃和人类从剥削、反动派、法西斯主义和掠夺战争的奴役下解放出来的伟大前景。全球千百万人越来越确信自身的解放事业与胜利的社会主义国家的成就密不可分。他们看到并知道，我们的社会主义胜利，我们的社会主义企业，我们集体农庄的耕地，我们的全部力量和我们的一切成就，所有这些财富不仅属于苏联各族人民，而且也属于全世界劳动者。（掌声）

我们永远不会忘记斯大林同志对我们说过的话：

"苏联工人阶级是世界工人阶级的一部分。我们所以取得了胜利，不仅是由于苏联工人阶级的努力，而且是由于世界工人阶级的支持。如果没有这种支持，我们早就被粉碎了。"[1]

我们的力量和我们的成就不仅属于苏联各族人民，不仅属于共产主义先锋队，而且也属于全世界工人阶级，既包括加入了阿姆斯特丹工会国际的工人，也包括追随第二国际各政党的工人，既包括不从属于任何组织的工人，也包括被胁迫加入法西斯组织的工人。我们的社会主义成就是闸北劳动人民、利比里亚黑人、中国人、印度人和马来人的共同财富，是不分民族和种族、不分语言和肤色的全世界劳动者的共同财富，是所有为反对剥削和压迫而斗争的人的共同财富。（掌声）千百万人日益紧密地团结在苏联——全世界劳动者的祖国——周围，因为他们开始认识到，无论是和平时期还是战争时期，巩固苏联并加强它的力量、保证它在各条战线取得胜利，与所有劳动者反对剥削者的斗争两者利益完全一致，有助于无产阶级世界革命取得胜利。

凡是希望社会主义在全世界取得胜利，期待各国人民友爱与和平，

---

[1] 《斯大林全集》第13卷第38页。——译者注

盼望结束剥削、法西斯主义和帝国主义压迫的人，都必须站在苏联一边。保卫苏联并帮助它战胜一切敌人，这必须支配一切革命组织以及每一个共产党人、社会党人、真诚的民主主义者、无党派工人、农民、城市劳动者和知识分子的行动。而这使我们的党、我们的工人阶级和建设社会主义的人民对全世界工人和劳动者负有重大的责任。

斯大林同志说：

"我们应当这样向前迈进，使全世界的工人阶级可以望着我们说：看啊，这就是我们的先锋队，这就是我们的突击队，这就是我们的工人政权，这就是我们的祖国，他们把自己的事业，也就是把**我们的**事业进行得很好，让我们来支持他们反对资本家，让我们来推进世界革命事业吧。"①

斯大林同志教导我们的党、我们的工人和我们的国家：

"要始终忠实于无产阶级国际主义的事业，忠实于世界各国无产者兄弟联盟的事业。"②

当资产阶级把资本主义国家的劳动者推入帝国主义战争和法西斯主义的深渊时，我们懂得"永远忠于无产阶级国际主义事业"意味着什么。当我们党按照列宁的指示不懈地致力于把新经济政策的俄国变为社会主义的俄国的时候，它是在列宁主义的中央委员会的领导下，在我们伟大的斯大林久经考验的、坚定的、英明的领导下忠于这项事业的。（掌声）同志们，现在你们和全世界工人阶级看到的就是这个社会主义的俄国。（掌声）

当我们党在被敌对的资本主义国家包围的情况下提出在本国建设社

---

① 《斯大林全集》第13卷第38—39页。——译者注
② 《斯大林全集》第13卷第334页。——译者注

会主义的任务时，它是在斯大林的领导下毫无保留地服务于无产阶级国际主义的事业。如今这个胜利已经成为事实。现在我们党已经在斯大林的领导下建成了社会主义社会，它使苏联成为无产阶级世界革命的强大基地，它不仅保持了而且还大大提高了社会主义对资本主义国家的劳动者的吸引力。在以斯大林同志为首的列宁主义中央委员会的领导下，我们党通过不断加强苏维埃国家的防御力量，始终服务于无产阶级国际主义事业。(雷鸣般的掌声)

如果说今天各国劳动者在与阶级敌人对峙时不是手无寸铁，如果说他们今天在争取自身解放的斗争中满怀希望地把目光投向无产阶级专政国家，投向胜利的社会主义国家，投向各国人民和平与自由的强大堡垒，投向苏联的话，那么这个伟大成就是斯大林的政策的结果——永远忠于无产阶级国际主义事业！(掌声)

无论历史使我们经受何种考验，受列宁和斯大林教育的我们的党、我们的人民和我们的国家都始终不渝地忠于无产阶级国际主义事业。我们中的每个人都将忠于无产阶级国际主义事业直到最后一点力、最后一口气、最后一滴血。(雷鸣般的掌声，欢呼声，所有人起立)正因为如此，同志们，全球各大洲所有被剥削被压迫的人都把我们胜利的社会主义国家看做自己的祖国，把我们的党和我们的工人阶级看做世界无产阶级的突击队，把我们的斯大林看做全体劳动人民伟大、英明并深受热爱的领袖。(雷鸣般的掌声)

不可动摇的、日益壮大的无产阶级国际主义事业万岁！

全世界劳动者的祖国苏联万岁！(掌声)

我们的斯大林万岁！(雷鸣般的掌声，接着是欢呼声。所有人起立欢呼："乌拉"、"万岁"、"红色阵线"、"苏维埃政权万岁！"、"斯大林同志万岁！"。代表们以各自的语言唱《国际歌》。)

曼努伊尔斯基同志演讲结束后，**安德烈·马蒂**同志以多个代表团的名义发表了一个声明。

马蒂（法国）：

同志们！**曼努伊尔斯基**同志的报告内容丰富、数据翔实，向我们展示了苏联社会主义的胜利有多么伟大、多么重要。1917年10月已经向全世界工人证明，工人能够推翻高度中央集权的现代帝国主义国家并自己掌握政权。随后几年又向我们证明，工人也能维持政权。曼努伊尔斯基同志刚才所做的总结表明，人类历史开始了一个新纪元：社会主义是可能的并且正在稳步实现。

有些人——例如第二国际的领袖们——仍然断言，无产阶级在夺取政权之前必须先接受教育，而苏联的伟大榜样对他们的回答是：相反，首先必须通过革命的道路夺取政权，然后才会从被吸引参加社会主义建设的无产阶级和农民群众中产生出成千上万的技术工人、工程师、拖拉机手、农业工人、医生和科学家。

是的，同志们，正是因为推翻了资本的统治，在今天的苏维埃国家中，生活乐观向上、充满热情和力量的青年正在成长起来，新社会的新人正在成长起来；而与此同时，资本主义国家中的绝望的青年则在萎靡和堕落。

根据曼努伊尔斯基同志的报告，人们更加清楚地了解到，资产阶级最反动的阶层即法西斯分子残暴的恐怖统治是以什么为基础的。这些由大资本豢养的走狗十分清楚地知道，苏联的社会主义以及它对全世界工人群众的强大吸引力意味着资本主义的终结。全世界的挨饿者和被压迫者对苏联同情和欢迎的浪潮不断高涨也表明了这一点。这就向每一个正直的工人、每一个工人组织和每一个共产党提出了任务，尽一切力量确保在敌人发动进攻时苏联能够获胜。

同志们，这个曼努伊尔斯基同志就其影响向我们做了如此出色阐述的人类历史上独一无二的革命是如何取得胜利的呢？这是我们必须搞清楚的问题。这个革命取得胜利，首先是由于毅力、坚定的意志、充满干劲的工作和伟大的布尔什维克党的统一。它取得胜利是因为伟大的天才列宁创建并壮大了一个扎根于工厂的、民主集中制的"新型工人政党"，领导这个党进行斗争并走向了胜利。它取得胜利是因为列宁用战无不胜的行动指南马克思列宁主义武装了这个党。

然而，要完成一项如此宏伟的事业，只有在这个党拥有一个坚定而灵活的马克思主义领导集体的情况下才是可能的。这就是布尔什维克党中央委员会过去和现在所起的作用，这个党不仅在苏联劳动群众中，而且在全世界劳动者中都享有崇高的威望。此外还有，同志们，当列宁同志离开我们时，这个中央委员会中的一位巨人用坚定的双手高举起列宁的旗帜，并且从那时起总是毫不犹豫地给我们指出正确的道路。当我们听取曼努伊尔斯基同志的报告时，许多事情在我们看来都很简单明了，但是当初不得不做出决定的时候，并非所有人都这样看。

革命曾经多次处在岔路口上。现在我们很容易明白，社会主义建设必须从建立强大的重工业中心和大型发电厂开始。但是在第一个五年计划刚开始的那几年，这可不是马上就能明白的。那时候有人建议党走阻力最小的道路，放弃曼努伊尔斯基同志刚才向我们展示的那种前途，而选择这样一条道路：满足最迫切的需求，进口大众消费品并且首先扩建加工工业。

现在每个人都明白，这样的路线会使革命遭遇前所未有的困难并可能导致失败。幸亏没有采取这条错误的路线。为什么？因为那位用坚定的双手高举起列宁旗帜的巨人力排众议指出了正确的道路。

当时某些人怨天尤人并且认为，在如此缺乏熟练工人和技术人员的情况下，立刻开始五年计划是不可能的。那位高举列宁旗帜的人成功地让成千上万的群众骨干在斗争中得到锻炼并从斗争中成长起来，使他们每一个人都能在适当的位置上各尽其才。

当五年计划实现以后，资本家们讥笑并宣称："我们现在等着看布尔什维克怎样开始农业革命。他们将无法实行集体化。"

如果不能实行集体化，半途而废，那就意味着将从个体生产中慢慢地不断重新产生资本主义成分，这必然会直接或间接地损害十月革命的成果。现在集体化已经在广大农村胜利实施，曼努伊尔斯基同志的报告再一次清楚地证明了这一点。富农阶级已经被消灭，集体农民的生活水平是从前甚至连做梦都不敢想的。而这同样是因为那位用坚定的双手高举起列宁旗帜的人在关键时刻指出了正确的道路。

是的，同志们，我们不得不承认：自列宁逝世以来，每当革命遇到困难的时刻，总有一个舵手能够指出并贯彻正确的道路，更加难能可贵的是，他还打破了由于数百年来的封建主义和资本主义而根深蒂固的习俗。这位促使今天取得巨大成就，帮助党领导社会主义走向胜利并由此奠定世界革命最强大、最有力的基础（代表大会必须对此做出恰当的评价）的人，就是我们的**斯大林**同志。（热烈的掌声）

我们认为，不需要再对曼努伊尔斯基同志的报告进行讨论。同志们，你们都知道，在每一个资本主义国家，在每一个受奴役的殖民地国家，千百万工人和劳动者以及所有被压迫民族日益转向苏联，转向他们解放道路上的这个指路明灯。在今后的几天和几周，尽管有监狱的高墙和铁丝网，尽管有机关枪和上好的刺刀，在德国的集中营中、在法西斯意大利的地牢中或者岛屿上受苦的我们同志们，就像纽约和横滨的造船工人一样，就像巴黎和上海的工人一样，哪怕只得到曼努伊尔斯基同志报告的一块碎片，他们也会告诉所有的人：我们还会在阶级敌人手中被关押一些时候，我们还在遭受阶级敌人的奴役，资产阶级还能折磨我们，让我们挨饿，但是他们无法阻止无产阶级革命，无法阻止残暴的资本统治到处都以同样的方式被推翻，就像苏维埃国家的工人已经做过的那样。

这是曼努伊尔斯基同志的报告能够得到并且肯定会得到的最高赞同。因此我们提议，代表大会表决通过这个作为基础提交给我们的决议。我们认为这是曼努伊尔斯基同志的报告能够得到的最佳结果。

胜利的社会主义国家、180个民族联合而成的国家、苏维埃国家、社会主义国家万岁！

社会主义在全世界的胜利万岁！

胜利的组织者和领导者、布尔什维克党及其列宁主义的中央委员会万岁！

领导苏联走向社会主义——全世界无产阶级和被压迫者将走同样的道路获得最终解放——的久经考验的坚强舵手斯大林同志万岁！（长时间热烈的掌声）

第四十三次会议

（1935年8月20日）

会议由莫里斯·**多列士**同志主持，他请**季米特洛夫**同志讲话。

（季米特洛夫登上讲台，所有与会者以雷鸣般的掌声和欢呼声表示欢迎。代表们从座位上起立并热烈鼓掌。各代表团高呼："红色阵线！""万岁！""乌拉！""季米特洛夫同志万岁！"乐团演奏乐曲，掌声欢呼声达数分钟之久。）

季米特洛夫在共产国际第七次代表大会闭幕会议上的讲话：资本主义世界现在的统治者只是暂时的统治者，世界真正的主人是无产阶级

同志们！共产国际第七次代表大会，各国和各大洲共产党人的代表大会，即将闭幕。

这次代表大会的成果有哪些呢？这次代表大会对我们的运动、对国际工人阶级、对全世界劳动者有什么样的意义呢？

这次代表大会是胜利的社会主义国家苏联的无产阶级与资本主义世界为自身解放而斗争的无产阶级之间的统一取得彻底胜利的代表大会。苏联社会主义的胜利是一个具有世界历史意义的胜利，在各个资本主义国家引起了一场争取社会主义的强大运动。这一胜利加强了各民族之间的和平事业，提高了苏联的国际影响力及其作为劳动者在反对资本、反

对反动派和法西斯主义斗争中的强大堡垒的作用。这一胜利巩固了苏联这个无产阶级世界革命的基地。这一胜利在全世界不仅使日益转向共产主义的工人行动起来,而且使千百万农民、劳动的小市民、大部分知识分子和被奴役的殖民地各国人民行动起来。这一胜利鼓舞他们进行斗争,增强了他们与所有劳动者的伟大祖国休戚与共的感觉,使他们更加坚定地支持和保卫这个无产阶级国家反对它的一切敌人。

社会主义的这一胜利,使国际无产阶级更加坚信自身的力量和自身取得胜利的现实可能性,而坚定的信念本身将成为反对资产阶级统治的强大动力。

苏联无产阶级的力量与资本主义国家的无产阶级和劳动群众的战斗力量联合起来,其中就蕴含着资本主义即将崩溃的伟大前景和社会主义在全世界取得胜利的保障。

我们的代表大会为动员一切劳动者的力量反对资本主义奠定了基础,如此广泛的动员在工人阶级的斗争史上是前所未有的。

我们的代表大会为国际无产阶级提出了下一步最重要的任务,即在政治上和组织上联合自己的力量,消除由于社会民主党推行与资产阶级合作的政策而造成的孤立状态,把劳动者团结在工人阶级周围,在各个国家和在国际范围形成一个反对资本和反动派的进攻、反对法西斯主义和战争危险的广泛的人民阵线。

这个任务不是我们策划出来的。国际工人运动本身的经验,特别是**法国**无产阶级的经验提出了这个任务。法国共产党的功绩在于它知道我们**现在**必须做什么,它没有听从宗派主义者——这些人干扰党并阻碍反法西斯统一斗争阵线的实现——的意见,而是勇敢地以布尔什维克的方式与社会党达成共同行动的协议,为无产阶级统一战线做准备,以此作为形成中的反法西斯人民阵线的基础。(掌声)通过这个符合所有劳动者根本利益的行动,法国工人、共产党人和社会党人使法国工人运动再次位居资本主义欧洲的前列，处于**领导地位**，并且表明，他们不愧为巴黎公社社员的后代和巴黎公社光荣遗产的继承人。（雷鸣般的掌声，所有与会者从座位上起立，高喊"乌拉"。季米特洛夫同志转向主席团并和所有与会者一起向主席台上的多列士同志及其他法国同志致敬。）

法国共产党和法国无产阶级的功绩在于，他们通过在反法西斯无产阶级统一战线中的斗争实践，为我们的代表大会准备各项决议做出了贡献，这些决议对于全世界工人来说意义极为重大。

但是，在法国采取的行动还只是第一步。我们的代表大会在确定今后几年的策略路线时，不能仅限于照抄这一经验，而是要更进一步。

我们共产党是一个阶级政党，是无产阶级的政党，但是作为无产阶级的先锋队，我们愿意为无产阶级与其他准备参加反法西斯斗争的劳动阶级采取共同行动做准备。我们共产党是一个革命政党，但是我们愿意与其他反对法西斯主义的政党采取共同行动。

我们共产党人的最终目标与这些政党不同，但是我们在为自己的目标奋斗时，也愿意为完成近期的任务而与它们共同奋斗，只要这些任务的实现能够削弱法西斯主义的地位并增强无产阶级的地位。

我们共产党人的斗争方法与其他政党不同，但是共产党人在用自己的方法与法西斯主义作斗争的时候，也支持其他政党所使用的斗争方法，不管这些方法看上去多么不恰当，只要真正以反法西斯主义为目的就行。

我们愿意做这一切事情，因为我们要在资产阶级民主制国家挡住反动派、资本和法西斯主义进攻的去路，阻止取消资产阶级民主自由，防止法西斯主义对无产阶级、对革命的农民和知识分子实施恐怖的报复行动，保护青年一代免于肉体上和精神上的蜕变。

我们愿意做这一切事情，因为我们要在法西斯国家准备和加速推翻法西斯独裁统治。

我们愿意做这一切事情，**因为我们要拯救世界免于法西斯的野蛮行径和帝国主义战争的恐怖。**

（德国共产党的代表韦伯同志走上讲台，送给季米特洛夫同志一本纪念册。韦伯同志说："季米特洛夫同志，我以德国共产党代表团的名义，把这本记载德国革命战士的英雄事迹的纪念册献给你。正是你，通过在莱比锡审判案中的表现和之后的全部活动，为德国共产党和德国的反法西斯主义者树立了斗争的榜样。请你接受这本谱写德国无产阶级战士英雄颂歌的纪念册，这些战士以你为榜样，为革命事业献出了自己的自由、健康和生命！"季米特洛夫同志接受了这本纪念册并紧紧拥抱了韦伯同志。）（雷鸣般的掌声和代表们的欢呼声）

我们的代表大会是**为维护和平、反对帝国主义战争危险而斗争的代表大会**。

我们现在**以新的眼光**来看待这场斗争。我们的代表大会坚决拒绝对帝国主义战争采取宿命论的态度，这种态度源于社会民主党的旧观念。

帝国主义战争是资本主义的产物，只有推翻资本主义才能最终消灭一切战争，这是正确的。但是，劳动群众能够通过自己的斗争行动阻止帝国主义战争，这也同样是正确的。

今天的世界已经不再是 1914 年的那个世界了。

今天在地球六分之一的土地上存在一个强大的无产阶级国家，这个国家依靠胜利的社会主义的物质力量。由于斯大林英明的和平政策，苏联不止一次地挫败了战争挑动者的侵略计划。（掌声）

今天世界无产阶级在反战斗争中不仅像 1914 年那样拥有群众行动这个武器。今天国际无产阶级的反战群众斗争是与苏联的国家影响及其强大的红军——最重要的和平卫士——结合在一起的。（雷鸣般

的掌声）

今天国际工人阶级不再像1914年那样完全处于与资产阶级结成联盟的社会民主党的影响之下。今天有了一个世界共产党——共产国际。（掌声）今天社会民主党工人群众正在转向苏联及其和平政策，转向与共产党人结成统一战线。

今天殖民地和半殖民地各国人民不再把自身的解放事业看做没有希望的事业。相反，他们越来越倾向于同帝国主义压迫者进行坚决的斗争。这方面最好的例证就是**中国苏维埃革命**和**中国人民红军**的英雄事迹。（雷鸣般的掌声，全体代表从座位上起立欢呼）

各国人民对战争的仇恨日益深切和强烈。资产阶级把劳动者推入帝国主义战争的深渊，他们是以自己的头颅作为赌注的。现在支持维护和平事业的不仅有工人阶级、农民阶级和其他劳动者，而且还有被压迫民族和弱小民族，它们的独立受到新战争的威胁。甚至个别资本主义大国，因为害怕重新瓜分世界时遭受损失，**在现阶段**也希望避免战争。

这就使我们能够建立一个工人阶级、所有劳动者和全世界各国人民反对帝国主义战争危险的最广泛的统一战线。依据苏联的和平政策和千百万劳动者的和平意愿，我们的代表大会不仅向共产主义先锋队，而且向整个国际工人阶级和全世界各国人民指出了建立一个广泛的反战阵线的前景。法西斯主义和帝国主义战争挑动者在不久的将来能否点燃一场新帝国主义的战火，或者他们罪恶的双手是否会被强大的反战阵线的利斧斩断，将取决于这一世界阵线的实现程度和影响程度。（掌声）

我们的代表大会是工人阶级统一的代表大会，是为无产阶级统一战线而斗争的代表大会。

我们不抱幻想，不认为可以轻易克服社会民主党领导人中的反动派给实现无产阶级统一战线制造的各种困难。但是我们不怕这些困难，因为我们体现了千百万工人的意志，因为我们通过争取统一战线的斗争最好地服务于无产阶级的利益，因为无产阶级统一战线是推翻法西斯主义和资本主义制度、防止帝国主义战争的可靠途径。

我们在本次代表大会上高举起**工会统一**的旗帜。共产党人并非不惜一切代价地坚持红色工会的独立存在。但是共产党人所要求的工会统一应当建立在这样的基础上：一是坚持阶级斗争；二是彻底消除阿姆斯特丹国际所属各工会开除最坚定、最坚决地支持工会统一和阶级斗争的会员的现象。（掌声）

我们知道，并非所有红色工会国际所属工会的干部都理解并掌握了代表大会的这条路线。他们中间仍残留着关门主义的自高自大的毛病，对此我们必须加以克服，以便坚定不移地贯彻代表大会的路线。但是无论如何我们都要贯彻这条路线，并且将同我们的阶级兄弟、我们的战友，将同现在还属于阿姆斯特丹工人国际的工人找到共同语言。（热烈的掌声）

在这次代表大会上我们采取了这样的方针：建立一个**统一的工人阶级群众性政党**，消除由于社会民主党奉行阶级合作政策而造成的无产阶级的政治分裂。工人阶级的政治统一对于我们来说**不是一种计谋**，而是事关整个工人运动未来命运的问题。如果我们当中有谁把建立工人阶级的政治统一问题看成是计谋，那么我们就把他们视为损害工人阶级的人而同他们作斗争。正是因为我们在这个问题上态度极为严肃和真诚，以无产阶级的利益为重，所以我们提出了某些原则性条件作为这种统一的基础。这些原则性条件不是我们发明的，而是无产阶级在自己的斗争过程中历经苦难得出的。它们也符合千百万社会民主党工人的意志，即从惨痛失败的教训中产生的意志。这些原则性条件已经在整个革命工人运动的经验中经受了考验。（掌声）

因为我们的代表大会是以无产阶级统一为标志召开的，所以它不仅

是共产主义先锋队的代表大会，也是渴望工会斗争统一和政治斗争统一的整个国际工人阶级的代表大会。（掌声）

虽然我们的代表大会没有社会民主党工人的代表和无党派的代表参加，也没有被胁迫加入法西斯组织的工人的代表参加，但是代表大会不仅代表共产党人的意见，而且也代表千百万工人的意见，表达了工人阶级中绝大多数人的思想和情感。（掌声）如果不同派别的工人组织在全世界无产者中对我们的决议进行一次真正自由的讨论，那么我们毫不怀疑，工人们将会支持这些由你们在场的同志一致通过的决议。

这就使我们共产党人更有责任使我们代表大会的这些决议真正成为整个工人阶级共有的精神财富。只是投票赞成这些决议是不够的。只是在各国共产党党员中传达这些决议也是不够的。我们希望加入第二国际各政党和阿姆斯特丹工会联合会的工人们，加入其他政治派别组织的工人们，和我们一起讨论这些决议，提出具体的建议和补充意见，和我们一起考虑怎样才能最有效地将其付诸实施，和我们一起携手真正实现这些决议。

我们的代表大会是确定共产国际新的策略方针的代表大会。

我们的代表大会坚定地站在**马克思列宁主义**的不可动摇的立场上，这一立场已由国际工人运动的全部经验，尤其是已由伟大的十月革命的胜利所证实。代表大会以**马克思列宁主义活的**灵魂和**活的**方法，根据已经变化了的世界形势，审查了共产国际的策略观点。

代表大会通过了明确的决议，必须以**新的方式**运用统一战线策略。代表大会坚决要求，共产党人不应满足于宣传关于无产阶级专政和苏维埃政权的一般口号，而是要在国家的所有内政和外交问题上，在所有涉及工人阶级、本国人民和国际工人运动根本利益的现实问题上，推行布尔什维主义的具体的积极的政策。代表大会最坚决地要求，共产党的一切策略步骤都要建立在冷静分析具体事实、考虑阶级力量对比关系和最广大群众的政治水平的基础上。代表大会要求从共产主义运动的实践中彻底清除一切**关门主义**的残余,关门主义目前是各国共产党执行真正的布尔什维主义群众政策的最大阻碍。

代表大会坚定不移地执行这条策略路线,并且坚信,我们各国共产党走这条道路将取得伟大的成就,同时也考虑到,执行这条布尔什维主义的路线在实践中可能不会一帆风顺,难免会犯错误,出现个别右的或者"左"的错误倾向——或者是**落后于形势的故步自封**,或者是**关门主义的自我孤立**。在这些危险中"究竟"哪一个是主要危险呢?只有爱钻牛角尖的人才会去争论这个问题。在一定的时刻,在一定的国家,对实施我们代表大会的这条路线和执行共产党的正确的群众政策造成更多阻碍的危险,就是更大和更严重的危险。(掌声)

为了共产主义事业的利益,我们必须进行不是抽象的而是**具体的反对错误倾向的斗争**,要及时而坚决地遏制刚刚露出苗头的有害倾向,要及时消灭错误。以某种特别的运动,即所谓围歼错误倾向或者错误倾向分子,来代替必要的具体的反对错误倾向的斗争,这是不能允许的有害的夸大。在我们党的实践中,必须无条件地支持发挥首创精神,以各种方式提出新问题,必须鼓励从各种角度讨论党的行动问题,而不是只要党员对运动的实际任务稍有疑问或者批评,就马上当做错误倾向。必须给犯了错误的同志提供机会,使其能够在行动中改正错误:**只有对那些顽固地坚持自己的错误的人和破坏党组织的人,才应给予无情的打击。**

在争取工人阶级统一的同时,我们将更加坚定和毫不妥协地为**我们党的内部统一**而斗争。在我们的队伍中没有任何派别组织和派别活动的立足之地。如果有谁企图用任何派系活动破坏我们队伍的钢铁般的统一,那么他将亲身感受布尔什维克纪律的滋味,这种纪律是列宁和斯大林经常教导我们的。(掌声)这是对各国共产党内的个别分子的一个警告，他们自以为可以利用党的困难、失败的伤口和疯狂的敌人的打击来实施他们的派系计划，实现他们的派系利益。（掌声）**党是高于一切的！**（热烈的掌声）**要像保护自己的眼珠一样保护党的布尔什维主义的统一，这就是布尔什维主义首要的和最高的准则！**

我们的代表大会是布尔什维主义自我批评的代表大会，是加强共产国际及其各支部的领导班子的代表大会。

我们不怕公开指出我们队伍中的错误、缺点和不足，因为我们是一个革命政党，知道只有排除自己作为革命政党在发展道路上的一切障碍，才能够发展、壮大并完成任务。

代表大会对自高自大的关门主义、公式主义、墨守成规、思想懒惰、用领导党的方法代替领导群众的方法等，进行了无情的批判。所有这些批判工作必须相应地在各国党内、在我们运动的每一个环节继续进行下去，因为这是正确执行代表大会各项决议的最重要的前提条件之一。（掌声）

代表大会在其关于执行委员会工作报告的决议中，决定把我们运动的**实际工作的领导权**集中在各个支部。这就要求我们千方百计地加强工作，通过真正布尔什维克式的领导人来造就和培养干部并加强各国共产党，使各国党在风云突变的转折关头能够根据共产国际历次代表大会和执行委员会历次全体会议的决议，独立自主地迅速找到正确的方法完成共产主义运动的政治任务和策略任务。在选举领导机关的时候，代表大会努力推选这样一些人组成共产国际的领导机关，他们不是迫于纪律，而是出于深刻的信念认同代表大会新的路线和决议，并且愿意和有能力坚决地将其付诸实践。（掌声）

我们必须确保在每一个国家都正确地运用代表大会通过的决议，这首先取决于恰当地考察、分配和指导干部。我们知道，这不是一个容易完成的任务。我们必须考虑到，我们的一部分干部不是根据布尔什维主义群众政策的经验培养出来的，而是主要根据一般的宣传培养出来的。我们必须千方百计帮助我们的干部适应新的情况，用新的精神，即用代表大会决议的精神来改造自己。但是，在事实证明**旧瓶**不能用来装**新酒**的地方，就必须得出相应的结论：不要把**新酒**倒掉或者任其坏在旧瓶之中，而要用**新瓶**去代替旧瓶。（掌声）

同志们！在代表大会的报告和决议中，我们特意摒除了那些关于革命前途的响亮的空话。但是我们之所以这样做，不是因为我们有理由不再像从前一样乐观地估计革命发展的速度，而是因为我们想使我们的党不再倾向于用革命的空谈或者毫无意义的争吵来预估前途，而是开展布尔什维主义的行动。既然我们开展坚决的斗争反对一切自发性的观点，那么我们在观察和考虑革命发展进程的时候，就不应该做一个旁观者，而应该做一个积极参与这一进程的人。如果我们在发展的每一个阶段都能完成有利于革命、符合该阶段的具体条件的任务，并且冷静地考虑广大劳动群众的政治水平，那么我们作为开展革命行动的政党，就可以更快地最有效地创造出无产阶级革命**胜利**的必要的主观条件。（掌声）

马克思曾经说过：

"我们必须从实际情况出发，也就是说，必须通过一种符合于改变了的环境的办法来利用革命热情。"①

这就是问题的本质。我们决不能忘记这句话。

同志们！我们必须向群众宣传和解释代表大会的决议，用决议来指导群众的行动，总而言之，必须使决议化作千万百劳动群众的血肉！

我们必须尽可能地在各地增强当地工人执行这些决议的**主动性**，增

---

① 《马克思恩格斯全集》中文第1版第31卷第523页。——译者注

强各国共产党的基层组织和工人运动执行这些决议的主动性。

革命无产阶级的代表们离开这里回国时,要把坚定的信念带回去,坚信我们共产党人对工人阶级和工人运动的命运、对我们的人民的命运、对整个劳动人类的命运都负有责任。

由工人的双手创造的世界属于我们工人,而不属于社会寄生虫和懒汉。资本主义世界现在的统治者只是**暂时的统治者**。

无产阶级是世界**真正的**主人,是**明天的**主人。(雷鸣般的掌声)无产阶级必须开始行使自己的历史权利,必须在每一个国家、在全世界掌握统治权。(掌声)

我们是马克思和恩格斯、列宁和斯大林的学生。我们必须无愧于我们的伟大导师。(掌声)

在斯大林的领导下,我们的千百万政治大军必须而且能够克服一切困难,勇敢地越过一切障碍,摧毁资本主义的堡垒并在全世界取得社会主义的胜利!(雷鸣般的掌声)

工人阶级的统一万岁!

共产国际第七次代表大会万岁!

(雷鸣般的掌声,继而转为欢呼声。乐队演奏《国际歌》,代表们一起合唱。各代表团高呼:"斯大林万岁!""季米特洛夫万岁!""乌拉!"三次高呼"红色阵线"。法国代表团唱《卡马尼奥拉之歌》,捷克代表团唱《红色正义歌》,中国代表团唱《义勇军进行曲》,意大利代表团唱《红旗歌》,德国代表团唱《红色韦丁区之歌》。高呼:"共产国际的舵手季米特洛夫同志万岁!""乌拉!"掌声。多列士高喊:"向布尔什维克党及其领袖斯大林同志致敬,乌拉!"会场高喊:"乌拉!""向共产国际及其舵手季米特洛夫同志致敬,乌拉!"会场再次高喊:"乌拉!"乐队演奏《国际歌》。)

各委员会做完了报告，各项决议获得一致通过，选举了新的执行委员会，季米特洛夫同志发表了振奋人心的闭幕演说，座无虚席的会议大厅里群情激昂，充满革命热情，在这样的氛围中，共产国际第七次代表大会于8月21日凌晨1点落下了帷幕。

共产国际第七次代表大会决议

关于共产国际执行委员会工作报告的决议

——关于皮克同志报告的决议

(1935年8月1日通过)

1. 共产国际第七次代表大会同意共产国际执行委员会的政治路线和实际活动。

2. 共产国际第七次代表大会同意共产国际执行委员会于1933年3月、1934年10月和1935年4月向第二国际各国支部和第二国际领导人提出关于在反对法西斯主义、反对资本进攻和反对战争的斗争中采取统一行动的建议。所有这些建议都被第二国际执行委员会和第二国际的大多数支部拒绝,从而损害了工人阶级的利益,共产国际第七次代表大会对此表示遗憾。社会民主党工人和社会民主党的许多组织已经与共产党人携手为反对法西斯主义和争取劳动群众的利益而斗争,共产国际第七次代表大会注意到了这一事实的历史意义,责成共产国际执行委员会和共产国际所属各政党要继续努力以各种方式在国内和国际范围建立统一战线。

3. 共产国际第七次代表大会确认,各国共产党的行动和口号对广大工人群众,其中也包括各国社会民主党的党员,产生了越来越大的革命影响。因此,代表大会责成共产国际各支部,尽快克服阻碍它们争取社会民主党工人的宗派主义传统的残余,改变从前那种常常是抽象的和群众难以理解的宣传方法,使它们非常具体并且同群众的迫切需要和日常利益联系在一起。

4. 共产国际第七次代表大会认为，共产国际一些支部的工作暴露出了严重的缺点：执行统一战线策略过于迟缓，不能发动群众提出政治方面和经济方面的部分要求，不懂得必须为保卫资产阶级民主制的残余而斗争，不懂得必须在殖民地和附属国建立反帝人民阵线，轻视在改良主义工会和法西斯主义工会以及在资产阶级政党所建立的劳动者群众组织中的工作，低估在劳动妇女中的工作，低估在农民和城市小资产阶级群众中开展工作的意义；另外，执行委员会为这些支部提供政治上的帮助也过于迟缓。各国共产党的职责是领导正在革命化的群众运动，考虑到它们的作用和责任越来越大，考虑到有必要把实际工作的领导权集中于各个支部，共产国际第七次代表大会要求共产国际执行委员会：

（1）把工作重点转为拟定国际工人运动的基本政治路线和策略路线，解决任何问题都要从各国的具体情况和特殊条件出发，通常应避免直接干涉各国共产党内部的组织事务；

（2）有计划地帮助各国共产党造就和训练干部以及真正的布尔什维克式的领导人，使各国党在风云突变的转折关头能够根据共产国际历次代表大会和执行委员会历次全会的决议，独立自主地迅速找到正确的方法完成共产主义运动的政治任务和策略任务；

（3）为各国共产党与政治上的敌人进行意识形态斗争提供有效的帮助；

（4）帮助各国共产党利用自身的经验和国际共产主义运动的经验，但同时也要避免把一国的经验机械地套用到另一个国家，避免用陈规旧习和一般公式来代替具体的马克思主义分析；

（5）通过让共产国际最重要支部的权威代表更加积极地参与共产国际执行委员会的日常工作，使共产国际的领导机构与共产国际各支部保持更加紧密的联系。

5. 共产国际第七次代表大会指出，各国共青团和共产党低估了在青年中开展群众工作的重要性,这项工作在许多国家都很薄弱。代表大会要求共产国际执行委员会和青年共产国际执行委员会采取有效措施克服部分共青团组织中存在的关门主义的自我封闭,责成共青团员参加所有由资产阶级民主政党、改良主义政党、法西斯政党和宗教团体所建立的劳动青年的群众组织(工会、文化和体育组织),并在这些组织中系统地开展斗争以影响广大青年群众,发动青年参加反对军事化和强制劳动营、争取改善自身物质状况、争取青年一代劳动者的各项权利的斗争,并且为实现这一目标而努力建立一个由所有非法西斯的青年群众组织组成的广泛的统一战线。

6. 共产国际第七次代表大会确认,最近几年,在苏联社会主义的胜利、资本主义国家的危机、德国法西斯主义的暴行和新的战争危险的影响下,全世界广大工人群众和劳动群众总体上看从改良主义转向了革命斗争,从分裂和分散转向了统一战线。虽然社会民主党的个别领导人反对,劳动者仍将为实现行动统一而继续努力,有鉴于此,共产国际第七次代表大会建议共产国际各支部,在争取反对资本进攻、反对法西斯主义、反对新战争危险的无产阶级统一战线和所有劳动者的人民阵线的斗争过程中,集中精力进一步巩固自己的队伍并争取工人阶级的大多数支持共产主义。

7. 共产国际第七次代表大会指出,是否能够成功地将日臻成熟的政治危机转变为胜利的无产阶级革命,完全取决于各国共产党的力量及其对广大无产阶级群众的影响,取决于共产党人的毅力和自制。现在,政治危机在许多资本主义国家日臻成熟,此时共产党人最重要的和决定性的任务不是满足于已经取得的成就,而是继续前进,去争取新的成就,扩大与工人阶级的联系,争取千百万劳动者的信任,把共产国际的各个支部变为群众性政党,使工人阶级的大多数受共产党的影响,以这种方式创造无产阶级革命的必要条件。

法西斯主义的进攻和共产国际在争取工人阶级统一、反对法西斯主义斗争中的任务

——关于季米特洛夫同志报告的决议

(1935年8月20日通过)

一、法西斯主义和工人阶级

1. 共产国际第七次代表大会认为,国际局势的以下基本变化决定了国际舞台上阶级力量的分化和国际工人运动的任务:

(1) **社会主义在苏维埃国家最终的、不可逆转的胜利**。这是具有世界历史意义的胜利,大大提升了苏联作为全世界被剥削者和被压迫者的堡垒的力量和意义,鼓舞劳动者为反对资本主义剥削、资产阶级反动派和法西斯主义,为争取和平、自由和民族独立而斗争。

(2) **资本主义历史上最严重的经济危机**。资产阶级企图通过掠夺人民群众来摆脱危机,因此造成千百万失业者挨饿和死亡,并使劳动者的生活水准下降到骇人听闻的地步。尽管一些国家的工业生产有所增长、金融巨头的利润有所增加,但是国际资产阶级总体上既没有摆脱危机和萧条,也没有遏止资本主义矛盾的进一步激化。在一些国家(法国、比利时等)危机仍在继续;在另一些国家危机已经转为萧条;而在那些生产已经超过危机前水平的国家(日本、英国),又在酝酿新的经济动荡。

(3) **法西斯主义的进攻，法西斯分子在德国掌握政权，新的帝国主义世界大战和进攻苏联的危险日益增长**，资本主义世界企图以此作为走出自身矛盾的死胡同的出路。

(4) 在奥地利和西班牙工人的反法西斯武装斗争中表现出来的**政治危机**，这场斗争虽然还没有使无产阶级战胜法西斯主义，但是阻止了资产阶级巩固其法西斯独裁统治；**法国强大的反法西斯运动**，这个运动肇始于1934年无产阶级的二月大游行和总罢工。

(5) 整个资本主义世界**劳动群众的革命化**。其原因一是苏联社会主义胜利和世界经济危机的影响；二是无产阶级在中欧，在德国、奥地利和西班牙——**这些国家大多数有组织的工人都支持社会民主党**——遭受暂时失败的教训。国际工人阶级对**统一行动**的强烈渴望日益高涨。**殖民地国家**的革命运动和**中国**的苏维埃革命不断扩展。世界范围的阶级力量对比关系越来越朝着**革命力量不断增强的方向**改变。

在这种情况下，占统治地位的资产阶级越来越试图求救于法西斯主义，求救于建立金融资本中最反动、最沙文主义、最具有帝国主义性质的分子的**公开的恐怖独裁**，以便实施掠夺劳动者的极端措施，准备帝国主义强盗战争，进攻苏联，奴役和瓜分中国，并通过上述所有这些措施防止革命。

金融资本力求通过其法西斯主义代理人来抑制小资产阶级群众对资本主义的愤怒，他们用蛊惑人心的口号迎合这些阶层的情绪。法西斯主义以这种方式建立自己的群众基础，并驱使这些阶层充当反对工人阶级的反动力量，从而使所有劳动者遭受金融资本更为沉重的奴役。法西斯主义已经在许多国家掌握政权。然而，法西斯主义的发展和胜利不仅证明了工人阶级的软弱——它由于社会民主党推行与资产阶级合作的分裂政策而受到削弱，而且也证明了**资产阶级本身的软弱**——它害怕工人阶级进行统一的斗争和革命，并且不再能用资产阶级民主的老办法维持自己的专政了。

2. 德国的法西斯主义是法西斯主义最反动的变种，它厚颜无耻地自称"国家社会主义"，但是它既与社会主义无关，也与保护德国人民真正的国家利益无关，而只是充当大资产阶级的走狗，它不是单纯的资产阶级民族主义，而是残暴的沙文主义。

法西斯德国让全世界看清了，法西斯主义的胜利会使人民群众面临什么样的处境。疯狂的法西斯政权在监狱和集中营屠杀工人阶级的优秀分子，屠杀他们的领袖和组织者。它取缔工会、合作社和一切合法的工人组织，以及一切其他非法西斯的政治组织和文化组织。它剥夺工人捍卫自身利益的最基本的权利。它将一个文化上高度发达的国家推向了精神的黑暗，并将其变成野蛮和战争的策源地。德国法西斯主义是新的帝国主义战争的祸首和**国际反革命的突击队**。

3. 共产国际第七次代表大会着重指出，法西斯主义危险在资本主义各国日益加深，要警惕任何低估法西斯主义危险的做法。代表大会也反对那种认为法西斯主义的胜利不可避免的宿命论观点。这种观点是完全错误的，它只能产生消极影响并削弱反对法西斯主义的群众斗争。只要工人阶级实现斗争统一，及时开展斗争行动不让法西斯主义得到加强，只要他们在革命领袖的正确领导下善于把城乡广大劳动群众团结在自己的周围，那么工人阶级就能够阻止法西斯主义的胜利。

4. 法西斯主义的胜利是不稳固的和暂时的。尽管法西斯独裁使工人运动的处境极为艰难，但是在法西斯主义统治下资产阶级的统治基础进一步发生了动摇。资产阶级阵营的内部冲突极其尖锐。群众的合法性幻想正在破灭。工人的革命义愤正在积聚。法西斯主义的社会蛊惑的无耻和欺骗越来越暴露无遗。法西斯主义不仅没有给群众带来其承诺的物质状况的改善，反而通过降低劳动群众的生活水平进一步提高了资本家的利润，加强了一小撮金融巨头对群众的剥削，为了资本的利益进一步实施掠夺。受法西斯分子欺骗的城市小资产阶级和劳动农民日益感到失望。法西斯主义的群众基础正在瓦解和萎缩。但是代表大会告诫人们，不要对法西斯独裁自动垮台抱危险的幻想，要记住，只有工人阶级领导全体劳动者进行**统一的革命斗争**，才能推翻法西斯独裁统治。

5. 随着法西斯主义在德国取得胜利和其他国家的法西斯危险日益加剧，无产阶级已经加强了并仍在继续加强阶级斗争，日益转向**坚决抵抗法西斯资产阶级**。在所有资本主义国家都开展了反对资本进攻和法西斯主义进攻的**统一战线运动**。德国的纳粹恐怖统治也极大地推动了无产阶级的**国际统一战线**。（莱比锡审判案——争取释放季米特洛夫和其他同志的运动，保卫台尔曼等等。）

尽管统一战线运动目前还处在起步阶段，但是在法国，并肩战斗的共产党工人和社会民主党工人已经成功地击退了法西斯主义的首轮进攻，从而在世界范围对统一战线运动起到了动员作用。在奥地利和西班牙，社会民主党工人和共产党工人共同的武装斗争不仅为其他国家的劳动者提供了一个英勇的榜样，而且还证明了，如果没有社会民主党右派领导人的破坏和"左派"领导人的动摇（在西班牙还有大多数无政府工团主义领导人的公开背叛），那么成功地开展反对法西斯主义的斗争是完全可能的。由于这些领导人对群众的影响，使无产阶级失去了坚定的革命领导和明确的斗争目标。

6. 在第二国际中起领导作用的德国社会民主党破产了，因为它的整个政策帮助法西斯主义获得了胜利。同样，奥地利的"左翼"改良主义的社会民主党也崩溃了，它甚至在与法西斯的武装斗争不可避免地即将爆发的时候，还在引诱广大群众放弃斗争。这种破产和崩溃极大地加深了社会民主党工人对社会民主党政策的失望情绪。第二国际处于深刻的危机之中。各国社会民主党和整个第二国际内部分裂为**两个基本阵营**：一个是由**反动分子**组成的现有阵营，他们企图继续推行与资产阶级合作的政策；另一个是正在形成中的由**正在革命化的分子**组成的阵营，他们支持建立无产阶级统一战线，并且日益转向革命的阶级斗争立场。

共产国际第七次代表大会欢迎社会民主党工人与共产党人结成统一战线的意愿，认为这是他们阶级觉悟提高的标志和克服工人阶级分裂的开始，有利于卓有成效地开展反对法西斯主义和反对资产阶级的斗争。

二、工人阶级反法西斯主义的统一战线

法西斯主义对于工人阶级和他们的一切斗争成果、对于所有劳动者和他们最基本的权利、对于各国人民的和平和自由来说，都是巨大的威胁。有鉴于此，共产国际第七次代表大会宣布：**在当前历史阶段，建立工人阶级统一战线是国际工人运动最重要和最急迫的任务**。法西斯主义是所有劳动者的死敌，它不管他们的政治信念如何，将他们的权利和自由一概剥夺。在工人阶级的大多数尚未统一于推翻资本主义并争取无产阶级革命胜利的共同斗争纲领之前，为了卓有成效地进行反对资本进攻、反对资产阶级的反动措施和反对法西斯主义的斗争，迫切要求工人阶级的一切部分，不管其从属于哪个组织，都实行统一行动。正因为如此，各国共产党必须考虑变化了的形势，**以新的方式**运用统一战线策略，在工厂、地方、地区、全国乃至世界范围，努力与各个不同政治派别的劳动者组织达成统一行动的协定。

以此为出发点，共产国际第七次代表大会建议各国共产党，在实施统一战线策略的时候遵循以下方针：

1. **保护工人阶级直接的经济利益和政治利益、保护工人阶级反对法西斯主义**必须成为资本主义各国工人统一战线的出发点和主要内容。为了动员广大群众，必须根据群众的生活需要，根据他们在目前发展阶段具有的战斗力水平，提出斗争口号和采取斗争方式。共产党人不应该

只限于号召为无产阶级专政而斗争，而是必须告诉群众，为了免遭资本主义的掠夺和法西斯主义的野蛮，**他们今天应该做什么**。共产党人必须通过各个工人组织的统一行动，努力**以这样一个纲领为基础来动员群众，这个纲领要求将危机的后果真正转移到统治阶级身上去**，为实现这些要求而进行的斗争会瓦解法西斯主义，使帝国主义备战更加困难，削弱资产阶级而加强无产阶级的地位。

要使工人阶级对在局势变化时迅速改变斗争的方式和方法做好准备，必须根据运动的发展程度，组织对资本**由防御转向进攻**，采取组织群众性政治罢工的方针，同时必须确保国内主要的工会参加这种罢工。

2. 共产党人一刻也不放弃独立自主地用共产主义思想教育、组织和动员群众，同时为了帮助工人实现行动统一，共产党人必须**根据短期或者长期协议，努力与社会民主党、改良主义工会和其他劳动者采取共同行动来反对无产阶级的阶级敌人**。与此同时，应将主要的注意力转到发展各个地方的群众运动上来，这些地方性的群众运动应由基层组织根据当地的协议来实施。

共产党人在忠实地遵守这些协议的条件的同时，必须及时地揭露参加统一战线的个人或组织对统一行动的任何破坏；一旦有人破坏协议，就要立刻诉诸群众，并为重建遭到破坏的统一行动继续进行不懈的斗争。

3. 实现无产阶级统一战线，要根据工人组织的状况和特性，根据具体情况采取各种不同的形式。例如可以采取这样一些形式：**根据各自的具体情况**，出于具体的理由、针对个别的要求或者依据某个共同纲领而采取工人协调一致的共同行动；**个别企业**或者**工业部门**的共同行动；**地方、地区、全国或者国际**范围的共同行动；组织工人开展**经济斗争**、保护失业工人的利益、开展**群众性的政治运动**、组织对法西斯主义进攻的共同自卫的共同行动；支援被囚禁者及其家属和在反对**社会反动**方面的共同行动；保护**青年和妇女**的利益，在**合作社、文化和体育**等领域的共同行动；支持劳动农民的要求等方面的共同行动；建立工人联盟以及工农联盟（在西班牙），以"工人党"或者"工农党"的形式建立长期联盟（在美国），等等。

为了将统一战线运动发展为群众自己的事业，共产党人必须在工厂中、在失业工人中、在工人居住区、在城乡小生产者中，努力建立由选举产生的（在法西斯独裁国家中则从最有声望的运动参加者中间挑选）**超党派的全阶级的统一战线机关**。这样的机关当然不能取代参加统一战线的各个组织，但是只有这样的机关才能将广大**无组织**的劳动群众吸引到统一战线中来，才能促进群众在反对资本进攻和反对法西斯主义的斗争中发挥主动性，从而有助于在此基础上建立广泛的工人统一战线组织。

4. 社会民主党领袖极力诱导工人放弃捍卫自己切身利益的斗争并阻挠建立统一战线，端出**自吹自擂的所谓"社会主义"计划**（德曼计划等等）。凡是存在这种情况的地方，都必须揭露这种计划的蛊惑性本质，并且要让劳动者明白，只要政权还掌握在资产阶级手里，社会主义就不可能实现。但是与此同时，我们也必须**和社会民主党工人一起**，利用这些计划中所包含的**能够与劳动者的迫切要求联系起来的**个别措施，**以此为出发点来开展统一战线的群众斗争**。

在那些**社会民主党执政**（或者社会党人参加联合政府）的国家，不仅要通过宣传来揭穿这种政府的政策，而且要动员广大群众为实现自己最切身的实际的阶级要求而斗争。社会民主党人曾经在自己的纲领中承诺过要实现这些要求，尤其是在他们尚未执政的时候或者尚未参加政府的时候。

5. 与社会民主主义政党和组织的共同行动，绝不排除对改良主义、对作为与资产阶级进行阶级合作的思想和实践的社会民主主义进行严肃的、有理有据的批评，绝不排除向社会民主党工人耐心地解释共产主义的原则和纲领，而是相反，**使这样做更有必要**。

共产党人在向群众揭露社会民主党右翼领导人反对统一战线的蛊惑性论点的含义并**更加强与社会民主党内的反动力量作斗争的同时，必须同那些反对改良主义政策并支持与共产党建立统一战线的社会民主党左翼工人、干部和组织开展最亲密的合作**。我们同社会民主党内与资产阶级处于同一阵营的反动力量的斗争越是加强，我们对社会民主党内革命化力量的帮助就越是有效。共产党人争取与社会民主党结成统一战线的斗争越坚决，左翼阵营内部各种力量的澄清过程就进行得越迅速。

对真正实现统一战线持什么态度的问题，是区分社会民主党的各个派别的真实立场的主要标志。在争取真正实现统一战线的斗争中，那些口头上以左派自居的社会民主党领导人将被迫以行动证明：他们中谁真正准备与资产阶级和右派社会民主党人作斗争，谁与资产阶级沆瀣一气反对工人阶级的事业。

6. 必须充分利用**选举运动**进一步发展和加强无产阶级统一的斗争战线。共产党人在选举中独立行动并向群众解释共产党的纲领，同时必须致力于与社会民主党和工会（以及与劳动农民、手工业者的组织等）建立统一战线，并全力阻止反动的和法西斯主义的候选人当选。面对法西斯主义的危险，共产党人要依据统一战线运动的发展程度和取得的成果，依据现有的选举制度，在选举运动中**提出反法西斯阵线的共同纲领和共同候选名单，同时保持自己进行政治宣传和开展批评的自由**。

7. 共产党人必须力争建立无产阶级统一战线，同时努力将劳动农民、城市小资产阶级、被压迫民族劳动群众的斗争在无产阶级的领导下联合起来，支持这些劳动阶层与无产阶级的根本利益相一致的所有那些特殊要求。尤其重要的是，要动员劳动农民起来反对掠夺农民大众的法西斯政策，反对垄断资本和资产阶级政府掠夺性的价格政策，反对不堪重负的捐税、佃租和债务，反对强制拍卖农民的财产，要求国家救济破产的农民群众。共产党人要在**城市小资产阶级、知识分子和职员**中间普遍开展工作，引导这些阶层参加斗争，反对增加赋税，反对物价上涨，反对垄断资本、托拉斯对他们的掠夺，反对高利贷盘剥，反对解雇国家和乡镇公职人员并反对降低他们的薪水。在捍卫进步知识分子的利益和权利的同时，我们必须全力支持他们反对反动文化的运动，并帮助他们在反对法西斯主义的斗争中转到工人阶级一边来。

8. 在**政治危机**的条件下，当统治阶级已经不再能对付迅猛发展的群众运动时，共产党人必须提出**基本的**革命口号（例如监督生产和银行，解散警察并代之以武装的工人民兵等），这些口号旨在进一步动摇资产阶级的经济力量和政治力量，增强工人阶级的力量，孤立妥协派政党，引导工人群众直接以革命手段夺取政权。如果群众运动已经发展到这样的程度，证明有可能而且为了无产阶级的利益有必要建立一个无产阶级统一战线政府或者反法西斯人民阵线政府，它虽然还不是无产阶级专政的政府，但是愿意采取果断措施反对法西斯主义和反动派，那么共产党就必须力争建立一个这样的政府。建立统一战线政府的重要前提是：（1）资产阶级的国家机器已被大大削弱，因此资产阶级无力阻止建立这样一个政府；（2）最广大的人民群众猛烈地反抗法西斯主义和反动派，但是尚未准备好为苏维埃政权而斗争；（3）已经有很大一部分社会民主党组织和其他参加统一战线的政党要求采取严厉措施打击法西斯分子和其他反动分子，并准备和共产党人一道为实施这些措施而斗争。

如果一个统一战线政府真的采取果断措施打击反革命金融巨头及其法西斯代理人，并且不以任何形式限制共产党的活动和工人阶级的斗争，那么共产党就将全力支持这样一个政府，并且将根据具体情况和具体形势决定是否参加统一战线政府。

三、工会运动的统一

代表大会强调,作为巩固无产阶级统一战线的极其重要的步骤,建立工人在经济斗争领域的统一战线,实现工会运动的统一,具有特别重要的意义。代表大会责成共产党人采取一切实际措施争取在工厂中和在全国范围实现工会统一。

共产党人坚决支持在各国和在国际上重建工会统一;支持建立统一的阶级工会,作为工人阶级反对资本进攻和法西斯主义的最重要的支柱之一;支持在每一个生产部门建立统一的工会;支持在每一个国家建立统一的工会联盟;支持建立统一的工会国际产业联合会;支持以阶级斗争为基础建立统一的工会国际。

在存在小的红色工会的国家,必须努力使它们加入大的改良主义工会,但是同时必须要求能自由地维护自己的观点,并重新接纳被开除的工人。在大的红色工会和改良主义工会并存的国家,应努力促成它们在平等的基础上,依据反对资本进攻和保障工会民主的纲领实现统一。

共产党人必须积极地在改良主义工会和统一工会中开展工作,巩固这些工会,并在无组织的工人中为它们招募新会员;同时,他们必须竭尽全力使这些组织事实上捍卫工人的利益并成为真正的阶级组织。为此,共产党人必须争取得到所有会员、干部和整个组织的支持。

共产党人应当保护工会,反对资产阶级和法西斯主义限制工会权利或者破坏工会的一切图谋。

如果改良主义领导人采取开除革命工人或者整个组织的政策,或者使用其他的压制手段,共产党人就必须动员全体工会会员反对领导层的分裂行径,同时组织被开除者和工会会员群众保持联系,开展共同斗争要求重新接纳被开除者,重建受到破坏的工会统一。

各红色工会和红色工会国际必须努力促使各派工会共同斗争，**在阶级斗争和工会民主的基础上**，在各国共产党的全力支持下，在全国范围和国际范围建立工会运动的统一。

四、共产党人在反法西斯运动各条战线上的任务

1. 代表大会极其严肃地注意到，必须开展系统的**反法西斯主义意识形态斗争**。鉴于法西斯主义意识形态中最重要、最危险的形式是**沙文主义**，所以必须告诉群众，法西斯资产阶级是以保卫全民族利益为借口推行其自私自利的阶级政策，这一政策对内压迫和剥削本国人民，对外掠夺和奴役其他民族。必须指出，工人阶级反对一切形式的奴役和民族压迫，**是唯一真正为民族自由和人民独立而斗争的战士**。共产党人必须竭尽全力反对法西斯歪曲民族历史，在真正的列宁和斯大林精神指导下，用各种办法从历史的角度正确地向劳动群众阐明他们本民族的过去，将他们目前的斗争同过去的革命传统联系起来。代表大会告诫人们，对民族独立问题和广大人民群众的民族感情问题不能持任何轻视的态度，因为这有助于法西斯主义开展其沙文主义运动（例如在萨尔区和捷克斯洛伐克的德语区）。代表大会坚持正确而具体地运用列宁和斯大林的民族政策。

共产党人在原则上毫不妥协地反对资产阶级民族主义及其一切变种，但是共产党人决不赞同民族虚无主义，决不会对本民族的命运持漠不关心的态度。

2. 在某些国家，只有**法西斯的群众组织**具有合法性，共产党人必须加入所有此类组织。他们必须利用哪怕是最微小的合法和半合法机会在这些组织中开展工作，以便用隶属于这些组织的群众的利益来对抗法西斯主义的政策，并破坏法西斯主义的群众基础。劳动者为最迫切的需

要开始了最基本的抗议运动，共产党人必须通过灵活的策略，努力吸引越来越多的群众，尤其是那些由于缺乏阶级觉悟仍在追随法西斯分子的工人群众加入到运动中来。必须根据运动发展的广度和深度适时改变斗争的口号，并且准备好在法西斯组织内部的群众的帮助下推翻资产阶级的法西斯独裁统治。

3. 共产党人坚定不移地保护失业者的利益和要求，把他们组织起来并引导他们开展争取就业、足额的救济和保障等等的斗争。共产党人必须吸收失业者参加统一战线运动，并以各种方式消除法西斯主义对他们的影响。为此，必须仔细考虑各种类型的失业者的特点（经过培训的和未经过培训的、有组织的和无组织的工人，男人、女人、青年等等）。

4. 代表大会向各资本主义国家的共产党强调青年在反法西斯主义斗争中的特殊作用。法西斯主义主要是在青年中招募自己的突击队。各国共产党必须反对低估**在劳动青年中间开展群众工作**的重要性，采取有效措施克服共青团组织的自我封闭，与此同时，必须千方百计促进一切非法西斯主义的青年群众组织（包括工会、合作社等的青年组织）的力量在最广泛的统一战线的基础上联合起来，包括建立各种联合组织，共同开展反对法西斯主义、反对青年骇人听闻的无权利状态和军事化、争取青年一代的经济利益和文化利益的斗争。必须提出在阶级斗争的基础上建立共产主义青年团和社会主义青年团的反法西斯联盟的任务。各国共产党必须千方百计帮助共青团发展和巩固。

5. 必须吸收千百万劳动**妇女**群众，尤其是女工和农村劳动妇女，不管其政治观点和宗教信仰如何，参加统一的人民阵线。这就要求共产党人更加积极地开展劳动妇女的群众运动，为争取实现妇女的迫切要求和利益而斗争，尤其是为反对物价上涨、反对剥夺妇女的权利、反对对妇女的法西斯奴役、反对大规模解雇、争取在"同工同酬"原则下提高工资、反对战争危险而斗争。必须在各国国内和国际上灵活地运用各种不同的组织形式,与革命的妇女组织、社会民主党的妇女组织和进步的妇女组织建立联系并开展合作,同时保证自由表达意见和批评的权利,如果有必要,也可以建立单独的妇女组织。

6. 共产党人必须为吸引合作社组织加入无产阶级统一战线和反法西斯人民阵线而斗争。

共产党人必须在合作社争取社员的切身利益,尤其是反对物价上涨、争取贷款、反对采用高额关税和新赋税、反对法西斯分子限制合作社的活动和破坏合作社的斗争中为其提供最积极的帮助。

7. 共产党人必须发起成立**反法西斯群众自卫团体**,以便回击法西斯匪帮的进攻,这种团体应由统一战线运动中坚定的、经过考验的人组成。

五、殖民地国家的反帝人民阵线

在**殖民地和半殖民地国家**,共产党人最重要的任务是建立**反帝人民阵线**。为此,必须吸收最广大的群众参加民族解放运动,反对日益沉重的帝国主义剥削、反对残暴的奴役、争取驱逐帝国主义者和争取国家独立;必须积极参加由民族改良派领导的反帝群众运动,并根据具体的反帝纲领,与民族革命组织和民族改良组织共同行动。

在**中国**,应该把扩大苏维埃运动和加强红军的战斗力与开展全国的反帝人民运动联系起来。这个运动必须在这样的口号下进行:武装人民进行民族革命斗争,反对帝国主义压迫者,首先是反对日本帝国主义及其在中国的走狗。苏维埃必须成为全中国人民团结起来进行解放斗争的中心。

帝国主义国家的无产阶级为了自身解放斗争的利益,必须全力支持殖民地和半殖民地各国人民反对帝国主义强盗的解放斗争。

六、巩固共产党并为工人阶级的政治统一而斗争

代表大会特别强调，只有**各国共产党自身进一步得到全面巩固**，积极发挥自身的主动性，执行马克思列宁主义的原则政策，根据具体形势和阶级力量组合正确而灵活地运用策略，才能保证动员最广大的劳动群众参加反对法西斯主义和资本主义的统一的斗争。

要真正建立统一战线，共产党人必须克服自身队伍中自高自大的**关门主义**。目前在许多情况下这种关门主义已经不再是共产主义运动的"幼稚病"，而是成了根深蒂固的顽疾。这种关门主义夸大了群众的革命化程度，造成了一种幻想，以为已经成功地阻止了法西斯主义，而法西斯主义运动却在继续发展，因此它事实上造成了我们在法西斯主义面前处于被动状态。在实际工作中，这种关门主义用领导人数有限的党小组的方法来代替领导群众的方法，用抽象的宣传和左倾教条主义来代替群众政策，拒绝在改良主义工会和法西斯主义群众组织中开展工作，在所有国家都采用千篇一律的策略和口号，而不考虑各国具体情况的特点。这种关门主义极大地妨碍了共产党的发展，妨碍了真正的群众政策的执行，妨碍了利用阶级敌人的困难来加强革命运动，妨碍了共产党赢得广大无产阶级群众。

共产党人以最坚决的态度肃清关门主义的一切残余，这种残余目前对各国共产党执行真正布尔什维克的群众政策构成了极为严重的阻碍，同时必须提高警惕防范**右倾机会主义**的危险，同右倾机会主义的各种具体表现形式作坚决的斗争，必须牢记，在广泛运用统一战线策略时，**右倾危险将会扩大**。争取建立统一战线和实现工人阶级行动统一的斗争，要求直观地使社会民主党工人相信共产党政策的正确性，并向他们具体地指出改良主义政策的错误；要求各国共产党人开展不

妥协的斗争，反对抹杀共产主义和改良主义之间的原则区别、减弱对作为与资产阶级合作的思想和实践的社会民主主义的批评的任何倾向，反对那种以为可以通过和平、合法的道路实现社会主义的幻想，反对在消灭法西斯主义和实施统一战线问题上的任何**自动论和自发论**观点，反对降低党的作用，反对**在采取决定性行动的时刻发生丝毫的动摇**。

为了无产阶级的阶级斗争和无产阶级革命的成功，迫切要求每一个国家都有**一个统一的工人阶级群众性政党**，基于这一信念，代表大会向各国共产党提出的任务是，依靠工人希望社会民主党或者它的各个组织与共产党联合的日益强烈的愿望，把这种联合的主动权掌握在自己手里。同时必须让工人明白，这样的联合只有满足一系列条件才能实现：**彻底与资产阶级脱离关系并彻底打破社会民主党与资产阶级的联盟**；首先实现**行动统一**；承认必须用革命手段推翻资产阶级的统治并建立苏维埃形式的无产阶级专政；拒绝在帝国主义战争中支持本国资产阶级；在**民主集中制**的基础上建设党，这种民主集中制能保证意志和行动的统一，并且已由俄国布尔什维克的经验所验证。

与此同时，必须坚决反对"左翼"社会民主党蛊惑家们的企图，他们想利用社会民主党工人的失望情绪建立新的社会主义政党和新的"国际"，反对共产主义运动并以这种方式加深工人阶级的分裂。

共产国际第七次代表大会认为，行动统一是当务之急，并且是建立无产阶级政治统一的最可靠的途径。代表大会以共产国际各支部的名义声明：共产国际各支部已经准备好就工人阶级在反对资本进攻、法西斯主义和帝国主义战争危险的斗争中建立行动统一问题，**立即与第二国际各相应政党展开谈判**；共产国际也已经准备好为此目的与第二国际进行**谈判**。

七、为了苏维埃政权！

在反对法西斯主义、保卫资产阶级民主自由和劳动者的既有成果的斗争中，在争取推翻法西斯独裁的斗争中，革命的无产阶级发展了自己的力量，巩固了与盟友的战斗联系，并且将斗争矛头指向了争得劳动者的真正民主的目标——**苏维埃政权**。

苏维埃国家日益发展壮大，全世界无产阶级团结在苏维埃国家的周围，苏联共产党的国际声望显著提升，社会民主党工人和参加改良主义工会的工人开始转向革命的阶级斗争，群众对法西斯主义日益增强的抵抗和革命运动在殖民地的高涨，第二国际的衰落和共产国际的兴起——**所有这一切都正在加速并将继续加速世界社会主义革命的发展。**

资本主义世界由于资本主义内外矛盾的激化正转入一个剧烈冲突的时期。

共产国际第七次代表大会以革命发展的这样一种前景为导向，号召各国共产党以最大的政治主动性和最大的政治勇气，为建立工人阶级的行动统一而不懈斗争。**建立工人阶级统一战线是劳动者为即将来临的无产阶级革命第二次高潮的伟大斗争做准备的关键环节。**只有无产阶级团结成一支统一的政治大军，才能够保证他们在反对法西斯主义和资本统治、争取无产阶级专政和苏维埃政权的斗争中取得胜利。

"革命的胜利从来不是自行到来的。它是需要准备和争取的。而能够准备和争取它的，只有强大的无产阶级革命政党。"①

---

① 《斯大林全集》第13卷第264页。——译者注

帝国主义者准备新的世界大战情况下共产国际的任务

——关于陶里亚蒂同志报告的决议

(1935年8月20日通过)

一、为重新瓜分世界而进行的战争准备

世界经济危机和资本主义稳定的崩溃使整个国际关系极其危险。在由于经济危机而急剧萎缩的世界市场上,激化的斗争演变为激烈的经济战。**重新瓜分世界实际上已经开始。**

正在远东进行战争的**日本帝国主义**已经揭开了重新瓜分世界的序幕。军事占领满洲和华北意味着**华盛顿条约**实际上已经失效,该条约规定了帝国主义列强在中国划分势力范围和它们在太平洋地区的相互关系。日本的强盗行径现在已经削弱了英美帝国主义在中国的影响,威胁着英美两国在太平洋地区的地位,并且是针对苏联的反革命战争的一个准备步骤。

凡尔赛条约只剩下关于国家边界和瓜分殖民托管地的部分了。由于希特勒政府停止支付赔款并恢复普遍义务兵役制,再加上英国和德国缔结海军协定,凡尔赛条约也已经作废了。

德国法西斯分子是战争祸首,他们要争夺德国帝国主义在欧洲的霸权,提出了以牺牲邻国为代价**通过战争来改变欧洲边界**的问题。德国法西斯分子的冒险计划野心极大,其中策划了对法国的复仇之战、瓜分捷

克斯洛伐克、吞并奥地利、取消波罗的海东岸三国的独立地位并将其变为进攻苏联的桥头堡、把苏维埃乌克兰从苏联分裂出去。他们要求获得殖民地，极力为旨在重新瓜分世界的世界大战制造舆论。肆无忌惮的战争挑动者的所有这些计划，加剧了资本主义国家之间的矛盾并引起整个欧洲的不安。

德国法西斯主义在欧洲找到了波兰法西斯主义这个盟友，后者同样力图以牺牲捷克斯洛伐克、波罗的海东岸三国和苏联为代价来扩张自己的领土。

英国资产阶级统治集团支持德国扩充军备，以便削弱法国在欧洲大陆的霸权地位，使德国扩充军备的矛头从西方转向东方，并使德国的侵略转向苏联。通过这项政策，英国谋求在全世界与美国形成均势，同时加强德国、日本和波兰的反苏倾向。英国帝国主义的这项政策是加速帝国主义世界大战爆发的因素之一。

意大利帝国主义直接出兵占领阿比西尼亚，从而造成帝国主义列强之间关系新的紧张。

帝国主义者阵营内部的根本矛盾是英国和美国之间的矛盾，它影响着世界政治中的所有矛盾。英国和美国的利益冲突在南美洲最为严重，在那里，这一矛盾导致两国的南美仆从国之间发生了战争（玻利维亚和巴拉圭，哥伦比亚和秘鲁），并使中南美洲面临发生更大的武装冲突的危险（哥伦比亚和委内瑞拉）。

当法西斯国家（德国、波兰、匈牙利、意大利）公开谋求重新瓜分世界和改变欧洲边界的时候，另外一些国家则存在维持现状的倾向。这种倾向目前在全世界以美国为代表，在欧洲首先以法国为代表。这两个主要的帝国主义国家维持现状的努力得到了一些小国（小协约国和巴尔干协约国、某些波罗的海沿岸国家）的支持，因为这些国家的独立受到新的帝国主义战争的威胁。

德国纳粹主义是法西斯主义最反动、最具侵略性的形式。它的胜利和它的战争挑衅，刺激了由资产阶级中最反动的沙文主义分子组成的好战势力在各国加紧夺取政权并使国家机器法西斯化。

法西斯德国疯狂扩充军备，尤其是恢复义务兵役制和大力加强德国的海空军，在整个资本主义世界引起了新的强烈的**军备竞赛**。尽管有世界经济危机，军备工业却比以往任何时候都更加繁荣。那些在备战方面走得最远的国家（德国、日本、意大利、波兰），国民经济已经转向为战争服务。除了正规军，还训练了特殊的法西斯部队用来保卫后方和在前线充当宪兵。在资本主义各国，服役前的军事训练甚至扩展到未成年的青年。以沙文主义和种族煽动为内容的**教育和宣传**受到国家资助和各种方式的鼓励。

虽然目前帝国主义矛盾的激化使得反苏阵营难以形成，但是资本主义国家的法西斯政府和好战势力极力以牺牲所有劳动者的祖国——苏联为代价来解决这些矛盾。爆发新的帝国主义战争的危险每天都在威胁着人类。

二、苏联在争取和平的斗争中的作用

由于社会主义工业和农业的迅速繁荣，由于消灭了最后一个资本主义阶级——富农，由于社会主义最终战胜了资本主义以及由此产生的国家防御力量的加强，**苏联与资本主义国家之间的关系进入了一个新的阶段**。

社会主义世界与资本主义世界之间的根本对立更加尖锐了。但是依靠自身力量的增长，苏联能够防止帝国主义列强及其仆从已经准备好的进攻，并能够发展其反对一切战争挑动者的坚定的和平政策。因此，苏联不仅能吸引有阶级觉悟的工人，而且还能吸引资本主义国家和殖民地国家全体爱好和平的劳动人民。与此同时，苏联的和平政策不仅打破了帝国主义者孤立苏联的计划，而且还为与**小国**合作共同维护和平奠定了的基础，对于这些小国来说，使它们的独立受到威胁的战争是极大的危险；此外，还为与那些**目前**有意维护和平的国家开展合作奠定了基础。

苏联的和平政策用无产阶级国际主义反对民族仇恨和种族仇恨。它不仅保卫苏维埃国家，保卫社会主义建设，而且还保卫所有国家工人的生命，保卫所有被剥削者和被压迫者的生命。它捍卫小国的民族独立，服务于人类的生存利益，保护文化免遭战争的蹂躏。

当帝国主义国家之间新的战争日益临近的时候，苏联工农红军的力量在争取和平的斗争中越来越重要。当帝国主义国家，尤其是德国、日本和波兰疯狂地扩充军备的时候，加强红军和积极支持红军关系到一切渴望维护和平的人们的切身利益。

三、共产国际在争取和平、反对帝国主义战争的斗争中的任务

共产国际第六次代表大会根据马克思、恩格斯、列宁和斯大林关于战争的理论，具体地制定了各国共产党和革命的无产阶级在反对帝国主义战争的斗争中的任务。以这些原则为指导，直接涉及战争的日本共产党和中国共产党，过去和现在都一贯以布尔什维克的方式开展反对帝国主义战争、保卫中华民族的斗争。**共产国际第七次代表大会认可第六次代表大会关于反对帝国主义战争的各项决议**，并向各国共产党、革命工人、劳动者、农民和全世界被压迫民族提出下列主要任务：

1. **争取和平和保卫苏联的斗争**。鉴于德国法西斯分子和日本军国主义分子的战争挑衅以及各资本主义国家的好战势力加速扩充军备，鉴于爆发侵略苏联的反革命战争的直接危险，各国共产党的核心口号必须

是：为和平而斗争！

2. **争取和平、反对战争挑动者的斗争中的统一的人民阵线**。争取和平的斗争为各国共产党建立最广泛的统一战线提供了最好的机会。必须把所有愿意维护和平的人都吸收到这个统一战线的队伍中来。集中力量打击当时的战争祸首（目前就是打击法西斯德国及其盟友波兰和日本）是各国共产党最重要的策略任务。对于德国共产党来说，尤其重要的是揭露希特勒法西斯主义的民族主义煽动，它以德意志民族统一的空话掩人耳目，实际上却将德国人民推向孤立和新的战争灾难。德意志民族统一的必要条件和前提是推翻希特勒法西斯主义。在反对战争和法西斯主义战争挑动者的斗争中，具有决定性意义的是，在一切国家同社会民主主义和改良主义的各种组织（政党、工会、合作社、体育、文化和教育组织）及其众多的成员，以及同民族解放运动的群众组织、宗教民主主义的群众组织、和平主义的群众组织及其追随者建立统一战线。

同社会民主主义的和改良主义的各种组织建立争取和平斗争的统一战线，要求对社会民主党队伍中的反动分子开展坚决的思想斗争，这些反动分子面对直接的战争危险，更加紧密地与资产阶级合作以保卫资产阶级祖国，并且通过他们的反苏煽动直接帮助准备反苏战争。建立争取和平斗争的统一战线，还要求同社会民主党、改良主义工会和其他无产阶级群众组织内部日益接近反对帝国主义战争的革命斗争立场的那些力量开展紧密合作。

将和平主义的组织及其追随者吸收到争取和平斗争的统一战线中来，对于动员小资产阶级群众、进步知识分子、妇女和青年起来反对战争具有重要意义。共产党人一方面要有理有据地不断批评那些正直的和平主义者的错误观点，另一方面要对那些用自己的政策掩盖德国法西斯分子的帝国主义战争准备的和平主义者（英国工党的领导人等）进行坚决的斗争，同时共产党人必须寻求与所有和平主义组织开展合作，只要它们愿意在反对帝国主义战争的实际斗争中与共产党人同行，哪怕只是短暂的同行。

共产党人必须通过积极的合作来支持反对战争和法西斯主义的阿姆斯特丹—普莱耶尔运动并推动这个运动的扩展。

3. **反对帝国主义战争的斗争与反对法西斯主义的斗争相结合**。爱好和平的群众的反战斗争必须与反对法西斯主义和法西斯运动的斗争最紧密地结合起来。不仅要进行一般的和平宣传，而且首先要进行反对战争祸首、反对法西斯主义的和其他帝国主义的好战势力、反对帝国主义战争准备的具体措施的宣传。

4. **反对军国主义和军备的斗争**。各国共产党必须在各资本主义国家开展斗争：反对军备开支（军事预算），要求从殖民地和托管地撤回军队，反对资产阶级政府实施的军事化措施，尤其反对青年、妇女和失业者的军事化，反对为备战而限制资产阶级民主自由的紧急法令，反对限制军工企业中工人的权利，反对补贴军事工业，反对军火贸易与军火运输。只有同保卫工人、职员、劳动农民和城市小资产阶级的经济利益和政治权利最紧密地结合起来，才能进行反对备战措施的斗争。

5. **反对沙文主义的斗争**。在反对沙文主义的斗争中，共产党人的任务是用无产阶级国际主义精神来教育工人和全体劳动人民。这个任务只有在反对剥削者和压迫者、争取无产阶级的切身阶级利益的斗争中，以及在反对纳粹党和其他法西斯主义政党残暴的沙文主义的斗争中才能完成。与此同时，共产党人必须表明，工人阶级正在进行坚决的斗争来保卫全体人民的民族自由和独立，反对任何压迫和剥削，因为只有共产党的政策才彻底地保卫本国人民的民族自由和独立。

6. **争取民族解放的斗争和支持民族解放战争**。如果某个弱国遭到一个或多个企图扼杀其民族独立和国家统一或者企图对其实行瓜分——例如历史上对波兰的瓜分——的帝国主义大国的入侵，那么该国民族资产阶级进行的抵御这种入侵的战争就可能具有解放战争的性质,该国的工人阶级和共产党人必须参加这样的战争。该国共产党人的任务是进行毫不妥协的斗争来保卫工人、劳动农民和少数民族的经济地位和政治地位,同时要站在争取民族独立的战士的最前列,将解放战争进行到底,决不允许"本国"资产阶级与侵略者达成损害本国利益的交易。

共产党人必须积极支持殖民地和半殖民地被压迫的各国人民争取民族解放的斗争,尤其是必须积极支持中华苏维埃红军反对日本帝国主义者和其他帝国主义者、反对国民党的斗争。中国共产党必须竭尽全力扩大民族解放斗争的阵线,把一切愿意抵抗日本帝国主义者和其他帝国主义者的强盗行径的民族力量都吸收到民族解放斗争中来。

四、从争取和平的斗争到争取革命的斗争

共产国际第七次代表大会最坚决地驳斥这样一种诽谤,说什么共产党人想要战争,因为他们期待战争带来革命。各国共产党带头参加维护和平、争取苏联的和平政策取得胜利的斗争已经证明,共产党人正竭尽全力阻止人们准备和发动一场新的战争。

共产党人坚决反对这样一种幻想,以为在资本主义社会制度仍然存在的时候就能够消灭战争,与此同时,共产党人始终如一地尽一切力量阻止战争。但是,如果出现这样的情况,即尽管工人阶级全力阻止战争,新的帝国主义世界大战仍然爆发,那么共产党人就将努力领导在争取和平的斗争中组织起来的反战力量,为把帝国主义战争转变为反对法西斯主义战争挑动者、反对资产阶级、争取推翻资本主义的国内战争而斗争。

与此同时,代表大会告诫共产党人和革命工人,不要采取拒绝服兵役、所谓的抵制动员、在军工企业中搞破坏活动等形式的无政府工团主

义的反战斗争方法。代表大会认为，此类斗争方法只会给无产阶级造成损害。俄国布尔什维克在世界大战期间坚决反对战争并且主张让俄国政府在战争中失败，但是他们也拒绝了这类方法：这类方法只会有助于资产阶级对共产党人和革命工人采取镇压措施，阻碍他们争取劳动群众，尤其是士兵群众，支持将世界大战转变为反对资产阶级的国内战争。

在确定战争情况下各国共产党和整个工人阶级的任务时，共产国际第七次代表大会援引了由列宁和罗莎·卢森堡提出的、被战前的第二国际斯图加特代表大会写入决议的观点：

"尽管如此，如果战争仍然爆发了的话，他们的责任就是全力以赴迅速结束战争，并尽力利用战争引起的经济危机和政治危机来唤醒广大社会阶层，从而加速资本权力的崩溃。"①

在目前这个历史阶段，当苏联在全世界六分之一的土地上为全人类捍卫着社会主义与和平时，全世界工人和劳动者的最切身利益要求，无论在战争爆发前还是战争爆发后，工人阶级的政策、争取和平的斗争、反对帝国主义战争的斗争，都要以保卫苏联为着眼点。

如果爆发反革命战争，迫使苏联把工农红军派往保卫社会主义的战场，那么共产党人将号召所有劳动者**运用一切手段，不惜一切代价，帮助红军战胜帝国主义的军队。**

---

① 《列宁全集》中文第2版第60卷第38页。——译者注

苏联社会主义的胜利及其世界历史意义
——关于曼努伊尔斯基同志报告的决议

(1935年8月20日通过)

收到曼努伊尔斯基同志关于苏联社会主义建设成就的报告后,共产国际第七次代表大会非常满意地确认,在苏联共产党(布)的领导下,实施了国民经济的社会主义重建,实现了集体化,排除了资本主义因素并消灭了富农阶级,其结果是社会主义在苏联取得了彻底的不可逆转的胜利,无产阶级专政国家在各个方面都得到了巩固。

1. **成功地实施了社会主义工业化**。苏联从一个经济和技术落后的农业国变成了一个拥有冶金工业、机器制造业、汽车制造业、飞机制造业和拖拉机制造业的先进的大工业国,并且正在成为拥有电力工业和化学工业的国家。苏联能够在自己的工厂中生产任何一种机器和生产工具。从前荒无人烟的地区崛起了一座座大型工业城市。旧工业区得到扩建,新工业区正在形成。过去落后的边疆地区和沙皇时代的殖民地成功地实施了工业化,其结果是这些地方变成了繁荣的、拥有先进工业的民族共和国和民族专区。在多种多样的众多生产部门和生产过程中,造就了高素质的技术骨干、组织者和领导者。已经取得的这些成就为苏联整个国民经济工业化的进一步发展开辟了新的广阔的前景。

2. **农村成功地进行了一次伟大的革命:农业集体化**。随着集体农庄制度的胜利,引导绝大多数农民走上社会主义发展道路这个极为艰巨的任务实际上已经完成了。机械化的大农业已经在社会主义的基础上建立起来。农机站和拖拉机站的网络正在扩展,苏维埃农场正在得到加强。集体农庄制度在物质和生产技术方面的优势已经转变为进一步巩固集体农庄和扩大自愿集体化的推动力。粮食问题已经解决。畜牧业的繁荣已经开始并且在不断发展。拥有广阔的尚未开垦的肥沃土地并开始转向集约耕作,在农艺学和农业技术日益得到广泛应用的情况下,凭借着集体农庄和苏维埃农场,使得苏联社会主义农业的发展能够呈现欣欣向荣的景象。

3. 苏联劳动者的物质生活状况得到了根本改善,文化水平获得了巨大提升。 失业现象消失了。工人和职员的数量和素质都在提高。他们的工资水平和社会保障水平(疗养院、休养所、免费医疗救助、伤残保险金和养老金等)都提高了。工作日缩短为7小时甚至6小时,劳动条件不断改善。成功克服了供给方面的困难(取消了面包票,根据畜牧业的进一步发展增加了对劳动者肉类和脂肪的供应)。大城市和工业中心的面貌发生了改变:劳动者的住房和生活条件不断改善;在大城市和工业中心,那种资本主义典型的贫民窟被工人居住区所取代,建起了宽敞、明亮和卫生的工人住宅。由于农业集体化和消灭富农阶级,农村的贫困现象消失了,确保农民能够过上富裕的生活并且在那种不是耗尽其力量而是增强其力量的条件下从事劳动。

关心人、关心劳动者、关心干部,尤其是关心儿童,是党、国家以及所有工会组织和社会组织的工作重心。劳动者的文化水平在迅速提高;苏联所有的加盟共和国都实行普遍的国民义务教育,并且使用母语,即使用民族语言进行教学。千百万工人、农民和职员的孩子在中学和大学里学习。建立了学前教育机构的稠密网络,也为成年人建立了各种夜校、学习小组和课程班的网络。工人居住区、工厂和村庄里建立了成千上万个俱乐部、剧院和电影院。苏联各族人民从前受压迫、被压制并陷于衰落，如今则享有充分的自由和各种权利，他们的文化以民族的形式表达社会主义的内容，其发展和繁荣不断向前迈进。妇女和男子一样积极参与社会主义建设。在苏维埃环境下成长起来的年轻一代也加入了社会主义建设者的行列，他们不了解资本主义的剥削、贫困和无权状态，而只承认社会主义的利益、任务和目标。科学和各种各样的艺术都向最广大的群众开放。科学院院士、学者、研究人员、演员、作家、艺术家和各种艺术大师都致力于为劳动者服务。所有这些物质的和文化的成就，无论与过去相比、与资本主义国家劳动者的状况相比有多么巨大，都只是即将来临的光明未来的开端，是社会主义国家走向充分繁荣和全面富裕的开端。

4. **无产阶级专政国家在政治上得到了有力的巩固。**苏维埃国家拥有最稳固的、最不可动摇的政治制度，是民主制度得到最充分发展的国家，这种民主制度不是与人民群众相分离、相对立的，而是与人民群众保持有机联系，保护他们的利益，体现并执行他们的意志的民主制度。由于国民经济的社会主义重建、消灭了剥削阶级、集体农庄制度获得了胜利，苏联的社会结构发生了深刻的、彻底的改变，从而使苏维埃政权的社会基础得到了进一步的扩展和巩固。根据这种变化，依靠最广大群众对无产阶级专政提高了的信任，苏维埃政权采取了具有重大历史影响的新措施，即苏维埃国家制度进一步民主化的措施：用平等、直接、秘密的选举取代不完全平等、间接、公开的选举；把选举权扩展到成年居民中的新阶层；对于过去的富农，如果他们以诚实的劳动确实证明自己已经停止反对苏维埃制度，那么就重新赋予其选举权。以不断加强和扩大苏维埃国家同人民群众和同绝大多数居民的直接联系的方式，以促进人民群众在各方面积极地直接参与管理国家和领导社会主义建设的方式，无产阶级专政的扩大不断向前迈进。通过消灭剥削阶级，通过把社会主义所有制确定为苏维埃社会的基础，通过建立各加盟共和国绝大多数居民的利益共同体，无产阶级民主得到了发展，从而使无产阶级专政国家得到了全面巩固。

苏联忠实于各国和各族人民友爱、自由和独立的原则，为维护各国人民之间的和平而进行不懈的斗争，揭露帝国主义强盗的侵略计划，并采取一切必要措施保卫全世界劳动者的社会主义祖国，防止它所面临的帝国主义者的强盗式进攻。共产国际第七次代表大会欣慰地指出，今天**一个强大的社会主义国家**已经建立起来了，取代了那个曾处处挨打的旧沙皇俄国，也取代了那个在发展初期曾面临被帝国主义者瓜分危险的虚弱的苏维埃国家。

苏联将成为新人的国家，成为人们享受新的社会生活和个人生活的国家。 在社会主义计划劳动的大车间里，在群众开展社会主义竞赛、争当突击队员和发扬首创精神的基础上，人们发生着巨大的改变。资本主义遗留下来的贪得无厌的、私有者所特有的反社会的风俗和习惯都逐渐消失了。引人入胜的社会主义劳动环境促进了对罪犯和违法者的改造。社会财产不可侵犯的原则在国民经济的所有部门、在城市和乡村都深入人心。劳动群众的公众舆论和自我批评是从道德上影响、教育和改造人的强大力量。在日益巩固的新劳动关系和新社会关系的基础上，产生了新的生活方式，人的意识和心理也在发生变化，健康的、有劳动能力的和全面发展的新一代正在被造就出来。人民群众中涌现出无数的组织者、领导者、发明家，探测迄今为止尚不可测的北极地区自然力的勇敢的研究者，同温层、天空、深海、高山和地球内部的英勇的征服者。千百万劳动者冲击并战胜了技术、科学和艺术领域一个又一个从前难以企及的高峰。苏联成为由目标明确、勇敢、生活乐观的新人所组成的国家，这些新人克服了一切困难并取得了伟大的成就。

5. 苏联社会主义的胜利是在苏联共产党（布）反对右倾和"左倾"机会主义的坚决斗争中，在为克服巨大困难而进行的漫长而坚韧的斗争中取得的。之所以出现这些困难,一方面是由于国家继承下来的技术水平和经济水平非常低,另一方面是由于必须在敌对的帝国主义势力的包围中,尽快依靠自身的力量和手段重建国民经济的技术基础,并对社会关系和经济关系进行彻底改造。这种改造,特别是对农业技术基础的改造,是与把小农户联合为大型集体农庄以及消灭富农阶级联系在一起的,是以无产阶级对资本主义成分发起坚决进攻为标志的。丧失了一切经济基础的剥削阶级残余势力,在帝国主义者的支持下进行拼死抵抗,搞阴谋破坏活动、纵火烧毁收获的庄稼、阻挠播种、杀害牲畜等等。无产阶级成功地粉碎了敌人的抵抗,建立了强大的社会主义工业,巩固了集体农庄制度,并克服了由于必须迅速振兴国民经济而产生的各种困难。列宁和斯大林曾英明地预测了一国建设社会主义的可能性,这种可能性现在对于全世界千百万人来说已经变成看得见摸得着的现实了。在国内舞台上"谁战胜谁"这个历史问题,即在苏联社会主义战胜资本主义的问题,已经最终地、不可逆转地以有利于社会主义的方式解决了,不过这并不排除那些被打垮的阶级敌人的残余势力,虽然已经丧失了阻扰社会主义发展的任何希望,但是仍以卑鄙无耻的方式给苏联的工人和集体农民造成损害。

  胜利的社会主义的进一步发展,在苏联将会伴随着其他性质的种种困难,即由于必须克服人们意识中的资本主义残余而造成的困难。随着苏联社会主义的胜利,在争夺国际舞台上"谁战胜谁"问题的决定权的日益激烈的斗争中,无产阶级世界革命获得了坚不可摧的阵地。

  6. 苏联社会主义的胜利是具有国际意义的胜利。社会主义的胜利是苏联工人和集体农民在国际无产阶级的支持下,在伟大列宁的最杰出的战友、全世界劳动者的英明领袖斯大林同志的领导下取得的。这一胜利使全世界劳动者的思想意识发生了深刻的转变:它使社会民主党工人和其他派别工人的最广大群众确信为社会主义而开展共同斗争的必要性，是建立无产阶级斗争统一的决定性要素；它摧毁了数百年来形成的资本主义制度永远存在并不可动摇的观念，揭示了资产阶级企图使资本主义社会"返老还童"的理论和计划的破产，**对劳动群众产生了革命化的影响，使他们坚信自己的力量，坚信推翻资本主义和建设社会主义的必要性和现实可能性**。在资本主义国家和殖民地国家的千百万劳动者面前，在所有被剥削者和被压迫者面前，闪耀着一条解放的道路，这就是苏联的生动范例所开辟的社会主义道路。

苏维埃制度、社会主义社会制度保障了：

工人——从失业和资本主义剥削的恐怖之中解放出来，能够为自己劳动而不是为剥削者和寄生虫劳动，有机会领导国家和国民经济，不断改善自己的物质状况，过上文明的生活。

农民——获得土地，摆脱地主、高利贷者和银行家的奴役，摆脱不堪忍受的赋税，从危机、破产、堕落和贫困中解放出来，不断提高自己的生活水平和文化水平，大大减轻工作负担。

城市中的小市民——从破产的梦魇中、从大资本的奴役中、从堕落与退化中解放出来，能够作为诚实的劳动者在社会主义经济制度中找到自己的位置，使自己的物质生活和精神生活得到根本改善。

知识分子——获得完善自己的知识、能力和天赋的必要的前提和最充分的机会，使自己的创造性活动获得强大的动力和广阔的前景，根本改善自己的物质和文化生活。

殖民地和附属国的人民——从帝国主义者的奴役下获得民族解放，能够把自己的国民经济迅速提升到先进国家的水平，发展和繁荣民族文化，自由并且完全平等地积极参与国际事务。

7. 随着社会主义的胜利，苏联成为国家政治、经济、文化的强大力量和对世界政治具有影响力的强大力量，成为愿意维护国际和平的世界各国、各国人民乃至各国政府关注的焦点，成为全世界劳动者反对战

争危险的堡垒，成为全世界劳动者联合起来反对世界反动派的有力工具。

社会主义的胜利把苏联变成一股使广大的居民阶层、阶级、民族和国家都行动起来的力量；社会主义的胜利意味着**全世界的阶级力量对比关系朝着有利于社会主义、不利于资本主义的方向发生了新的重大转变，意味着无产阶级世界革命的发展开始进入一个新阶段。**

回顾共产国际第六次代表大会以来的历史，国际无产阶级运动正面临着战争与革命的第二次高潮，这决定了无产阶级世界革命的基本任务，对于全世界工人阶级和劳动者以及对于共产国际所有支部来说，由此产生的高于一切的任务是：

竭尽全力千方百计地帮助巩固苏联，反对苏联的敌人。无论是在和平时期还是在发生反苏战争的时候，巩固苏联、加强它的力量、确保它在斗争的各个领域和各个阶段取得胜利的利益，都与全世界劳动者反对剥削者的斗争的利益，与正在开展反帝斗争的殖民地和被压迫民族的利益不可分割地完全重合在一起，决定并促进着无产阶级世界革命的胜利以及社会主义在全世界的胜利。因此，支持苏联、保卫苏联、帮助苏联战胜一切敌人，必须决定一切无产阶级革命组织，一切真正的革命者、社会党人、共产党人、无党派工人、劳动农民、正直的知识分子和民主人士，一切致力于消灭剥削、法西斯主义和帝国主义奴役并避免帝国主义战争的人，一切渴望各国人民友爱和平、渴望社会主义在全世界取得胜利的人的行动。

附　录

代表大会发言人索引

第57卷

皮克（德国）4，32，378

周和生（中国）15，250

多洛雷斯·伊巴露丽（西班牙）18

索科洛夫（苏联）20

片金（苏联）23

卡姆涅娃（苏联）24

巴甫连科（苏联）27

加香（法国）27，158

安加雷蒂斯（共产国际监察委员会）103

雅克莫特（比利时）107

坎贝尔（英国）114

普鲁希杰克（波兰）123

弗朗茨（德国）129

瓦尔加（苏联）140

沙尔克（荷兰）146

白劳德（美国）150

弗雷特林（瑞典）172

马克斯（巴西）175

弥勒（卢森堡）180

斯兰斯基（捷克斯洛伐克）183

奥尔格松（冰岛）187

阿克曼（德国）191

马伦科（墨西哥）197

达西（美国）199

冈野进（日本）201

克里根（英国）217

利（挪威）221

安德烈（青年共产国际）226

波波夫（苏维埃乌克兰）232

施米特（南斯拉夫）241

乔治（加拿大）245

博登曼（瑞士）257

多普勒（奥地利）260

查扬（印度支那）264

康生（中国）267

纳迪尔（叙利亚）274

克鲁莫夫（保加利亚）276

马林（古巴）279

德索尔德索斯（希腊）283

夏基（澳大利亚）287

图奥米宁（芬兰）289

默里（爱尔兰）293

别列夫斯基（波兰）295

马丁（拉脱维亚）299

德拉加诺夫（罗马尼亚）304

加西亚（西班牙）311

富里尼（意大利）324

汉森（丹麦）333

列华尔（西乌克兰）335

安德鲁斯（新西兰）340

孔原（中国）344

内代莱克（法国）347

阿尔比诺（葡萄牙）352

尤素福（巴勒斯坦）356

卡尔（德国）359

维登（奥地利）362

雷内（哥伦比亚）367

希罗基（喀尔巴阡乌克兰—捷克斯洛伐克）371

丰克（德国）374

季米特洛夫（保加利亚）387

多列士（法国）459

波立特（英国）482

连斯基（波兰）495

弗洛林（德国）504

库恩（匈牙利）518

皮亚特尼茨基（苏联）524

格林（美国）535

林德罗特（瑞典）538

比亚尔纳松（冰岛）542

库斯（爱沙尼亚）545

亨德森（南非）550

达特（英国）556

吉东（法国）567

德赫罗特（荷兰）577

第58卷

曼努伊尔斯基（苏联）3，555

马什科夫斯基（苏联）34

贝科娃（苏联）35

罗舍尔（奥地利）36

安东尼奥（西班牙）39

卢克（西班牙）41

瓦尔特（德国）43

王明（中国）53

亨利科夫斯基（波兰）69

哥特瓦尔德（捷克斯洛伐克）74

波立特（英国）88

本图拉（西班牙）91

切莫达诺夫（青年共产国际）101

科普莱尼格（奥地利）108

戈尔基奇（南斯拉夫）126

柯拉罗夫（保加利亚）133

布埃诺（古巴）143

拉姆西（阿拉伯国家）147

克勒（捷克斯洛伐克）150

克拉克（加拿大）155

罗歇（法国）159

纳吉（匈牙利）166

梁朴（中国）168

斯通（美国）172

勒夫林（挪威）173

格特纳（德国）176

拉森（丹麦）180

梅基宁（芬兰）183

拉塞尔达（巴西）186

沃索夫斯基（红色工会国际）191

加兰迪（意大利）205

居约（法国）209

埃芬迪（印度尼西亚）213

托雷斯（阿根廷）216

奥尔代尔然（罗马尼亚）221

皮亚塞茨基（国际红色救济会）226

布龙科夫斯基（波兰）228

扎波托茨基（捷克斯洛伐克）233

瓦尔加（苏联）235

塞拉诺（墨西哥）240

哈贾尔（巴勒斯坦）242

弗里德里希（阿尔萨斯-洛林）245

田中（日本）248

戈普纳（苏联）252

博尔克斯（智利）258
米哈尔（青年共产国际）260
维德曼（奥地利）264
沈元生（中国）268
弥勒（瑞士）270
让（法国）272
佩特科夫（希腊）275
默里（爱尔兰）279
莫拉（阿根廷）281
比勒特（澳大利亚）285
埃瓦里斯托（西班牙）287
施泰因（德国）289
王荣（中国）293
赖特尔（奥地利）295
凯罗斯（葡萄牙）298
里瓦斯（委内瑞拉）301
季米特洛夫（保加利亚）303，603
陶里亚蒂（意大利）334，546
马蒂（法国）404，599
鲍里谢维奇（波兰）425
希尔兹（英国）430
韦伯（德国）433
克诺林（苏联）436
李光（中国）448
什韦尔马（捷克斯洛伐克）456
马克斯（德国）460

帕内蒂（瑞士）464

克鲁明（波罗的海国家）465

德莱乌（荷兰）469

西川（日本）473

基尔萨诺娃（国际妇女书记处）477

加兰（青年共产国际）483

尤素福（巴勒斯坦）487

伊斯克罗夫（保加利亚）488

科瓦奇（匈牙利）491

哈格贝里（瑞典）493

赫尔曼（奥地利）496

马丁内斯（西班牙）498

拉西（暹罗）501

莫雷尔斯（比利时）504

希罗基（捷克斯洛伐克）506

莱克托萨里（芬兰）509

巴尔杜尔（德国）511

罗森贝格（波兰）514

柯别茨基（捷克斯洛伐克）517

斯塔福德（国际红色救济会）521

宋一平（中国）524

库西宁（芬兰）528

图书在版编目（CIP）数据

共产国际第七次代表大会文献. 2 / 王学东
主编. —北京：中央编译出版社，2015.12
（国际共产主义运动历史文献 / 王学东主编；58）
ISBN 978-7-5117-2882-1

Ⅰ. ①共…
Ⅱ. ①王…
Ⅲ. ①共产国际 - 代表会议 - 会议文献
Ⅳ. ①D165

中国版本图书馆 CIP 数据核字（2015）第 293397 号

共产国际第七次代表大会文献（2）

出 版 人：刘明清
责任编辑：苗永姝
责任印制：尹　珺
出版发行：中央编译出版社
地　　址：北京西城区车公庄大街乙 5 号鸿儒大厦 B 座（100044）
电　　话：(010) 52612345（总编室）　　　(010) 52612335（编辑室）
　　　　　(010) 52612316（发行部）　　　(010) 52612317（网络销售）
　　　　　(010) 52612346（馆配部）　　　(010) 55626985（读者服务部）
传　　真：(010) 66515838
经　　销：全国新华书店
印　　刷：北京印刷一厂
开　　本：787 毫米×1092 毫米　1/16
字　　数：541 千字
印　　张：42
版　　次：2015 年 12 月第 1 版第 1 次印刷
定　　价：250.00 元

网　　址：www.cctphome.com　　　邮　　箱：cctp@cctphome.com
新浪微博：@中央编译出版社　　　　微　　信：中央编译出版社(ID: cctphome)
淘宝店铺：中央编译出版社直销店(http://shop108367160.taobao.com)　　(010)52612349

本社常年法律顾问：北京嘉润律师事务所律师　李敬伟　问小牛
凡有印装质量问题，本社负责调换，电话：(010) 55626985